Le Manuel de littérature française

Édition Véronique Jacob
Conception maquette et couverture Isabelle Flamigni
Recherche iconographique Claire Balladur

L'ouvrage a été réalisé par les Éditions Gallimard selon la proposition de Domenica Brassel, Vigor Caillet et Anne Lamalle d'aborder chaque période historique par le principe d'une problématique et de la décliner en six rubriques (« Situations », « Lieux », « Figures », « Genres et registres », « L'écrivain au travail », « Variations »).

Le Manuel de littérature française

Moyen Âge Michèle Guéret-Laferté maître de conférences à l'université de Rouen

XVIe s. Guylaine Pineau agrégée de lettres modernes

XVIIe s. Dorian Astor ancien élève de l'École normale Supérieure

XVIIIe s. Éloïse Lièvre ancienne élève de l'École normale Supérieure

XIXe s. Domenica Brassel professeur agrégé à l'IUFM des Pays de la Loire

Vigor Caillet professeur en Lettres Supérieures à Paris

Anne Lamalle ancienne élève de l'École normale Supérieure

XXe s. Domenica Brassel professeur agrégé à l'IUFM des Pays de la Loire

Vigor Caillet professeur en Lettres Supérieures à Paris

Cécile Moscovitz critique littéraire

Henri Scepi professeur à l'université de Poitiers

Lectures de tableaux de la rubrique « Image » Valérie Lagier conservateur du patrimoine

Bréal | Gallimard

Préface

À tous ceux qui veulent revivre les temps forts de l'histoire littéraire, siècle par siècle, depuis 842 jusqu'à 1968...

À tous ceux qui ont envie de visiter la bibliothèque de Montaigne, les ruelles des précieuses du XVIIe siècle ou la grande époque de Saint-Germain-des-Prés...

À tous ceux qui aspirent à rencontrer le jongleur moyenâgeux, le philosophe des Lumières ou l'intellectuel engagé...

À tous ceux qui désirent comprendre ce que l'on appelle romantisme, poème en prose, tragédie ou chanson de geste...

À tous ceux qui un jour ont rêvé secrètement d'écrire à leur tour, de découvrir les méthodes et les techniques des écrivains...

À tous ceux, enfin, qui s'interrogent sur les mythes qui ont nourri la littérature, depuis le Graal, Babel, jusqu'au lieu infernal...

À tous ceux qui ont envie d'en savoir plus, bienvenue dans *Le Manuel de littérature française*.

Plus de trois cents extraits d'œuvres émaillent les pages de cet ouvrage de référence. Des grandes pages du patrimoine culturel, des rencontres plus inattendues, des citations courtes et frappantes, à chaque page son texte, sa surprise, son émotion.

Une histoire littéraire, une anthologie, un large panorama culturel : le manuel, c'est tout cela en un seul volume. C'est un livre sur les livres, un livre qui, nous l'espérons, vous donnera envie d'ouvrir tous les autres.

Sommaire

Moyen Âge un monde enluminé

XVIe s. la soif de savoir

XVIIe s. le Poète et l'Autorité

XVIIIe s. les chemins de la liberté

XIXe s. artistes dans un monde bourgeois

XXe s. face à la violence

Moyen Âge

un monde enluminé

Introduction

Plus que par les lueurs de l'aube qui accompagnent la naissance de la littérature française à la fin du XIe siècle, la lumière sous laquelle nous avons choisi de placer les quatre siècles (du XIIe au XVe) dont nous allons présenter la riche floraison littéraire est à comprendre en étroite relation avec l'idée même que, au Moyen Âge, artistes et théoriciens de l'art se faisaient du beau : la beauté réside avant tout dans la **lumière** et dans l'éclat. Si l'héritage de la pensée platonicienne, où les Idées s'offrent à la contemplation du sage tel le soleil, se reconnaît aisément dans cette conception esthétique, elle doit davantage encore au premier commandement divin par lequel débute la création du monde : « Alors Dieu dit : Qu'il y ait de la lumière, et il y eut de la lumière » (Genèse 1, 3).

Tous les arts qui s'épanouissent à cette période et la caractérisent en propre célèbrent la vivacité des couleurs et l'importance de la lumière : depuis le travail des **émaux** (dont Limoges devient le grand centre européen au XIIIe siècle), la technique raffinée des **vitraux**, le goût affiché pour les **pierres précieuses** (dont on orne les reliquaires), jusqu'à l'essor de l'architecture gothique. La littérature elle-même s'affirme d'emblée dans sa participation à ce projet esthétique. Qu'il s'agisse de la Dame chantée par la poésie lyrique des troubadours et des trouvères ou des héros de la chanson de geste et du roman arthurien, tels Roland ou Perceval, c'est avant tout par leur « **clair visage** » que leur beauté est suggérée, eux dont les « yeux riants » communiquent aussitôt la joie à tous ceux qui les entourent. Plus paradoxalement, pour nous du moins, les scènes de combat, qu'elles opposent des masses de guerriers, comme dans la chanson de geste, ou seulement deux chevaliers, comme dans le roman arthurien, sont données à voir dans une profusion de lumière : **tout brille et étincelle**, des heaumes luisant au soleil jusqu'aux épées qui, en s'entrechoquant, jettent des étincelles. Il n'est pas jusqu'au mystère qui ne devienne d'une lumière éclatante, et mystérieux justement par ce rayonnement surnaturel : c'est ainsi en effet que s'offre le Graal, objet de bien des quêtes à partir du XIIe siècle.

Si la lumière est d'abord celle de l'idéal, la littérature, loin de s'y cantonner, y puise la dynamique qui la conduit à jouer des contrastes : poètes et romanciers du Moyen Âge ont su montrer la laideur, le vice, la maladie et la mort d'une façon crue et directe qui souvent nous surprend.

Enfin, lumière, couleurs et contrastes ne sont pas seulement exprimés par les mots. Ils sont sans cesse donnés à voir dans la matérialité du livre puisque les manuscrits s'offrent souvent comme des objets d'art, dont les pages s'ornent de peintures aux couleurs éclatantes et dont les lettres mêmes sont rehaussées d'ornements destinés à conjuguer la beauté et le sens.

▶ Image

Enluminure d'Évrard d'Espinques et collaborateurs, XVe s., *Apparition du Saint Graal*
Extrait de l'ouvrage, *Queste del Saint Graal*
Bibliothèque nationale de France

Le livre médiéval est une œuvre d'art complexe où le verbe et l'image s'épousent et se nourrissent rétrospectivement pour incarner cette recherche de lumière qui sous-tend aussi bien la littérature que la peinture du Moyen Âge. L'ouvrage précieux, réalisé collectivement dans un atelier, *scriptorium* de monastère ou atelier laïc, sous la direction d'un maître d'œuvre recevant ses instructions d'un commanditaire, conjugue ainsi les talents de plusieurs artistes, l'**« enlumineur de lettres »** ou scribe, l'**« enlumineur de bordures »** qui réalise les décors des marges, et l'« historieur » qui compose les scènes historiées. Peintre à part entière, très souvent anonyme, même à la fin du Moyen Âge, ce dernier ne choisit souvent ni le sujet ni la forme de ses créations, mais ses peintures, d'une grande finesse, souvent rehaussées **d'or et d'argent**, sont l'ornement et le complément éclairant du texte, au sens propre comme au figuré. Et l'art du peintre consiste à se glisser dans les interstices du texte, à proposer une incarnation du verbe, à rendre visible l'imaginaire de l'auteur à travers le programme iconographique choisi par le commanditaire. Dans les limites de ce cadre contraignant, le peintre canalise son imagination et ses moyens plastiques et trouve une expression personnelle dans le choix des détails. Ainsi, dans cette *Apparition du Saint Graal*, enluminure d'Évrard d'Espinques illustrant un passage de la *Queste del Saint Graal*, la composition qui organise l'assemblée autour d'une forme elliptique est un poncif que l'on retrouve d'une figuration à l'autre de la même scène. Le banquet qui réunit autour du roi Arthur les chevaliers de la Table ronde ne se distingue d'ailleurs du dernier repas du Christ (la Cène) que par quelques légers détails iconographiques. Les chevaliers comme le roi, pour se distinguer des apôtres, sont vêtus de manteaux de velours doublés d'**hermine** et arborent chacun une **couronne d'or**. Le nom de chacun des convives est inscrit en lettres d'or sur le bord de son siège ou au-dessus de sa tête. En lieu et place du pain et du vin, au centre de la table, le Graal rayonne d'un **halo de lumière**. Le Graal, coupe sacrée dans laquelle Joseph d'Arimathie aurait recueilli le sang du Christ au pied de la croix, est au cœur de la légende arthurienne, cycle profane d'origine celtique, popularisé par de nombreux auteurs tout au long du Moyen Âge, de Geoffroy de Monmouth à Robert Wace, et enrichi d'une dimension spirituelle à travers les écrits de Chrétien de Troyes. La quête du Graal, cette recherche mystique qui exige des chevaliers une pureté d'âme, ne pouvait qu'occuper une place majeure dans la littérature médiévale, née dans un monde inquiet, marqué par les guerres et les famines, et dans un temps où, de la naissance à la mort, la religion imprègne chaque acte de la vie des hommes.

▶Situations

842 Les Serments de Strasbourg

Leur transcription nous a légué le plus ancien texte français – même si la langue utilisée se distingue encore à peine du latin qui l'a engendrée : c'est le serment fait par Louis le Germanique à son frère Charles le Chauve pour sceller leur alliance contre leur frère aîné, Lothaire. En voici les premiers mots : « *Pro Deo amur et pro christian poblo et nostro commun salvament, d'ist di en avant, in quant Deus savir et podir me dunat, si salvarai eo cist meon fradre Karlo* […]. » L'année suivante, les trois petits-fils de Charlemagne se partagent l'empire de leur puissant aïeul, dont maintes chansons de geste célébreront les exploits.

Au cours du IXe siècle, la société féodale se met progressivement en place. Depuis la dissolution de l'Empire romain, les liens d'homme à homme ont tendu à s'affermir pour donner naissance à l'institution vassalique, caractéristique de l'époque médiévale : les puissants s'entourent de vassaux, hommes d'armes qui s'engagent à servir leur suzerain et reçoivent en échange sa protection et des moyens de subsistance. Si les vassaux ont d'abord vécu dans la dépendance directe du seigneur, peu à peu leurs services furent récompensés par un fief, une terre qui d'abord leur est accordée pour la durée de leur vie, puis qui devient héréditaire. Le lien vassalique donne naissance à un rituel : celui de l'hommage, cérémonie au cours de laquelle le vassal, à genoux devant son seigneur, lui jure fidélité, plaçant ses mains dans celles de son suzerain en signe d'obéissance. Celui-ci le relève et l'embrasse, en signe d'égalité. Le lien vassalique, très puissant, unit deux hommes au plan militaire – le vassal combat pour son seigneur –, politique et juridique – il le conseille dans chacune de ses décisions et l'assiste lorsqu'il rend la justice –, économique – il vit de la générosité du seigneur –, mais aussi moral et affectif : trahir son seigneur (ce qu'on appelle la « félonie ») est considéré comme le pire des crimes. Tous ces aspects sont fort bien illustrés par la *Chanson de Roland :* ce n'est pas tant le neveu que Charlemagne chérit en Roland, mais le brillant vassal qui lui conquit tant de terres et dont il déplore la mort en l'apostrophant une dernière fois en des termes chargés d'émotion : « Ami Roland, vaillant guerrier, belle jeunesse ! »

Le roi d'Angleterre Edouart 1er fait hommage au roi de France pour le duché de Guyenne (1303) : le souverain anglais, agenouillé, promet fidélité à son seigneur par un serment sur les Évangiles, ce qu'on appelle en ancien français, la « foi ».

1095 Le pape Urbain II prêche la première croisade

Elle aboutira à la prise de Jérusalem (1099). Cette première victoire sera toutefois de courte durée et les entreprises des croisades se succèdent jusqu'au début du XIVe siècle, impliquant une grande partie de la noblesse européenne dans des combats qui exaltent le fanatisme religieux, tout en donnant aux chevaliers l'occasion de découvrir l'Orient, ses fabuleuses richesses et le haut degré de civilisation du monde musulman. Voici comment Jean de Joinville, qui accompagne le roi Louis IX à la septième croisade (1248-1254), évoque le moment où il vit pour la première fois l'armée ennemie :

> « Le jeudi après la Pentecôte, le roi arriva devant Damiette, et nous trouvâmes là toutes les forces du sultan sur le bord de la mer ; ces gens étaient très beaux à regarder, car le sultan porte des armoiries d'or sur lesquelles frappait le soleil, qui les faisait resplendir. Le vacarme qu'ils menaient, avec leurs timbales et leurs cors sarrasins, était épouvantable à écouter. »
>
> Joinville, **Vie de Saint Louis**, trad. J. Monfrin, Classiques Garnier

Sans doute les croisades ont-elles pour premier objectif la reconquête des Lieux saints, mais elles doivent aussi permettre de canaliser la violence guerrière, idéal propre à la société féodale dont l'élite est en effet représentée par la classe des chevaliers. Si l'institution vassalique recouvre des aspects multiples, sa finalité première est la guerre : les seigneurs aidés de leurs vassaux se livrent à des guerres fratricides qui, d'une part, ont des conséquences désastreuses sur l'économie et, d'autre part, contredisent les principes évangéliques qui prônent l'amour de son prochain. C'est pourquoi le clergé exercera une influence bénéfique sur les activités des chevaliers et leur statut, d'abord en leur imposant des « trêves » (ils ne pouvaient combattre le dimanche ou lors des grandes fêtes liturgiques), puis en les incitant à participer à des guerres « justes » (contre l'Islam, par les croisades), enfin et surtout en modelant leur idéal afin d'éviter toute violence gratuite. Ainsi s'élabore le code chevaleresque que les romans des XIIe et XIIIe siècles contribuent à forger et à diffuser : lorsque le jeune noble est adoubé (l'adoubement est le rite d'initiation au cours duquel un aîné lui ceint l'épée, l'arme distinctive de la chevalerie), il s'engage à combattre pour des causes justes et à laisser la vie sauve à l'adversaire qui s'avoue vaincu et réclame sa « merci » (c'est-à-dire sa grâce).

L'idéalisation de la chevalerie par la littérature a certainement contribué à en atténuer la rudesse, tout en la consacrant comme classe d'élite par rapport aux deux autres classes qui constituent la société féodale : le clergé et le peuple. C'est bien le sens de l'enseignement prodigué par la Dame du Lac à Lancelot, au moment où, âgé de dix-huit ans, il s'apprête à partir pour la cour d'Arthur :

Le roi Arthur adoube le jeune Lancelot en lui remettant l'épée, l'arme distinctive du chevalier.

« Le peuple doit porter le chevalier de la manière que voici : il doit lui fournir et lui procurer tout ce dont il a besoin pour vivre honorablement, parce que le chevalier le garde et le protège nuit et jour. Et sur le peuple doit être assis le chevalier. Car celui qui est assis sur le cheval l'éperonne et le mène où il veut ; et de la même manière le chevalier doit mener le peuple à sa volonté, par une juste sujétion, parce que le peuple est et doit être au-dessous de lui.

Ainsi pouvez-vous savoir que le chevalier doit être le seigneur du peuple et le sergent de Dieu. Il doit être le seigneur du peuple en toutes choses. Mais il doit être le sergent de Dieu car il doit protéger, défendre et maintenir la Sainte Église, c'est-à-dire le clergé, par qui la Sainte Église est servie, les veuves, les orphelins, les dîmes et les aumônes, qui sont assignées à la Sainte Église. Et de même que le peuple le soutient physiquement et lui procure tout ce dont il a besoin, de même la Sainte Église doit le soutenir spirituellement et lui procurer la vie qui jamais ne prendra fin. »

Lancelot du Lac, éd. Kennedy, trad. Mosès, Lettres Gothiques

1152 Mariage d'Henri II Plantagenêt et d'Aliénor d'Aquitaine

Aliénor d'Aquitaine, qui avait épousé en premières noces le roi de France Louis VII et se plaignait ouvertement de vivre auprès d'un moine et non d'un roi, fait annuler son mariage le 21 mars 1152 pour se remarier deux mois plus tard avec le comte d'Anjou et duc de Normandie, Henri Plantagenêt, qui est couronné roi d'Angleterre en 1154. L'empire Plantagenêt, accru des possessions d'Aliénor (le duché d'Aquitaine), s'étend alors des Pyrénées jusqu'à l'Écosse. Aliénor et Henri sont deux souverains cultivés qui réunissent autour d'eux la cour la plus renommée de toute l'Europe occidentale pendant la seconde moitié du XIIe siècle : « Vers elle convergent tous les regards de même que, dans les romans courtois, [les regards sont tournés] vers la cour du roi Arthur « (R. R. Bezzola).

1155 Invention de la Table ronde

Les compagnons (étymologiquement, ceux qui partagent le pain) de la Table ronde constituent l'élite des chevaliers d'Arthur. Ils rappellent la communauté des apôtres du Christ réunis pour la Cène.

Un clerc normand de Caen, Wace, traduit du latin au français l'*Histoire des rois de Bretagne* de Geoffroy de Monmouth (1137), qui célèbre la résistance du roi Arthur à l'envahisseur saxon (VIe siècle), et il offre son ouvrage, intitulé *Brut*, à la reine Aliénor d'Aquitaine. L'étonnante production littéraire que suscite la figure arthurienne montre assez que les Plantagenêts entendaient se servir de la gloire de ce personnage pour assurer la renommée de leur propre cour. Wace, comme tout bon traducteur à cette époque, se plaît à ajouter quelques détails dont l'un aura une singulière fortune : c'est celui de la Table ronde. Arthur l'aurait inventée afin d'éviter toute querelle de préséance entre ses chevaliers dont chacun se prétendait le meilleur. C'est cette élite chevaleresque qui inspire à Chrétien de Troyes (vers 1135-vers 1185) la rédaction des premiers romans en langue française, célébrant tour à tour les exploits d'Érec, d'Yvain, de Lancelot… Au XIIIe siècle, la *Queste du saint Graal* précise que « par le nom de Table ronde, on doit entendre la rondeur de la terre ». En outre, cette table rappelle celle de la Cène où Jésus partagea son dernier repas avec les douze apôtres. Inépuisable réservoir d'aventures, dont la plus célèbre est celle du Graal, la Table ronde se prête à un jeu symbolique multiple.

Voir XVIIIe siècle (« Du lecteur au critique », p. 304) et XIXe siècle (« Le roman », p. 445)

1163 Début de la construction de Notre-Dame de Paris

L'architecture gothique s'était peu à peu dégagée de l'art roman, comme en témoigne l'abbatiale de Saint-Denis transformée en 1140 par l'abbé Suger, conseiller des rois Louis VI et Louis VII. Le style gothique, tel qu'il s'épanouit à Notre-Dame, relève d'une esthétique (celle de la lumière qui entre à flots par les hautes baies ornées de vitraux), d'une pensée symbolique complexe (le plan de l'édifice est établi selon des calculs où tout nombre est pourvu d'une signification), mais aussi d'une perspective politique : l'expansion de l'art gothique accompagne celle de la puissance royale.

Dans le système féodo-vassalique, le roi, bien que siégeant au sommet de la pyramide (il est le seul seigneur à n'être pas lui-même vassal, hormis de Dieu), avait eu quelques difficultés à affirmer son pouvoir, en particulier face à ses grands barons gouvernant des territoires parfois bien plus étendus que le sien. Philippe Auguste, fils de Louis VII », qui règne de 1180 à 1223, parvient à agrandir considérablement le royaume de France dont les frontières, lors de son accession au trône, dépassaient à peine l'Île-de-France, en particulier par la conquête des fiefs continentaux de ses rivaux, les Plantagenêts, qu'il écrase à la bataille de Bouvines (1214). C'est lui qui donne à Paris les fondements de sa suprématie en organisant le développement urbain, en abritant la ville derrière d'épaisses murailles et en construisant la forteresse du Louvre.

… à vous de réfléchir sur la langue et les signes…

1 Les *Serments de Strasbourg* permettent au français d'accéder à l'écrit, jusqu'alors réservé au latin. Considérez les diverses circonstances qui ont rendu cet événement possible (aspects juridiques, rapports entre oral et écrit…). Proposez une traduction du texte du serment qui vous est donné et étudiez sur quelques mots les transformations survenues entre l'ancien français et le français moderne. Si vous connaissez d'autres langues romanes (italien, espagnol…), amusez-vous à opérer quelques rapprochements lexicaux.

2 Dans la société médiévale, l'oral prédomine sur l'écrit ; de même, les gestes ont une fonction essentielle, en particulier lors des cérémonies :
- Étudiez les gestes et les attitudes dans les cérémonies de l'hommage et de l'adoubement, afin d'en dégager la signification (voir les illustrations).
- Cet aspect est lié à un trait plus général de la pensée médiévale : l'importance des symboles. Relevez-en quelques exemples liés à l'organisation hiérarchique de la société.

Vers 1200 Représentation du premier texte dramatique de la littérature française

Voir « La ville » (p. 40)

Le développement de la ville d'Arras, rendue prospère par le travail de la laine, est exemplaire de l'essor urbain qui caractérise le XIIIe siècle. Les bourgeois (le terme apparaît au XIe siècle) sont d'abord les habitants des bourgs qui, venus de la campagne, se consacrent aux activités de l'artisanat et du commerce, et bientôt de la banque, comme ces riches Arrageois mentionnés par Adam de la Halle dans *Le Jeu de la feuillée* (1276) qui prêtent de l'argent aux plus puissants seigneurs. Le développement de la bourgeoisie, s'il ne remet pas fondamentalement en question la conception des trois « ordres » de la société (chevaliers, clercs, peuple), bouleverse quelque peu l'opposition fondamentale entre les « courtois » et les « vilains ». En effet, si les bourgeois conservent des traits de « vilainie » (grossièreté, mais surtout avarice), leur pouvoir croissant ainsi que l'imitation des comportements aristocratiques les apparentent aux « courtois ». En tout cas, alors qu'au XIIe siècle, très rares sont les apparitions du peuple en littérature, elles se multiplient au XIIIe siècle, en particulier dans les fabliaux et le théâtre.

1223 Le pape approuve la règle de François d'Assise

À la recherche de formes de piété plus sincères, François d'Assise, fils d'un riche commerçant de l'Ombrie, se dépouille de ses biens pour mener avec quelques compagnons une vie d'errance et de pauvreté et devenir, selon sa propre expression, le « jongleur de Dieu ». Voici un extrait de son *Cantique des créatures* (1225) :

> « Loué sois-tu, mon Seigneur, avec toutes les créatures, spécialement messire frère Soleil, par qui tu nous donnes le jour, la lumière ; il est beau, rayonnant d'une grande splendeur, et de toi, le Très-Haut, il nous offre le symbole.
> Loué sois-tu, mon Seigneur, pour sœur Lune et les étoiles. Dans le ciel tu les as formées, claires, précieuses et belles.
> Loué sois-tu, mon Seigneur, pour frère Vent, et pour l'air, la sérénité du ciel et les nuages, et tous les temps par lesquels tu donnes soutien à toute créature.
> Loué sois-tu, mon Seigneur pour sœur Eau, qui est très utile et très humble, précieuse et chaste.
> Loué sois-tu, mon Seigneur, pour frère Feu par qui tu illumines la nuit : il est beau et joyeux, robuste et fort.
> Loué sois-tu, mon Seigneur, pour sœur notre mère la Terre qui nous porte et nous nourrit, qui produit la diversité des fruits, avec les fleurs diaprées et les herbes. »

François d'Assise, **Le bonheur des créatures**, « Le Cantique des créatures ou de frère Soleil », trad. M. Hubaut, Desclée de Brouwer

Les Franciscains, de même que les Prêcheurs de saint Dominique (1170-1221), joueront un rôle essentiel dans l'évolution de la réflexion philosophique et religieuse (citons, parmi les Dominicains, Albert le Grand et Thomas d'Aquin, et, parmi les Franciscains, Bonaventure et Roger Bacon) comme dans le développement des universités (la Sorbonne est fondée en 1257 par Robert de Sorbon, émule des Franciscains).

1270 Louis IX meurt à Carthage, lors de la huitième croisade

Durant son long règne (1226-1270), Louis IX prolonge l'œuvre de son grand-père Philippe Auguste en consolidant l'autorité royale et en introduisant de nouvelles formes juridiques. Ami et protecteur des Franciscains et des Dominicains, il ne cesse d'observer un comportement marqué par la piété et l'humilité.

Nous avons sur sa vie un témoignage exceptionnel, celui de Jean de Joinville, sénéchal de Champagne, qui l'accompagna tout au long de la septième croisade (1248-1254). La *Vie de Saint Louis* nous livre, à travers le lien d'amitié qui unissait les deux hommes, une biographie, celle du roi, en même temps que des éléments d'autobiographie, première manifestation du genre en langue française. Voici l'un des moments les plus dramatiques de ce récit. Après le roi, Joinville vient lui aussi d'être fait prisonnier des Sarrasins, alors même que toute l'armée des Francs est minée par une épidémie de dysenterie :

« Alors Dieu m'envoya un Sarrasin qui était de la terre de l'empereur, vêtu de braies de toile écrue, et il vint à la nage dans le fleuve jusqu'à notre bateau, et il mit ses bras autour de mes flancs et me dit : “Sire, vous êtes perdu si vous ne prenez pas de décision, car il faut que vous sautiez de votre bateau sur la pointe qui prolonge la quille de cette galère. Et si vous sautez, ils ne feront certainement pas attention à vous, car ils songent au butin de votre bateau.” On me jeta une corde de la galère et je sautai sur l'éperon, au vouloir de Dieu. Et sachez que je chancelai tellement que, si le Sarrasin n'avait sauté après moi pour me soutenir, je serais tombé à l'eau.

Il me tira dans la galère, où il y avait bien quatre-vingts hommes de leurs gens, et il me tint toujours entre ses bras ; et alors ils me jetèrent à terre et ils me sautèrent sur le corps pour me couper la gorge, car celui qui m'aurait tué aurait pensé que c'était un honneur. Et ce Sarrasin me tenait toujours entre ses bras et criait : “Cousin du roi.” De cette façon, ils me jetèrent deux fois sur le sol et une fois à genoux, et alors je sentis le couteau sous la gorge. Dans cette situation critique, Dieu me sauva par l'aide du Sarrasin, qui me mena jusqu'au château où étaient les chevaliers sarrasins. Quand je fus au milieu d'eux, ils m'ôtèrent mon haubert ; et pour la pitié qu'ils eurent de moi, ils jetèrent sur moi une mienne couverture de fin drap fourrée de menu vair que madame ma mère m'avait donnée [...]. Et alors, à cause de la peur que j'avais, je commençai à trembler bien fort, et à cause de la maladie aussi. Et alors je demandai à boire, et on m'apporta de l'eau dans un pot ; et aussitôt que je la mis dans la bouche pour l'avaler, l'eau me jaillit dehors par les narines. Quand je vis cela, j'envoyai chercher mes gens, et je leur dis que j'étais mort, que j'avais un abcès à la gorge ; et [...] ils se mirent à pleurer [...]. Et alors un des chevaliers sarrasins dit à celui qui nous avait protégés de nous réconforter, car il me donnerait telle chose à boire dont je serais guéri dans les deux jours ; et ainsi fit-il. »

Joinville, **Vie de saint Louis**, éd. J. Monfrin, Classiques Garnier

1298 À son retour de Chine, Marco Polo fait rédiger *Le Devisement du monde*

Marco Polo souligne l'ordre strict qui régit les repas à la cour du Grand Khan : Khoubilaï domine, au centre, entouré de ses épouses, à sa gauche, et de ses fils et neveux, à sa droite. Devant lui, des étrangers lui apportent des présents.

Fils d'un marchand vénitien, Marco Polo (1254-1324) part très jeune en Chine pour accompagner ses père et oncle qui s'étaient déjà aventurés, lors d'un premier voyage, jusqu'au royaume du Grand Khan Khoubilaï, petit-fils de Gengis Khan. Les Mongols, après avoir effrayé la Chrétienté par leurs incursions meurtrières en Europe de l'Est, conquièrent la Chine et, abandonnant leurs mœurs farouches de cavaliers nomades, assimilent le mode de vie raffiné des Chinois. La description précise et pittoresque que Marco Polo nous livre sur l'organisation de l'empire de Khoubilaï, les fêtes de sa cour, la richesse inouïe des villes industrieuses du Mangi (la Chine du Sud) éblouit les contemporains du Vénitien et l'ouvrage, dont nous sont parvenus quelque cent quarante manuscrits, connaît un grand succès ; l'un de ces manuscrits fut annoté de la main de Christophe Colomb, qui se servit du récit de voyage de Marco Polo pour concevoir le projet grandiose de son voyage aux « Indes ».

« Le grand seigneur des seigneurs [le Grand Khan] qui est appelé Khoubilaï Khan a l'aspect suivant : il est d'une belle taille, ni petit ni grand, d'une taille moyenne ; il est charnu sans excès et son corps est bien découpé, avec des membres bien proportionnés. Son visage est blanc et vermeil comme rose, ses yeux noirs et beaux, son nez bien fait et bien mis. »

Marco Polo, **Le Devisement du monde**, « La Bibliothèque Gallimard », n° 1

1309 La papauté quitte Rome pour s'installer en Avignon

Cette situation, qui durera jusqu'en 1377 et fait d'Avignon la capitale de la Chrétienté, transforme la ville en un centre intellectuel très actif, où le Florentin Pétrarque séjourne longuement. Ce n'est pas seulement la rencontre de Laure, la Dame chantée dans ses poèmes, qu'il faut retenir de ce séjour : c'est aussi les recherches savantes menées par le premier humaniste, suscitant un cercle d'admirateurs qui ne cessera de s'étendre.

1337 Début de la guerre de Cent Ans

La guerre de Cent Ans oppose la France à l'Angleterre, d'abord sur la possession de la Guyenne encore aux mains des Anglais, puis dégénère en question dynastique lorsque les Anglais revendiquent la couronne de France. Cette guerre durera en fait plus d'un siècle (jusqu'en 1453), faisant alterner des affrontements sanglants avec des périodes de trêve plus ou moins longues. Le conflit s'aggrave au début du XVe siècle avec le déchaînement de la guerre civile qui voit s'affronter les partisans des Armagnacs et ceux des Bourguignons. Destructions et famines sont bien documentées pour la première partie du XVe siècle par le *Journal d'un bourgeois de Paris*, qui rapporte au jour le jour les misères de la guerre.

« Sur les tas de fumier dans Paris, vous eussiez pu trouver deci de-là vingt ou trente enfants, garçons ou filles, mourant de faim et de froid ; et il n'y a cœur si endurci qui les entendant crier : "Hélas ! je meurs de faim !" n'aurait été bouleversé et ému de pitié. Mais les pauvres chefs de famille ne pouvaient leur venir en aide, sans pain, sans blé, sans bois, ni charbon. Et le pauvre peuple était si accablé de guets, jour et nuit, que personne ne pouvait s'entraider. »

Journal d'un bourgeois de Paris à la fin de la guerre de Cent Ans, trad. J. Thiellay, 10/18

Vers 1360 Naissance du portrait en peinture

Jean le Bon (1319-1364)
École française

Charles VII (1403-1461)
Jean Fouquet

François 1er (1494-1547)
Jean Clouet

Les représentations des grands personnages historiques, tels Charlemagne ou même Saint Louis, étaient des figures abstraites, où l'on ne pouvait guère repérer de traits individuels et qui s'inséraient dans des scènes le plus souvent à caractère religieux. En revanche, le portrait de Jean le Bon manifeste l'idée nouvelle de fixer les traits d'un individu : « L'apparition du portrait est un signe du temps. Elle nous apprend le changement de goût du public – public princier tout au moins – qui ne s'intéresse plus uniquement à l'œuvre pieuse, mais aussi à l'homme, à son caractère, à sa personnalité. » (Pierre et Galienne Francastel, *Histoire de la peinture française*)

Cette représentation un peu fruste est à comparer avec le portrait du roi Charles VII par Jean Fouquet, peint près d'un siècle plus tard, chef-d'œuvre qui ne tardera pas à être pris comme modèle du portrait royal (il fut imité en particulier par Jean Clouet pour son portrait de François Ier).

1368 La bibliothèque de Charles V devient Librairie royale

Voir XVIe siècle (« Les bibliothèques », p. 101)

Le roi Charles V (qui règne de 1364 à 1380) avait hérité de ses prédécesseurs un certain nombre de manuscrits, mais il accrut sa collection par les ouvrages qu'il commanda aux copistes et enlumineurs et par les traductions qu'il fit faire, en particulier de l'œuvre d'Aristote. Il fit installer sa bibliothèque dans une tour du château du Louvre et, en 1380, fit procéder à un premier catalogage qui permit de dénombrer 917 ouvrages.

1390 Christine de Pizan, première femme vivant de son activité d'écriture

Voir « L'écrivain au travail » (p. 69)

Dans *Le Livre de la mutacion de Fortune* (1400-1403), Christine, fille d'un médecin et astrologue italien entré au service du roi Charles V, conte comment, lorsqu'elle devient veuve à vingt-cinq ans avec trois enfants à charge, Fortune « la transforme en homme » afin qu'elle puisse « mener sa barque » : « Alors, je devins sans mentir un vrai homme, capable de piloter un navire. C'est Fortune qui m'apprit ce métier » (v. 1391-1393). Ayant « l'amour de l'étude » et une solide culture, elle décide d'écrire : elle compose une œuvre abondante et variée (poésie, histoire, réflexions morales) qu'elle dédie aux membres de la famille royale dont elle fait ses mécènes, espérant aussi, comme elle le dit dans l'*Avision Christine*, que les volumes dont elle « enfante » « à jamais perpétueront et illustreront partout [sa] mémoire ».

1415 Bataille d'Azincourt

Dramatique épisode de la guerre de Cent Ans pour les Français, qui subissent une écrasante défaite face aux archers anglais : la « fine fleur de la noblesse française » est décimée, et le désastre signe la fin de la chevalerie. Le poète Charles d'Orléans, neveu du roi Charles VI, y est fait prisonnier et devra attendre vingt-cinq ans dans les prisons anglaises avant que le paiement d'une forte rançon ne lui rende la liberté. Un tel destin n'est sans doute pas étranger à la poésie du « désenchantement » qu'il compose, aux couleurs de la mélancolie :

> « Le monde est ennuyé de moi,
> Et moi pareillement de lui ;
> Je ne connais rien aujourd'hui
> Qui m'importe, sinon bien peu. »

Charles d'Orléans, **En la forêt de longue attente**, trad. G. Gros, rondeau 187, Gallimard, coll. « Poésie »

1431 Jeanne d'Arc, accusée d'être une sorcière, est brûlée vive à Rouen

Étonnant personnage, Jeanne d'Arc est « utilisée » de son vivant même pour soutenir les causes les plus diverses et reste une prodigieuse source d'inspiration pour tous les genres artistiques, y compris aujourd'hui le cinéma. Dans l'émouvant poème qu'elle lui consacre (*Ditié de Jeanne d'Arc*), Christine de Pizan n'aura retenu d'elle que son éclatante victoire sur les Anglais à Orléans et le rôle essentiel qu'elle joua dans le rétablissement de la royauté, lors du sacre de Charles VII à Reims : il est en effet probable que Christine mourut sans connaître le sort tragique réservé à sa jeune héroïne.

« Ah ! quel honneur pour le sexe féminin ! Il apparaît clairement que Dieu l'aime puisque tout ce grand peuple, qui avait par lâcheté causé la perte du royaume, a recouvré ses forces et s'est redressé grâce à une femme. »

Christine de Pizan, **Ditié de Jeanne d'Arc**, v. 265-269
éd. A.J. Kennedy et K. Varty, Oxford

… à vous de circuler dans l'histoire…

1 Selon les canons de l'esthétique médiévale, le beau est lumière. Relevez quelques preuves de l'attrait de cette époque pour la lumière. Dans quelle mesure lumière matérielle et lumière spirituelle sont-elles associées ?

2 Comparez la représentation de figures individuelles telles qu'elles nous sont offertes dans les trois portraits de Jean le Bon, Charles VII et François Ier.

3 Découverte de mondes lointains et représentation de l'autre : étudiez l'image du Sarrasin dans les textes de Joinville et celle de Khoubilaï dans le portrait qu'en brosse Marco Polo.

4 Les ambiguïtés de la guerre : l'élite chevaleresque se caractérise par la vaillance guerrière. Pourtant, cet idéal entre progressivement en crise. Dans les événements qui vous sont présentés, dégagez quelques aspects de cette remise en question.

▶ Lieux

Deux lieux caractérisent la société médiévale : la cour et la ville. La cour, centre du pouvoir seigneurial, est le lieu où s'épanouit la littérature qui exalte l'idéal courtois (romans, poésie lyrique). La ville, qui se développe avec la classe qui concurrence les nobles, celle des bourgeois, signe l'avènement du pouvoir de l'argent. Elle favorise l'éclosion de nouveaux genres littéraires où dominent le comique, l'ironie, l'autodérision (fabliaux, théâtre, dits).

La cour

Un nouvel idéal

Parmi ses multiples sens, le mot « cour » désigne l'entourage d'un seigneur. À la fin du XIe siècle et dans le courant du XIIe siècle, la cour connaît une évolution majeure avec la naissance de la courtoisie (l'adjectif « courtois » apparaît à la fin du XIe siècle) : cet idéal marque durablement la société occidentale, aussi bien dans son mode de vie que dans ses manifestations artistiques et littéraires.

Il n'y a pas une cour – comme ce sera le cas au Grand Siècle avec la Cour –, mais autant de cours que de seigneurs, et celle du roi peut fort bien avoir moins de renom que celle d'un de ses puissants vassaux, duc ou comte. Quatre groupes de gens la constituent : les chevaliers, les

La courtoisie promeut un art qui exalte la grâce et la délicatesse, bien visibles dans les attitudes des personnages qui animent la Cour d'Amour.

clercs, les femmes, enfin les jeunes, entre lesquels se tissent des liens étroits qui contribuent à façonner l'idéal courtois. Les chevaliers se distinguent d'abord par leur habileté aux armes et leur vaillance, mais leur rudesse se transforme au contact des dames, désormais spectatrices de leurs exploits lors des tournois (le premier aurait eu lieu en 1095). Si les chevaliers ne fréquentent pas les écoles, réservées aux clercs, ces derniers exercent néanmoins sur eux une influence décisive en écrivant des œuvres romanesques qui leur offrent des modèles de comportement ainsi que des rudiments de culture. En outre, les cours assurent la formation des jeunes nobles, et il est d'usage que le vassal envoie son fils à la cour de son suzerain afin qu'il y apprenne le métier des armes ainsi que les bonnes manières.

La cour a bien sûr aussi une fonction politique : elle permet au seigneur d'apparaître dans tout son éclat, en particulier lors des assemblées solennelles qui correspondent aux grandes fêtes liturgiques (Pentecôte, Pâques et Noël), au cours desquelles le seigneur convoque tous ses vassaux. Dans ces réunions plénières, il exerce la justice, assisté de son conseil, mais c'est aussi l'occasion de réjouissances sans nombre : adoubements, banquets, tournois, divertissements procurés par les jongleurs…

Henri II et le mythe arthurien

Dans la seconde moitié du XIIe siècle, la cour d'Henri II Plantagenêt est de loin la plus puissante d'Europe, attirant dans son orbite chroniqueurs, théologiens, romanciers et troubadours. Cette cour est elle-même itinérante, se déplaçant de Westminster au Mans, d'Oxford à Rouen ou à Poitiers. Pierre de Blois (vers 1135-1200) décrit le roi comme un homme infatigable, « jamais assis », combattant exercé et amateur de chasse, fin administrateur du royaume, s'adonnant à la lecture chaque fois qu'il en a le loisir : « Chez mon maître le roi d'Angleterre, la fréquentation constante des hommes les plus cultivés et la discussion de problèmes philosophiques lui servent de leçon quotidienne. » (Pierre de Blois, *Lettre à l'archevêque Guillaume de Palerme*)

Si nombre d'œuvres romanesques voient le jour à la cour d'Henri II, on lui doit plus encore le développement du mythe arthurien, grâce auquel le roi entendait rivaliser avec le mythe de Charlemagne colporté par les chansons de geste pour glorifier le trône de France.

C'est un Français, originaire de Champagne, qui tire de cette veine les premiers romans : Chrétien de Troyes. Voici le tableau de la cour d'Arthur qu'il brosse dans son premier roman, *Érec et Énide* (vers 1170), au moment où le roi accueille la grande multitude de ses vassaux afin de célébrer le mariage d'Érec et Énide :

« Quand le roi Arthur vit tous ses barons enfin assemblés, son cœur en fut tout rempli d'aise. Puis, pour porter l'allégresse à son comble, il ordonna à cent jeunes gens de prendre un bain, car il voulait les armer chevaliers. Pas un qui n'obtînt une robe

aux couleurs chatoyantes en riche brocart d'Alexandrie, chacun selon son désir, selon sa préférence et sa fantaisie. Tous eurent des armures assorties et des chevaux fougueux et alertes : le moins bon valait bien cent livres.
[...] Quand la cour fut tout entière assemblée, tous les ménestrels de la contrée, quels que fussent leurs talents, étaient présents à la fête. Dans la salle régnait une grande allégresse : chacun montra ce qu'il savait faire, l'un des sauts, l'autre des culbutes, un troisième des tours de magie ; l'un conte, l'autre chante ; l'un siffle, l'autre joue d'un instrument, qui de la harpe, qui de la rote, qui de la viole, qui de la vielle, qui de la flûte, qui du chalumeau. Les jeunes filles forment des rondes et dansent ; tous font assaut de joie.
Rien de ce qui peut susciter l'allégresse et plonger le cœur des hommes dans la liesse n'est absent des noces ce jour-là. Tambourins et tambours, musettes, cornemuses et flûtes, trompettes et chalumeaux résonnent.
Que pourrais-je encore dire ? On n'avait fermé aucune porte, petite ou grande : les entrées et les sorties avaient toutes été laissées libres, ni pauvre ni riche n'en fut écarté. Le roi Arthur n'était pas avare : il commanda aux panetiers, aux cuisiniers et aux échansons d'offrir en abondance à chacun selon son désir, pain, vin et venaison. Nul n'y demandait quoi que ce fût sans en recevoir en volonté. »

Chrétien de Troyes, **Érec et Énide**, trad. J.-M. Fritz, Lettres Gothiques

... à vous d'entrer dans la fête et d'acquérir les premiers rudiments de courtoisie...

1 Ce passage met en évidence la magnificence qui caractérise la cour d'Arthur. Indiquez par quels procédés le romancier réussit à créer une scène dominée par la richesse et la gaieté. Le luxe qui se déploie à la cour d'Arthur est intimement solidaire de la qualité que tous reconnaissent comme la première que doit avoir un seigneur : la « largesse » (générosité). À vous d'en trouver les preuves.

2 Goût du luxe, recherche de l'élégance, sociabilité, générosité, la courtoisie implique ces diverses aptitudes, mais il en est une plus secrète, plus difficile à définir, que la lecture des romans de Chrétien de Troyes nous permet de mieux saisir : c'est l'attention à l'autre, la délicatesse qui amène par exemple le roi, au milieu de la foule assemblée, à se soucier de la jeune Énide, étrangère à ce milieu et si confuse de voir tous ces chevaliers les yeux fixés sur elle qu'elle en devient toute rouge : « Quand le roi aperçut sa confusion, il ne voulut pas s'éloigner d'elle, mais l'a prise doucement par la main et l'a assise à sa droite. » Le roi n'est pas le seul à être courtois avec Énide, le narrateur l'est aussi puisque, au lieu de se moquer de son héroïne, il remarque avec tact : « Cette marque de pudeur lui allait si bien qu'elle en devint beaucoup plus belle. »

Loin de la cour : la forêt

La forêt : lieu de l'aventure

Selon la structure type du roman arthurien, l'histoire débute à la cour d'Arthur : là, une épreuve est proposée aux chevaliers, qui les conduit à partir « en aventure » dans l'espace de la forêt où ils sont confrontés aux « merveilles » : créatures étranges et souvent cruelles, nains ou géants, jeunes filles victimes de chevaliers félons, etc. Le parcours du héros revêt une double signification : soumettre à l'ordre le monde chaotique de la forêt et se former, en se mesurant à ces épreuves, pour devenir un chevalier pleinement accompli au plan de la prouesse mais aussi de l'amour et de la sagesse.

La forêt : lieu du bannissement

Refuge pour ceux qui veulent échapper à l'autorité royale, la forêt est également l'espace de la vie sauvage, et donc du dénuement matériel comme de la régression : en témoigne la vie que mènent Tristan et Iseut dans le Morrois, après avoir fui la justice du roi Marc, décidé à punir leur amour adultère. Après trois ans d'exil dans la forêt, le « vin herbé » a cessé d'agir sur les deux amants qui prennent conscience de leur misère.

Le chevalier, revêtu de la tête aux pieds des diverses pièces de son équipement, s'élance pour affronter les êtres sauvages ou monstrueux de la forêt.

« Ah, Dieu ! Que de tourments j'ai connus ! Aujourd'hui, cela fait trois ans, jour pour jour, que le malheur ne m'a jamais quitté, pendant les jours de fête ou les jours ordinaires. J'ai oublié la chevalerie, les usages de la cour et la vie des barons. Je suis banni du royaume. Tout me manque, le vair et le gris. Je ne suis plus à la cour avec les chevaliers. Dieu, mon cher oncle m'aurait tant aimé si je ne lui avais pas fait autant de mal ! Ah, Dieu, tout va bien mal pour moi ! Maintenant, je devrais me trouver à la cour d'un roi, entouré de cent damoiseaux qui feraient leurs premières armes et se trouveraient à mon service. Je devrais partir dans un autre royaume, au service d'un roi et rechercher une solde. Le sort de la reine me pèse beaucoup : je lui offre une loge feuillue en guise de chambre. Elle vit dans un bois alors qu'elle pourrait résider avec sa suite dans de beaux appartements tendus de draps de soie. À cause de moi, elle a pris un mauvais chemin. J'implore Dieu, Le maître du monde, qu'il me donne la force de laisser la reine en paix avec mon oncle. » ●

Béroul, **Tristan et Iseut**, Lettres Gothiques

… à vous de lire la plainte de Tristan…

Dans la forêt, Tristan décrit sa vie en opposition avec celle qu'il a connue à la cour : cela vous apparaît-il clairement ?

1 Les marques de l'émotion dans le monologue : à vous d'en faire la liste.

2 Mesurant sa responsabilité dans le sort d'Iseut (« la reine »), livrée à ces mêmes privations, Tristan décide de tenter de se réconcilier avec son oncle pour retrouver la vie de cour. Imaginez le discours que pourrait tenir Tristan à son oncle pour le convaincre de les réintégrer à la cour.

La forêt : lieu de rédemption

La forêt est aussi le refuge d'une autre sorte d'hommes : les ermites, créatures d'exception qui ont choisi cette existence de privations et de solitude afin de se rapprocher de Dieu. Ainsi, c'est grâce à l'intervention de l'ermite Ogrin que Tristan et Iseut comprendront qu'ils vivaient dans le péché et qu'ils pourront renouer avec le monde de la cour. La cour, lieu des plaisirs mondains et de la tentation, peut en effet représenter, pour des clercs soucieux d'appliquer strictement les principes de la morale chrétienne, l'espace où l'on se perd, tandis que la forêt devient l'espace du salut.

Les grandes cours

Du XIIe siècle au XVe siècle, les cours ne sont pas seulement les lieux du divertissement mondain, elles constituent l'espace privilégié où s'élabore et se diffuse la culture.

La comtesse Marie et la cour de Champagne

Fille d'Aliénor d'Aquitaine et du roi de France Louis VII, Marie, après avoir épousé le comte Thibaut de Champagne, tient à Troyes, dans le dernier tiers du XIIe siècle, la cour la plus brillante de France, si l'on en juge par l'activité littéraire qui s'y déploie : c'est là que les premiers trouvères (Guiot de Provins, Gace Brulé) acclimatent la poésie des troubadours ; c'est là que Chrétien de Troyes invente le roman arthurien. Dans le prologue du *Chevalier de la charrette*, il indique en effet que ce roman lui a été commandé par la comtesse : « Puisque ma dame de Champagne veut que j'entreprenne de faire un roman, je l'entreprendrai très volontiers, en homme qui lui est entièrement dévoué dans tout ce qu'il peut faire en ce monde. » Et si l'on en croit André le Chapelain, qui écrit en latin le traité *De amore* (vers 1184), Marie aurait elle-même participé aux débats qui animaient sa cour afin de rendre des « jugements » permettant de définir la *fin'amor*.

« I. Fuis l'avarice comme un fléau funeste et embrasse son contraire.
II. Garde-toi chaste pour celle que tu aimes.
III. N'essaie pas de briser l'amour d'une dame qui est parfaitement unie à un autre.
IV. Ne recherche pas l'amour d'une femme qu'un sentiment naturel de honte t'empêcherait d'épouser.
V. Souviens-toi d'éviter absolument le mensonge.
VI. Évite de livrer à plusieurs confidents les secrets de ton amour.
VII. En obéissant en tout point aux commandements des dames, efforce-toi toujours d'appartenir à la chevalerie d'Amour.
VIII. En donnant et en recevant les plaisirs d'amour, prends garde de toujours respecter la pudeur.
IX. Ne sois pas médisant.
X. Ne trahis pas les secrets des amants.
XI. En toute circonstance, montre-toi poli et courtois.
XII. En t'adonnant aux plaisirs de l'amour, n'excède pas le désir de ton amante. »

André Le Chapelain, **Traité de l'amour courtois**, Klincksieck

… à vous de mettre en pratique les règles de l'amour…

Voici quelques situations qui auraient été proposées, selon André le Chapelain, au jugement des dames de la cour de Champagne afin de déterminer la conduite la plus conforme aux règles de la *fin'amor*. Imaginez les réponses en les justifiant par des arguments tirés de cette doctrine.

1 Une dame accepte le service d'amour d'un homme qu'elle n'aime pas, à condition qu'il obéisse à tous ses ordres, dont le premier est de ne jamais célébrer en public l'éloge de cette dame. Le chevalier accepte, mais un jour, entendant dire du mal de la dame, il ne peut s'empêcher de la défendre. Lorsqu'elle l'apprend, la dame décide de ne plus accepter son amour.

• • •

2 Un chevalier, jouissant des étreintes d'une amie parfaite, lui demande pourtant la permission de goûter les caresses d'une autre femme. Cette permission accordée, il part puis revient au bout d'un mois, annonçant à sa bien-aimée qu'il n'a pris aucun plaisir auprès de l'autre dame et qu'il désirait seulement éprouver la constance de son amie. Mais celle-ci le repousse comme indigne de son amour.

3 Un jeune homme qui ne possède aucune vertu et un chevalier plus vieux, mais paré de toutes les vertus, requièrent d'amour la même dame. Le jeune homme prétend qu'il doit être préféré à l'homme mûr au motif que, grâce à ce service d'amour, il pourra acquérir les vertus qui lui manquent.

Charles d'Orléans et la cour de Blois

Quand il fut revenu à Blois en 1441 après avoir passé vingt-cinq ans dans les prisons anglaises, Charles d'Orléans fit de sa petite cour un lieu accueillant et ouvert aux rimeurs professionnels ou amateurs : souvent avaient lieu des joutes poétiques, qui sont sans doute la dernière manifestation du caractère éminemment social de la poésie courtoise depuis son apparition chez les troubadours, trois siècles et demi plus tôt.

Ainsi, le jeu pratiqué lors du concours de Blois de 1457 consiste à construire deux ballades en partant d'un premier vers identique. Voici la première strophe des ballades écrites à cette occasion par Charles d'Orléans et François Villon :

1 Auprès de. 2 Dans le. 3 Pourtant. 4 Savant entre les savants. 5 Soigneux. 6 Mes affaires, c'est comme si on leur avait jeté un sort.

« Je meurs de soif en couste[1] la fontaine
Tremblant de froit ou[2] feu des amoureux ;
Aveugle suis et si[3] les autres maine ;
Pouvre de sens, entre saichans l'un d'eulx[4] ;
Trop negligent, en vain souvent songneux[5].
C'est de mon fait une chose faiee[6],
En bien et mal par Fortune menee. »

Charles d'Orléans, **Ballades et Rondeaux**, éd. Mühlethaler, Lettres Gothiques

« Je meurs de soif auprès de la fontaine, chaud comme le feu, je claque des dents ; dans mon pays je suis en terre étrangère ; près d'un brasier, je frissonne brûlant ; nu comme un ver, vêtu en président, je ris en pleurs et attends sans espoir ; je me réconforte au fond du désespoir ; je me réjouis et n'ai aucun plaisir ; puissant, je n'ai ni force ni pouvoir, bien accueilli, repoussé par chacun. »

François Villon, **Ballade du concours de Blois**, trad. J. Dufournet, GF

… à vous de participer au jeu poétique…

Après avoir choisi un mètre et un schéma de rimes, construisez une strophe de six vers, bâtis chacun sur un paradoxe.

La cour de Bourgogne

Entre le milieu du XIVe siècle et la fin du XVe, le duché de Bourgogne (qui s'étend de Mâcon au sud jusqu'à la Hollande au nord en passant par la Flandre et l'Artois) forme un État puissant (qui s'allie à l'Angleterre contre la France lors de la guerre de Cent Ans), dont les maîtres veillent à rehausser le renom par l'attention qu'ils portent aux différentes formes artistiques, en particulier la peinture et la littérature. Au temps de Philippe le Bon (1419-1467) et de Charles le Téméraire (1467-1477), la cour de Bourgogne frappe les contemporains par le faste qu'elle déploie lors des fêtes et des cérémonies. Un bon exemple nous en est fourni par le banquet du faisan : il a lieu à Lille le 17 février 1454 pour célébrer le mariage du duc Jean de Clèves avec Isabelle de Bourgogne, mais aussi pour annoncer le départ du duc à la croisade contre les Turcs qui viennent de s'emparer de Constantinople (toutefois, la mort du pape Pie II empêchera la réalisation de ce projet de croisade).

Jan Van Eyck
(vers 1390-1441),
*La Vierge
du chancelier Rolin.*

1 Il s'agissait d'un divertissement intervenant au cours du repas, sous forme d'un élément de décoration fixe ou mobile supportant un tableau vivant ou statique, avec des figurants et une action dramatique sommaire. 2 Au Moyen Âge, le terme désigne une préparation de pâte cuite servant d'enveloppe à un hachis de viande (voir, en français moderne, le « pâté en croûte »). 3 Mélusine : créature surnaturelle apparentée aux fées et ayant l'apparence d'une femme pour le haut du corps mais pourvue, à partir du nombril, d'une queue de serpent. Selon la légende, elle aurait engendré la lignée des Lusignan (Son nom signifierait « mère des Lusignan »), famille qui se rendit célèbre aux XIIe et XIIIe siècles dans l'histoire des croisades. 4 Trois de ces « entremets » ont un rapport direct avec la croisade que la cérémonie du banquet sert à annoncer : les Lusignan, rois de Chypre, s'étaient faits les champions du combat contre l'Islam ; quant à l'homme sauvage monté sur un chameau et au désert où combattent un tigre et un serpent, ils représentent l'exotisme oriental qui se développe avec les croisades.

« Les entremets[1] de la deuxième table. – La seconde table, qui était la plus longue, avait premièrement un pâté[2], dans lequel se trouvaient vingt-huit personnages vivants qui jouaient de divers instruments, chacun à leur tour. Le second entremets de cette table était un château imitant celui de Lusignan, et sur ce château, au plus haut de la tour principale, se trouvait Mélusine sous sa forme de serpente[3], et par deux des tours plus petites jaillissait, quand on le désirait, de l'eau de fleur d'oranger, qui tombait dans les fossés du château. Le troisième entremets était un moulin à vent, dressé sur une colline, et l'aile la plus haute était munie d'une perche, au bout de laquelle il y avait une pie ; et tout autour, des gens de toutes conditions, armés d'arcs et d'arbalètes, tiraient à la pie, afin de montrer que tirer à la pie pour tous est une affaire commune. Le quatrième entremets était un tonneau placé dans un vignoble et où il y avait deux sortes de breuvage, dont l'un était bon et doux, et l'autre amer et mauvais, et sur le tonneau se trouvait un personnage richement vêtu, qui tenait dans sa main une inscription qui disait : "En prenne qui veut." Le cinquième entremets était un désert, figuré par une terre inhabitée, dans lequel était représenté un tigre fait de façon si remarquable qu'il semblait vivant, et ce tigre combattait contre un grand serpent. Le sixième entremets était un homme sauvage, monté sur un chameau, qui était représenté en train de parcourir les pays. [...] Mondit seigneur, madame la duchesse et toute leur noble compagnie mirent beaucoup de temps à visiter les entremets[4]. Toute la salle était remplie de personnes nobles ; peu nombreuses étaient les autres. » ●

Olivier de la Marche, **Mémoires**, trad. H. Beaune et J. d'Arbaumont, SHF

... à vous de lire *Érec et Énide* de Chrétien de Troyes...

1 Proposez un bref exposé sur la cour d'Arthur, d'après tous les renseignements donnés dans le roman.

2 Dressez une liste de comportements courtois.

3 Les lieux du roman : énumérez les divers lieux évoqués et leurs caractéristiques. Étudiez plus précisément l'opposition entre cour et forêt.

4 Itinéraire spatial et progression morale : montrez comment la composition rigoureuse du roman met en évidence les étapes de la formation du héros.

5 Dans l'utilisation du procédé de focalisation interne, l'auteur privilégie le personnage d'Énide. Relevez quelques exemples de scènes présentées du point de vue d'Énide. Explicitez les raisons d'un tel choix. Récrivez l'une de ces scènes en adoptant le point de vue d'Érec.

La ville

Au XIe siècle, la ville retrouve son lustre grâce au développement de l'artisanat et à la création de foires et de marchés qui assurent la circulation de produits d'origine plus ou moins lointaine et constituent autant de carrefours propices aux échanges culturels. Un bon exemple de cette dynamique qui associe étroitement développement économique et effervescence artistique nous est fourni par la ville d'Arras, qui connaît une expansion spectaculaire à partir de la fin du XIIe siècle grâce au travail du drap et à l'essor des activités bancaires, et qui se distingue par une intense floraison littéraire. En 1155 est fondée à Arras la première confrérie de jongleurs, la confrérie de Notre-Dame-des-Ardents ; un peu plus tard sera également créé le « puy » d'Arras (société littéraire où sont organisés des concours de poésie courtoise).

La ville « entre » en littérature

Le fabliau, qui connaît son plein épanouissement entre la fin du XIIe siècle et celle du XIIIe siècle, développe une petite intrigue qui a presque toujours pour toile de fond la ville et pour personnages les acteurs de la vie quotidienne, ceux et celles qui peuplent la rue et vaquent à leurs affaires : artisans, marchands, boutiquiers, taverniers, prostituées... Ce sont les « bourgeois », nouveaux habitants des bourgs, venus de la campagne pour développer les divers métiers et promouvoir le commerce, qui entendent se distinguer radicalement des « vilains » (comprendre les paysans)... afin de mieux faire oublier leur origine rustique.

« Il y avait jadis à Montpellier un paysan qui avait l'habitude de ramasser et de charger du fumier sur deux ânes afin de fumer sa terre. Un jour, après avoir chargé ses ânes, il se hâte d'entrer dans le bourg, menant ses bêtes qu'il poussait devant lui sans ménager sa peine, souvent obligé de leur crier "Hue !". Il s'est tant démené qu'il est parvenu à la rue des épiciers, où les garçons pilent les mortiers. Et quand il a senti l'odeur des épices, on aurait bien pu lui donner cent marcs d'argent qu'il n'aurait pu avancer d'un pas. Mieux ! il tombe aussitôt évanoui, tout comme s'il était mort. Tout autour, les gens manifestent leur émoi : "Mon Dieu ! quelle pitié ! Voyez comment cet homme est mort ici même !", mais ils n'en savent pas la raison. Quant aux ânes, ils attendaient bien tranquilles au milieu de la rue, car l'âne n'a pas l'habitude d'avancer s'il n'en reçoit l'ordre. Un brave homme, qui habitait dans les parages et se trouvait dans la rue, s'approcha et demanda aux gens qu'il voyait tout autour : "Seigneurs, si quelqu'un voulait que ce brave homme guérisse, je le ferais volontiers contre quelques espèces sonnantes." Aussitôt un bourgeois lui a dit : "Guérissez-le tout de suite et vous aurez vingt sous de mes deniers.

– Très volontiers" répondit le premier. Alors, il prend la fourche que portait le paysan et qui lui servait à pousser ses ânes, puis saisit une pelletée de fumier qu'il lui met sous le nez. Dès que le paysan sent l'odeur du fumier et qu'il oublie le parfum des épices, il rouvre les yeux, se relève et se déclare complètement guéri. Il en est tout content et joyeux, et dit qu'il ne viendra jamais plus par là s'il peut passer ailleurs. Par cette histoire, je veux vous montrer que celui qui par orgueil oublie ses origines manque de sagesse et de mesure. Nul ne doit agir contre sa nature. »

Fabliau du Vilain ânier (traduction originale)

… à vous de lire le fabliau…

1 À travers cette histoire, plusieurs niveaux de lecture se dessinent : un fait social et économique (les rapports entre la ville et la campagne), un fait culturel (l'opposition entre « vilainie » et « courtoisie »), une donnée éthique (la morale du fabliau). À vous d'élucider ces trois niveaux de lecture.

2 Comme souvent dans les fabliaux, les personnages du *Vilain ânier* sont désignés par leur statut social : un paysan, un bourgeois… Seul le « brave homme » qui intervient pour créer le « happening » n'a pas d'identité. Quelle profession lui conviendrait le mieux ?

Renaissance du théâtre

Le théâtre, si important dans la culture grecque et romaine, avait peu à peu disparu aux premiers siècles de notre ère, condamné par l'Église qui n'y voyait qu'un divertissement profane sans valeur, voire nuisible lorsqu'il débouchait sur des pitreries grotesques. Pourtant, c'est au sein de l'Église qu'il va peu à peu renaître lorsque, pour permettre aux fidèles de mieux comprendre les événements principaux de la vie du Christ (Nativité, Passion, Résurrection), on fera jouer de petites scènes, avec quelques personnages mimant l'action, lors des offices célébrant ces grandes fêtes du calendrier chrétien.
Lorsque le théâtre sort de l'église, il n'en garde pas moins des éléments de caractère sacré qui sont étroitement mêlés au profane. Ainsi, le premier texte dramatique de la littérature française, le *Jeu de saint Nicolas*, écrit aux alentours de 1200 par Jean Bodel, conte un miracle opéré par ce saint, mais l'intrigue a pour décor principal la ville natale de l'auteur : Arras.

La ville est un théâtre

Les rues des villes ont longtemps résonné des « cris » des différents métiers : c'est par la voix que chacun attire les chalands. Jean Bodel met ici en scène deux « crieurs » : le premier, Connart, est le crieur officiel de la ville, chargé de diffuser les nouvelles et les décisions des échevins (le maire et le groupe de notables qui l'assiste), le second, Raoulet, est employé par le tavernier pour faire la réclame de son vin. Écoutons-les se disputer la place :

« CONNART - Qu'est-ce donc, abruti ? Que veux-tu faire ? Tu veux me souffler ce qui me revient ? Reste tranquille, tu me fais tort.

RAOULET - Qui es-tu pour me l'interdire ? Dis-moi ton nom, parbleu.

CONNART - L'ami, on m'appelle Connart. Je suis, par droit de naissance, crieur des échevins de la cité. Voilà soixante ans et même plus que je gagne ma vie à ce métier-là. Et toi, quel est ton nom, je te prie ?

RAOULET - Je m'appelle Raoul et je crie le vin. Je relève des hommes de la ville.

Avec l'essor urbain que connaît l'Europe à partir du XIIe siècle, la ville se donne à voir comme un microcosme de la société tout entière. Ambroglio Lorenzetti (1290-1348) peint pour le palais public de Sienne *Les effets du Bon gouvernement à la ville*.

CONNART - Fuis, crétin, renonce à ton imposture, car tu cries bien trop faiblement ! Mets bas le pot et la baguette ! Vraiment, je ne t'estime pas un fifrelin.

Connart bouscule Raoulet.

RAOULET - Quoi, Connart ? Tu me houspilles ?

CONNART - Oui ! Et je ne sais ce qui m'empêche de t'assommer. Mets bas le pot et le gobelet, et laisse-moi, à moi seul, le métier !

RAOULET - Écoutez donc quelle insolence il me dit, celui-là qui exige que je sonne la retraite ! Connart, ne fais donc pas le hâbleur ! On pourrait te passer ta frottée ! Décidément, les connards demandent toujours la bourrade ; oui, ils ne seront contents que si on les bat. »

Jean Bodel, **Le Jeu de saint Nicolas**, trad. A. Henry, Presses universitaires de Bruxelles

Pendant toute la période médiévale, le théâtre n'a pas de lieu spécifique, il se joue en plein air, et, à ses débuts tout au moins, les acteurs professionnels n'existent pas. Bien que nous n'ayons que très peu de traces de ces représentations éphémères – dont seuls quelques textes nous sont parvenus –, on peut penser que ce théâtre avait une disposition circulaire, comme plus tard le théâtre du Globe à Londres où furent jouées les pièces de Shakespeare. Ces caractéristiques du jeu théâtral amènent la communauté urbaine à « jouer sa vie » (spectateurs et acteurs confondent leur rôle) : une bonne illustration de ce type de théâtre nous est fournie par le *Jeu de la feuillée* (vers 1276) d'Adam de la Halle. Comme Jean Bodel, Adam est Arrageois, mais il pousse plus loin encore la mise en scène de sa ville et de ses habitants.

« LE MÉDECIN
As-tu uriné à jeun ?

MAÎTRE HENRI
Oui.

LE MÉDECIN
Approche-le[1] donc, que Dieu nous aide !
Le médecin examine l'urine.
Tu as le mal de saint Léonard[2],
mon brave, je ne veux pas en voir davantage.

MAÎTRE HENRI
Maître, pour ça, faut-il me coucher ?

LE MÉDECIN
Non, non, vous n'en accoucherez pas pour autant.
J'en ai trois aussi bien arrangés
parmi les malades de cette ville.

1 L'urinal. 2 Le mal de saint Léonard : ce saint était invoqué pour aider les femmes à accoucher…

MAÎTRE HENRI
Qui sont-ils ?

LE MÉDECIN
Jean d'Auteville,
Guillaume Wagon et le troisième
se nomme Adam L'Anstier.
La maladie de chacun de ces trois-là,
c'est de trop se remplir la bedaine,
et pour cette raison tu as au ventre une telle enflure.

DOUCE DAME
Cher maître, accordez-moi aussi une consultation,
En échange de mon argent,
car j'ai aussi le ventre si tendu
que je ne puis plus avancer ;
j'ai donc apporté de trois lieues,
pour vous la montrer, mon urine.

LE MÉDECIN
Le médecin examine l'urine.
Ce mal vient de trop pratiquer la position horizontale,
Dame : c'est le verdict de l'urinal.

DOUCE DAME
Vous êtes un menteur, grossier personnage.
Je ne suis pas celle que vous croyez.
Jamais pour don ni pour promesse
Je n'ai voulu faire un tel métier. » ●

Adam de la Halle, **Le Jeu de la Feuillée**, trad. J. Dufournet, GF

… à vous de participer au jeu théâtral…

1 La dispute des deux crieurs du *Jeu de saint Nicolas* se donne à lire comme un conflit des générations, lui-même emblématique de l'opposition entre la partie ancienne d'Arras (la cité) et la partie moderne (la ville), aux mains des marchands. Indiquez les détails de la scène qui conduisent à cette interprétation.

2 La dénonciation des vices des Arrageois dans le *Jeu de la feuillée*: la satire de l'auteur s'exerce aux dépens de tous les personnages, y compris le médecin. Montrez-le.

3 Objets scéniques, gestes, tons : récapitulez tous les éléments fournis ou suggérés par les textes afin de préparer l'interprétation théâtrale de ces deux scènes.

Exclus et marginaux

Jean Bodel, le lépreux

Cet écrivain au talent multiple, qui écrit des fabliaux, compose une chanson de geste et réinvente le théâtre, découvre qu'il est atteint de la lèpre alors qu'il s'apprête à participer à la quatrième croisade. Avant de partir s'enfermer dans une léproserie des environs d'Arras (1202), il rédige ses *Congés*, poème de 45 strophes de douzains d'octosyllabes, où il dit adieu à la ville et à ses habitants : ses amis, tour à tour nommés, mais aussi le châtelain, le maire d'Arras et les échevins, ses confrères jongleurs (« doux compagnons »), la femme de l'avoué (« toujours courtoise »), etc. Voici la strophe XXVI :

> « Souffrance qui se reflète en mon cœur, salue de ma part Geoffroi le médecin, car je dois bien prendre congé de lui : je suis son homme, il est mon seigneur. J'ai bien fait la preuve de ses compétences et personne ne saurait rien lui apprendre de son art : il lui a fallu se donner beaucoup de mal pour refermer mes plaies et ressouder ma chair au tissu si fragile. Avec quel courage il entreprit de retrancher et d'inciser les peaux mortes de cette tête qui n'a plus rien de sain ! »
>
> Jean Bodel, **Congés**

Rutebeuf, le poète de l'infortune

On ne sait rien de sa vie si ce n'est que, originaire de Champagne, Rutebeuf vécut à Paris dans la seconde moitié du XIIIe siècle. Clerc et jongleur, il chante sa misère et les malheurs qui s'enchaînent pour faire de son existence une vie de raté : il a fait un mariage malheureux, il a tout perdu au jeu, ses amis l'ont quitté... Voici un extrait de « La Pauvreté de Rutebeuf » dans sa version originale et dans sa traduction :

> « Granz rois, s'il avient qu'a vos faille,
> A touz ai je failli sanz faille.
> Vivres me faut et est faillis.
> Nuns ne me tent, nuns ne me baille :
> Je touz de froit, de fain baaille,
> Dont je suis mors et maubailliz.
> Je suis sanz coutes et sanz liz ;
> N'a si povre jusqu'a Sanliz.
> Sire, si ne sai quel part aille :
> Mes costeiz connoit le pailliz,
> Et liz de paille n'est pas liz,
> Et en mon lit n'a fors la paille. »

« Grand roi, s'il m'arrive que vous vous dérobiez, tous à coup sûr se déroberont. Ma vie se dérobe, elle est finie. Personne ne me tend la main, personne ne me donne rien. Toussant de froid, bâillant de faim, je suis à bout de ressources, dans la détresse. Je n'ai ni couverture, ni lit, il n'est personne de si pauvre, cherchât-on jusqu'à Senlis. Sire, je ne sais où aller. Mes côtes ont l'habitude de la paille, mais un lit de paille n'est pas un lit, et dans mon lit, il n'y a que de la paille. »

Rutebeuf, **Poèmes de l'infortune**, trad. J. Dufournet, Poésie Gallimard

François Villon, le « mauvais garçon »

Né vers 1431, Villon suit à Paris des études qui lui permettent d'obtenir la licence et la maîtrise ès arts, mais il se fait ensuite remarquer par sa vie de hors-la-loi (il est reconnu coupable de plusieurs vols et même accusé de meurtre). Il échappe de peu à la pendaison en 1463 : il obtient que sa peine soit commuée en dix ans de bannissement et disparaît alors de Paris. Ses poèmes (*Ballades*, *Testament*) évoquent le monde interlope de la ville : les filles de joie, les enfants des rues, les mendiants, le peuple louche qui hante les tavernes…

« La pluie nous[1] a lessivés et lavés, et le soleil desséchés et noircis. Pies et corbeaux nous ont creusé les yeux et arraché la barbe et les sourcils. Jamais, à nul moment, nous ne sommes en repos ; de ci, de là, comme le vent varie, à son gré, sans cesse, il nous charrie, plus becquetés par les oiseaux que dés à coudre. Ne soyez donc pas de notre confrérie, mais priez Dieu que tous nous veuille absoudre ;
Prince Jésus qui as sur tous puissance, empêche que l'Enfer ne soit notre seigneur : n'ayons rien à faire ni à solder avec lui. Hommes, ici point de plaisanterie, mais priez Dieu que tous nous veuille absoudre ! »

François Villon, **Poésies**, « L'épitaphe de Villon en forme de ballade »,
trad. J. Dufournet, GF

1 Il s'agit ici des pendus.

À vous de lire les poèmes…

1 Jean Bodel, Rutebeuf et François Villon montrent l'exclusion en imaginant chacun une situation d'énonciation originale : qui parle, et à qui ?

2 Poésie et réalisme sont étroitement associés pour évoquer le corps souffrant ou mort : montrez-le par deux ou trois exemples.

▶ **Figures**

L'auteur et ses masques

L'énigmatique Turold

Quel est l'auteur de la *Chanson de Roland*, première œuvre de la littérature en langue française ? Nous l'ignorons. À la fin du manuscrit d'Oxford, qui nous livre la plus ancienne version du texte, nous lisons : «*Ci falt la geste que Turoldus declinet*» (« Ici s'arrête l'histoire que Turold raconte »).

À qui renvoie cette « signature » ? Peut-être à celui qui a écrit le texte, ou bien à celui qui l'a copié sur le manuscrit qui nous est parvenu, ou encore à l'auteur d'un récit plus ancien (légende orale ?), repris et remanié pour aboutir au texte que nous lisons. Turold n'est pas seulement pour nous un nom sans visage : nous ne savons quel rôle lui attribuer dans l'élaboration de l'œuvre. Du reste, cette question importait-elle au public du Moyen Âge, qui ne lisait pas, comme nous, les chansons de geste, mais les écoutait de la bouche du jongleur ?

La voix du jongleur

Écoutons-le s'adresser à son auditoire pour lui vanter les mérites de la chanson de geste qu'il s'apprête à réciter – il s'agit de *La Prise d'Orange* (fin du XIIe siècle) :

« Écoutez, seigneurs, afin que Dieu vous bénisse, le glorieux, le fils de sainte Marie, écoutez la chanson exemplaire que je veux vous narrer ! Celle-ci n'a pas pour sujet une action déraisonnable ou insensée, elle n'est pas issue de sources mensongères ou entreprise par goût du mensonge, mais elle traite des vaillants chevaliers qui conquirent l'Espagne. Ils le savent bien ceux qui vont à Saint-Gilles et qui en ont vu les preuves matérielles à Brioude : l'écu de Guillaume et sa targe décorée d'une fleur en rosace, et le bouclier de Bertrand, son neveu, le noble. Je ne pense pas qu'un clerc me contredise un jour ni un écrit trouvé dans un livre. Tous ont chanté de la cité de Nîmes : Guillaume la tient en sa possession, cette ville aux murailles élevées et aux salles de pierre, ainsi que le palais et les châtellenies ; mais Dieu ! il ne possédait pas encore Orange. Peu d'hommes disent la vérité à ce sujet, mais moi je la dirai, car je la connais depuis longtemps, je conterai comment Orange fut détruite et dévastée par Guillaume au visage hardi qui en chassa les païens d'Aumarie [...] ; il épousa la reine Orable qui, issue de la race païenne, était la femme du roi Tibaut d'Afrique, elle se convertit ensuite à la foi de Dieu... »

La Prise d'Orange, trad. Lachet et Tusseau, Klincksieck

… à vous d'écouter le prologue de la chanson…

1 Relevez les marques de l'oralité dans cet extrait. L'identité du « je » : tentez de l'élucider ou, du moins, de dégager les problèmes que pose son identification.

2 La *captatio benevolentiae* : il s'agit d'attirer la bienveillance du public par un certain nombre de procédés. Lesquels ? Quelles sont les qualités de l'œuvre soulignées par ce prologue ?

3 Dans l'annonce du contenu de la chanson, quels sont, à votre avis, les éléments qui pouvaient davantage susciter la curiosité du public médiéval ?

Le traducteur

Les clercs

La plupart de ceux qui composent les œuvres les plus anciennes de la littérature française sont des clercs : eux seuls maîtrisent l'écriture et la lecture qui, jusqu'à fin du XIe siècle, concernent exclusivement – à de rares exceptions près (quelques poèmes hagiographiques) – la langue latine. Leur culture comprend des textes religieux, la Bible et les écrits des Pères de l'Église, mais aussi des textes profanes, en particulier ceux d'auteurs latins tels que Virgile et Ovide. Eux-mêmes écrivent, en latin, des chroniques, des essais, des poèmes. Or, un véritable tournant s'opère lorsqu'ils décident de mettre à la portée de l'élite chevaleresque certains textes de la culture savante en les traduisant en français.

Du latin au roman

Le roman comme genre littéraire naît de ce tournant qui advient au milieu du XIIe siècle : écrire « en roman », c'est en effet d'abord transposer en langue romane (l'ancien français) un texte en latin. Quatre « romans antiques » nous sont parvenus :

– le *Roman de Thèbes* (vers 1150), dérivé de la *Thébaïde* de Stace (auteur latin du Ier siècle de notre ère) ;

– le *Roman d'Enéas* (vers 1160), tiré de l'*Énéide* de Virgile ;

– le *Roman de Troie* de Benoît de Sainte-Maure (vers 1165), tiré de résumés latins de l'œuvre d'Homère (celle-ci ne sera en effet redécouverte qu'au XVe siècle) ;

– le *Roman d'Alexandre* (qui connaît plusieurs versions tout au long du XIIe siècle).

Transpositions plus que traductions : les auteurs ne sont que partiellement fidèles à leurs modèles et ne se privent pas de retrancher, d'ajou-

Voir xviie siècle (« Anciens et modernes : le xviie siècle et l'Antiquité », p. 251)

ter ou de modifier pour « moderniser » leurs héros et leur donner des préoccupations qui correspondent aux goûts du public de dames et de chevaliers, que deux thèmes passionnent de plus en plus : l'amour et la prouesse, comme le montre l'adaptation relativement fidèle que le clerc médiéval tire de la rencontre entre Énée et Didon telle que la raconte Virgile.

Tandis que Troie, vaincue par les Grecs, est incendiée, Énée reçoit des Dieux l'ordre de s'enfuir pour gagner l'Italie et fonder Rome. Mais une tempête contraint sa flotte à trouver refuge à Carthage, où il est accueilli par la reine, Didon, qui tombe aussitôt amoureuse du Troyen :

« Elle brûle, l'infortunée Didon, et erre dans son délire par toute la ville ; telle une biche imprudente, atteinte d'une flèche dont l'a percée de loin dans les bois de la Crète un berger lancé à sa poursuite, emporte à l'insu du chasseur le trait rapide avec elle ; dans sa fuite elle parcourt les bois et les bocages de Dicté[1] : le roseau mortel demeure attaché à son flanc. Tantôt Didon emmène Énée au milieu de ses remparts, lui montre et les richesses de Sidon[2] et sa ville prête à le recevoir ; elle commence à parler et s'arrête au milieu de son discours ; tantôt, au déclin du jour, elle recommence le même festin, lui demande, l'insensée, à entendre encore une fois le récit des malheurs d'Ilion[3] et reste encore une fois suspendue aux lèvres du narrateur. Puis, quand ils se sont séparés, quand la lune, obscure à son tour, voile sa lumière, et que les constellations à leur déclin invitent au sommeil, seule, dans son palais désert, elle cède à la tristesse et se couche sur les couvertures qu'il a quittées. Elle est loin de lui et il est loin d'elle, et elle l'entend et le voit ; ou bien, charmée de la ressemblance paternelle, elle retient sur son sein Ascagne, pour tromper, s'il se peut, son indicible amour. Les tours commencées ne s'élèvent plus ; la jeunesse ne s'exerce plus aux armes ; le port et les remparts de défense militaire restent en plan ; les travaux interrompus demeurent en suspens : murs qui dressaient leurs puissantes menaces, machines qui allaient toucher le ciel. »

1 Montagne de Crète.
2 Tyr, ville dont est originaire Didon.
3 Autre nom de Troie.

Virgile, **Énéide**, trad. M. Rat, GF

« La reine devient folle d'amour, sans trêve ni fin. Elle prend le Troyen par la main, sans être sûre encore qu'il l'aime ; elle le promène à travers la cité et lui montre sa puissance, son château et son palais. Incapable de demeurer une heure en paix, elle l'interroge très souvent sur mille sujets dont il n'a que faire. Elle ne cherche que le prétexte de lui adresser la parole : elle lui pose mille fois la même question, sans trêve ni repos, elle s'arrête au milieu de son propos, ne sachant plus ce qu'elle dit ni ce qu'elle fait. Elle perd la tête et le fil de son discours : Amour, de sage, l'a faite folle. Elle excellait à gouverner et à mener une guerre : Amour lui a fait oublier comment gouverner et garder une terre. Ses ennemis ravagent son domaine, mais elle se moque de la paix comme de la guerre, plus rien ne lui importe sauf l'amour qui la harcèle, et tout son peuple reçoit d'elle un bien mauvais soutien ; sans appui ni secours d'elle, ils ne montent plus aux remparts ni sur les tours. Elle ne tient plus compte du domaine : les constructions inachevées restent en suspens, hautes à un endroit, basses à un autre : elle a tout abandonné pour Enéas, elle laisse péricliter le royaume, et il n'est personne qui ne s'en plaigne. »

Roman d'Enéas, trad. A. Petit, Lettres Gothiques

... à vous de comparer les textes...

1 On relèvera les différences de style (style élevé chez Virgile : longues phrases, comparaisons et métaphores, présence d'un décor, contre style simple de l'auteur d'*Eneas* : phrases courtes, utilisation de doublets et d'antithèses, mais aussi de personnifications).

2 L'auteur médiéval omet le détail concernant Ascagne (auquel Didon accorde son attention car il s'offre, par sa ressemblance avec son père, comme un substitut d'Énée) ; en revanche, il s'attache à expliciter les relations entre Énée et Didon et même utilise la voix narrante pour juger ses personnages : donnez-en quelques exemples.

La naissance de l'écrivain

L'anonymat, loin de trouver sa justification première dans l'éloignement temporel, s'explique d'abord par la conception qu'ont les auteurs eux-mêmes de la création littéraire. Celui qui seul mérite à part entière le nom de créateur est Dieu. L'auteur médiéval se conçoit comme celui qui ajoute sa pierre à l'édifice, reprenant les œuvres antérieures pour les récrire et s'inscrivant comme un maillon dans cette chaîne, même si, peu à peu et différemment selon les genres, il a de plus en plus conscience de faire œuvre littéraire, comme le prouvent aussi bien Chrétien de Troyes que Marie de France dans le prologue qu'ils rédigent au même moment (vers 1170), l'un pour son premier roman, l'autre pour ses *Lais*.

« Le vilain dit dans son proverbe : chose que l'on dédaigne vaut bien mieux qu'on ne le croit. Aussi faut-il approuver celui qui s'applique à faire œuvre sage, quelle que soit son intelligence car qui néglige cette tâche risque fort de passer sous silence chose qui plus tard viendrait à beaucoup plaire. C'est pourquoi Chrétien de Troyes affirme que tout homme, s'il veut être rai-

sonnable, doit à tout moment penser et s'appliquer à bien dire et à bien enseigner ; et il tire d'un conte d'aventure une fort belle composition : par elle, on a la preuve et la certitude que n'est pas sage celui qui ne diffuse pas sa science, autant que Dieu lui en donne la grâce.
Ce conte est celui d'Érec, le fils de Lac : devant rois et devant comtes, il est souvent corrompu et réduit à l'état de fragments par ceux qui content pour gagner leur vie. Maintenant, je peux commencer l'histoire qui à tout jamais restera en mémoire, autant que durera la chrétienté. Voilà de quoi Chrétien s'est vanté. » ●

Chrétien de Troyes, **Érec et Énide**, trad. J.-M. Fritz, Lettres Gothiques »]

[« « Quand Dieu vous a donné la science et un talent de conteur, il ne faut pas se taire ni se cacher mais se montrer sans hésitation. Lorsqu'un beau fait est répété, il commence à fleurir, et quand les auditeurs se répandent en louanges, alors les fleurs s'épanouissent.
Les Anciens avaient coutume, comme en témoigne Priscien[1], de s'exprimer dans leurs livres avec beaucoup d'obscurité à l'intention de ceux qui devaient venir après eux et apprendre leurs œuvres : ils voulaient leur laisser la possibilité de commenter le texte et d'y ajouter le surplus de science qu'ils auraient. Les poètes anciens savaient et comprenaient eux-mêmes que plus le temps passerait, plus les hommes auraient l'esprit subtil et plus ils seraient capables d'interpréter les ouvrages antérieurs. Pour se protéger du vice, il faut étudier et entreprendre une œuvre difficile : c'est ainsi que l'on s'éloigne le plus du mal et que l'on s'épargne la souffrance. Voilà pourquoi j'ai d'abord eu l'idée de composer un bon récit que j'aurais traduit de latin en français. Mais je n'en aurais pas tiré grande estime car tant d'autres l'ont déjà fait ! J'ai donc pensé aux lais que j'avais entendus. Je savais en toute certitude que ceux qui avaient commencé à les écrire et à les répandre avaient voulu perpétuer le souvenir des aventures qu'ils avaient entendues. J'en connais moi-même beaucoup et je ne veux pas les laisser sombrer dans l'oubli. J'en ai donc fait des contes en vers, qui m'ont demandé bien des heures de veille.
En votre honneur, noble roi[2], vous qui êtes si preux et courtois, vous que salue toute joie, vous dont le cœur donne naissance à toutes les vertus, j'ai entrepris de rassembler ces lais et de les raconter en vers, sire, avec le désir de vous les offrir. S'il vous plaît de les accepter, vous me remplirez de joie à tout jamais. Ne me jugez donc pas présomptueuse si j'ose vous faire ce présent.
Écoutez maintenant, le récit commence ! » ●

Marie de France, **Lais**, trad. L. Harf, Lettres Gothiques »]

1 Grammairien de la fin du Ve siècle-début du VIe siècle ap. J.-C.

2 Henri II Plantagenêt.

… à vous de lire les prologues…

1 Le discours de Chrétien et de Marie s'« autorise » (à entendre ici au sens propre : *auctor* signifie « garant ») en invoquant tour à tour les auteurs anciens, la sagesse populaire ou encore la parole biblique – par la référence à la parabole évangélique des talents (Matthieu 25, 14) : il faut faire fructifier les talents que Dieu nous a donnés. Repérez ces éléments de justification.

2 Chrétien et Marie reconnaissent avoir utilisé tous deux un matériau qu'ils n'ont pas inventé (les contes d'origine celtique), mais ils mettent aussi en évidence la part de création requise par l'œuvre qu'ils présentent : analysez comment chacun met en valeur la tâche qu'il a accomplie.

3 L'affirmation du « je » de l'auteur ne se fait pas sans une pointe d'orgueil : trouvez-en quelques traces.

4 Ces récits s'adressent au public courtois : quels détails l'attestent ?

5 Les lais sont des contes mettant en scène le merveilleux celtique (fées, chevaliers capables de se transformer en oiseau ou en loup…). Laissez-vous convaincre par l'invitation courtoise de Marie de France et lisez quelques-uns de ces lais qu'elle a sauvés de l'oubli en leur donnant une version écrite.

Le poète musicien

Alors que la chanson de geste et le roman s'épanouissent avant tout en terre d'oïl (la moitié Nord de la France, où la langue parlée est l'« ancien français »), la poésie lyrique naît d'abord en terre d'oc (la moitié Sud de la France, où l'on parle occitan, langue restée plus proche du latin), à l'extrême fin du XIe siècle.

Auteurs, compositeurs… et parfois même interprètes

Les troubadours appartiennent pour la plupart à la classe des chevaliers. Certains n'oublient pas les devoirs liés à leur statut, comme Bertran de Born (né vers 1140, mort avant 1215) qui se réjouit de voir arriver le printemps, saison des guerres nouvelles : « J'ai grande allégresse quand je vois dans la campagne rangés chevaliers et chevaux armés. » Mais c'est avant tout l'amour qu'ils chantent, à la différence des auteurs de chansons de geste ou des romanciers du Nord qui privilégient la prouesse. Autre différence : les troubadours innovent à la fois au plan du thème – la *fin'amor* – et de la forme poétique (la *canso*). En outre, leur poésie est lyrique au sens propre du terme, c'est-à-dire accompagnée de musique. Le *trobar*, art du trouver, c'est-à-dire art de découverte, concerne le texte et sa musique : il faut trouver, comme le dit le troubadour Marcabru, « *los motz e'l so* », les mots et le son. Parfois même, ils sont leurs propres

Le jongleur, avec sa vielle, assure une large diffusion de la culture littéraire aux XIIe et XIIIe siècles.

interprètes, mais plus souvent ils ont un jongleur attitré auquel ils s'adressent à la fin de leur chanson, comme le fait par exemple Bernard de Ventadour (actif entre 1145 et 1170) dans la dernière strophe du poème « J'ai entendu la douce voix du rossignolet sauvage » :

« Corona, porte pour moi cette chanson, là-bas à Narbonne, à ma Dame, dont les actions sont si parfaites qu'on ne saurait sur elle dire de folies. »

Dans leur majorité, les poèmes issus du *trobar* ne sont pas demeurés anonymes ; il arrive que le poète se nomme à la fin de la chanson, même si cette « signature » est souvent l'occasion de formuler une pointe qui n'exclut pas l'autodérision. Ainsi Marcabru (actif entre 1130 et 1148) termine sur ces mots l'une de ses chansons :

« Marcabru, fils de Marcabrune, fut engendré sous une lune telle qu'il sait d'amour comment il se déroule – écoutez ! –: car jamais il n'en aima aucune ni d'aucune ne fut aimé ! »

Si les troubadours nous ont laissé leur nom, leur vie reste mal connue, de sorte qu'au XIIIe siècle, de petits récits biographiques (*vidas*[1]) ont été rédigés pour combler cette lacune. Cependant, ils semblent plus proches de la fiction romanesque que de la réalité historique. Voici par exemple la *vida* de Jaufré Rudel (actif entre 1130 et 1170) :

« Jaufré Rudel de Blaye fut un homme noble, prince de Blaye. Il tomba amoureux de la comtesse de Tripoli sans la voir, à cause du grand bien qu'il entendit dire d'elle par les pèlerins qui revenaient d'Antioche. Il composa beaucoup de bons poèmes sur elle, avec de bonnes mélodies mais des vers très simples. Et pour aller la voir, il se croisa et se mit en mer. Malheureusement, il tomba malade à bord et il fut transporté dans une auberge à Tripoli, comme mort. Et ceci fut dit à la comtesse, et elle vint vers lui, auprès de son lit, et elle le prit dans ses bras. Il sut que c'était la comtesse et tout à coup il recouvra la vue et l'ouïe, et remercia Dieu de l'avoir maintenu en vie jusqu'à ce qu'il l'eût vue. Et ainsi il mourut dans les bras de la comtesse. »

Les Vies des troubadours, trad. M. Egan, 10/18

1 Notices biographiques sur les troubadours les plus connus et pour la plupart anonymes. Souvent dignes de foi pour les informations concernant l'origine géographique et sociale des poètes, elles cèdent au romanesque lorsqu'elles évoquent leur vie amoureuse.

Les jongleurs

Les premiers promoteurs de la littérature française

La littérature française a d'abord eu une diffusion orale – peu de gens en effet savaient lire, y compris dans l'élite chevaleresque, et ce n'est que progressivement que l'instruction se répand hors de la classe cultivée des clercs. Les jongleurs ont donc joué un rôle fondamental aux XIIe et XIIIe siècles pour faire connaître à un large public les textes écrits en français : on les a joliment comparés à des « papillons transportant le pollen qui féconde les fleurs » (Edmond Faral), car la réception, loin d'être seulement passive, stimule la création.

Des talents multiples

Le jongleur est l'héritier du mime latin. « Jongleur » est issu du latin *joculator* (« rieur », « bon plaisant ») lui-même dérivé du substantif *jocus* (« plaisanterie »). Les jongleurs font profession de divertir les gens. Leurs talents sont multiples : musiciens, acteurs, saltimbanques, montreurs d'ours, avaleurs de feu, mais leur répertoire s'enrichit et s'anoblit avec le développement de la littérature qu'ils se chargent de réciter sur la place publique, lors des foires ou des fêtes, ou dans les châteaux, pour le public noble des seigneurs et des dames. La profession n'est pas seulement réservée aux hommes : il y avait aussi des jongleresses, renommées dans certaines cours.

La voix, les gestes

Grâce aux jongleurs, la lettre s'anime, se fait voix et gestes. Nous n'avons nous-mêmes qu'un pâle reflet de cette culture vivante puisque le texte que nous lisons était joué, voire psalmodié (chanson de geste) ou chanté avec un accompagnement musical (chansons d'amour). En outre, grâce à eux, les textes voyagent. Les jongleurs mènent en effet une vie nomade, allant de villes en châteaux, vivant des dons qu'ils reçoivent en échange de leur prestation, passant d'Angleterre en France, de Provence en Italie du Nord ou d'Aquitaine en Catalogne, tissant des rapports étroits entre les diverses cours d'Europe. S'ils étaient avant tout des interprètes, les jongleurs pouvaient aussi être des « trouveurs ».

Voici Renart tombé par mégarde dans la cuve d'un teinturier : il en ressort tout jaune, des pattes à la tête. Cette mésaventure lui apparaît bien vite comme une aubaine, car voici qu'arrive son pire ennemi, le loup Isengrin, éternel balourd, bien incapable de reconnaître le goupil, qui a troqué son poil roux contre une pelisse jaune vif. Renart, exploitant cette méprise, décide de se faire passer pour un jongleur venu d'Angleterre…

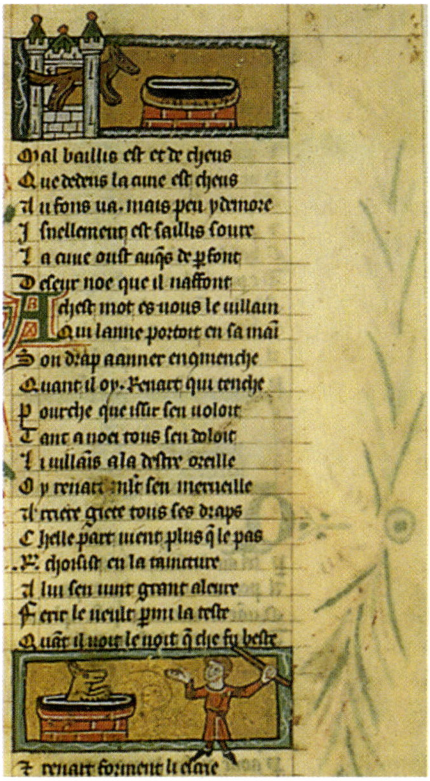

« Regardant de ce côté, Isengrin voit venir Renart à sa rencontre. Il lève la patte et se signe, plus de cent fois, je crois, avant que l'autre ne l'ait rejoint. Il a tellement peur que pour un peu il s'enfuirait. Après cela, il s'arrête et dit qu'il n'a jamais vu semblable bête : elle doit venir d'un pays étranger.
Voici Renart qui le salue :
– Good-bye[1], dit-il, cher seigneur. Moi pas savoir parler ton langue.
– Que Dieu te garde, très cher ami ! D'où êtes-vous ? de quel pays ? Vous n'êtes pas originaire de France ni d'aucun pays que nous connaissons.
– Niet[1], mon seigneur, mais de Bertagne[1]. Moi foutre avoir perdu tout ce que j'avoir gagné et moi foutre chercher ma compagnon, moi foutre pas avoir trouvé quelqu'un pour renseigner moi. Tout le France et tout le Angleterre j'avoir parcouru pour mon compagnon trouver. Moi avoir demeuré tant dans ce pays que moi connaître tout le France. Maintenant moi vouloir retourner, moi plus savoir où le chercher, mais moi avant tourner à Paris pour moi finir apprendre tout le français.
– Est-ce que vous avez un métier ?
– Ya, ya, moi être foutre très bon jongleur. Mais moi hier foutre avoir été volé, battu et mon vielle foutre avoir été pris à moi. Si moi foutre avoir un vielle, moi foutre dire bon rotruenge et un beau lai et un beau chant pour toi qui sembler un homme de bien. Foutre moi pas avoir mangé pendant deux jours entiers et maintenant je mangera volontiers.
– Comment t'appelles-tu ? dit Isengrin.
– Ma nom foutre être Galopin. Et vous, comment, seigneur, homme de bien ?
– Frère, on m'appelle Isengrin.
– Et foutre être né dans cette pays ?
– Oui, j'y ai vécu longtemps.
– Et avoir toi nouvelles du roi ?
– Pourquoi ? tu n'as point de vielle.
– Moi foutre servir très volontiers ma répertoire à tout le monde. Moi foutre savoir bon lai breton de Merlin et de Noton, du roi Arthur, et de Tristran, du chèvrefeuille, de saint Brandan…
– Et tu connais le lai de dame Iseut ?
– Ya, ya, by God, moi les savoir, absolument tous. »

Le Roman de Renart, branche I, trad. J. Dufournet, GF

1 Le traducteur, pour mettre en évidence le mauvais français que parle Renart, a recours à quelques mots étrangers ou à des approximations.

… à vous de lire l'aventure de Renart…

On relève les talents variés de Galopin (il sait jouer de la vielle, chanter des lais, réciter des contes) et son vaste répertoire (incluant les héros du folklore celtique : le roi Arthur, Merlin le magicien, Tristan et Iseut… et le saint irlandais Brandan, dont le *Voyage* conte les pérégrinations successives, en enfer et au paradis). Il est significatif qu'il vienne de Bretagne (la Grande-Bretagne, aujourd'hui), dont les jongleurs étaient réputés au XIIe siècle dans toute l'Europe. Enfin, on note son multilinguisme, source ici de comique par le sabir pittoresque que l'auteur lui prête (pensez en outre aux jeux de scène que pouvait en tirer le jongleur qui récitait ce savoureux dialogue devant son public), et sans doute détail réaliste concernant le talent polyglotte des jongleurs.

Le métier d'écrivain

Avec le développement de l'écrit prend fin la grande époque des jongleurs (XIIe-XIIIe siècle). Parallèlement à ce changement qui intervient au plan de la réception de l'œuvre littéraire, c'est aussi la figure de l'écrivain qui se transforme notablement au cours des XIVe et XVe siècles. L'œuvre anonyme est maintenant l'exception. La personnalité des auteurs nous est mieux connue, d'autant qu'ils insèrent souvent dans leurs écrits des éléments autobiographiques : Jean Froissart (1337-vers 1404) livre quelques souvenirs d'enfance dans *L'Épinette amoureuse*, Christine de Pizan (1365-vers 1431) évoque les obstacles qu'elle a dû surmonter lorsqu'elle devient veuve à vingt-cinq ans. Comme au temps des troubadours et des trouvères, on trouve encore des poètes qui sont aussi de grands princes : Charles d'Orléans (1394-1465), René d'Anjou (duc d'Anjou et roi de Sicile, 1409-1480). Mais la majorité des écrivains sont des lettrés, vivant de leur plume et donc se mettant au service des grands : Guillaume de Machaut (1300-1377), Jean Froissart, Alain Chartier (1385-1430), Christine de Pizan. Ceux-ci ont une production très diversifiée (chroniques, poèmes, essais) pour répondre aux commandes de leurs protecteurs, mais ils n'échappent pas toujours au risque d'une parole asservie à ceux pour qui ils travaillent. Un point commun, résolument novateur, les réunit : ils conçoivent leur œuvre dans la perspective du livre. Souvent, ce sont eux qui composent leur recueil, soucieux de présenter leur production dans son unité. Il leur arrive même de participer à la fabrication matérielle du livre : Christine de Pizan choisit les enluminures qui orneront ses ouvrages. Quant à Charles d'Orléans, il transcrit au jour le jour dans son album les poèmes que lui-même ou ses visiteurs composent (c'est le premier manuscrit autographe qui nous soit parvenu).

▶ Genres et registres

Tout commence par des chansons ! En effet, la littérature française débute sa carrière avec deux genres : la chanson de geste et la chanson d'amour. Signe évident de l'importance que revêtent à cette époque la diffusion orale et l'accompagnement musical. Ces deux genres sont toutefois très différents : le premier est narratif et chante la guerre, le second est poétique et chante l'amour.

La chanson de geste

Présentation du genre

Épopée et chanson de geste

« Chanson de geste » est le nom donné à l'épopée médiévale. Comme tout récit épique, elle s'inspire d'un événement historique marquant pour célébrer la vaillance des ancêtres fondateurs d'une civilisation et en remémorer les exploits : de même que Homère, dans l'*Iliade*, contait la victoire des Grecs sur les Troyens et la chute de Troie (événement qui se serait produit vers 1250 av. J.-C.), de même la *Chanson de Roland* narre la défaite de l'arrière-garde de Charlemagne à Roncevaux en 778, puis la revanche de l'empereur sur les païens. C'est pourquoi ce genre est présent chez de nombreux peuples (Inde, Mongolie, Afrique, Scandinavie, etc.), à un moment décisif de leur histoire, afin de souder la communauté dans l'évocation d'un passé glorieux. Aussi ne doit-on pas s'étonner de trouver ce genre à la naissance de notre littérature (à la fin du XIe siècle et au début du XIIe), au moment où la « douce France », comme l'appellent les chevaliers de la *Chanson de Roland*, se donne une littérature qui renforce son unité et exalte ses valeurs, alors même que l'on entreprend les premières croisades au Moyen-Orient pour remettre aux mains des chrétiens Jérusalem et les Lieux saints.

« Geste » vient du latin *gesta* (participe passé du verbe *gero :* « j'accomplis », « je fais »). La geste désigne les faits accomplis, en particulier dans le domaine militaire, les exploits. Les récits de ces faits glorieux ont été composés par des auteurs qui, le plus souvent, sont demeurés anonymes, et ils sont chantés par le jongleur (qui les a appris par cœur, tout en conservant une petite marge d'improvisation) devant un public rassemblé sur la place publique lors de fêtes ou de foires, ou dans les châteaux, lors de cérémonies ou d'assemblées solennelles convoquées par le seigneur. Ainsi, la chanson de geste retient deux caractéristiques propres à la majorité des épopées : le récit de combats et la diffusion orale du texte.

Le contact avec le texte se fait par l'intermédiaire d'une voix (celle du jongleur), d'une musique (celle des mots psalmodiés et celle de la vielle, dont le jongleur s'accompagnait), d'un rythme (les vers sont fortement martelés).

« As porz d'Espaigne en est passet Rollant
Sur Veillantif, sun bun cheval curant.
Portet ses armes, mult li sunt avenanz,
Mais sun espiet vait li bers palmeiant,
Cuntre le ciel vait la mure turnant,
Laciet en su un gunfanun tut blanc ;
Les renges li batent josqu'as mains.
Cors ad mult gent, le vis cler e riant.
Sun cumpaignun aprés le vait sivant,
E cil de France le cleiment a guarant.
Vers Sarrazins reguardet fierement
E vers Franceis humeles et dulcement. »

La Chanson de Roland, laisse 91, vers 1152-1163

« Aux cols d'Espagne Roland est passé
sur Veillantif, son bon cheval rapide.
Il porte ses armes, qui lui vont très bien,
Et le baron de brandir son épieu
Et d'en tourner le fer contre le ciel.
À la pointe est fixé un gonfanon[1] tout blanc,
Dont les franges battent jusqu'à ses mains.
Il a le corps bien fait, le visage clair et riant.
Son compagnon vient à sa suite,
Et ceux de France le proclament leur protecteur.
Pour les Sarrasins son regard est farouche
Et, pour les Français, humble et tendre. »

Trad. J. Dufournet, GF

1 Bannière de guerre.

La laisse, strophe épique, comprenant un nombre variable de vers, se caractérise par une même assonance (retour d'un même son vocalique à la fin de chaque vers, indépendamment des consonnes qui suivent et qui, à cette époque, se faisaient encore entendre) : la laisse 91 assone en [an]. En outre, les décasyllabes ont un rythme très régulier grâce à la césure, placée presque toujours après la quatrième syllabe (c'est le cas ici de tous les vers, à l'exception du vers 1158, qui ne compte que 9 syllabes). De plus, chaque vers constitue le plus souvent une proposition et est donc syntaxiquement autonome : la pause, à la fin de chaque vers, est forte. Dans notre passage, les deux premiers vers font exception puisqu'ils sont unis par un enjambement, procédé très rare dans la chanson de geste. Ici, pourtant, aucune pesanteur dans cette évocation du héros, chevauchant fièrement vers l'ennemi, avec ses armes menaçantes, son enseigne éclatante, son visage « clair et riant », reflétant la jeunesse et la hardiesse du chef, suivi par Olivier et les autres chevaliers qu'il mène au combat en leur insufflant audace et ardeur guerrière.

… à vous de devenir jongleur…

Lisez à haute voix le passage dans le texte original en travaillant rythme et sonorités, et proposez une récitation de l'extrait qui tente de restituer celle d'un jongleur. Aidez-vous bien sûr de la traduction, car on ne peut bien réciter que ce qu'on comprend !

Le modèle du genre : La Chanson de Roland

Roland, qui avait refusé de sonner du cor comme le lui conseillait son compagnon Olivier, se résout à avertir Charlemagne lorsqu'il voit son arrière-garde décimée par les Sarrasins.

« Roland a mis l'olifant à ses lèvres, il l'embouche bien et à plein souffle sonne. Hauts sont les monts et long le son du cor, à trente grandes lieues on l'entendit résonner. Charles l'entendit, ainsi que toutes ses troupes. Le roi dit : "Nos hommes livrent bataille." Et Ganelon le contredit : "Si un autre le disait, on le prendrait pour un grand mensonge." »

« Roland a mis l'olifant à ses lèvres, il l'embouche bien et à plein souffle sonne ».

Le comte Roland, à pénibles et rudes efforts, à grande douleur sonne son olifant. Par la bouche jaillit le sang clair, de son cerveau la tempe se rompt. Du cor qu'il tient le son porte au loin : Charles l'entend, qui passe les cols. Naimes le perçoit, les Français l'écoutent. Le roi dit : "J'entends le cor de Roland. Il ne le sonnerait pas, s'il ne livrait bataille." Ganelon répond : "Il n'a pas de bataille. Oui, vous êtes vieux et votre tête est blanche ; par de tels propos vous ressemblez à un enfant. Vous connaissez bien le grand orgueil de Roland. Il est étonnant que Dieu le supporte tant. Déjà il a pris Noples sans que vous l'ordonniez. Les Sarrasins de la ville sortirent et combattirent le bon vassal Roland, qui avec les eaux lava les prés du sang afin qu'il n'en restât pas de traces. Pour un seul lièvre il sonne tout un jour du cor. Devant ses pairs, à cette heure il s'amuse. Sous le ciel il n'est personne qui ose le provoquer. Chevauchez donc ! Pourquoi vous arrêter ? La terre des Aïeux est encore loin devant nous."

Le comte Roland a la bouche en sang. De son cerveau la tempe est rompue. Il sonne l'olifant avec douleur et peine. Charles l'entend et les Français l'écoutent. Le roi dit : "Ce cor a longue haleine !" Le duc Naimes répond : "Un baron y met toute sa peine. Il livre bataille, c'est ma conviction. Celui-là l'a trahi qui vous demande de ne rien faire. Armez-vous, lancez votre cri de guerre et secourez votre noble maison. Vous entendez bien que Roland se lamente." »

La Chanson de Roland, laisses 133-134-135, trad. J. Dufournet, GF

Charlemagne, revenu sur ses pas avec l'armée des Francs, venge la mort de Roland en livrant bataille à tous les Sarrasins réunis.

« L'émir est d'une vigueur exceptionnelle. Il frappe Charlemagne sur son casque d'acier brun, qu'il lui brise et lui fend sur la tête ; il lui met l'épée sur ses cheveux fins, il prend de la chair une pleine paume, et même plus : à cet endroit l'os reste complètement à nu. Charles chancelle, il en est presque tombé ; mais Dieu ne veut pas qu'il soit mort ou vaincu. Saint Gabriel est revenu vers lui et lui demande : "Grand roi, que fais-tu ?"

Quand Charles entend la sainte voix de l'ange, il n'a pas peur ni crainte de mourir ; et lui reviennent vigueur et conscience. Il frappe l'émir de l'épée de France ; il lui brise le casque dont les gemmes flamboient, il lui fend le crâne d'où se répand la cervelle, et tout le visage jusqu'à la barbe blanche, si bien qu'il l'abat mort sans aucun recours. "Monjoie !" lance-t-il comme cri de ralliement. À ce mot, le duc Naimes est venu, il prend Tencendor, et le grand roi y remonte. Les païens tournent le dos, Dieu ne veut pas qu'ils résistent. Et voilà les Français après ceux qu'ils pourchassent. »

La Chanson de Roland, laisses 261-262, trad. J. Dufournet, GF

… à vous de lire le groupement de textes…

1 Les laisses similaires (133, 134, 135) : elles reprennent une même action en la considérant dans sa durée et en l'appréhendant sous différentes perspectives : sorte d'« arrêt sur image ». Ici, deux « images », deux scènes, sont rapprochées par le son qui franchit les monts et parcourt les cent vingt kilomètres séparant l'arrière-garde du reste de l'armée des Francs : en effet, chaque laisse commence par évoquer l'action de Roland (présenté en « gros plan ») puis décrit les réactions de l'armée, immobilisée dans l'écoute du cor afin de comprendre la signification de ce signal.

2 Le récit observe une pause, mais les variantes d'une laisse à l'autre nous laissent percevoir, d'un côté, l'effort surhumain de Roland pour faire entendre son appel désespéré, de l'autre la dernière lutte que livre Ganelon afin de dissimuler sa trahison, tandis que Charlemagne d'abord, Naimes ensuite, découvrent et mesurent l'ampleur du drame en train de se jouer dans les montagnes, à la « longue haleine » du cor : Roland fournit ici un effort qui lui coûtera la vie au lieu de lui assurer le salut.
En relevant les ressemblances et les différences entre les trois laisses, étudiez la progression dramatique.

3 Un parallélisme rigoureux (261, 262) : la première laisse décrit le coup vainqueur porté par Baligant à Charlemagne, la seconde le coup mortel donné par Charlemagne à Baligant. Le geste guerrier est décomposé en une série d'actions juxtaposées (parataxe), utilisant un vocabulaire partiellement identique : c'est le style formulaire, caractéristique de l'épopée (il favorise la mémorisation du texte par le jongleur).

4 Autre caractéristique du style épique : l'hyperbole, qui apparaît ici dans l'évocation des blessures infligées par chacun des adversaires. N'oublions pas que le jongleur devait faire vibrer son auditoire : imaginons ici l'émotion du public qui « voit » Charlemagne sur le point de tomber, vaincu, puis sa joie lorsque la situation se retourne et que l'adversaire est écrasé. Enfin, ce combat a beau ne mettre aux prises que deux hommes, il prend une dimension cosmique et sacrée par l'intervention miraculeuse de saint Gabriel. Il ne s'agit pas d'opposer des forces physiques (ce critère montre l'infériorité de Charlemagne), mais, comme dans le combat biblique qui oppose David et Goliath, l'enjeu dépasse le plan humain : le droit, opposé au tort, grâce à Dieu, triomphe.

La poésie courtoise

Le mystère d'une naissance

Au moment même où la chanson de geste se développe en terre d'oïl, c'est-à-dire à l'extrême fin du XIe siècle et au début du XIIe, la terre d'oc voit apparaître les premiers poèmes qui chantent la *fin'amor*. Les thèmes et les formes poétiques inventés par les troubadours constituent une nouveauté radicale, qui va exercer une influence durable sur la poésie, en France comme à l'étranger (en particulier en Italie : Dante ne cachera pas son admiration pour la poésie des troubadours), et l'on peut dire que la conception de l'amour qu'ils ont introduite continue d'imprégner nos modes de pensée, même si elle a perdu beaucoup de sa force et de son éclat.

« Dans la douceur de la prime saison, feuillent les bois et les oiseaux chantent, chacun dans son langage, sur le rythme d'un chant nouveau. Il est donc juste que chacun épanouisse son cœur à ce qu'il désire le plus.
De là-bas, où est toute ma joie, je ne vois venir ni messager ni lettre scellée ; aussi mon cœur ne dort ni ne rit ; et je n'ose faire un pas de plus jusqu'à ce que je sache si notre réconciliation est bien telle que je le désire.
Il en est de notre amour comme de la branche d'aubépine qui, la nuit, tremble sur l'arbuste, exposée à la pluie et au gel, jusqu'à ce que, le lendemain, le soleil inonde ses feuilles vertes et ses rameaux.
Il me souvient encore de ce matin où nous mîmes fin à la guerre ; elle me fit un grand don, son amour et son anneau. Que Dieu me laisse encore vivre assez pour que j'aie [un jour] mes mains sous son manteau.
Car je n'ai cure de ces propos étrangers qui pourraient m'éloigner de mon "Beau-Voisin[1]" ; je sais ce qu'il en est des paroles et de ces brefs discours que l'on répand ; tel peut se vanter de son amour, tandis que nous, nous en avons la pièce et le couteau. »

Guillaume IX, duc d'Aquitaine (1071-1127), **Anthologie des troubadours**,
trad. P. Bec, 10/18

1 Surnom donné à la dame (*senhal* en langue d'oc) pour ne pas dévoiler son identité.

Les trouvères imitent les troubadours

« Les oiselets de mon pays, en Bretagne, je les ai entendus. Ce chant, il me semble bien, je l'entendais jadis, je ne peux m'y tromper, dans ma douce Champagne. Ils m'ont mis en de si douces pensées que j'ai entrepris mon chant dans l'espoir de la récompense qu'Amour m'a toujours promise.
En cette longue attente, je languis mais je ne me plains pas. Je perds le goût des rires et des jeux car celui que torturent les affres de l'amour, rien d'autre ne le soucie. Mon corps et mon visage se tendent si souvent sous l'effet de l'angoisse que j'en parais stupide. Si d'autres trahissent Amour, je n'ai jamais été l'un des leurs.
D'un baiser ma douce et noble dame s'est emparée de mon cœur. Quelle folie de m'abandonner ainsi pour celle qui me tourmente ! Mais, hélas ! il m'a quitté sans que je m'en aperçoive.

Elle me l'a pris si doucement, un seul soupir l'a emporté vers elle. Mon désir me fascine à me rendre fou mais elle n'aura jamais pitié de moi.
Le souvenir remonte en moi d'un baiser dont j'ai l'impression à tout moment, ô trahison !, qu'il se pose à nouveau sur mes lèvres. Dieu ! quand elle l'accepta, ce baiser, que ne me suis-je protégé contre ma mort ! Elle sait bien que je me tue en cette longue attente qui me mine et me défait.
J'en perds les rires et les jeux et je meurs de désir. Amour me fait trop souvent cher payer les joies qu'il me donne. Hélas ! je n'ose aller vers ma dame, car, en me faisant paraître ridicule, les faux amants causent ma perte. Je meurs quand je les vois lui parler, à elle en qui personne ne peut relever la moindre hypocrisie. »

Gace Brulé (vers 1155-vers 1215), **Poèmes d'amour des XIIe et XIIIe siècles**,
trad. E. Baumgartner et F. Ferrand, 10/18

… à vous de lire les poèmes…

Entre le poème du premier troubadour connu (Guillaume IX) et celui d'un des premiers trouvères (Gace Brulé), actif à la cour de Champagne, nombreux sont les points communs, liés à la conception de la *fin'amor* que les poètes de langue d'oïl vont reprendre à ceux de langue d'oc à partir de 1150.

1 La séparation des amants : cet amour est « fin », c'est-à-dire pur, raffiné, aussi précieux que l'or dégagé de sa gangue grossière, parce que le désir ne peut être assouvi, en raison de la distance qui sépare l'amant de sa dame. Montrez comment cette distance est évoquée dans les deux poèmes.

2 Le poème s'inscrit dans le présent de l'attente, où le poète s'adonne à la rêverie amoureuse qui conjugue à la fois des souvenirs et des espoirs. Voyez comment l'évocation de ces deux temps du passé et du futur s'ordonne selon les strophes.

3 La chanson courtoise est souvent caractérisée par une première strophe qui célèbre le printemps (la « reverdie ») et une dernière qui parle des « losangiers » (les flatteurs, rivaux du poète auprès de la dame). Comparez ces strophes dans les deux poèmes et dégagez la fonction de ces motifs.

4 Les procédés poétiques : c'est bien sûr la langue poétique qui contribue davantage encore à rendre l'amour aussi « fin » que l'or… À vous de repérer ces nombreux procédés (personnifications, comparaisons, métaphores, antithèses, hyperboles, etc.).

5 Si le « fin » amant sait maîtriser son désir, afin justement de le faire durer et grandir, l'amour courtois ne saurait être confondu avec un amour platonique car la sensualité est très présente : quels sont les éléments qui l'expriment dans les deux poèmes ?

La thématique courtoise à l'épreuve du jeu poétique

Le « débat »

Voir xvie siècle (« Les dialogues », p. 124)

Les poètes courtois ne se contentaient pas de chanter l'amour ; ils réfléchissaient aussi sur ce sentiment et son expression poétique, comme en témoigne le débat, poème qui met en scène un dialogue où les voix alternées de deux interlocuteurs permettent de faire entendre deux jugements discordants sur un problème amoureux. Ici, c'est une des conditions mêmes de la *fin'amor*, l'attente à laquelle la dame soumet l'amant, qui se trouve, non sans humour, dénoncée par le trouvère Conon de Béthune.

« Naguère dans un certains pays, un chevalier aima une dame. Tant que la dame fut jeune et belle, elle le repoussa et se refusa à lui, mais un beau jour, elle lui dit : "Mon ami, je vous ai imposé délai sur délai, mais maintenant, je suis sûre de votre amour et me voici tout à vous."

Le chevalier regarda la dame, il vit son visage pâli, ses traits flétris, et son teint sans éclat.

"Dame, je suis désolé, vous auriez pu y penser plus tôt : votre clair visage, qui semblait fleur de lys, s'est tellement fané, ma dame, c'est à croire qu'on vous a changée. Votre décision est bien tardive !"

Sous le coup de ces injures, pleine de dépit, la dame répondit sans réfléchir :

Le verger, qui conjugue harmonieusement nature et culture, est le lieu par excellence de la rencontre courtoise.

“Par Dieu, Chevalier, je voulais me moquer de vous. Vous pensez donc que j’étais sincère ? Jamais pareille chose ne m’est venue à l’esprit ! Vous, aimer une femme de valeur ! Non, par Dieu ! Vous auriez plutôt envie d’embrasser et de tenir dans vos bras quelque beau garçon.
– Ma Dame, répondit-il, j’ai bien entendu parler de vos attraits, mais dans le passé. De Troie aussi j’ai entendu dire que ce fut jadis une ville puissante ; mais aujourd’hui, c’est un champ de ruines ! Je vous conseille donc, et l’excuse est bonne, je vous le concède, de dire qu’ils recherchent les hommes, ceux qui désormais refuseront votre amour.
– Par Dieu, Chevalier, vous n’êtes qu’un sot de me reprocher mon âge. Même si ma jeunesse s’était enfuie, je suis si riche, de si haute noblesse, qu’on m’aimerait, belle ou moins belle. Il n’y a pas un mois de cela, le Marquis m’a envoyé un message et Guillaume des Barres a brisé des lances pour moi !
– Par Dieu, ma Dame, cela vous a beaucoup nui de vous fier toujours à votre puissance. Même si vous étiez la fille du roi de Carthage, plus d’un de vos anciens soupirants n’éprouveraient plus qu’indifférence. On n’aime pas une femme pour son lignage, mais si elle est belle, courtoise et sensée. Cette vérité, vous l’apprendrez bientôt à vos dépens !” » ●

Conon de Béthune (né vers 1150, mort vers 1220), **Débat**, **Poèmes d’amour des XIIe et XIIIe siècles**, trad. E. Baumgartner et F. Ferrand, 10/18

… à vous de lire ce dialogue…

• On note d’abord l’inversion, source ici de comique : c’est la femme qui fait sa requête amoureuse à l’homme, contrairement à toutes les habitudes courtoises. Le dialogue se caractérise en outre par l’ironie cinglante des réparties de l’homme (qui compare son interlocutrice à la ville de Troie, tant elle n’est plus qu’un « champ de ruines ») comme des paroles de la Dame (qui, par dépit, lance l’accusation de pédérastie à celui qui repousse ses avances).
• Le contenu, comme le ton, du discours de l’homme est aux antipodes de ceux qui caractérisent la chanson courtoise. De plus, c’est le principe même de la *fin’amor* qui se trouve ici dénoncé : celui du temps, de la durée nécessaire à l’aboutissement de la requête amoureuse. Sans ce délai, le désir s’évanouit aussitôt dans le plaisir, mais si le délai est trop long, le désir se lasse et la beauté se flétrit. Thème à rapprocher de celui de la fuite du temps et du *carpe diem* du poète latin Horace : « cueille le jour », donc « profite du présent ».

Dans le rituel instauré par la « fin amor », l'Amant donne son cœur à la Dame, en signe de parfaite soumission.

Le dialogue entre l'amant et la dame

Si la thématique courtoise continue d'inspirer la poésie tout au long du Moyen Âge, il faut attendre le début du XVe siècle pour que nous soit vraiment présenté le point de vue de la dame dans le dialogue amoureux (et cela non plus seulement de façon parodique, comme dans la petite scène imaginée par Conon de Béthune). C'est, de plus, une femme qui nous le fait entendre : Christine de Pizan (1365-vers 1431), auteure d'une œuvre abondante témoignant d'intérêts divers (histoire, philosophie, morale). Parmi les ouvrages qu'elle consacre à la poésie courtoise, elle rédige vers 1410 les *Cent ballades d'amant et de dame*.

Le recueil reprend de façon originale les thèmes courtois, puisque les cent ballades constituent en même temps le récit de l'amour qui se noue entre la dame et l'amant. Refusant d'abord de céder aux prières de l'amant, la dame se laisse peu à peu convaincre. Elle connaîtra la joie d'aimer, puis la douleur lorsque son amant la quittera.

L'AMANT

« Un doux accueil, transmis par le regard,
Accompagné d'un salut gracieux,
Que vos doux yeux, belle, m'ont envoyé,
A déjà éloigné de mon cœur toute souffrance.
C'est pourquoi je vous remercie d'avoir daigné,
Pour me guérir, tourner vers moi vos yeux
En un doux salut privé d'orgueil.

Je sais maintenant que je serai conduit
À bon port ; Amour s'est affairé
Pour me porter secours, j'ai bien employé
Toute ma peine, je ne serai plus baigné
De pleurs amers, à condition que je ne sois pas trompé.
J'ai aperçu, me semble-t-il, votre bon vouloir
En un doux salut privé d'orgueil.

Ah ! Si je pouvais être fêté
Par un bel accueil, en gagnant
Rien qu'un seul baiser, accordé par amour,
Alors mon mal disparaîtrait complètement.
Mais je l'obtiendrai, la preuve d'un tel espoir

M'a été donnée hier soir, sur votre seuil,
En un doux salut privé d'orgueil.

Accordez-le et faites bon accueil à ma requête
En un doux salut privé d'orgueil.

La Dame

Assurément je suis si étroitement prisonnière
Que je ne sais de quel côté me tourner :
Amour m'assaille et m'enflamme
Et plus je pense me détourner,
Plus je sens ma situation empirer.
Je ne sais quelle réponse donner.
Ah ! Dieu ! faudra-t-il que je me rende ?

Car quand je vois revenir vers moi,
Pour me prier sans fin,
Celui qui depuis longtemps
Réclame mon amour, sans que je veuille
M'y résoudre en nulle façon,
Je ne sais quelle réponse donner.
Ah ! Dieu ! faudra-t-il que je me rende ?

Il me parle si doucement
De la façon dont il m'aime, et me dit
De bien vouloir lui accorder mon amour
Qu'il a tant requis, et demande de le pardonner
D'oser m'adresser la parole,
Je ne sais quelle réponse donner.
Ah ! Dieu ! faudra-t-il que je me rende ?

Amour, dispose de moi
Comme il te plaira, car à la fin
Je ne sais quelle réponse donner.
Ah ! Dieu ! faudra-t-il que je me rende ? »

Christine de Pizan, **Cent ballades d'amant et de dame**, (ballades 17 et 18), traduction originale)

… à vous de lire les deux ballades…

1 On reconnaît dans les deux poèmes de nombreux traits caractéristiques de la *fin'amor*, tant au plan de sa conception qu'au plan de l'expression (vocabulaire, images, métaphores…). Quels sont ceux qui vous semblent illustrer le mieux cette tradition ?

● ● ●

3 La ballade, nouvelle forme poétique apparue au XIVe siècle, se caractérise par un refrain (un vers ou deux, revenant à la fin de chaque strophe et de l'envoi) qui présente un fonctionnement très intéressant : le groupe de mots identiques constituant le refrain prend chaque fois un nouveau sens, dans la progression du poème. Montrez-le pour l'une ou l'autre des deux ballades.

4 Rédigez la ballade suivante, en vous mettant à la place de l'amant. Comprenant que la dame est prête à lui céder, que lui dira l'amant pour la convaincre un peu plus de lui accorder son amour ? Efforcez-vous de respecter les règles de composition de la ballade : trois strophes et un envoi, avec, chaque fois, la reprise du dernier vers afin de créer l'effet musical propre à cette forme poétique.

▶ L'écrivain au travail

Christine de Pizan écrivant

Cette miniature nous livre un des témoignages iconographiques les plus anciens de « l'écrivain au travail » : on y voit Christine de Pizan composant son œuvre. Gardons-nous toutefois de toute lecture réaliste de l'image, qui ne saurait avoir la valeur d'une photographie (ainsi, on ignore si le portrait que nous avons sous les yeux ressemble de près ou de loin à la Christine réelle). Ce qui, en revanche, est significatif, c'est que cette miniature orne le premier folio d'un manuscrit renfermant les œuvres de Christine, et donc associe étroitement l'œuvre à son auteur en train de l'écrire. Or cette situation est relativement nouvelle au XVe siècle, époque à laquelle remontent les premiers manuscrits autographes. Jusqu'alors, l'auteur demeure en retrait par rapport à son œuvre ; du reste, c'est encore ce que suggère un peu la composition de la miniature qui place en son centre le livre, dont le personnage assis épouse pour ainsi dire les formes, lové autour de l'objet qui pérennisera sa parole. Cette situation résulte de facteurs proprement matériels, étroitement liés à une conception de l'auteur spécifique à l'époque médiévale.

Le manuscrit

Comme l'indique le mot, signifiant « écrit à la main », le manuscrit est copié à la main sur du parchemin, c'est-à-dire une peau d'animal (peau de mouton, d'agneau ou de chèvre) préalablement traitée pour ne pas absorber l'encre. Le manuscrit est constitué d'un ensemble de cahiers de parchemin cousus entre eux. Ce matériau résistant mais coûteux ne sera remplacé par le papier qu'au XVe siècle. Au coût élevé du matériau s'ajoute le labeur long et fastidieux du copiste qui emploie des centaines d'heures de travail à la confection d'un livre. Ces raisons, ainsi que la diffusion orale des premières œuvres de la littérature française (chansons de geste, poésie courtoise, romans, fabliaux), expliquent le décalage entre l'essor de cette littérature et les manuscrits qui nous la conservent, souvent postérieurs d'un siècle ou deux à la date de composition des œuvres. Un des plus anciens manuscrits qui nous soient parvenus est celui du *Roland* d'Oxford, remontant au second quart du XIIe siècle.

Le copiste

Ce sont d'abord les moines qui assument cette tâche, travaillant, dans le *scriptorium* de leur abbaye, à reproduire les ouvrages contenus dans la bibliothèque monastique, essentiellement des ouvrages religieux rédigés en latin, afin d'assurer leur diffusion. Mais, au XIIIe siècle, se développent des ateliers urbains de copistes destinés à répondre à une demande qui s'accroît avec la fondation des universités et un public plus nombreux de gens sachant lire et écrire. On sait ainsi qu'à Paris, en 1275, 138 livres étaient déposés chez les libraires, et que des clients pouvaient les emprunter dans le dessein d'en faire faire une copie par un scribe. À la différence du livre imprimé qui produit des versions identiques à des milliers d'exemplaires, chaque copie manuscrite est unique. Ainsi, lorsque plusieurs versions d'un même texte nous sont parvenues, aucune d'entre elles n'est semblable à une autre.

Ces différences proviennent d'abord d'erreurs commises par un copiste distrait ou ayant mal compris le mot qu'il avait sous les yeux, mais aussi des interventions tout à fait conscientes qu'il opère : abrégeant le texte lorsqu'il lui paraît trop long, gommant les traits dialectaux (plus accentués dans les œuvres anciennes), ajoutant (sans le signaler !) un commentaire de son cru. Chaque copie est en fait une réécriture, et l'on a pu justement parler de la « vie » du texte médiéval qui se transforme au fur et à mesure qu'il est copié. Le copiste constitue ainsi un maillon décisif non seulement dans la diffusion, mais parfois aussi dans la « recréation » de l'œuvre ; il signe le plus souvent son travail dans le colophon qui suit l'*explicit*[1] de l'œuvre en indiquant son nom, la date et le lieu, et parfois la personne pour qui il copie le texte.

1 L'*explicit* (du latin *explicitus est liber*, « le livre se termine ») indique la fin du texte, de même que l'*incipit* marque son début. Comme les manuscrits contenaient souvent plusieurs textes, ces mots, suivis du titre, permettaient de repérer plus facilement les frontières de chaque texte.

L'auteur

En vertu de ces conditions de diffusion, il serait illusoire de penser que nous lisons aujourd'hui le texte original, tout au moins pour les œuvres les plus anciennes. Ne doit-on pas, du reste, se réjouir d'en avoir gardé une version, les aléas de la conservation étant si nombreux : manuscrits livrés à la dent des rats, à la flamme des incendies, à l'humidité ou à la pourriture ? Ainsi, nous savons entre autres que des œuvres de Chrétien de Troyes se sont perdues, et nous n'avons conservé que des fragments des *Tristan* de Béroul et de Thomas. En outre, la distance entre l'auteur et son texte n'est pas due seulement à des accidents matériels, mais s'explique par le statut de l'écrivain et la conception de l'acte créateur. On a vu que l'anonymat fut d'abord la règle, que l'auteur, même lorsqu'il se nommait, travaillait sur un matériau légué par d'autres et concevait son œuvre comme ouverte : ainsi, comme Chrétien de Troyes l'a fait pour *Le Chevalier de la charrette*, il pouvait interrompre son ouvrage et le confier à un autre pour qu'il le poursuive.

Le sens de la propriété de ses écrits comme les « droits d'auteur » sont des idées étrangères à l'auteur médiéval. Certes, peu à peu, en même temps que se renforce la notion d'individu, l'auteur veillera à protéger son œuvre, mais ce résultat, fruit d'un long processus, n'est vraiment sensible qu'au XVe siècle : ainsi, l'on sait que Christine de Pizan s'attachait elle-même à la composition de ses recueils, les faisant enluminer par ses propres soins. De même, le plus ancien manuscrit autographe que nous possédions est sans doute l'« album de la cour de Blois », constitué des poésies de Charles d'Orléans, où, à côté de la main de son secrétaire, on reconnaît en plusieurs endroits la main du poète lui-même.

Le mécénat

Un auteur offre son ouvrage au roi de France : ce motif figure souvent en tête des manuscrits pour illustrer la dédicace.

Comme l'attestent les dédicaces que l'on trouve dans de nombreux prologues, l'auteur travaille le plus souvent pour un mécène, qu'il s'agisse d'un roi – Marie de France dédie ses *Lais* à Henri II Plantagenêt – ou d'un grand seigneur – Chrétien de Troyes dit avoir entrepris *Le Chevalier de la charrette* à la demande de Marie de Champagne, et il offre son *Perceval* au comte de Flandres, Philippe d'Alsace. En échange, il recevait sans doute, outre une garantie de diffusion pour son œuvre, quelques subsides ou bien des fonctions administratives grâce auxquelles il subvenait à ses besoins. Si les bibliothèques laïques sont pratiquement inexistantes aux XIIe-XIIIe siècles, la possession des livres devient aux XIVe et XVe siècles une marque de prestige.

C'est l'époque où sont confectionnés de splendides manuscrits, ornés de miniatures qui sont l'œuvre des peintres les plus célèbres (en particulier Jean Fouquet, né vers 1415, mort vers 1480), et dont les lettres historiées sont rehaussées d'or. Mais le livre n'est pas seulement recherché comme un produit de luxe : il l'est aussi pour le savoir qu'il renferme, comme le montrent les soins accordés par le roi Charles V (1338-1380) à la préservation et à l'enrichissement de la collection royale, qui comprenait 917 ouvrages en 1380. La Librairie de Charles V, que l'on peut considérer comme la première ébauche de ce qui deviendra la Bibliothèque royale, puis la Bibliothèque nationale, témoigne déjà de ce souci respectueux du livre et de sa conservation qui caractérisera les humanistes.

Voir XVIe siècle (« Les bibliothèques », p. 101)

▶ **Variations**

Le mythe du Graal

Qu'est-ce que le Graal ? C'est un objet mystérieux, non seulement pour nous, mais aussi pour les lecteurs du Moyen Âge. Du reste, les auteurs eux-mêmes ont joué de ce mystère, d'abord en suggérant des interprétations très diverses du Graal, ensuite en conservant habilement des zones d'ombre dans les textes qui le mettent en scène. La comparaison de passages clés extraits de trois ouvrages concernant le Graal, tous écrits entre la fin du XIIe siècle et le XIIIe, peut tout au moins nous aider, sinon à percer l'énigme, du moins à mieux cerner les enjeux de cette quête, dont la compréhension implique la mise en œuvre d'un mode de pensée particulier : la lecture et l'interprétation des symboles. À notre tour, mettons-nous en quête du Graal !

Une quête d'identité

Dernier roman de Chrétien, écrit vers 1180, *Perceval ou le Conte du Graal* inaugure la légende du Graal. Il s'agit d'un roman de formation. Perceval a été élevé dans un lieu sauvage par sa mère qui veut l'empêcher ainsi de devenir chevalier, car son mari a été mutilé dans un combat et ses deux fils aînés ont péri par les armes ; mais le jeune *nice* (“ sot ») finit par rencontrer des chevaliers qui lui semblent si beaux qu'il décide aussitôt d'aller se faire adouber par Arthur, abandonnant sa mère qui se pâme de douleur en le voyant partir. Il passe à la cour du roi, mais c'est un sage gentilhomme rencontré sur son chemin, Gornemant, qui lui apprendra le métier des armes et l'adoubera. Ensuite, il rencontre un seigneur infirme en train de pêcher dans une barque, qui lui offre l'hospitalité dans son château. Là, après avoir reçu en présent une magnifique épée, il assiste à une scène fort étrange.

« Tandis qu'ils parlaient de choses et d'autres,
Un jeune noble sortit d'une chambre,
porteur d'une lance blanche
qu'il tenait empoignée par le milieu.
Il passa par l'endroit entre le feu
et le lit où ils étaient assis,
et tous ceux qui étaient là voyaient
la lance blanche et l'éclat blanc de son fer.
Il sortait une goutte de sang
du fer, à la pointe de la lance,
et jusqu'à la main du jeune homme coulait cette goutte vermeille.
Le jeune homme nouvellement venu en ces lieux,
ce soir-là, voit cette merveille.
Il s'est retenu de demander
comment pareille chose advenait,
car il lui souvenait de la leçon de celui qui l'avait fait chevalier

et qui lui avait enseigné et appris
à se garder de trop parler.
Ainsi craint-il, s'il le demandait,
qu'on ne jugeât la chose grossière.
C'est pourquoi il n'en demanda rien.
Deux autres jeunes gens survinrent alors,
tenant dans leurs mains des candélabres
d'or pur, finement niellés.
Les jeunes gens porteurs des candélabres
étaient d'une grande beauté.
Sur chaque candélabre brûlaient
Dix chandelles pour le moins.
D'un graal tenu à deux mains
était porteuse une demoiselle,
qui s'avançait avec les jeunes gens,
belle, gracieuse, élégamment parée.
Quand elle fut entrée dans la pièce,
avec le graal qu'elle tenait,
il se fit une si grande clarté
que les chandelles en perdirent
leur éclat comme les étoiles
au lever du soleil ou de la lune.
Derrière elle en venait une autre,
qui portait un tailloir en argent.
Le graal qui allait devant
était de l'or le plus pur.
Des pierres précieuses de toutes sortes
étaient serties dans le graal,
parmi les plus riches et les plus rares
qui soient en terre ou en mer.
Les pierres du graal passaient
toutes les autres, à l'évidence.

Comme le Graal, le reliquaire manifeste son caractère d'objet sacré tant par sa forme (coffret cachant son contenu) que par les matériaux précieux qui le constituent.

Tout comme était passée la lance,
ils passèrent par-devant le lit,
pour aller d'une chambre dans une autre.
Le jeune homme les vit passer
et il n'osa pas demander
qui l'on servait de ce graal,
car il avait toujours au cœur
la parole du sage gentilhomme.
J'ai bien peur que le mal soit fait. »

Le Conte du Graal, trad. de Ch. Méla, Lettres Gothiques

Le lendemain, Perceval s'éveille dans le château déserté par ses habitants, comme si la scène précédente appartenait au domaine du rêve. Toutefois, en reprenant sa route dans la forêt, il ne tarde pas à rencontrer une jeune fille qui se révèle être sa cousine. Elle lui apprend que le Roi Pêcheur doit son infirmité à un coup de javelot reçu « entre les hanches », blessure qui lui cause une souffrance continue, puis elle l'interroge sur le cortège du Graal.

« – Avez-vous demandé à ces gens où ils allaient ainsi ?
– Pas un mot ne sortit de ma bouche.
– Par Dieu, vraiment, c'est encore pire. Quel est votre nom, mon ami ?
Et lui qui ne savait son nom en a l'inspiration et il dit que Perceval le Gallois est son nom, sans savoir s'il dit vrai ou non. Mais il a dit vrai, sans le savoir. »

Le Conte du Graal, trad. de Ch. Méla, Lettres Gothiques

Cinq ans après cette expérience angoissante qui l'amènera à reconnaître : « soudain je n'ai plus su où j'étais moi-même » (v. 6291), Perceval rencontre dans la forêt un ermite auquel il se « confesse » et qui lui dévoile une partie de l'énigme. Le péché dont il s'est rendu coupable et qui lui a « tranché la langue », l'empêchant de poser les questions nécessaires, est celui d'avoir « tué » sa mère puisqu'elle est morte du chagrin que son départ lui a causé. Quant au Graal, voilà ce que l'ermite (qui est en fait l'oncle de Perceval) révèle à son sujet :

« Celui qu'on en sert est mon propre frère.
Ma sœur et la sienne fut ta mère.
Quant au Riche Pêcheur, crois-le,
il est le fils de ce roi
qui se fait servir avec le graal.
Ne va pas t'imaginer qu'il ait
brochet, lamproie ou saumon !
Le saint homme, d'une simple hostie
qu'on lui apporte dans ce graal,
soutient et fortifie sa vie.

Le Graal est chose si sainte
et lui si pur esprit
qu'il ne lui faut pas autre chose
que l'hostie qui vient dans le Graal.
Il est resté ainsi douze ans,
sans sortir de la chambre
où tu as vu entrer le Graal.
Maintenant je veux t'imposer et te donner
une pénitence pour ton péché. »

Le Conte du Graal, trad. de Ch. Méla, Lettres Gothiques

… à vous d'éclairer ce qu'est le Graal selon Chrétien de Troyes…

Remarquons d'abord que le Graal est ici présenté comme « un graal », c'est-à-dire sous la forme d'un nom commun : ce terme, tout en étant rarement employé, apparaît dans d'autres textes pour désigner un récipient, et plus précisément un plat précieux et de grande taille ; qu'il ne prend son sens que parce qu'il est accompagné d'autres objets, à l'intérieur d'un rituel précis et complexe, même si sa position centrale le désigne comme le plus important : il est précédé d'une lance qui saigne et d'un tailloir (plat à découper) d'argent.

1 La scène du cortège constitue un tableau puissant et mystérieux. Détaillez les éléments qui contribuent à créer cette impression et montrez comment le procédé de focalisation interne utilisé par l'auteur lui donne encore plus de force.

2 La faute de Perceval : dégagez la progression qui s'opère dans les trois scènes pour la dénoncer. Comment Chrétien instaure-t-il un lien entre le Graal et l'identité du héros ?

3 Analysez les allusions au christianisme présentes dans la dernière scène. Comment peut-on les interpréter par rapport à la quête du héros ?

4 Le mythe du Graal, tel que nous l'expose Chrétien, rappelle le mythe d'Œdipe, mais on peut repérer entre les deux une inversion intéressante. Tandis qu'Œdipe était le meurtrier de son père, Perceval est le « meurtrier » de sa mère. Quant à la figure du père, on la trouve sous trois formes proches : le père, l'oncle (le Roi Pêcheur) et le grand-oncle (celui qui se nourrit du contenu du Graal) ; or, tous trois ont été victimes d'une blessure qui les a rendus infirmes et qui semble dans les trois cas de nature sexuelle, les réduisant à l'impuissance. Ce trait est clairement suggéré pour le Roi Pêcheur, dont la terre est devenue *gaste* (stérile) juste après sa blessure. C'est pour remédier à cette situation que Perceval aurait dû poser les deux questions : sa parole aurait permis de guérir le roi et, du même coup, de redonner la prospérité à son royaume.

Chrétien n'a pas achevé son roman ; cette interruption peut s'expliquer par la mort de l'auteur ; mais on peut aussi penser qu'il a délibérément choisi de laisser en suspens l'histoire de Perceval, suscitant ainsi le travail de ses continuateurs.

Une quête de pouvoir

L'Histoire de Peredur fils d'Evrawc, roman en prose gallois, nous est parvenue dans un manuscrit qui date de la fin du XIIIe siècle. Cette postériorité pourrait indiquer que l'auteur anonyme a transposé le roman de Chrétien, en gardant de nombreux éléments de la trame tissée par l'écrivain champenois. Toutefois, on peut aussi penser que les deux auteurs ont puisé à un conte commun, l'auteur gallois restant plus proche des origines celtiques du mythe. Voici la scène du cortège à laquelle assiste Peredur, après avoir été accueilli par le seigneur du château, infirme, qui vient de se présenter comme l'oncle du héros :

> « Peredur s'assit à côté de son oncle, et ils discutèrent. Puis il vit deux jeunes gens entrer dans la grande salle puis dans la chambre, portant une lance d'une taille indescriptible ; trois ruisseaux [de sang] la parcouraient tout au long, de la pointe jusqu'à terre. Lorsque les gens de la cour virent cela, tous se mirent à crier et à gémir si fort que c'était insupportable. Mais l'homme n'interrompit pas pour autant sa conversation avec Peredur ; il ne lui apprit pas ce que c'était, et l'autre ne lui posa pas de question.
>
> Après un moment de silence, ensuite, voici deux jeunes filles qui entrent avec un grand plat, sur lequel il y avait une tête d'homme et du sang en abondance. Chacun se mit alors à crier et à gémir au point qu'il était pénible de rester dans la même maison. À la fin, ils s'arrêtèrent, et restèrent à table pour boire aussi longtemps qu'ils le voulurent. Puis on prépara une chambre pour Peredur et ils allèrent se coucher. »
>
> **Les Quatre Branches du Mabinogi**, trad. P.-Y. Lambert, Gallimard

Comme dans le cas de Perceval, le silence du héros devant le cortège se révèle être une faute. Les accusations portées contre lui le poussent alors à désirer retourner au château des Merveilles. Mais, auparavant, il devra affronter un grand nombre d'aventures faisant intervenir des créatures fantastiques : lion, serpent, monstre, sorcières. Ces dernières jouent un rôle déterminant dans la destinée du héros : en effet, le triomphe qu'il obtient sur l'une des sorcières lui permet de recevoir d'elles une initiation qui le rendra invincible. Ainsi, lorsqu'il retrouve enfin le château des Merveilles, le mystère peut se dénouer :

« Puis arriva un jeune homme blond qui s'agenouilla devant Peredur et lui demanda son pardon.
"Seigneur, dit le jeune homme, [...] c'est moi qui suis venu avec la tête coupée ensanglantée sur le plat, et avec la lance, le long de laquelle il y avait un flot de sang allant de la pointe jusqu'à la poignée. La tête était celle de ton cousin, ce sont les sorcières de Caer Loyw qui l'avaient tué et qui ont estropié ton oncle. Moi, je suis l'un de tes cousins, et il a été prédit que tu vengerais tous ces forfaits." »

Les Quatre Branches du Mabinogi, trad. P.-Y. Lambert, Gallimard

Il ne reste plus alors à Peredur qu'à livrer un dernier combat avec l'aide du roi Arthur et de ses guerriers afin de tuer toutes les sorcières de Caer Loyw.

... à vous de comparer le roman de Chrétien et le conte gallois...

1 La scène du cortège : relevez les ressemblances et les différences. Si les deux scènes sont mystérieuses, le ton et l'atmosphère ne sont pas de même nature. Tentez de les caractériser afin de mettre en évidence ce qui les oppose.

2 L'objet de la quête de Peredur (dont le récit est complet, à la différence du *Conte du Graal*) est à première vue plus simple à définir que dans le cas de Perceval : il s'agit d'accomplir une vengeance familiale. Cette quête se déroule dans un contexte résolument païen, où l'on peut reconnaître des éléments caractéristiques des croyances celtiques, en particulier la conception de l'autre monde (à la fois monde des morts et monde des merveilles, monde des fées et des sorcières). La tâche qui incombe au héros est d'assurer la communication entre le monde des vivants qu'il incarne et cet autre monde, représenté ici par le château des Merveilles, devenu stérile et voué au malheur, et qu'il doit régénérer. Toutefois, le récit gallois conserve une ambiguïté intéressante, liée au statut ambivalent des sorcières : elles sont les auxiliaires du héros (elles l'initient à la magie guerrière et lui livrent leurs secrets), mais constituent aussi l'ennemi qu'il doit vaincre. Comment interpréter cette ambivalence ?

Une quête de vérité

La Quête du Saint-Graal, qui fait partie d'un vaste ensemble intitulé *Lancelot-Graal* datant du début du XIIIe siècle, présente une synthèse magistrale de la veine celtique avec la conception chrétienne du monde. D'un côté, ce sont bien les chevaliers de la Table ronde qui sont mis en scène, avec le double décor habituel : la cour d'Arthur d'une part, de l'autre la forêt, où ils ne cessent de rencontrer des aventures. Mais la signification de ce parcours est continuellement donnée par le recours au symbolisme chrétien.

À la différence de ce qui avait lieu chez Chrétien, Perceval perd son statut de héros de la quête. Sans doute a-t-il avec Bohort le privilège d'accompagner Galaad pour « chercher la vérité du Graal ». Mais seul Galaad (le fils de Lancelot) ira jusqu'au bout : il est en effet le seul qui soit parfaitement pur, car vierge et n'ayant jamais eu de désir amoureux. Cette hiérarchie entre les trois compagnons est bien montrée par le test de l'épée brisée, que tous trois subissent à leur arrivée au château de Corbenic :

« Bohort la prit en main pour voir s'il pourrait la ressouder, mais en vain. Il la passa alors à Perceval.
“Seigneur, lui dit-il, voyez si vous pourrez accomplir cette aventure.
– Volontiers” répondit Perceval. Il prit donc l'épée et en rapprocha les tronçons mais lui non plus ne parvint pas à les ressouder. “Seigneur, dit-il à Galaad, nous avons essayé tous deux. À vous d'essayer, et si vous n'y parvenez pas, je ne pense pas que l'épreuve puisse être réussie par un être humain.”
Galaad rapprocha alors les deux tronçons de l'épée qui se soudèrent si parfaitement que personne au monde n'aurait pu voir où la lame avait été brisée et même qu'elle l'avait été. »

La Quête du Saint-Graal, trad. E. Baumgartner, Champion

Mais c'est surtout la conception du Graal qui se trouve profondément renouvelée dans une perspective chrétienne par l'auteur de la *Quête*, comme le montre la version qu'il propose du cortège, que Galaad, Perceval et Bohort ont reçu le privilège de voir au château de Corbenic. Les trois compagnons, restés seuls, voient d'abord descendre du ciel, porté par des anges, Josèphé, le premier évêque des chrétiens, miraculeusement ressuscité, qui s'approche de la table où était le saint Graal. Ensuite, tous les quatre voient s'avancer des anges…

« Deux d'entre eux portaient deux cierges, le troisième un linge de soie rouge et le quatrième une lance qui saignait si abondamment que les gouttes tombaient dans un coffret que l'ange tenait dans l'autre main. Les deux premiers mirent les cierges sur la table, le troisième déposa le linge près du Saint-Vase tandis que le quatrième tenait la lance toute droite au-dessus pour qu'y soient recueillies les gouttes de sang qui coulaient de la hampe. Alors Josèphé se leva et écarta un peu la lance du Saint-Vase qu'il recouvrit du linge. Puis il commença, leur sembla-t-il, à célébrer la messe. Au bout d'un moment, il prit dans le Saint-Vase une hostie qui avait l'apparence du pain. Or, comme il l'élevait, descendit du ciel un être semblable à un enfant dont le visage était comme embrasé de feu. L'enfant se fondit dans le pain, si bien que les assistants virent distinctement que le pain avait pris la forme d'un être de chair. Puis, quand Josèphé l'eut un long moment élevé, il le remit dans le Saint-Vase. »

La Quête du Saint-Graal, trad. E. Baumgartner, Champion

La mandorle est utilisée dans la sculpture médiévale pour entourer un personnage afin d'en montrer la nature divine : le Christ est ici distingué des quatre évangélistes, représentés par leur symbole humain ou animal.

… à vous d'interpréter le nouveau sens du Graal…

Dans *La Quête du Saint-Graal*, le Graal acquiert le statut de sainte relique : « C'est l'écuelle où Jésus-Christ mangea l'agneau le jour de Pâques avec ses disciples ». En outre, il permet de renouveler le mystère sacré qui s'opère chaque fois dans le rituel chrétien de la messe. Par rapport à la scène du cortège vue par Perceval, quels sont les nouveaux éléments qui vous paraissent déterminants et étonnants ? Vous comparerez cette scène avec la signification attribuée au Graal par l'ermite chez Chrétien de Troyes afin de voir comment le sens est approfondi.

À la fin de *La Quête*, seul Galaad est autorisé à regarder à l'intérieur du Saint-Vase, après quoi il meurt dans un état de grâce proche de la béatitude céleste.

« Dès que Galaad fut mort, il se produisit une chose extraordinaire : les deux compagnons virent en effet très distinctement une main descendre du ciel (mais ils ne virent pas le corps auquel elle appartenait). Elle alla droit vers le Saint-Vase et le prit, ainsi que la lance, puis l'emporta dans le ciel et personne, depuis lors, n'a eu assez d'audace pour prétendre avoir vu le Saint-Graal. »

La Quête du Saint-Graal, trad. E. Baumgartner, Champion

Le Graal n'a pas pour autant disparu de la littérature et, comme tout mythe, sa force d'inspiration est telle qu'elle suscite de nouvelles créations qui concernent les divers arts.

… à vous de poursuivre la quête du Graal…

Choisissez l'une des trois œuvres suivantes pour y étudier la réinterprétation qui en est proposée :

- *Parsifal* (1877), l'opéra de Wagner ;
- *Le Roi Pêcheur* (1948), pièce de Julien Gracq ;
- *Sacré Graal*, le film des Monty Python.

XVIe s.

la soif de savoir

Introduction

> « Qui donc oserait douter qu'au milieu d'une telle effloraison d'humanité et de culture spirituelle, notre siècle ne devienne le plus heureux de tous ? Tous, nous espérons voir à bref délai une métamorphose générale des temps, la concorde entre les nations, l'ordre parfait dans les États, l'apaisement religieux que nos aïeux ont si souvent souhaité, en un mot, la félicité d'une vie heureuse et l'afflux de toutes sortes de prospérités. »
>
> Barthélemy Latomus, **Discours inaugural prononcé lors de la fondation par François Ier de son Collège royal**, 1530

L'espoir qu'exprime cet éminent professeur de latin fut partagé par tous les grands intellectuels du début du XVIe siècle. Érasme, Guillaume Budé, Étienne Dolet, François Rabelais... Tous eurent le sentiment de vivre une époque illuminée par un formidable **renouveau du savoir**. L'imprimerie, récemment perfectionnée, ne répandait-elle pas dans toute l'Europe **l'inestimable trésor de la littérature antique** que l'Occident se réappropriait enfin, favorisant ainsi une **renaissance** de l'art de parler, d'écrire, de penser, de prier et de vivre ? Un grand mouvement de pensée, qui mettait l'homme et son épanouissement, à la fois intellectuel, moral et religieux, au centre des préoccupations des lettrés avait enfin vu le jour : **l'humanisme**.

Inlassablement, les savants ont lu, traduit, publié, enseigné, dans cette **allégresse** que donne le sentiment d'un triomphe imminent de l'intelligence et du respect de l'homme sur la barbarie. Comment les princes, les régents des facultés et les hauts dignitaires du clergé auraient-ils pu refuser les lumières de ce savoir nouveau ?...

Hélas ! La seconde moitié du siècle fut celle du **désenchantement**. Après la mort accidentelle d'Henri II en 1559, les **querelles de pouvoir** dégénérèrent bientôt en **guerres de Religion**, et c'est par le feu et par le fer que durent désormais se régler les divergences d'opinion.

Cependant, au terme de cette aventure d'un siècle, les hommes de lettres avaient enfin reçu et accepté l'ultime enseignement des sages de l'Antiquité, grâce à cette nouvelle certitude, née de la ruine de toutes les autres : si la recherche de la vérité est bien la vocation des hommes, aucun d'eux ne peut se vanter de la détenir... « Car nous sommes nés à quêter la vérité ; il appartient de la posséder à une plus grande puissance », ainsi que l'écrit Montaigne, qui adopte comme devise une inquiétante question : *Que sais-je ?*

Nous allons refaire ensemble cet itinéraire qui va de l'ambition de tout connaître, de tout enseigner et de réconcilier tous les hommes dans cette grande lumière du savoir, au sentiment que les vérités humaines ne sont jamais que fragiles, partielles et relatives. De Rabelais à Montaigne, nous verrons ainsi l'humanisme se renouveler et s'enrichir d'une réflexion sur la condition de l'homme, la liberté des consciences et les limites de la raison.

▶Image

Marteen van Heemskerk (Heemskerk, 1498 - Haarlem, 1574)
Saint Luc peignant la Vierge, vers 1545
Huile sur bois (205,5 × 143,5 cm)
Musée des Beaux Arts de Rennes

La **volonté d'élargir le champ de la connaissance**, de revenir aux sources antiques et de s'en nourrir pour les dépasser, n'est pas au XVIe siècle le seul fait des intellectuels et des écrivains. Les peintres participent à ce grand élan de renouveau de la création et des idées. Pour s'extraire de la condition d'artisans où le Moyen Âge les avait cantonnés, ils tentent d'**intellectualiser la peinture** en la nourrissant des apports de l'anatomie et de la géométrie. Ces savoirs scientifiques, puisés dans les textes antiques et contemporains, sont rendus accessibles grâce à l'imprimerie. Par ailleurs, les statues mises au jour par l'archéologie constituent un véritable choc pour les artistes. Dès lors, sur la surface peinte, ils cherchent à donner aux personnages le volume que la statuaire antique maîtrisait parfaitement. Ces connaissances, auxquelles s'ajoute parfois la maîtrise du latin et du grec, font de l'artiste **un véritable humaniste, un savant et un observateur** tel que l'appelle de ses vœux Rabelais dans *Pantagruel :* « Revisite les livres des médecins grecs, arabes et latins… et par de fréquentes anatomies, acquiers-toi parfaite connaissance de l'autre monde, qui est l'homme. » Nulle autre que cette œuvre de Marteen van Heemskerk, réalisée aux alentours de 1545 en Hollande, n'illustre mieux l'idée qu'un peintre se fait de son métier au XVIe siècle, **un art aussi technique qu'intellectuel**. Cette œuvre-manifeste met en scène le thème de saint Luc peignant la Vierge, emblème des corporations de peintres et de médecins. C'est du reste probablement la guilde des peintres de Haarlem qui a commandé cette toile à Heemskerk, qui en est alors le doyen. Comme souvent dans ce cas, le visage du saint est un autoportrait de l'artiste. Dans son atelier, la niche du mur de droite contient deux livres, assortis sur leur tranche d'une inscription en grec DIOSCORIDES et NICANDROS. Cela désigne les écrits de deux médecins de l'Antiquité, imprimés pour la première fois à la fin du XVe siècle. Quant à l'ouvrage ouvert au premier plan à droite, il s'agit d'un traité consacré à l'anatomie, rédigé par Galien, médecin grec du IIe siècle de notre ère. Édité pour la première fois en 1538, ce livre ne contenait aucune des illustrations que l'on découvre dans le tableau. Car Heemskerk a introduit là les gravures, dues à Jan van Calcar, disciple de Titien, ornant l'ouvrage de son contemporain Vésale, *De humani corporis fabrica*, publié en 1543 et remettant en cause le savoir de Galien par un recours à la dissection de cadavres humains. **Très au fait du savoir anatomique de son temps**, ce peintre l'est aussi de l'actualité artistique de l'Italie, berceau de la Renaissance. La cour du fond s'orne de sculptures antiques, **observées et dessinées** par le peintre lors de son séjour à Rome en 1532. De ce voyage, l'artiste revient aussi fasciné par l'art de Michel-Ange, à qui il rend dans cette œuvre un hommage appuyé : la tête de l'Enfant Jésus ressemble trait pour trait à celle de saint Jean Baptiste dans le *Tondo Doni* de 1507, et la Vierge adopte l'attitude du prophète Isaïe de la chapelle Sixtine. **Savante construction symbolique**, mise en espace selon une perspective combinant mathématique et intuition, cette œuvre manifeste avec éclat la synthèse artistique opérée par Heemskerk entre les apports nordiques, une peinture à l'huile faite de glacis et rehauts, attachée à la sensualité des textures et la précision des détails, et les apports italiens, rigueur et équilibre de la composition et volumétrie des formes. Cette œuvre, menacée de destruction lors des affrontements religieux qui ensanglantèrent la Hollande à la fin du XVIe siècle, fut transportée à Nuremberg dont elle orna jusqu'en 1800 la salle de l'Hôtel de Ville. C'est là que les troupes de Napoléon la saisirent pour l'apporter en France, avant de la déposer à Rennes où elle se trouve toujours.

▶Situations

1450 L'essor de l'imprimerie

À Mayence, Gutenberg perfectionne la technique de l'imprimerie : des caractères mobiles et métalliques se substituent aux fragiles planches de bois gravées que la xylographie utilisait depuis le début du xve siècle. Les récents progrès de la métallurgie ont fourni les alliages appropriés, à la fois résistants sous la presse et souples sur les feuilles. Le papier se fabrique désormais à partir de chiffons de chanvre et de lin, selon une méthode importée de Chine. À partir du milieu du xve siècle, ces améliorations favorisent l'essor de l'imprimerie et permettent l'ouverture de nombreux ateliers dans toute l'Europe : Venise, Bâle, Paris, Lyon et bien d'autres villes diffusent en abondance des livres imprimés de grande qualité.

Le grand helléniste Guillaume Budé (1467-1540) fut un témoin privilégié de cette évolution :

« Même les textes grecs se répandent en force, grâce à l'œuvre des imprimeurs, et aussi à l'application de certains hommes savants qui font la chasse à toute espèce de livres. L'étude de ceux-ci en est devenue plus facile ; on peut maintenant à volonté faire bombance de lecture, et se rassasier dans ces sortes de banquets où, autrefois, pour repaître mon esprit plein d'avidité, j'étais contraint, moi, de ramasser les miettes, et souvent d'un effort vain et infructueux. »

Guillaume Budé, **L'Étude des lettres**, 1532

Avec des caractères de plomb, on compose la page. C'est la grande invention de l'imprimerie qui permet de passer à un tirage jugé alors considérable : autour de cinq cents exemplaires.

1 Les neuf Muses sont les déesses inspiratrices des arts. Chacune possède sa spécialité : Euterpe la musique, Terpsichore la danse, Calliope la poésie héroïque, etc. 2 C'est sans doute en 1535 que François Rabelais publia *Gargantua*. Le héros éponyme est un géant acquis aux idées de l'humanisme. 3 « Gargantua ne leur fit pas d'autre mal que de les préposer à actionner les presses de l'imprimerie qu'il avait récemment fondée. »

Les écrivains du XVIe siècle opposent habituellement l'imprimerie, considérée comme la dixième Muse[1], à une autre invention de leur époque, l'artillerie. Comme le souligne Gargantua[2], la première fut créée « par inspiration divine », alors qu'au contraire l'artillerie l'a été par une « suggestion diabolique ». Au chapitre 51 du *Gargantua*, quelques prisonniers sont livrés au géant, à l'issue de la guerre que lui avait déclarée son voisin Picrochole, un tyran assoiffé de conquête : « Autre mal ne leur fit Gargantua sinon qu'il les ordonna pour tirer les presses à son imprimerie laquelle il avait nouvellement instituée[3]. » Les barbares vaincus sont ainsi condamnés à servir l'humanisme.

Grâce à l'imprimerie, les savoirs, les techniques, mais aussi les idées se répandent : le 14 février 1519, le célèbre éditeur Froben écrit à Luther que six cents de ses ouvrages viennent de quitter Bâle en direction de la France. En 1523, l'humaniste Jacques Lefèvre d'Étaples, désireux de rendre accessible à tous le texte biblique, publie à Paris une traduction française des Évangiles. L'ouvrage est immédiatement condamné par la faculté de théologie de Paris, qui craint que l'étude des textes sacrés en grec et en hébreu n'en suscite des interprétations divergentes au point de provoquer, à terme, un schisme. Elle ne peut toutefois empêcher la diffusion de cette traduction sur une large part du territoire français et sa réimpression à Bâle, à Anvers et à Turin.

1453 La prise de Constantinople par les Turcs

La chute de Constantinople marque, en 1453, la fin de l'Empire romain d'Orient. Chassés par l'invasion turque, les savants se réfugient en Italie, apportant avec eux les manuscrits grecs et latins que leurs bibliothèques conservaient depuis l'Antiquité. Les textes anciens sont alors redécouverts, débarrassés des erreurs de traduction, des fautes de copistes et des gloses dont la tradition médiévale les avait souvent surchargés. Les lettrés réapprennent bientôt le grec, que l'Occident avait alors presque oublié. Désormais férus de langues anciennes, ils s'habituent à confronter les traductions latines aux textes grecs originaux, et ils se proposent de corriger la Vulgate, c'est-à-dire la version de la Bible officiellement approuvée par l'Église, grâce aux textes grec et hébreu dont elle n'est que la traduction en latin.

L'Empire ottoman fera trembler l'Europe jusqu'à la victoire des Espagnols contre Sélim II, à Lépante, en 1571. Pierre de Ronsard évoque cette menace qui pèse sur la Chrétienté incapable de s'unir face à l'ennemi :

1 Ne manquera pas.

« Peuple chétif, qui ses forces hasarde
Contre soi-même, et qui sot ne prend garde
Que ce grand Turc bientôt ne faudra pas[1]
De renverser leurs puissances à bas
Les séparant comme une Ourse cruelle
De cent chameaux sépare la querelle. »

Pierre de Ronsard, **Les Isles Fortunées**, 1553

Enfin, les anciennes routes des épices sont perturbées par l'extension des empires musulmans ; Gênes et Venise s'imposent désormais comme de coûteux intermédiaires. Il faut donc chercher de nouvelles voies jusqu'aux sources d'approvisionnement.

1492 Les voyageurs du Nouveau Monde

Voir Moyen Âge (« 1298 », p. 26)

Le journal de bord que tenait Christophe Colomb nous révèle la complexité des motivations qui ont présidé à sa téméraire entreprise. Outre de l'or et des épices, il s'attend à découvrir les prodigieuses richesses de l'Orient décrites dans *Le Devisement du monde* de Marco Polo. Il lit dans son propre nom la mission religieuse qui lui incombe, celle de propager la foi : à partir de 1502, il ne signe plus que du nom de *Christo ferens* (« Porteur du Christ » ou « Celui qui porte au Christ »). Des légendes médiévales, comme celle du royaume du Prêtre Jean, lui font espérer la rencontre de chrétiens vivant au-delà de l'Empire ottoman : il imagine une alliance avec eux contre l'Islam. Il lui semble même possible de retrouver le Paradis terrestre des Écritures.

Il est encouragé par les progrès de la construction navale, par ceux de la navigation astronomique (grâce à de nouveaux instruments de bord qui permettent de mieux définir la position des bateaux), mais aussi par la certitude, puisée dans la Bible, que les océans ne représentent que le septième de la planète. Il possède un extraordinaire sens de la mer et des vents... mais commet une énorme erreur d'appréciation lorsqu'il situe le Japon à 2 400 milles des Canaries, au lieu de 10 600.

En quatre voyages, entre 1492 et 1504, Christophe Colomb n'explore que les Caraïbes, la côte de l'Amérique centrale et l'embouchure de l'Orénoque, qu'il identifie toujours comme l'Asie. Le Florentin Amerigo Vespucci prétend, quant à lui, qu'il s'agit d'un « Nouveau Monde » : en 1507, on imagine de nommer *America* ce continent nouvellement apparu sur les cartes.

Le premier tour du monde, et donc la preuve pratique de la sphéricité de la terre, sont dus au Portugais Magellan. Mais il meurt au cours de ce terrible voyage (1519-1522) : il ne revient qu'un seul des cinq navires engagés dans ce périple, avec à son bord dix-huit survivants. Ils avaient pourtant atteint les Moluques, le pays tant espéré des épices, le 8 novembre 1521.

1506 Naissance d'une passion : l'archéologie

À Rome, les papes de la Renaissance bâtissent une cité nouvelle sur les ruines ensevelies de la ville antique. Lors de son voyage en Italie, Montaigne est fasciné par la superposition de ces deux mondes :

Dessin de Federico Zuccari, *Taddeo Zuccari relevant le Laocoon*.

> « Il est souvent advenu qu'après avoir fouillé bien avant en terre on ne venait qu'à rencontrer la tête d'une fort haute colonne qui était encore en pied au-dessous. [...] Il est aisé à voir que plusieurs rues sont à plus de trente pieds profond au-dessous de celles d'à cette heure. »
>
> Michel de Montaigne, **Journal de voyage**, 1580-1581

La science archéologique est en train de naître, à la faveur des explorations ordonnées par des papes avides de trésors et de matériaux susceptibles d'enrichir les nouveaux monuments. On découvre la Maison dorée de Néron : cet immense palais est décoré de peintures murales tout en arabesques, dont les motifs végétaux ou mythologiques seront reproduits par de nombreux artistes de la Renaissance. Ils appellent « grotesques » ces ornements pleins de fantaisie, car on prend tout d'abord le palais de Néron pour des galeries souterraines, des « grottes ». En 1506, les fouilles mettent au jour une célèbre statue de l'Antiquité, représentant un père et ses enfants aux prises avec un serpent. Elle est connue grâce à un texte de Pline, qui la décrivait, au Ier siècle de notre ère, comme le « chef-d'œuvre des arts ». Michel-Ange confirme ce jugement et conseille au pape Jules II de l'acquérir. Le cortège triomphal qui la transporte jusqu'au Vatican témoigne de l'enthousiasme que suscitent alors les découvertes archéologiques. La réputation du *Laocoon* est telle que François Ier le réclame comme butin de guerre en 1515 ; le pape, qui n'entend pas céder, en fait exécuter secrètement une copie... qu'il parvient à conserver, de même que l'original. Napoléon s'en empare en 1797, mais il sera restitué à l'Italie à la chute de l'empereur.

De retour d'un long séjour italien (1553-1557), le poète Joachim Du Bellay publie *Les Antiquités de Rome*, un recueil qui exprime une admiration teintée de nostalgie devant les ruines de l'antique cité.

« Qui voudra voir tout ce qu'ont pu nature,
L'art, et le ciel, Rome, te vienne voir :
J'entends s'il peut ta grandeur concevoir
Par ce qui n'est que ta morte peinture.

Rome n'est plus : et si l'architecture
Quelque ombre encor de Rome fait revoir,
C'est comme un corps par magique savoir
Tiré de nuit hors de sa sépulture.

Le corps de Rome en cendre est dévalé[1],
Et son esprit rejoindre s'est allé
Au grand esprit de cette masse ronde[2].

Mais ses écrits, qui son los le plus beau
Malgré le temps arrachent du tombeau[3],
Font son idole[4] errer parmi le monde. »

Joachim Du Bellay, **Les Antiquités de Rome**, sonnet 5, 1558

1 Tombé. 2 L'esprit qui anime l'univers et fait mouvoir les astres (notion platonicienne). 3 Ses écrits sauvent du tombeau « son los », c'est-à-dire sa louange. 4 « Idole » a ici le sens grec de spectre.

1515 Le modèle italien

L'Italie du XVIe siècle est divisée en un ensemble de petits États indépendants qui suscitent la convoitise des grandes puissances étrangères. Reprenant la politique d'expansion territoriale de ses prédécesseurs, François Ier conquiert le duché de Milan, grâce à la victoire de Marignan en 1515. Mais le désastre de Pavie renversera le sort des armes en 1525. Les véritables richesses que les Français rapporteront seront en fait d'ordre culturel : de retour de la campagne d'Italie, en 1515, Loys de Ronsard, le père du poète, rebâtit son domaine de La Possonnière dans le style italien. Il ne fait que suivre l'exemple royal : François Ier charge à la même époque le grand savant et artiste toscan Léonard de Vinci de veiller à l'édification des châteaux de la Loire ; il lui achète sa *Joconde* pour la somme considérable de 4 000 écus et le nomme Premier Peintre, Ingénieur et Architecte du roi. Ce titre rend hommage aux talents multiples d'un génie qui excelle en tous domaines – encore faudrait-il ajouter que le peintre s'appuie sur de solides connaissances en géologie, en botanique et en anatomie, et que l'ingénieur n'ignore rien des mathématiques ni de la physique. Son impressionnante personnalité, le charme et l'intelligence de sa conversation lui ont permis de devenir un interlocuteur privilégié des grands, à une époque où la cour s'ouvre aux raffinements italiens de la politesse, de l'esprit et des arts. Peintres, sculpteurs et écrivains trouvent accueil et protection à la cour de France, auprès d'un prince cultivé et de sa non moins brillante sœur, Marguerite de Navarre.

Mais il ne faudrait pas exagérer les effets bénéfiques des guerres en matière de culture... Les multiples renversements d'alliances entre le roi de France, le pape et Charles Quint aboutissent, en 1527, au sac de Rome par les troupes de l'empereur. La ville est dévastée, artistes et spécialistes de l'Antiquité sont massacrés ; il faudra attendre vingt ans avant que les études archéologiques ne puissent reprendre.

Le 3 avril 1559, le traité de Cateau-Cambrésis met fin aux guerres d'Italie.

1530 Le Collège des lecteurs royaux

Sur les conseils de Guillaume Budé, François Ier instaure en 1530, face à l'Université traditionnelle, un enseignement moderne et indépendant, dispensant gratuitement et à tous des leçons de langues anciennes (grec, hébreu, latin), de mathématiques, puis de rhétorique, de médecine et de philosophie. Il s'agit du Collège des lecteurs royaux, ancêtre de l'actuel Collège de France. Or, depuis 1520, pour éviter de nouveaux commentaires du texte grec des Évangiles (à la manière d'Érasme, le grand humaniste hollandais), la Sorbonne voulait interdire l'étude de cette langue. En 1523, François Rabelais, alors moine franciscain, s'était vu confisquer ses livres de grec par ses supérieurs. En 1532, Budé se félicite du soutien que le roi apporte désormais aux humanistes.

> « On en était venu à un tel degré d'exaspération et de tension délirantes que les sermons ne traitaient plus de l'Évangile, ni des prophéties, ni des révélations divines, mais de l'accusation des lettres grecques comme pépinières d'hérésies. [...] Aujourd'hui les choses ont tellement changé que les classes de théologie ne craignent pas de résonner non seulement de mots, mais de citations entières du grec. »
>
> Guillaume Budé, **L'Étude des lettres**, 1532

1533 L'introduction du sonnet en France

Pétrarque, le grand poète italien du XIVe siècle, avait choisi la forme du sonnet pour chanter ses amours avec Laure dans son *Canzoniere.* Bien que Laure n'ait sans doute été qu'une fiction poétique, le poète français Maurice Scève croit découvrir son tombeau, en 1533, près d'Avignon. Sa « trouvaille » a le mérite de susciter un regain d'enthousiasme pour l'œuvre de Pétrarque et de mettre ainsi en vogue le genre du sonnet auprès du public français. Cette forme était sans doute née en Sicile, au XIIIe siècle, et son nom (*sonnetto*, c'est-à-dire « petit son ») rappelle qu'il s'est agi tout d'abord d'une sorte de chanson, sans doute populaire. Des poètes comme Clément Marot (pendant son exil à Ferrare) et peut-être Mellin de Saint-Gelais se sont exercés, dès 1536, à l'écriture de sonnets en français, mais ce sont les traductions des sonnets de Pétrarque dans notre langue qui consacrent, à partir de 1548, le succès de cette forme nouvelle. Avec *L'Olive*, publié en 1549, Joachim Du Bellay signe le premier recueil uniquement composé de sonnets.

La structure du sonnet a évolué au cours de son histoire : composé de quatorze vers, répartis en deux quatrains et un sizain, il doit sa cinquième rime à Pétrarque, qui hésite encore pour les quatrains entre des rimes croisées (*abab*) ou embrassées (*abba*), et pour le sizain entre le modèle ancien *cdcdcd* et des formes soulignant le possible découpage du sizain en deux tercets (*cdecde* ou *cdedce*). Marot innove en proposant un schéma rimique promis à un grand succès en France, *ccdeed* (un quatrain final à rimes embrassées se dessine), de même que Peletier du Mans, avec la structure *ccdede* (avec cette fois un quatrain à rimes croisées). Le sonnet est une « forme fixe » sujette à variations et qui peut s'emparer de n'importe quel thème. Il est, comme on l'a dit, une « machine à penser », et même à se penser.

Voici probablement le premier sonnet français, composé dans l'été 1536 (peut-être à Venise), et adressé à Renée de Ferrare, la fille du roi de France Louis XII. Élevée avec François Ier et Marguerite de Navarre, ses cousins, elle avait l'esprit ouvert aux idées de la Réforme et recevait à Ferrare ceux qui fuyaient les persécutions, tout comme Marguerite les accueillait à Nérac. Ce n'était pas du goût de son mari, Hercule d'Este, le fils de Lucrèce Borgia, qui le lui reprochait durement et la fit même plus tard enfermer par l'Inquisition.

Nous avons conservé ici l'orthographe de l'époque. Dans l'ensemble des autres textes du XVIe siècle, elle est modernisée, afin de faciliter la lecture.

« Me souvenant de tes bontez divines
Suis en douleur, princesse, à ton absence ;
Et si languy quant suis en ta presence,
Voyant ce lys au milieu des espines.

Ô la doulceur des doulceurs femenines,
Ô cueur sans fiel, ô race d'excellence,
Ô traictement rempli de violance,
Qui s'endurcist pres des choses benignes.

Si seras tu de la main soustenue
De l'eternel, comme sa cher tenue ;
Et des nuysans auront honte et reproche.

Courage, dame, en l'air je voys la nue
Qui ça et là s'escarte et diminue,
Pour faire place au beau temps qui s'approche ! »

Clément Marot, **Sonnet à Madame de Ferrare**, 1536

1534 L'affaire des Placards

Dans la nuit du 17 au 18 octobre 1534, les principales thèses du moine allemand Luther contre le pape, la religion catholique et la messe, sont affichées (« placardées ») sur la porte de la chambre du roi, au château d'Amboise. François Ier est contraint de réagir et d'organiser la répression de l'hérésie luthérienne : des bûchers sont dressés dans Paris, on y jette aux pieds des condamnés les livres saisis chez eux. Le 23 janvier 1535, Marie La Catelle est brûlée vive pour avoir fait lire l'Évangile en français à ses écolières.

Cette « affaire des Placards » marque le début des troubles religieux, la répression se durcissant à mesure que l'hérésie se répand et s'organise ; à partir de 1562, à la suite du massacre de protestants à Wassy, les conflits dégénéreront en guerres civiles.

Malgré la protection royale, le milieu des humanistes n'est pas à l'abri des foudres de la faculté de théologie : en 1546, le philosophe et imprimeur Étienne Dolet, qui avait entrepris de traduire tout Platon en français, est pendu puis brûlé au milieu de ses livres, place Maubert à Paris, pour blasphème, sédition et exposition d'ouvrages prohibés. On lui reproche une formule ambiguë dans l'une de ses traductions : « après la mort, tu ne seras plus rien du tout ». En choisissant d'entendre cette phrase comme une négation de l'immortalité de l'âme, le tribunal s'est offert la satisfaction de se débarrasser d'un homme dont la liberté de pensée offusquait depuis longtemps les théologiens rigoristes. Avant de mourir, l'humaniste lance un ultime jeu de mots sur son nom : *« Non dolet ipse Dolet, sed pro ratione dolet »* (« Dolet ne s'afflige pas sur lui-même, mais pour la raison »[1]).

1 *Dolet* signifie « il s'afflige » en latin.

Après l'affaire des Placards, Marguerite de Navarre elle-même est inquiétée : le roi décide alors d'exiler sa propre sœur, dont les poèmes et dialogues, d'inspiration religieuse, sont censurés par la Sorbonne. Transférée à Nérac, dans l'actuel Lot-et-Garonne, sa cour reste un centre d'effervescence intellectuelle et religieuse. Clément Marot s'y réfugie, avant de gagner la cour de la duchesse Renée de Ferrare, en Italie. Bien que la reine de Navarre ait été une lectrice attentive de Luther, et qu'elle ait souhaité une réforme de l'Église catholique, qu'elle estime, comme beaucoup de ses contemporains, trop éloignée de l'esprit du Christ, elle répugne à l'idée d'un schisme ; elle rompt toute relation avec Calvin en 1545, alors que celui-ci instaure à Genève une nouvelle religion, désormais coupée de l'autorité du pape.

Aux environs de 1542, Marguerite de Navarre entame la rédaction d'un recueil de nouvelles qui ne sera publié qu'en 1559, dix ans après sa mort, sous le titre d'*Heptaméron.* Sans doute projette-t-elle d'écrire un « décaméron », à la manière du recueil italien de Boccace : comme lui, elle imagine une joyeuse compagnie de dix personnages qui racontent chaque jour chacun une histoire – mais son œuvre s'interrompt à la septième journée (*hepta* signifie « sept » en grec, *hèméra* désigne la journée) et n'atteint pas les cent nouvelles nécessaires pour former un décaméron (« dix » se dit *deka* en grec).

La cinquième nouvelle de la première journée s'inscrit dans la tradition des fabliaux du Moyen Âge : ce récit bref, leste et enjoué, permet au petit peuple de prendre sa revanche sur des religieux bornés et sans scrupules... Mais sous ces dehors inoffensifs, lorsque le comique s'appuie sur une ironie mordante à l'égard d'un clergé corrompu et que plus personne ne respecte, transparaissent l'indignation et l'exigence pressante d'une réforme de l'Église.

1 Moines franciscains. Ceux-ci portaient une corde à trois nœuds en guise de ceinture. 2 Parce que. Dans ce texte, « pour » est souvent employé au sens moderne de « par ». 3 Pour éviter qu'elle ne s'ennuie. 4 Prières. 5 « S'il est content de moi. » 6 Selon saint Luc, un ange vint réconforter Jésus au mont des Oliviers.

« Au port de Coullon, près de Niort, y avait une batelière qui jour et nuit ne faisait que passer un chacun. Advint que deux cordeliers[1] du dit Niort passèrent la rivière tout seuls avec elle. Et, pour ce que[2] le passage est un des plus longs qui soit en France, pour la garder d'ennuyer[3], vinrent à la prier d'amour ; à quoi elle leur fit la réponse qu'elle devait. Mais, eux, qui pour le travail du chemin n'étaient lassés, ni pour la froideur de l'eau refroidis, ni aussi pour le refus de la femme honteux, se délibérèrent tous deux la prendre par force, ou, si elle se plaignait, la jeter dans la rivière. Elle, aussi sage et fine qu'ils étaient fous et malicieux, leur dit : “Je ne suis pas si mal gracieuse que j'en fais le semblant ; mais je vous veux prier de m'octroyer deux choses, et puis vous connaîtrez que j'ai meilleure envie de vous obéir que vous n'avez de me prier.” Les cordeliers lui jurèrent, par leur bon saint François, qu'elle ne leur saurait demander chose qu'ils n'octroyassent pour avoir ce qu'ils désiraient d'elle. “Je vous requiers premièrement, dit-elle, que vous me juriez et promettiez que jamais à homme vivant nul de vous ne déclarera notre affaire.” Ce que lui promirent très volontiers. Et aussi, elle leur dit : “que l'un après l'autre veuille prendre son plaisir de moi, car j'aurais trop de honte que tous deux me vissent ensemble. Regardez lequel me voudra avoir le premier.” Ils trouvèrent sa requête très juste, et accorda le jeune que le plus vieil commencerait. Et, en approchant d'une petite île, elle dit au jeune : “Beau père, dites là vos oraisons[4] jusqu'à ce que j'ai mené votre compagnon ici devant en une autre île ; et si, à son retour, il s'étonne de moi[5], nous le laisserons ici et nous en irons ensemble.” Le jeune sauta dedans l'île, attendant le retour de son compagnon, lequel la batelière mena en une autre. Et quand ils furent au bord, feignant d'attacher son bateau à un arbre lui dit : “Mon ami, regardez en quel lieu nous nous mettrons.” Le beau père entra en l'île pour chercher l'endroit qui lui serait plus à propos : mais sitôt qu'elle le vit à terre, donna un coup de pied contre l'arbre et se retira avec son bateau dedans la rivière, laissant ses deux bons pères aux déserts, auxquels elle cria tant qu'elle put : “Attendez, messieurs, que l'ange de Dieu vous vienne consoler[6], car de moi n'aurez aujourd'hui chose qui vous puisse plaire.” »

Marguerite de Navarre, **Heptaméron**, 1559

C'est le mari de la batelière, escorté de tout le village, qui viendra délivrer les deux cordeliers, sous les huées, les sarcasmes et les citations de l'Évangile à l'adresse des hypocrites.

1539 L'ordonnance de Villers-Cotterêts

Par l'ordonnance de Villers-Cotterêts, en 1539, le roi de France déclare que désormais tout acte officiel sera rédigé non plus en latin, mais en « langage maternel français ». Dix ans plus tard, cette politique trouve ses chantres, grâce aux poètes de la Pléiade, et un manifeste, avec la *Défense et Illustration de la langue française*, que signe Joachim du Bellay. Selon ces poètes, imiter les Italiens et les anciens, c'est aussi, comme eux, écrire dans sa propre langue et lui donner ses lettres de noblesse. Or, en 1501, sur quatre-vingts livres publiés à Paris, huit seulement l'étaient en français. Nombreux étaient les auteurs qui ne pouvaient imaginer que l'on puisse un jour « penser » en cette langue ! Du Bellay s'indigne devant un tel préjugé :

« Et qui voudra de bien près y regarder trouvera que notre langue française n'est si pauvre qu'elle ne puisse rendre fidèlement ce qu'elle emprunte des autres[1], si infertile qu'elle ne puisse produire de soi quelque fruit de bonne invention, au moyen de l'industrie et diligence[2] des cultivateurs d'icelle[3], si quelques-uns se trouvent tant amis de leur pays et d'eux-mêmes qu'ils s'y veuillent employer. »

Joachim Du Bellay, **Défense et Illustration de la langue française**, 1549

1 Dans les traductions en français. **2** Du travail et de l'application. **3** De celle-ci.

C'est donc un véritable combat qui se mène au tournant du siècle, combat dont l'enjeu majeur est la diffusion du savoir.

« Les arts et les sciences sont pour le présent entre les mains des Grecs et des Latins. Mais il se devrait faire à l'avenir qu'on pût parler de toute chose, par tout le monde et en toute langue. »

Joachim Du Bellay, **Défense et Illustration de la langue française**, 1549

1552 Las Casas publie la *Très Brève Relation de la destruction des Indes*

Bartolomé de Las Casas est né à Séville en 1474 ; son père prit part au deuxième voyage de Christophe Colomb. Premier prêtre ordonné en Amérique, à Hispaniola (Haïti) en 1512, Bartolomé s'indigne de la façon dont les colons espagnols exploitent les Indiens. Il soutient la thèse de leur liberté naturelle et obtient de Charles Quint des lois en leur faveur. Mais celles-ci ne sont pas toujours appliquées de l'autre côté de l'Atlantique : peut-être plus de deux millions d'Indiens périssent en Haïti dans la première moitié du siècle, victimes des épidémies (à cause des maladies apportées par les colons) mais aussi de l'esclavage et des répressions sanglantes de leurs révoltes. En 1552, Las Casas publie la *Très*

Brève Relation de la destruction des Indes et alerte l'opinion européenne grâce à ce réquisitoire (largement diffusé) contre la cruauté espagnole.

La *Très Brève Relation* est traduite en français par Jacques Miggrode en 1579. Dans cet extrait, qui relate la résistance d'un « cacique » (c'est-à-dire d'un chef) nommé Hatuey, Las Casas montre comment les Indiens perçoivent l'envahisseur espagnol.

1 Hatuey s'adresse à son peuple. 2 Depuis leur arrivée à Cuba. 3 Aussitôt.

« Il avait auprès de soi un coffret plein d'or et de joyaux et dit[1] : "Voici le Dieu des Espagnols, faisons-lui, s'il vous semble bon, *areytos* (qui sont bals et danses) et en ce faisant lui donnerons contentement, et il commandera aux Espagnols qu'ils ne nous fassent point de déplaisir." Ils répondirent tous à claire voix : "C'est bien dit, c'est bien dit." Et ainsi ils dansèrent devant lui jusqu'à se lasser. Et lors le seigneur Hatuey dit : "Regardez, quoi qu'il en soit, si nous le gardons, afin qu'il nous soit ôté, à la fin ils nous tueront, par quoi jetons-le à la rivière." À quoi ils s'accordèrent tous, et ainsi ils le jetèrent en une grande rivière, qui était là tout près.

Ce seigneur et cacique allait toujours fuyant les Espagnols, incontinent qu'ils arrivèrent à l'île de Cuba[2], comme celui qui les connaissait trop et il se défendait quand il les rencontrait. À la fin il fut pris et, seulement parce qu'il fuyait d'une gent tant inique et cruelle, et qu'il se défendait de qui le voulait tuer et oppresser jusqu'à la mort avec tous ces gens, il fut brûlé tout vif. Et comme il était attaché au pal, un religieux de saint François, homme saint, lui dit quelques choses de Dieu, et de notre foi, lesquelles choses ledit seigneur n'avait jamais ouïes, et pouvaient suffire pour le temps que les bourreaux lui donnaient : que s'il voulait croire à ce qu'il lui disait, il irait au ciel, où il y a gloire et repos éternel, et s'il ne croyait point, il irait en enfer, pour y être tourmenté perpétuellement. Le seigneur, après avoir un peu demeuré à y penser, demanda au religieux si les Espagnols allaient au ciel, qui répondit que oui bien, ceux-là qui étaient bons. Le cacique dit incontinent[3] sans plus penser, qu'il ne voulait point aller au ciel, mais voulait aller en enfer, afin de ne se trouver au lieu où telles gens seraient, et afin de ne voir point de gens tant cruels. Et voici les louanges et l'honneur que Dieu et notre foi ont reçus des Espagnols qui sont allés aux Indes. »

Bartolomé de Las Casas, **Très Brève Relation de la destruction des Indes**, 1552

Dans ses *Essais*, Michel de Montaigne (1533-1592) s'émerveille de la découverte du Nouveau Monde, mais s'inquiète aussi du comportement des Européens à l'égard des indigènes : qui sont les barbares ?

1 Garantit. 2 La tradition prête aux démons et aux sibylles des dons de prophétie. 3 Peuplé.

« Notre monde vient d'en trouver un autre (et qui nous répond[1] si c'est le dernier de ses frères, puisque les Démons, les Sibylles[2] et nous, avons ignoré celui-ci jusqu'à cette heure ?) non moins grand, plein et membru[3] que lui, toutefois si nou-

4 Céréales. 5 Son déclin. 6 Cependant. 7 Séduit. 8 Qu'il ne nous étaient pas inférieurs. 9 Qu'ils ne nous étaient pas davantage inférieurs en habileté.

veau et si enfant qu'on lui apprend encore son *a*, *b*, *c* ; il n'y a pas cinquante ans qu'il ne savait ni lettres, ni poids, ni mesure, ni vêtements, ni blés[4], ni vignes. Il était encore tout nu au giron, et ne vivait que des moyens de sa mère nourrice [...].
Bien crains-je que nous aurons bien fort hâté sa déclinaison[5] et sa ruine par notre contagion, et que nous lui aurons bien cher vendu nos opinions et nos arts. C'était un monde enfant ; si[6] ne l'avons nous pas fouetté et soumis à notre discipline par l'avantage de notre valeur et forces naturelles, ni ne l'avons pratiqué[7] par notre justice et bonté, ni subjugué par notre magnanimité. La plupart de leurs réponses et des négociations faites avec eux témoignent qu'ils ne nous devaient rien[8] en clarté d'esprit naturelle et en pertinence. L'épouvantable magnificence des villes de Cusco et de Mexico, et entre plusieurs choses pareilles, le jardin de ce Roi où tous les arbres, les fruits et toutes les herbes, selon l'ordre et grandeur qu'ils ont en un jardin, étaient excellemment formés en or ; comme, en son cabinet, tous les animaux qui naissaient en son État et en ses mers ; et la beauté de leurs ouvrages en pierreries, en plume, en coton, en la peinture, montrent qu'ils ne nous cédaient non plus en l'industrie[9]. Mais, quant à la dévotion, observance des lois, bonté, libéralité, loyauté, franchise, il nous a bien servi de n'en avoir pas tant qu'eux : ils se sont perdus par cet avantage, et vendus, et trahis eux-mêmes. »

Michel de Montaigne, **Essais**, III, 6, « Des coches », 1588

1553 Ronsard baptise la Pléiade

Ce groupe littéraire est né autour d'un professeur du collège de Coqueret : l'humaniste, éminent helléniste et poète Jean Dorat. Dès 1544, parmi ses plus brillants étudiants, il comptait Pierre de Ronsard et Jean-Antoine de Baïf. Les deux jeunes poètes découvrirent, à l'occasion d'un voyage, que les artistes italiens s'assemblaient en prestigieuses « académies » : ils voulurent aussitôt fonder leur propre groupe, qu'ils nommèrent tout d'abord la Brigade avant d'opter, en 1553, pour le nom d'une constellation de sept étoiles : la Pléiade. Cependant, loin de se limiter à sept, la liste de ses membres ne cessera de s'enrichir (et de varier) dans le temps : y figureront Joachim Du Bellay, Jacques Pelletier du Mans, Rémi Belleau, Étienne Jodelle, Jacques Grévin, Jean de La Taille, Olivier de Magny...

1572 Le massacre de la Saint-Barthélemy

Le 24 août 1572, l'amiral de Coligny, l'un des chefs protestants, est assassiné, selon toute vraisemblance sur ordre de Charles IX. Ainsi débute ce que l'on a appelé le massacre de la Saint-Barthélemy. Si le roi a pu souhaiter la mort des « huguenots de guerre », il n'est pas

Antoine Caron, *Les massacres du Triumvirat* (1566). À travers la représentation des massacres auxquels donnèrent lieu les proscriptions de la Rome antique, le peintre évoque les horreurs vécues en France lors des guerres de religion.

certain qu'il ait voulu les terribles tueries (à Paris puis en province) qui ont suivi ces premiers assassinats. Des milliers de protestants périssent, les survivants sont contraints à l'abjuration ou à l'exil.

Les Tragiques du protestant Agrippa d'Aubigné décrivent cet horrible massacre, lors duquel l'ordre du monde semble s'être inversé. Le poète dénonce dans cette vision baroque la folie sanguinaire des bourreaux, et exalte le courage des victimes aspirant à mourir pour leur foi.

« Guerre sans ennemi, où l'on ne trouve à fendre
Cuirasse que la peau ou la chemise tendre.
L'un se défend de voix, l'autre assaut[1] de la main ;
L'un y porte le fer, l'autre y prête le sein :
Difficile à juger qui est le plus astorge[2],
L'un à bien égorger, l'autre à tendre la gorge.
Tout pendard parle haut, tout équitable craint[3],
Exalte ce qu'il hait ; qui n'a crime le feint[4].
Il n'est garçon, enfant, qui quelque sang n'épanche
Pour n'être vu honteux s'en aller la main blanche.
Les prisons, les palais, les châteaux, les logis,
Les cabinets sacrés[5], les chambres et les lits
Des princes, leur pouvoir, leur secret[6], leur sein même
Furent marqués des coups de la tuerie extrême. »

Agrippa d'Aubigné, **Les Tragiques**, livre V, « Les Fers », composé vers 1577

1 Attaque. **2** Insensible. **3** Pendard : criminel. Équitable : homme juste. **4** L'innocent feint d'avoir commis un crime. **5** Les cabinets où le roi traite les affaires de l'État. **6** Leur intimité.

… à vous de circuler dans l'histoire…

1 Montrez que la Renaissance s'appuie sur deux modèles : l'Antiquité gréco-romaine et l'Italie du XVe siècle.

2 « Il n'est rien à quoi communément les hommes soient plus tendus [enclins] qu'à donner voie à leurs opinions ; où le moyen ordinaire nous faut [nous manque], nous y ajoutons le commandement, la force, le fer, et le feu. » À quelles occasions les événements donnèrent-ils tristement raison à ce jugement pessimiste de Montaigne ?

3 Traduire en français un texte ancien n'est pas un acte anodin : expliquez pourquoi c'est une activité subversive et montrez à quel point elle peut être risquée…

4 Même si le terme ne sera éclairé que dans la partie Figures, l'humaniste commence à avoir pour vous une certaine silhouette : comment, à ce stade de votre lecture, le définiriez-vous ?

… à vous de lire…

1 L'épisode de la batelière raconté par Marguerite de Navarre en 1534 met en œuvre un certain nombre de procédés d'ironie chargés de couvrir d'opprobre les deux cordeliers. Si vous les relevez, vous savourerez d'autant mieux le récit.

2 Retrouvez notre texte sur la découverte de l'Amérique dans le troisième livre des *Essais* de Montaigne, et lisez les quelques pages qui concluent cet essai. Quels échos du texte de Las Casas peut-on y entendre ?

3 En 1533 apparaît en France une forme poétique qui a traversé les siècles : le sonnet. Vous examinerez les exemples qui vous sont donnés sous l'angle de la versification (alternance et richesse des rimes, construction des strophes…). Cherchez d'autres sonnets dans les pages consacrées à la Renaissance, puis dans l'ensemble de votre manuel, afin de mieux évaluer à quel point cette forme est malléable et propre à accueillir toute sorte de sujets.

▶ Lieux

Giuseppe Arcimboldo, *Le bibliothécaire*.

Les humanistes rêvent de reconstituer les bibliothèques de l'Antiquité gréco-latine. Ils veulent réunir le trésor dispersé des anciens, mais aussi l'enrichir de leurs propres découvertes. Papes et princes participeront à cette grande entreprise, non sans une arrière-pensée : contrôler le foisonnement des idées, anciennes ou nouvelles. Mais, surveillés, classés, censurés, les livres n'en bouleverseront pas moins les conceptions scientifiques, politiques et religieuses du XVIe siècle.

C'est que la bibliothèque est un espace paradoxal, à la fois clos et largement ouvert sur le monde, retiré et silencieux, mais résonnant d'infinis dialogues, noués au mépris des frontières et des époques. C'est là qu'en imitant les anciens, les humanistes réapprendront à rêver d'un monde meilleur (ou seulement différent) et à construire des utopies.

Les bibliothèques

Le souvenir des bibliothèques de l'Antiquité

Guillaume Budé est fasciné par la description qu'il a trouvée chez Plutarque de la bibliothèque du général romain Licinius Lucullus, grand amateur d'art, de littérature et de bonne cuisine.

« Et bien qu'il tînt maison opulente en vaisselle et en tout accoutrement de salle, et copieuse et exquise en viandes[1], en ébattements[2] et en toutes choses dont on peut faire une maison plus honorable, néanmoins comme dit Plutarque, rien ne lui fit tant d'honneur que sa librairie[3], laquelle était magnifiquement bâtie, et à l'entour avait grandes galeries à promener et écoles accommodées à disputations et collocutions[4] de gens savants. Et aussi avait à toute diligence et sans rien épargner accumulé livres et toutes sciences, tellement que sa maison était le lieu commun où tous philosophes et gens de lettres arrivaient, auxquels il faisait tous plaisirs et gracieusetés et aise de l'autorité qu'il avait et volontiers s'adonnait à leur doctrine comme savant. »

Guillaume Budé, **Sommaire et Épitomé du livre de Asse**, édité chez Gilles Corrozet, 1538

1 Nourriture, en général. 2 Distractions. 3 Bibliothèque. 4 Discussions et conversations savantes.

La visite de Pantagruel à Saint-Victor

L'abbaye de Saint-Victor fut l'un des principaux centres intellectuels européens de la première moitié du XIIe siècle. On ne s'étonnera donc pas d'y croiser encore Pantagruel, autre géant rabelaisien en mal d'instruction. Néanmoins, le catalogue de Saint-Victor, tel que l'imagine François Rabelais, présente dans un joyeux bric-à-brac des œuvres réelles à côté de titres fantaisistes, attribués à des auteurs eux-mêmes réels ou fictifs. Si le géant s'émerveille encore devant les richesses de cette bibliothèque, le lecteur se prend rapidement à douter de l'intérêt d'un certain nombre d'ouvrages… Cette satire d'un savoir dépassé (qui visait alors principalement la Sorbonne) nous invite à bien choisir nos lectures, sans toutefois oublier que les titres des ouvrages de Rabelais tendent souvent des pièges à leurs lecteurs (ils renferment bien plus que de simples histoires de géants !). Voici un aperçu de ce long catalogue (environ cent cinquante titres) dont vous pourrez apprécier la facétie (les quatre premiers livres sont attribués à des ennemis de l'humanisme, le dernier serait commenté par Vaurrillon, un théologien du siècle précédent) :

« *Ars honeste pettandi in societate, per M. Ortuinum*
Bricot, *De differentiis soupparum*
Majoris, *De modo faciendi boudinos*
Beda, *De optimitate triparum*
Des poys au lart *cum commento*
M. n. Rostocostojambedanesse, *De mostarda post prandium servienda lib. quatuordeci, apostilati p. M. Vaurrillonis*[1]. »

François Rabelais, **Pantagruel**, chapitre 7, 1532

1 « *L'Art de péter poliment en société*, par Maître Hardouin ; Bricot, *Des différentes sortes de soupes ;* Majoris, *De la façon de faire des boudins ;* Beda, *De la supériorité des tripes* [Beda avait un énorme ventre] ; Des pois au lard, avec un commentaire savant ; Notre maître Rostocosto-jambe-d'ânesse, *De la moutarde servie au dessert, en quatorze volumes, annoté par Maître Vaurrillon.* »

La bibliothèque Vaticane

Longtemps, les papes furent hostiles à l'étude des langues anciennes. Mais, par chance, la chute de Constantinople fut contemporaine du pontificat de Nicolas V[1], qui chargea ses agents d'acquérir à n'importe quel prix les manuscrits grecs affluant en Italie. Il fit aussi explorer les couvents et recopier tous les textes qu'on y découvrit. Il accrut ainsi considérablement le fonds de la bibliothèque Vaticane, qui devint avec ses cinq mille volumes la première grande bibliothèque européenne. En comparant les différents manuscrits d'une même œuvre, ses scribes établirent de bonnes éditions des textes d'Ovide, Tite-Live, Lucrèce, Stace, Quintilien mais aussi Vitruve, qui influença grandement l'architecture de la Renaissance.

Le voyage en Italie est une étape obligée dans l'éducation de la noblesse. Un long voyage à travers l'Europe conduit Montaigne jusqu'à Rome, où il ne manque pas d'apprécier en connaisseur les trésors de la bibliothèque Vaticane. Sa propre bibliothèque présente, quant à elle, d'autres charmes.

1 Cet humaniste fut pape de 1447 à 1455.

1 Bibliothèque. 2 Translucide. 3 Les érudits modernes ont confirmé l'intuition de Montaigne.

« Le 6 de mars, je fus voir la librairie[1] du Vatican, qui est en cinq ou six salles tout de suite. Il y a un grand nombre de livres attachés sur plusieurs rangs de pupitres ; il y en a aussi dans des coffres qui me furent tous ouverts ; force livres écrits à la main, et notamment un Sénèque et les *Opuscules* de Plutarque. J'y vis de remarquable [...] un livre de Chine, le caractère sauvage, les feuilles de certaine matière beaucoup plus tendre et pellucide[2] que notre papier ; et parce qu'elle ne peut souffrir la teinture de l'encre, il n'est écrit que d'un côté de la feuille, et les feuilles sont toutes doubles et pliées par le bout de dehors où elles se tiennent. Ils tiennent que c'est la membrane de quelque arbre. J'y vis aussi un lopin de l'ancien papyrus, où il y avait des caractères inconnus : c'est une écorce d'arbre. [...] J'y vis un livre de saint Thomas d'Aquin, où il y a des corrections de la main du propre auteur, qui écrivait mal, une petite lettre pire que la mienne. [...] J'y vis aussi un Virgile écrit à la main, d'une lettre infiniment grosse et de ce caractère long et étroit que nous voyons ici aux inscriptions du temps des Empereurs, comme environ le siècle de Constantin, qui ont quelque façon gothique et ont perdu cette proportion carrée qui est aux vieilles écritures latines. Ce Virgile me confirma en ce que j'ai toujours jugé, que les quatre premiers vers qu'on met en l'Énéide sont empruntés : ce livre ne les a pas[3]. Il y a des Actes des Apôtres écrits en très belle lettre d'or grecque, aussi vive et récente que si c'était d'aujourd'hui. Cette lettre est massive et a un corps solide et élevé sur le papier, de façon que, si vous passez la main par-dessus, vous y sentez de l'épaisseur. Je crois que nous avons perdu l'usage de cette écriture. »

Michel de Montaigne, **Journal de voyage**, 1580-1581

1 Montaigne vient d'expliquer qu'il n'avait guère le temps de lire lorsqu'il voyageait. 2 Bibliothèque. 3 Avec facilité. 4 Parties. 5 Les *Essais*. 6 Le plus. 7 Dans la bibliothèque. 8 Élégant. 9 Avec des fenêtres judicieusement situées. 10 Pas davantage le souci.

« Chez moi, je me détourne un peu plus souvent[1] à ma librairie[2], d'où tout d'une main[3] je commande à mon ménage. Je suis sur l'entrée et vois sous moi mon jardin, ma basse cour, ma cour, et dans la plupart des membres[4] de ma maison. Là, je feuillette à cette heure un livre, à cette heure un autre, sans ordre et sans dessein, à pièces décousues ; tantôt je rêve, tantôt j'enregistre et dicte, en me promenant, mes songes[5] que voici.

Elle est au troisième étage d'une tour. Le premier, c'est ma chapelle, le second une chambre et sa suite, où je me couche souvent, pour être seul. Au-dessus, elle a une grande garde-robe. C'était au temps passé le lieu plus[6] inutile de ma maison. Je passe là[7] et la plupart des jours de ma vie, et la plupart des heures du jour. Je n'y suis jamais la nuit. À sa suite est un cabinet assez poli[8], capable à recevoir du feu pour l'hiver, très plaisamment percé[9]. Et, si je ne craignais non plus le soin[10] que la dépense, le soin qui me chasse de toute besogne, je pourrais facilement coudre à chaque côté une galerie de cent pas de long

Sur les poutres de sa bibliothèque, Montaigne avait fait peindre des sentences en grec et en latin tirées de ses auteurs favoris, dont cette phrase très célèbre de Térence : *Homo sum, humani a me nihil alienum est* (Je suis homme, rien de ce qui est humain ne m'est étranger), ou encore celle-ci, tirée de Xénophane : « Nul homme n'a su ni ne saura rien de certain. »

et douze de large, de plain-pied, ayant trouvé tous les murs montés pour autre usage, à la hauteur qu'il me faut. Tout lieu retiré requiert un promenoir. Mes pensées dorment, si je les assois. Mon esprit ne va, si les jambes ne l'agitent. Ceux qui étudient sans livre, en sont tous là. La figure [11] en est ronde et n'a de plat que ce qu'il faut à ma table et à mon siège, et vient m'offrant en se courbant, d'une vue, tous mes livres, rangés à cinq degrés [12] tout à l'environ. Elle a trois vues de riche et libre prospect [13], et seize pas de vide en diamètre. En hiver, j'y suis moins continuellement : car ma maison est juchée sur un tertre, comme dit son nom, et n'a point de pièce plus éventée que celle-ci, qui me plaît d'être un peu pénible et à l'écart [14], tant pour le fruit de l'exercice que pour reculer de moi la presse [15]. C'est là mon siège [16]. J'essaie à m'en rendre la domination pure, et à soustraire ce seul coin à la communauté et conjugale, et filiale, et civile. Partout ailleurs je n'ai qu'une autorité verbale : en essence [17], confuse [18]. Misérable à mon gré, qui n'a chez soi où être à soi, où se faire particulièrement la cour, où se cacher ! L'ambition paye bien ses gens de les tenir toujours en montre, comme la statue d'un marché : "*Magna servitus est magna fortuna* [19]." Ils n'ont pas seulement leur retrait [20] pour retraite. Je n'ai rien jugé de si rude en l'austérité de vie que nos religieux affectent [21], que ce que je vois en quelqu'une de leurs compagnies, avoir pour règle une perpétuelle société de lieu, et assistance nombreuse entre eux, en quelque action que ce soit. Et trouve aucunement plus supportable d'être toujours seul, que ne le pouvoir jamais être.

Si quelqu'un me dit que c'est avilir les muses de s'en servir seulement de jouet et de passe-temps, il ne sait pas, comme moi, combien vaut le plaisir, le jeu et le passe-temps. À peine que [22]

11 La forme de la bibliothèque. **12** Sur cinq rangées. **13** Perspective. **14** Il me plaît qu'elle soit d'accès difficile. **15** La foule. **16** Mon domicile. **17** En fait, en réalité. **18** Impure, partagée avec d'autres. **19** « C'est une grande servitude qu'une grande fortune » (Sénèque). **20** Lieu d'aisance. **21** Adoptent. **22** Peu s'en faut que.

23 Sans vouloir offenser personne. 24 Me distraire. 25 Le gain. 26 Les livres. 27 Depuis longtemps.

je ne dise toute autre fin être ridicule. Je vis du jour à la journée ; et, parlant en révérence[23], ne vis que pour moi : mes desseins se terminent là. J'étudiais, jeune, pour l'ostentation ; depuis, un peu, pour m'assagir ; à cette heure, pour m'ébattre[24] ; jamais pour le quest[25]. Une humeur vaine et dépensière que j'avais après cette sorte de meuble[26], non pour en pourvoir seulement mon besoin, mais de trois pas au-delà pour m'en tapisser et parer, je l'ai pieça[27] abandonnée. »

Michel de Montaigne, **Essais**, III, 3, « De trois commerces », 1588

La Bibliothèque royale

François Ier décide de concurrencer la bibliothèque Vaticane jusqu'alors sans égale : il ouvre aux érudits sa Bibliothèque royale, installée en 1522 dans une aile du château de Blois. Il en confie la direction à Guillaume Budé. La future Bibliothèque nationale est née. Le dépôt légal est inventé en 1537 : désormais, toute publication devra recevoir une autorisation ou « privilège » royal, et un exemplaire au moins devra être déposé à la Bibliothèque royale. Celle-ci est transférée à Fontainebleau en 1544, puis à Paris dès la fin du XVIe siècle. Grâce à cette institution, les livres ne sont plus désormais l'apanage des couvents.

… à vous d'entrer dans les bibliothèques…

1 Les coffres de la bibliothèque Vaticane recèlent de fascinants trésors… Cependant, les raisons pour lesquelles ils intéressent Montaigne sont très variées. Essayez de les préciser.

2 Montaigne soulève la question de l'authenticité des textes. Les ouvrages que vous lisez aujourd'hui offrent des « garanties » que ne connaissaient pas les siècles antérieurs : la mention d'un « établissement » du texte, le passage des livres sous les yeux des correcteurs… Reconstituez les différentes étapes qui assurent la qualité éditoriale d'un livre.

… à vous d'imaginer une bibliothèque…

La bibliothèque de Montaigne est un petit monde, un microcosme, qui inscrit la perfection de sa forme circulaire dans le vaste monde. Elle offre à la fois une retraite et un poste d'observation (voire de commandement !). À l'écart de l'agitation mondaine, Montaigne s'y promène – au propre comme au figuré, au rythme de ses humeurs… Mais, selon vous, quelles devraient être les qualités de la bibliothèque idéale ?
Si votre description s'intègre dans un texte narratif, un personnage (paisible usager ou visiteur clandestin, à la manière du héros du *Nom de la rose* d'Umberto Eco) peut se mettre en quête d'un livre précieux que vous imaginerez.

L'utopie

Un humaniste : Thomas More (1478-1535)

Thomas More est un bourgeois londonien qui s'est hissé aux plus hautes responsabilités politiques grâce à sa culture et à son talent. Excellent orateur, juriste compétent, humaniste érudit, il devient en 1518 conseiller intime du roi Henri VIII qui l'anoblit en 1521, avant de le nommer Chancelier du royaume d'Angleterre. L'une de ses priorités est la lutte contre les idées de la Réforme qui menacent l'unité de l'Église. Lorsque le roi se proclame chef suprême de l'Église d'Angleterre, en 1531, afin de divorcer sans avoir à solliciter l'autorisation du pape, Thomas More s'oppose à cette décision et renonce à ses fonctions. Parce qu'il persiste dans son refus de prêter serment à l'acte confirmant le mariage d'Henri VIII et Anne Boleyn, il est accusé de haute trahison et décapité à la Tour de Londres le 6 juillet 1535.

L'utopie du XVIe siècle

Parmi tous les écrits historiques, politiques et religieux de Thomas More, le plus célèbre est l'*Utopie.* More fait parvenir l'ouvrage en 1516 à son ami Érasme, qui en assurera la publication et la diffusion dans toute l'Europe. Ce texte, rédigé lui aussi en latin, est le digne pendant de l'*Éloge de la Folie*, qu'Érasme avait dédié en 1510 à l'humaniste anglais. Ces deux livres témoignent de l'enthousiasme qui anima les humanistes durant le premier quart du XVIe siècle.

Thomas More s'est inspiré d'un genre que la conquête du Nouveau Monde avait rendu très populaire : on lisait en effet beaucoup de récits de voyages. L'*Utopie* est présentée comme le récit d'un navigateur portugais ayant fait une découverte extraor-

Cette carte de l'île d'Utopie (*Utopiæ insulæ figura*) illustrait l'édition originale (1516) du texte de Thomas More.

dinaire au large de la côte brésilienne, au-delà du tropique du Capricorne – c'est-à-dire aux antipodes de l'Angleterre. Il décrit une île, nommée Utopie, où règnent la justice et la concorde, grâce à une répartition scrupuleusement réglée des tâches et des richesses. Ses habitants y coulent des jours heureux, à l'abri de la misère, de la cupidité et du fanatisme religieux. La conclusion du récit est qu'« il y a en Utopie bien des choses qu'on souhaite voir dans nos républiques, sans cependant l'espérer ».

Dans cet extrait, Thomas More imagine l'arrivée à Amaurote, la capitale d'Utopie, d'une délégation d'Anémoliens. Le nom de ces étrangers vient d'un mot grec, *anemos*, qui signifie « vent ».

« Ils vinrent à Amaurote pendant que j'y étais, chargés de traiter de grands intérêts. Aussi chaque ville avait envoyé trois citoyens pour les recevoir. Des ambassadeurs des pays voisins avaient été reçus précédemment. Connaissant les usages des Utopiens, sachant que ceux-ci n'accordent aucune valeur aux vêtements somptueux, qu'ils méprisent la soie et tiennent même l'or pour infâme, ils avaient pris l'habitude de venir habillés aussi modestement que possible. Les Anémoliens habitent plus loin et ont moins de relations avec l'Utopie. Lorsqu'ils apprirent que tout le monde s'y habillait de même et d'une façon très primitive, ils s'imaginèrent que c'était faute d'avoir mieux et, avec plus de vanité que de sagesse, ils décidèrent d'apparaître comme des dieux dans les splendeurs de leur appareil et d'éblouir les yeux des pauvres Utopiens par l'éclat de leurs parures. C'est ainsi que l'on vit arriver trois ambassadeurs avec cent hommes d'escorte, tous en vêtements multicolores, en soie pour la plupart. Les ambassadeurs – des grands seigneurs dans leur pays – portaient des manteaux tissés d'or, de lourds colliers aux bras et aux oreilles et des chaînettes suspendues à leurs chapeaux resplendissants de perles et de pierreries, ornés enfin de tout ce qui, en Utopie, sert à punir les esclaves, à marquer le déshonneur, à amuser les enfants. Quel spectacle que de les voir relever la crête en comparant leurs falbalas avec le costume des Utopiens, car tout le peuple s'était répandu dans les rues ! Il n'était pas moins amusant du reste de voir combien ils se trompaient dans leur attente, combien ils étaient loin de l'effet espéré. Aux yeux en effet de tous les Utopiens, exception faite des quelques-uns qui pour une bonne raison avaient visité des pays étrangers, toute cette magnificence était la livrée[1] de la honte. Si bien qu'ils saluaient respectueusement les gens de rien, les prenant pour des maîtres, tandis qu'ils laissaient passer sans la moindre révérence les ambassadeurs eux-mêmes qu'ils croyaient des esclaves à cause de leurs chaînes d'or. Vous auriez même pu voir des enfants qui avaient dépassé l'âge des perles et des diamants donner des coups de coude à leur mère lorsqu'ils en virent attachés aux chapeaux des ambassadeurs et dire : “Regarde, maman, ce grand idiot qui porte encore des perles et des pierreries comme s'il était un bébé.” Et la mère répondait le plus sérieusement du

1 Le costume distinctif.

monde : “Silence, fils, ce doit être un des bouffons des ambassadeurs.” D’autres critiquaient ces chaînes d’or, disant qu’elles ne pouvaient servir à rien, si fragiles qu’un esclave les romprait aisément, si lâches qu’il s’en débarrasserait dès qu’il en aurait envie, pour s’enfuir ensuite, libre comme l’air. »

Thomas More, **Utopie**, 1516, trad. M. Delcourt, Droz

… à vous de changer de point de vue…

Thomas More enseigne la relativité des coutumes et des opinions. L’*Utopie* est en fait une satire féroce de la société européenne, alors trop certaine d’offrir le meilleur (voire le seul !) modèle possible de civilisation.
Entraînez-vous à changer de point de vue en racontant l’entrée des Anémoliens dans Amaurote ainsi que l’un des ambassadeurs la décrirait. Veillez à bien définir votre projet : qui sera l’objet de la satire ? Les réactions des Utopiens provoqueront-elles une prise de conscience de la part de votre personnage ?

Dans *Gargantua*, Rabelais imagine à son tour une utopie, celle de l’abbaye de Thélème. La règle qui régit la vie de cette communauté est à l’opposé de celles des anciens couvents… Ici, le bon géant prend le parti de croire en l’homme et de lui faire confiance.

« Toute leur vie était employée[1] non par lois, statuts ou règles, mais selon leur vouloir[2] et franc arbitre[3]. Se levaient du lit quand bon leur semblait, buvaient, mangeaient, travaillaient, dormaient quand le désir leur venait. Nul ne les éveillait, nul ne les parforçait[4] ni à boire, ni à manger, ni à faire chose autre quelconque. Ainsi l’avait établi Gargantua. En leur règle n’était que cette clause : Fais ce que voudras.
Parce que gens libres, bien nés, bien instruits[5], conversant en compagnies honnêtes[6], ont par nature un instinct et aiguillon qui toujours les pousse à faits vertueux[7] et retire du vice[8], lequel[9] ils nomment honneur. Iceux[10], quand par vile sujétion[11] et contrainte sont déprimés[12] et asservis, détournent la noble affection[13] par laquelle à vertu franchement[14] tendaient, à[15] déposer et enfreindre[16] ce joug de servitude. Car nous entreprenons toujours choses défendues et convoitons ce qui nous est dénié[17]. »

François Rabelais, **Gargantua**, chapitre 57, 1535

1 Réglée, régie. **2** Volonté. **3** Libre arbitre. **4** Forçait. **5** Éduqués. **6** Fréquentant des gens polis et instruits. **7** À agir de façon vertueuse. **8** Les éloigne du vice. **9** Leur instinct. **10** Ceux-ci. **11** Assujettissement, soumission à une autorité. **12** Abaissés. **13** Le noble instinct. **14** Librement. **15** Pour. **16** Briser. **17** Refusé.

L’utopie du XVIe siècle ne se prend pas pour un modèle de société à venir. Le rêve humaniste d’un ailleurs bienheureux renvoie avant tout aux difficultés du quotidien, de l’ici et du maintenant, toujours menacé par la barbarie :

1 Marc-Antoine de Muret (1526-1585), brillant professeur de grec et de latin, fut un ami de Ronsard.

« Partons, Muret[1], allons chercher ailleurs
Un ciel meilleur, et autres champs meilleurs :
Laissons, Muret, aux tigres effroyables
Et aux lions ces terres misérables :
Fuyons, fuyons quelque part où nos pieds
Ou nos bateaux dextrement déliés
Nous conduiront… »

Pierre de Ronsard, **Les Isles Fortunées**, 1553

L'utopie en tant que genre littéraire

Thomas More a forgé le nom de son île à partir du grec : *ou* signifie « non » et *topos* « lieu » ; Utopie est un « non-lieu », un lieu qui n'existe pas. Tous les autres noms du récit sont créés sur le même modèle : la capitale d'Utopie est appelée Amaurote, la « ville mirage », l'Anhydre est un « fleuve sans eau »…

Des utopies ont été imaginées bien avant que Thomas More n'invente le nom. Ainsi, dans l'Antiquité, Hésiode décrit la période bienheureuse de l'Âge d'or, époque où l'humanité ignorait la misère et la vieillesse ; Homère raconte le séjour d'Ulysse dans les jardins d'Alkinoos, dont les arbres portent des fruits en toutes saisons ; Platon s'intéresse au mythe de l'Atlantide et imagine une république idéale – pour ne citer que quelques exemples.

Le genre était tombé dans l'oubli jusqu'à ce que Thomas More lui donne un nouvel élan : en 1534, Rabelais s'inspire de l'œuvre de l'humaniste anglais pour décrire dans les sept derniers chapitres de *Gargantua* le domaine des Thélémites. Au XVIIe siècle, Cyrano de Bergerac imaginera *Les États et Empires de la Lune*. L'effervescence politique rendra le siècle des Lumières particulièrement fécond en ce domaine : Voltaire, Diderot, l'Anglais Swift, Restif de la Bretonne, Marivaux, Bernardin de Saint-Pierre et bien d'autres encore s'intéresseront aux utopies.

Les descriptions d'utopies se succèdent dans toute l'Europe et au-delà, sans interruption jusqu'à notre époque. Cependant, à partir de la fin du XIXe siècle, les cités imaginaires, bien qu'ayant les caractéristiques des utopies précédentes, semblent en proposer un envers noir : les réglementations et la vie en communauté ne sont plus perçues comme bénéfiques ; au contraire, elles oppressent désormais l'individu et menacent sa personnalité. C'est la leçon d'Aldous Huxley et de son *Meilleur des mondes* en 1932, ou bien de *1984* de George Orwell. Aujourd'hui, la science-fiction prend en charge l'utopie, depuis qu'il est devenu difficile d'imaginer ailleurs que dans l'espace des régions inexplorées où situer de nouveaux mondes.

… à vous de construire votre propre utopie…

Précisons que les traits caractéristiques de l'utopie que nous allons recenser ici sont rarement tous rassemblés dans un même texte ; à vous de choisir ceux qui vous paraissent essentiels, ou qui servent votre projet particulier.

1 L'espace : isolement, inaccessibilité (insularité, montagnes…). On y parvient accidentellement (naufrage, enlèvement…), il est difficile d'y arriver, d'en repartir et encore davantage d'y revenir. L'utopie affirme son autarcie et se protège des influences extérieures.

2 Le temps : tout comme l'utopie vit dans son espace propre, elle possède une temporalité différente de la nôtre, qu'il s'agisse de son histoire, de l'espérance de vie de ses habitants ou de leur emploi du temps.

3 La vie communautaire : bien qu'isolés du monde extérieur, cités, châteaux ou abbayes sont conçus de telle sorte qu'ils favorisent la vie sociale. Repas, prières, loisirs et travaux s'accomplissent le plus souvent en commun. Tous les domaines de la vie sont réglementés, de la religion à la sexualité.

4 Le monde à l'envers : dans les domaines de la politique, de la morale et de l'économie, les systèmes de valeurs sont inversés par rapport aux nôtres (ainsi, les Utopiens méprisent l'or et les titres de noblesse).

5 Le jugement sur notre société : il est le plus souvent implicite, mais il arrive que les Utopiens s'étonnent des comportements de leurs hôtes ; nous sommes alors invités à examiner et à critiquer nos habitudes les plus irréfléchies.

6 L'utopie regarde à la fois vers le passé (réminiscence du jardin d'Éden, d'un temps où l'homme vivait en harmonie avec la nature) et vers l'avenir (innovations techniques, anticipation sur ce que nous pouvons espérer, en tous domaines, comme progrès possibles pour l'humanité).

▶Figures

Pour la première fois dans l'histoire de notre civilisation, les savants voient affluer des textes, anciens ou modernes, concernant toutes sortes de domaines. Mais, passé le premier moment de jubilation, ils vont éprouver une sourde inquiétude car, loin de se compléter harmonieusement, les discours se heurtent et se contredisent, dans une étourdissante cacophonie. Quant à l'accumulation des connaissances, elle confère moins souvent la sagesse que la vanité, et se révèle alors plus dommageable encore que l'ignorance elle-même.

Les humanistes devront donc apprendre à observer les textes d'un œil critique et à séparer les faits certains des légendes ou des suppositions. Avant tout, il faudra apprendre à *douter* et à examiner longuement une idée avant de la faire sienne. Toutefois, certains considèrent ce long cheminement dans l'incertitude comme un échec de la science…

L'humaniste au savoir encyclopédique

Des hommes « sortis des ténèbres »

Grâce au soutien de François Ier, les humanistes, qu'ils aient été linguistes, théologiens, médecins, philosophes ou poètes, ont su se faire entendre et estimer. Ces hommes sont animés par l'enthousiasme que suscite l'intense développement de la vie culturelle en France. La fréquentation des textes grecs et latins leur inculque une foi nouvelle en l'humanité, qu'ils espèrent fermement guider vers le bonheur grâce aux progrès de la civilisation. Ils croient pouvoir rendre l'homme meilleur grâce

Dans cette fresque, *L'école d'Athènes* (1509-1511), que l'on peut voir dans la chambre de la signature au Vatican, Raphaël réunit des savants de l'Antiquité et de la Renaissance. Au centre, Aristote discute avec un Platon à barbe blanche auquel le peintre a donné les traits de Léonard de Vinci.

à la culture et travaillent avec ardeur à sa propagation, comme le montrent leurs efforts de traduction des grands textes anciens et contemporains. L'institution du Collège royal est leur première conquête : la laïcisation du savoir semble une étape essentielle de la lutte contre l'obscurantisme. Ils s'engagent avec optimisme dans la vie sociale et politique, et apparaissent auprès des princes, qu'ils espèrent conseiller, afin que les idées nouvelles triomphent face aux traditions.

C'est cet enthousiasme que Gargantua veut communiquer à son fils, Pantagruel, alors jeune étudiant parisien, dans une lettre fameuse :

« Maintenant toutes disciplines sont restituées[1], les langues instaurées[2], grecque, sans laquelle c'est honte qu'une personne se dise savante, hébraïque, chaldaïque[3], latine ; les impressions tant élégantes et correctes en usance[4], qui ont été inventées de mon âge par inspiration divine, comme à contrefil[5] l'artillerie par suggestion diabolique. Tout le monde est plein de gens savants, de précepteurs très doctes, de librairies[6] très amples, qu'il m'est avis que[7] ni au temps de Platon, ni de Cicéron, ni de Parpinian[8], n'était telle commodité d'étude qu'on y voit maintenant. Et ne se faudra plus dorénavant trouver en place ni en compagnie qui ne sera bien expoli en l'officine de Minerve[9]. Je vois les brigands, les bourreaux, les aventuriers[10], les palefreniers de maintenant plus doctes que les docteurs et prêcheurs de mon temps. Que dirai-je ? Les femmes et les filles ont aspiré à cette louange et manne céleste de bonne doctrine[11]. »

François Rabelais, **Pantagruel**, chapitre 8, 1532

1 Toutes les sciences sont rétablies. **2** L'étude des langues est instituée. **3** Le chaldéen est une langue ancienne, proche de l'hébreu. **4** L'imprimerie, qui procure des éditions si élégantes et si correctes, est en usage. **5** À l'opposé. **6** Bibliothèques. **7** À tel point que je pense… **8** Juriste du IIIe siècle de notre ère, aussi renommé dans son domaine que le furent Platon comme philosophe et Cicéron comme orateur. **9** Et celui qui n'aura pas été poli, dégrossi et affiné, grâce à l'école de la sagesse, ne devra plus paraître en public. **10** Soldats mal payés, vivant souvent de pillage. **11** Ce don du Ciel, cette nourriture céleste que sont de bonnes études.

Les humanistes se félicitent souvent d'avoir échappé aux « ténèbres gothiques », et n'hésitent pas à qualifier de barbare l'époque qui les a précédés. Cette critique du Moyen Âge paraît très injuste aujourd'hui, mais elle vise en fait une certaine logique médiévale qui dégénère en jeux de sophistes[1], ainsi que ses objets d'études : des textes anciens inexacts, tronqués et falsifiés. Elle vise aussi une institution, la Sorbonne, qui prétend détenir la vérité et entend régenter la vie intellectuelle à coups d'interdits et de condamnations.

1 Dans l'Antiquité, les sophistes étaient des orateurs sans scrupule qui défendaient leurs intérêts par des discours habiles, dissimulant leurs ruses sous une trompeuse apparence de logique.

« Nous avons désormais entre nos mains, émergeant d'un déluge de plus de mille ans, ce qui en est [de la culture antique], je crois, la meilleure part. Un déluge désastreux avait en effet englouti les lettres authentiques, les seules dignes de ce nom, et les gardaient enfouies, ensevelies sous un si puissant déferlement de barbarie, qu'il est étonnant qu'elles aient pu en réchapper. »

Guillaume Budé, **L'Étude des lettres**, 1532

La curiosité des humanistes les pousse à explorer de multiples domaines : Guillaume Budé, par exemple, cultive à la fois les langues anciennes, l'histoire, la théologie, les mathématiques, la médecine et les sciences naturelles. En matière de « polymathie », c'est-à-dire de savoir encyclopédique, l'Italien Pic de la Mirandole (1463-1494) leur a ouvert la voie : il publie, en 1486, une somme intitulée *De omni re scibili* (*Toutes les connaissances possibles*). Il annonce dès le début de son livre son intention d'organiser à Rome un gigantesque colloque réunissant tous les savants européens qui voudraient débattre avec lui des questions soulevées dans les pages qui vont suivre :

« Au lecteur
Des neuf cents propositions dialectiques, morales, physiques, mathématiques, métaphysiques, théologiques, magiques et cabalistiques, énoncées selon son opinion personnelle d'une part et dans l'esprit des sages chaldéens, arabes, hébreux, grecs, égyptiens et latins d'autre part, que Jean Pic Mirandolain comte de Concordia, discutera en séance publique… »

Jean Pic de la Mirandole, **Neuf Cents Conclusions**, 1486

Il propose même d'offrir le voyage aux humanistes désargentés… Malheureusement, le pape Innocent VIII s'effraie à l'idée que des problèmes de théologie puissent être discutés par une telle assemblée de laïcs. Il parvient à déclarer hérétiques treize des neuf cents propositions de Pic de la Mirandole, et fait ainsi annuler le congrès.

Instruire les hommes et éduquer les princes

Des humanistes comme Érasme, Budé et bien d'autres, se sont préoccupés d'écrire des traités d'éducation à l'usage des princes. « *Homines non nascuntur, sed finguntur* », écrit Érasme : « Les hommes sont formés par l'éducation, et non par la naissance. » Le sort des peuples dépend donc de la formation de leurs princes.

En matière d'instruction, le vaste programme que Gargantua trace pour son fils, dans la célèbre lettre du *Pantagruel* citée ci-contre (p. 112), est à la mesure de leur appétit de géants… Mais la curiosité de Rabelais lui-même n'est-elle pas insatiable ? Après avoir étudié la théologie et les langues anciennes chez les Franciscains puis chez les Bénédictins, il apprend la médecine à Lyon, juste avant de publier ses premiers romans.

« J'entends et veux que tu apprennes les langues parfaitement. Premièrement la grecque comme le veut Quintilien[1]. Secondement la latine. Et puis l'hébraïque pour les saintes lettres[2], et la chaldaïque et arabique[3] pareillement, et que tu formes ton style quant à la grecque, à l'imitation de Platon ; quant à la latine, à Cicéron. Qu'il n'y ait histoire[4] que tu ne tiennes en mémoire présente, à quoi t'aidera la cosmographie[5] de ceux qui en ont écrit. Des arts libéraux, géométrie, arithmétique et musique, je t'en donnai quelque goût quand tu étais encore petit

1 Rhéteur latin du Ier siècle. **2** Les Saintes Écritures : la Bible. **3** Le chaldéen et l'arabe sont utiles pour étudier la Bible. **4** Les livres d'« histoires », hérités de l'Antiquité, recensent des événements historiques mais décrivent aussi des territoires, des peuples, des animaux… **5** Description de l'univers.

6 Géométrie, arithmétique, musique et astronomie étaient alors quatre enseignements toujours associés. 7 Les lois. 8 Alchimiste espagnol du XIIIe siècle. 9 Que tu les mettes en parallèle avec la philosophie. 10 Avec soin, avec zèle. 11 Buissons. 12 De tout pays de l'Orient ou du Sud. 13 Mépriser. 14 Médecins juifs. 15 Dissections. 16 L'homme est traditionnellement comparé à un « microcosme ». 17 Et pendant quelques heures de la journée. 18 En somme, que je voie en toi… 19 Sortir. 20 Le calme du temps de l'étude. 21 Le roi Salomon est l'auteur d'un livre biblique intitulé Livre de la sagesse. 22 Sagesse. 23 Malveillante. 24 Séparé. 25 Ne prends pas à cœur des futilités. 26 À qui. 27 Ne reçois pas en vain les grâces que Dieu t'a données. 28 Et quand tu auras conscience de posséder tout le savoir possible… 29 Avant de.

en l'âge de cinq à six ans ; poursuis le reste[6], et de l'astronomie, sache tous les canons[7] ; laisse-moi l'astrologie divinatrice, et l'art de Lullius[8] comme abus et vanités. Du droit civil, je veux que tu saches par cœur les beaux textes, et me les confères avec philosophie[9].

Et quant à la connaissance des faits de nature, je veux que tu t'y adonnes curieusement[10] : qu'il n'y ait mer, rivière, ni fontaine dont tu ne connaisses les poissons, tous les oiseaux de l'air, tous les arbres, arbustes et fructices[11] des forêts, toutes les herbes de la terre, tous les métaux cachés au ventre des abîmes, les pierreries de tout Orient et Midi[12], rien ne te soit inconnu.

Puis soigneusement revisite les livres des médecins grecs, arabes et latins, sans contemner[13] les Talmudistes et Cabalistes[14], et par fréquentes anatomies[15], acquiers-toi parfaite connaissance de l'autre monde, qui est l'homme[16]. Et par lesquelles heures du jour[17] commence à visiter les saintes Lettres. Premièrement, en grec, le Nouveau Testament et Épîtres des apôtres, et puis en hébreu le Vieux Testament. Somme que je voie[18] un abîme de science : car dorénavant que tu deviens homme et te fais grand, il te faudra issir[19] de cette tranquillité et repos d'étude[20] et apprendre la chevalerie, et les armes pour défendre ma maison, et nos amis secourir en toutes leurs affaires contre les assauts des malfaisants. […]

Mais parce que selon le sage Salomon[21] Sapience[22] n'entre point en âme malivole[23], et science sans conscience n'est que ruine de l'âme, il te convient servir, aimer et craindre Dieu, et en lui mettre toutes tes pensées, et tout ton espoir, et par foi formée de charité être à lui adjoint, en sorte que jamais n'en sois désemparé[24] par péché. Aie suspects les abus du monde, ne mets ton cœur à vanité[25] ; car cette vie est transitoire mais la parole de Dieu demeure éternellement. Sois serviable à tous tes prochains, et les aime comme toi-même. Révère tes précepteurs, fuis les compagnies de gens esquels[26] tu ne veux point ressembler, et les grâces que Dieu t'a données, icelles ne reçois en vain[27]. Et quand tu connaîtras que auras tout le savoir de par-delà acquis[28], retourne vers moi, afin que je te voie et donne ma bénédiction devant que[29] mourir. Mon fils la paix et grâce de Notre Seigneur soit avec toi, Amen, de Utopie ce dix-septième jour du mois de mars, ●

TON PÈRE GARGANTUA.

François Rabelais, **Pantagruel**, chapitre 8, 1532 »]

Le sage contre le faux savant

Apprendre et comprendre

« Science sans conscience n'est que ruine de l'âme », écrit Rabelais. La connaissance doit être employée à bon escient, et la quête du savoir ne profite guère sans la sagesse, « Car Dieu ne communique aux hommes ses mystères / S'ils ne sont vertueux, dévots et solitaires » (Ronsard, *Hymne de l'automne*, 1563).

Les prétendus savants sont la cible de Montaigne. Le cas un peu outré de ces « lettreferits » ou « lettre-férus » (deux participes passés possibles du verbe férir, qui signifie frapper), met en garde contre l'usage absurde d'un savoir détaché de toute réalité et uniquement destiné à paraître en société.

« Mon vulgaire Périgordin[1] appelle fort plaisamment "Lettreferits" ces savanteaux, comme si vous disiez "lettre-férus", auxquels les lettres ont donné un coup de marteau, comme on dit. De vrai, le plus souvent ils semblent être ravalés[2], même du sens commun. Car le paysan et le cordonnier, vous les voyez aller simplement et naïvement leur train, parlant de ce qu'ils savent ; ceux-ci, pour se vouloir élever et gendarmer de ce savoir qui nage en la superficie de leur cervelle, vont s'embarrassant et empêtrant sans cesse. Il leur échappe de belles paroles, mais qu'un autre les accommode[3]. Ils connaissent bien Galien[4], mais nullement le malade. Ils vous ont déjà rempli la tête de lois, et si[5] n'ont encore conçu le nœud de la cause. Ils savent la théorique de toutes choses, cherchez qui la mette en pratique.

J'ai vu chez moi un mien ami, par manière de passe-temps, ayant affaire à un de ceux-ci, contrefaire un jargon de galimatias, propos sans suite, tissu de pièces rapportées[6], sauf qu'il était souvent entrelardé de mots propres à leur dispute, amuser[7] ainsi tout un jour ce sot à débattre, pensant toujours répondre aux objections qu'on lui faisait ; et si[8] était homme de lettres et de réputation, et qui avait une belle robe.

Vos, ô patritius sanguis, quos vivere par est
Occipiti, caeco, posticae occurrite sannae[9].

Qui regardera de bien près à ce genre de gens, qui s'étend bien loin, il trouvera, comme moi, que le plus souvent ils ne s'entendent[10], ni autrui, et qu'ils ont la souvenance assez pleine, mais le jugement entièrement creux. »

Michel de Montaigne, **Essais**, I, 25, « Du pédantisme », 1580

1 La langue parlée dans le Périgord. **2** Tombés au-dessous. **3** Que d'autres se donnent la peine d'y mettre de l'ordre ! **4** Médecin célèbre de l'Antiquité. Son nom désigne ici ses livres. **5** Pourtant. **6** Fait de citations empruntées ici ou là et cousues ensemble. **7** Occuper. **8** Pourtant. **9** « Ô vous nobles patriciens, qui n'avez pas le don de voir ce qui se passe derrière vous, prenez garde aux grimaces qu'on vous fait derrière le dos » (Perse). **10** Ils ne se comprennent pas eux-mêmes.

Le savoir et la sagesse

Montaigne insiste sur la nécessité de s'approprier les connaissances que l'on acquiert, grâce à une réflexion personnelle qui s'apparente à une forme de « digestion ». C'est à cette seule condition que le savoir peut devenir une sagesse. La difficulté de cette transformation explique la réduction du programme éducatif entre Rabelais et Montaigne : la qualité de l'apprentissage prime désormais sur l'étendue des connaissances.

« J'en connais, à qui quand je demande ce qu'il sait, il me demande un livre pour me le montrer ; et n'oserait me dire qu'il a le derrière galeux, s'il ne va sur-le-champ étudier en son lexicon[1], que c'est que galeux, et que c'est que derrière.
Nous prenons en garde les opinions et le savoir d'autrui, et puis c'est tout. Il les faut faire nôtres. Nous semblons[2] proprement celui qui, ayant besoin de feu, en irait quérir chez son voisin, et, y en ayant trouvé un beau et grand, s'arrêterait là à se chauffer, sans plus se souvenir d'en rapporter chez soi. Que nous sert-il d'avoir la panse pleine de viande[3], si elle ne se digère ? Si elle ne se transforme en nous ? Si elle ne nous augmente et fortifie ? [...]
Nous nous laissons si fort aller sur les bras d'autrui, que nous anéantissons nos forces. Me veux-je armer contre la crainte de la mort ? c'est aux dépens de Sénèque. Veux-je tirer de la consolation pour moi, ou pour un autre ? Je l'emprunte de Cicéron. Je l'eusse prise en moi-même si on m'y eût exercé. Je n'aime point cette suffisance relative et mendiée.
Quand bien nous pourrions être savants du savoir d'autrui, au moins sages ne pouvons-nous être que de notre propre sagesse. »

Michel de Montaigne, **Essais**, I, 25, « Du pédantisme », 1580

1 Dictionnaire. **2** Ressemblons à. **3** Nourriture.

Le chercheur exerçant son esprit critique

Loin d'emprisonner les hommes du XVIe siècle, l'écrit est pour eux une ouverture sur le monde : livre en main, ils parcourent l'Europe et traversent les mers, en quête de vestiges antiques ou de plantes exotiques, à la rencontre de savants ou de peuplades inconnues. Des textes anciens naissent les plans de monuments modernes, des idées d'expériences, de nouveaux protocoles médicaux. Parce que les livres racontent le monde, ils invitent à déchiffrer le *liber mundi*, le grand livre du monde. Cette exploration conduit immanquablement à une révision du savoir : il faut compléter, mais aussi corriger les ouvrages anciens.

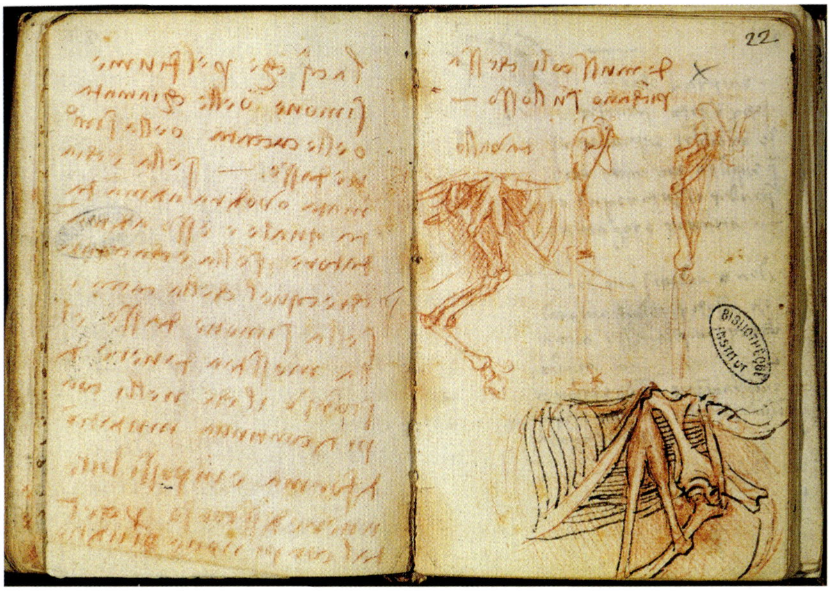

Peintre, mais aussi explorateur des nouvelles techniques, intéressé par l'anatomie, Léonard de Vinci a manifesté dans ses carnets une curiosité exceptionnelle. Vous voyez ici des dessins d'un squelette de chien et des notes, qu'il écrivait en miroir…

L'expérience, une méthode d'apprentissage nouvelle

La médecine a longtemps vécu de traditions, sans que s'impose la nécessité de pratiquer une recherche fondée sur l'expérimentation. De nombreuses erreurs se transmettent depuis l'Antiquité, et l'observation ne parvient pas à les corriger, tant est grande la force des préjugés. Mais, en 1543, paraît le *De humani corporis fabrica* du chirurgien André Vésale qui se fonde sur son expérience d'anatomiste pour contester les textes de Galien ; il est bientôt suivi par Ambroise Paré. Le respect des anciens, la conscience d'une immense dette envers eux, n'interdisent plus de formuler un jugement personnel.

Dans ce texte publié en 1580, le chirurgien français s'en prend, cette fois, à des superstitions héritées du Moyen Âge.

« Je puis assurer, après l'avoir éprouvé plusieurs fois, n'avoir jamais connu aucun effet en la corne prétendue de Licorne[1]. Plusieurs tiennent que si on la fait tremper en eau, et que de cette eau on fasse un cercle sur une table, puis que l'on mette dedans ledit cercle un scorpion, ou araignée, ou un crapaud, que ces bêtes meurent, et qu'elles ne passent aucunement par-dessus le cercle, voire que le crapaud se crève. Je l'ai expérimenté, et trouvai cela être faux et mensonger, car lesdits animaux passaient et repassaient hors du circuit du cercle, et ne mouraient point. Mêmement[2] ne me contentant pas d'avoir mis un crapaud dedans le circuit de l'eau où la Licorne avait trempé, par-dessus lequel il passait et repassait, je le mis tremper en un vaisseau[3] plein d'eau, où la corne de Licorne avait trempé, et le laissai en ladite eau par l'espace de trois jours, au bout desquels le

1 La « corne de licorne » (le plus souvent, une dent de narval) passait pour un puissant contrepoison, indispensable lors des épidémies de peste, mais aussi utile à la cour du roi, où l'art des poisons s'était perfectionné depuis l'arrivée des Médicis en France. **2** Et même… **3** Un récipient.

crapaud était aussi gaillard que lorsque je l'y mis. Quelqu'un me dira que possible la corne n'était de vraie Licorne. À quoi je réponds que celle de saint Denis en France, celle du Roi, que l'on tient en grande estime[4], et celles des marchands de Paris, qu'ils vendent à grand prix, ne sont donc pas vraies cornes de Licornes, car ç'a été de celles-là que j'ai fait épreuve. [...]
Vous me direz, puisque les médecins savent bien, et publient eux-mêmes, que ce n'est qu'un abus de cette poudre de Licorne, pourquoi en ordonnent-ils ? C'est que le monde veut être trompé, et sont contraints lesdits médecins bien souvent d'en ordonner, ou pour mieux dire, permettre aux patients d'en user, parce qu'ils en veulent. Que s'il advenait que les patients, qui en demandent, mourussent sans en avoir pris, les parents donneraient tous la chasse aux dits médecins, et les décrieraient comme vieille monnaie[5]. »

Ambroise Paré, **Le Discours de la Licorne**, 1580

4 Ces « cornes », d'une valeur inestimable, étaient exhibées comme de véritables trésors, notamment celle que le pape Clément VII avait offerte à François Ier en 1533. 5 Le roi faisait « décrier » la monnaie qui n'avait plus cours, c'est-à-dire proclamer publiquement qu'elle n'avait plus aucune valeur.

La formulation rabelaisienne de l'expérience

Rabelais aime à dérouter ses lecteurs et se plaît à mêler d'énormes plaisanteries aux enjeux les plus sérieux. Il a été condamné par la Sorbonne une première fois pour obscénité en 1533, après la publication du *Pantagruel*, puis pour religion suspecte, en 1543 ; mais la cour, et notamment Marguerite de Navarre, l'apprécie et le protège.

Dans cet extrait du *Gargantua*, le jeune géant, alors âgé de cinq ans, explique à son père de quelle manière il parvint à devenir un enfant d'une propreté irréprochable. Si la « méthode » de Gargantua suscite à bon droit l'admiration paternelle, c'est davantage l'inventivité de l'écriture que le lecteur apprécie : Rabelais expérimente ici d'étonnants (voire choquants !) rapprochements de mots.

« J'ai (répondit Gargantua), par longue et curieuse[1] expérience, inventé un moyen de me torcher le cul : le plus seigneurial, le plus excellent, le plus expédient[2] que jamais fut vu.
Quel ? dit Grandgousier.
Comme vous le raconterai (dit Gargantua) présentement. Je me torchai une fois d'un cachelet[3] de velours d'une damoiselle et le trouvai bon, car la mollice[4] de sa soie me causait au fondement une volupté bien grande ;
Une autre fois d'un chaperon[5] d'icelle et fut de même.
Une autre fois d'un cache-cou ;
Une autre fois des oreillettes[6] de satin cramoisi, mais la dorure d'un tas de sphères de merde[7] qui y étaient m'écorchèrent tout le derrière. Que le feu saint Antoine[8] arde[9] le boyau cullier[10] de l'orfèvre qui les fit et de la damoiselle qui les portait !
Ce mal passa, me torchant d'un bonnet de page bien emplumé à la Suisse[11].
Puis fientant derrière un buisson, trouvai un chat de Mars[12] ;

1 Minutieuse. 2 Pratique, efficace. 3 Déformation humoristique de cache-nez (entendez : « cache-laid »). 4 Mollesse. 5 Coiffure de femme, en velours, pour les demoiselles de la noblesse. 6 Cache-oreilles. 7 « Perles de merde » : locution méprisante et paradoxale, car les perles sont des ornements coûteux. 8 Nom populaire de maladie (érysipèle ou gangrène). 9 Brûle. 10 Le gros intestin. 11 Comme celui d'un lansquenet suisse. 12 Les chats nés en mars étaient réputés batailleurs.

d'icelui me torchai, mais ses griffes m'exulcérèrent tout le périnée. [...]
Je me torchai après (dit Gargantua) d'un couvre-chef, d'un oreiller, d'une pantoufle, d'une gibecière, d'un panier. Mais ô le mal plaisant torche-cul ! Puis d'un chapeau. Et notez que des chapeaux les uns sont ras, les autres à poil, les autres veloutés, les autres taffetassés, les autres satinés. Le meilleur de tous est celui de poil, car il fait très bonne abstersion[13] de la matière fécale. Puis me torchai d'une poule, d'un coq, d'un poulet, de la peau d'un veau, d'un lièvre, d'un pigeon, d'un cormoran, d'un sac d'avocat, d'une barbute[14], d'une coiffe, d'un leurre[15]. Mais concluant, je dis et maintiens qu'il n'y a tel torche-cul que d'un oison bien dumeté[16], pourvu qu'on lui tienne la tête entre les jambes. »

13 Nettoyage. **14** Grand capuchon, sorte de cagoule. **15** Oiseau de cuir rouge utilisé en fauconnerie. **16** Duveté.

François Rabelais, **Gargantua**, 1535

... à vous de comparer Paré et Rabelais...

1 La lecture de ces deux textes propose, sur le rôle de l'expérience, des visions différentes. L'une est au premier degré, l'autre au second : montrez-le.

2 La grossièreté, revendiquée, de Rabelais vous choque-t-elle ? Quelles sont, si l'on ose dire, ses vertus ? La littérature que vous lisez pour vous-même ou en classe se permet-elle autant de liberté ?

Sceptiques et misologues

« Qu'ils s'en aillent donc, ces hommes du passé, ces "misologues"[1], avec leur suite hargneuse, hideuse, désordonnée... »

Guillaume Budé, **L'Étude des lettres**, 1532

1 Ce néologisme est créé sur le modèle de « misanthrope » et signifie ennemi du savoir.

La rupture entre le sage et le courtisan

L'enthousiasme des humanistes se heurte à de fortes résistances. Les démonstrations des philosophes et des philologues, qui osent affirmer, par exemple, qu'Aristote est un athée, et qu'il peut exister une pensée rationnelle hors du christianisme, bouleversent. Par prudence, certains livres ne sont pas publiés et les savants ne divulguent pas toutes leurs découvertes, le public n'étant pas toujours en mesure de les accepter.

C'est ainsi que les travaux de Copernic resteront presque confidentiels jusqu'à l'arrivée de Galilée, un demi-siècle plus tard. S'inspirant d'auteurs anciens, il avait pourtant posé l'hypothèse, dès 1543, de la rotation de la terre autour du soleil.

À mesure que le siècle avance, les troubles politiques provoqués par les débats religieux s'aggravent et affectent l'attitude générale face à toute réflexion philosophique. En effet, la quête de la vérité semble désormais désespérée, tout comme il paraît impossible de réconcilier les différents partis. Il devient alors de bon ton d'affecter un certain mépris de la culture : « J'ai été longtemps à la Cour et parmi les armées, cachant si peu[1] que je savais, jetant les livres au feu devant les compagnons pour faire le bravache à la mode… » (Agrippa d'Aubigné, *Lettre*).

1 Le peu.

D'Aubigné abandonna toutefois cette attitude (« avec grand regret du temps perdu » !) après avoir un jour surpris un grand chef militaire, Bussy d'Amboise, dont il admirait l'exceptionnel courage, composant des vers grecs…

Mais une position plus radicale encore conduit certains à condamner définitivement toute recherche ; ils rappellent que la curiosité est le péché originel, la perte de l'humanité, et prônent le retour à une foi aveugle :

« Il n'y a chose plus pernicieuse et dommageable à la vie commune, rien de plus pestilentiel au salut de nos âmes que les arts et les sciences. […] La connaissance qui nous est baillée[1] par les sciences, quelles qu'elles soient, est tant périlleuse et incertaine, qu'il serait meilleur sans comparaison de les ignorer que de les savoir. »

Henri Corneille-Agrippa, **De l'incertitude, vanité et abus des sciences**, 1530

1 Donnée.

On assiste alors à une séparation de plus en plus nette entre le courtisan et l'idéal humaniste de l'honnête homme. Décriés, les lettrés sont aussi déçus par les princes qui n'entendent guère leurs conseils. Et bien qu'ils ne boudent pas les plaisirs de la vie, les savants se retirent loin de la cour et de ses frivolités ; ils prennent leurs distances par rapport au pouvoir, car celui-ci contraint à trop de compromis et d'hypocrisie.

Joachim Du Bellay s'adresse à son ami le poète Rémy Belleau. Le sonnet se présente comme un « manuel du courtisan », genre très en vogue depuis celui de Baldassare Castiglione. (Ce livre avait été commandé à Castiglione par François Ier en 1528, pour l'éducation des Français qui ne connaissaient pas alors le raffinement des mœurs italiennes.) La parodie se met ici au service de la satire.

1 Parce que tu es savant. 2 Briguant de hautes fonctions, politiques ou militaires. 3 Donc. 4 En public. 5 En privé. 6 La réputation.

« Tu t'abuses, Belleau, si pour être savant[1],
Savant et vertueux, tu penses qu'on te prise :
Il faut (comme l'on dit) être homme d'entreprise[2],
Si tu veux qu'à la cour on te pousse en avant.

Ces beaux noms de vertu, ce n'est rien que du vent.
Donques[3], si tu es sage, embrasse la feintise,
L'ignorance, l'envie, avec la convoitise :
Par ces arts jusqu'au ciel on monte bien souvent.

La science à la table[4] est des seigneurs prisée,
Mais en chambre[5], Belleau, elle sert de risée :
Garde, si tu m'en crois, d'en acquérir le bruit[6].

L'homme trop vertueux déplaît au populaire :
Et n'est-il pas bien fol, qui, s'efforçant de plaire,
Se mêle d'un métier que tout le monde fuit ? »

Joachim Du Bellay, **Les Regrets**, sonnet 145, 1558

La réflexion sur le savoir : le scepticisme de Montaigne

Il faut une grande force d'âme pour accepter de considérer le doute comme une situation non pas accidentelle et provisoire, mais inhérente à la condition de l'homme, car l'incertitude peut décevoir et effrayer... Cependant, parmi tous les courants de la pensée antique, c'est bien le scepticisme que privilégie Montaigne. S'il met en garde ici contre les affirmations péremptoires, il n'abandonne pas pour autant le projet de transmettre un enseignement :

1 Éventuellement. 2 Un peu. 3 Éduquer. 4 Comprends. 5 L'avouer. 6 Qui n'est pas moins honorable.

« On me fait haïr les choses vraisemblables quand on me les plante pour infaillibles. J'aime ces mots, qui amollissent et modèrent la témérité de nos propositions : *À l'aventure*[1], *Aucunement*[2], *Quelque*, *On dit*, *Je pense*, et semblables. Et si j'eusse eu à dresser[3] des enfants, je leur eusse tant mis en la bouche cette façon de répondre, enquêteuse, non résolutive : *Qu'est-ce à dire ? Je ne l'entends*[4] *pas*, *Il pourrait être*, *Est-il vrai ?* qu'ils eussent plutôt gardé la forme d'apprentis à soixante ans que de représenter les docteurs à dix ans, comme ils font. Qui veut guérir de l'ignorance, il faut la confesser[5]. [...] Il y a quelque ignorance forte et généreuse qui ne doit rien en honneur[6] et en courage à la science, ignorance pour laquelle concevoir il n'y a pas moins de science que pour concevoir la science. »

Michel de Montaigne, **Essais**, III, 11, « Du repentir », 1588

Hans Holbein, *Les Ambassadeurs*.

Les Ambassadeurs *d'Holbein : l'interrogation sur le statut des sciences*

La complexité du rapport que l'homme entretient avec la science est représentée d'une manière particulièrement subtile dans un tableau que Hans Holbein le Jeune peignit à Londres en 1533. Le commanditaire de cette œuvre, intitulée *Les Ambassadeurs*, se nomme Jean de Dinteville. C'est l'homme à gauche sur le tableau. Son âge est gravé sur le fourreau de son poignard (il a vingt-neuf ans), et la médaille de l'ordre de Saint-Michel, suspendue à son cou par une chaîne d'or, manifeste la confiance que lui accorde le roi de France, dont il est l'envoyé auprès d'Henri VIII. Il appartient donc à la noblesse « de robe courte », tandis que son ami, l'évêque Georges de Selve, est un ambassadeur « de robe longue ». Mais si ce dernier représente le pouvoir religieux, c'est à

François Ier qu'il doit d'avoir été nommé évêque à l'âge de dix-huit ans (la tranche du livre sur lequel il s'appuie nous indique qu'il a maintenant vingt-cinq ans). Le roi voulait ainsi remercier son père d'avoir favorisé sa libération après la défaite de Pavie, en 1525.

Entre les deux hommes, des instruments d'astronomie, de chronométrie, de musique, ainsi que des livres, témoignent de leur intérêt pour les sciences, les arts et les idées nouvelles en matière de religion, puisqu'on peut déchiffrer un cantique de Luther sur la page de gauche du livre ouvert (nous ne sommes qu'en 1533, à la veille de l'« affaire des Placards »).

Le tableau est destiné au château des Dinteville, à Polisy, près de Troyes ; son emplacement a été choisi de telle sorte qu'un visiteur le découvre forcément de face, l'étrange silhouette aux pieds des personnages étant alors indéchiffrable. Mais lorsque l'on s'éloigne, comme le prévoit la disposition des lieux, en longeant la toile vers la droite, l'image d'un crâne surgit de la forme mystérieuse. Il existe une autre façon de faire apparaître ce motif : si l'on regarde la toile, de façon frontale, à travers un tube de verre, un autre crâne, plus petit, s'inscrit au centre du premier. Ces deux apparitions transforment le sens du tableau : les passions, les curiosités, les honneurs de ce monde semblent soudain dérisoires. *Memento mori* (« Souviens-toi que tu es mortel ») était la devise des Dinteville. Grâce à ces jeux sur les perspectives (qu'on appelle anamorphoses), le spectateur est brutalement confronté à une réalité qu'il préfère d'ordinaire occulter : sa propre mort. Cependant, la toile nous donnait peut-être d'emblée un indice, avant même l'entrée en scène de la mort : sur l'étagère du bas, le luth, symbole d'harmonie, a une corde cassée.

Aussi célèbre qu'énigmatique, cette œuvre interroge le rapport entre l'homme et le savoir : les arts et les sciences ne seraient-ils que d'aimables passe-temps, voire des divertissements occultant dangereusement les questions religieuses ? N'agissent-ils pas, au contraire, si l'on en juge par ce tableau, comme des *révélateurs* permettant à l'homme d'appréhender véritablement toute la complexité de sa condition ?

►Genres et registres

Si, au XVIe siècle, toutes sortes d'écrits adoptent le modèle du dialogue, ce n'est pas seulement parce que les hommes de la Renaissance se plaisaient à imiter les anciens : cette forme « polyphonique » met en scène la pluralité des discours sur un même sujet et le cheminement de la pensée à travers le foisonnement des idées. En outre, l'exercice qui consiste à changer de discours, à adopter des points de vue contradictoires, est loin d'être vain : la réflexion est stimulée par les risques pris, par les défis relevés. Pour le plus grand plaisir du lecteur, ces jeux de langage se sont épanouis dans le genre jubilatoire de l'« éloge paradoxal ». Cet astucieux procédé satirique a fait des plus graves combats humanistes une véritable fête de l'esprit.

Les dialogues

Voir Moyen Âge (« Le débat », p. 64)

Le dialogue n'est évidemment pas réservé au théâtre : c'est aussi la forme que peuvent emprunter, par exemple, un traité de philosophie, les libelles d'une polémique culturelle ou religieuse, ou encore un ouvrage vulgarisant des connaissances scientifiques. Philosophes et théologiens du Moyen Âge recouraient souvent à cette présentation, mais les dialogues dits « scolastiques » ne sont pas toujours de véritables discussions : leur forme dialoguée n'est le plus souvent qu'un artifice de présentation (sur le mode question-réponse) masquant un développement didactique.

Or, les hommes de la Renaissance se passionnent pour la conversation (c'est l'époque à laquelle ce mot, qui signifiait jusqu'alors « fréquentation », prend son sens moderne) ; ils la pratiquent et l'étudient comme un art véritable, lui consacrant même des traités. C'est donc vers un modèle antique qu'ils vont se tourner au moment de rédiger des dialogues.

Le modèle platonicien

Montaigne admire les dialogues de Platon pour leur « forme d'écrire douteuse en substance », et qui répond à « un dessein enquérant plutôt qu'instruisant ». En effet, Platon met en scène un enseignement vivant, non dogmatique, car la discussion entre Socrate et son interlocuteur s'apparente à une quête de la vérité, chaque énoncé soulevant des objections qui sont examinées scrupuleusement. Le dialogue n'est donc pas un simple mode de présentation d'une vérité préétablie, mais une structure nécessaire, une méthode de pensée, le lieu d'une recherche commune entre le maître et l'élève. La discussion, telle que Socrate (qui était le fils d'une sage-femme) la pratique, devient une *maïeutique*, c'est-à-dire une méthode permettant à son interlocuteur d'« accoucher » d'une vérité que celui-ci doit retrouver en lui-même. Cet effort passe par une remise en question de soi et de ses certitudes, opération si difficile et si dérangeante que Socrate est comparé à la torpille, ce poisson qui stupéfie par une décharge électrique ceux qui le touchent. Le dialogue socratique fascine les humanistes parce qu'il correspond à l'esprit d'enquête et de recherche qui les anime.

Dans cet extrait du *Cymbalum mundi* (recueil de quatre dialogues facétieux mais philosophiques), le dieu Mercure interroge un philosophe prétentieux qui affirme détenir un fragment de la fameuse pierre philosophale (censée prodiguer puissance, richesse et longévité à son détenteur, elle symbolise la sagesse). Pour tenter de dissimuler les limites de son pouvoir, Rhetulus recourt à des arguments dont vous apprécierez la « sagesse »…

« MERCURE. – Vous le dites, mais j'en doute, car il me semble que si cela fût, vous feriez choses plus merveilleuses, vue la propriété que vous dites qu'elle a ; et mêmement, comme gens de bon vouloir que vous êtes[1], pourriez faire devenir tous les pauvres riches, ou, à tout le moins, vous leur feriez avoir tout ce qui leur est nécessaire, sans truander[2].
RHETULUS. – Les bélîtres[3] sont de besoin au monde, car si tous étaient riches, l'on ne trouverait point à qui donner, pour exercer la belle vertu de libéralité[4].
MERCURE. – Vous trouveriez aisément les choses perdues et sauriez les cas[5] dont les hommes doutent, afin de les mettre d'appointement[6] selon la vérité, laquelle vous serait bien connue.
RETHULUS. – Et que diraient les juges, avocats et enquêteurs ?… »

Cymbalum mundi, attribué à Bonaventure Des Périers, 1537

1 Rhetulus est accompagné de quelques confrères. **2** Mendier. **3** Pauvres. **4** Charité, générosité. **5** Vous auriez la solution des problèmes. **6** Mettre d'accord.

… à vous d'imaginer une suite à ce dialogue…

Il faut avant tout observer son fonctionnement :

1 Étudiez les parallélismes entre les deux échanges (construction des verbes : modes, personnes…).

2 Quel type de société Mercure est-il en train d'imaginer ?

3 Définissez la stratégie de défense qu'adopte Rhetulus.

4 Analysez le ton et les intentions de Mercure ; le discours auquel répond naïvement Rhetulus n'offre-t-il pas, mais pour le lecteur seulement, un second niveau de lecture ?

5 Lisez à *l'envers* le nom de Rhetulus : des pistes s'ouvriront quant aux domaines de réflexion vers lesquels orienter le dialogue.

Les théories sur le dialogue

Le dialogue est théorisé dès l'Antiquité : les textes de Platon sont classés selon qu'ils se présentent comme un exercice ou comme un combat, qu'ils tendent à une démonstration ou plutôt à une réfutation, etc.

Aujourd'hui, les théoriciens s'intéressent à ce qu'il est convenu d'appeler la « pragmatique du discours » : ils étudient comment les énoncés s'inscrivent dans une situation particulière d'énonciation. En effet, les locuteurs ne se contentent pas de transmettre des contenus ; par leurs propos, ils s'affirment, avec plus ou moins de discrétion, en fonction des rapports de pouvoir qui préexistent, ou s'établissent peu à peu entre eux, au fil de la conversation. Il faut donc évaluer dans un échange linguistique toutes les stratégies qui permettent de capter l'attention de l'autre, de se mettre soi-même en valeur, de surmonter les attaques en déjouant les pièges de son interlocuteur, voire de le déstabiliser ou de le dénigrer. Le plus souvent, ces stratégies sont d'autant plus efficaces qu'elles restent discrètes : on critique l'attitude de l'autre de façon implicite, par des signes allusifs de condescendance, d'ironie, d'amusement… tout en le ménageant suffisamment pour ne pas se dévaluer soi-même par une infraction grave au code de la politesse. Dans ce cas, la conversation se mène selon deux niveaux : le premier, explicite, est celui de l'argumentation logique, dont on peut étudier les procédés et les stratégies, les « figures » ; le second niveau est celui de la relation personnelle entre les locuteurs : c'est dans ces deux champs à la fois, qui interfèrent fréquemment, que se joue l'échange, et que la partie se gagne ou se perd.

Le dialogue à la cour : l'art subtil du sous-entendu

Voir « 1534 » (p. 93)

Les récits qui composent l'*Heptaméron* sont suivis chaque fois d'un dialogue entre leurs différents narrateurs, tous nobles : les « devisants ». Ceux-ci expriment des points de vue parfois très contrastés sur la religion, l'amour, la morale et la société. L'histoire des cordeliers et de la batelière suscite un débat opposant son narrateur, Geburon, à deux

Repas galant, peinture de l'école de Fontainebleau.

jeunes femmes, Longarine et Nomerfide, sous l'œil bienveillant de leur aînée, la sage Oisille. Longarine n'apprécie guère la leçon de morale... Les relations qu'entretiennent ces quatre devisants vont alors motiver directement leurs prises de position et enrichir leurs déclarations de sous-entendus malicieux. À travers les subtilités de cette conversation libre et enjouée entre familiers de la cour se laisse entrevoir, outre la complexité des enjeux qui s'immiscent dans un débat, la multiplicité des interprétations possibles d'un même récit.

« "Je[1] vous prie, Mesdames, pensez, si cette pauvre batelière a eu l'esprit de tromper l'esprit de deux si malicieux hommes, que doivent faire celles qui ont tant lu et vu de beaux exemples, quand il n'y aurait que la bonté des vertueuses dames qui ont passé devant leurs yeux, en la sorte que la vertu des femmes bien nourries[2] serait autant appelée coutume que vertu ? Mais de celles qui ne savent rien, qui n'oient[3] quasi en tout l'an deux bons sermons, qui n'ont le loisir que de penser à gagner leurs pauvres vies, et qui, si fort pressées, gardent soigneusement leur chasteté, c'est là où on connaît la vertu qui est naïvement[4] dedans le cœur, car où le sens et la force de l'homme est estimée moindre, c'est où l'esprit de Dieu fait de plus grandes œuvres. Et bien malheureuse est la dame qui ne garde bien soigneusement le trésor qui lui apporte tant d'honneur, étant bien gardé, et tant de déshonneur au contraire." Longarine lui dit : "Il me semble, Geburon, que ce n'est pas grande vertu de refuser un cordelier, mais que plutôt serait chose impossible de les aimer. – Longarine, lui répondit Geburon, celles qui n'ont point accoutumé d'avoir de tels serviteurs[5] que vous, ne tiennent point fâcheux les cordeliers ; car ils sont hommes aussi beaux, aussi forts et plus reposés que nous autres, qui sommes tous cassés du harnais[6] ; et si[7] parlent comme anges, et sont importuns comme diables ; par quoi celles qui n'ont vu robes que de bureau[8], sont bien vertueuses, quand elles échappent de leurs mains." Nomerfide dit tout haut : "Ah, par ma foi, vous en direz ce que vous voudrez, mais j'eusse mieux aimé être jetée en la rivière que de coucher avec un cordelier." Oisille lui dit en riant : "Vous savez donc bien nager ?" Ce que Nomerfide trouva bien mauvais, pensant qu'Oisille n'eut telle estime d'elle qu'elle désirait ; par quoi lui dit en colère : "Il y en a qui ont refusé des personnes plus agréables qu'un cordelier, et n'en ont point fait sonner la trompette." Oisille, se prenant à rire de la voir courroucée, lui dit : "Encore moins ont-elles fait sonner le tambourin de ce qu'elles ont fait et accordé." »

Marguerite de Navarre, **Heptaméron**, 1559

1 Geburon ouvre le débat. **2** Bien éduquées. **3** Le verbe ouïr signifie entendre. **4** Naturellement. **5** Chevaliers servants, soupirants. **6** Vieillis, usés par le métier des armes. **7** Aussi. **8** De bure : bure et bureau sont encore synonymes à l'époque et désignent une étoffe grossière dont étaient faites les robes de moines, mais qui pouvait aussi servir à recouvrir une table de travail ; c'est de là que viennent les sens actuels du mot « bureau » : meuble, puis pièce, puis établissement où l'on travaille.

... à vous de parler...

1 Les lois de la conversation

Les théoriciens modernes distinguent, à la suite de l'Américain Grice, six principes très généraux dans le fonctionnement d'une conversation « idéale » :

- le principe de **coopération** : chacun se reconnaît et accorde à l'autre des droits et des devoirs, afin que l'échange puisse se dérouler dans de bonnes conditions ;
- le principe de **pertinence** : le locuteur s'efforce de produire un énoncé qui apporte une réelle et nécessaire information, adaptée à l'interlocuteur comme au contexte ;
- le principe de **sincérité** : toute énonciation est supposée sincère... ;
- le principe d'**informativité** : on ne parle pas pour ne rien dire ;
- le principe d'**exhaustivité** : l'information est donnée dans sa totalité, mais sans développements inutiles ;
- le principe de **modalité** : l'expression doit être claire, intelligible.

Le principe de sincérité laisse deviner, mieux encore que les autres, à quel point les infractions à ces règles sont fréquentes. C'est du reste justement l'étude de ces transgressions qui permet de comprendre le fonctionnement d'une conversation particulière.

2 Les fonctions du langage

L'énoncé d'une information n'est pas la seule fonction du langage. Le linguiste Roman Jakobson, par exemple, en a distingué six, chacune concernant l'un des éléments qui entrent en jeu dans la communication :

- la fonction **émotive**, ou expressive, tend à donner l'impression d'une émotion éprouvée par celui qui parle, le destinateur ;
- la fonction **conative** correspond à l'effort pour obtenir une réaction de la part du destinataire (on l'interpelle, on l'interroge, on lui donne un ordre...) ;
- la fonction **phatique** s'assure de la bonne transmission du message (« Allô?... N'est-ce pas ?... M'écoutez-vous ? ») ;
- la fonction **référentielle** concerne la transmission d'une information ;
- la fonction **métalinguistique** est à l'œuvre quand le texte se commente lui-même (« Si l'on peut dire... En résumé... ») ;
- la fonction **poétique** privilégie la forme, la beauté du message.

3 Dans un dialogue, quel est le **destinataire d'un énoncé** ?

La question est moins simple qu'il n'y paraît : celui qui énonce un avis est aussi le premier récepteur de ce qu'il dit, puisqu'il peut anticiper sur la réaction de l'autre, et nuancer son propos en fonction de l'effet qu'il suppose produire sur son interlocuteur. Il commente ainsi déjà son propre discours, dès l'énonciation. Il peut encore tenir compte d'auditeurs présents qui pourtant ne sont pas l'interlocuteur auquel il s'adresse officiellement, comme c'est le cas dans le texte de Castiglione : la présence des femmes infléchit sans doute notablement les discours des personnages masculins.

Enfin, il ne faut surtout pas oublier que le dialogue a comme ultime destinataire le lecteur : du reste, certains effets de sens ne sont produits que pour lui, par exemple lorsque l'interlocuteur n'est pas en état de les comprendre, ou même de les entendre (comme des apartés au théâtre).

Raphaël, *Castiglione* (1514-1515).

Le Livre du courtisan, que François Ier commanda en 1528 au gentilhomme Baldassare Castiglione, se présente comme un dialogue : la prestigieuse cour d'Urbino, en Italie, réunit une société brillante de princes, de diplomates, d'hommes d'Église et d'artistes, qui décident d'établir le portrait du courtisan idéal. Les femmes ne participent guère à la discussion, mais c'est la décision prise dès le début par la duchesse Elisabetta Gonzaga, chez qui l'action se déroule. La duchesse et ses suivantes ont été présentées par le narrateur comme des femmes d'esprit auxquelles chacun des hommes s'efforce de plaire. Si généralement il n'y a pas, chez Castiglione, de détenteur ultime de la vérité, car celle-ci se cherche, s'élabore, au fil d'un dialogue toujours susceptible d'infléchissements imprévus, on peut aisément imaginer qui emporte ici l'adhésion de l'auditoire, alors que la conversation aborde la question du rôle des femmes à la cour et oppose une idée neuve à des conceptions passéistes.

Exceptionnellement, le texte original a été plusieurs fois coupé afin que figurent ici les principales étapes argumentatives de la controverse.

« “Maintenant, que les femmes soient des animaux imparfaits et par conséquent de moindre dignité que les hommes, qu'elles soient incapables des vertus dont ils sont capables, je ne veux absolument pas l'affirmer, parce que la valeur des dames ici présentes suffirait à me faire mentir ; mais je dis que des hommes très sages ont laissé par écrit que la nature, qui veut toujours les choses plus parfaites et se propose de les réaliser, produirait continuellement, si elle le pouvait, des hommes ; et quand une femme naît, c'est un défaut ou une erreur de la nature, qui va contre ce qu'elle voudrait faire. Comme on le voit aussi chez ceux qui naissent aveugles, boiteux, ou avec quelque autre défaut, et dans les nombreux fruits des arbres qui ne viennent jamais à maturité, la femme peut être considérée comme un animal produit par la chance et le hasard. [...]”
Julien le Magnifique attendait que le seigneur Gasparo continuât, mais voyant qu'il se taisait, il dit : “Il me semble que vous avez donné une raison bien pauvre de l'imperfection des

femmes ; [...] cela doit être totalement nié et je ne sais pas comment vous pouvez dire que la nature n'a pas l'intention de produire les femmes, elles sans lesquelles l'espèce humaine ne peut se conserver, alors que c'est là ce que la nature désire plus que toute autre chose. [...] Puisque la femme est pour cela aussi nécessaire que l'homme, je ne vois pas pourquoi l'une serait faite par hasard plutôt que l'autre. Et il est bien vrai que la nature entend toujours produire les choses les plus parfaites, et par conséquent entend produire l'homme dans son espèce, mais non pas le mâle plutôt que la femelle ; bien au contraire, si elle produisait toujours le mâle, elle ferait une chose imparfaite.

– Je ne voudrais pas, dit alors le seigneur Gasparo, que nous entrions dans de telles subtilités, parce que ces dames ne nous comprendront pas ; et bien que je vous réponde par d'excellentes raisons, elles croiront ou du moins feront semblant de croire que j'ai tort, et aussitôt elles donneront leur sentence à leur façon. Toutefois puisque nous y sommes entrés, je dirai seulement (c'est l'opinion vous le savez des hommes les plus sages) que [...] c'est un grand signe de la perfection de l'homme et de l'imperfection de la femme, que généralement toute femme désire être homme, par un certain instinct de nature qui lui enseigne à désirer sa perfection.

– Ces pauvres créatures, répondit incontinent[1] Julien le Magnifique, ne désirent pas être un homme pour se rendre plus parfaites, mais pour avoir la liberté et fuir le pouvoir que les hommes se sont arrogé sur elles de leur propre autorité." »

1 Aussitôt.

Baldassare Castiglione, **Le Livre du courtisan**, 1528,
trad. A. Pons, Éditions Gérard Lebovici

... à vous d'organiser un vrai dialogue en classe...

Avant d'organiser une discussion en classe, il serait bon de rappeler certains principes :

1 Il ne faut pas confondre un vrai dialogue, dont les interlocuteurs cherchent à établir une vérité, et un débat au cours duquel chacun d'eux défend une conviction établie d'avance. Il y a une différence entre chercher honnêtement la vérité et vouloir que sa propre thèse triomphe à tout prix.

2 Il vaudrait mieux que votre interlocuteur soit réduit au silence par l'évidence de vos arguments plutôt que par un discours ininterrompu et vociféré visant à monopoliser la parole. Il n'y a guère de mérite à triompher de quelqu'un que l'on n'a pas laissé s'exprimer.

3 Le sujet du débat doit être défini clairement à l'avance, ainsi que les aspects principaux de la question et l'ordre dans lequel ils seront traités. Faute de quoi la discussion risque de s'enliser dans l'accessoire, et d'ennuyer son public. Pour respecter ce programme, il faut une montre, une discipline rigoureuse, ou bien un arbitre... que l'on écoute. Il faut aussi savoir conclure un point de la discussion avant de passer au suivant.

● ● ●

4 Les qualités attendues lors d'un dialogue ne concernent pas seulement l'expression ; l'écoute aussi est importante : si l'on ne tient pas compte des objections, on ne peut y répondre. On doit donc être capable de modifier le discours que l'on avait préparé, de reconnaître la valeur d'un argument adverse, et même de changer d'opinion.

Le paradoxe

Les doubles discours

Dans la Grèce antique, les sophistes étaient des professeurs de rhétorique qui se vantaient de pouvoir soutenir quelque thèse que ce soit, même la plus contestable ; ils démontraient leur talent en défendant alternativement une idée et son contraire dans des « doubles discours » ou *dissoi logoi*, au mépris de toute vérité. Platon, puis Aristote, s'indignèrent de l'usage qu'ils faisaient de leur habileté à manier le langage. Les sophistes ont toutefois montré que des discours habilement persuasifs pouvaient créer de dangereux simulacres de vérités.

Le *Tiers Livre*, que Rabelais publie en 1546, met en scène, sur le mode comique et satirique, une vaste quête de la vérité. Son héros, Panurge, tente de savoir, avant de se marier, s'il pourra éviter que sa femme ne le trompe : tous les procédés possibles de divination sont mis à contribution, jusqu'à l'oniromancie, c'est-à-dire le déchiffrement de l'avenir dans les rêves. La prouesse de sophiste qui consiste à proposer deux interprétations convaincantes et contradictoires du songe de Panurge n'est pas une fantaisie gratuite : Rabelais démontre ici brillamment que l'interprétation des signes n'est jamais univoque, et que la cohérence n'est pas même la garantie de détenir la vérité.

« Par mes songeries[1] j'avais une femme jeune, galante, belle en perfection, laquelle me traitait et entretenait mignonnement, comme un petit dorelot[2]. Jamais homme ne fut plus aise, ni plus joyeux. Elle me flattait, me chatouillait, me tastonnait, testonnait, me baisait, m'accolait[3] et, par ébattement[4], me faisait deux belles petites cornes au-dessus du front. [...]
Peu après me sembla que je fus ne sais comment transformé en tambourin et elle en chouette. Là fut mon sommeil interrompu, et en sursaut me réveillai, tout fâché, perplexe et indigné. Voyez là une belle paletée[5] de songes ! Faites grande chère[6] là-dessus et l'exposez[7] comme l'entendez. Allons déjeuner, Carpalim[8].
– J'entends (dit Pantagruel), si j'ai jugement aucun[9] en l'art de divination par songes, que votre femme ne vous fera réelle-

1 Dans mes rêves. C'est Panurge qui parle ici. 2 Mignon. 3 Me cajolait, me chatouillait, me pelotait, me caressait les cheveux, m'embrassait, m'enlaçait... 4 Par jeu. 5 Platée. 6 Régalez-vous. 7 Expliquez-le. 8 Valet de Pantagruel. 9 Une quelconque capacité à juger.

ment et en apparence extérieure cornes au front, comme portent les Satyres, mais elle ne vous tiendra foi ni loyauté conjugale, ains[10] à autrui s'abandonnera et vous fera cocu. Cestui[11] point est apertement[12] exposé par Artemidorus[13] comme le dis.

Aussi ne sera de vous faite métamorphose en tambourin mais d'elle vous serez battu comme tambour à noces[14], ni d'elle en chouette, mais elle vous dérobera, comme est le naturel de la chouette[15]. Et voyez vos songes conformes ès sorts virgiliens[16] : vous serez cocu, vous serez battu, vous serez dérobé. [...]

– Au rebours (dit Panurge). [...] Parlons mieux. Les cornes que me faisait ma femme sont cornes d'abondance et planté[17] de tous biens. Je le vous affie[18]. Au demeurant je serai joyeux comme un tambour à noces, toujours sonnant, toujours ronflant, toujours bourdonnant et pétant. Croyez que c'est l'heur de mon bien[19]. Ma femme sera coincte[20] et jolie comme une belle petite chouette. »

François Rabelais, **Tiers Livre**, chapitre 14, 1546

10 Mais au contraire. **11** Ce. **12** Clairement. **13** Auteur d'un traité sur l'interprétation des rêves. **14** La tradition était de jouer du tambour lors des mariages. **15** Dans l'Antiquité, la chouette était réputée voleuse. **16** Aux présages tirés de Virgile. **17** Profusion. **18** Assure. **19** C'est le signe de ma chance. **20** Gracieuse.

L'éloge paradoxal

La pratique des *dissoi logoi* a conduit les sophistes de l'Antiquité à la rédaction de textes dont les sujets semblaient impossibles à traiter : en effet, s'il était courant de blâmer la belle Hélène, dont l'infidélité causa la guerre de la Troie, il paraissait impensable de rédiger son éloge. Cette prouesse avait pourtant été réalisée par Gorgias, le plus célèbre des sophistes.

On imagine les trésors d'ingéniosité qu'il dut alors déployer pour parvenir à ses fins... Mais peut-on réellement obtenir que l'auditoire adhère à une thèse incroyable ? Au moins put-il convaincre, par cette démonstration brillante, du pouvoir de l'éloquence.

De nombreux auteurs se sont essayés à ce qui devint rapidement le genre littéraire de l'« éloge paradoxal ». On attribue à Virgile un éloge du moustique, à Ovide celui de la noix. C'est dans cet esprit que Du Bellay rédige son *Hymne de la surdité*, alors qu'il est lui-même victime des premières attaques de cette infirmité.

« Or celui qui est sourd, si tel défaut lui nie
Le plaisir qui provient d'une douce harmonie,
Aussi est-il privé de sentir maintes fois
L'ennui d'un faux accord, une mauvaise voix,
Un fâcheux instrument, un bruit, une tempête,
Une cloche, une forge, un rompement de tête,
Le bruit d'une charrette, et la douce chanson
D'un âne, qui se plaint en effroyable son.
Et s'il ne peut goûter le plaisir délectable
Qu'on a d'un bon propos qui se tient à la table,

1 Ignorant. 2 Homme de loi, procureur. 3 Sermon. 4 Moqueries.

Aussi n'est-il sujet à l'importun caquet
D'un indocte[1] prêcheur ou d'un fâcheux parquet[2],
Au babil d'une femme, au long prône[3] d'un prêtre,
Au gronder d'un valet, aux injures d'un maître,
Au causer d'un bouffon, aux brocards[4] d'une cour,
Qui font cent fois le jour désirer d'être sourd. »

Joachim Du Bellay, **Hymne de la surdité**, v. 95-110, 1558

L'intérêt du genre ne se limite pas à la production de fantaisies facétieuses ou de virtuosités piquantes. L'éloge paradoxal a souvent des visées complexes et très diverses, qu'il faudra chaque fois définir précisément : il peut tendre à une réelle réhabilitation de son objet, comme il peut, au contraire, en dissimuler une satire féroce. Ronsard cultive ici l'ambiguïté, dans cet *Hymne de l'or* qui tout à la fois célèbre et dénonce le pouvoir de ce précieux métal : « l'âge d'or règne encor aujourd'hui » écrit-il, non sans ironie ; faut-il s'en féliciter ?

1 Nous manque. 2 Dans ces trois derniers vers, Ronsard a imité Ovide (*L'Art d'aimer*, II, v. 277-278) puis Horace (*Odes*, III, XVI). 3 Aussi. 4 Gracieux, aimable. 5 Synonyme des adjectifs précédents. 6 Le peuple ignorant.

« Saurait-on devenir expert en la Peinture,
Expert en la Musique, ou en l'Architecture,
Si l'argent nous défaut[1] pour avoir des outils ?
Verrait-on en tant d'arts tant de maîtres subtils
S'ils n'avaient par argent payé l'apprentissage
Des métiers achetés ? ô bon Dieu, que l'usage
De ce métal est grand ! ô qu'il est précieux !
L'homme ne vit pas tant de l'air tiré des cieux,
De pain, de vin, de feu, comme il se laisse vivre
De cent mille plaisirs que cet Or lui délivre. [...]
Si Vénus l'aperçoit, elle devient charmée :
On ne voit porte au monde, et fût-elle fermée
De cent clés, qui ne s'ouvre au-devant de cet Or[2] :
Il nous donne la grâce, et si[3] nous donne encor'
Savoir, honneur, beauté, parentés, mariages,
Et seul il nous transforme en cent mille visages :
Il fait l'ignorant sage, et par lui le lourdaud
est tenu pour accort[4], et s'élève plus haut
En honneur qu'un savant, ou qu'un vertueux, pour ce
Que la pauvre Vertu n'a jamais bonne bourse.
Combien voit-on de gens qui seraient estimés
Sots niais et badins[5], s'ils n'étaient bien armés
De madame Richesse, écu de leur sottise,
Qui fait que le vulgaire[6] ainsi que Dieux les prise ?
Ah, que maint grand Seigneur serait estimé sot
Sans richesse, qui fait qu'on n'ose dire mot,
Et qui nous tient la voix en la bouche arrêtée ! »

Pierre de Ronsard, **Hymne de l'or**, 1555

La sagesse populaire veut que l'on s'enrichisse en payant ses dettes… Mais Panurge ne l'entend pas de cette oreille ; il parvient tout au contraire à mettre les proverbes au service du paradoxe. Cette prouesse sophistique produit toutefois une intéressante réflexion sur l'échange en tant que fondement de la société.

« "Mais (demanda Pantagruel) quand serez-vous hors de dettes ? – Es calendes grecques[1], répondit Panurge ; lorsque tout le monde sera content et que serez héritier de vous-même. Dieu me garde d'en être hors ! Plus lors ne trouverais qui un denier me prêtât[2]. Qui au soir ne laisse levain, ja[3] ne fera au matin lever pâte. Devez toujours à quelqu'un ! Par icelui[4] sera continuellement Dieu prié vous donner bonne, longue et heureuse vie, craignant sa dette perdre, toujours bien de vous dira en toutes compagnies, toujours nouveaux créditeurs[5] vous acquêtera[6] afin que par eux vous fassiez versure[7], et de terre d'autrui remplissez son fossé[8]. Quand jadis en Gaule, par l'institution[9] des druides, les serfs, valets, et appariteurs[10] étaient tout vifs brûlés aux funérailles et exèques[11] de leurs maîtres et seigneurs, n'avaient-ils belle peur que leurs maîtres et seigneurs mourussent ? Car ensemble force leur était mourir[12]. Ne priaient-ils continuellement leur grand dieu Mercure[13], avec Dis, le père aux écus[14], longuement en santé les conserver ? N'étaient-ils soigneux de bien les traiter et servir ? Car ensemble pouvaient-ils vivre au moins jusqu'à la mort. Croyez qu'en plus fervente dévotion vos créditeurs prieront Dieu que viviez, craindront que mouriez […]. Pantagruel rien ne répondant, continua Panurge : "Vrai bot[15], quand bien j'y pense, vous me remettez à point en ronfle vue[16], me reprochant mes dettes et créditeurs. Dea[17] en cette seule qualité je me réputais auguste, révérend, et redoutable[18], que sus[19] l'opinion de tous philosophes (qui disent rien de rien n'être fait), rien ne tenant, ni matière première, étais facteur[20] et créateur. Avais créé. Quoi ? Tant de beaux et bons créditeurs. Créditeurs sont (je le maintiens jusqu'au feu exclusivement) créatures belles et bonnes. Qui rien ne prête, est créature laide et mauvaise : créature du grand vilain diantre[21] d'enfer." »

François Rabelais, **Tiers Livre**, chapitre 3, 1546

1 Aux calendes grecques, donc jamais, car les calendes (premier jour du mois) appartiennent au calendrier romain. **2** Je ne trouverais alors plus personne qui me prête un denier. **3** Jamais. **4** Celui-ci. **5** Créanciers. **6** Acquerra. **7** Que vous leur empruntiez pour payer votre dette. **8** Proverbe. **9** La coutume instituée. **10** Serviteurs. **11** Obsèques. **12** Car force leur était de mourir avec eux. **13** Le « Mercure » des Gaulois, selon les Romains, est le dieu Teutatès. **14** Dis, dieu gaulois, est identifié à Pluton, dieu des richesses. **15** Juron populaire atténué par la déformation du nom de Dieu (*Gott*). **16** Vous me forcez à abattre mon jeu (au jeu de la ronfle, suite de cartes de même couleur). **17** Vraiment. **18** Je croyais inspirer respect, vénération et crainte, par cette seule qualité… **19** Contre. **20** Ce synonyme de « créateur » est souvent employé pour désigner Dieu. **21** Diable.

L'*Éloge de la Folie* est aujourd'hui l'ouvrage le plus célèbre d'Érasme, le grand humaniste de Rotterdam. Le texte fut écrit à Londres en quelques jours, pendant le mois de juillet 1509, chez son ami Thomas More. Cette satire se présente comme une prosopopée[1] de la Folie, qui prononce impudemment son propre éloge. Elle n'épargne personne : du petit peuple jusqu'aux rois, sans oublier les poètes ni les théologiens, chacun se voit gratifier de la part de déraison qui lui revient. Ce discours, bien que suspect, puisque composé par la Folie, rencontre curieusement la sagesse, lorsqu'il dénonce nos folies ordinaires. Son ambiguïté s'ap-

1 Figure de style qui consiste à faire parler un être qui ne le peut pas (parce qu'il est mort, absent ou inanimé).

puie sans doute sur le statut accordé au fou par la tradition médiévale : une certaine forme de pureté, voire de sainteté, lui appartient. Et après tout, si les hommes sont tous fous, les moins fous d'entre eux ne sont-ils pas ceux qui ont conscience de l'être ?

Hans Holbein, *Érasme écrivant* (1523).

« Tout le monde admet qu'un roi est un être riche et puissant. Mais s'il ne possède aucun des biens de l'âme, s'il n'est content de rien, il est même très pauvre. Si son âme est enchaînée à des vices sans nom, il est le plus vil des esclaves. On pourrait ainsi philosopher sur les autres points, mais cet exemple suffit. "Où veux-tu en venir ?" dira-t-on. Je veux en venir à ceci, écoutez. Si, en pleine représentation, quelqu'un essaie d'enlever leur masque à des acteurs, pour montrer aux spectateurs leur vrai visage au naturel, ne gâche-t-il pas toute la pièce ? Et ne mérite-t-il pas qu'on le chasse du théâtre, à coups de pierres, comme un malade mental ? Car on verrait tout à coup se révéler une nouvelle face des choses ; celle qui était tout à l'heure une femme est maintenant un homme, l'adolescent est un vieillard. Qui il y a un instant, était roi, est devenu subitement un Dama[1] ; qui était Dieu se révèle tout à coup un pauvre hère. Mais effacer l'illusion, c'est détruire la pièce. C'est justement cette fiction et ce maquillage qui fascinent les spectateurs. Or toute la vie des mortels est-ce autre chose qu'une pièce de théâtre où chacun s'avance masqué et joue son rôle jusqu'à ce que le chorège[2] l'invite à sortir de la scène ? Il fait d'ailleurs souvent jouer au même acteur des rôles opposés, et tel qui paraissait jouer sous la pourpre d'un roi, paraît maintenant sous les haillons d'un petit esclave. Certes, tout est travesti, mais la comédie de la vie ne se joue pas autrement. Ici, supposons qu'un sage descende du ciel et vienne subitement crier : "Cet individu admiré de tout le monde, révéré comme un dieu et un maître,

1 Nom d'esclave chez le poète Horace.
2 L'organisateur d'une représentation théâtrale, dans la Grèce antique.

n'est même pas un homme puisque, comme l'animal, il obéit à ses passions et qu'il est un esclave de la plus basse sorte pour s'être asservi spontanément à des maîtres si nombreux et si vils. Cet autre, qui pleure son père défunt, devrait se réjouir puisque ce père a enfin commencé à vivre, la vie terrestre n'étant qu'une sorte de mort. Celui-là, qui tire gloire de son arbre généalogique, n'est qu'un vilain et un bâtard parce qu'il est à mille lieues de la vertu, seule source de noblesse." Si ce sage parle de tous les autres de la sorte, que lui arrivera-t-il, sinon de passer aux yeux de tous pour un fou furieux ? Si rien n'est plus fou qu'une sagesse intempestive, rien n'est plus maladroit qu'un bon sens à contre-temps. C'est agir à contre-temps que de ne pas s'adapter aux circonstances présentes, ne pas se plier aux usages, ne pas se rappeler au moins cette grande loi des banquets : "Bois ou va-t'en !", et demander que le théâtre ne soit plus du théâtre. Au contraire, le véritable bon sens, pour toi, qui n'es qu'un homme, c'est de ne pas vouloir une sagesse plus qu'humaine, c'est de se plier de bon gré à l'avis de la multitude, ou de se tromper complaisamment avec elle. Mais c'est justement cela la folie, disent-ils. Je ne dis pas le contraire, pourvu qu'ils conviennent en retour que c'est cela jouer la comédie de la vie. »

Érasme, **Éloge de la Folie**, 1510, traduction de Claude Blum, Bouquins

… à vous de composer un éloge paradoxal…

Il faut tout d'abord choisir **un sujet intéressant** : la paresse, la colère, le désordre, la gourmandise, l'infidélité, l'égoïsme, la curiosité, l'impatience, la peur…
En fonction de ce sujet, vous devez déterminer **l'intention de l'éloge paradoxal** : s'agira-t-il d'une véritable défense, ou bien d'une satire déguisée en éloge ? Il n'est pas interdit de brouiller les pistes en cultivant une certaine ambiguïté au début du texte. La fin, en revanche, dévoile généralement plus clairement le propos.
Si l'éloge défend son sujet : recensez tous les arguments qu'on lui oppose couramment, afin d'y répondre par avance et, si possible, de façon astucieuse (ce ne sera pas toujours facile !).
Si l'éloge est une satire, vous devrez alors pratiquer l'**ironie**. Cela signifie que, tout en feignant de le louer, vous critiquerez votre sujet. La louange contient alors les indices de sa « mauvaise foi » (sinon, on pourrait croire à un éloge sincère) : exagération, fausseté évidente, humour, naïveté feinte, minimisation volontaire et appuyée d'inconvénients majeurs (ce qui revient à les souligner, bien sûr).
Il est important de maintenir **l'ambiguïté ironique** afin d'éviter que l'éloge ne bascule dans le sarcasme. Ce qui est conforme à l'étymologie du mot « ironie » : *eirônéia*, en grec, signifie interrogation : le texte doit se présenter au lecteur comme une énigme. Trop directe, et donc moins amusante pour le lecteur, la satire serait moins efficace.

►L'écrivain au travail

Le nouveau statut du poète

Le poète et le souverain

Jusqu'à la Renaissance, l'activité artistique a souvent été considérée comme une activité manuelle et, à ce titre, privée de noblesse. Au point qu'il a été déconseillé aux nobles de s'y livrer : ç'eût été déroger. Peu à peu, grâce à l'influence italienne, les artistes sont davantage respectés : un jour, Charles Quint se baissa pour ramasser un pinceau que Titien avait laissé échapper… Sans doute l'empereur se plut-il à imiter un geste qu'eut Alexandre le Grand, dit-on, à l'égard du célèbre Apelle, son peintre préféré. Quoi qu'il en soit, Charles Quint admirait et estimait profondément Titien, dont il fut le principal commanditaire et qu'il honora, en 1533, du titre de chevalier de l'Éperon d'or. Le musée du Prado, à Madrid, doit à leur longue amitié une extraordinaire collection de chefs-d'œuvre.

Pourtant, les préjugés restent dans l'ensemble tenaces : Du Bellay, dans la préface de l'*Olive* (1549), doit s'élever « contre la fausse persuasion de ceux qui pensent tel exercice des Lettres déroger à l'état de noblesse ». Et, même à la fin du siècle, Montaigne croit encore devoir insister sur le fait qu'il n'a jamais vécu de la publication des *Essais.* À ses propres yeux, le métier des armes reste en fait, comme pour tous ses contemporains, la carrière noble par excellence : « la forme propre, et seule, et essentielle, de noblesse en France, c'est la vacation [carrière] militaire ».

La situation du poète à la cour est particulièrement ambiguë : s'il veut écrire à l'abri des critiques et des soucis pécuniaires, il lui faut conquérir la faveur royale. Certes, le talent permet d'acquérir largesses et protections, au prix de vers courtisans célébrant la gloire du monarque ; mais les revers de fortune sont parfois cruels, comme en témoigne le destin picaresque de Clément Marot, qui fréquenta aussi bien les salons… que les prisons de François Ier. Ce dernier fut séduit par la virtuosité de ce texte (dont il est le destinataire) alliant la prouesse à l'aisance, ce qui correspondait parfaitement à l'idéal de la cour. On appelle « rimes équivoquées » ces jeux qui consistent à écrire les sons composant la rime tantôt en un seul mot, tantôt en plusieurs.

« En m'esbatant je fais rondeaulx[1] en rithme[2],
Et en rithmant bien souvent je m'enrime[3] ;
Brief, c'est pitié d'entre nous rithmailleurs[4],
Car vous trouvez assez de rithme ailleurs,
Et quand vous plaist, mieulx que moi rithmassez[5].
Des biens avez et de la rithme assez :
Mais moy, à tout[6] ma rithme et ma rithmaille,
Je ne soustiens[7] (dont je suis marry[8]) maille[9]. […]
Si[10] vous supply qu'à ce jeune rithmeur
Faciez avoir un jour par sa rithme heur[11],

1 Poèmes à forme fixe. **2** Rime ; *th* ne se prononce pas. **3** Je m'enrhume (le poète est pauvre, donc privé de feu). **4** C'est triste pour nous, les poètes. **5** François Ier écrivait lui-même des vers. **6** Avec. **7** Possède. **8** Fâché. **9** Une petite pièce. **10** Aussi je vous… **11** Bonheur.

12 Dise. 13 Mots inventés par Marot. 14 Connu.

Affin qu'on die[12], en prose ou en rithmant :
"Ce rithmailleur qui s'alloit enrimant,
Tant rithmassa, rithma et rithmonna[13],
Qu'il a congneu[14] quel bien par rithme on a." »

Clément Marot, **Petite Épître au roi**, 1518

Cependant, les poètes de la Pléiade entendent célébrer leur art et, si la faveur des rois leur est toujours nécessaire, ils n'apprécient guère les fantaisies de Marot. S'ils demandent, c'est sur un autre ton : en effet, le roi n'a-t-il pas *besoin* du poète ? Leurs gloires ne sont-elles pas liées ? Que resterait-il d'Agamemnon sans Homère ? C'est ce que le poète tente de faire entendre à Henri II, moins amateur de littérature que ne l'était François, son père. Ronsard projette pourtant l'écriture d'un long poème épique qui sera consacré à la gloire de la nation, *La Franciade*, mais il voudrait pouvoir entamer sa rédaction à l'abri de tout souci pécuniaire…

« Un Roi, tant soit-il grand en terre ou en prouesse,
Meurt comme un laboureur sans gloire, s'il ne laisse
Quelque renom de soi : et ce renom ne peut
Venir après la mort, si la Muse ne veut
Le donner à celui qui doucement l'invite,
Et d'honnête faveur compense[1] son mérite. »

1 Récompense.

Pierre de Ronsard, **Hymne de Henri, Deuxième de ce nom**, 1555

Le « poëte » inspiré des dieux

Les poètes de la Pléiade appuient leur revendication d'un meilleur statut sur un mythe de la création poétique : la poésie n'est pas le simple savoir-faire d'un « rimeur » ou d'un « versificateur » qui ne saurait écrire que de la « prose rimée », elle est une parole supérieure à toutes les autres, car inspirée par les dieux. Cette inspiration poétique, telle que la décrit Platon dans le *Phèdre*, est l'une des « fureurs » capables d'arracher l'homme à sa misérable condition : elle permet au poète de prophétiser, il accède alors à des vérités inconnues du commun des mortels. Le terme « enthousiasme », décalqué à cette époque sur le grec et doté de son sens étymologique, décrit cette forme de possession divine : le poète porte le divin en lui, *en-theos*. Le terme « inspiration » contient alors tout son sens : il redit en latin ce qu'« enthousiasme » disait en grec, l'esprit du Créateur, le *spiritus*, souffle en lui. Ce privilège n'est pas donné à tous, le poète est un être à part, différent, jusque dans son tempérament mélancolique. C'est ainsi que Ronsard décrit sa vocation et sa condition de « poëte » au début de son *Hymne de l'automne*.

1 Les Muses (neuf déesses inspiratrices des arts) accompagnent toujours Apollon. 2 Imagination.

« Le jour que je fus né, Apollon qui préside
Aux Muses[1], me servit en ce monde de guide,
M'anima d'un esprit subtil et vigoureux,
Et me fit de science et d'honneur amoureux.
En lieu des grands trésors et des richesses vaines
Qui aveuglent les yeux des personnes humaines,
Me donna pour partage une fureur d'esprit,
Et l'art de bien coucher ma verve par écrit.
Il me haussa le cœur haussa la fantaisie[2],
M'inspirant dedans l'âme un don de Poësie,
Que Dieu n'a concédé qu'à l'esprit agité
Des poignants aiguillons de sa Divinité.
Quand l'homme en est touché il devient un Prophète,
Il prédit toute chose avant qu'elle soit faite,
Il connaît la nature et les secrets des Cieux,
Et d'un esprit bouillant s'élève entre les Dieux. »

Pierre de Ronsard, **Hymne de l'automne**, 1563

Cette définition de la « Poësie », comme on l'écrit alors, avec une majuscule et un tréma pour faire grec et rappeler l'étymon prestigieux (le « Poëte » est un créateur, du grec *poïein*, créer), dit assez l'ambition de la Pléiade… mais comme l'écrivait alors Peletier du Mans : « le moyen de parvenir bien haut est d'aspirer au suprême ».

Jacques Peletier du Mans consacre les premiers chapitres de son *Art poétique* à un éloge de la poésie qu'il n'hésite pas à placer au-dessus de toute autre discipline : il la célèbre en tant que fondatrice de la civilisation, gardienne de l'histoire et de la religion.

1 Gravées. 2 Formulées. 3 Action de faire.

« La Poésie a été cause des édifications des Villes et constitutions des Lois, a montré la distinction du bien public d'avec le privé ; du sacré d'avec le profane ; des concubins vagabonds et incertains, les a retirés aux mariages ; a fait que chacun s'est tenu au sien, et a contenu la main et la convoitise de celui d'autrui ; sans user de force comme les bêtes sauvages, sur les biens, les enfants, et la vie de chacun. Ce qui est manifeste par cela, que les lois furent premièrement insculpées[1] en vers, sur les écorces des arbres, les oracles rendus en vers, les prophéties des Sibylles, sentenciées[2] en vers. La Poésie a été cause que les faits mémorables des hommes illustres, sont passés à la postérité. Et rendant témoignage de la grandeur et excellence des vertus et vertueux, a fait que les suivants se sont efforcés à semblables factions[3] et entreprises, pour le désir de l'immortalité. »

Jacques Peletier du Mans, **Art poétique**, 1555

Du Bellay évoque sa condition de poète avec davantage de distance et d'ambiguïté. S'il se peint encore sous les traits du dieu de la « Poësie », Apollon guidant la danse des muses, il déplore les contraintes imposées

Baldassare Peruzzi, *La Danse des Muses*.

par la condition de poète courtisan. C'est dans la suite de son oncle, le cardinal Jean Du Bellay, qu'il visita l'Italie. En contrepartie, celui-ci lui imposa de lourdes tâches d'intendance…

« Las[1] ! Où est maintenant ce mépris de Fortune[2] ?
Où est ce cœur vainqueur de toute adversité,
Cet honnête[3] désir de l'immortalité,
Et cette honnête flamme au peuple non commune ?

Où sont ces doux plaisirs qu'au soir, sous la nuit brune,
Les Muses me donnaient, alors qu'en liberté,
Dessus le vert tapis d'un rivage écarté,
Je les menais danser aux rayons de la lune ?

Maintenant la Fortune est maîtresse de moi,
Et mon cœur, qui soulait[4] être maître de soi,
Est serf[5] de mille maux et regrets qui m'ennuient[6].

De la postérité je n'ai plus de souci,
Cette divine ardeur, je ne l'ai plus aussi,
Et les Muses de moi, comme étranges[7], s'enfuient. »

Joachim Du Bellay, **Les Regrets**, sonnet 6, 1558

1 Hélas. **2** Fortuna est la déesse du destin. **3** Honorable, noble. **4** Avait l'habitude. **5** Esclave. **6** Sens fort : me tourmentent. **7** Étrangères.

… à vous de comparer ces différents portraits de poètes…

Les poèmes que nous venons de lire font apparaître la première personne. La *Petite Épître au roi* et l'*Hymne de l'automne* mettent en scène le poète s'adressant au roi. C'est également la situation d'élocution de l'hymne adressé à Henri II. Quant à Du Bellay, il dédie les *Regrets* au seigneur d'Avanson, conseiller du roi.
Quels renseignements le poète-narrateur donne-t-il sur lui-même dans chacun de ces textes ? Définissent-ils des personnages similaires ?

Le programme de la Pléiade

L'imprimerie accélère la diffusion, et par la même occasion la critique des textes ; ainsi, l'évolution des idées et des goûts est désormais plus rapide et s'opère dans un climat d'effervescence théorique et polémique. Vers le milieu du siècle, on assiste à la multiplication des « arts poétiques » : ils sont signés Thomas Sébillet, Joachim Du Bellay, Barthélemy Aneau, Jacques Peletier du Mans, Joseph Juste Scaliger, Pierre de Ronsard... La *Défense et Illustration de la langue française* établit le programme de la Pléiade.

Une imitation créative des anciens

Ronsard, Du Bellay et Baïf, élèves de l'helléniste Jean Dorat au collège de Coqueret, ont lu et relu passionnément Homère, Pindare et Virgile. L'imitation des anciens leur semble une étape nécessaire de leur évolution, sans être pour autant une fin en soi ; on ne peut en effet se contenter de traduire en français les œuvres antiques : « Par seule imitation, rien ne se fait grand... Celui sera toujours dernier qui toujours suivra », écrit en 1555 Peletier du Mans dans son *Art poétique.* La poésie est créatrice, érudition et inspiration ne doivent donc pas s'exclure mutuellement. Il faut retrouver la puissance et l'élégance de la poésie antique, mais transposée dans la langue française, et donc selon des règles de composition et des principes d'harmonie qui lui sont propres.

L'innovation se fonde sur l'imitation, ce qui peut sembler paradoxal aujourd'hui, mais ces érudits ont conscience, plus que nous, de ce qu'un texte s'appuie toujours sur un autre texte, l'écriture étant en fait une récriture, une actualisation d'un modèle plus ancien.

La critique des genres médiévaux

La Pléiade se fit de nombreux ennemis en critiquant les formes poétiques antérieures (comme la ballade, le rondeau, le virelai et le chant royal), que Du Bellay n'hésite pas à traiter de vieilles « épiceries qui corrompent le goût de notre langue, et ne servent sinon à porter témoignage de notre ignorance ». Désormais, l'ode, l'hymne, le sonnet, et de façon générale toutes les formes empruntées au grec, au latin et à l'italien sont à la mode. Ces formes sont retravaillées, adaptées au français, car, de même que plus tard, sous la Révolution, le retour à l'antique est loin d'être vécu comme une contemplation nostalgique et passéiste ; cette passion est, au contraire, au service de l'avenir.

De nombreux changements s'opèrent au cours du siècle, parfois après beaucoup de tâtonnements : l'alexandrin supplante le traditionnel décasyllabe et devient le mètre noble, alors qu'il était depuis le Moyen Âge le mètre le plus « prosaïque ». La rime se fait plus discrète : c'est la fin des rimes équivoquées des grands rhétoriqueurs médiévaux, qu'illustrait encore Marot. Cependant, une contrainte nouvelle s'impose peu à peu : celle de l'alternance des rimes féminines et masculines, c'est-à-dire avec ou sans *e* final.

La promotion de la langue française

Transformer une « langue vulgaire » en « langue nationale » ne va pas de soi : c'est un combat dont les enjeux sont à la fois idéologiques, politiques et culturels. Les difficultés pratiques sont loin d'être négligeables : le Français ne pourra devenir une véritable langue de culture que s'il s'enrichit du vocabulaire conceptuel et scientifique qui lui fait défaut – comme ses détracteurs ne cessent de le rappeler. La poésie doit, elle aussi, se forger une langue, inventer de nouvelles constructions syntaxiques, et user de figures de style jusqu'alors inusitées, pour acquérir la souplesse et l'expressivité des langues anciennes. Du Bellay donne sur ce point quelques conseils aux jeunes poètes dans la *Défense et Illustration de la langue française :*

« Use donc hardiment de l'infinitif pour le nom, comme *l'aller*, *le chanter*, *le vivre*, *le mourir*. De l'adjectif substantivé, comme *le liquide des eaux*, *le vide de l'air*, *le frais des ombres*, *l'épais des forêts*, *l'enroué des cymbales*, pourvu que telle manière de parler ajoute quelque grâce et véhémence : et non pas, *le chaud du feu*, *le froid de la glace*, *le dur du fer*, et leurs semblables. »

Joachim Du Bellay, **Défense et Illustration de la langue française**, 1549

… à vous de lire le sonnet…

Reconstituez le programme de la Pléiade à partir de ce sonnet pour Hélène.

Bousculer les traditions, imposer de nouveaux modèles, mais aussi une nouvelle façon de les imiter, modifier l'image du poète… C'est ce vaste programme que Ronsard accomplit dans le cadre pourtant en apparence restreint d'un texte de poésie amoureuse.

« Quand vous serez bien vieille, au soir à la chandelle,
Assise auprès du feu, dévidant[1] et filant,
Direz, chantant mes vers, en vous émerveillant,
"Ronsard me célébrait du temps que j'étais belle."

Lors, vous n'aurez servante oyant telle nouvelle,
Déjà sous le labeur à demi sommeillant[2],
Qui au bruit de Ronsard[3] ne s'aille réveillant,
Bénissant votre nom de louange immortelle.

Je serai sous la terre, et, fantôme sans os,
Par les ombres myrteux[4] je prendrai mon repos :
Vous serez au foyer une vieille accroupie,

Regrettant mon amour et votre fier[5] dédain.
Vivez, si m'en croyez, n'attendez à demain :
Cueillez dès aujourd'hui les roses de la vie[6]. »

Pierre de Ronsard, **Sonnets pour Hélène**, 1578

1 Dévider signifie mettre un fil en pelote. **2** Tout ce début (les vers 1, 2, 5, 6) est inspiré par le poète latin Tibulle (*Élégies*, I, III, v. 87-90). **3** En entendant ce nom prestigieux. En 1584, Ronsard modifie ce vers : « Qui au bruit de mon nom ne s'aille réveillant ». **4** L'ombrage des myrtes. L'adjectif est inventé par la Pléiade. Selon Virgile (*Énéide*, chant VI, v. 443), ceux qui sont morts d'amour hantent les bosquets de myrte, plante consacrée à Vénus. **5** Au sens étymologique de « farouche ». **6** Ronsard s'inspire ici de la célèbre formule « *carpe diem* » (« cueille le jour ») par laquelle le poète latin Horace invitait le lecteur de ses *Odes* (I, 11, 8) à profiter sans tarder de la vie.

Montaigne et les « allongeails »

Un livre « consubstantiel à son auteur »

« Qui ne voit que j'ai pris une route par laquelle, sans cesse et sans travail, j'irai autant qu'il y aura d'encre et de papier au monde ? » (*Essais*, III, 9).

Montaigne a conscience, avec les *Essais*, d'inaugurer un genre qui suppose une écriture interminable. Parce que le livre se nourrit de la vie de Montaigne – « Je suis moi-même la matière de mon livre » – et qu'il enregistre non seulement ses pensées, mais aussi leur évolution dans le temps, il est, selon sa propre expression, « consubstantiel à son auteur » : « nous allons conformément et tout d'un train, mon livre et moi » (III, 2).

Le mot « essai » vient du latin *exagium* qui signifie la pesée ; il évoque à la fois l'idée d'une évaluation et celle d'une tentative. L'écriture est avant tout une expérience, elle n'assène pas des certitudes, mais tout au contraire, elle met les idées reçues à l'épreuve, « à l'essai », au risque de devoir les nuancer, voire les abandonner. Elle est donc, à l'image de la vie, une aventure, et l'auteur lui-même ne sait pas toujours où elle le mènera.

« Je ne peins pas l'être. Je peins le passage : non pas un passage d'âge en autre, ou, comme dit le peuple, de sept en sept ans, mais de jour en jour, de minute en minute. Il faut accommoder mon histoire à l'heure. Je pourrai tantôt changer, non de fortune[1] seulement, mais aussi d'intention. C'est un contrerôle[2] de divers et muables accidents[3] et d'imaginations irrésolues et, quand il y échet[4], contraires : soit que je sois autre moi-même, soit que je saisisse les sujets par autres circonstances et considérations. Tant y a que je me contredis bien à l'aventure[5], mais la vérité, comme disait Démade[6], je ne la contredis point. Si mon âme pouvait prendre pied[7], je ne m'essaierais pas[8], je me résoudrais : elle est toujours en apprentissage et en épreuve.
Je propose[9] une vie basse et sans lustre, c'est tout un[10]. On attache aussi bien toute la philosophie morale à une vie populaire et privée qu'à une vie de plus riche étoffe : chaque homme porte la forme entière de l'humaine condition. »

Michel de Montaigne, **Essais**, III, 2, « Du repentir », 1588

1 Destin. **2** Enregistrement. **3** D'événements divers et variés. **4** Quand cela arrive. **5** Éventuellement. **6** Selon Plutarque, Démade disait qu'il s'était plusieurs fois contredit en politique sans pour autant contredire le bien de la Cité. **7** Se fixer. **8** Allusion au titre : *Essais* **9** J'expose. **10** C'est indifférent, cela importe peu.

Les différentes éditions des Essais

La première édition des *Essais* date de 1580 et ne se compose que de deux livres ; si celles de 1582 et 1587 n'apportent que de faibles retouches, l'édition de 1588 enrichit les deux premiers livres de 600 additions, tandis qu'apparaît le troisième livre. À sa mort, en 1595, Montaigne préparait une nouvelle publication : nous possédons aujourd'hui un exemplaire des *Essais* de 1588 abondamment annoté de sa propre main en vue de cette nouvelle parution.

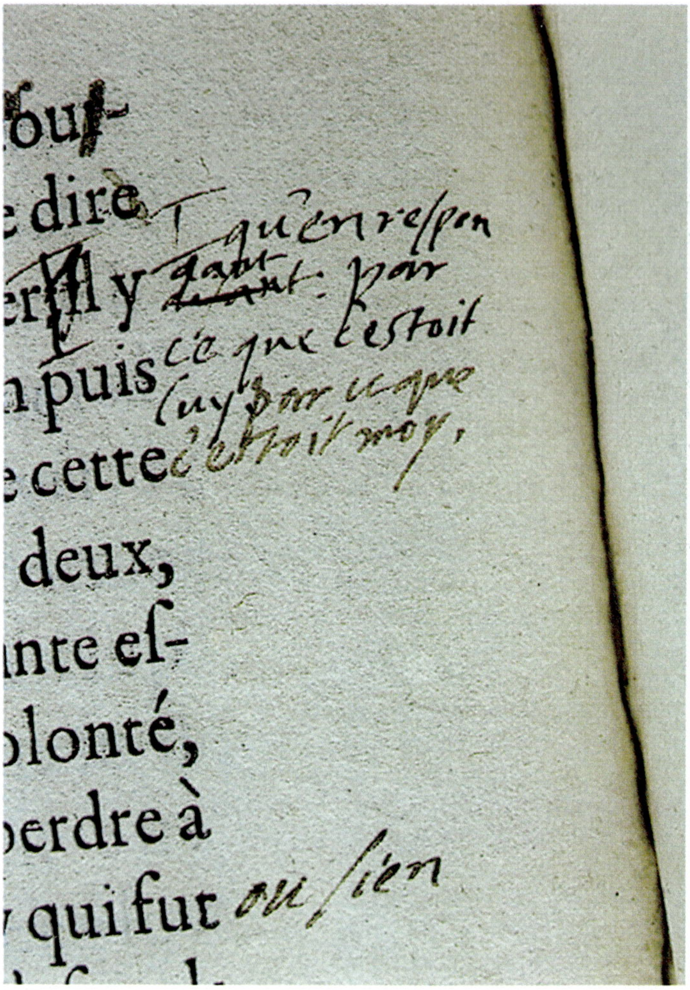

Sur cet exemplaire, l'essai intitulé « De l'amitié » porte deux ajouts dans la marge, en regard d'une phrase écrite dès 1580, à propos d'Étienne de La Boétie, l'ami très cher, emporté par la maladie en 1563 : « Si on me presse de dire pourquoi je l'aimais, je sens que cela ne se peut exprimer. »

Il ajouta, donc après 1588, « … qu'en répondant : parce que c'était lui ». Un peu plus tard, comme en témoigne la différence des encres, il écrivit encore : « parce que c'était moi ». À la grande question des motifs d'une amitié – peut-on expliquer ses sentiments ? – Montaigne n'a pas su répondre d'emblée. Se relisant, il a peut-être moins cherché une réponse qu'une manière plus heureuse de formuler l'inexprimable, cette mystérieuse alchimie de l'amitié qui implique toute notre personnalité, et ne peut se décomposer en raisons objectives. L'ultime ajout, par l'effet de symétrie, renforce l'expression de ce lien réciproque.

La mort de La Boétie ne fut pas étrangère à l'écriture des *Essais* : des années après la mort de son ami, Montaigne souffrait encore de son absence et, pour combler ce vide, il entreprit une œuvre qui voulait prolonger leurs conversations et ressusciter dans chaque lecteur l'interlocuteur disparu.

Essais, *I, 13 : « Cérémonie de l'entrevue des rois »*

Le texte qui suit, dans son premier état, c'est-à-dire tel qu'il a été édité en 1580, se présente comme l'ébauche d'un manuel de civilité, à la manière du *Courtisan* de Castiglione… Il semble que Montaigne rassemble ici, à l'usage du lecteur ou bien pour sa propre gouverne, quelques règles et exemples de comportements dans les rencontres officielles entre personnages de haut rang.

1 Il s'agit des Essais. 2 Même. 3 Départ. 4 Qu'il appartient aux personnes de moindre importance. 5 Au rendez-vous. 6 À ceux qui sont le plus en vue. 7 Repos. 8 Rencontres.

« Il n'est sujet si vain, qui ne mérite un rang en cette rapsodie[1]. À nos règles communes, ce serait une notable discourtoisie, et à l'endroit d'un pareil et plus à l'endroit d'un grand, de faillir à vous trouver chez vous, quand il vous aurait averti d'y devoir venir. Voire[2], ajoutait la Reine de Navarre Marguerite à ce propos, que c'était incivilité à un gentilhomme de partir de sa maison, comme il se fait le plus souvent, pour aller au-devant de celui qui le vient trouver, pour grand qu'il soit : et qu'il est plus respectueux et civil de l'attendre, pour le recevoir, ne fût-ce que de peur de faillir sa route, et qu'il suffit de l'accompagner à son partement[3].

C'est aussi une règle commune en toutes assemblées, qu'il touche aux moindres[4] de se trouver les premiers à l'assignation[5], d'autant qu'il est mieux dû aux plus apparents[6] de se faire attendre. Toutefois à l'entrevue qui se dressa du Pape Clément et du Roi François à Marseille, le Roi y ayant ordonné les apprêts nécessaires, s'éloigna de la ville, et donna loisir au Pape de deux ou trois jours pour son entrée et rafraîchissement[7], avant qu'il le vînt trouver. Et de même à l'entrée aussi du Pape et de l'Empereur à Boulogne, l'Empereur donna moyen au Pape d'y être le premier, et y survint après lui. C'est, disent-ils, une cérémonie ordinaire aux abouchements[8] de tels Princes, que le plus grand soit avant les autres au lieu assigné, voire avant celui chez qui se fait l'assemblée ; et le prennent de ce biais, que c'est afin que cette apparence témoigne que c'est le plus grand que les moindres vont trouver, et le recherchent, non pas lui eux. »

Michel de Montaigne, **Essais**, I, 13, « Cérémonie de l'entrevue des rois », 1580

L'édition de 1588 intercale un nouveau paragraphe au milieu du texte originel, après « partement » :

« Pour moi j'oublie souvent l'un et l'autre de ces vains offices, comme je retranche en ma maison toute cérémonie. Quelqu'un s'en offense : qu'y ferais-je ? Il vaut mieux que je l'offense pour une fois, que à moi tous les jours : ce serait une sujétion continuelle. À quoi faire fuit-on la servitude des cours, si on l'entraîne jusqu'en sa tanière. »

Le dernier état que nous possédons de ce texte (grâce au volume annoté par Montaigne) porte enfin, en guise de conclusion, deux nouveaux paragraphes :

1 Profession.

« Non seulement chaque pays, mais chaque cité a sa civilité particulière, et chaque vacation[1]. J'y ai été assez soigneusement dressé en mon enfance et ai vécu en assez bonne compagnie, pour n'ignorer pas les lois de la nôtre française ; et en tiendrais

2 Je pourrais l'enseigner. 3 Par choix mûrement réfléchi. 4 Art de se conduire en société. 5 Faire valoir. 6 Faire connaître. 7 Digne d'être communiqué.

école[2]. J'aime à les ensuivre, mais non pas si couardement que ma vie en demeure contrainte. Elles ont quelques formes pénibles, lesquelles pourvu qu'on oublie par discrétion[3], non par erreur, on n'en a pas moins de grâce. J'ai vu souvent des hommes incivils par trop de civilité, et importuns de courtoisie.

C'est au demeurant une très utile science que la science de l'entregent[4]. Elle est, comme la grâce et la beauté, conciliatrice des premiers abords de la société et familiarité ; et par conséquent nous ouvre la porte à nous instruire par les exemples d'autrui, et à exploiter[5] et produire[6] notre exemple, s'il y a quelque chose d'instruisant et communicable[7]. »

... à vous de pratiquer la critique génétique...

Évaluez ce qu'apportent les trois paragraphes ajoutés :

1 Quel nouveau point de vue introduisent-ils ? Quelle est son importance au regard de la vocation générale des *Essais*, selon Montaigne ?

2 Quelles sont les limites successivement imposées à l'application des règles de conduite définies dans le premier état du texte ?

3 Ces nouveaux paragraphes invitent à une relecture du texte de 1580 : ne pouvait-on pas déjà trouver de légères discordances dans ce que nous nous étions risqués à interpréter comme un nouveau « manuel du courtisan » ?

Les « ajoutages » de Marcel Proust

La correspondance de Marcel Proust nous révèle les difficultés soulevées par l'édition de ses œuvres : lorsqu'il recevait les épreuves de l'imprimeur (qu'il est d'usage de modifier le moins possible, afin de ne pas retarder la publication), il y apportait de telles corrections que l'imprimeur devait recommencer la totalité de son travail, avant de le soumettre de nouveau à l'auteur... qui ne pouvait s'empêcher d'allonger encore le texte. Ces modifications prenaient une ampleur considérable : Proust écrivait tout d'abord dans les marges des épreuves, puis, faute d'espace, collait d'interminables bandes de papier, ses « paperoles », sur le bord des feuillets... Des tensions ne manquaient pas de surgir entre l'auteur et son éditeur lorsque ce dernier prenait enfin la décision d'interrompre ce continuel travail de récriture.

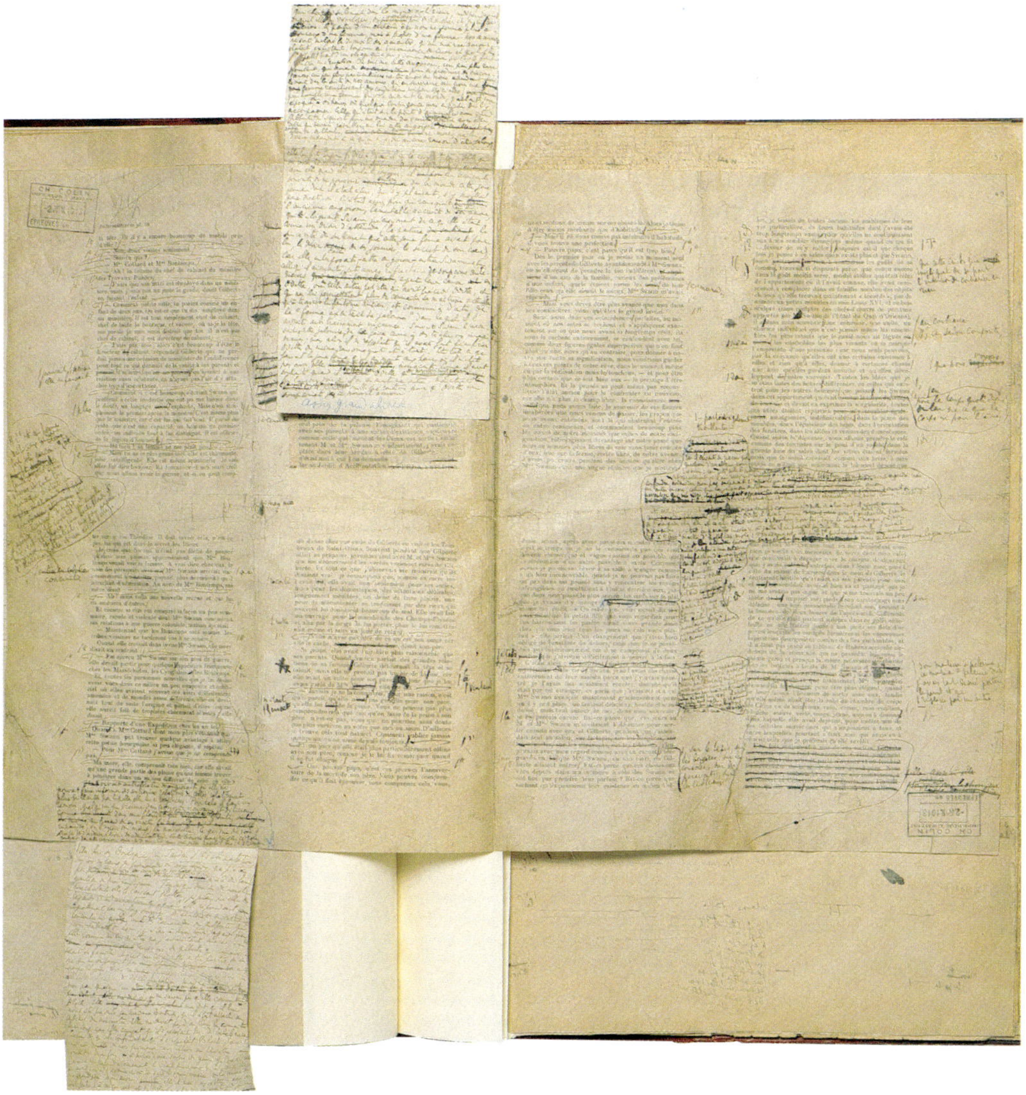

Une double page des manuscrits de Marcel Proust : ratures, ajouts, renvois, repentirs… On constate, matériellement, le travail de l'écriture.

« Cher ami et éditeur,
vous paraissez me reprocher mon système de retouches. Je reconnais qu'il complique tout [...]. Mais quand vous m'avez demandé de quitter Grasset[1] pour venir chez vous, vous le connaissiez, car vous êtes venu avec Copeau[2] qui devant les épreuves remaniées de Grasset s'est écrié : "Mais c'est un nouveau livre !". Je m'excuse auprès de vous de deux façons, la première c'est en disant que toute qualité morale a pour fonction une différence matérielle. Puisque vous avez eu la bonté de trouver dans mes livres quelque chose d'un peu riche qui vous plaît, dites-vous que cela est dû précisément à cette surnourriture que je leur réinfuse en vivant, ce qui matériellement se traduit par ces ajoutages. »

Marcel Proust, **Lettre à Gaston Gallimard**, 1919

1 Grasset était le précédent éditeur de Proust. 2 Imprimeur de Grasset.

Voir XXe siècle (« L'écrivain au travail », p. 603)

De fait, l'écriture chez Proust explore à l'infini les sensations les plus mystérieuses, les associations d'idées et d'images les plus fugitives, les mouvements de l'âme les plus ténus. Elle cherche à restituer les méandres de la vie intérieure, grâce à un immense travail d'associations et de métaphores filées. Cette exploration appelle des ajouts permanents, notant les plus infimes infléchissements de la pensée par d'incessantes reformulations.

▶Variations

Babel

Les fondations du mythe

L'histoire de Babel marque une rupture forte dans le récit biblique, au même titre que le déluge ou l'expulsion hors du jardin d'Éden : le tyran Nemrod rêve d'étendre son pouvoir grâce à une tour qui s'élèverait jusqu'aux cieux, afin de dominer un immense empire. Dieu contrecarre son projet en privant l'humanité du premier et du plus indispensable instrument de toute organisation politique : une langue commune. Alors, incapables de s'entendre, les hommes se dispersent à la surface de la terre.

« Toute la terre avait un seul langage et un seul parler. Or il advint, quand les hommes partirent de l'Orient, qu'ils rencontrèrent une plaine au pays de Shinear et y demeurèrent. Ils se dirent l'un à l'autre : "Allons ! Briquetons des briques et flambons-les à la flambée !" La brique leur servit de pierre et le bitume leur servit de mortier. Puis ils dirent : "Allons ! Bâtissons-nous une ville et une tour, dont la tête soit dans les cieux et faisons-nous un nom, pour que nous ne soyons pas dispersés sur la surface de toute la terre !" Iahvé descendit pour voir la ville et la tour que bâtissaient les fils des hommes, et Iahvé dit : "Voici qu'eux tous forment un seul peuple et ont un seul langage. S'ils commencent à faire cela, rien désormais ne leur sera impossible de tout ce qu'ils décideront de faire. Allons ! Descendons et ici même confondons leur langage, en sorte qu'ils ne comprennent plus le langage les uns des autres." Puis Iahvé les dispersa de là sur la surface de toute la terre et ils cessèrent de bâtir la ville. C'est pourquoi on l'appela du nom de Babel[1]. Là, en effet, Iahvé confondit le langage de toute la terre et de là Iahvé les dispersa sur la surface de toute la terre. »

La Bible, Genèse, XI, 1-9, trad. É. Dhorme, La Pléiade

1 Le nom « Babel » était expliqué par la racine sémitique *bll* qui signifie « confondre ». Mais Babylone, la ville historique à laquelle s'identifie Babel, signifie en fait « porte du dieu ».

Le XVIe siècle connaît une fascination pour l'épisode mythique de Babel : l'appétit de conquêtes, de richesses et de connaissances, le développement des échanges qui mettent en contact des cultures et des idiomes si différents, les débats autour de l'enseignement du grec et de l'hébreu, ceux soulevés par la diffusion du savoir en langue vernaculaire, font de Babel une référence obligée chez les humanistes. Cette réflexion s'inscrit aussi dans les controverses que suscite l'Écriture, depuis que se confrontent des traductions, et donc des interprétations différentes des textes bibliques : pourra-t-on un jour, dans cette confusion digne de Babel, retrouver le sens véritable des textes sacrés ? Devant tant de difficultés, comment ne pas regretter cette langue parfaite qui unissait les premiers descendants d'Adam, tandis que les langues modernes ne produisent que des conflits ?

Babel a donné naissance, tout au long du Moyen Âge, à de nombreuses représentations, mais c'est au XVIe siècle que s'impose l'image de la tour conique entourée d'un escalier ou d'une rampe en spirale dessinant ses étages (les escaliers des châteaux de Blois et de Chambord s'en inspireront). (*La Tour de Babel,* peinture flamande fin XVIe.)

La chute de Babel ne doit pourtant pas se lire exclusivement comme une malédiction. Elle est aussi un point de départ dans l'histoire des hommes : désormais séparés les uns des autres, ils partent en quête de leur identité et s'efforcent de reconquérir par eux-mêmes la langue idéale que Dieu leur a refusée. C'est dans la poésie qu'ils vont retrouver la puissance d'évocation et la faculté de rassembler les hommes. Somme toute, la perte de la langue adamique est sans doute le premier pas de l'humanité vers l'émancipation et la liberté créatrice… Le terme hébreu *BâLaL*, qui signifie « confondre », ne ressemble-t-il pas étrangement à *BâDâL*, qui évoque dans la Bible l'acte créateur, le geste de Dieu organisant la matière lorsqu'il distingue les éléments du chaos originel ?

La confusion des langues

Rabelais se moque ici de la manie qu'avaient les étudiants parisiens de pérorer en employant dans la conversation des mots latins francisés. Pantagruel ne se laisse guère impressionner par ce pédantisme. Cependant, si la condamnation des « écumeurs de latin » est un topos de l'époque, elle prend d'étranges résonances chez un auteur qui emploie lui-même volontiers certains des mots (par exemple « alme ») que le pauvre écolier se voit reprocher. Et du reste, le français moderne a adopté de nombreux termes décalqués du latin, parmi ceux dont la préciosité choque encore Pantagruel, comme « crépuscule ». Il n'est pas si simple de définir la langue idéale, au milieu d'une telle cacophonie… Mais combien de langages différents ce texte recense-t-il ?

« Quelque jour je ne sais quand, Pantagruel se pourmenait[1] après souper avec ses compagnons par la porte d'où l'on va à Paris, là rencontra un écolier tout joliet[2], qui venait par ce chemin ; et après qu'ils se furent salués, lui demanda : "Mon ami d'où viens-tu à cette heure ?" L'écolier lui répondit : "De l'alme[3] inclite[4] et célèbre académie que l'on vocite[5] Lutèce.
– Qu'est-ce à dire ? dit Pantagruel à un de ses gens.
– C'est (répondit-il) de Paris.
– Tu viens donc de Paris, dit-il. Et à quoi passez-vous le temps vous autres messieurs étudiants de Paris ?" Répondit l'écolier : "Nous transfetons[6] la Sequane[7] au dilicule[8], et crépuscule, nous déambulons par les compites[9] et quadriviers[10] de l'urbe[11], nous despumons[12] la verbocination[13] latiale[14]… […]
– Et bren[15] bren dit Pantagruel, qu'est-ce que veut dire ce fol ? Je crois qu'il nous forge ici quelque langage diabolique, et qu'il nous charme comme enchanteur." À quoi dit un de ses gens : "Seigneur sans doute ce galant veut contrefaire la langue des Parisiens, mais il ne fait qu'écorcher le latin et cuide[16] pindariser[17], et lui semble bien qu'il est quelque grand orateur en français parce qu'il dédaigne l'usance[18] commun de parler.
– Par Dieu (dit Pantagruel) je vous apprendrai à parler. Mais devant[19] réponds-moi : d'où es-tu ?" À quoi dit l'écolier : "L'origine primeve[20] de mes aves et ataves[21] fut indigène des régions lémoviques[22], où requiesce[23] le corpore de l'agiotade[24] saint Martial.
– J'entends bien, dit Pantagruel. Tu es limousin, pour tout potage[25]. Et tu veux contrefaire le Parisien. Or viens çà, que je te donne un tour de pigne[26]." Lors le prit à la gorge, lui disant : "Tu écorches le latin, par saint Jean je te ferai écorcher le renard[27], car je t'écorcherai tout vif." Lors commença le pauvre Limousin à dire : "Vee dicou, gentilastre ! Ho saint Marsault adiouda my ! Hau hau ! laissas à quau au nom de dious, et ne me touquas grou[28] !" À quoi dit Pantagruel : "À cette heure parles-tu naturellement." Et ainsi le laissa, car le pauvre Limousin conchiait toutes ses chausses[29]… »

François Rabelais, **Pantagruel**, 6, 1532

1 Se promenait. **2** Pimpant. **3** Nourricière. **4** Illustre. **5** Appelle. **6** Traversons. **7** La Seine. **8** Au point du jour. **9** Carrefours de routes. **10** Carrefours de chemins. **11** Ville. **12** Écumons. **13** La langue. **14** Latine. **15** Merde. **16** S'imagine. **17** S'exprimer de manière recherchée, comme Pindare. **18** Usage. **19** Auparavant. **20** Ancienne. **21** Aïeux et ancêtres. **22** Du Limousin. **23** Repose. **24** Du très saint. **25** Tout simplement. **26** Un « coup de peigne ». **27** Rendre gorge. **28** « Eh, dis-je, gentillâtre ! Oh, saint Martial, aidez-moi ! Oh oh ! Laissez-moi au nom de Dieu, et ne me touchez guère ! » Il parle ici son patois. **29** Faisait dans sa culotte.

Les grands philologues du début du XVIe siècle éprouvent une certaine suspicion à l'égard des langues modernes : elles sont souvent, à leurs yeux, de grossières altérations du grec, du latin et de l'hébreu, et se divi-

Le Titien, *Portrait de Jacopo Strada* (1568). Lui-même peintre, architecte, archéologue et collectionneur d'art, Jacopo Strada, comme beaucoup d'Italiens, sut se faire apprécier à l'étranger : il fréquenta les cours de Bavière, de Vienne et de Prague, auprès desquelles il joua le rôle d'expert en objets d'art.

sent elles-mêmes en d'innombrables dialectes. Ils se prennent à rêver d'une langue transparente, parfaitement stable en ce qui concerne la phonétique, l'orthographe et la sémantique, une langue fondée sur des étymologies qui révèleraient l'essence des choses, et permettraient ainsi de les comprendre mieux. Même s'il n'est pas la langue sacrée, originelle et universelle que l'humanité a perdue, le latin présente au moins l'avantage d'unir la communauté intellectuelle européenne (c'est en cette langue que correspondent Érasme et Thomas More, mais aussi Rabelais et Guillaume Budé), et de permettre l'accès au trésor de la culture antique. Encore faut-il que les savants s'entendent sur la définition de la langue latine… Doit-on écrire comme Cicéron, ou bien conserver le latin médiéval, plus souple, mais très « incorrect » par rapport au précédent ?

Dans le dialogue qui suit, un personnage nommé Ursus (Ours) explique à son compagnon Leo (Lion) comment il se fait que les hommes aient à leur disposition tant de langues. En écoutant Ursus raconter et commenter le mythe de Babel, on comprend mieux pourquoi c'est en latin qu'Érasme rédigea ce dialogue…

« URSUS. – Déjà la construction avait pénétré dans les nuages. Or il y avait une immense multitude d'hommes et aucun d'entre eux qui n'eût sa part de travail. Alors se réalisa à la lettre le proverbe grec :

Je demandais des faux, ils me refusaient des houes.

LÉO. – Comment cela ?

URSUS. – Quelqu'un de loin demandait à manger, un autre lui apportait des briques. Ou encore l'un, ayant soif, criait : "portez-moi à boire", l'autre lui apportait du bitume ; avant que celui-ci ait pu faire un second voyage, le premier était mort de faim ou de soif. Ou encore l'un réclamait du feu, on lui portait de l'eau. Celui-ci demandait une truelle, celui-là lui apportait une courge. À la fin, lassés et dégoûtés, ils abandonnèrent, et, croyant mutuellement avoir été bafoués, ils se dispersèrent en groupes unis chacun par une langue commune. [...]

LÉO. – Donc, je le vois bien, la division des langues ne laisse aucun espoir.

URSUS. – Il ne convient certes pas de confier au vulgaire ce que l'on veut conserver à tout jamais dans sa pureté. Jadis une bonne partie de l'Europe et de l'Afrique, avec l'Asie Mineure, parlait latin et grec. Combien de langues barbares, les gens du peuple nous ont fournies à partir de la seule langue latine ! En combien de dialectes la langue italienne s'est-elle divisée, ou la langue française, ou encore l'espagnole ! Il vaut donc mieux que ces langues, auxquelles les diverses disciplines ont été en grande partie confiées, soient conservées par les seuls savants, dont l'intégrité doit être cherchée à partir des ouvrages des écrivains éloquents, et non pas dans le peuple, le pire des gardiens de tout ce qu'il y a de bon... »

Érasme, **De recta latini graecique sermonis pronuntiatione**, 1528

Érasme change néanmoins de jugement lorsqu'il s'agit de l'Écriture sainte : la traduction de la Bible en langue vernaculaire lui semble en effet une nécessité.

« Qu'y aurait-il d'inconvenant que chacun lise l'Évangile à haute voix dans la langue dans laquelle il est né et qu'il comprend ; le Français en français, l'Anglais en anglais, l'Allemand en allemand, l'Indien en indien ? Ce qui me paraît bien plus inconvenant, ou plutôt ridicule, c'est que des gens sans instruction et des femmes, comme des perroquets, marmottent leurs Psaumes ou Oraison dominicale en latin, alors qu'il ne comprennent pas ce qu'il prononcent. »

Érasme, **Paraphrase de saint Mathieu**, 1522

Du Bellay est en revanche de ceux qui accordent une valeur résolument positive à la confusion issue de Babel : si les langues ne sont plus un don divin, mais des créations humaines, aucune ne l'emporte *a priori* sur les autres ; il appartient à chaque peuple de polir son instrument afin de le rendre apte aux plus subtiles conceptualisations comme aux plus délicates nuances d'expression. La langue parfaite n'est plus à chercher dans le passé, elle est à forger.

« Si la nature (dont quelque personnage de grande renommée non sans raison a douté si on la devait appeler mère ou marâtre) eût donné aux hommes un commun vouloir et consentement[1], outre les innumérables[2] commodités qui en fussent procédées, l'inconstance humaine n'eût eu besoin de se forger tant de manières de parler. Laquelle diversité et confusion se peut à bon droit appeler la tour de Babel. Donc les langues ne sont nées d'elles-mêmes en façon d'herbes[3], racines et arbres : les unes infirmes et débiles[4] en leurs espèces, les autres saines et robustes, et plus aptes à porter le faix[5] des conceptions humaines ; mais toute leur vertu[6] est née au monde du vouloir et arbitre[7] des mortels. Cela (ce me semble) est une grande raison pourquoi on ne doit ainsi louer une langue et blâmer l'autre, vu qu'elles viennent toutes d'une même source et origine : c'est la fantaisie[8] des hommes ; et ont été formées d'un même jugement à une même fin[9] : c'est pour signifier entre nous les conceptions et intelligences[10] de l'esprit. Il est vrai que par succession de temps[11] les unes, pour avoir été plus curieusement réglées[12], sont devenues plus riches que les autres ; mais cela ne se doit attribuer à la félicité desdites langues, ains[13] au seul artifice et industrie[14] des hommes. Ainsi donc toutes les choses que la nature a créées, tous les arts et sciences en toutes les quatre parties du monde, sont chacune endroit soi[15] une même chose : mais pour ce que les hommes sont de divers vouloir, ils en parlent et écrivent diversement. À ce propos, je ne puis assez blâmer la sotte arrogance et témérité d'aucuns[16] de notre nation, qui n'étant rien moins que Grecs ou Latins, déprisent[17] et rejettent d'un sourcil plus que stoïque[18] toutes choses écrites en français ; et ne me puis assez émerveiller[19] de l'étrange opinion d'aucuns savants, qui pensent que notre vulgaire[20] soit incapable de toutes bonnes lettres et érudition : comme si une invention pour le langage seulement devait être jugée bonne ou mauvaise[21]. »

Joachim Du Bellay, **Défense et Illustration de la langue française**, premier chapitre, 1549

1 Des volontés et des opinions communes à tous. 2 Innombrables. 3 À la manière des herbes. 4 Faibles. 5 Le poids. 6 Qualité. 7 De la volonté et de la décision. 8 Imagination. 9 Dans un même but. 10 Les idées conçues et comprises. 11 Au fil du temps. 12 Fixées avec plus de soin. 13 Mais au contraire. 14 Savoir-faire et travail. 15 En elle-même : une science reste fondamentalement elle-même, quelle que soit la langue dans laquelle elle est exprimée. 16 De certains. 17 Méprisent. 18 Sévère. 19 Étonner. 20 Notre langue vulgaire, le français. 21 Comme si la valeur d'une idée dépendait de la langue dans laquelle elle est exposée.

Au fil du siècle, de nombreux auteurs prennent l'habitude d'écrire dans les deux langues, en fonction du sujet ainsi que du public visé. Ils traduisent même souvent leurs œuvres afin d'élargir leur lectorat : le latin ouvre les portes de l'Europe tandis que le français permet une diffusion plus populaire. Il devient donc désormais possible de s'instruire même si l'on ne lit pas le latin : c'est ainsi que se forma Ambroise Paré. Il eut toutefois les plus grandes difficultés à obtenir son titre de chirurgien, malgré son incontestable compétence, car les examens devaient obligatoirement se dérouler en latin. Le latin restera encore longtemps la langue de l'Église et celle de l'Université.

… à vous de lire Érasme et Du Bellay…

Comparez les textes d'Érasme et Du Bellay : retracez leur parcours argumentatif afin de montrer comment, à partir de l'histoire de Babel, interprétée différemment, chacun d'eux parvient à sa propre conclusion quant à l'usage du latin et des langues vernaculaires.

La prolifération des idées

1 Par lesquels.

« La diversité d'idiomes et de langues, de quoi[1] il troubla cet ouvrage, qu'est-ce autre chose que cette infinie et perpétuelle altercation et discordance d'opinions et de raisons qui accompagne et embrouille le vain bâtiment de l'humaine science » (Montaigne, *Essais*, II, 12).

La profusion des langues et des dialectes inquiète Montaigne plus qu'elle ne le ravit. Il sait combien les querelles d'interprétation autour d'une loi ou d'un dogme ont pu causer de drames et de crimes. Ainsi, catholiques et protestants se déchirent à propos de la fameuse phrase du Christ pendant la Cène : «*Hoc est corpus meum*» (« Ceci est mon corps »). Faut-il la prendre à la lettre, ou bien s'agit-il d'une image ? Montaigne observe avec suspicion les habitudes de langage : il traque les incohérences, les vaines certitudes, et radicalise encore la prudence d'un Socrate, pour qui le début de la sagesse était de savoir que l'on ne sait rien.

1 Manque de discernement. **2** Respectueusement. **3** Dans *Hoc est corpus meum* **4** La phrase. **5** Comme preuve de ceci, continuons cet exemple. **6** De celle-ci. **7** Les sceptiques. **8** Totalement. **9** Aussitôt. **10** Conception de l'esprit. **11** Montaigne fit frapper en 1576 un jeton représentant une balance (ne penchant pas plus d'un côté que de l'autre) et choisit alors *Que sais-je ?* comme devise.

« Il m'a toujours semblé qu'à un homme chrétien cette sorte de parler est pleine d'indiscrétion[1] et d'irrévérence : “Dieu ne peut mourir, Dieu ne peut se dédire, Dieu ne peut faire ceci ou cela.” Je ne trouve pas bon d'enfermer ainsi la puissance divine sous les lois de notre parole. Et l'apparence qui s'offre à nous en ces propositions, il la faudrait représenter plus révéremment[2] et plus religieusement.

Notre parler a ses faiblesses et ses défauts, comme tout le reste. La plupart des occasions des troubles du monde sont grammairiennes. Nos procès ne naissent que du débat de l'interprétation des lois ; et la plupart des guerres, de cette impuissance de n'avoir su clairement exprimer les conventions et traités d'accord des princes. Combien de querelles et combien importantes a produit au monde le doute du sens de cette syllabe, *Hoc*[3] ! Prenons la clause[4] que la logique même nous présentera pour la plus claire. Si vous dites : “Il fait beau temps”, et que vous disiez vérité, il fait donc beau temps. Voilà pas une forme de parler certaine ? Encore nous trompera-t-elle. Qu'il soit ainsi, suivons l'exemple[5].

Le jeton de Montaigne. Montaigne fit frapper en 1576 un jeton portant sur une face ses armes, entourées du collier de l'ordre de Saint-Michel, auquel il était fier d'appartenir depuis 1571 ; au verso du jeton, la balance ne représente pas seulement l'homme de loi, elle évoque aussi l'écrivain et le penseur : le mot *exagium* (« pesée », en latin) est l'étymon de « essai », et l'équilibre entre les deux plateaux évoque la difficulté d'établir des choix certains. La devise en grec est celle du scepticisme, elle signifie littéralement : « Je suspends mon jugement », « Je doute », mais Montaigne préfère la traduire par « Que sais-je ? ».

Si vous dites : "Je mens", et que vous disiez vrai, vous mentez donc. L'art, la raison, la force de la conclusion de cette-ci[6] sont pareilles à l'autre, toutefois nous voilà embourbés. Je vois les philosophes pyrrhoniens[7] qui ne peuvent exprimer leur générale conception en aucune manière de parler, car il leur faudrait un nouveau langage. Le nôtre est tout formé de propositions affirmatives, qui leur sont du tout[8] ennemies ; de façon que, quand ils disent : "Je doute", on les tient incontinent[9] à la gorge pour leur faire avouer qu'au moins assurent et savent-ils cela, qu'ils doutent. [...] Cette fantaisie[10] est plus sûrement conçue par interrogation : "Que sais-je ?" comme je la porte à la devise d'une balance[11]. »

Michel de Montaigne, **Essais**, II, 12, 1588

Babel au XXe siècle

Le mythe de Babel est aujourd'hui encore bien vivant, comme en témoignent, par exemple, *La Terre vaine* de T. S. Eliot, *La Fosse de Babel*, de Raymond Abellio, ou bien encore les recherches d'Umberto Eco, avec *La Quête d'une langue parfaite dans l'histoire de la culture européenne.* Les œuvres de grands auteurs comme l'Argentin Jorge Luis Borges (1899-1986) et l'Irlandais James Joyce (1882-1941) mettent en jeu la question du babélisme linguistique.

« La Bibliothèque de Babel » est une nouvelle tirée du recueil *Fictions*, publié pour la première fois en 1944. Le narrateur vit dans un univers (« que d'autres appellent la Bibliothèque ») composé d'un nombre indéfini, « et peut-être infini », de galeries (disposées en hexagones autour de puits d'aération) dont les rayonnages sont couverts de livres. Cependant, malgré d'intenses recherches, aucun des habitants de cet étrange univers n'a jamais pu comprendre quoi que ce soit à ces livres, écrits dans des langues si mystérieuses que certains ne semblent constitués que de suites de lettres aléatoires et insensées. Un bibliothécaire parvient cependant un jour à établir qu'il n'y a pas, dans la bibliothèque, deux livres identiques...

« De ces prémisses incontroversables il déduisit que la Bibliothèque est totale, et que ses étagères consignent toutes les combinaisons possibles des vingt et quelques symboles orthographiques (nombre, quoique très vaste, non infini), c'est-à-dire tout ce qu'il est possible d'exprimer, dans toutes les langues.

Tout : l'histoire minutieuse de l'avenir, les autobiographies des archanges, le catalogue fidèle de la Bibliothèque, des milliers et des milliers de catalogues mensongers, la démonstration de la fausseté de ces catalogues, la démonstration de la fausseté du catalogue véritable, l'évangile gnostique de Basilide[1], le commentaire de cet évangile, le commentaire du commentaire de cet évangile, le récit véridique de ta mort, la traduction de chaque livre en toutes les langues, les interpolations de chaque livre dans tous les livres[2] ; le traité que Beda[3] ne put écrire (et n'écrivit pas) sur la mythologie des Saxons, ainsi que les livres perdus de Tacite.

Quand on proclama que la Bibliothèque comprenait tous les livres, la première réaction fut un bonheur extravagant. Tous les hommes se sentirent maîtres d'un trésor intact et secret. Il n'y avait pas de problème personnel ou mondial dont l'éloquente solution n'existât quelque part : dans quelque hexagone. L'univers se trouvait justifié, l'univers avait brusquement usurpé les dimensions illimitées de l'espérance. En ce temps-là, on parla beaucoup des Justifications : livre d'apologie et de prophétie qui justifiaient à jamais les actes de chaque homme et réservaient à son avenir de prodigieux secrets. Des milliers d'impatients abandonnèrent le doux hexagone natal et se ruèrent à l'assaut des escaliers, poussés par l'illusoire dessein de trouver leur Justification. Ces pèlerins se disputaient dans les corridors étroits, proféraient d'obscures malédictions, s'étranglaient entre eux dans les escaliers divins, jetaient au fond des tunnels les livres trompeurs, périssaient précipités par les hommes des régions reculées. D'autres perdirent la raison… ●

Jorge Luis Borges, « La Bibliothèque de Babel », **Fictions**, 1944,
trad. P. Verdevoye, N. Ibarra, R. Caillois, Gallimard, coll. « Folio »

1 Fondateur d'une secte gnostique chrétienne au IIe siècle de notre ère. 2 Les passages de chaque livre ayant été copiés dans d'autres livres. 3 Noël Beda (1470 ?-1537), docteur de la faculté de théologie de Paris, ennemi des humanistes.

L'intérêt du mythe de Babel tient à ses multiples ambiguïtés. Nemrod est un autre Prométhée : condamné à cause de l'orgueil qui l'a poussé à défier son dieu, il avait cependant tenté de donner aux hommes une volonté commune, et donc une puissance, qu'ils n'avaient jamais eue auparavant. Les humanistes ont regretté cette unité perdue, dans le temps même où s'évanouissaient les rêves de conquête de François Ier et de Charles Quint, puis lorsque les guerres de Religion commencèrent à déchirer la Chrétienté. Pourtant, les pires fautes ont parfois d'imprévisibles conséquences : notre soif de savoir (la *libido sciendi*, le premier péché que commit l'humanité au jardin d'Éden), puis le désir de puissance de Nemrod (la *libido dominandi*) ont permis le développement de l'humanité – car c'est dans la différence, cet héritage de Babel, que s'est déployé le potentiel humain. Pour nos contemporains, Babel représente avant tout la confusion des langues et des discours, mais la réversibilité des valeurs que représentent l'unité et la différence peut encore nous donner à réfléchir, par exemple sur les phénomènes linguistiques et sociaux qu'induit la mondialisation des échanges.

XVIIe s.

le Poète et l'Autorité

▶ Introduction

Le XVIIe siècle français est le moment où **la monarchie se renforce et se centralise**, par la mise au pas des contre-pouvoirs et des forces d'opposition : c'est sans doute l'aristocratie elle-même, ciment social hérité de l'ancienne féodalité, qui est la première visée par le pouvoir royal. La monarchie se donne tous les moyens d'une légitimation politique, morale et religieuse, à l'intérieur d'un système qui la désigne comme providentielle et juste par nature. Ce faisant, elle crée une image du pouvoir royal partout visible, spectaculaire et glorieuse, illustrant et soutenant un absolutisme de fait, qui atteint son apogée avec le long règne personnel de Louis XIV.

La république des lettres est prise tout entière dans ce processus politique. La littérature est alors emportée dans une série de mouvements paradoxaux. D'une part, elle va fleurir dans les cercles de la noblesse comme l'expression d'un repli sur soi, mais aussi d'une affirmation de la conscience de soi aristocratique. D'autre part, la production littéraire tombe sous le contrôle croissant de l'État, qui se manifeste par le passage d'un mécénat privé à un systématique mécénat étatique, et une **institutionnalisation académique** inaugurée par Richelieu et poursuivie tout au long du siècle par le roi. Enfin, on voit la monarchie rechercher activement une adéquation toujours plus grande entre l'image du pouvoir et celle des arts. Mais ce processus est lui-même un double mouvement : les hommes de lettres ont certes à souffrir du transfert du mécénat privé au mécénat royal, leur liberté créatrice étant menacée par le contrôle politique et l'uniformisation institutionnelle. Pourtant, les lettres françaises se sentent une profonde affinité avec la royauté, et cette identification se joue autour de la question de l'autorité.

Songeons que les termes « auteur » et « autorité » viennent du même verbe latin *augeo* : accroître, développer, produire. L'auteur est celui qui fonde, cultive, fait fructifier, en un mot « augmente » le monde par son pouvoir : vocation commune au poète (l'auteur), au prophète (l'augure) et au monarque (l'auguste). Les hommes de lettres du XVIIe siècle ont profondément cru en la **communauté de mission entre la littérature et la royauté**, toutes deux d'essence divine. La monarchie française cherche sa légitimité symbolique dans une ascendance mythique : le siècle du divin Auguste, la légendaire fondation de Rome par Énée aux ascendances troyennes ; c'est l'antique tradition juridique de la *translatio imperii*, cette continuité incorruptible de l'autorité monarchique à travers les siècles et les civilisations. De même les poètes, soutenus dans leur existence par le mécénat, cherchent leur modèle dans la relation privilégiée entre l'empereur Auguste et son ministre Mécène, protecteur d'Horace et de Virgile. Les lettres fondent leur identité dans l'intégration à cette histoire pérenne, et font remonter leur existence mythique à la protection des Muses par Apollon sur le mont Parnasse. Par les vertus de la *translatio imperii*, les poètes français sont à Louis XIV ce que Virgile ou Horace étaient à Auguste. C'est que **l'autorité de l'Antiquité** est reconnue au même titre que l'autorité royale, et pour les mêmes raisons : toutes deux sont toujours antérieures, venues plus tôt. L'homme de lettres du XVIIe siècle, lui, « vient trop tard », selon le mot de La Bruyère, et tout son effort, humble et orgueilleux à la fois, est d'« augmenter » le monde : conscience aiguë du Grand Siècle que les lettres et la royauté peuvent atteindre à un haut degré, peut-être un sommet, de civilisation.

Mais cette conscience est une conscience inquiète, exigeante, que conjurent l'imitation des anciens et l'émulation des tard venus : Louis XIV sera-t-il un Auguste ou un Néron ? Serons-nous aussi grands qu'Homère ou Virgile, pourrons-nous les dépasser ? Vivrons-nous un âge d'or ou un âge de fer ? C'est le défi que la littérature, au XVIIe siècle, lance à la monarchie et se lance à elle-même : son enjeu mythique est la nature du dialogue qui pourra s'instaurer entre Auguste et Mécène, entre l'Olympe et le Parnasse, entre Apollon et les Muses.

▸Image

Philippe de Champaigne (Bruxelles, 1602 - Paris, 1674),
Le Cardinal de Richelieu, vers 1639
Huile sur toile, 222 × 155 cm
Musée du Louvre, Paris

Réaliser, aux alentours de 1639, le portrait du cardinal ministre est un insigne honneur qui place Philippe de Champaigne dans la position privilégiée d'un conseiller en communication, chargé de fixer l'image officielle du pouvoir et de la véhiculer auprès de ses contemporains. Car le choix d'un tel sujet de peinture ne résulte pas, au XVIIe, siècle de la seule volonté du peintre, il est **le fruit d'une commande précise** où le poids du commanditaire, en l'occurrence Richelieu, prend le pas sur l'imagination créatrice de l'artiste. Le parti étonnant qui donne au cardinal une vue en pied, réservée habituellement au portrait d'un souverain, n'est en aucun cas le fait du peintre. Cette **audace compositionnelle** nous renseigne avant tout sur l'image que Richelieu se fait de lui-même et entend transmettre dans son portrait officiel, celle d'un véritable homme d'État. On peut aussi imaginer que l'attitude du modèle, hiératique et imposante, investie d'**une visible autorité**, servie par des gestes qui permettent aux draperies de la « capa magna » de se déployer en longs plis enroulés accrochant la lumière, résulte d'une élaboration conjointe des deux acteurs de la création, le peintre et son éminent sujet. Dans ce contexte, on peut **s'interroger sur la part de l'artiste** dans le processus créatif de l'œuvre. En réalité, l'artiste, dans un cadre extrêmement contraint, est seul maître de son pinceau qui donne corps à la vision intellectuelle que le cardinal se fait de son image, et il habille de couleurs et de formes l'imprécis désir de son commanditaire. Cet artiste flamand devenu peintre ordinaire de la reine Marie de Médicis obtient, grâce à ce titre, des « lettres de naturalité » qui lui permettent de quitter le service de la reine pour devenir valet de chambre de son fils Louis XIII, d'échapper aux contraintes de la corporation des peintres parisiens et d'obtenir des commandes de tableaux pour des églises et des hauts dignitaires de la cour. Mais c'est avant tout comme **peintre favori du cardinal** qu'il est entré dans notre imaginaire collectif. Ce dernier, non content de confier à Philippe de Champaigne le soin de lui construire une image pour la postérité à travers une dizaine de portraits, de 1634 à sa mort en 1642, lui commande vers 1630 la décoration de la galerie des Hommes illustres dans son Palais-Cardinal. C'est donc avec une grande confiance que le cardinal livre ses traits au regard et au talent de l'artiste en 1639 pour ce portrait qui deviendra le modèle de nombreuses répliques, signe d'une évidente adhésion du modèle à son effigie publique. Si l'on compare cette version aux portraits antérieurs réalisés par l'artiste, on sent se dessiner une évolution dans les rapports du peintre et de son illustre modèle. L'attitude empruntée des premiers portraits, où le cardinal apparaissait assis, un peu raide, le visage fermé, laisse place peu à peu à une pose qui met en valeur son autorité naturelle et son aisance à assumer l'ampleur de ses responsabilités. Les éléments du décor se dépouillent et se concentrent pour ne laisser place qu'à une draperie de velours frappé qui sert d'**écrin à la figure seule**. Du portrait d'apparat, bridé et conventionnel, Philippe de Champaigne, au fur et à mesure qu'il instaure **une relation plus intime avec son protecteur**, ose passer au portrait psychologique, ne cherchant plus à gommer l'homme sous le cardinal. Dans cette version de 1639, le visage n'est plus seulement celui d'un homme d'État, sûr de ses décisions politiques, c'est aussi celui d'un homme marqué par le temps et les épreuves, aux yeux fatigués et au front vulnérable. Ce n'est plus un masque mais un portrait, et seule l'audace du peintre, servie par un métier virtuose acquis lors de sa formation flamande, sensible au goût du détail et à la sensualité des textures, peut capter cette dimension et la traduire en image. Le peintre donne alors toute la dimension de son talent créatif, il sert de **véhicule à l'idée d'un autre**, il fait vivre sous nos yeux, par les seuls moyens de la peinture, la personnalité d'un homme, il lui donne vie et affirme ainsi le pouvoir occulte qui lui incombe, celui de donner l'impression de disparaître devant son commanditaire tout en orchestrant sa mise en scène publique.

Situations

1610 La mort d'Henri IV et le renouveau catholique

L'importance des questions religieuses

Le 14 mai 1610, Henri IV est assassiné à Paris par Ravaillac, un visionnaire qui veut l'empêcher de soutenir les protestants. L'annonce de la mort du roi bouleverse la population, qui se réconcilie temporairement autour d'une image posthume destinée à rester dans les mémoires : le « bon roi » avait restauré l'unité du royaume, rétabli la paix et la confiance dans un État renforcé et centralisé. Ancien protestant ayant abjuré pour monter sur le trône (« Paris vaut bien une messe ! »), il avait signé l'édit de Nantes (1598) et mis fin à la guerre civile par la reconnaissance du culte protestant. Le souvenir de son règne, image mythique de la réconciliation, de la paix et de l'autorité, sera invoqué à tous les moments de crise, de la Fronde à la révocation de l'édit de Nantes. Pourtant, la disparition du roi réveille immédiatement des forces d'opposition qui traverseront tout le règne de Louis XIII, son fils, trahissant la fragilité de l'équilibre, confessionnel et politique, que maintenait sa seule autorité personnelle.

Au milieu du XVIe siècle, face à l'ampleur de la Réforme protestante, l'Église romaine avait entrepris avec le concile de Trente (1545-1563) une vaste rénovation du catholicisme, que l'on nomme Contre-Réforme ou Réforme catholique. Il s'agissait de créer les instruments d'un nouveau militantisme catholique. Il faut frapper et exalter l'imagination des fidèles, rendre visibles et sensibles les signes de la foi. La Contre-Réforme recherche dans la prédication une parole persuasive, dans les églises une mise en scène spectaculaire (architecture, peinture, musique), dans l'âme du croyant la part de fervente exaltation. On assiste à un renouveau de la mystique catholique ; en 1602, les œuvres de Thérèse d'Avila et, en 1622, celles de Jean de la Croix sont traduites de l'espagnol en français. Durant ces vingt années se développe une écriture de l'expérience mystique faite de désir brûlant, d'extase violente. La souffrance est glorifiée, dans une volonté de communion avec la Passion du Christ. La poésie religieuse est alors en plein essor : Jean de La Ceppède (1550-1623) commence en 1613 son recueil *Les Théorèmes* (« contemplations » en grec). Le symbolisme complexe des sonnets hérités de la Renaissance, une rhétorique raffinée à l'extrême, l'éveil par l'expression subjective du poète d'une émotion spirituelle forte chez le lecteur, tout cela fait de la poésie religieuse de La Ceppède l'un des importants modèles de la poésie baroque française.

Henri IV s'appuyant sur la religion pour donner la paix à la France. Ce petit panneau anonyme se rattache à la seconde école de Fontainebleau. Il montre le roi en empereur romain (allusion à la *pax romana* et à la *translatio imperii*) et manteau fleurdelisé (attribut royal), placé sous des anges (les *putti*) tenant son épée et des éléments de son armure, entre deux femmes, figures allégoriques. Appuyé sur celle de gauche qui symbolise la religion catholique, il tend de la main droite un rameau d'olivier, symbole de paix, à la deuxième, figure de la France. Son visage aigu, presque émacié, paraît marqué par les fatigues de la reconquête d'un royaume déchiré. Si l'image correspond bien à celle d'un souverain qui se voulut pacificateur du royaume, il est intéressant de noter que les attributs de la religion ont été modifiés (livre des Écritures et coupe de l'eucharistie). C'est ainsi que la religion réformée, originellement représentée sur le tableau, s'est transformée en religion catholique après l'abjuration du roi.

Zurbaran, *Saint François en extase* (1635-1640)
Le peintre espagnol Zurbaran est l'un des grands représentants de la Contre-Réforme espagnole. L'extase mystique de saint François, fondateur de l'ordre des Franciscains, qui ont fait vœux de pauvreté et de renonciation aux vanités de ce monde (représentées ici par le crâne), est typique de la sensibilité catholique baroque. À genoux, mais tout entier attiré vers le ciel (mains en prière et bouche entrouverte), saint François ne dévoile qu'une partie de son visage, dans un jeu de clair-obscur saisissant. Aveugle, il voit par les yeux de l'âme.

« Aux monarques vainqueurs la rouge cotte d'armes
Appartient justement. Ce roi victorieux
Est justement vêtu par ces moqueurs gens d'armes
D'un manteau qui le marque et prince et glorieux.

Ô pourpre, emplis mon test[1] de ton jus précieux,
Et lui fais distiller mille pourprines larmes,
À tant que[2] méditant ton sens mystérieux,
Du sang trait[3] de mes yeux j'ensanglante ces carmes[4].

Ta sanglante couleur figure nos péchés,
Au dos de cet Agneau par le Père attachés ;
Et ce Christ l'endossant se charge de nos crimes.

Ô Christ, ô saint Agneau, daigne-toi de cacher
Tous mes rouges péchés, brindelles des abîmes,
Dans les sanglants replis du manteau de ta chair. »

Jean de La Ceppède, **Théorèmes sur le sacré Mystère de notre Rédemption**, 1613-1621

1 Ma tête. **2** Afin que. **3** Tiré. **4** Vers.

Un univers infini

Le 7 janvier 1610, Galilée pointe la lunette qu'il vient d'inventer vers les taches solaires dont le mouvement lui prouve la rotation du Soleil. Dix ans plus tôt, les positions de Copernic étaient solennellement condamnées par l'Église, et le philosophe Giordano Bruno était brûlé vif par l'Inquisition romaine pour avoir affirmé l'infinité de l'univers, la pluralité des mondes et des conceptions panthéistes blasphématoires. Galilée est en train d'achever la révolution copernicienne. Les représentations d'un univers infini, d'une Terre tournant sur elle-même et qui ne serait plus le centre du monde, sont un facteur d'inquiétude : elles contredisent la théologie, l'Antiquité, les sens même, et détruisent la confiance d'une culture dans la stabilité du monde et la clôture de la voûte céleste. Le célèbre savant Kepler, dont l'*Astronomia nova* paraît en 1609, avoue que l'idée d'un univers infini « porte avec elle je ne sais quelle horreur secrète ». Un demi-siècle plus tard, Pascal éprouvera encore cette même angoisse : « Le silence éternel de ces espaces infinis m'effraie[1]. »

1 Pascal, *Pensées*, pensée 206 dans l'édition Brunschvicg.

1624 Le ministère de Richelieu

Un homme politique d'envergure

Le 29 avril 1624, le cardinal de Richelieu (1585-1642) devient le principal ministre de Louis XIII. Il sera, jusqu'à sa mort, l'homme le plus puissant du royaume. Homme politique d'une envergure remarquable, dur et implacable, il a immolé sans pitié les adversaires de l'État. Son action est conduite par raison, ce que l'on a appelé la « raison d'État », qui a été la règle de sa vie : sévèrement appliquée, elle le fut pourtant avec intelligence, pragmatisme, et prudence. Sa collaboration avec le roi, pratique de gouvernement unique dans l'histoire, est un subtil mélange de complicité, de soumission et d'emprise psychologique. C'est que Richelieu a pour le règne de Louis XIII des projets de gloire et de grandeur. À cette fin, il faut centraliser l'État, réprimer les dissensions intérieures (lutte contre les protestants, les complots de l'aristocratie, les soulèvements populaires) et mener une politique agressive à l'extérieur (contre les Habsbourg). Dans son testament, Richelieu résume son action de manière frappante : « Ruiner le parti huguenot, rabaisser l'orgueil des Grands, réduire tous ses sujets en leur devoir et relever son nom dans les nations étrangères au point qu'il devrait être. »

Une politique de la langue

Les arts et les lettres font partie des grandes préoccupations du cardinal, non seulement par goût personnel, mais parce que le premier ministre a compris que les arts sont un instrument essentiel au rayonnement de la France à l'étranger, et du pouvoir royal au sein du royaume. Il intervient massivement pour le développement des lettres (gratifications, pensions, création de journaux et d'institutions) mais aussi pour leur contrôle (réglementations, censures). Aussi la littérature qui se développe sous l'impulsion du cardinal est-elle profondément marquée par des préoccupations politiques et un lien au pouvoir royal. Les idées d'ordre, de hiérarchie, de juste mesure, l'expression d'une noblesse consciente de soi et la recherche d'une dimension universelle qui puisse passer à la postérité sont autant d'exigences littéraires nées peu à peu dans le contexte d'une glorieuse rationalisation de l'État moderne. L'esthétique classique est en train de naître.

En 1624, Guez de Balzac (1597-1654) publie ses premières *Lettres*. Homme de lettres puissant et proche des grands, il passe dans l'Europe entière pour le modèle de l'éloquence et du goût français, « le rival de Tacite et de Cicéron dans son siècle » (*Ode* de Racan). Balzac reçoit, le 4 février, une lettre de Richelieu. En quelques mots, le cardinal résume ce qui est désormais en jeu dans l'esthétique classique en train de s'imposer dans les lettres :

« Les conceptions de vos lettres sont fortes, et aussi éloignées des imaginations ordinaires, qu'elles sont conformes au sens commun de ceux qui ont le jugement relevé ; la diction en est pure, les paroles autant choisies qu'elles le peuvent être, pour n'avoir rien d'affecté, le sens clair et net, et les périodes accomplies de tous leurs nombres. »

Correspondance de Guez de Balzac, livre I, lettre 1, 4 février 1624

« Ce que Malherbe écrit dure éternellement »

En 1624, à l'adresse du jeune Louis XIII qui vient de restaurer la paix en menant deux campagnes contre les protestants révoltés dans le Midi, Malherbe compose ce sonnet, paru en 1630 dans l'édition posthume de ses *Œuvres* :

« Qu'avec une valeur à nulle autre seconde[1],
Et qui seule est fatale[2] à notre guérison,
Votre courage mûr en sa verte saison
Nous ait acquis la paix sur la terre et sur l'onde :

Que l'hydre de la France en révoltes féconde,
Par vous soit du tout[3] morte, ou n'ait plus de poison,
Certes c'est un bonheur dont la juste raison
Promet à votre front la couronne du monde.

Mais qu'en de si beaux faits vous m'ayez pour témoin,
Connaissez-le mon roi, c'est le comble du soin
Que de vous obliger ont eu les destinées.

Tous vous savent louer, mais non également :
Les ouvrages communs vivent quelques années :
Ce que Malherbe écrit dure éternellement. »

François de Malherbe, **Œuvres**, « Au roi », 1630 (posthume)

1 Pareille. 2 Nécessaire. 3 Tout à fait.

François de Malherbe (1555-1628) est dès 1605 un poète quasi officiel, proche d'Henri IV, puis, à la mort du roi, de la régente Marie de Médicis. Retiré de la Cour durant les crises politiques (1615), Malherbe fait un retour en force à l'arrivée de Richelieu au pouvoir. Le poète retrouve les accents de la poésie encomiastique[1] pour s'adresser aux héros : mais il leur parle d'égal à égal, car c'est une langue royale que Malherbe réinvente pour tout le siècle, sobre et majestueuse à la fois. L'éternité orgueilleuse qu'il vise passe par une rénovation profonde de la langue. La poésie n'est pas la « fureur » inspirée et foisonnante que prônaient les poètes de la Pléiade, mais un travail rigoureux destiné à l'espace public. C'est le jugement raisonnable qui permet de choisir le mot juste, la tournure la plus appropriée. Netteté, concision, simplicité de la langue permettent non seulement d'être entendu de tous, mais encore d'épurer le vocabulaire et la grammaire des particularismes, archaïsmes, néologismes. Principal instigateur de la « doctrine classique », Malherbe engage le siècle dans le classicisme, en quête d'ordre, d'harmonie et de rationalité – secrètement, il y a derrière ce triomphe de la raison un désir fou d'éternité.

1 Poésie de l'éloge.

« *Malherbe a très bien fait, mais il a fait pour lui* »

C'est par ces mots[1] que Théophile de Viau (1590-1624) entend se libérer de la tutelle de Malherbe. Le poète le plus marquant de sa génération publie entre 1619 et 1624 ses *Œuvres poétiques*. Théophile, dont la vie amère fut brisée par l'exil, les persécutions et un procès pour libertinage, a choisi d'autres voies poétiques : l'inquiétude, l'expression de la souffrance et l'aspiration à la liberté. Il est le porte-parole d'une alternative poétique possible à un art officiel en train de triompher. Le refus radical et violent avait été le fait de poètes comme Mathurin Régnier (1573-1613) ou Agrippa d'Aubigné (1552-1630). Théophile, plus souple, plus solitaire, représente l'apogée d'un lyrisme personnel qui sera comme refoulé jusqu'à la naissance du romantisme, un siècle et demi plus tard. Dans son sillage, on trouvera encore Saint-Amant (1594-1661) et Tristan L'Hermite (1601 ?-1655).
Les vers qui suivent, extraits de l'« Élégie à une dame », sont un véritable manifeste poétique où Théophile de Viau se révèle un adversaire du classicisme.

1 Théophile de Viau, « Élégie à une dame », v. 72.

« Mais cet autre poète[1] est bien plein de ferveur,
Il est blême, transi, solitaire, rêveur,
La barbe mal peignée, un œil branlant et cave[2],
Un front tout renfrogné, tout le visage hâve,
Ahane dans son lit, et marmotte tout seul
Comme un esprit qu'on oit parler dans un linceul ;
Grimace par la rue et stupide retarde[3]
Ses yeux sur un objet sans voir ce qu'il regarde.
Mais déjà ce discours m'a porté trop avant[4],
Je suis bien près du port, ma voile a trop de vent ;

1 Après avoir parlé de Malherbe et accablé ses imitateurs, Théophile lui oppose une autre figure : celle du « poète maudit ». 2 Creux. 3 Attarde. 4 Trop loin.

5 Théophile fut, dans sa jeunesse, « poète à gages » d'une troupe de comédiens. 6 Sans s'égarer. 7 La plume (archaïque).

D'une insensible ardeur peu à peu je m'élève,
Commençant un discours que jamais je n'achève.
Je ne veux point unir le fil de mon sujet,
Diversement je laisse et reprends mon objet,
Mon âme imaginant n'a point la patience
De bien polir les vers et ranger la science :
La règle me déplaît, j'écris confusément ;
Jamais un bon esprit ne fait rien qu'aisément.
Autrefois, quand mes vers ont animé la scène[5],
L'ordre où j'étais contraint m'a fait bien de la peine.
Ce travail importun m'a longtemps martyré,
Mais enfin, grâce aux dieux, je m'en suis retiré.
Peu sans faire naufrage et sans perdre leur ourse[6],
Se sont aventurés à cette longue course.
Il y faut par miracle être fol sagement,
Confondre la mémoire avec le jugement,
Imaginer beaucoup et d'une source pleine
Puiser toujours des vers dans une même veine :
Le dessein se dissipe, on change de propos
Quand le style[7] a goûté tant soit peu le repos.
Donnant à tels efforts ma première furie
Jamais ma veine encor ne s'y trouva tarie.
Mais il faut me résoudre à ne la plus presser :
Elle m'a bien servi, je la veux caresser,
Lui donner du relâche, entretenir la flamme
Qui de sa jeune ardeur m'échauffe encore l'âme.
Je veux faire des vers qui ne soient pas contraints,
Promener mon esprit par de petits desseins,
Chercher des lieux secrets où rien ne me déplaise,
Employer tout une heure à me mirer dans l'eau,
Ouïr comme en songeant la course d'un ruisseau,
Écrire dans les bois, m'interrompre, me taire,
Composer un quatrain sans songer à le faire.
Après m'être égayé par cette douce erreur,
Je veux qu'un grand dessein réchauffe ma fureur,
Qu'un œuvre de dix ans me tienne à la contrainte
De quelque beau poème où vous serez dépeinte. »

Théophile de Viau, « Élégie à une dame », v. 103-150, 1630 (posthume)

… à vous de construire une polémique poétique…

D'après les deux extraits de Malherbe et de Théophile de Viau, imaginez un dialogue entre les deux poètes, où s'opposeraient leurs conceptions respectives de la poésie.

1637 La querelle du *Cid*

Le succès des irrégularités

Voir « Genres et registres » (p. 222 ; p. 230)

Au tout début du siècle, le théâtre est en crise. Jusqu'en 1629, il n'existe à Paris qu'un seul théâtre permanent, à l'hôtel de Bourgogne. Les troupes ambulantes de passage dans la capitale (majoritairement des Italiens) donnent devant un public populaire avide de distractions des farces et des spectacles de la *commedia dell'arte*. La cour, elle, privilégie plutôt les divertissements somptueux, les ballets en particulier. La tragédie, que la Renaissance avait essayé de ressusciter sur le modèle antique, s'est transformée, avec des auteurs comme Alexandre Hardy, en spectacle expressionniste, laissant libre cours aux sujets sanglants et aux effets paroxystiques. Autant dire que le théâtre attire alors la suspicion des autorités religieuses et politiques, qui tentent de censurer des pratiques jugées immorales ou satiriques. Cette situation évolue rapidement aux alentours de 1630, sous l'impulsion de Richelieu qui instaure, dans le cadre de sa politique culturelle, un mécénat visant à protéger et soutenir officiellement le théâtre. La progressive sédentarisation des troupes, l'amélioration des conditions techniques de représentation, le respect nouveau accordé aux comédiens sont autant de facteurs d'un progrès qualitatif du théâtre.

Les théoriciens de la littérature, les *doctes*, académiciens ou poètes reconnus (comme Chapelain ou Scudéry) entendent édicter des règles dramatiques pour endiguer les excès du théâtre, et se tournent, comme tous les doctes, vers Aristote. Sa *Poétique*, interprétée selon les besoins de la cause, va devenir le code esthétique par excellence : elle pose la nécessité de distinctions fermes entre les différents genres littéraires, et donc le respect de règles strictes propres à chaque genre. Dans ce cadre, c'est sur la tragédie, genre noble par excellence, qu'on légifère le plus abondamment. Dans le même temps, parmi les genres à la mode, s'impose la *tragi-comédie* : elle se caractérise par une influence du genre romanesque et pastoral sur la tragédie. Une telle matière ne pouvait convenir qu'à un théâtre « irrégulier » : diversité des lieux, actions complexes et intrigues entrecroisées dont la durée fictive est extensible à l'infini, mélange des tons, etc. Et c'est précisément Corneille qui s'est illustré, en 1636, dans une pièce éclatante de libertés et d'audaces : *L'Illusion comique*. Ce dernier, en 1637, est donc déjà un auteur connu. Avec *Le Cid*, créé en janvier de cette année-là, il s'attire aussitôt de la part des doctes des inimitiés proportionnelles à l'éclat de son succès. C'est que Corneille, stimulé par l'accueil des premières représentations du *Cid* et favorisé par Louis XIII qui anoblit son père le même mois, n'hésite pas à exprimer haut et fort son indépendance et son autosatisfaction :

Voir « Genres et registres » (p. 222)

> « Je satisfais ensemble et peuple et courtisans,
> Et mes vers en tous lieux sont mes seuls partisans ;
> Par leur seule beauté ma plume est estimée :
> Je ne dois qu'à moi seul toute ma renommée. »
>
> Pierre Corneille, **L'Excuse à Ariste**, v. 47-50

La querelle du *Cid* éclate en mars. Mairet, devenu entre-temps l'auteur de la première tragédie régulière, *Sophonisbe* (1634), publie plusieurs pamphlets qui accusent Corneille d'avoir plagié l'Espagnol Guillén de Castro, « l'auteur du vrai *Cid*[1] ». De son côté, Scudéry s'emploie à prouver que la pièce ne respecte pas les règles classiques de la tragédie. Chacun prend parti pour ou contre Corneille, et l'affaire est portée par Richelieu lui-même devant l'Académie française, créée en 1634 par le cardinal pour édicter les règles de la grammaire et de la poétique, veiller à la pureté de la langue française et arbitrer les polémiques littéraires. L'Académie va rendre un jugement mitigé : elle rejette l'accusation de plagiat, mais reconnaît que la pièce, malgré son « agrément inexplicable », compte de nombreuses « irrégularités » et contredit donc bien les règles. Corneille, affecté par cette querelle, a saisi cette occasion pour repenser progressivement son écriture dans le cadre de la doctrine classique qu'il voulut faire sienne sans jamais renoncer à sa liberté créatrice.

1 Le drame de Guillèn de Castro, *Los Modedades del Cid* (*Les Enfances du Cid*), a été créé à Madrid en 1618.

Le Discours de la méthode

Peint par Weenix, Descartes tient un livre ouvert où l'on peut lire *Mundus est fabula*, « le monde est une fable ». Avec la méthode du doute, qui s'appuie sur l'idée baroque que la vie pourrait bien n'être qu'un songe (on pense à la pièce de Calderon, *La vie est un songe*, publiée un an plus tôt, en 1636), Descartes dépasse pourtant les séductions de l'illusion et le pessimisme des sceptiques pour établir sur un sol ferme un discours de vérité.

Le 8 juin 1637 paraît en Hollande, en français et sans nom d'auteur, un ouvrage intitulé : *Discours de la méthode pour bien conduire sa raison et chercher la vérité dans les sciences*. René Descartes (1596-1650) signe avec cette première publication la naissance de la philosophie moderne. La forme et le fond manifestent un profond changement. La philosophie, jusqu'alors confinée dans les universités, apparaît au grand jour et s'adresse à tous en langue vulgaire, et non en latin, la langue des élites intellectuelles. D'autre part, Descartes rédige un ouvrage de philosophie à la première personne, et retrace le cheminement de son esprit. Il part d'un constat : ses études ne lui ont fait connaître que son ignorance. La diversité contradictoire des opinions, le poids de la tradition scolastique[1], la force des préjugés n'apportent que confusion. Il s'agit de faire table rase. La *méthode* est le problème crucial de la philosophie : les mathématiques fournissent à Descartes le modèle d'une démarche qui suit, « pour parvenir à leurs plus difficiles démonstrations », « ces longues chaînes de raisons, toutes simples et faciles ». Il s'agit de fonder la physique sur la métaphysique, c'est-à-dire de bâtir l'édifice de la connaissance sur la pierre de principes premiers.

1 La philosophie enseignée dans les universités, depuis le Moyen Âge. Inspirée à la fois d'Aristote et de la théologie chrétienne, elle se caractérise par son formalisme extrême et une résistance forte aux progrès de la science susceptibles de remettre en cause ses préjugés.

« J'avais dès longtemps remarqué que, pour les mœurs, il est besoin quelquefois de suivre des opinions qu'on sait fort incertaines, tout de même que si elles étaient indubitables, ainsi qu'il a été dit ci-dessus ; mais, parce qu'alors je désirais vaquer seulement à la recherche de la vérité, je pensai qu'il fallait que je fisse tout le contraire, et que je rejetasse, comme absolument faux, tout ce en quoi je pourrais imaginer le moindre doute, afin de voir s'il ne resterait point, après cela, quelque chose en ma créance, qui fût entièrement indubitable. Ainsi, à cause que nos sens nous trompent quelquefois, je voulus supposer qu'il n'y avait aucune chose qui fût telle qu'ils nous la font imaginer. Et parce qu'il y a des hommes qui se méprennent en raisonnant, même touchant les plus simples matières de géométrie, et y font des paralogismes[1], jugeant que j'étais sujet à faillir, autant qu'aucun autre, je rejetai comme fausses toutes les raisons que j'avais prises auparavant pour démonstrations. Et enfin, considérant que toutes les mêmes pensées, que nous avons étant éveillés, nous peuvent aussi venir, quand nous dormons, sans qu'il y en ait aucune, pour lors, qui soit vraie, je me résolus de feindre que toutes les choses qui m'étaient jamais entrées en l'esprit n'étaient non plus vraies que les illusions de mes songes. Mais, aussitôt après, je pris garde que, pendant que je voulais ainsi penser que tout était faux, il fallait nécessairement que moi, qui le pensais, fusse quelque chose. Et remarquant que cette vérité : *je pense, donc je suis*, était si ferme et si assurée, que toutes les plus extravagantes suppositions des sceptiques n'étaient pas capables de l'ébranler, je jugeai que je pouvais le recevoir, sans scrupule, pour le premier principe de la philosophie que je cherchais. »

René Descartes, **Discours de la méthode**, IVe partie, 1637

1 Paralogisme : raisonnement faux fait de bonne foi (par opposition au sophisme, qui est un raisonnement volontairement abusif).

… à vous de comprendre la méthode cartésienne…

1 Reformulez avec vos propres mots chaque étape du raisonnement de Descartes. Vérifiez que chaque proposition s'enchaîne à la précédente suivant une logique rigoureuse.

2 Pour quelles raisons « ce principe premier de la philosophie » peut-il apparaître comme un acte fondateur radical, voire révolutionnaire ? Pour vous aider, demandez-vous quelle place occupe Dieu dans ce texte.

1648 La Fronde

La Grande Mademoiselle tirant sur la Bastille.

Le 13 mai 1648, alors que Louis XIV n'a que dix ans et que le royaume est confié à la régence autoritaire de sa mère Anne d'Autriche et du cardinal Mazarin, le Parlement invite les autres cours souveraines de Paris à se joindre à lui dans la chambre Saint-Louis pour réformer l'État. C'est le début de la Fronde, période de cinq années de troubles (1648-1652) qui ont agité la France et ébranlé la monarchie absolue que Richelieu avait fondée sur un ministériat dont Mazarin est l'héritier. Sa politique belliqueuse a exercé une pression fiscale énorme sur une population très pauvre ; parallèlement, les acteurs traditionnels de l'ancienne monarchie (le Parlement, les grands seigneurs féodaux) ont été humiliés par l'absolutisme du ministériat. Le Grand Condé, prince du sang, brigue la place de Mazarin ; son échec l'incite à rejoindre les frondeurs, et il est emprisonné. À ce prince ambitieux et romanesque se rallient les grands du royaume : Conti, Turenne, La Rochefoucauld, Chevreuse, la Grande Mademoiselle, et même Gaston d'Orléans[1], frère du défunt roi Louis XIII. La *Fronde parlementaire* est devenue *Fronde des princes*. Mais les rivalités diverses entre frondeurs, les changements de camp, et l'échec final de Condé en 1652 mettent fin au soulèvement.

La Fronde apparaît comme une période romanesque (Alexandre Dumas s'en souviendra), où des aristocrates aventureux ont tout cru possible, où l'héroïsme individuel des princes féodaux s'est affirmé dans un dernier sursaut contre un pouvoir royal centralisé et moderne. Cette conscience de soi aristocratique et l'humiliation définitive qu'elle a dû essuyer ont fait fleurir, en littérature, les mémorialistes. Le cardinal de Retz (1613-1679) a laissé d'imposants *Mémoires*, rédigés entre 1671 et 1675.

1 Gaston d'Orléans (1608-1660), dit Monsieur, frère du roi Louis XIII. Personnage controversé, emblématique de la résistance aristocratique à l'évolution de la monarchie, il a plusieurs fois rompu et renoué avec son frère, et il a été mêlé à tous les complots contre Richelieu. Grand seigneur généreux et raffiné, il fut un mécène de la première importance, protecteur entre autres des poètes Tristan l'Hermite et Voiture, du graveur Callot, du musicien Moulinié.

Ecclésiastique sans vocation, ambitieux, humilié par Mazarin et la cour, il se rallia à la Fronde : imprudent, quelquefois maladroit, il fut emprisonné, puis pardonné avec réticence par Louis XIV, et se retira après les troubles à l'abbaye de Saint-Denis, pour laisser la trace personnelle d'une époque fantasque. Histoire et autobiographie se mêlent, dans un style brillant à travers lequel perce encore la morgue des aristocrates vaincus.

« Le dernier point de l'illusion, en matière d'État, est une espèce de léthargie, qui n'arrive jamais qu'après de grands symptômes. Le renversement des anciennes lois, l'anéantissement de ce milieu qu'elles ont posé entre les peuples et les rois, l'établissement de l'autorité purement et absolument despotique, sont ceux qui ont jeté originairement la France dans les convulsions dans lesquelles nos pères l'ont vue. Le cardinal de Richelieu la vint traiter comme un empirique, avec des remèdes violents, qui lui firent paraître de la force, mais une force d'agitation qui en épuisa le corps et les parties. Le cardinal Mazarin, comme un médecin très inexpérimenté, ne connut point son abattement. Il ne le soutint point par les secrets chimiques de son prédécesseur ; il continua de l'affaiblir par des saignées : elle tomba en léthargie, et il fut assez malhabile pour prendre ce faux repos pour une véritable santé. Les provinces, abandonnées à la rapine des surintendants, demeuraient abattues et assoupies sous la pesanteur de leurs maux, que les secousses qu'elles s'étaient données de temps en temps, sous le cardinal de Richelieu, n'avaient fait qu'augmenter et qu'aigrir. Les parlements, qui avaient tout fraîchement gémi sous sa tyrannie, étaient comme insensibles aux misères présentes par la mémoire encore trop vive et trop récente des passées. Les grands, qui pour la plupart avaient été chassés du royaume, s'endormaient paresseusement dans leurs lits, qu'ils avaient été ravis de retrouver. Si cette indolence générale eût été ménagée, l'assoupissement eût peut-être duré plus longtemps, mais comme le médecin ne le prenait que pour un doux sommeil, il n'y fit aucun remède. Le mal s'aigrit ; la tête s'éveilla : Paris se sentit, il poussa des soupirs ; l'on n'en fit point de cas : il tomba en frénésie. Venons au détail. »

Cardinal de Retz, **Mémoires**, 1671-1675

… à vous de lire entre les lignes du cardinal de Retz…

1 Relevez dans ce texte les emplois d'une métaphore organique. Quelle vision du corps social et politique implique-t-elle chez le cardinal ?

2 Quelles sont les caractéristiques du ton et du style du cardinal ? Que révèlent-elles de sa personnalité et de ses talents d'écrivain ?

1661 L'affaire Fouquet

Le 17 août 1661, Nicolas Fouquet (1615-1680), surintendant des Finances au sommet de sa gloire et de sa puissance, financier virtuose et politique brillant, offre à son roi et à la cour une fête somptueuse, dans son château de Vaux-le-Vicomte. Le faste tout royal qui s'y étale inquiète le roi. Dès le 5 septembre, d'Artagnan arrête le ministre sur ordre du roi ; il sera jugé par une chambre spéciale, composée par Louis XIV de juges hostiles à Fouquet, et condamné au bannissement perpétuel à l'issue d'une parodie de procès. Le roi s'acharne à perdre son surintendant et commue la peine en réclusion à perpétuité dans la sévère forteresse de Pignerol, où le prisonnier s'éteindra dix-neuf ans plus tard dans d'obscures circonstances. On lui reproche essentiellement de s'être enrichi aux dépens de l'État. Mais l'hostilité de Louis XIV à l'égard de Fouquet est d'un ordre plus profond : au moment où le roi, avec l'aide de Colbert[1] (ennemi juré du surintendant), établit un régime centralisé, moderne, fondé sur la rationalisation de l'économie, de l'administration et de l'art, Fouquet apparaît comme un grand seigneur baroque : mécène, généreux, dévot, fidèle à ses amis et sensible à sa gloire, Fouquet ne pensait pas faire de l'ombre à son roi, mais bien plutôt participer à son rayonnement. Fouquet, profondément dévoué à Louis XIV, s'est montré crédule et a sous-estimé la volonté régalienne d'un monarque bien décidé à ne rien partager.

Le château de Vaux-le-Vicomte, où a lieu la fameuse fête, est un chef-d'œuvre de goût et de nouveauté. Le Vau en est l'architecte, les appartements ont été peints par Le Brun, les jardins dessinés par Le Nôtre. Pour la fête, Molière et Lully ont écrit un divertissement, *Les Fâcheux*. On voit que chaque artiste est un futur acteur de la splendeur de Versailles. Le roi a compris, comme Fouquet lui-même, combien le mécénat pouvait servir la cause royale : conscient de la supériorité du goût de sa future victime, Louis XIV a dû se jurer ce soir-là de ne plus négliger cet aspect du métier de roi. C'est que Fouquet est un découvreur de talents, il est le mécène de Molière et de La Fontaine, l'ami de Mme de Scudéry, de Mme de La Fayette, de Mme de Sévigné, du duc de La Rochefoucauld… Si la plupart des enchanteurs de Vaux sont passés au roi, Fouquet a su créer un réseau de gens de lettres qui lui resteront fidèles, et n'hésiteront pas à nourrir depuis les salons parisiens des foyers de résistance intellectuelle et aristocratique à Versailles, tout au long du siècle. La principale victime de la liquidation de Fouquet est peut-être Jean de La Fontaine, à jamais fidèle à son mécène : figure du poète couronné par le surintendant, il apparaît comme en éternelle marge de l'esthétique louis-quatorzienne, et se verra toujours refuser l'accès à Versailles où Molière et Racine brilleront pour avoir su choisir leur camp. Pour Fouquet, La Fontaine compose une *Ode au roi*, qu'il lui fera parvenir dans son cachot de la Bastille pendant le procès, ainsi qu'une magnifique élégie, *Aux nymphes de Vaux*, où le poète implore la clémence pour son protecteur.

1 Jean-Baptiste Colbert (1619-1683) : le plus remarquable ministre de Louis XIV, surnommé par Mme de Sévigné « le Nord ». Austère et ambitieux, il doit sa prodigieuse ascension à son maître Mazarin, et à son hostilité féroce envers son rival Fouquet. Intendant des Finances, contrôleur général, surintendant des Bâtiments, Arts et Manufactures, secrétaire à la Maison du roi et à la Marine, il eut assez de pouvoir pour réorganiser, centraliser et rationaliser le contrôle du pays par l'administration, et mener une politique commerciale protectionniste (le mercantilisme, qui prône l'accroissement des exportations et la réduction maximale des importations). Cependant, sa lutte pour réduire les dépenses de l'État (guerre et luxe royal) fit baisser son crédit auprès du roi, qui finit par lui préférer le très courtisan Louvois.

Voir « Lieux » (p. 192)

1 « L'Anqueüil est une petite rivière qui passe à Vaux » (note de La Fontaine).
2 Pseudonyme poétique systématiquement attribué par La Fontaine à Fouquet.

« Remplissez l'air de cris en vos grottes profondes ;
Pleurez, Nymphes de Vaux, faites croître vos ondes,
Et que l'Anqueüil[1] enflé ravage les trésors
Dont les regards de Flore ont embelli ses bords.
On ne blâmera point vos larmes innocentes ;
Vous pouvez donner cours à vos douleurs pressantes :
Chacun attend de vous ce devoir généreux ;
Les Destins sont contents : Oronte[2] est malheureux.
Vous l'avez vu naguère au bord de vos fontaines
Qui, sans craindre du Sort les faveurs incertaines.
Plein d'éclat, plein de gloire, adoré des mortels,
Recevait des honneurs qu'on ne doit qu'aux autels.
Hélas ! qu'il est déchu de ce bonheur suprême !
Que vous le trouveriez différent de lui-même !
Pour lui les plus beaux jours sont de secondes nuits :
Les soucis dévorants, les regrets, les ennuis,
Hôtes infortunés de sa triste demeure,
En des gouffres de maux le plongent à toute heure.
Voilà le précipice ou l'ont enfin jeté
Les attraits enchanteurs de la prospérité !
Dans les palais des rois cette plainte est commune,
On n'y connaît que trop les jeux de la Fortune,
Ses trompeuses faveurs, ses appas inconstants ;
Mais on ne les connaît que quand il n'est plus temps.
Lorsque sur cette mer on vogue à pleines voiles,
Qu'on croit avoir pour soi les vents et les étoiles,
Il est bien malaisé de régler ses désirs ;
Le plus sage s'endort sur la foi des Zéphyrs.
Jamais un favori ne borne sa carrière ;
Il ne regarde point ce qu'il laisse en arrière ;
Et tout ce vain amour des grandeurs et du bruit
Ne le saurait quitter qu'après l'avoir détruit.
Tant d'exemples fameux que l'histoire en raconte
Ne suffisaient-ils pas, sans la perte d'Oronte ?
Ah ! si ce faux éclat n'eût point fait ses plaisirs,
Si le séjour de Vaux eût borné ses désirs,
Qu'il pouvait doucement laisser couler son âge !
Vous n'avez pas chez vous ce brillant équipage,
Cette foule de gens qui s'en vont chaque jour
Saluer à longs flots le soleil de la Cour :
Mais la faveur du Ciel vous donne en récompense
Du repos, du loisir, de l'ombre, et du silence,
Un tranquille sommeil, d'innocents entretiens ;
Et jamais à la Cour on ne trouve ces biens.
Mais quittons ces pensers : Oronte nous appelle.
Vous, dont il a rendu la demeure si belle,
Nymphes, qui lui devez vos plus charmants appas,
Si le long de vos bords Louis porte ses pas,
Tâchez de l'adoucir, fléchissez son courage.

Il aime ses sujets, il est juste, il est sage,
Du titre de clément rendez-le ambitieux :
C'est par là que les rois sont semblables aux dieux.
Du magnanime Henri qu'il contemple la vie :
Dès qu'il put se venger, il en perdit l'envie.
Inspirez à Louis cette même douceur
Oronte est a présent un objet de clémence
S'il a cru les conseils d'une aveugle puissance,
Il est assez puni par son sort rigoureux ;
Et c'est être innocent que d'être malheureux. » ●

Jean de La Fontaine, **Aux nymphes de Vaux**, 1662

1665 De *Tartuffe* à *Dom Juan* : histoire d'une cabale

Le 15 février 1665, Molière fait représenter *Dom Juan*. C'est sa réponse à l'interdiction du *Tartuffe* en mai 1664. Obligé de retirer une comédie où un faux dévot ruine, sous le manteau de la religion, une honnête famille, Molière met en scène un libertin qui provoque Dieu et les hommes jusqu'à perdre son âme. Quelle obstination pousse le plus grand génie comique du XVIIe siècle à chercher les ennuis ? La double histoire des créations de *Tartuffe* et de *Dom Juan* est le théâtre d'un affrontement direct entre la liberté créatrice et la censure morale, sous l'arbitrage embarrassé du roi lui-même. Dès la première représentation des trois premiers actes de *Tartuffe*, encore inachevé, la Compagnie du Saint-Sacrement cherche à obtenir la suppression de cette « méchante comédie ». La Compagnie est une sorte de groupe de pression qui s'est donné pour mission de restaurer l'ordre moral et la dévotion chrétienne dans un siècle qu'il juge corrompu et débauché. Par des démonstrations de piété excessive jusqu'au ridicule, ces « faux dévots », hypocrites et dangereux, entendent faire taire tout le monde. C'est sous l'égide de la reine mère en personne que la Compagnie devient un redoutable groupe de pression, qui compte jusqu'au prince de Conti, cousin du roi, ancien frondeur et ancien protecteur de Molière, à qui sa « conversion » fera abhorrer le théâtre. L'attaque contre Molière est d'une rare violence. Le roi, qui pas plus que Molière n'aime les faux dévots, est embarrassé : il voudrait soutenir Molière mais doit composer avec la Compagnie et sa propre mère : la Compagnie l'accuse déjà de mener une politique hostile au Saint-Siège. Il ne peut refuser d'interdire la pièce. Molière persiste et fait jouer *Dom Juan*. Malgré le succès et la bienveillance du roi, la pièce est retirée, sans interdiction officielle. Ce n'est qu'en 1669 que Louis XIV peut enfin autoriser les cinq actes de la version définitive de *Tartuffe*.

Pour confondre Tartuffe dont son mari s'est « entiché », Elmire accepte un rendez-vous en tête à tête pendant lequel elle le pousse à montrer son vrai visage, entre traîtrise et concupiscence, à l'intention de son mari, caché sous la table.

« TARTUFFE

Moins on mérite un bien, moins on l'ose espérer.
Nos vœux sur des discours ont peine à s'assurer.
On soupçonne aisément un sort tout plein de gloire,
Et l'on veut en jouir avant que de le croire.
Pour moi, qui crois si peu mériter vos bontés,
Je doute du bonheur de mes témérités;
Et je ne croirai rien, que vous n'ayez, Madame,
Par des réalités su convaincre ma flamme.

ELMIRE

Mon Dieu, que votre amour en vrai tyran agit,
Et qu'en un trouble étrange il me jette l'esprit!
Que sur les cœurs il prend un furieux empire,
Et qu'avec violence il veut ce qu'il désire!
Quoi? de votre poursuite on ne peut se parer,
Et vous ne donnez pas le temps de respirer?
Sied-il bien de tenir une rigueur si grande,
De vouloir sans quartier les choses qu'on demande,
Et d'abuser ainsi par vos efforts pressants
Du faible que pour vous vous voyez qu'ont les gens?

TARTUFFE

Mais si d'un œil bénin vous voyez mes hommages,
Pourquoi m'en refuser d'assurés témoignages?

ELMIRE

Mais comment consentir à ce que vous voulez,
Sans offenser le Ciel, dont toujours vous parlez?

TARTUFFE

Si ce n'est que le Ciel qu'à mes vœux on oppose,
Lever un tel obstacle est à moi peu de chose,
Et cela ne doit pas retenir votre cœur.

ELMIRE

Mais des arrêts du Ciel on nous fait tant de peur!

TARTUFFE

Je puis vous dissiper ces craintes ridicules,
Madame, et je sais l'art de lever les scrupules.
Le Ciel défend, de vrai, certains contentements,
(C'est un scélérat qui parle.)
Mais on trouve avec lui des accommodements.
Selon divers besoins, il est une science
D'étendre les liens de notre conscience,
Et de rectifier le mal de l'action
Avec la pureté de notre intention.
De ces secrets, Madame, on saura vous instruire;
Vous n'avez seulement qu'à vous laisser conduire.

Contentez mon désir, et n'ayez point d'effroi.
Je vous réponds de tout, et prends le mal sur moi.
Vous toussez fort, Madame.

ELMIRE

Oui, je suis au supplice.

TARTUFFE

Vous plaît-il un morceau de ce jus de réglisse ?

ELMIRE

C'est un rhume obstiné, sans doute ; et je vois bien
Que tous les jus du monde ici ne feront rien.

TARTUFFE

Cela certe est fâcheux.

ELMIRE

Oui, plus qu'on ne peut dire.

TARTUFFE

Enfin votre scrupule est facile à détruire :
Vous êtes assurée ici d'un plein secret,
Et le mal n'est jamais que dans l'éclat qu'on fait ;
Le scandale du monde est ce qui fait l'offense,
Et ce n'est pas pécher que pécher en silence. » ●

Molière, **Tartuffe**, acte IV, scène 5, v. 1459-1506, 1664-1669 »]

Sganarelle ne peut concevoir qu'on ne croie en rien. Tel est le point de départ de la défense de l'hypocrisie dans laquelle se lance Dom Juan devant son valet, qui balance entre admiration et effroi.

[« « SGANARELLE. – Quoi ? vous ne croyez rien du tout, et vous voulez cependant vous ériger en homme de bien ?

DOM JUAN. – Et pourquoi non ? Il y en a tant d'autres comme moi, qui se mêlent de ce métier, et qui se servent du même masque pour abuser le monde !

SGANARELLE. – Ah ! quel homme ! quel homme !

DOM JUAN. – Il n'y a plus de honte maintenant à cela : l'hypocrisie est un vice à la mode, et tous les vices à la mode passent pour vertus. Le personnage d'homme de bien est le meilleur de tous les personnages qu'on puisse jouer aujourd'hui, et la profession d'hypocrite a de merveilleux avantages. C'est un art de qui l'imposture est toujours respectée ; et quoiqu'on la découvre, on n'ose rien dire contre elle. Tous les autres vices des hommes sont exposés à la censure, et chacun a la liberté de les attaquer hautement ; mais l'hypocrisie est un vice privilégié, qui, de sa main, ferme la bouche à tout le monde, et jouit en repos d'une impunité souveraine. On lie, à force de grimaces, une société étroite avec tous les gens du parti. Qui en choque un, se les jette tous sur les bras ; et ceux que l'on sait même agir de bonne foi là-dessus, et que chacun connaît pour être véritablement touchés, ceux-là, dis-je, sont toujours les dupes des autres ; ils donnent hautement dans le panneau des grimaciers, et appuient aveuglément les singes de leurs actions. Combien crois-tu que j'en connaisse qui, par ce stratagème, ont rhabillé adroitement les désordres de leur jeunesse, qui se sont fait un bouclier du manteau de la religion, et, sous cet habit respecté, ont la permission d'être les plus méchants hommes du monde ? On a beau savoir leurs intrigues et les connaître pour ce qu'ils sont, ils ne laissent pas pour cela d'être en crédit parmi les gens ; et quelque baissement de tête, un soupir mortifié, et deux roulements d'yeux rajustent dans le monde tout ce qu'ils peuvent faire. C'est sous cet abri favorable que je veux me sauver, et mettre en sûreté mes affaires. Je ne quitterai point mes douces habitudes ; mais j'aurai soin de me cacher et me divertirai à petit bruit. Que si je viens à être découvert, je verrai, sans me remuer, prendre mes intérêts à toute la cabale, et je serai défendu par elle envers et contre tous. Enfin c'est là le vrai moyen de faire impunément tout ce que je voudrai. Je m'érigerai en censeur des actions d'autrui, jugerai mal de tout le monde, et n'aurai bonne opinion que de moi. Dès qu'une fois on m'aura choqué tant soit peu, je ne pardonnerai jamais et garderai tout doucement une haine irréconciliable. Je ferai le vengeur des intérêts du Ciel, et, sous ce prétexte commode, je pousserai mes ennemis, je les accuserai d'impiété, et saurai déchaîner contre eux des zélés indiscrets, qui, sans connaissance de cause, crieront en public contre eux, qui les accableront d'injures, et les damneront hautement de leur autorité privée. C'est ainsi qu'il faut profiter des faiblesses des hommes, et qu'un sage esprit s'accommode aux vices de son siècle. » ●

Molière, **Dom Juan**, acte V, scène 2, 1665 »]

… à vous de définir l'hypocrisie…

1 D'après les extraits du *Tartuffe* et de *Dom Juan*, définissez la notion d'hypocrisie chez Molière. Quels sont les points communs entre les deux personnages, figures de l'hypocrite ? Quelles sont leurs différences ?

2 Le comique dans l'extrait du *Tartuffe*. Relevez les procédés comiques utilisés par Molière, y compris le comique de situation que vous restituerez en complétant le texte par des indications scéniques. Le double sens est un ressort comique particulièrement efficace ici : relevez des répliques qui le mettent en pratique, et tirez-en profit pour montrer l'aspect comique de la scène.

3 Lecture intégrale. Lisez l'une des deux pièces, sous l'angle de l'hypocrisie. Vous montrerez quel personnage (ou quels personnages) endosse le costume de l'hypocrite et à quoi lui sert de cultiver cette attitude. Molière, en choisissant de le mettre au centre de son théâtre, assume une charge sociale précise : laquelle ?

4 Si vous deviez aujourd'hui écrire une pièce ayant comme personnage principal un hypocrite, que dénoncerait-elle ? Écrivez-en le synopsis.

1673 Le triomphe de Lully

Atys (1676), chef-d'œuvre du genre nouveau de la tragédie lyrique, fut très vite surnommé « l'opéra du roi ». Spectacle de cour par excellence, l'opéra français se permet de déployer des effets spectaculaires auxquels la tragédie dramatique a renoncé. Les changements à vue (grâce aux machines), les métamorphoses, les monstres, les personnages allégoriques, les danseurs de ballet et les acrobates de la tradition italienne, font de la représentation le triomphe de l'illusion : le Sommeil dispense au héros Atys des pavots qui l'endorment, et cet artifice permet à la déesse Cybèle de lui déclarer son amour en songe.

L'année 1673 consacre la gloire de Jean-Baptiste Lully (1632-1687). Ce compositeur d'origine italienne, protégé de Mazarin, va s'acquérir la confiance inconditionnelle de Louis XIV. Maître absolu en musique comme le roi l'est en politique, le surintendant de la Musique du roi établit un monopole impitoyable sur l'art musical en France. C'est avec les genres du ballet de cour, de la comédie-ballet et de la tragédie lyrique[1] que Lully s'impose comme le grand maître de cérémonie des fêtes royales. Sa collaboration avec Molière pour *Les Fâcheux, La Princesse d'Élide, Monsieur de Pourceaugnac*, *Le Bourgeois gentilhomme* et enfin *Psyché*, a donné lieu à une sorte d'art total, mêlant le théâtre, la musique et la danse. Mais Lully vise plus haut : il veut inventer, contre les Italiens, un opéra à la française : la tragédie lyrique. Après avoir

1 La tragédie lyrique est la forme spécifique de l'opéra français du XVIIe siècle. Le terme en fait le pendant de la tragédie dramatique : il est préféré au terme « opéra », car les compositeurs français veulent se détourner du modèle italien de l'art lyrique.

évincé jusqu'à Molière lui-même (en interdisant pour ainsi dire toute musique dans la comédie), Lully s'associe au brillant poète Philippe Quinault et inaugure le genre en 1673 (année de la mort de Molière), avec *Cadmus et Hermione*. Tandis que la tragédie classique, qui bannit radicalement le spectaculaire baroque, triomphe avec Racine *(Andromaque, Britannicus, Bérénice, Bajazet, Mithridate*, entre 1667 et 1673), l'opéra français est une profusion de changements de décor à vue (grâce aux « machines »), de métamorphoses, d'intrigues galantes et d'épisodes pastoraux.

« Le Florentin
Montre à la fin
Ce qu'il sait faire :
Il ressemble à ces loups qu'on nourrit, et fait bien :
Car un loup doit toujours garder son caractère,
Comme un mouton garde le sien.
J'en étais averti ; l'on me dit : "Prenez garde ;
Quiconque s'associe avec lui se hasarde ;
Vous ne connaissez pas encore le Florentin ;
C'est un paillard, c'est un mâtin
Qui tout dévore,
Happe tout, serre tout : il a triple gosier.
Donnez-lui, fourrez-lui, le glout demande encore :
Le Roi même aurait peine à le rassasier." »

Jean de La Fontaine, **Le Florentin**[1], 1674

1 Cette satire est une diatribe contre Lully, après que le compositeur a refusé à La Fontaine son livret d'opéra.

1685 La révocation de l'édit de Nantes

Cette scène de conversion forcée d'un « hérétique » (un protestant) par un dragon du roi impressionne par la violence du propos : dans ce siècle réputé rationaliste, il apparaît que la « force passe par la raison » et que le fusil est une « raison invincible ».

Les années 1680 marquent le début d'une longue transformation des mentalités. La monarchie se durcit dans la répression, en particulier dans le domaine religieux, contre les protestants. Détruisant l'œuvre d'Henri IV, Louis XIV signe la révocation de l'édit de Nantes en octobre 1685. Le culte protestant est interdit. La révocation est l'aboutissement de persécutions, de conversions forcées et de « dragonnades », pillages légaux des foyers protestants par les dragons du roi. Plus de deux cent mille sujets protestants vont fuir le royaume pour se réfugier en Hollande ou en Suisse. Dans la république des lettres, des protestations commencent à s'élever contre cette politique brutale. Un nouvel esprit se dessine, sceptique, cartésien, antidogmatique et parfois teinté d'athéisme. Les principaux représentants de cette modernité qui annonce le XVIIIe siècle sont Fontenelle, Saint-Évremond, Bayle. Pierre Bayle (1647-1706), fils d'un ministre protestant, doit avant même la révocation se réfugier en Hollande. Là, il saisit le prétexte du passage d'une comète pour dénoncer la superstition, les préjugés et l'intolérance religieuse, dans les *Pensées diverses sur la comète* (1682).

1699 La mise en garde de Télémaque

Depuis la révocation de l'édit de Nantes, l'hégémonie française est ébranlée : les puissances européennes, notamment protestantes, alliées dans la ligue d'Augsbourg (1686), font la guerre à la France depuis 1688 afin de la retrancher dans ses anciennes frontières. La situation financière est alarmante, la famine de 1693 et la pression fiscale frappent durement une population exsangue. Le roi, bien qu'atteint par de nombreux deuils familiaux, n'en poursuit pas moins une propagande où s'affiche sa glorieuse image. Une lassitude inquiète des malheurs du siècle et des excès de la monarchie s'exprime au sein de la république des lettres, parfois jusque dans les sphères du pouvoir. En 1699 paraissent *Les Aventures de Télémaque*, un roman de Fénelon (1651-1715), archevêque de Cambrai et précepteur, depuis 1689, du Dauphin, le petit-fils de Louis XIV. Cet ouvrage, qui raconte les voyages de Télémaque à la recherche de son père Ulysse, utilise la matière mythologique pour dispenser au prince des leçons de théologie, de politique, de morale et d'histoire. Cette littérature didactique fonctionne pourtant comme une véritable allégorie critique, en exprimant la nostalgie d'un âge d'or, qui prône un idéal d'une humanité proche de la nature, fondée sur l'amitié et l'égalité, loin des corruptions de la société moderne et des dangers de la tyrannie.

« C'est ainsi, continuait Adoam, que parlent ces hommes sages, qui n'ont appris la sagesse qu'en étudiant la simple nature. Ils ont horreur de notre politesse ; et il faut avouer que la leur est grande dans leur aimable simplicité. Ils vivent tous ensemble sans partager les terres ; chaque famille est gouvernée par son chef, qui en est le véritable roi. Le père de famille est en droit de punir chacun de ses enfants ou petits-enfants qui fait une mauvaise action ; mais, avant que de le punir, il prend les avis du reste de la famille. Ces punitions n'arrivent presque jamais ; car l'innocence des mœurs, la bonne foi, l'obéissance et l'horreur du vice habitent dans cette heureuse terre. Il semble qu'Astrée, qu'on dit qui est retirée dans le ciel, est encore ici-bas cachée parmi ces hommes. Il ne faut point de juges parmi eux, car leur propre conscience les juge. Tous les biens sont communs : les fruits des arbres, les légumes de la terre, le lait des troupeaux sont des richesses si abondantes, que des peuples si sobres et si modérés n'ont pas besoin de les partager. Chaque famille, errante dans ce beau pays, transporte ses tentes d'un lieu en un autre, quand elle a consumé les fruits et épuisé les pâturages de l'endroit où elle s'était mise. Ainsi, ils n'ont point d'intérêts à soutenir les uns contre les autres, et ils s'aiment tous d'une amour fraternelle que rien ne trouble. C'est le retranchement des vaines richesses et des plaisirs trompeurs qui leur conserve cette paix, cette union et cette liberté. Ils sont tous libres et tous égaux. On ne voit parmi eux aucune distinction que celle qui vient de l'expérience des sages vieillards ou de la sagesse extraordinaire de quelques jeunes hommes qui égalent les vieillards consommés en vertu. La fraude, la violence, le parjure, les procès, les guerres ne font jamais entendre leur voix cruelle et empestée dans ce pays chéri des dieux. Jamais le sang humain n'a rougi cette terre ; à peine y voit-on couler celui des agneaux. Quand on parle à ces peuples de batailles sanglantes, des rapides conquêtes, des renversements d'États qu'on voit dans les autres nations, ils ne peuvent assez s'étonner. "Quoi ! disent-ils, les hommes ne sont-ils pas assez mortels, sans se donner encore les uns aux autres une mort précipitée ? La vie est si courte ! Et il semble qu'elle leur paraisse trop longue ! Sont-ils sur la terre pour se déchirer les uns les autres et pour se rendre mutuellement malheureux ?"

Au reste, ces peuples de la Bétique ne peuvent comprendre qu'on admire tant les conquérants qui subjuguent les grands empires. "Quelle folie – disent-ils – de mettre son bonheur à gouverner les autres hommes, dont le gouvernement donne tant de peine, si on veut les gouverner avec raison et suivant la justice ! Mais pourquoi prendre plaisir à les gouverner malgré eux ? C'est tout ce qu'un homme sage peut faire, que de vouloir s'assujettir à gouverner un peuple docile dont les dieux l'ont chargé, ou un peuple qui le prie d'être comme son père et son pasteur. Mais gouverner les peuples contre leur volonté, c'est se rendre très misérable, pour avoir le faux honneur de les tenir dans l'esclavage. Un conquérant est un homme que les dieux, irrités contre le genre humain, ont donné à la terre dans leur colère, pour ravager les royaumes, pour répandre partout l'effroi, la misère, le désespoir, et pour faire autant d'esclaves qu'il y a d'hommes libres. Un homme qui cherche la gloire ne la trouve-t-il pas assez en conduisant avec sagesse ce que les dieux ont mis dans ses mains ? Croit-il ne pouvoir mériter des louanges qu'en devenant violent, injuste, hautain, usurpateur, tyrannique sur tous ses voisins ? Il ne faut jamais songer à la guerre que pour défendre sa liberté. Heureux celui qui, n'étant point esclave d'autrui, n'a point la folle ambition de faire d'autrui son esclave ! Ces grands conquérants, qu'on nous dépeint avec tant de gloire, ressemblent à ces fleuves débordés qui paraissent majestueux, mais qui ravagent toutes les fertiles campagnes qu'ils devraient seulement arroser." »

Fénelon, **Les Aventures de Télémaque**, septième livre, 1699

… à vous de circuler dans l'histoire…

1 Quelles sont les étapes des transformations du pouvoir politique au cours du XVIIe siècle ? Quelle est la tendance générale de cette évolution et comment se manifeste-t-elle ?

2 Comment évolue la conscience aristocratique au cours du siècle ? Quels sont ses différents moyens d'expression ?

▶ Lieux

Tout au long du XVIIe siècle, les lieux privilégiés de la production littéraire ont été soumis à une volonté étatique de « publicité », c'est-à-dire un déplacement forcé de la sphère privée vers la scène publique. Cette visibilité forcée de la littérature est d'abord un puissant moyen de contrôle. Versailles sera bientôt la scène par excellence, lieu de représentation du théâtre et de l'opéra, mais aussi de tout texte littéraire qui sera soumis à l'arbitrage du « goût », celui du roi et, partant, de la cour. Face à cette pression du pouvoir politique se sont développés ou renforcés des lieux de résistance littéraire qui entendent créer ou préserver la sphère privée, et que le siècle tendra à faire disparaître. À cet égard sont exemplaires les cercles littéraires précieux, où s'affirme une ancienne sociabilité aristocratique, mondaine et privée ; mais aussi le milieu intellectuel et spirituel créé par les jansénistes de l'abbaye de Port-Royal, d'où émerge une véritable littérature de combat qui entend extraire l'homme des compromissions de la nouvelle société mondaine.

La ruelle

Ruelles et préciosité

Le dessinateur, graveur et peintre Abraham Bosse (1602-1676) nous livre de précieux documents sur les mœurs et la vie du XVIIe siècle. Ce *Dîner* nous plonge dans les milieux de la préciosité mondaine : les précieuses, qui ont exclu ici la présence des hommes, affirment une certaine émancipation, et le goût pour une sociabilité raffinée. La réunion se tient ici à table, mais tout près du grand lit à baldaquin dont les abords, que l'on nomme « ruelle », sont un lieu important de la vie littéraire parisienne.

Les années 1620-1660 ont vu s'épanouir la vie littéraire en un lieu insolite : la *ruelle*. La ruelle était l'espace qui entourait immédiatement le lit, et dans lequel les femmes de la bonne société recevaient, dans les hôtels particuliers du Marais à Paris. Cette élite de la noblesse parisienne s'était repliée, dès avant la Fronde, dans une mondanité intellectuelle et sociale, à la recherche d'une distinction du langage et des mœurs. On a appelé ces aristocrates, avides de délicatesse et de raffinement, les précieux. La préciosité est un phénomène à la fois social et littéraire, dont les deux noms marquants restent la marquise de Rambouillet (1588-1650) et Mlle de Scudéry (1607-1701). Dans la ruelle de la chambre Bleue de l'hôtel de Rambouillet s'est retrouvée la meilleure société du temps, autour de Catherine de Rambouillet, pour qui Malherbe avait trouvé l'anagramme d'Arthénice. Outre les grands princes, dont Condé, les plus grands hommes de lettres[1] ont fréquenté la ruelle d'Arthénice, qui fut un extraordinaire foyer d'émulation intellectuelle entre 1620 et 1648. Puis lui succéda, de 1653 à 1661 environ, la ruelle de Madeleine de Scudéry, fille du poète, elle-même romancière : on y débattait de questions de style et de morale. Dans le sillage de ces salons prestigieux, se multiplièrent à Paris et en province quantité de cercles précieux : bientôt le ridicule y régna plus que l'esprit. En 1659, Molière mettra ces *Précieuses ridicules* sur la scène ; l'apparition de satires sans complaisance marqua le déclin de l'esprit des ruelles.

1 Voici l'impressionnant palmarès : Voiture, Montausier, Vaugelas, Ménage, Benserade, Chapelain, Desmarets de Saint-Sorlin, Guez de Balzac, Tallemant des Réaux, Malherbe, Racan, Corneille, Bossuet, Saint-Évremond, La Rochefoucauld.

L'art de la conversation

La manière dont on pratique la littérature dans les ruelles repose sur l'art de la conversation : débats intellectuels, lectures, jeux poétiques, réparties spirituelles, et même des chants[1]. Lors des « samedis » de Mlle de Scudéry, on pratique des exercices d'écriture, consignés dans la *Gazette du Tendre :* bouts-rimés, épigrammes, madrigaux, impromptus, énigmes, improvisations sur un sujet donné, autant de jeux littéraires virtuoses étroitement liés à une forme de sociabilité où le goût de la rareté, de la nouveauté, de l'esprit brillant définissent l'esthétique précieuse. En promouvant une aristocratie des lettres, les ruelles ont diffusé la littérature dans les élites sociales et exercé une influence profonde sur l'ensemble du siècle : le langage précieux est passé chez Corneille, Racine, Mme de La Fayette, etc. ; la rigueur abstraite du langage, la peinture subtile des passions, l'exigence morale de la bienséance ont contribué à forger l'esthétique classique.

1 L'air de cour, accompagné au luth, est un aspect essentiel de l'esprit précieux.

Un code de l'amour

La préciosité affiche un goût prononcé pour la poésie et le romanesque : la galanterie y définit un véritable art d'aimer. Liée, au sein de l'aristocratie, à une relative émancipation de la femme, la préciosité s'est voulue une réflexion sur les rapports entre les sexes et la relation amoureuse. L'amour est un sentiment rare, noble et absolu, assimilé à une épreuve initiatique, décliné dans le langage poétique en mille nuances. Les formes privilégiées en sont la poésie galante et le roman pastoral, de *L'Astrée* d'Honoré d'Urfé à *Artamène ou le Grand Cyrus* et *Clélie* de Mlle de Scudéry. Dans *Clélie,* la romancière établit une « Carte du Tendre » (1654-1660), véritable géographie du sentiment amoureux où l'on parcourt les régions de Tendresse, Reconnaissance, Estime, Inclination… Les précieuses ont paru tantôt prudes tantôt coquettes, elles ont exalté l'amour

Voir « Genres et registres » (p. 218)

courtois, hérité du Moyen Âge, où l'amant est le vassal de sa maîtresse, un amour idéalisé, épuré de toute grossièreté de l'instinct, où la revendication du mariage librement consenti et l'égalité des sexes a pu faire parler d'un féminisme précieux.

« Mais encore, reprit Cydnon, dites-moi encore un peu plus précisément comment vous entendez qu'on vous aime et comment vous entendez aimer ?
– J'entends, dit-elle[1], qu'on m'aime ardemment, qu'on n'aime que moi et qu'on m'aime avec respect. Je veux même que cette amour soit une amour tendre et sensible, qui se fasse de grands plaisirs de fort petites choses, qui ait la solidité de l'amitié et qui soit fondée sur l'estime et l'inclination. Je veux de plus que cet amant soit fidèle et sincère ; je veux encore qu'il n'ait confident ni confidente de sa passion et qu'il renferme si bien dans son cœur tous les sentiments de son amour que je puisse me vanter d'être seule à les savoir. Je veux aussi qu'il me dise tous ses secrets, qu'il partage toutes mes douleurs, que ma conversation et ma vue fassent toute sa félicité ; que mon absence l'afflige sensiblement ; qu'il ne me dise jamais rien qui puisse me rendre son amour suspecte de faiblesse, et qu'il me dise toujours tout ce qu'il faut pour me persuader qu'elle est ardente et qu'elle sera durable. Enfin, ma chère Cydnon, je veux un amant sans vouloir un mari, et je veux un amant qui, se contentant de la possession de mon cœur, m'aime jusqu'à la mort, car si je n'en trouve de cette sorte, je n'en veux point. »

Mlle de Scudéry, **Artamène ou le Grand Cyrus**, 1648-1651

1 Il s'agit de Sapho, poétesse grecque et pseudonyme de Mlle de Scudéry.

« Au reste, l'esprit et l'âme de cette merveilleuse personne surpassent de beaucoup sa beauté ; le premier n'a pas de bornes dans son étendue et l'autre n'a point d'égale en générosité, en constance, en bonté, en justice et en pureté. L'esprit de Cléomire[1] n'est pas un de ces esprits qui n'ont de lumière que celle que la nature leur donne, car elle l'a cultivé soigneusement, et je pense pouvoir dire qu'il n'est point de belles connaissances qu'elle n'ait acquise. Elle sait diverses langues et n'ignore presque rien de tout ce qui mérite d'être su, mais elle le sait sans faire semblant de le savoir et on dirait à l'entendre parler, tant elle est modeste, qu'elle ne parle de toutes choses admirablement comme elle fait, que par le simple sens commun et par le seul usage du monde ; les arts les plus difficiles sont connus d'elle parfaitement ; elle sait faire un palais de son dessin, qui est un des mieux entendus du monde, et elle a trouvé l'art de faire en une place de médiocre grandeur un palais d'une vaste étendue. L'ordre, la régularité et la propreté sont dans tous ses appartements et à tous ses meubles ; tout est magnifique chez elle et même particulier ; les lampes y sont différentes des autres lieux ; ses cabinets sont pleins de mille raretés qui font voir le jugement de celle qui les a choisies ; l'air

1 Pseudonyme poétique de la marquise de Rambouillet.

est toujours parfumé dans son palais ; diverses corbeilles magnifiques, pleines de fleurs, font un printemps continuel dans sa chambre, et le lieu où on la voit d'ordinaire est si agréable et si bien imaginé, qu'on croit être dans un enchantement, lorsqu'on y est auprès d'elle. Au reste personne n'a eu une connaissance aussi délicate qu'elle pour les beaux ouvrages de prose ni pour les vers ; elle en juge pourtant avec une modération merveilleuse, ne quittant jamais la bienséance de son sexe, quoiqu'elle en soit beaucoup au-dessus. »

Mlle de Scudéry, **Artamène ou le Grand Cyrus**, 1648-1651

« MASCARILLE. – Vous recevez beaucoup de visites ? Quel bel esprit est des vôtres ?
MAGDELON. – Hélas ! nous ne sommes pas encore connues ; mais nous sommes en passe le l'être, et nous avons une amie particulière qui nous a promis d'amener ici tous ces messieurs du *Recueil des pièces choisies*.

Dans son roman *Clélie*, Madeleine de Scudéry propose un itinéraire au sein du Pays de Tendre, véritable parcours initiatique du sentiment amoureux matérialisé sur une Carte : *« En effet vous voyez que de Nouvelle Amitié on passe à un lieu qu'elle appelle Grand Esprit, parce que c'est ce qui commence ordinairement l'estime ; ensuite vous voyez ces agréables villages de Jolis Vers, de Billet Galant et de Billet Doux, qui sont les opérations les plus ordinaires du grand esprit dans les commencements d'une amitié. Ensuite, pour faire un plus grand progrès dans cette route, vous voyez Sincérité, Grand Cœur, Probité, Générosité, Respect, Exactitude et Bonté, qui est tout contre Tendre, pour faire connaître qu'il ne peut y avoir de véritable estime sans bonté, et qu'on ne peut arriver à Tendre de ce côté-là sans avoir cette précieuse qualité. »*

CATHOS. – Et certains autres qu'on nous a nommés aussi pour être les arbitres des belles choses.
MASCARILLE. – C'est moi qui ferais votre affaire mieux que personne ; ils me rendent tous visite ; et je puis dire que je ne me lève jamais sans une demi-douzaine de beaux esprits.
MAGDELON. – Hé ! Mon Dieu ! Nous vous serons obligés de la dernière obligation, si vous nous faites cette amitié ; car enfin il faut avoir la connaissance de tous ces messieurs-là si l'on veut être du beau monde. Ce sont eux qui donnent le branle à la réputation dans Paris, et vous savez qu'il y en a tel dont il ne faut que la seule fréquentation pour vous donner bruit de connaisseuse, quand il n'y aurait rien d'autre que cela. Mais, pour moi, ce que je considère particulièrement, c'est que, par le moyen de ces visites spirituelles, on est instruite de cent choses qu'il faut savoir de nécessité et qui sont de l'essence d'un bel esprit. On apprend par là chaque jour les petites nouvelles galantes, les jolis commerces de prose et de vers. On sait à point nommé : "Un tel a composé la plus jolie pièce du monde sur un tel sujet ; une telle a fait des paroles sur un tel air ; celui-ci a fait un madrigal sur une jouissance ; celui-là a composé des stances sur une infidélité : monsieur un tel écrivit hier au soir un sixain à mademoiselle une telle, dont elle lui a envoyé la réponse ce matin sur les huit heures ; un tel auteur a fait un tel dessein ; celui-là en est à la troisième partie de son roman ; cet autre met ses ouvrages sous la presse." C'est là ce qui vous fait valoir dans les compagnies, et si l'on ignore ces choses-là, je ne donnerais pas un clou de tout l'esprit qu'on peut avoir. » ●

Molière, **Les Précieuses ridicules**, scène IX, 1659

... à vous de comprendre la vie des précieuses...

1 À partir des éléments que vous venez de lire dans le groupement de textes, racontez la journée d'une précieuse.

2 L'art du portrait. Vous étudierez la construction du portrait que Mlle de Scudéry peint de Cléomire. Quel rapport établit-elle entre son esprit et son intérieur ?

3 Comparez les précieuses de Molière à Mlle de Scudéry. Comment fonctionne la caricature ? Quels sont les points communs ? Qu'est-ce qui a changé entre ces deux textes ?

... à vous de dessiner une « carte du Tendre »...

Sur le modèle de la Carte du Tendre, imaginez et dessinez vous-même votre carte des relations amoureuses, en vous demandant quels sentiments donneront leur nom aux différentes régions, et comment vous en établirez la topographie. Comparez ensuite votre carte avec le modèle et demandez-vous ce qui a pu changer, depuis le XVIIe siècle, dans la conception de l'amour.

Versailles

Quels sont les points communs (objets, figures, décor…) entre la photographie du bassin d'Apollon à Versailles que l'on voit sur cette page et l'allégorie de Louis XIV page suivante ?
Que représente le char d'Apollon dans la mythologie grecque ? Pourquoi avoir choisi de le montrer à cet endroit du parc de Versailles ?
Sur le tableau de Werner, on voit le roi en Apollon. Mais à quelle autre figure divine fait-il penser, avec ses cheveux longs, sa couronne, et l'aura de lumière autour de sa tête ? expliquez.
Documentez-vous en cherchant d'autres photographies du parc de Versailles et d'autres tableaux représentant le roi. Choisissez d'autres images que vous pourriez comparer et analyser.

Architecture d'un mythe

Louis XIV a choisi pour symbole le Soleil, dispensateur de toute lumière et centre du monde. Le château de Versailles doit rendre visible cette symbolique du pouvoir en incarnant un univers dont le roi sera le centre. Autour de la chambre du roi, exposée plein est, se déploie une immense architecture en symétrie. Les jardins prolongent la perspective comme à l'infini, et le Grand Canal s'étend jusqu'à l'horizon. Tout semble ramener le regard vers un centre unique, puisque la perspective n'est parfaite que depuis le centre, qui est l'œil du maître. Versailles incarne l'univers selon une cosmologie héliocentriste. La lumière en est le secret, et se manifeste grâce aux effets de miroir, à l'intérieur avec la galerie des Glaces, à l'extérieur par les jeux de reflets des bassins. La pure contemplation du site n'en est pourtant pas la fin ultime : celui-ci n'est que le théâtre d'un spectacle. Fêtes, représentations de théâtre

Werner, *Allégorie de Louis XIV en Apollon*.

(Molière, Racine) et d'opéra (Lully, Quinault) sont l'âme de ce décor. Un détail donne le sens de cette dimension théâtrale : les constructions des jardins (colonnades, statues, grottes) ne sont pour la plupart que la tardive reproduction, en marbre, des décors originels des premières fêtes, en carton et en bois. Versailles exprime la toute-puissance démiurgique du souverain, et la volonté classique de soumettre le chaos de la nature physique aux lois de l'ordre et de l'harmonie. On déboise et reboise, on taille les arbres rebelles, on arase et surélève. La maîtrise de l'eau est le plus grand défi technique que se soit lancé la volonté royale : assécher des terres marécageuses, puis faire venir l'eau jusqu'aux jets des bassins, imaginer une pompe fantastique (la machine de Marly), songer à détourner la Seine. Les échecs successifs n'ont pourtant pas eu raison de l'opiniâtreté des ingénieurs : l'eau est partout à Versailles.

Charles Perrault (1628-1703), pour montrer la suprématie de l'art moderne sur l'art antique, évoque ici l'exemple des jardins de Versailles.

« Ces ouvrages divins où tout est admirable,
Sont du temps de LOUIS ce Prince incomparable,
Diront les curieux. Cet auguste Apollon
Sort de la sage main du fameux Girardon[1],
Ces chevaux du Soleil qui marchent, qui bondissent,
Et qu'au rapport des yeux on croirait qu'ils hennissent,
Sont l'ouvrage immortel des deux frères Gaspards[2],
Et cet aimable Acis qui charme vos regards,
Où tout est naturel autant qu'il est artiste,
Naquit sous le ciseau du gracieux Baptiste[3].
Allons sans différer dans ces aimables lieux
De tant de grands objets rassasier nos yeux.
Ce n'est pas un palais, c'est une ville entière,
Superbe en sa grandeur, superbe en sa matière ;
Non, c'est plutôt un monde, où du grand univers
Se trouvent rassemblés les miracles divers.
Je vois de toutes parts des fleuves qui jaillissent,
Et qui forment des mers des ondes qu'ils vomissent ;
Par un art incroyable ils ont été forcés
De monter au sommet de ces lieux exhaussés.
Et leur eau qui descend aux jardins qu'elle arrose,
Dans cent riches palais en passant se repose.
Que leur peut opposer toute l'Antiquité,
Pour égaler leur pompe et leur variété ? »

Charles Perrault, **Le Siècle de Louis le Grand**, 1687

1 François Girardon, sculpteur, a réalisé le groupe d'*Apollon* pour la grotte de Thétis (1676). 2 Gaspard et Balthasar Marsy, sculpteurs, ont réalisé les *Chevaux du Soleil* pour la grotte de Thétis. 3 Jean-Baptiste Tuby, sculpteur, a réalisé le groupe d'*Acis et Galatée*.

La cour, théâtre des vanités

Le roi va plus loin dans sa mission de contraindre la nature : à Versailles, il soumet l'homme ; et lui-même d'abord, en faisant de sa propre personne la marque visible de la majesté royale. Partant, il ritualise sa vie quotidienne jusqu'au moindre détail : du lever au coucher, il est observé, suivi, vénéré comme une sorte de dieu. « Les Rois ne s'appartiennent pas », dira-t-il dans ses mémoires. Pour qu'un tel spectacle soit possible, il faut un public, spectateur et acteur du cérémonial. L'étiquette[1] décline une infinité de hiérarchies, réelles et symboliques, et contraint les plus grands du royaume à n'être que les automates de la cérémonie royale. Le courtisan dépend ainsi de la seule faveur du roi, chaque regard, chaque parole peut être le signe de la fortune ou de la disgrâce. Par ce moyen, Louis XIV a parachevé l'asservissement de l'aristocratie engagé depuis la Fronde. À la cour, le masque, la dissimulation et l'intrigue sont une question de survie, et ils révèlent l'ambition, l'amour-propre, l'hypocrisie. Théâtre des vanités, la cour devient pour les moralistes qui l'observent, un laboratoire des vices. Pour La Bruyère, le courtisan n'est pas seulement un fait social, il dévoile un type psychologique nouveau, dans un milieu – la cour – qui n'est que le modèle paroxystique du vain théâtre du monde.

1 L'étiquette est l'ensemble des codes sociaux qui ritualisent la vie de cour. Élaborée par la cour d'Espagne, introduite en France par Henri III, elle s'affaiblit peu à peu sous Henri IV et Louis XIII, jusqu'à ce que Louis XIV la réintroduise pour renouveler l'image royale.

Voir « Situations » (p. 174)

Voir « Genres et registres » (p. 237)

« 1

Le reproche en un sens le plus honorable que l'on puisse faire à un homme, c'est de lui dire qu'il ne sait pas la cour : il n'y a sorte de vertus qu'on ne rassemble en lui par ce seul mot.

2

Un homme qui sait la cour est maître de son geste, de ses yeux et de son visage ; il est profond, impénétrable ; il dissimule les mauvais offices, sourit à son ennemi, contraint son humeur, déguise ses passions, dément son cœur, parle, agit contre ses sentiments. Tout ce grand raffinement n'est qu'un vice, que l'on appelle fausseté, quelquefois aussi inutile au courtisan pour sa fortune, que la franchise, la sincérité et la vertu.

3

Qui peut nommer de certaines couleurs changeantes, et qui sont diverses selon les divers jours dont on les regarde ? De même, qui peut définir la cour ?

4

Se dérober à la cour un seul moment, c'est y renoncer : le courtisan qui l'a vue le matin la voit le soir pour la reconnaître le lendemain, ou afin que lui-même y soit connu.

5

L'on est petit à la cour, et quelque vanité que l'on ait, on s'y trouve tel ; mais le mal est commun, et les grands mêmes y sont petits.

6

La province est l'endroit d'où la cour, comme dans son point de vue, paraît une chose admirable : si l'on s'en approche, ses agréments diminuent, comme ceux d'une perspective que l'on voit de trop près.

7

L'on s'accoutume difficilement à une vie qui se passe dans une antichambre, dans des cours, ou sur l'escalier.

8

La cour ne rend pas content ; elle empêche qu'on ne le soit ailleurs.

9

Il faut qu'un honnête homme ait tâté de la cour : il découvre en y entrant comme un nouveau monde qui lui était inconnu, où il voit régner également le vice et la politesse, et où tout lui est utile, le bon et le mauvais.

10

La cour est comme un édifice bâti de marbre : je veux dire qu'elle est composée d'hommes fort durs, mais fort polis. »

Jean de La Bruyère, **Les Caractères**, « De la cour », édition de 1696

Port-Royal

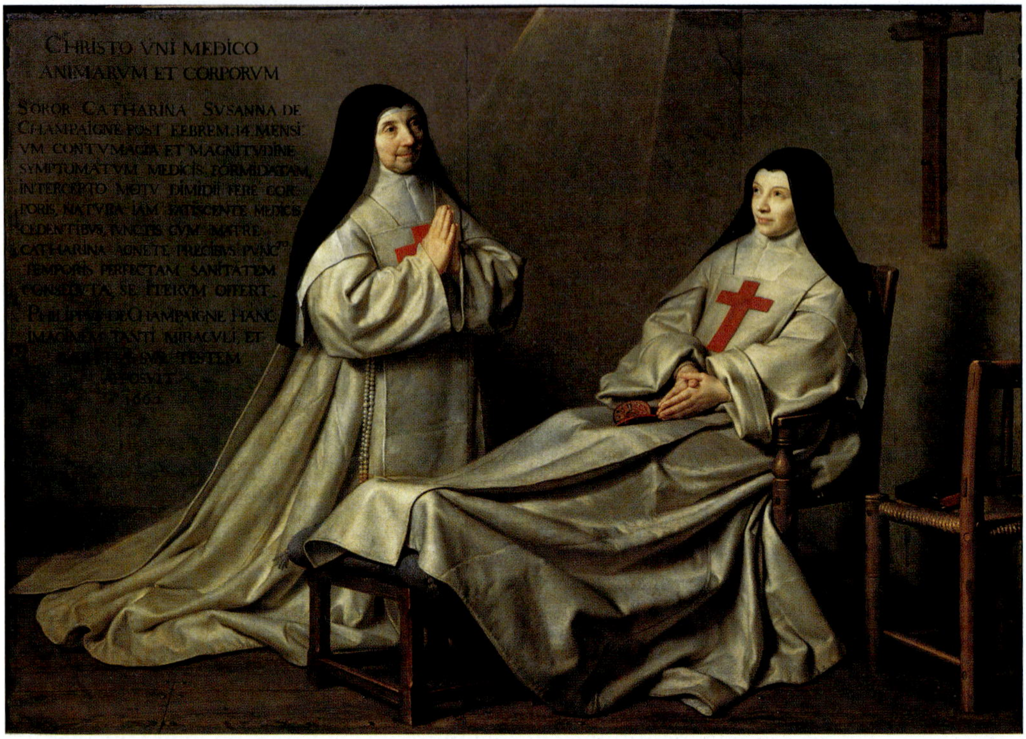

Philippe de Champaigne, *Ex voto*. Pour saisir le sens de ce tableau, sobre malgré ses dimensions monumentales (165 x 229), il est utile de comprendre l'inscription latine sur la gauche. Il s'agit d'une formule d'action de grâces, adressée au Christ médecin des âmes et des corps, à propos de sœur Catherine de Sainte Suzanne (à droite). Elle a souffert pendant quatorze mois d'une fièvre récurrente qui l'a laissée à demi paralysée. Les médecins s'étant avoués impuissants, poursuit le texte, la mère Catherine-Agnès Arnauld, une femme solide, à la grande vivacité d'esprit, a prié avec sœur Catherine, qui lui servait de secrétaire. La jeune religieuse a guéri. C'est en remerciement de la grâce obtenue que Philippe de Champaigne, père de sœur Catherine, a peint ce tableau et l'a offert à l'abbaye de Port-Royal de Paris. L'éclairage du tableau, en particulier le faisceau lumineux venu d'en haut, n'a rien de terrestre. Il correspond à l'espoir de la prière et à la grâce accordée. Cette guérison eut un résultat heureux sur Port-Royal. Menacée par le pouvoir royal et les jésuites, l'abbaye a vu les persécutions suspendues, comme quelques années plus tôt à la suite de la guérison miraculeuse d'une nièce de Pascal. La faveur divine à laquelle on allait attribuer cette guérison sera considérée, pour un temps, comme une approbation des principes jansénistes.

Les jansénistes de Port-Royal

Le monastère de Port-Royal, dans la vallée de Chevreuse, abritait depuis 1204 une communauté de religieuses cisterciennes. Depuis le XVIe siècle, la discipline s'y était considérablement relâchée, mais, en 1608, une jeune abbesse, Angélique Arnauld, réforme le couvent et rétablit l'austérité de la règle. En 1625, le monastère s'installe à Paris, dans le quartier Saint-Jacques, et mère Angélique nomme directeur l'abbé de Saint-Cyran, qui jouera un rôle essentiel dans l'évolution spirituelle de Port-Royal. Il y réunit des esprits pieux et lettrés, les Solitaires : Arnauld d'Andilly, Antoine Le Maître, Le Maître de Sacy, Antoine Arnauld et Pierre Nicole. Un établissement d'enseignement est créé, les « Petites Écoles », dont Racine sera l'élève. Port-Royal est un centre intellectuel actif et ouvert à tous les courants de la vie religieuse. Mais en 1640 paraît l'*Augustinus*, ouvrage posthume de l'évêque d'Ypres, Jansénius (Corneille Jansen) : l'auteur, inspiré par la lecture de saint Augustin, y affirme une théorie rigoriste de la prédestination et de la grâce. L'ouvrage est aussitôt l'objet d'une violente controverse. Saint-Cyran, ami de Jansen, le défend résolument, suivi par toute la communauté de Port-Royal. Dès lors, l'histoire des jansénistes de Port-Royal se confond avec les controverses et les condamnations. Les cinq propositions essentielles de l'*Augustinus* sont condamnées par le pape Innocent X (1653), Arnauld est exclu de la Sorbonne (1656). Pascal réplique la même année par les *Provinciales*. Après une période de « paix de l'Église » (1669-1678), pendant laquelle les jansénistes se rallient à Bossuet pour combattre les protestants, les polémiques reprennent. En 1710, Louis XIV fait détruire Port-Royal. En 1713, la bulle *Unigenitus* condamne définitivement le jansénisme.

L'augustinisme

Le jansénisme est une forme particulièrement aiguë d'une tendance plus générale de la pensée chrétienne : l'augustinisme, qui est d'abord un mouvement d'opposition aux Jésuites. La Compagnie de Jésus en effet, fondée en 1540 par Ignace de Loyola, avait, sous l'impulsion du concile de Trente, développé une théologie optimiste et humaniste : confiants en la nature humaine, les théologiens jésuites affirment son libre arbitre. Dieu offre à l'homme la possibilité du salut de son âme, et l'homme est libre de l'accepter ou de la refuser, de faire le bien ou le mal – c'est la théorie de la *grâce suffisante*. Le jésuite espagnol Molina (1536-1600) allait même plus loin : pour les molinistes, une bonne conduite, la pratique des rites et la crainte de Dieu suffisent au salut. À ce courant optimiste, qui donna lieu à des accommodements abusifs avec la religion[1], les augustiniens opposent une conception de l'homme essentiellement corrompu par le péché, jeté dans les ténèbres du monde, livré à l'esclavage de ses passions, et radicalement incapable d'obtenir lui-même son salut : Dieu, qui est un Dieu caché et retiré du monde, n'en *prédestine* qu'un certain nombre à être sauvés, par une *grâce efficace* que l'homme ne peut d'aucune façon influencer. L'homme, pour espérer un salut toujours incertain, ne peut que se retirer de la société mondaine (se convertir) et se consacrer à une retraite pieuse, où la prière le prépare à la mort. La controverse entre jésuites et jansénistes s'appuiera sur ces questions de la grâce, suffisante ou efficace, du libre arbitre ou de la prédestination. Les polémiques, qui se réduisaient parfois à d'infinies spéculations sur tel ou tel passage de saint Augustin, furent souvent stériles. Plus graves furent les accusations d'hérésie portées contre les jansénistes, et leur rapprochement, en partie supposé, en partie véritable, avec le calvinisme, branche rigoriste du protestantisme. En réalité, le groupe janséniste *stricto sensu* resta minoritaire au sein de l'Église catholique. Mais, derrière cette guerre idéologique, c'est une véritable

1 Le père Le Moyne, cible de Pascal dans les *Provinciales*, prônait une « dévotion aisée », et l'on inventa mille cas (la casuistique) de circonstances atténuantes pour les péchés.

vision tragique de l'homme et du monde qui s'est dessinée dans les milieux intellectuels jansénistes, et le pessimisme augustinien a profondément marqué l'époque classique. La pensée mondaine, au double sens social et théologique, a nourri les écrits d'écrivains comme La Rochefoucauld, Mme de La Fayette ou Racine. Pascal (1623-1662) reste l'image la plus admirable de la pensée janséniste. Devant l'exclusion d'Arnauld, il entend réagir par un coup de force et publie, sous un pseudonyme, une forme originale : dix-huit *Lettres écrites à un provincial par un de ses amis sur le sujet des disputes présentes à la Sorbonne* frappent comme un violent pamphlet contre les Jésuites. Les *Provinciales* impressionnent par leur éloquence : l'ironie, la diatribe et une argumentation serrée servent un art cher à Pascal et aux classiques en général : celui de persuader.

1 Les pères jésuites de la Sorbonne. 2 Pascal vise ici la casuistique des Jésuites, c'est-à-dire une morale infiniment adaptable à chaque cas particulier. Ainsi, une action mauvaise peut ne pas être un péché si elle est le moyen d'une fin jugée juste. De même, on peut prononcer avec adresse des paroles équivoques qui ne disent pas la vérité, sans pour autant mentir explicitement.

« Mes Révérends Pères[1],

Puisque vos impostures croissent tous les jours, et que vous vous en servez pour outrager si cruellement toutes les personnes de piété qui sont contraires à vos erreurs, je me sens obligé, pour leur intérêt et pour celui de l'Église, de découvrir un mystère de votre conduite, que j'ai promis il y a longtemps, afin qu'on puisse reconnaître par vos propres maximes quelle foi l'on doit ajouter à vos accusations et à vos injures.

Je sais que ceux qui ne vous connaissent pas assez ont peine à se déterminer sur ce sujet, parce qu'ils se trouvent dans la nécessité, ou de croire les crimes incroyables dont vous accusez vos ennemis, ou de vous tenir pour des imposteurs, ce qui leur paraît aussi incroyable. Quoi ! disent-ils, si ces choses-là n'étaient, des religieux les publieraient-ils ? Et voudraient-ils renoncer à leur conscience, et se damner par ces calomnies ? Voilà la manière dont ils raisonnent ; et ainsi les preuves visibles par lesquelles on ruine vos faussetés, rencontrant l'opinion qu'ils ont de votre sincérité, leur esprit demeure en suspens entre l'évidence et la vérité qu'ils ne peuvent démentir, et le devoir de charité qu'ils appréhendent de blesser. De sorte que, comme la seule chose qui les empêche de rejeter votre médisance est l'estime qu'ils ont de vous, si on leur fait entendre que vous n'avez pas de la calomnie l'idée qu'ils s'imaginent que vous en avez, et que vous croyez pouvoir faire votre salut en calomniant vos ennemis, il est sans doute que le poids de la vérité les déterminera incontinent à ne plus croire vos impostures. Ce sera donc, mes pères, le sujet de cette lettre.

Je ne ferai pas voir seulement que vos écrits sont remplis de calomnies, je veux passer plus avant. On peut dire bien des choses fausses en les croyant véritables, mais la qualité de menteur enferme l'intention de mentir. Je ferai donc voir, mes pères, que votre intention est de mentir et de calomnier ; et que c'est avec connaissance et avec dessein que vous imposez à vos ennemis des crimes dont vous savez qu'ils sont innocents ; parce que vous croyez le pouvoir faire sans déchoir de l'état de grâce[2]. Et quoique vous sachiez aussi bien que moi ce point de votre morale, je ne laisserai pas de vous le dire, mes pères, afin que personne n'en puisse douter, en voyant que je m'adresse à vous pour vous le soutenir à vous-mêmes, sans que vous puissiez avoir l'assurance de le nier qu'en confirmant par ce désaveu même le reproche que je vous en fais. » ●

Blaise Pascal, **Provinciales**, quinzième lettre, 1656-1657

… à vous de découvrir Pascal polémiste…

1 Par quels procédés ce texte exprime-t-il une grande violence polémique ? Relevez les effets d'adresse, la formulation d'accusations graves, la force de l'argumentation, etc.

2 De quoi Pascal accuse-t-il les pères jésuites de la Sorbonne ? Au-delà de ces destinataires nommément désignés, quelle est la cible plus générale visée par l'attaque de Pascal ?

3 Pourquoi, selon vous, Pascal a-t-il publié ce texte anonymement ? Quels risques prend-il en écrivant ces lignes ?

▶ Figures

Au XVIIe siècle, la figure royale se construit comme le centre d'un système global, politique, culturel et symbolique, sur le modèle du système solaire. La cour, qui en est le satellite le plus immédiat, devient la référence exclusive d'une vision de la société des hommes. Tout homme qui n'est pas directement exclu de ce système (comme l'est le « peuple », simple spectateur de ce pouvoir spectaculaire) doit d'une manière ou d'une autre s'y intégrer ou du moins se positionner par rapport à lui. L'homme de lettres est concerné au premier chef par cette nécessité, non seulement parce qu'il doit au pouvoir sa subsistance matérielle, mais surtout parce que la littérature implique l'expression d'une vision de l'homme, de la société et du monde, dont la figure royale est devenue la source symbolique presque unique. On voudrait dire que, d'une certaine manière, tout poète doit devenir un courtisan. Mais la figure du poète ne se réduit pas à une servilité aveugle ; elle se décline suivant tous les degrés d'un rapport personnel complexe à la personne royale. Réduit à devoir tendre au monarque un miroir qui lui renvoie son image idéale, le poète laudateur a pourtant la charge de former cette image et de faire de ce reflet la source d'une exigence (puisqu'il est idéal, et non réel) ; il peut stimuler, élever, mettre en garde, éduquer le monarque, et acquérir par là même une autorité et une autonomie paradoxales.

Le poète courtisan

L'écrivain et le mécénat

Le faible tirage des œuvres littéraires et l'absence de droits d'auteurs ne permettent pas à l'auteur de vivre de la vente de ses ouvrages. Pourtant, au XVIIe siècle, l'écrivain subsiste en se mettant au service d'un mécène. Le mécénat soutient la république des lettres, en échange de quoi le poète est chargé par ses œuvres de divertir et glorifier son mécène. On a vu, par l'affaire Fouquet, comment le mécénat aristocratique et privé a fourni au roi le modèle du mécénat royal. Il délivre pensions et gratifications, faveurs et commandes. Parmi les nombreuses comparaisons dont on honore le roi, on dit souvent de lui qu'il est à la fois Auguste et Mécène[1]. La figure royale devient à la fois destinataire et objet de toute une littérature panégyrique[2], où poète et monarque trouvent leur compte : l'auteur professionnel peut non seulement s'inscrire en tant que tel dans la vie sociale, mais aussi voir rejaillir sur son œuvre la grandeur et la gloire de son sujet d'inspiration. Le roi, de son côté, entretient son image dans et par les lettres ; il inspire des styles et des formes spécifiquement monarchiques : il adoucit la dureté de son pouvoir politique (guerre et justice) en faisant de son règne une époque de haut degré de civilisation.

Voir « Situations » (p. 176)

1 Mécène (vers 69-68 av. J.-C.), qui a donné son nom au substantif que nous connaissons, était ministre de l'empereur Auguste : il était protecteur des arts et de Virgile, Horace et Properce en particulier. **2** Le panégyrique est un discours de louange. Il appartient au genre épidictique (dont l'autre aspect est le discours de blâme).

Carrières d'écrivains

Malherbe (1555-1628), poète de l'âge d'or

Issu de la noblesse normande, François de Malherbe entre, dès la fin de ses études, au service du duc d'Angoulême, fils naturel du roi Henri II. Il le suit à Aix, où il séjournera vingt ans. Son activité reste longtemps obscure, mais, peu à peu, ses vers circulent dans le monde des lettres et commencent à l'y faire connaître. Ce n'est qu'en 1600 que le poète presque quinquagénaire s'approche subitement du pouvoir royal : l'*Ode à la reine pour sa bienvenue en France* salue l'entrée à Aix de Marie de Médicis, épouse d'Henri IV. Le roi lui-même, en 1605, lui commande un poème pour célébrer l'une de ses campagnes. Malherbe vient à Paris : le *Prière pour le roi Henri le Grand allant en Limousin* produit un tel effet sur le monarque qu'il veut son auteur auprès de lui et le nomme gentilhomme ordinaire de la Chambre. Pensionné, Malherbe chantera les événements des règnes successifs, louant Henri IV, Marie de Médicis, Louis XIII et Richelieu. Malherbe est un poète de l'âge d'or : au sortir des guerres civiles, il voit avec une gratitude sincère l'émergence d'une ère d'ordre, d'harmonie et de paix civile. Malherbe a une vraie foi monarchique, et pour lui le monarque est un être providentiel, élu de Dieu, héros investi d'une mission sacrée et modèle nécessaire des vertus. L'emphase rhétorique de sa poésie officielle correspond à un désir profond de stabilité politique qui parcourt alors la quasi-totalité du monde des lettres.

Molière (1622-1673), auteur populaire et royal

Le cas de Molière est tout à fait atypique et témoigne autant de la particularité de son génie que de la personnalité de Louis XIV. En effet, il s'est établi entre les deux hommes un rapport personnel qui est passé pardessus toutes les hiérarchies. Molière était, semble-t-il, destiné à être un auteur populaire. Sa troupe, l'Illustre-Théâtre, essuie entre 1643 et 1645 de nombreux échecs à Paris : les dettes obligent Molière à dissoudre la compagnie, et il passera lui-même quelques jours en prison. Repartant à zéro, la troupe sillonne la province dans des conditions assez misérables. Pendant treize années, elle subsiste grâce à un mécénat fragile : celui d'abord du duc d'Épernon, mal assuré, puis celui du prince de Conti, qu'une conversion radicale à la dévotion rendra hostile au théâtre en général et à Molière en particulier. Puis Monsieur, frère du roi (Philippe d'Orléans), accorde sa protection à la troupe. C'est Fouquet, modèle idéal du mécène, qui, à l'occasion des fêtes de Vaux, donnera à Molière la chance de plaire au roi. Louis XIV admire *Les Fâcheux*, et suggère lui-même à l'auteur l'insertion d'une scène supplémentaire. En 1664, le roi devient le parrain du premier-né de Molière. En 1665, la troupe devient Troupe du Roi. Louis XIV a écarté tous les intermédiaires et créé une relation exclusive avec l'auteur comique. Lors de la cabale contre le *Tartuffe*, on voit le roi inciter Molière à se défendre, chercher à imposer sa protection : mais la pression dévote du parti de la reine est trop forte. D'une certaine manière, le poète et le roi sont l'un et l'autre soumis à une censure morale contre laquelle ils ne peuvent rien. Mais *Tartuffe* sera autorisé cinq ans plus tard.

Voir « Situations » (p. 178)

Voir « Situations » (p. 176)

Voir « Situations » (p. 178)

Racine (1639-1699), écrivain de cour

Racine est né dans une petite ville de province, La Ferté-Milon, dans une famille de notables locaux, fonctionnaires modestes. Orphelin, il est recueilli à l'abbaye de Port-Royal, où il fréquente les Petites Écoles. À vingt ans, il s'installe à Paris où, grâce à un cousin, il reçoit la protection de la puissante famille des Chevreuse qui l'introduit dans les cercles aristocratiques et littéraires de la capitale. Malgré une ode écrite pour le mariage du roi, *La Nymphe de la Seine*, remarquée par Chapelain, Racine doit rejoindre à Uzès un oncle chanoine qui lui promet un bénéfice ecclésiastique. Le projet ayant échoué, il revient à Paris pour tenter une seconde chance. Racine a compris que c'est par la rédaction de panégyriques royaux qu'il peut se faire remarquer : présenté à la cour, il est inscrit en 1664 sur la liste des gratifications royales. Racine est prêt à se brouiller avec tous ses amis pour réussir : fort du succès de sa tragédie *Alexandre le Grand*, il rompt avec un Port-Royal hostile au théâtre, se fâche avec Molière à qui il retire la pièce pour la confier à la troupe rivale de l'Hôtel de Bourgogne ; ses préfaces fustigent ses ennemis, et il n'hésite pas à attaquer violemment le grand Corneille. Racine ne vise qu'à plaire au roi lui-même : l'éloge des préfaces, mais surtout la constitution d'un genre tragique renouvelé, attirent l'attention du roi, auprès de qui il volera désormais de succès en succès. Lorsqu'il sent, après *Phèdre* (1677), que la nouvelle dévotion du roi et la mentalité plus austère de la cour les éloignent du théâtre, il renonce aussitôt à la tragédie, pour entamer une carrière plus officielle encore : historiographe du roi[1] avec son ami Boileau en 1677, gentilhomme ordinaire de la Chambre en 1690, il poursuit son irrésistible ascension à la cour. Pour autant, l'ambition dévorante de Racine ne fut jamais une contrainte extérieure à son écriture : l'adéquation de sa production tragique au goût royal repose sur des qualités proprement littéraires. Le tragique, qui est à la fois grandeur majestueuse et exploration pessimiste de la nature humaine, répondait aux structures mentales les plus profondes non seulement de la cour, mais encore de courants de pensée majeurs au XVIIe siècle.

Voir « Lieux » (p. 196)

1 L'historiographe est à la mode au XVIIe siècle : il est chargé par le pouvoir royal de rapporter les hauts faits du règne, de les inscrire grâce à son érudition dans l'histoire universelle, et de signaler la grandeur inégalée de l'époque contemporaine. Le genre historiographique, au carrefour des genres historique, épique et panégyrique, est un instrument privilégié de la propagande royale.

Voir « Genres et registres » (p. 222) et « Lieux » (p. 192)

L'art du panégyrique

Le panégyrique trouve dans l'ode, d'origine grecque, l'une de ses formes privilégiées. C'est la littérature latine qui a fait de l'ode un genre officiel, destiné à soutenir la monarchie de l'empereur Auguste. Le poète Horace (65-8 av. J.-C.) s'est particulièrement distingué dans l'ode nationale. L'ode du XVIIe siècle français en reprend largement les procédés, et ce n'est pas un hasard que Louis XIV y soit souvent comparé à Auguste. L'éloge des hauts faits, mais aussi des vertus du monarque, donne à l'ode un caractère à la fois épique et moral. L'héroïsme guerrier est louable, mais la politique de paix civile, portée par la grandeur morale du prince[1], l'est plus encore, et rapproche la clémence royale de la miséricorde divine. C'est une constante de la littérature panégyrique de l'époque : derrière la louange, qui nous paraît aujourd'hui extrêmement emphatique, il y a toujours l'exigence d'une moralité du prince qui, si elle

1 Cette représentation à la fois politique et morale du souverain est largement héritée du philosophe Sénèque, et de son traité destiné à Néron, *De la clémence*. Voir L'éducateur des rois.

Les fêtes de 1674, représentation du *Malade imaginaire*. La nature du rapport entre la représentation théâtrale et la figure royale apparaît ici dans toute sa complexité. La gravure est organisée symétriquement (à l'image des jardins de Versailles où se situe la scène) autour d'un axe central qui va du roi (assis au milieu, de dos, entouré de deux membres de sa famille) au sommet du fronton de la scène, en passant par le personnage principal du *Malade imaginaire*, Argan, assis de face sur la scène, entouré d'autres personnages. C'est Molière lui-même qui avait créé ce rôle (mais il est mort un an avant les fêtes de 1674) : ainsi, l'auteur comique fait face au roi, par un effet de miroir burlesque. Parallèlement, la personne royale incarne le spectateur idéal, point focal à partir duquel la représentation, comme les perspectives, prennent sens. Le public, qui peut toujours observer le roi, passe symboliquement par lui, par son regard et son jugement, pour pouvoir par son intermédiaire regarder et apprécier l'action représentée : l'organisation matérielle de la représentation implique donc à la fois un rapport immédiat entre le monarque et l'auteur-acteur, et un rapport médiat du public à la réception d'une œuvre. L'œil du roi, comme celui de Dieu, est partout, voit tout et juge tout.

s'exprime prudemment comme le constat d'un fait, n'en a pas moins valeur d'injonction.

Au-delà de la forme lyrique de l'ode, le panégyrique se manifeste dans bien d'autres genres littéraires, et peut y être inséré partout habilement. La *dédicace*, qui ouvre la plupart des œuvres comme un remerciement au mécène, est l'occasion pour le poète de s'adresser directement au roi. Il y mêle un éloge officiel et sa propre défense, il incite le prince à lui accorder ses faveurs tout en argumentant la légitimité d'une telle protection. Mais, plus largement encore, toute œuvre potentiellement destinée à être lue par le roi ou représentée devant lui peut intégrer des panégyriques, de manière directe ou indirecte. C'est que la figure royale ne renvoie pas seulement à la réalité du pouvoir de Louis XIV ; elle structure la vision politique, religieuse et symbolique de l'œuvre littéraire : le monarque représente alors pour l'auteur l'horizon d'attente, il est lecteur ou spectateur idéal, le point focal où, comme à Versailles, se rejoignent les perspectives.

Voici, tirés de l'œuvre de nos trois auteurs, des exemples de panégyriques royaux. Si on les trouve dans des genres très divers (poésie, dédicace d'une tragédie, scène de comédie), ils ont une communauté de fonction : dresser le portrait (réel ou idéal ?) du roi, et rappeler que ce dernier est le destinataire potentiel de toute œuvre littéraire.

1 Henri IV. 2 L'auteur s'adresse à Dieu, sous la forme de la prière.

« La terreur de son nom[1] rendra nos villes fortes,
On n'en gardera plus ni les murs ni les portes,
Les veilles cesseront aux sommets de nos tours :
Le fer mieux employé cultivera la terre,
Et le peuple qui tremble aux frayeurs de la guerre,
Si ce n'est pour danser, n'aura plus de tambours.

Loin des mœurs de son siècle il bannira les vices,
L'oisive nonchalance, et les molles délices
Qui nous avaient portés jusqu'aux derniers hasards :
Les vertus reviendront de palmes couronnées,
Et ses justes faveurs aux mérites données
Feront ressusciter l'excellence des arts.

La foi de ses aïeux, ton amour, et ta crainte[2],
Dont il porte dans l'âme une éternelle empreinte,
D'actes de piété ne pourront l'assouvir :
Il étendra ta gloire autant que sa puissance :
Et n'ayant rien si cher que ton obéissance,
Où tu le fais régner il te fera servir.

Tu nous rendras alors nos douces destinées :
Nous ne reverrons plus ces fâcheuses années,
Qui pour les plus heureux n'ont produit que des pleurs :
Toute sorte de bien comblera nos familles,
La moisson de nos champs lassera les faucilles,
Et les fruits passeront la promesse des fleurs. »

François de Malherbe, **Prière pour le roi Henri le Grand allant en Limousin**, 1605

« SIRE,

Voici une seconde entreprise qui n'est pas moins hardie que la première. Je ne me contente pas d'avoir mis à la tête de mon ouvrage le nom d'Alexandre, j'y ajoute encore celui de VOTRE MAJESTÉ, c'est-à-dire que j'assemble tout ce que le siècle présent et les siècles passés nous peuvent fournir de plus grand. Mais, SIRE, j'espère que VOTRE MAJESTÉ ne condamnera pas cette seconde hardiesse, comme elle n'a pas désapprouvé la première. Quelques efforts que l'on eût faits pour défigurer mon héros, il n'a pas plutôt paru devant elle, qu'elle l'a reconnu pour Alexandre. Et à qui s'en rapportera-t-on, qu'à un roi dont la gloire est répandue aussi loin que celle de ce conquérant, et devant qui l'on peut dire que tous les peuples du monde se taisent comme l'Écriture l'a dit d'Alexandre ? Je sais bien que ce silence est un silence d'étonnement et d'admiration, que jusques ici la force de vos armes ne leur a pas tant imposé que celle de vos vertus. Mais, SIRE, votre réputation n'en est pas moins éclatante, pour n'être point établie sur les embrasements et sur les ruines ; et déjà VOTRE MAJESTÉ est arrivée au comble de la gloire par un chemin plus nouveau et plus difficile que celui par où Alexandre y est monté. Il n'est pas extraordinaire de voir un jeune homme gagner des batailles, de le voir mettre le feu par toute la terre. Il n'est pas impossible que la jeunesse et la fortune l'emportent victorieux jusqu'au fond des Indes. L'histoire est pleine de jeunes conquérants ; et l'on sait avec quelle ardeur VOTRE MAJESTÉ elle-même a cherché les occasions de se signaler dans un âge où Alexandre ne faisait encore que pleurer sur les victoires de son père. Mais elle me permettra de lui dire que devant elle, on n'a point vu de roi qui, à l'âge d'Alexandre, ait fait paraître la conduite d'Auguste ; qui, sans s'éloigner presque du centre de son royaume, ait répandu sa lumière jusqu'au bout du monde ; et qui ait commencé sa carrière par où les plus grands princes ont tâché d'achever la leur. On a disputé chez les anciens si la fortune n'avait point eu plus de part que la vertu dans les conquêtes d'Alexandre, mais quelle part la fortune peut-elle prétendre aux actions d'un roi qui ne doit qu'à ses seuls conseils l'état florissant de son royaume, et qui n'a besoin que de lui-même, pour se rendre redoutable à toute l'Europe ? Mais, SIRE, je ne songe pas qu'en voulant louer VOTRE MAJESTÉ je m'engage dans une carrière trop vaste et trop difficile. Il faut auparavant m'essayer encore sur quelques autres héros de l'Antiquité ; et je prévois qu'à mesure que je prendrai de nouvelles forces, VOTRE MAJESTÉ se couvrira elle-même d'une gloire toute nouvelle ; que nous la reverrons peut-être, à la tête d'une armée, achever la comparaison qu'on peut faire d'elle et d'Alexandre, et ajouter le titre de conquérant à celui de plus sage roi de la terre. Ce sera alors que vos sujets devront consacrer toutes leurs veilles au récit de tant de grandes actions, et ne pas souffrir que VOTRE MAJESTÉ ait lieu de se plaindre, comme Alexandre, qu'elle n'a eu personne de son temps qui pût laisser à la postérité la mémoire de ses vertus. Je n'espère pas être assez heureux pour me distinguer par le mérite de mes ouvrages, mais je sais bien que je me signalerai au moins par le zèle et la profonde vénération avec laquelle je suis,

SIRE,

DE VOTRE MAJESTÉ,
Le très humble, très obéissant, et très fidèle
serviteur et sujet,
RACINE. »

Jean Racine, **Au Roi**, Épître dédicatoire de la tragédie **Alexandre le Grand**, 1666

Tartuffe, dévot imposteur, s'est installé chez son hôte Orgon et a courtisé sa femme. Devenu maître des lieux, il fait chanter Orgon qui lui a confié des papiers compromettants pour son meilleur ami : Tartuffe veut chasser la famille de chez elle et fait venir un exempt[1] pour arrêter Orgon. Mais l'exempt se retourne contre Tartuffe, pour l'arrêter sur ordre du roi.

1 L'exempt est « un officier dans les compagnies de gardes du corps [...]. Ils sont ordinairement employés à faire des captures ou autres exécutions à la tête de quelques gardes du corps » (*Dictionnaire* de Furetière).

« TARTUFFE
Pourquoi donc la prison ?
L'EXEMPT
Ce n'est pas à vous à qui j'en veux rendre raison.
Remettez-vous, Monsieur, d'une alarme si chaude,
Nous vivons sous un Prince ennemi de la fraude,
Un Prince dont les yeux se font jour dans les cœurs,
Et que ne peut tromper tout l'art des imposteurs.
D'un fin discernement sa grande âme pourvue
Sur les choses toujours jette une droite vue ;
Chez elle jamais rien ne surprend trop d'accès,
Et sa ferme raison ne tombe en nul excès.
Il donne aux gens de bien une gloire immortelle ;
Mais sans aveuglement il fait briller ce zèle,
Et l'amour pour les vrais ne ferme point son cœur
À tout ce que les faux doivent donner d'horreur.
Celui-ci n'était pas pour le pouvoir surprendre,
Et de pièges plus fins on le voit se défendre.
D'abord il a percé, par ses vives clartés,
Des replis de son cœur toutes les lâchetés.
Venant vous accuser, il s'est trahi lui-même,
Et par un juste trait de l'équité suprême,
S'est découvert au Prince un fourbe renommé,
Dont sous un autre nom il était informé ;
Et c'est un long détail d'actions toutes noires
Dont on pourrait former des volumes d'histoires.
Ce monarque, en un mot, a vers vous détesté
Sa lâche ingratitude et sa déloyauté ;
À ses autres horreurs il a joint cette suite,
Et ne m'a jusqu'ici soumis à sa conduite
Que pour voir l'impudence aller jusques au bout,
Et vous faire par lui faire raison de tout.
Oui, de tous vos papiers, dont il se dit le maître,
Il veut qu'entre vos mains je dépouille le traître.
D'un souverain pouvoir, il brise les liens
Du contrat qui lui fait un don de tous vos biens,
Et vous pardonne enfin cette offense secrète
Où vous a d'un ami fait tomber la retraite ;
Et c'est le prix qu'il donne au zèle qu'autrefois
On vous vit témoigner en appuyant ses droits,
Pour montrer que son cœur sait, quand moins on y pense,
D'une bonne action verser la récompense,
Que jamais le mérite avec lui ne perd rien,
Et que mieux que du mal il se souvient du bien. »

Molière, **Tartuffe**, acte V, scène dernière, 1664-1669

… à vous de lire le groupement de textes…

1 Quels sont les modèles auxquels est comparé le prince ?

2 Quelles sont les qualités qui lui sont attribuées ?

Le poète suppliant

La relation d'adresse personnelle qu'instaure le poète face à son roi, mais aussi la force avec laquelle il croit et espère en la moralité du souverain, sa justice et sa clémence, peut lui inspirer des textes pathétiques lorsque son intégrité est menacée par l'injustice. La position de suppliant appartient à la figure du poète : elle renvoie d'abord au modèle religieux de la prière, à la solitude de l'homme face à la divinité et aux misères terrestres ; mais elle crée aussi un geste d'une incroyable audace : le poète établit un dialogue direct avec le roi, parfois marqué par un tutoiement de majesté[1], où le sentiment de l'injustice conduit à un ton impérieux et pressant. L'humilité et l'affirmation de soi y sont alors dans un équilibre subtil et fragile, où le poète, pour défendre sa vie et son art, est prêt à risquer beaucoup. La condamnation à mort de Théophile de Viau pour ses mœurs jugées obscènes et libertines, commuée *in extremis* en bannissement à vie, la foudre qui s'est abattue sur Fouquet, privant La Fontaine d'une protection vitale à la liberté de son art, la violente cabale qui a frappé Molière, à cause de son *Tartuffe*, sont autant de moments dramatiques dans le destin des poètes, qui leur ont arraché les accents les plus émouvants.

1 Tradition ancienne, encore présente chez Corneille par exemple, le tutoiement des rois correspond à un moment de grande solennité ; il disparaît chez Racine, influencé par l'étiquette de cour.

Voir « Situations » (p. 167)
Voir « Situations » (p. 176)
Voir « Situations » (p. 178)

« J'ai choisi loin de votre empire
Un vieux désert où des serpents
Boivent les pleurs que je répands
Et soufflent l'air que je respire.
Dans l'effroi de mes longs ennuis,
Je cherche, insensé que je suis,
Une lionne en sa colère,
Qui me déchirant par morceaux
Laisse mon sang et ma misère
En la bouche des lionceaux.

Justes cieux, qui voyez l'outrage
Que je souffre peu justement,
Donnez à mon ressentiment
Moins de mal ou plus de courage.
Dedans ce lamentable lieu,
Fors que de soupirer à Dieu,
Je n'ai rien qui me divertisse.
Job[1], qui fut tant homme de bien,
Accusa le Ciel d'injustice
Pour un moindre mal que le mien.

1 Job, personnage biblique, avait subi les plus grands malheurs, que Dieu lui avait envoyés pour l'éprouver. Le livre de Job est composé de ses longues plaintes poignantes.

Vous, grand Roi si sage et si juste
Qu'on ne voit point de roi pareil,
Suivrez vous le même conseil
Qui fit jadis faillir Auguste[2] ?
Sa faute offense ses neveux[3],
Et fait perdre beaucoup de vœux
Aux autels qu'on doit à sa gloire :
Même les astres aujourd'hui
Font des plaintes à la Mémoire[4]
De ce qu'elle a parlé de lui. »

Théophile de Viau, **Au Roi[5] sur son exil**, Ode, 1619 »

2 L'empereur Auguste avait fait exiler le poète Ovide pour des motifs similaires, et aussi injustes, que ceux imputés à Théophile. 3 Descendants. 4 Allusion à Mnémosyne (la Mémoire), mère des Muses, c'est-à-dire des arts. 5 Louis XIII.

« « Prince[1] qui fais nos destinées,
Digne monarque des François,
Qui du Rhin jusqu'aux Pyrénées
Portes la crainte de tes lois,
Si le repentir de l'offense
Sert aux coupables de défense
Près d'un courage généreux,
Permets qu'Apollon[2] t'importune,
Non pour les biens et la fortune,
Mais pour les jours d'un malheureux[3].

Ce triste objet de ta colère
N'a-t-il point encore effacé
Ce qui jadis t'a pu déplaire
Aux emplois où tu l'as placé ?
Depuis le moment qu'il soupire,
Deux fois l'hiver en ton empire
A ramené les aquilons ;
Et nos climats ont vu l'année
Deux fois de pampre couronnée
Enrichir coteaux et vallons.

Oronte[4] seul, ta créature,
Languit dans un profond ennui ;
Et les bienfaits de la nature
Ne se répandent plus pour lui.
Tu peux d'un éclat de ta foudre
Achever de le mettre en poudre ;
Mais si les dieux à ton pouvoir
Aucunes bornes n'ont prescrites,
Moins ta grandeur a de limites,
Plus ton courroux en doit avoir.

Réserve-le pour des rebelles ;
Ou, si ton peuple t'est soumis,
Fais-en voler les étincelles

1 Louis XIV. 2 Apollon est protecteur des Muses. 3 Fouquet. 4 Pseudonyme poétique de Fouquet, constant chez La Fontaine.

Chez tes superbes ennemis.
Déjà Vienne est irritée
De ta gloire aux astres montée :
Ses monarques en sont jaloux ;
Et Rome t'ouvre une carrière
Où ton cœur trouvera matière
D'exercer ce noble courroux[5].

Va-t'en punir l'orgueil du Tibre ;
Qu'il se souvienne que ses lois
N'ont jadis laissé rien de libre
Que le courage des Gaulois.
Mais parmi nous sois débonnaire ;
À cet empire si sévère
Tu ne te peux accoutumer,
Et ce serait trop te contraindre :
Les étrangers te doivent craindre ;
Tes sujets te veulent aimer. »

Jean de La Fontaine, **Ode au Roi**[6], fin 1662 ou début 1663

5 Allusion aux voisins hostiles à la France, l'empire des Habsbourg et le Vatican.
6 Le titre complet est : *Ode au Roi sur le même sujet*. Elle suit en effet immédiatement l'élégie à Fouquet, dite *Aux nymphes de Vaux*, cité dans Situations (p. 177).

« Second placet présenté au Roi, dans son camp devant la ville de Lille en Flandre, par les nommés de La Thorillière et de La Grange, comédiens de Sa Majesté, et compagnons du Sieur Molière, sur la défense qui fut faite, le 6 août 1667, de représenter le *Tartuffe* jusques à nouvel ordre de Sa Majesté.

SIRE,

C'est une chose bien téméraire à moi que de venir importuner un grand monarque au milieu de ses glorieuses conquêtes ; mais, dans l'état où je me vois, où trouver, SIRE, une protection qu'au lieu où je la viens chercher ? Et qui puis-je solliciter contre l'autorité de la puissance qui m'accable, que la source de la puissance et de l'autorité, que le juste dispensateur des ordres absolus, que le souverain juge et le maître de toutes choses ?

Ma comédie, SIRE, n'a pu jouir ici des bontés de VOTRE MAJESTÉ. En vain je l'ai produite sous le titre de *L'Imposteur*, et déguisé le personnage sous l'ajustement d'un homme du monde ; j'ai eu beau lui donner un petit chapeau, de grands cheveux, un grand collet, une épée, et des dentelles sur tout l'habit, mettre en plusieurs endroits des adoucissements, et retrancher avec soin tout ce que j'ai jugé capable de fournir l'ombre d'un prétexte aux célèbres originaux du portrait que je voulais faire : tout cela n'a de rien servi. La cabale s'est réveillée aux simples conjectures qu'ils ont pu avoir de la chose. [...]

J'attends avec respect l'arrêt que VOTRE MAJESTÉ daignera prononcer sur cette matière ; mais il est très assuré, SIRE, qu'il ne faut plus que je songe à faire des comédies, si les tartuffes ont l'avantage ; qu'ils prendront par là droit de me persécuter plus

que jamais, et voudront trouver à redire aux choses les plus innocentes qui pourront sortir de ma plume.
Daignent vos bontés, SIRE, me donner une protection contre leur rage envenimée ; et puissé-je, au retour d'une campagne si glorieuse, délasser VOTRE MAJESTÉ des fatigues de ses conquêtes, lui donner d'innocents plaisirs après de si noble travaux, et faire rire le monarque qui fait trembler l'Europe ! » ●

Molière, **Second Placet présenté au Roi**, 1667

... à vous de lire le groupement de textes des poètes courtisans...

1 L'image du souverain : ces éloges définissent les vertus et qualités royales. Quelles sont-elles ? Par antithèse, les valeurs peuvent esquisser le portrait du mauvais prince : quelles en sont les caractéristiques ?

2 Comment le poète fait-il l'éloge de la personne royale ? Relevez les comparaisons, les références historiques, mythologiques ou religieuses, les formules superlatives, etc.

3 L'adresse au roi n'est-elle faite que de flatterie ? L'auteur prend des risques : comment les reproches sont-ils amenés ? Le propos est-il toujours respectueux ?

4 Imaginez que vous êtes le roi : vous lisez ces textes. Relevez les passages où vous vous sentez réellement flatté, ceux qui éveillent en vous le soupçon de l'hypocrisie, et ceux enfin qui peuvent vous irriter franchement.

Le roi du Parnasse

L'Olympe et le Parnasse

On a dit plus haut que l'allégorie royale s'était nourrie de la mythologie antique : Louis XIV est à la fois Jupiter et Apollon, le maître du tonnerre et le protecteur des Muses. Ce champ de comparaisons est d'abord exploité par les poètes eux-mêmes, qui y trouvent matière à leurs panégyriques. Mais ils complètent l'allégorie en se considérant eux-mêmes comme enfants des Muses et habitants du Parnasse[1]. Le dieu Apollon, protecteur des Muses, circule entre l'Olympe et le Parnasse. Pour de nombreux poètes français du XVIIe siècle, influencés par Dante et la Renaissance italienne, les rapports entre l'Olympe et le Parnasse représentent l'association entre le pouvoir politique et la république des lettres.

1 Le Parnasse (ou Hélicon) est, dans la mythologie grecque, la montagne sacrée où séjournent les neuf Muses (chacune incarne un art ou un genre), sous la conduite du dieu Apollon.

Nicolas Poussin (1594 -1665) a été profondément marqué par les influences du Titien et de Raphaël. Il est aussi un homme de son siècle, attiré par le monde antique dont il glorifie l'idéal d'ordre, de simplicité et de clarté. Son œuvre est toute de méditation et de contemplation ainsi que d'une recherche de l'harmonie universelle. Dans *L'Inspiration du poète*, il emprunte son thème à l'Antiquité : le dieu Apollon et Calliope, muse de la poésie épique et de l'éloquence, donnent l'inspiration au poète (peut-être Virgile) qui s'apprête à recevoir les lauriers de la gloire. Apollon appuie son bras sur la lyre, symbole de la poésie, et son pied droit sur des livres : ce sont l'*Odyssée* et l'*Iliade* d'Homère, et l'*Enéide* de Virgile. L'écrivain est *poeta laureatus*, poète couronné de lauriers, par les soins d'Apollon (sous les traits duquel Louis XIV aime à être représenté), et sous l'autorité des grands auteurs de l'Antiquité.

Jean de La Fontaine, esprit libre et fils des Muses

Pour toute une génération, celle de La Fontaine et des années 1660, la disgrâce de Fouquet a annoncé un âge de fer pour le Parnasse : l'Olympe a lancé ses foudres contre le mécène, mais c'est dans le but de soumettre et de s'annexer le Parnasse.

« Ces langages divins, ces charmantes figures,
Qui touchaient autrefois les âmes les plus dures,
Et par qui les rochers et les bois attirés
Tressaillaient à des traits de l'Olympe admirés ;
Cela, dis-je, n'est plus maintenant en usage. »

Jean de La Fontaine, **Clymène**[1]

1 *Clymène* est une petite comédie en un acte de 1658, que La Fontaine n'a pas publiée et qu'il ne destinait pas à la représentation. Elle met en scène le débat d'Apollon avec les Muses sur la poésie amoureuse.

La Fontaine n'aura jamais été au roi. Sa fidélité indéfectible au surintendant disgracié lui a interdit le chemin de la cour. Pourtant, il n'est pas un poète maudit : après la condamnation de Fouquet, il entre sous la protection de la duchesse douairière d'Orléans, puis de la marquise de La Sablière (une héritière des ruelles de Rambouillet et de Scudéry), et même de la marquise de Montespan, maîtresse du roi. Celui-ci accepte sa nomination à l'Académie française en 1684, mais il n'est pas sans méfiance envers l'ancien protégé de Fouquet. Au sein de la littérature du XVIIe siècle, La Fontaine apparaît comme un esprit libre, qui préfère la sociabilité des cercles littéraires aux agitations de la cour, l'amour à la gloire, l'amitié à la soumission, qui revendique le droit à la paresse et à la solitude, et applique le précepte épicurien *Pour vivre heureux, vivons cachés*. Au temps de sa splendeur, Fouquet avait dû ménager la susceptibilité du poète en établissant avec lui une sorte de contrat poétique qui dissimulait la dépendance financière : le surintendant verserait une pension en argent, tandis que le poète, *en échange*, lui accorderait une « pension poétique », payable en vers et en rimes…

Voir « Lieux » (p. 187)

« Je reviens à mon texte, et dis premièrement
Qu'on ne saurait manquer de louer largement
Les dieux et leurs pareils ; de plus, que Melpomène[1]
Souvent sans déroger trafique de sa peine ;
Enfin qu'on doit tenir notre art en quelque prix.
Les grands se font honneur dès lors qu'ils nous font grâce.
Jadis l'Olympe et le Parnasse
Étaient frères et bons amis. »

Jean de La Fontaine, **Fables**, livre I, 14, « Simonide préservé par les dieux », 1668

1 Muse de la tragédie.

Boileau : « Pour chanter un Auguste, il faut être un Virgile »

Frères et bons amis : le poète et le monarque ont une communauté de nature ; ils ont tous deux une part de divinité en eux. Le monarque est roi chrétien, oint du Seigneur, de droit divin ; le poète est béni des dieux, il est possédé, depuis l'Antiquité grecque, par son bon « génie » (le *daimon*). Le poète a le pouvoir de rendre toutes choses plus belles, il jouit de la puissance et de la liberté du créateur. On a beaucoup dit que c'est avec le romantisme que l'artiste est perçu comme un être génial, hors norme : cela est vrai, mais le poète, au XVIIe siècle, se perçoit bien comme un esprit libre, affranchi des contraintes des autres hommes. Cette affirmation de soi est certes contrebalancée par la reconnaissance de l'autorité royale, mais seulement pour autant que le roi accepte l'association, qu'il soit Auguste et Mécène, et surtout Apollon. Boileau lui-même, le chantre de la règle et de l'autorité, entend se distinguer avec force des vils flatteurs : seul le talent, suggère-t-il dans son *Discours au roi*, qui ouvre son recueil de satires, empêche que l'allégeance et la louange ne soient humiliantes.

La famille royale est ici représentée en divinités de l'Olympe et figures mythologiques. Ce tableau de Nocret, destiné originellement au château de Saint-Cloud puis transporté à Versailles, était particulièrement apprécié du Roi. On y voit, couronné de lauriers et les jambes croisées, Louis XIV en Apollon. La reine Marie-Thérèse, entourée d'enfants et d'un paon, est Junon. La Grande Mademoiselle, ornée d'un croissant de lune, est Diane. La reine-mère Anne d'Autriche, tenant un globe, est Déméter, déesse des récoltes et des saisons. Le frère du roi, Philippe d'Orléans, une torche à la main, est l'Aurore, etc. On voit combien l'esthétique officielle cultivait le parallèle entre la royauté et la mythologie antique. Il est frappant de remarquer qu'en toute logique, Louis XIV aurait dû être représenté en Jupiter, dieux des dieux ; d'ailleurs, Junon est l'épouse de Jupiter, comme Marie-Thérèse l'est de Louis XIV. Mais Jupiter est absent, et Louis XIV lui préfère la figure d'Apollon, à la fois dieu du soleil et protecteur des Muses : Louis XIV est à la fois Roi-Soleil et protecteur des arts.

« Jeune et vaillant héros, dont la haute sagesse
N'est point le fruit tardif d'une lente vieillesse,
Et qui seul, sans ministre, à l'exemple des dieux,
Soutiens tout par toi-même, et vois tout par tes yeux.
GRAND ROI, si jusqu'ici, par un trait de prudence,
J'ai demeuré pour toi dans un humble silence,
Ce n'est pas que mon cœur, vainement suspendu,
Balance pour t'offrir un encens qui t'est dû ;
Mais je sais peu louer ; et ma muse tremblante
Fuit d'un si grand fardeau la charge trop pesante,
Et, dans ce haut éclat où tu te viens offrir,
Touchant à tes lauriers, craindrait de les flétrir.
Ainsi, sans m'aveugler d'une vaine manie,
Je mesure mon vol à mon faible génie :
Plus sage en mon respect que ces hardis mortels

Qui d'un indigne encens profanent tes autels ;
Qui, dans ce champ d'honneur où le gain les amène,
Osent chanter ton nom, sans force et sans haleine ;
Et qui vont tous les jours, d'une importune voix,
T'ennuyer du récit de tes propres exploits.
L'un, en style pompeux habillant une églogue,
De ses rares vertus te fait un long prologue,
Et mêle, en se vantant soi-même à tout propos,
Les louanges d'un fat à celles d'un héros.
L'autre, en vain, se lassant à polir une rime,
Et reprenant vingt fois le rabot et la lime,
Grand et nouvel effort d'un esprit sans pareil !
Dans la fin d'un sonnet te compare au soleil.
Sur le haut Hélicon[1] leur veine méprisée
Fut toujours des neuf sœurs la fable et la risée.
Calliope[2] jamais ne daigna leur parler,
Et Pégase pour eux refuse de voler.
Cependant à les voir, enflés de tant d'audace,
Te promettre en leur nom les faveurs du Parnasse,
On dirait qu'ils ont seuls l'oreille d'Apollon,
Qu'ils disposent de tout dans le sacré vallon :
C'est à leurs doctes mains, si l'on veut les en croire,
Que Phébus[3] a commis tout le soin de ta gloire ;
Et ton nom, du midi jusqu'à l'ourse vanté,
Ne devra qu'à leurs vers son immortalité.
Mais plutôt, sans ce nom, dont la vive lumière
Donne un lustre éclatant à leur veine grossière,
Ils verraient leurs écrits, honte de l'univers,
Pourrir dans la poussière à la merci des vers.
À l'ombre de ton nom ils trouvent leur asile,
Comme on voit dans les champs un arbrisseau débile,
Qui, sans l'heureux appui qui le tient attaché,
Languirait tristement sur la terre couché.
Ce n'est pas que ma plume, injuste et téméraire,
Veuille blâmer en eux le dessein de te plaire ;
Et parmi tant d'auteurs, je veux bien l'avouer,
Apollon en connaît qui te peuvent louer ;
Oui, je sais qu'entre ceux qui t'adressent leurs veilles,
Parmi les Pelletiers on compte des Corneilles.
Mais je ne puis souffrir qu'un esprit de travers
Se donne en te louant une gêne inutile :
Pour chanter un Auguste, il faut être un Virgile :
Et j'approuve les soins du monarque guerrier
Qui ne pouvait souffrir qu'un artisan grossier
Entreprît de tracer, d'une main criminelle,
Un portrait réservé pour le pinceau d'Apelle.
Moi donc, qui connais peu Phébus et ses douceurs,
Qui suis nouveau sevré sur le mont des neuf sœurs,
Attendant que pour toi l'âge ait mûri ma muse,

1 Autre nom du Parnasse. 2 La muse la plus importante, celle de la poésie épique, et parfois de l'éloquence. 3 Autre nom d'Apollon.

Sur de moindres sujets je l'exerce et l'amuse ;
Et, tandis que ton bras, des peuples redoutés,
Va, la foudre à la main, rétablir l'équité,
Et retient les méchants par la peur des supplices,
Moi, la plume à la main, je gourmande les vices,
Et, gardant pour moi-même une juste rigueur,
Je confie au papier les secrets de mon cœur.
Ainsi, dès qu'une fois ma verve se réveille,
Comme on voit au printemps la diligente abeille
Qui du butin des fleurs va composer son miel,
Des sottises du temps je compose mon fiel :
Je vais de toutes parts où me guide ma veine,
Sans tenir en marchant une route certaine ;
Et, sans gêner ma plume en ce libre métier,
Je la laisse au hasard courir sur le papier.
Le mal est qu'en rimant, ma muse un peu légère
Nomme tout par son nom, et ne saurait se taire.
C'est là ce qui fait peur aux esprits de ce temps,
Qui tout blancs au-dehors, sont tout noirs au-dedans :
Ils tremblent qu'un censeur, que sa verve encourage,
Ne vienne en ses écrits démasquer leur visage,
Et, fouillant dans leurs mœurs en toute liberté,
N'aille du fond du puits tirer la vérité. » ●

Nicolas Boileau, **Discours au roi**, 1666

… à vous de définir la figure du poète…

Quelle image le poète veut-il donner de lui-même ? Relevez les qualités qu'il s'attribue et les exigences qu'il revendique pour son art.

L'éducateur des rois

L'éducation des princes

Depuis Platon et Aristote, on savait que la frontière entre la monarchie et la tyrannie, sa forme pervertie, était mince, et ne dépendait au fond que de la nature et la personnalité du monarque.
Le spectre de la perversion tyrannique devait aussi hanter les philosophes latins, lorsque la République se transforma de fait en monarchie : l'empereur Octave s'était octroyé avec violence un pouvoir absolu, héréditaire et divin, il était devenu *Auguste*. Auguste avait ensuite régné selon la justice et la vertu, mais l'empereur Néron, en ne suivant que ses caprices, ses passions et ses craintes, avait offert le funeste exemple

1 C'est tout le sujet de *Cinna ou la Clémence d'Auguste* de Corneille et de *Britannicus* de Racine.
2 Outre Bossuet, il faut citer Fénelon, archevêque de Cambrai, et son œuvre didactique et critique *Les Aventures de Télémaque*, à l'usage du duc de Bourgogne, le Dauphin, héritier du trône.

d'un tyran[1]. Il apparaît donc que la frontière entre la justice et la corruption d'un gouvernement dépend de la nature morale de celui qui l'exerce. Les penseurs romains se sont intéressés à cette question, en réfléchissant à la nature humaine, à ses vices naturels et à la possibilité d'une éducation philosophique des princes à la vertu. Le philosophe stoïcien Sénèque, précepteur de Néron, avait rédigé pour lui *De la clémence*, un traité qui louait les souverains tout-puissants mais justes :

> « Quelle différence y a-t-il entre un tyran et un roi (car à ne considérer que les dehors ils ont même rang et même pouvoir discrétionnaire) si ce n'est que les tyrans sévissent pour leur plaisir, les rois uniquement pour de bonnes raisons et par nécessité »
>
> Sénèque, **De la clémence**, 3e partie, chap. 9, Ier siècle de notre ère

La question se pose sensiblement de la même manière pour les penseurs politiques et moraux du siècle de Louis XIV. C'est au clergé qu'il revient d'hériter, auprès du monarque, du rôle pédagogique et moral de Sénèque, auteur et modèle très important pour le XVIIe siècle[2].

L'éloquence au service de la justice : Bossuet (1627-1704)

1 La prédication est l'activité d'enseignement moral et religieux d'un ecclésiastique, lors de discours tenus depuis la chaire des églises (sermons, oraisons, prêches). Comme telle, elle fait partie de l'art de l'éloquence : au XVIIe siècle, de grands prédicateurs comme Bossuet, Bourdaloue, Fénelon, impressionnaient le public de la cour par la spectaculaire force de persuasion de leurs interventions, auxquelles on assistait comme à de véritables spectacles. Mme de Sévigné en témoigne dans ses *Lettres*.

L'exigence de la grandeur morale des rois, qui sous-tend la littérature panégyrique, peut devenir une prescription explicite, chez les grands prédicateurs. La prédication[1] permettait de tenir devant le roi et la cour un discours sévère, fait d'admonestations et de leçons de morale, sans que toutefois le monarque puisse en être irrité : car l'ecclésiastique de cour est à la fois un pasteur et un sujet du roi. L'ecclésiastique, s'il ne se reconnaît pas comme un homme de lettres, ne manie pas moins tous les instruments de la rhétorique pour toucher et convaincre son public de la portée morale de ses discours. Jacques-Bégnigne Bossuet, évêque de Condom puis de Meaux, est l'un des plus grands prédicateurs de la cour, mais aussi un auteur à qui le style remarquable valut une nomination à l'Académie française en 1671. Il se pose de fait en chef de l'Église de France, publiant contre le protestantisme, le cartésianisme, le jansénisme, le théâtre et toutes les formes de la « corruption » du siècle. Son œuvre militante se caractérise par ce que ses contemporains (dont Boileau) nommaient le *sublime*, c'est-à-dire cette capacité d'une œuvre à élever l'âme vers les plus hautes régions de la pensée et de la beauté. Dans son défi puissant et obstiné lancé au monde moderne, Bossuet n'hésite pas, au fil de ses sermons, à mettre en garde le monarque contre la corruption, l'injustice, en un mot la tyrannie : il propose, dans son *Sermon sur les devoirs des rois*, une définition exigeante de la majesté royale.

> « Enfin, le dernier devoir des princes pieux et chrétiens, et le plus important de tous pour faire régner Jésus-Christ dans leurs États, c'est qu'après avoir dissipé les vices, à la manière que

nous avons dite, ils doivent élever, défendre, favoriser la vertu ; et je ne puis mieux exprimer cette vérité que par ces beaux mots de saint Grégoire dans une lettre qu'il a écrite à l'empereur Maurice ; c'est à Votre Majesté qu'il parle : "C'est pour cela, lui dit-il, que la puissance souveraine vous a été accordée d'en haut sur tous les hommes, afin que la vertu soit aidée, afin que la voie du ciel soit élargie, et que l'empire terrestre serve à l'empire du ciel."
N'avez-vous pas remarqué cette noble obligation que ce grand pape impose aux rois, d'élargir les voies du ciel ? [...]
Voyez comme la vertu est contrainte de marcher dans des voies serrées ; on la méprise, on l'accable : protégez-la ; tendez-lui la main, faites-vous honneur en la cherchant ; élargissez les voies du ciel, rétablissez ce grand chemin et rendez-le plus facile. Pour cela, aimez la justice : qu'aucuns ne craignent sous votre empire, sinon les méchants ; qu'aucuns n'espèrent, sinon les bons.
Ha ! Chrétiens, la justice, c'est la véritable vertu des monarques et l'unique appui de la majesté. Car qu'est-ce que la majesté ? Ce n'est pas une certaine prestance qui est sur le visage du prince et sur tout son extérieur ; c'est un éclat plus pénétrant, qui porte dans le fond des cœurs une crainte respectueuse. Cet éclat vient de la justice, et nous en voyons un bel exemple dans l'histoire du roi Salomon. "Ce prince, dit l'Écriture, s'assit sur le trône de son père, et il plut à tous." Voilà un prince aimable, qui gagne les cœurs par sa bonne grâce. Il faut quelque chose de plus fort pour établir la majesté, et c'est la justice qui le donne. Car après ce jugement mémorable de Salomon, écoutez le texte sacré : "Tout Israël, dit l'Écriture, apprit que le roi avait jugé, et ils craignirent le roi, voyant que la sagesse de Dieu était en lui." Sa mine relevée le faisait aimer, mais sa justice le fait craindre, de cette crainte de respect qui ne détruit pas l'amour, mais qui le rend plus sérieux et plus circonspect. C'est cet amour mêlé de crainte que la justice fait naître, et avec lui le caractère véritable de la majesté. » ●

Bossuet, **Sermon sur les devoirs des rois**, 1662

▶ Genres et registres

Les genres romanesques

Un certain renouveau de la tradition médiévale

Voir Moyen Âge (« La cour », p. 17)

On assiste, au début du XVIIe siècle, à une crise du genre romanesque : la tradition des anciens romans de chevalerie français est en concurrence avec les renouveaux formels du roman espagnol et italien de la Renaissance[1]. Le *Don Quichotte* de Cervantès, publié en France entre 1614 et 1618, témoigne du paradoxe : la parodie qui fige les stéréotypes chevaleresques souligne la désuétude des anciens romans, et la grandeur pathétique du chevalier à la poursuite de moulins à vent trahit la nostalgie de valeurs révolues. Il y a en France, en ce début de siècle, une tentative de réhabilitation de la chevalerie aristocratique : en 1647 encore, le très classique Chapelain rédige son épopée néo-médiévale, *La Pucelle ou la France délivrée*. Le roman est alors, jusqu'à la Fronde, le lieu d'une résistance aristocratique à la mise en place musclée de l'État moderne centralisé, résistance qui s'exprime par une aspiration aux sentiments élevés, idéalisés et purs, exprimés, dans un mélange de vers et de prose, autour de deux pôles essentiels : l'amour et l'aventure. La parution du roman pastoral d'Honoré d'Urfé, *L'Astrée*, entre 1609 et 1617[2], fait figure d'événement fondateur.

1 En particulier, venus d'Espagne, l'*Amadis de Gaule* de Rodriguez de Montalvon et l'*Amadis de Grèce* de Feliciano da Silva, dont les traductions françaises furent de grands succès. D'Italie venaient, avec une influence aussi grande, le *Roland furieux* de l'Arioste et la *Jérusalem délivrée* du Tasse. **2** D'Urfé a composé le roman en quatre copieuses parties, dont la dernière est restée inachevée. Son secrétaire, Balthasar Baro, complète la quatrième partie et en écrit une cinquième en 1627.

L'Astrée : *roman pastoral et idéal aristocratique*

Le genre pastoral remonte à l'Antiquité (Ovide, Virgile) et fut illustré à la Renaissance par l'*Arcadia* de l'Italien Sannazar (1502), la *Diana* de l'Espagnol Montemayor (1559) ou la *Galatea* de Cervantès (1585). Il met en scène des bergers raffinés dans une nature idéalisée (l'Arcadie), où ils sont confrontés aux seuls tourments amoureux, exprimés dans un langage fleuri et galant. *L'Astrée* est une somme romanesque de cinq mille pages, deux cents personnages, une quarantaine d'histoires secondaires qui se greffent autour de la principale, les amours du berger Céladon et de la bergère Astrée sur les plaines du Forez, dans la Gaule des druides du Ve siècle. Parcours initiatique où l'amant doit sublimer son désir amoureux pour mériter sa bien-aimée, le roman est un tissu complexe de thèmes, de symboles et de formes. Refuge idéal dans une époque violente et troublée, nostalgie d'un âge d'or où régnait l'harmonie entre les êtres, conception spirituelle de l'amour, *L'Astrée* reste pour plusieurs générations une source inépuisable d'inspiration : même si le genre du roman pastoral *stricto sensu* n'a guère eu de postérité, les romans précieux et héroïques de Mlle de Scudéry (*Clélie, Le Grand Cyrus*), la poésie et le théâtre de La Fontaine (*Daphné, Galatée, Astrée*) et de Molière (*La Pastorale comique*), jusqu'à certaines pages des *Aventures de Télémaque* de Fénelon, témoignent parmi tant d'autres œuvres de la vitalité de leur modèle.

Voir « Lieux » (p. 187)

« Auprès de l'ancienne ville de Lyon, du côté du soleil couchant, il y a un pays nommé Forez, qui, en sa petitesse, contient ce qui est de plus rare au reste des Gaules, car, étant divisé en plaines et en montagnes, les unes et les autres sont si fertiles, et situées en un air si tempéré que la terre y est capable de tout ce que peut désirer le laboureur. Au cœur du pays est le plus beau de la plaine, ceinte, comme d'une forte muraille, des monts assez voisins et arrosée du fleuve de Loire, qui, prenant sa source assez près de là, passe presque par le milieu, non point encore trop enflé et orgueilleux, mais doux et paisible. Plusieurs autres ruisseaux en divers lieux la vont baignant de leurs claires ondes, mais l'un des plus beaux est Lignon, qui, vagabond en son cours, aussi bien que douteux en sa source, va serpentant par cette plaine depuis les hautes montagnes de Cervières et de Chalmazel, jusques à Feurs, où Loire le recevant, et lui faisant perdre son nom propre, l'emporte pour tribut à l'Océan.

Or, sur les bords de ces délectables rivières, on a vu de tous temps quantité de bergers, qui, pour la bonté de l'air, la fertilité du rivage et leur douceur naturelle, vivent avec autant de bonne fortune, qu'ils reconnaissent peu la fortune. Et crois qu'ils n'eussent dû envier le contentement du premier siècle, si Amour leur eût aussi bien permis de conserver leur félicité que le Ciel leur en avait été véritablement prodigue. Mais, endormis en leur repos, ils se soumirent à ce flatteur, qui, tôt après, changea son autorité en tyrannie. »

Honoré d'Urfé, **L'Astrée**, première partie, livre premier, 1607

Romans réalistes, romans burlesques : un nouveau regard critique

L'année même de la parution du quatrième tome de *L'Astrée* (1627), Charles Sorel (1602-1674) publie *Le Berger extravagant*. Il y décrit les ravages que produit la lecture trop assidue des romans pastoraux sur un jeune homme moderne, qui croit pouvoir ressusciter l'âge d'or dans la région parisienne de son époque. Antihéros, Louis, qui s'est travesti en berger Lysis, ne cessera d'essuyer de cruels démentis à ses fantaisies. Dans son œuvre majeure, *L'Histoire comique de Francion* (1623), Sorel part du même principe : le jeune gentilhomme Francion, animé par la lecture des romans chevaleresques et pastoraux, est le héros d'une sorte de roman d'éducation à la réalité : voyageant à travers l'Europe, tour à tour riche et pauvre, respecté et rossé, il découvre la médiocrité des milieux sociaux et les vices des hommes. Le ton est agressif, et pratique la désillusion systématique.

Célèbre dans les salons littéraires pour son esprit incisif et acerbe, encore souligné par une assez lourde infirmité physique, premier époux de Françoise d'Aubigné, la future épouse de Louis XIV sous le titre de Mme de Maintenon, homme de théâtre et romancier, Paul Scarron (1610-1660) entreprend dans son *Roman comique* (1651-1657) une vaste démystification du genre romanesque. Récit journalier de la vie d'une troupe de théâtre ambulante, le roman mélange les registres, parodie les styles galants et héroïques, pour démasquer la gratuité artificielle de l'invention romanesque, tout en en respectant paradoxalement les traditions.

Antoine Furetière (1619-1688), le célèbre académicien à qui l'on doit le *Dictionnaire universel*, source inestimable pour la langue du XVIIe siècle, fut aussi un romancier, dont *Le Roman bourgeois* (1666) marque l'originalité. Histoires enchâssées, inventaires comptables, événements sans suite émaillent ce récit moderne par sa démarche de déconstruction. On ne voyage pas dans ce roman, on reste prisonnier d'un milieu petit-bourgeois terne et médiocre : son réalisme est un véritable défi à la littérature romanesque mondaine.

> « Au lieu de vous tromper par ces vaines subtilités [celles des grands poètes], je vous raconterai sincèrement et avec fidélité plusieurs historiettes ou galanteries arrivées entre des personnes qui ne sont ni des héros ni des héroïnes, qui ne dresseront point d'armée, ni ne renverseront point de royaumes, mais qui seront de ces bonnes gens de médiocre condition, qui vont tout doucement leur grand chemin, dont les uns seront beaux, les autres laids, les uns sages, les autres sots ; et ceux-ci ont bien la mine de composer le plus grand nombre. Cela n'empêchera pas que quelques gens de la plus haute volée ne s'y puissent reconnaître, et ne profitent de l'exemple de plusieurs ridicules dont ils pensent être fort éloignés. Pour éviter encore davantage le chemin battu des autres, je veux que la scène de mon roman soit mobile, c'est-à-dire tantôt en un quartier et tantôt en un autre de la ville ; et je commencerai par celui qui est le plus bourgeois, qu'on appelle communément la place Maubert.
> Un autre auteur moins sincère, et qui voudrait paraître éloquent, ne manquerait jamais de faire ici une description magnifique de cette place. [Suit une description de la place et de l'église des Carmes, parodique du grand style.]
> Grâce à ma naïveté, je suis déchargé de toutes ces peines, et quoique toutes ces belles choses se fassent pour la décoration du théâtre à fort peu de frais, j'aime mieux faire jouer cette comédie sans pompe et sans appareil, comme ces comédies qui se jouent chez le bourgeois avec un simple paravent. »
>
> Antoine Furetière, **Le Roman bourgeois**, 1666

Mme de La Fayette et l'élaboration de la nouvelle classique

La mutation du goût et des mentalités, dans les années 1660, conduit à l'épanouissement de la nouvelle historique et galante. Mme de La Fayette (1634-1693) est une familière de l'hôtel de Rambouillet, amie de Mme de Sévigné, de La Rochefoucauld, proche à la fois de Fouquet, de Port-Royal et de la cour. Femme et aristocrate, elle se défend d'être « un vrai auteur de profession », mais publie pourtant un court récit, *La Prin-*

cesse de Montpensier (1662), auxquels d'autres feront suite jusqu'au célèbre roman *La Princesse de Clèves* (1678), l'un des incontestables chefs-d'œuvre du genre romanesque. Issu du roman héroïque et précieux, l'art novelliste de Mme de La Fayette est une exploration de l'intériorité et de l'analyse psychologique, portée par une morale sombre, augustinienne, qui la rapproche du classicisme d'un La Rochefoucauld[1]. *La Princesse de Montpensier* fait figure de laboratoire pour *La Princesse de Clèves*: même personnage de femme mariée à un homme qu'elle estime sans l'aimer, et déchirée par une passion coupable pour un autre, qui la conduit à un tragique renoncement. Si *La Princesse de Clèves* apparaît comme une expansion de la nouvelle particulièrement brève de *La Princesse de Montpensier*, elle conserve cette même concentration extrême de l'action et du temps du récit.

Voir « Lieux » (p. 196)

1 La Rochefoucauld, qui fut du reste intimement associé au travail de son amie, au point qu'on a cru déceler çà et là, dans les nouvelles de Mme de La Fayette, la plume même du moraliste.

« Le duc de Guise, occupé du désir de venger la mort de son père et, peu après, rempli de la joie de l'avoir vengée, laissa peu à peu éloigner de son âme le soin d'apprendre des nouvelles de la princesse de Montpensier, et, trouvant la marquise de Noirmoutier, personne de beaucoup d'esprit et de beauté, et qui donnait plus d'espérances que cette princesse, il s'y attacha entièrement et l'aima avec une passion démesurée et qui dura jusques à la mort. Cependant, après que le mal de Mme de Montpensier fut venu au dernier point, il commença à diminuer. La raison lui revint et, se trouvant un peu soulagé [*sic*] par l'absence du prince son mari, elle donna quelque espérance de sa vie. Sa santé revenait pourtant avec grande peine, par le mauvais état de son esprit; et son esprit fut travaillé de nouveau, quand elle se souvint qu'elle n'avait eu aucune nouvelle du duc de Guise pendant toute sa maladie. Elle s'enquit de ses femmes si elles n'avaient vu personne, si elles n'avaient point de lettres, et, ne trouvant rien de ce qu'elle eût souhaité, elle se trouva la plus malheureuse du monde d'avoir tout hasardé pour un homme qui l'abandonnait. Ce lui fut encore un nouvel accablement d'apprendre la mort du comte de Chabanes, qu'elle sut bientôt par les soins du prince son mari. L'ingratitude du duc de Guise lui fit sentir plus vivement la perte d'un homme dont elle connaissait si bien la fidélité. Tant de déplaisirs si pressants la remirent bientôt dans un état aussi dangereux que celui dont elle était sortie. Et, comme Mme de Noirmoutier était une personne qui prenait autant de soin de faire éclater ses galanteries que les autres en prennent de les cacher, celles de M. de Guise et d'elles étaient si publiques que, tout éloignée et toute malade qu'était la princesse de Montpensier, elle les apprit de tant de côtés qu'elle n'en put douter. Ce fut le coup mortel pour sa vie. Elle ne put résister à la douleur d'avoir perdu l'estime de son mari, le cœur de son amant et le plus parfait ami qui fut jamais. Elle mourut en peu de jours, dans la fleur de son âge, une des plus belles princesses du monde, et qui aurait été sans doute la plus heureuse, si la vertu et la prudence eussent conduit toutes ses actions. »

Mme de La Fayette, **La Princesse de Montpensier**, 1662

… à vous de lire *La Princesse de Clèves*…

1 Une nouvelle historique. Vous relèverez les éléments de l'histoire de France, la peinture des mœurs de la cour d'Henri II, etc. Quel intérêt l'auteur a-t-il à ne pas situer son histoire sous le règne de Louis XIV ? Quels aspects en transparaissent pourtant ?

2 Une tradition romanesque. Vous relèverez les traits typiques du genre romanesque et galant : rencontres, conversations, épisode du portrait, etc. Y décelez-vous des restes de préciosité ?

3 Une composition rigoureuse. Vous relèverez l'alternance des récits, dialogues, portraits, etc. et la construction de l'intrigue. Vous la comparerez à l'action tragique (exposition, nœud, dénouement).

4 Une sombre analyse des passions. Vous analyserez le conflit intime de la princesse entre sa vertu et sa passion, le caractère fatal et destructeur de cette dernière. Vous comparerez cette conception de la passion à celle des *Maximes* de La Rochefoucauld et au tragique racinien. Quels en sont les points communs ?

La tragédie

De la tragi-comédie à la tragédie régulière

Depuis la fin du XVIe siècle, la tragi-comédie est un genre florissant : déjà connue chez les Latins (dieux et héros y étaient confrontés à des situations comiques), elle se transforme sous l'influence de la pastorale et du roman. Le sujet en est exclusivement amoureux, sans considération politique. C'est une sorte de tragédie irrégulière, faite de rebondissements, d'intrigues mêlées et complexes, de mélanges de tons : témoin de la mentalité baroque et de son imaginaire débordant, elle permet la démesure et les jeux d'illusions. Avec Alexandre Hardy (1572-1632), la tragi-comédie devient violente et spectaculaire. Enlèvements, viols, meurtres abondent dans les pièces de G. de Scudéry, Rotrou, Mairet, Tristan L'Hermite et du jeune Corneille. En Angleterre, dans les années 1600, le grand poète et dramaturge Shakespeare, libre de toute contrainte formelle, peut ainsi exploiter les effets spectaculaires : sa tragédie *Titus Andronicus* est peut-être l'une des plus sanglantes pièces du répertoire tragique.

Voir « Situations » (p. 171), et « L'écrivain au travail » (p. 247)

Mais, dans les années 1630, l'évolution de la sensibilité remet bientôt en question cette esthétique : il s'agit de privilégier le bon goût et le respect d'un certain nombre de critères normatifs. La querelle du *Cid*, en 1637, est exemplaire de cette mutation : tragi-comédie en 1637, la pièce est devenue « tragédie » en 1660. Les humanistes italiens de la

Le capitaine Matamore est un personnage de la comédie espagnole d'un héroïsme imaginaire et ridicule, que Corneille introduit dans *L'Illusion comique*. Ses propos orgueilleux et sa fierté belliqueuse ne sont pas sans rappeler, comme une parodie anticipée, les termes héroïques des personnages du *Cid*.

Renaissance avaient les premiers agité la question des règles de la tragédie, à la lumière des traités de poétique d'Aristote et d'Horace. Cette effervescence gagne la France, qui voit émerger la doctrine classique avec la *Lettre sur la règle des vingt-quatre heures* de Chapelain (1630). *Vraisemblance* et *bienséance* sont au cœur de la doctrine : la tragédie ne doit choquer ni la raison ni le goût, ni la morale du spectateur, pour lui permettre d'accepter l'illusion théâtrale. Pour être vraisemblable, l'action représentée doit se rapprocher au plus près des conditions réelles de la représentation : une action unique se déroulera en un lieu unique, dans les limites d'une seule journée (règle des *trois unités*). De plus, les personnages doivent avoir des agissements et des réactions vraisemblables, c'est-à-dire conformes à la situation, à leur caractère et leur rang. La vraisemblance est une exigence rationnelle ; la bienséance, qui en est inséparable, est une vraisemblance morale. La tragédie doit édifier le spectateur, mettre en scène des valeurs morales, et ne pas se complaire à la représentation gratuite du vice, de la laideur et de la violence. Elle doit inspirer au spectateur pitié et terreur, pour le purifier de ses passions dangereuses : c'est la *catharsis* d'Aristote, ou purgation des passions.

C'est sur ces bases qu'éclôt, à partir de 1634 (avec la *Sophonisbe* de Mairet), la tragédie régulière, qui concurrence la tragi-comédie et s'impose définitivement vers 1645. Pour autant, la production tragique ne cessera, en particulier chez les grands auteurs, d'entretenir un rapport ambigu, parfois conflictuel, avec la théorie. C'est le cas de Corneille.

Pierre Corneille : morale héroïque et esthétique de l'extraordinaire

La dramaturgie cornélienne repose en grande partie sur une morale héroïque aristocratique : les deux éléments principaux en sont la *générosité* et la *gloire*. Le terme « générosité », au XVIIe siècle, n'a pas le même sens qu'aujourd'hui. L'adjectif « généreux », très fréquent chez Corneille, signifie d'abord « de race noble ». Dans les années 1630, la

Louis XIV est ici représenté par Vouet à l'âge de dix ans, le bâton de maréchal à la main, en armure d'apparat sur un magnifique cheval blanc. En 1648, le jeune roi sort aguerri des troubles de la Fronde, et conforté dans l'idée que la monarchie absolue doit être renforcée. La figure royale va récupérer pour elle toute forme possible d'héroïsme, en asservissant l'aristocratie, dont *Le Cid* de Corneille exprime encore l'héroïsme menacé. Ainsi représenté glorieux à un âge si tendre, Louis XIV apparaît comme un héros extraordinaire, qui peut reprendre à son compte les vers que place Corneille dans la bouche de Rodrigue : « Je suis jeune il est vrai, mais aux âmes bien nées /La valeur n'attend pas le nombre des années » (*Le Cid*, v. 407-408)

signification du mot va acquérir une dimension morale : la générosité est la qualité d'un homme bien né qui sacrifie son bonheur personnel aux vertus morales les plus hautes. La gloire a elle aussi un sens spécifique. Désignant à l'origine la « splendeur de la majesté divine », puis celle des rois, la gloire est appliquée par Corneille aux héros tragiques, personnalités d'exception : c'est chez le héros la fière conscience de soi et l'affirmation de sa valeur propre. C'est une notion proche de celle d'orgueil, mais qui reste positive : la gloire impose au personnage – même si cela est contraire à ses goûts ou au code d'honneur – de se conformer à ses exigences intimes. La gloire, donnée psychologique du héros, se distingue en cela de l'honneur, qui est n'est dû qu'au mérite et au rang social héréditaire. Ainsi, le sentiment amoureux, hautement idéalisé sous l'influence de la tradition courtoise et de la préciosité, est chez le héros cornélien en concurrence directe avec le devoir, car la gloire exige que le héros s'affirme par l'un et l'autre. C'est la source du fameux dilemme cornélien, contradiction insurmontable

Voir « Lieux » (p. 187)

de la gloire, qui reconnaît deux valeurs suprêmes et concurrentes. Dans *Le Cid* par exemple, la « générosité » des deux amants qu'une question d'honneur familial rend ennemis s'applique aussi bien à l'honneur qu'à l'amour.

> « Ma générosité doit répondre à la tienne,
> Tu t'es en m'offensant montré digne de moi,
> Je me dois par ta mort montrer digne de toi. »
>
> Pierre Corneille, **Le Cid**, Chimène, v. 940-942, 1637

Cette contradiction proprement tragique va choquer les contemporains, comme en témoigne la querelle du *Cid*. Ce système dramaturgique produit des situations qui choquent à la fois la vraisemblance et la bienséance (Chimène est amoureuse du meurtrier de son père). Pour déjouer les critiques sans renoncer à sa dramaturgie héroïque, Corneille va chercher dans l'histoire ses sujets de tragédie. Une personnalité historique exceptionnelle a beau avoir agi de manière invraisemblable, son caractère reste vrai : la vérité historique va servir de caution à ce que les contemporains ont nommé la *vraisemblance extraordinaire*. C'est le cas de *Cinna ou la Clémence d'Auguste*, créé en 1642, qui met en scène l'empereur Auguste. Émilie, dont Auguste a fait tuer le père durant les guerres civiles, entraîne son amant Cinna et Maxime dans une conjuration contre l'empereur. Pourtant, ce dernier fait confiance aux deux hommes qui doivent l'aider à consolider un Empire menacé par les complots. Lorsque Auguste apprend la conjuration, il veut d'abord la punir sévèrement : mais il trouve *in extremis* la force de se hausser au-dessus du reste des humains et accorde sa grâce à tout le monde, suivant le principe de la clémence, vertu surhumaine mais proprement royale. Le coup de théâtre paraît invraisemblable, mais il produit un effet extraordinaire et sublime.

> « AUGUSTE
> En est-ce assez, ô Ciel, et le Sort pour me nuire
> A-t-il quelqu'un des miens qu'il veuille encor séduire ?
> Qu'il joigne à ses efforts le secours des Enfers,
> Je suis maître de moi comme de l'Univers.
> Je le suis, je veux l'être. Ô Siècles, ô Mémoire,
> Conservez à jamais ma dernière victoire,
> Je triomphe aujourd'hui du plus juste courroux
> De qui le souvenir puisse aller jusqu'à vous.
> Soyons amis, Cinna, c'est moi qui t'en convie :
> Comme à mon ennemi je t'ai donné la vie,
> Et malgré la fureur de ton lâche destin,
> Je te la donne encor comme à mon assassin.
> Commençons un combat qui montre par l'issue
> Qui l'aura mieux de nous, ou donnée, ou reçue.
> Tu trahis mes bienfaits, je les veux redoubler,
> Je t'en avais comblé, je t'en veux accabler.

Avec cette beauté que je t'avais donnée
Reçois le Consulat pour la prochaine année.
Aime Cinna, ma fille, en cet illustre rang,
Préfères-en la pourpre à celle de mon sang,
Apprends sur mon exemple à vaincre ta colère,
Te rendant un époux, je te rends plus qu'un père.

ÉMILIE

Et je me rends, Seigneur, à ces hautes bontés,
Je recouvre la vue auprès de leurs clartés,
Je connais mon forfait qui me semblait justice,
Et ce que n'avait pu la terreur du supplice,
Je sens naître en mon âme un repentir puissant,
Et mon cœur en secret me dit qu'il y consent.
Le Ciel a résolu votre grandeur suprême,
Et pour preuve, Seigneur, je n'en veux que moi-même ;
J'ose avec vanité me donner cet éclat,
Puisqu'il change mon cœur, qu'il veut changer l'État.
Ma haine va mourir, que j'ai crue immortelle,
Elle est morte, et ce cœur devient Sujet fidèle,
Et prenant désormais cette haine en horreur,
L'ardeur de vous servir succède à sa fureur.

CINNA

Seigneur, que vous dirai-je après que nos offenses
Au lieu de châtiments trouvent des récompenses ?
Ô vertu sans exemple ! Ô clémence qui rend
Votre pouvoir plus juste et mon crime plus grand. »

Pierre Corneille, **Cinna ou la Clémence d'Auguste**, acte V, scène 3, v. 1693-1732, 1642

Jean Racine : le tragique des passions

Voir « Figures » (p. 200)

Racine s'est posé, dès les premiers succès de ses tragédies, en grand rival de Corneille. C'est sous l'effet à la fois d'une ruse et d'une modification profonde de la sensibilité tragique. La ruse était double : elle consistait d'abord à ne pas prêter le flanc à la critique des doctes, en respectant scrupuleusement, en apparence, les règles classiques. Son corrélat était une adaptation très souple au public de cour, moins sensible à l'héroïsme aristocratique d'un Corneille qu'à l'analyse raffinée des passions et des faiblesses humaines, un public séduit par ce qu'il nommait la « tendresse » de Racine, loin des actions d'éclat de héros inhumains. La « simplicité d'action » et la « tristesse majestueuse » prônées dans la préface de *Bérénice* (1670) permettent le développement d'une psychologie subtile et complexe, qui prend le pas sur l'événement. L'empereur romain Titus aime l'Orientale Bérénice et veut l'épouser. Mais jamais Rome n'acceptera une reine étrangère pour impératrice. « Malgré lui, malgré elle », Titus chassera Bérénice. Les cinq actes de la tragédie ne sont, en quelque sorte, qu'une longue hésitation, dont le dénouement sera un renoncement.

« Ce n'est point une nécessité qu'il y ait du sang et des morts dans une tragédie ; il suffit que l'action en soit grande, que les acteurs en soient héroïques, que les passions y soient excitées, et que tout s'y ressente de cette tristesse majestueuse qui fait tout le plaisir de la tragédie.
Je crus que je pourrais rencontrer toutes ces parties dans mon sujet. Mais ce qui m'en plut davantage, c'est que je le trouvais extrêmement simple. Il y avait longtemps que je voulais essayer si je pourrais faire une tragédie avec cette simplicité d'action qui a été si fort du goût des anciens. »

Jean Racine, Préface de **Bérénice**, 1670

Voir « Genres et registres » (p. 237)

Voir « Lieux » (p. 196)

Mais, au-delà de la nouveauté dramaturgique de tragédies épurées à l'extrême, qui en font un sommet de l'art classique, c'est toute une conception tragique de l'homme qui se révèle dans un pessimisme sombre à l'égard des passions, que Racine a en commun avec des moralistes comme La Rochefoucauld ou Pascal. Le tragique consiste dans la fatalité des passions, dont le héros est la proie : esclaves de leur violence et de leur fureur, les personnages raciniens vivent dans un monde de fauves, où les passions ne sont qu'agression, domination et destruction. Aimer, haïr, gouverner, trahir, c'est à la fois se détruire et détruire l'autre. Le caractère dévastateur de la passion est à rapprocher d'une conception chrétienne, et en particulier janséniste, de la nature humaine[1] : l'homme, abandonné de Dieu, erre dans les ténèbres du monde, en proie à la faute originelle et héréditaire qui l'accable sans espoir de salut. Dans cette perspective, *Phèdre* apparaît comme l'aboutissement de la fatalité tragique. Épouse du roi Thésée, qu'elle croit mort, Phèdre avoue à sa confidente Œnone qu'elle aime Hippolyte, son beau-fils, qu'elle a toujours persécuté. Le terrible aveu, qui intervient au début de la tragédie, montre la puissance sacrilège de la parole, qui devient proprement l'action tragique : il s'agit pour Phèdre de dire, et de mourir.

1 Sur l'influence de la pensée janséniste sur le théâtre de Racine, la critique littéraire a beaucoup insisté (par exemple Lucien Goldmann, *Le Dieu caché*). Rapprochement pertinent et riche pour la compréhension du pessimisme tragique de Racine, ce type d'interprétation est souvent devenu systématique, et il a ses limites. Il ne peut toutefois être ignoré.

« ŒNONE
Quoi ! de quelques remords êtes-vous déchirée ?
Quel crime a pu produire un trouble si pressant ?
Vos mains n'ont point trempé dans le sang innocent ?
PHÈDRE
Grâces au ciel, mes mains ne sont point criminelles.
Plût aux dieux que mon cœur fût innocent comme elles !
ŒNONE
Et quel projet affreux avez-vous enfanté,
Dont votre cœur encor doive être épouvanté ?
PHÈDRE
Je t'en ai dit assez. Épargne-moi le reste.
Je meurs, pour ne point faire un aveu si funeste.
ŒNONE
Mourez donc, et gardez un silence inhumain.

Mais pour fermer vos yeux cherchez une autre main.
Quoiqu'il vous reste à peine une faible lumière,
Mon âme chez les morts descendra la première ;
Mille chemins ouverts y conduisent toujours,
Et ma juste douleur choisira les plus courts.
Cruelle, quand ma foi vous a-t-elle déçue ?
Songez-vous qu'en naissant mes bras vous ont reçue ?
Mon pays, mes enfants, pour vous j'ai tout quitté.
Réserviez-vous ce prix à ma fidélité ?

PHÈDRE

Quel fruit espères-tu de tant de violence ?
Tu frémiras d'horreur si je romps le silence.

ŒNONE

Et que me direz-vous, qui ne cède, grands dieux !
À l'horreur de vous voir expirer à mes yeux ?

PHÈDRE

Quand tu sauras mon crime, et le sort qui m'accable,
Je n'en mourrai pas moins, j'en mourrai plus coupable.

ŒNONE

Madame, au nom des pleurs que pour vous j'ai versés,
Par vos faibles genoux que je tiens embrassés,
Délivrez mon esprit de ce funeste doute.

PHÈDRE

Tu le veux. Lève-toi.

ŒNONE

Parlez. Je vous écoute.

PHÈDRE

Ciel ! Que lui vais-je dire ? Et par où commencer ?

ŒNONE

Par de vaines frayeurs cessez de m'offenser.

PHÈDRE

Ô haine de Vénus ! Ô fatale colère !
Dans quels égarements l'amour jeta ma mère !

ŒNONE

Oublions-les, Madame. Et qu'à tout l'avenir
Un silence éternel cache ce souvenir.

PHÈDRE

Ariane, ma sœur, de quel amour blessée,
Vous mourûtes aux bords où vous fûtes laissée !

ŒNONE

Que faites-vous, Madame ? Et quel mortel ennui
Contre tout votre sang vous anime aujourd'hui ?

PHÈDRE

Puisque Vénus le veut, de ce sang déplorable
Je péris la dernière, et la plus misérable.

ŒNONE

Aimez-vous ?

PHÈDRE

De l'amour j'ai toutes les fureurs.

ŒNONE

Pour qui ?

PHÈDRE

Tu vas ouïr le comble des horreurs.
J'aime... à ce nom fatal, je tremble, je frissonne.
J'aime...

ŒNONE

Qui ?

PHÈDRE

Tu connais ce fils de l'Amazone,
Ce prince si longtemps par moi-même opprimé.

ŒNONE

Hippolyte ! Grands dieux !

PHÈDRE

C'est toi qui l'as nommé. »

Jean Racine, **Phèdre**, acte I, scène 3, 1677

... à vous d'être confronté à l'aveu de Phèdre...

1 Relevez les allusions à la mythologie. À quoi servent-elles ?

2 Certaines mises en scène présentent Œnone comme le double de Phèdre : justifiez ce choix dans le passage.

3 L'amour est présenté comme effrayant. Expliquez pourquoi.

... à vous de lire les deux *Bérénice* : Corneille et Racine (1670)...

Lisez *Tite et Bérénice* de Corneille et *Bérénice* de Racine, qui datent de la même année, 1670, et répondez aux questions suivantes :

1 Comparez les deux intrigues, relevez les épisodes similaires et les différences, et déterminez leur complexité et leur efficacité respective. Observez le respect de la règle des trois unités dans les deux pièces. Laquelle, selon vous, les respecte le mieux ?

2 Comparez la fonction des personnages secondaires (le couple Domitian-Domitie chez Corneille, Antiochus chez Racine). Cherchez les raisons pour lesquelles les deux auteurs ont choisi de les introduire dans l'action.

3 Comparez les caractères de Bérénice et de l'empereur chez Corneille et chez Racine. Quelles en sont les différences essentielles ? Vous vous concentrerez en particulier sur les deux grandes scènes d'adieux : scène dernière de l'acte V chez Corneille, et le groupe des scènes 5, 6 et 7 du même acte chez Racine.

4 À partir de vos réponses, essayez de définir la spécificité de chacun des deux grands tragédiens et ce qui les oppose. À quel auteur êtes-vous le plus sensible, et pourquoi ?

La comédie

Présents depuis longtemps en France, les Comédiens-Italiens dirigés par Fiorelli, dit Scaramouche, s'installent à Paris en 1639. Ils partagent plusieurs théâtres avec la troupe de Molière, jouant ainsi un répertoire français adapté à leur jeu d'improvisation. Chassés par Louis XIV en 1697, ils reviennent en 1716 et influenceront encore la scène comique au XVIIIe siècle. On voit donc ici sur une même scène les grands personnages de la *commedia dell'arte* et les plus célèbres farceurs français (on peut lire leurs noms au bas du tableau). À l'extrême gauche, en habit bourgeois, Molière montre d'une main bienveillante l'association des Italiens et des Français dont il a su faire la synthèse pour créer la grande comédie.

La commedia dell'arte *et la farce*

Marie de Médicis avait fait venir à Paris de nombreuses troupes italiennes : elles doivent leurs succès à la *commedia dell'arte*. Ce genre populaire se caractérise par le jeu improvisé d'acteurs masqués, à partir d'un simple canevas, prétexte à des gags attendus, les *lazzi*. L'innovation décisive de la *commedia dell'arte* est d'avoir constitué une série de types constants, personnages très caractérisés qui circulent de pièce en pièce : Arlequin, paysan naïf, Isabelle et Léandre, les jeunes premiers, le Docteur, pédant stupide, Pantalon, le vieillard ridicule, Scapin, Scaramouche, Brighella, etc. Les personnages de la *commedia* ont profondément influencé le théâtre français, non seulement Molière, mais jusqu'au XVIIIe siècle, avec Marivaux.

La farce, héritée de la tradition médiévale, se maintient avec vitalité, comme un genre populaire typiquement français. Des acteurs bouffons, à la fois mimes, danseurs, acrobates et bonimenteurs de foire, interpellaient le public des rues pour montrer pièces courtes, « parades », satires de l'actualité, qui ne craignaient pas les effets grossiers et les lourdes plaisanteries. Cependant, le succès de la farce témoigne de la vitalité du théâtre populaire : les trois farceurs de l'hôtel de Bourgogne, Turlupin, Gros-Guillaume et Gautier-Garguille, le grand Tabarin et ses « tabarinades » sur le Pont-Neuf, le satirique Bruscambille, tous étaient des célébrités. Au point que le plus fameux de tous, Jodelet, « la perle enfarinée » interpréta les textes de grands poètes : Scarron, Thomas Corneille, Molière enfin, dans *Les Précieuses ridicules*. Au moment où la farce s'épuise, au début des années 1660, c'est précisément Molière qui prendra le relais de la tradition farcesque, l'intégrant au genre de la comédie.

« FRANCISQUINE

C'est une chose misérable d'être mariée aujourd'hui à des ivrognes et à des gens qui n'ont d'autre soin que de la cuisine ! Il y a quelque temps que je suis joint à Tabarin, [et] il est toujours aux cabarets.

TABARIN

Est-ce de moi que tu parles ? Par la mort diable, regarde ce que tu dis ! Car si tu me fâches, je me jetterai sur ta fripperie[1] et n'en bougerai de trois heures. Tu m'appelles ivrogne ! Y a-t-il homme qui vive plus de ménage[2] que moi ?

FRANCISQUINE

Vraiment oui, vous vivez de ménage : toute notre vaisselle est engagée. Maudite soit l'heure que je vous vis jamais !

TABARIN

Tu as un si beau pot ! S'il n'y a point de pied, il en faut mettre un.

FRANCISQUINE

Encore ne me sera-t-il pas permis de me plaindre ! Toujours il est autour de moi pour épier mes actions.

TABARIN

Ô la fausse chatte ! Elle demande le matou, par ma foi ! C'est l'humeur des femelles d'aujourd'hui : à peine sont-elles aussi grandes qu'un tonneau qu'elles veulent avoir le bondon[3]. Je veux faire semblant de me retirer et veiller sur ses actions. Je sais bien qu'il y a longtemps qu'elle veut me faire cornard[4] ; il faut que j'en voie l'expérience. »

Tabarin, **Farce seconde**, scène 1, 1622

1 Se jeter sur quelqu'un pour lui déchirer ses habits. 2 Jeu sur le double sens de l'expression : vivre avec économie, et vivre en gageant ses meubles. 3 Morceau de bois qui sert à percer le trou (la bonde) du tonneau. Allusion grivoise. 4 Cocu.

Corneille et la noblesse du genre comique

Jusque vers 1630, la comédie cherche son identité. Écartelée entre la farce, la *commedia dell'arte* et la *commedia sostenuta*[1], elle doit attendre une nouvelle génération d'auteurs dramatiques, stimulés par le mécénat de Richelieu : Rotrou, Mairet, Du Ryer et Corneille entendent relever le genre en le purgeant de ses grossièretés, allant jusqu'à composer des

1 La comédie italienne « soutenue » avait été un essai érudit et humaniste de relever le genre, sans grand succès

auprès du public populaire. 2 Le procédé consiste à représenter sur scène une représentation théâtrale. Par un effet de miroir, les acteurs jouent des personnages qui jouent des acteurs, etc.

pièces en cinq actes et en alexandrins, comme la tragédie. Très vite, le public cultivé de la bourgeoisie et de l'aristocratie accourt à la comédie. Le triomphe du genre se manifeste dans la tendance qu'a alors la comédie à se célébrer elle-même. Le procédé du théâtre dans le théâtre[2] témoigne à la fois de la nécessaire réflexivité d'un genre en pleine expansion, mais aussi d'une mentalité baroque qui fait de la vie un jeu d'illusions et du monde un théâtre. De nombreuses pièces aux titres évocateurs exploitent le procédé : *La Comédie des comédiens* de Gougenot et Scudéry (1630), *La Comédie sans comédie* de Quinault (1655). Même la tragédie reprend la formule, avec *Le Véritable Saint Genest* de Rotrou (1645). Mais l'incontestable chef-d'œuvre de la comédie élevée baroque reste sans doute *L'Illusion comique* de Pierre Corneille, en 1636.

« Voici un étrange monstre que je vous dédie. Le premier acte n'est qu'un prologue, les trois suivants font une comédie imparfaite, le dernier est une tragédie, et tout cela cousu ensemble fait une comédie. Qu'on en nomme l'invention bizarre et extravagante tant qu'on voudra, elle est nouvelle, et souvent la grâce de la nouveauté parmi nos Français n'est pas un petit degré de bonté. »

Pierre Corneille, dédicace de **L'Illusion comique** à Mademoiselle M. F. D. R.[1], 1639

1 On ne sait toujours pas qui se cache derrière les initiales de la dédicataire.

Pridamant recourt aux pouvoirs du magicien Alcandre pour connaître le destin de son fils Clindor, qui s'enfuit jadis devant sa sévérité. Le magicien lui découvre alors le spectacle de la vie de Clindor, représentation magique apparue dans une grotte. Les aventures galantes du fils, valet du capitaine Matamore, tournent à la tragédie : il meurt tué par son rival. Pridamant est désespéré, mais le magicien lui révèle alors la supercherie : toute cette rétrospective magique n'était qu'une représentation théâtrale, donnée par le fils devenu comédien et ses comparses. Devant les réticences du père à l'égard du métier de comédien, Alcandre conclut par un éloge vibrant du théâtre. La comédie a atteint le plus large public, et s'impose comme un genre majeur.

« ALCANDRE

Cessez de vous plaindre. À présent le théâtre
Est en un point si haut que chacun l'idolâtre,
Et ce que votre temps voyait avec mépris
Est aujourd'hui l'amour de tous les bons esprits,
L'entretien de Paris, le souhait des provinces,
Le divertissement le plus doux de nos princes,
Les délices du peuple et le plaisir des grands. »

Pierre Corneille, **L'Illusion comique**, 1639, acte V scène 5

Molière et le génie comique

La farce

C'est pour relever l'Illustre-Théâtre de l'échec des représentations de tragédies que Molière, acteur, auteur et directeur de troupe, offre des farces au public. Le 24 octobre 1658, le roi reste indifférent à *Nicomède* de Corneille, mais applaudit à la courte farce qui la suit : *Le Docteur amoureux*. Molière aura désormais le droit de partager avec la troupe des Italiens la salle du Petit-Bourbon. C'est d'abord au « premier farceur de France » que Louis XIV rend hommage en la personne de Molière, dont le comique incisif, rythmé et nerveux était soutenu par un art consommé du mime acrobatique et du masque italien. Nourri de la comédie italienne, Molière reprend et développe trois types essentiels qui traversent les différentes pièces, et dont il sera lui-même l'interprète : Mascarille, Sganarelle et Scapin, qui marquent l'évolution du genre. Mascarille (*L'Étourdi*, 1653, *Le Dépit amoureux*, 1656, *Les Précieuses ridicules*, 1659) est un véritable Italien de *commedia* : masqué, il est un virtuose de la parole et du geste, et envahit à l'excès l'espace scénique. Sganarelle, du *Médecin volant* (1658) à *Dom Juan* (1665), est un personnage complexe, qui oscille entre le grotesque et l'inquiétude. Si Molière le jouait de manière très appuyée (voix nasillarde et gesticulations), Sganarelle n'en est pas moins une sorte de double de Molière, porteur de ses angoisses et de la nécessité vitale du rire. Scapin enfin, dernier masque (*Les Fourberies de Scapin*, 1671), issu lui aussi de la *commedia*, est un type étrange : moteur presque unique de l'action, brillant, vif et drôle, Scapin étonne pourtant par la distance de son regard philosophe, indulgent et amusé face aux travers de ses contemporains. Scapin venant après le *Misanthrope*, c'était faire de la farce un regard troublant sur la comédie humaine.

Les divertissements royaux

Voir « Figures » (p. 200)

Voir « Situations » (p. 182)

On sait le caractère exceptionnel de la rencontre entre Molière et Louis XIV. Pour servir le roi, Molière imagine une sorte de spectacle total, synthèse du ballet de cour, de la pastorale, de la farce et de la comédie. Il s'associe les deux plus grands compositeurs du Grand Siècle, Jean-Baptiste Lully et Marc-Antoine Charpentier, et crée la comédie-ballet. Comédies romanesques (*La Princesse d'Élide, La Pastorale comique, Les Amants magnifiques*...), pièces à machines (*Psyché, Amphitryon*) et parfois véritables « comédies musicales » (*Monsieur de Pourceaugnac, Le Bourgeois Gentilhomme, Le Malade imaginaire*), ces productions étaient soutenues par tout le faste des spectacles de cour. Intermèdes, chants et danses se mêlent aux dialogues. Pourtant, leur lecture révèle un génie supérieur, qui parvient à hausser ensemble les ressorts de la farce et la pompe de cour à un niveau poétique exceptionnel pour ce genre hybride.

L'École des femmes, modèle des grandes comédies

Il est malaisé de parcourir en quelques lignes la complexité de chefs-d'œuvres comme *Tartuffe, L'Avare, Les Femmes savantes* ou *Le Malade imaginaire*[1]. Ces comédies reposent presque toutes sur le même type de schéma : un foyer est divisé par la lubie d'un père de famille, dont

1 Bien que *Le Malade imaginaire* soit une comédie-ballet, la dernière pièce de Molière est une œuvre inclassable, qui reprend et synthétise tous les aspects de l'art de son auteur. Dans une confusion subtile entre le théâtre et la vie, le délire pathétique de l'hypocondriaque est un ultime rempart contre la hantise, bien réelle, de la mort et de la trahison.

l'aveuglement (que ce soit dévotion, avarice, ou hypocondrie) le livre à des manipulateurs malveillants. Cette division familiale nuit aux enfants, jeunes premiers portés par l'amour vrai et naturel. Nous retiendrons la pièce où Molière trouve la structure des autres : *L'École des femmes* (1662), comédie en cinq actes et en vers, qui est à la fois peinture des mœurs et des caractères, critique sociale et éloge du naturel et de l'amour.

Arnolphe, un barbon sévère et misogyne, a enlevé la jeune Agnès, de condition modeste, pour, l'ayant laissée dans l'ignorance la plus complète du monde et de la vie, s'en faire une épouse sûre. Mais le jeune Horace est amoureux d'Agnès. Sous les yeux aveuglés d'Arnolphe, la naïve Agnès, qui a été naturellement éveillée au sentiment amoureux, déjouera tous les interdits pour répondre à l'amour d'Horace. Une suite de péripéties obligera Arnolphe a accepter le mariage. La pièce est une innovation capitale à plusieurs égards : portée par un agencement formel virtuose, qui assimile les modèles italiens, espagnols et farcesques, la comédie distille une vision du monde par laquelle Molière se fait moraliste. Il dénonce la vieille société rétrograde (où faux dévots, courtisans, médecins et bourgeois partagent le même combat contre la vie et la sincérité), et défend l'amour et le naturel, l'énergie vitale de la jeunesse, et des rapports entre sexes qui ne sont pas sans rappeler la conception des premiers précieux. C'est sans doute en partie grâce à cette défense du naturel et de la sociabilité honnête que Molière se range parmi les classiques. Cependant, on mènera la vie dure à *L'École des Femmes*. Une cabale violente, préfiguration de celle du *Tartuffe*, s'est déchaînée contre cette pièce réputée grossière, mal ficelée, malséante. Le rire, l'amour et le naturel étaient combinés de manière trop manifeste pour ne pas être la cible du parti dévot. Devant la violence des attaques, Molière riposta par une courte farce en un acte, *La Critique de l'École des femmes*, où il ridiculise ses détracteurs et fait du personnage de Dorante son propre porte-parole.

Voir « Lieux » (p. 187)

Voir « Situations » (p. 178)

« ARNOLPHE

Et ce galant, la nuit, vous a donc enhardie ?
Ah ! Coquine, en venir à cette perfidie ?
Malgré tous mes bienfaits former un tel dessein !
Petit serpent que j'ai réchauffé dans mon sein,
Et qui, dès qu'il se sent, par une humeur ingrate,
Cherche à faire du mal à celui qui le flatte !

AGNÈS

Pourquoi me criez-vous ?

ARNOLPHE

J'ai grand tort en effet !

AGNÈS

Je n'entend point de mal à tout ce que j'ai fait.

ARNOLPHE

Suivre un galant n'est pas une action infâme ?

AGNÈS

C'est un homme qui dit qu'il me veut pour sa femme ;
J'ai suivi vos leçons, et vous m'avez prêché
Qu'il se faut marier pour ôter le péché.

ARNOLPHE
Oui. Mais pour femme, moi je prétendais vous prendre ;
Et je vous l'avais fait, me semble, assez entendre.
AGNÈS
Oui. Mais, à vous parler franchement entre nous,
Il est plus pour cela selon mon goût que vous.
Chez vous le mariage est fâcheux et pénible,
Et vos discours en font une image terrible ;
Mais, las ! Il le fait, lui, si rempli de plaisirs,
Que de se marier il donne des désirs.
ARNOLPHE
Ah ! C'est que vous l'aimez, traîtresse !
AGNÈS
Oui, je l'aime.
ARNOLPHE
Et vous avez le front de le dire à moi-même !
AGNÈS
Et pourquoi, s'il est vrai, ne le dirais-je pas ?
ARNOLPHE
Le deviez-vous aimer, impertinente ?
AGNÈS
Hélas !
Est-ce que j'en puis mais ? Lui seul en est la cause ;
Et je n'y songeais pas lorsque se fit la chose.
ARNOLPHE
Mais il fallait chasser cet amoureux désir.
AGNÈS
Le moyen de chasser ce qui fait du plaisir ? » ●

Molière, **L'École des femmes**, acte V, scène 4, 1662 »]

[« « URANIE
Ce n'est pas mon sentiment, pour moi. La tragédie, sans doute, est quelque chose de beau, quand elle est bien touchée ; mais la comédie a ses charmes, et je tiens que l'une n'est pas moins difficile à faire que l'autre.

DORANTE
Assurément, Madame ; et quand, pour la difficulté, vous mettriez un *plus* du côté de la comédie, peut-être que vous ne vous abuseriez pas. Car enfin, je trouve qu'il est bien plus aisé de se guinder dans de grands sentiments, de braver en vers la Fortune, accuser les Destins, et dire des injures aux Dieux, que d'entrer comme il faut dans le ridicule des hommes, et de rendre agréablement sur le théâtre des défauts de tout le monde. Lorsque vous peignez des héros, vous faites ce que vous voulez. Ce sont des portraits à plaisir, où l'on ne cherche point de ressemblance ; et vous n'avez qu'à suivre les traits d'une imagination qui se donne l'essor, et qui souvent laisse le vrai pour attraper le merveilleux. Mais lorsque vous peignez les hommes, il faut peindre d'après nature.

On veut que ces portraits ressemblent ; et vous n'avez rien fait, si vous n'y faites reconnaître les gens de votre siècle. En un mot, dans les pièces sérieuses, il suffit, pour n'être point blâmé, de dire des choses qui soient de bon sens et bien écrites ; mais ce n'est pas assez dans les autres, il y faut plaisanter ; et c'est une étrange entreprise que celle de faire rire les honnêtes gens. »

Molière, **La Critique de l'École des femmes**, 1663, scène 6

... à vous d'examiner le cas d'Agnès...

1 De quoi l'accuse Arnolphe ? Cette accusation vous paraît-elle fondée ?

2 Cette scène montre assez la liberté d'esprit de Molière et son non-conformisme : expliquez.

3 Même si le personnage d'Arnolphe prête à rire, il attire également la pitié. Expliquez.

... à vous de lire *Dom Juan* et *Le Misanthrope*...

Dom Juan ou le Festin de pierre

1 Une pièce baroque : relevez dans la pièce les éléments qui en font un genre hybride : comédie, tragédie, pastorale, farce, pièce à machines, etc. Quels en sont les caractéristiques qui peuvent être rapprochées de l'esthétique baroque ?

2 Le couple maître-valet : comment fonctionne la relation entre Dom Juan et Sganarelle ? Quelle fonction Sganarelle remplit-il auprès de Dom Juan ? En quoi lui est-il nécessaire ?

3 Le personnage d'Elvire : comment Molière crée-t-il un contraste entre le personnage d'Elvire et les autres ? Pourquoi ?

4 Le mythe de Dom Juan : quels sont les différents aspects de la figure du libertin ? N'est-il qu'un séduteur ? En quoi le personnage atteint-il à une dimension mythique ?

Le Misanthrope ou l'Atrabilaire amoureux

1 Une comédie de mœurs : Molière dénonce le ridicule des mondains (Oronte, Acaste et Clitandre) et de leurs pratiques sociales (conversation, poésie galante, portraits). Comment s'y prend-il ?

2 Une comédie de caractères : Alceste est un atrabilaire (il est acariâtre et mélancolique) ; mais il est amoureux de tout ce qu'il déteste, la coquette et mondaine Célimène. Quels sentiments et situations crée cette contradiction ? Le comique n'est-il pas ambigu ? Où trouvez-vous des moments graves et pathétiques ?

3 Molière moraliste ? Cette comédie, qui traite des mœurs et des caractères, ne présente-t-elle pas certains traits communs avec l'écriture des moralistes ? Lesquels ?

Formes brèves des moralistes

Qu'est-ce qu'un moraliste ?

Les moralistes du XVIIe siècle ne se savent pas « moralistes » : à l'époque, le terme désigne un auteur traitant de morale, au sens normatif et didactique (comment conduire sa vie et ses actions). Ce n'est qu'en 1762 que le dictionnaire de l'Académie le définit comme un écrivain « qui traite des mœurs », c'est-à-dire des comportements humains dans une société. Ni philosophe éthique ni simple moralisateur, le moraliste classique est l'homme d'une morale avant tout descriptive : il est le peintre des hommes. Cette position d'observateur entraîne avec elle des traits caractéristiques : la distance, face à la nature humaine, qui est d'abord l'apanage d'un esprit aristocratique ; la sévérité du jugement, sous-tendue par une vision pessimiste de la condition humaine ; l'art de la peinture enfin, qui exige une plume précise, acérée, une forme aux contours parfaits, dont le style doit exprimer et la distance et la dimension d'un verdict irrévocable.

La Rochefoucauld, La Bruyère, Pascal

Maximes et sentences

La maxime, ou sentence[1], est l'expression d'une vérité morale d'ordre général, en une phrase évocatrice et assertive. Elle fleurit partout, inscription en commentaire d'image, ou insérée dans des textes plus longs, dont elle se détache par sa forme indépendante. On en trouve beaucoup par exemple dans les tragédies de Corneille, ciselées en un ou deux vers que la mémoire retient aisément.

1 Les deux termes sont voisins, puisqu'ils viennent du latin *maxima sententia*, « phrase d'un ordre supérieur, à portée générale ».

« Je suis jeune, il est vrai, mais aux âmes bien nées
La valeur n'attend pas le nombre des années. »

« À vaincre sans péril on triomphe sans gloire. »

Pierre Corneille, **Le Cid** (Rodrigue)

Les inventions de maximes et de sentences deviennent de véritables jeux mondains auxquels on participe dans les ruelles et les salons[1], et qui sont rassemblées en recueils et florilèges. Le duc de La Rochefoucauld (1613-1680), bel esprit que sa participation à la Fronde écarta à tout jamais de la cour, se prit au jeu des maximes proposé par Mme de La Sablière, corrigeant et ciselant leur expression au point d'en faire une véritable œuvre littéraire. Le succès des *Réflexions, ou maximes et sentences morales* le contraint d'en publier le recueil en 1664, sous couvert de l'anonymat qu'exigeait sa condition.

1 On trouve des maximes galantes dans la *Clélie* de Mlle de Scudéry ; Mme de La Fayette et Mme de Sablé organisent des joutes improvisées dans leurs salons.

Marie Madeleine, après avoir brûlé du feu des passions humaines, est animée de l'amour divin. La profonde méditation dans laquelle elle semble plongée, la main droite sur un crâne et le regard sur la croix, nous rappelle la vanité des choses de ce monde. Le peintre Georges de la Tour (1593-1652) est lui aussi un moraliste. À vous de chercher chez Pascal une pensée qui puisse servir de commentaire à ce tableau, *La Madeleine pénitente*.

1 L'art du portrait littéraire est omniprésent dans la littérature du XVIIe siècle. On en trouve dans la littérature précieuse, qui diffuse jusque dans la comédie : on pense aux portraits cruels de Célimène dans *Le Misanthrope* de Molière.

Voir « Lieux » (p. 192)

Caractères

Jean de La Bruyère (1645-1696) est l'homme d'un seul ouvrage : ses *Caractères ou les Mœurs de ce siècle*, publiés en 1688 en complément d'une traduction des *Caractères* de Théophraste, auteur grec (372 - env. 287 av. J.-C.) qui avait établi trente et un types moraux universels (l'impertinent, le complaisant, le stupide, etc.). La Bruyère, obscur précepteur du petit-fils de Condé, est soudainement emporté par le succès. L'œuvre frappe par sa diversité : maximes, remarques, pensées, et surtout de nombreux portraits[1] mettent en scène les vices et les travers des hommes et de leurs milieux (« De la ville », « De la cour », « Des grands », « Des esprits forts », etc.). Le « caractère », c'est cette marque imprimée, frappée comme un sceau dans la cire de l'âme : le caractère d'un individu, c'est cette forme fixe, un type, qui le détermine. La division de l'ouvrage en chapitres dissimule mal une pratique virtuose des ruptures, des discontinuités, un édifice complexe dont l'unité structurelle n'a cessé de défier les commentateurs.

Pensées et fragments

Les *Pensées* de Pascal (édition posthume en 1670) posent de manière essentielle le problème de leur unité. Les éditeurs ont rassemblé d'abondantes liasses de brouillons : réflexions, notes, phrases brèves par centaines, à côté de chapitres plus développés, le tout devant servir à l'élaboration d'un vaste projet d'apologie du christianisme. Les *Pensées* sont une étape vers la défense de la religion comme seule issue pour la tragique condition de l'homme. Si Pascal est à la fois philosophe et apologiste, il est aussi un véritable moraliste : le point de départ en est la description des « contrariétés » de l'homme dans le monde, ces contradictions profondes qui font sa misère et sa grandeur. La forme de nombreuses pensées, qui le rapproche de La Rochefoucauld, est l'instrument impitoyable d'un art de la persuasion : s'adresser aux mondains égarés par leur orgueil dans le style aristocratique et supérieur de la sentence.

Le style paradoxal des moralistes

L'enjeu de la sentence morale classique s'inscrit dans un débat rhétorique vivace depuis l'Antiquité : d'un côté l'art de la *dispositio*, qui est disposition et organisation des parties du discours en un développement argumentatif cohérent et persuasif pour la raison qui s'en trouve guidée ; de l'autre, la *rotunditas*, ce caractère clos, qui a la perfection du cercle, d'une vérité exprimée en peu de mots, à la fois définitive et infiniment ouverte pour un lecteur sommé de réfléchir sur une pensée d'autant plus longtemps que son expression est brève. Cette dimension paradoxale (expression close, interprétation ouverte) est rendue encore plus complexe par l'assemblage de « pièces détachées », chacune d'une forme achevée, et juxtaposées les unes aux autres sans transition. Si certains cercles littéraires voyaient dans cette écriture élitiste et exigeante une véritable aristocratie de l'esprit, beaucoup de contemporains en ont critiqué le caractère obscur et presque oraculaire.

Une vision pessimiste de l'homme

Le style des moralistes est au service d'une véritable anatomie psychologique : comment fonctionne l'économie des instincts et de la raison, des vices et des vertus, derrière le masque des apparences ? La Rochefoucauld, en faisant de l'amour-propre le moteur inavouable de toutes nos actions, même les plus désintéressées en apparence, souligne les mensonges essentiels de la morale mondaine et de la sociabilité. Pascal, par une démarche similaire, y perçoit les illusions dont l'homme s'aveugle lui-même pour oublier sa condition pécheresse, misérable, et mortelle. Car l'augustinisme imprègne profondément la vision qu'ont ces deux moralistes de l'homme et de ses passions.

Voir « Lieux » (p. 196)

« RÉFLEXIONS MORALES

Nos vertus ne sont, le plus souvent, que des vices déguisés.

1

Ce que nous prenons pour des vertus n'est souvent qu'un assemblage de diverses actions et de divers intérêts, que la fortune ou notre industrie savent arranger ; et ce n'est pas toujours par valeur et par chasteté que les hommes sont vaillants, et que les femmes sont chastes.

2

L'amour-propre est le plus grand de tous les flatteurs.

3

Quelque découverte que l'on ait faite dans le pays de l'amour-propre, il y reste encore bien des terres inconnues.

4

L'amour-propre est plus habile que le plus habile homme du monde.

5

La durée de nos passions ne dépend pas plus de nous que la durée de notre vie.

6

La passion fait souvent un fou du plus habile homme, et rend souvent les plus sots habiles.

7

Ces grandes et éclatantes actions qui éblouissent les yeux sont représentées par les politiques comme les effets des grands desseins, au lieu que ce sont d'ordinaire les effets de l'humeur et des passions. Ainsi la guerre d'Auguste et d'Antoine, qu'on rapporte à l'ambition qu'ils avaient de se rendre maîtres du monde, n'était peut-être qu'un effet de jalousie.

8

Les passions sont les seuls orateurs qui persuadent toujours. Elles sont comme un art de la nature dont les règles sont infaillibles ; et l'homme le plus simple qui a de la passion persuade mieux que le plus éloquent qui n'en a point.

9

Les passions ont une injustice et un propre intérêt qui fait qu'il est dangereux de les suivre, et qu'on s'en doit défier lors même qu'elles paraissent les plus raisonnables.

10

Il y a dans le cœur humain une génération perpétuelle des passions, en sorte que la ruine de l'une est presque toujours l'établissement d'une autre. »

François, duc de La Rochefoucauld, **Réflexions ou sentences et maximes morales**, 5e édition, 1678

« 166

Divertissement. – La mort est plus aisée à supporter sans y penser, que la pensée de la mort sans péril.

167

Les misères de la vie humaine ont fondé tout cela : comme ils ont vu cela, ils ont pris le divertissement.

168

Divertissement. – Les hommes n'ayant pu guérir la mort, la misère, l'ignorance, ils se sont avisés, pour se rendre heureux, de n'y point penser.

169

Nonobstant ces misères, il veut être heureux, et ne veut être qu'heureux, et ne peut ne vouloir pas l'être ; mais comment s'y prend-il ? Il faudrait, pour bien faire, qu'il se rendît immortel ; mais, ne le pouvant, il s'est avisé de s'empêcher d'y penser.

170

Divertissement. – Si l'homme était heureux, il le serait d'autant plus qu'il serait moins diverti, comme les saints et Dieu. – Oui ; mais n'est-ce pas être heureux, que de pouvoir être réjoui par le divertissement ? – Non ; car il vient d'ailleurs et de dehors ; et ainsi il est dépendant, et partant, sujet à être troublé par mille accidents, qui font les afflictions inévitables.

171

Misère. – La seule chose qui nous console de nos misères est le divertissement, et cependant c'est la plus grande de nos misères. Car c'est cela qui nous empêche principalement de songer à nous, et qui nous fait perdre insensiblement. Sans cela, nous serions dans l'ennui, et cet ennui nous pousserait à chercher un moyen solide d'en sortir. Mais le divertissement nous amuse, et nous fait arriver insensiblement à la mort. »

Blaise Pascal, **Pensées**, 1re édition, posthume, 1670

... à vous d'écrire à la manière des moralistes...

1 Pour comprendre le style de La Rochefoucauld, essayez, dans les maximes citées, de retrancher ou d'ajouter un mot de votre choix. Que se passe-t-il alors ? Décrivez le changement produit dans la phrase.

2 Expérimentez le style paradoxal ! Reprenez quelques maximes ou pensées de votre choix, et transformez-les en leur contraire, lorsque c'est possible (exemple : *Nos vertus ne sont, le plus souvent, que des vices déguisés* → « Nos vices ne sont, le plus souvent, que des vertus déguisées »). Est-ce que ces phrases font encore sens ?

3 Après avoir tiré des conclusions des exercices précédents, essayez vous aussi d'écrire des maximes, en exprimant votre jugement sur un sentiment, une qualité ou un défaut (par exemple la jalousie, la colère, la générosité, la méchanceté, etc.).

Contes et fables : le récit et sa moralité

La didactique classique entend enseigner la morale par l'exemple. La forme de la fable (ou apologue) et celle du conte permettent une combinaison entre un court récit et une moralité, énoncé moral d'ordre général dont l'histoire est une illustration. Le conte et la fable, avec toutes leurs séductions et leurs ambiguïtés, sont des genres brefs particulièrement adaptés à l'écriture moraliste. Les *Contes* de Perrault et les *Fables* de La Fontaine devaient jouir d'un grand succès mondain au XVIIe siècle, et d'un succès populaire jamais démenti jusqu'à nos jours.

De la culture populaire à la culture savante : les *Contes* de Perrault

Voir « Variations » (p. 251)

Charles Perrault (1628-1703), issu d'une puissante famille bourgeoise imprégnée de jansénisme, fut un homme considérable en son temps ; associé à la politique culturelle de Louis XIV (académies et bâtiments) jusqu'à la chute de Colbert, il consacre le reste de sa vie à faire l'apologie du siècle et à défendre le parti des Modernes. Il publie en 1694 des contes en vers, puis les célèbres *Contes du temps passé* et *Contes de ma mère l'Oye*. Il n'est plus besoin aujourd'hui de présenter *La Belle au bois dormant, Le Petit Chaperon rouge, Barbe-Bleue* ou *Cendrillon*. Le conte littéraire du XVIIe siècle est, comme les autres genres moralistes, issu de la préciosité littéraire : brièveté de la forme, fausse naïveté, art du sous-entendu, passage de la culture populaire à la littérature savante, le conte propose une morale dont il faut souvent se méfier, car le récit qui l'illustre en déborde toujours l'enseignement explicite, plus équivoque, traversé par des archétypes qui suggèrent les structures les plus profondes du désir et de la peur[1].

Voici les deux moralités qui concluent *Barbe-Bleue* :

1 C'est pour cette raison que la psychanalyse fera des contes un objet considérable de ses investigations : voir la *Psychanalyse des contes de fées* de Bruno Bettelheim.

« MORALITÉ
La curiosité malgré tous ses attraits,
Coûte souvent bien des regrets ;
On en voit tous les jours mille exemples paraître.
C'est, n'en déplaise au sexe, un plaisir bien léger ;
Dès qu'on le prend il cesse d'être,
Et il coûte trop cher. »
« AUTRE MORALITÉ
Pour peu qu'on ait l'esprit sensé,
Et que du Monde on sache le grimoire,
On voit bientôt que cette histoire
Est un conte du temps passé ;
Il n'est plus d'Époux si terrible,
Ni qui demande l'impossible,
Fût-il malcontent et jaloux.
Près de sa femme on le voit filer doux ;
Et de quelque couleur que sa barbe puisse être,
On a peine à juger qui des deux est le maître. »

Charles Perrault, **La Barbe-Bleue**, 1695-1697

… à vous de lire un conte et ses moralités…

Lisez *Barbe-Bleue* et montrez en quoi il illustre les moralités. Vous vous demanderez pourquoi Charles Perrault a proposé deux moralités : sont-elles de même nature ? Est-ce que ce sont les deux seules morales possibles pour ce conte ? Essayez d'en formuler une troisième.

Les *Fables* de La Fontaine

Leur vaste publication, entre 1668 et 1693, témoigne chez La Fontaine d'un travail de composition qui s'étend sur plus de trente ans : le poète, qui s'est essayé à tous les genres, a trouvé dans la fable (qu'il hérite des fabulistes antiques comme Ésope ou Phèdre, mais aussi des traditions orientales) un genre d'élection, qu'il renouvelle et diversifie sans cesse, pour livrer un vaste tableau des mœurs, des caractères et des sociétés : animaux, humains, êtres mythiques, objets sont une foule de personnages mis en scène dans de véritables miniatures, dont la liberté et la perfection formelles, l'esprit profond et léger à la fois, ne cessent de fasciner.
La fable « Le pouvoir des fables » (1678) est précédée d'une dédicace en vers à M. de Barillon, ambassadeur de France en Angleterre, insistant sur la nécessité de la lire alors que la guerre menace entre les deux pays.

1 La Fontaine omet l'*s* final pour obtenir un alexandrin.

« Dans Athène[1] autrefois, peuple vain et léger,
Un orateur voyant sa patrie en danger,
Courut à la tribune, et d'un art tyrannique
Voulant forcer les cœurs dans une république,

Il parla fortement sur le commun salut.
On ne l'écoutait pas : l'orateur recourut
À ces figures violentes
Qui savent exciter les âmes les plus lentes.
Il fit parler les morts, tonna, dit ce qu'il put.
Le vent emporta tout ; personne ne s'émut.
L'animal aux têtes frivoles[2],
Étant fait à ces traits, ne daignait l'écouter.
Tous regardaient ailleurs : il en vit s'arrêter
À des combats d'enfants, et point à ses paroles.
Que fit le harangueur ? Il prit un autre tour.
"Cérès, commença-t-il, faisait voyage un jour
Avec l'anguille et l'hirondelle ;
Un fleuve les arrête, et l'anguille en nageant,
Comme l'hirondelle en volant,
Le traversa bientôt." L'assemblée à l'instant,
Cria tout d'une voix :»Et Cérès, que fit-elle ?
– Ce qu'elle fit ? Un prompt courroux
L'anima d'abord contre vous.
Quoi ! de contes d'enfants son peuple s'embarrasse !
Et du péril qui le menace
Lui seul entre les Grecs il néglige l'effet !
Que ne demandez-vous ce que Philippe fait ?"
À ce reproche l'assemblée,
Par l'apologue réveillée,
Se donne entière à l'orateur :
Un trait de fable en eut l'honneur.
Nous sommes tous d'Athène en ce point, et moi-même,
Au moment que je fais cette moralité,
Si *Peau d'âne*[3] m'était conté,
J'y prendrais un plaisir extrême.
Le monde est vieux, dit-on, je le crois ; cependant
Il le faut amuser encor comme un enfant. »

Jean de La Fontaine, **Fables**, livre VIII, 4, « Le pouvoir des fables », extrait, 1678

2 La foule, le peuple. 3 La Fontaine fait ici allusion au conte populaire, et non à la version de Perrault, qui date de 1694 seulement.

« Un homme qui s'aimait sans avoir de rivaux
Passait dans son esprit pour le plus beau du monde.
Il accusait toujours les miroirs d'être faux,
Vivant plus que content dans son erreur profonde.
Afin de la guérir, le sort officieux
Présentait partout à ses yeux
Les conseillers muets dont se servent nos dames :
Miroirs dans les logis, miroirs chez les marchands,
Miroirs aux poches des galants,
Miroirs aux ceintures des femmes.
Que fait notre Narcisse ? Il se va confiner
Aux lieux les plus cachés qu'il peut imaginer,
N'osant plus des miroirs éprouver l'aventure.

L'art des moralistes est comme un miroir tendu à la vanité des hommes. La Fontaine parle ainsi de La Rochefoucauld dans sa fable « L'homme et son image ». André Gide, dans son *Journal*, dit à propos de La Bruyère : « si claire est l'eau de ses bassins, qu'il faut se pencher longtemps au-dessus pour en comprendre la profondeur ». Le Caravage (1573-1610) propose avec la représentation du mythe de Narcisse, l'allégorie de la vanité : malgré la pureté du reflet et la pâleur du personnage, le tableau est envahi par l'obscurité, et il s'en dégage une profonde mélancolie. Peintre moraliste, Le Caravage a montré à son siècle une vérité que celui-ci a refusé de voir, au point qu'il lui fit le reproche paradoxal d'avoir cultivé la laideur.

Mais un canal, formé par une source pure,
Se trouve en ces lieux écartés ;
Il s'y voit ; il se fâche ; et ses yeux irrités
Pensent apercevoir une chimère vaine.
Il fait tout ce qu'il peut pour éviter cette eau.
Mais quoi ! le canal est si beau
Qu'il ne le quitte qu'avec peine.
On voit bien où je veux venir.
Je parle à tous ; et cette erreur extrême
Est un mal que chacun se plaît d'entretenir.
Notre âme, c'est cet homme amoureux de lui-même ;
Tant de miroirs, ce sont les sottises d'autrui,
Miroirs, de nos défauts les peintres légitimes ;
Et quant au canal, c'est celui
Que chacun sait, le livre des *Maximes*. »

Jean de La Fontaine, **Fables**, livre I, 11,
« L'homme et son image. Pour M. L. D. D. L. R.[1] », 1668

1 Pour Monsieur le duc de La Rochefoucauld.

… à vous de mettre ces fables en perspective…

1 Parmi l'abondante production de fables, nous venons d'en lire deux qui frappent par leur caractère réflexif :

– La Fontaine donne à réfléchir sur la puissance de l'écriture moraliste ;

– Il établit même un lien entre son art de fabuliste et celui de la maxime et du conte.
Justifiez ces deux affirmations.

2 Lire un groupement de fables de La Fontaine.

• Voici une proposition de lecture d'un groupement de fables où un lion est mis en scène : « La Génisse, la Chèvre et la Brebis, en société avec le lion », I, 6 ; « Le Lion et le Moucheron », II, 9 ; « Le Lion et le Rat », II, 11 ; « Le Lion devenu vieux », III, 14 ; « Les animaux malades de la peste », VII, 1 ; « La Cour du Lion », VII, 7.

• Le lion, roi des animaux, peut représenter le roi ou les puissants de ce monde. Lisez ce groupement (que vous pouvez compléter par d'autres fables où un lion apparaît) et dites quelle image La Fontaine donne du pouvoir, du roi et de la Cour. Toutes ces fables disent-elles la même chose ? Montrez leur complémentarité, leurs différences, voire leurs contradictions.

3 Choisissez dans les *Fables* d'autres animaux qui reviennent fréquemment (le loup, l'âne, le renard, le singe, etc.). Faites le même travail que pour le lion : que peut représenter l'animal que vous avez choisi ?

▶ L'écrivain au travail

Corneille et les variantes du *Cid*

Le Cid *de 1637 à 1660*

Voir « Situations » (p. 171) et « Genres et registres » (p. 222)

1 Il faut donc toujours se demander, en lisant *Le Cid*, quelle édition a été choisie par les éditeurs : Folio donne le texte original de 1637, Hachette la dernière version, de 1682. Trente-cinq ans séparent ces deux textes ! 2 Les principales pièces du « procès » sont, pour l'accusation : Georges de Scudéry, *Observations sur le* Cid, (1637), et les *Sentiments de l'Académie française sur la tragi-comédie du Cid* (1637).

En 1637, la création du *Cid* a suscité, on l'a vu, une levée de boucliers de la toute nouvelle génération des tenants de la doctrine classique. La querelle du *Cid* a obligé Corneille à tenir compte de l'avis des doctes, relayés par une Académie de plus en plus puissante, mais aussi à préserver, et même à affirmer sa liberté créatrice. Aussi les variantes de la pièce témoignent-elles de cette tension, et aident à comprendre la méthode de travail de Corneille. Pour aller vite, disons qu'il y a deux états du *Cid* : celui de l'édition originale de 1637, avec ses variantes jusqu'en 1657, qui est qualifié par son auteur de « tragi-comédie » ; l'autre, entériné par la première édition des œuvres complètes, établie par Corneille lui-même en 1660, auxquelles on peut ajouter des variantes ultérieures[1]. Entre les deux, 448 vers ont fait l'objet d'une récriture, soit le quart environ de la pièce, qui s'est allégée au passage de 26 vers. Il est frappant d'observer que ces modifications, quoique relativement nombreuses, ne touchent pas à la structure de l'œuvre et aux choix essentiels du dramaturge : le primat du vrai sur le vraisemblable, et du plaisir sur la règle – c'eût été, pour Corneille, se déjuger. Celui-ci a cédé sur des points superficiels, feignant de ne pas voir que de ses détracteurs avaient remis en question la nature même de sa tragi-comédie[2].

L'exposition : malséante ou maladroite ?

Le rideau se lève sur un entretien familier entre le comte et Elvire. Cette rencontre entre un grand seigneur et une suivante déplut : elle est indigne du rang du comte, donc invraisemblable. De plus, elle oblige à une redite dans la deuxième scène, puisque Elvire doit rapporter sa conversation à Chimène : une véritable exposition doit renseigner le spectateur, plus que les personnages. En 1660, Corneille a refondu les deux scènes en une seule, entre Chimène et Elvire : le compte rendu de son entrevue avec le comte informe à la fois le spectateur et le personnage, et la bienséance sociale est préservée. C'est en dramaturge que Corneille a réagi, en concentrant l'exposition : outre qu'il s'épargne des redites, il développe l'importance de Chimène, présente dès la première scène, et suggère l'urgence de son amour pour Rodrigue, cette pomme de discorde de la querelle.

Une scène de tragi-comédie

La scène 5 de l'acte IV exploite les ressorts de la tragi-comédie : le roi annonce la mort de Rodrigue à Chimène, pour la contraindre à trahir son amour pour lui. Le stratagème de la « fausse mort » est un procédé courant dans la tragi-comédie et même la comédie (jusqu'à la magnifique scène du *Malade imaginaire* de Molière). Qu'un roi l'emploie ici indigne Scudéry :

« Le Roi s'y sert de la plus méchante finesse du monde, et malgré ce que le Théâtre demande de sérieux en cette occasion, il fait agir ce sage Prince, comme un enfant qui serait bien enjoué [...] en un mot, le Poète lui ôte sa Couronne de dessus la tête, pour la coiffer d'une Marote. »

Georges de Scudéry, **Observations sur le Cid**, 1637

Que fait Corneille ? Loin de supprimer le principe dramatique de la scène, il se contente d'une pirouette. En 1637, le roi demandait à Don Diègue de jouer avec lui, en ces termes : « Contrefaites le triste » (v. 1347). En 1660, il se reprend : « Montrez un œil plus triste. » La première version relevait d'un véritable langage de théâtre : contrefaire, c'est-à-dire faire semblant, prendre un masque, jouer. Quant au « triste », cela sonne comme un type de comédie (le triste, le joyeux, le sot...). En « montrant un œil plus triste », Don Diègue reprend sa dignité : le regard est noble, sans masque, et l'expression n'est plus qu'une question de degré (plus triste), non pas de mensonge. Beau stratagème...

Le procès de Chimène

C'est autour de Chimène que les emportements de Scudéry se sont déchaînés : une fille bien née qui aime encore celui qui est devenu l'assassin de son père !

« L'on y voit une fille dénaturée ne parler que de ses folies, lors qu'elle ne doit parler que de son malheur, plaindre la perte de son Amant, lors qu'elle ne doit songer qu'à celle de son père ; aimer encore ce qu'elle doit abhorrer ; souffrir en même temps, et en même maison, ce meurtrier et ce pauvre corps ; et pour achever cette impiété, joindre sa main à celle qui dégoutte encore du sang de son père. »

Georges de Scudéry, **Observations sur le Cid**, 1637

On voit jusqu'où va l'accusation de malséance, qui est plus qu'une simple invraisemblance technique. Le vocabulaire est fortement moral : dénaturation, folie, impiété. Devant une telle violence critique, Corneille doit céder plus avant : il supprime les vers où s'exprime avec trop d'éclat le paradoxe de Chimène, lorsqu'elle croit (encore une fois) que Rodrigue est mort de la main de Don Sanche, qui voulait la venger, et l'empêche de s'expliquer (acte V, scène 5) :

« Que veux-tu que j'écoute ?
Après ce que je vois puis-je être encore en doute ?
J'obtiens pour mon malheur ce que j'ai demandé,
Et ma juste poursuite a trop bien succédé[1].
Pardonne, cher amant[2], à sa rigueur sanglante,

1 Réussi. **2** Elle s'adresse à la mémoire de Rodrigue.

Songe que je suis fille aussi bien comme amante,
Si j'ai vengé un père aux dépens de ton sang,
Du mien pour te venger j'épuiserai mon flanc.
Mon âme désormais n'a rien qui la retienne,
Elle ira recevoir ce pardon de la tienne.
Et toi[3] qui me prétends acquérir par sa mort,
Ministre déloyal de mon rigoureux sort,
N'espère rien de moi, tu ne m'as point servie,
En croyant me venger tu m'as ôté la vie. »

3 À Don Sanche.

Ceux qui ont condamné ces vers ont préféré la bienséance à leur violence tragique, qui fait l'intérêt et la complexité du personnage. Faut-il rappeler que, trente ans plus tard, en 1667, le très classique Racine reprendra le même paradoxe tragique dans *Andromaque* ? Hermione, amoureuse de Pyrrhus, exige d'Oreste, dans sa fureur, d'aller tuer celui qu'elle aime. L'acte accompli, elle maudit son vengeur :

« Ah ! Fallait-il croire une amante insensée ?
Ne devais-tu pas lire au fond de ma pensée ?
Et ne voyais-tu pas dans mes emportements
Que mon cœur démentait ma bouche à tous moments ?
Quant je l'aurais voulu, fallait-il y souscrire ? »

Jean Racine, **Andromaque**, acte V, scène 3, 1667

Le procès du mariage

Que Chimène soit « une Furie » (Scudéry), c'est une chose ; mais que tous s'accordent, au dénouement, à l'idée d'un mariage avec le meurtrier de son père, c'est au-delà de l'acceptable. Corneille doit plier un peu sur ce point, mais sans renier son attachement à la vérité :

« Pour ne pas contredire l'Histoire, j'ai cru ne me pouvoir dispenser d'en jeter quelque idée [du mariage], mais avec l'incertitude de l'effet, et ce n'était que par là que je pouvais accorder la bienséance du Théâtre avec la vérité de l'événement. »

Pierre Corneille, **Examen du Cid**, 1660

En 1637, Chimène ne demandait qu'un délai. En 1660, elle explicite « l'incertitude » d'une telle possibilité. De plus, Corneille renonce à un parallèle abrupt entre le lit nuptial et le cercueil paternel (vers en italique) : l'image était forte, baroque, mais pouvait difficilement être conservée.

« Mais à quoi que déjà vous m'ayez condamnée,
Sire, quelle apparence à ce triste Hyménée[1],
Qu'un même jour commence et finisse mon deuil,
Mette en mon lit Rodrigue, et mon père au cercueil ?

1 Mariage.

2 Complicité.

C'est trop d'intelligence[2] avec son homicide,
Vers ses Mânes sacrés c'est me rendre perfide,
Et souiller mon honneur d'un reproche éternel ;
D'avoir trempé mes mains dans le sang paternel. »

Le Cid, 1637

« Mais à quoi que déjà vous m'ayez condamnée,
Pourrez-vous à vos yeux souffrir cet Hyménée ?
Et quand de mon devoir vous voulez cet effort,
Toute votre justice en est-elle d'accord ?
Si Rodrigue à l'État devient si nécessaire,
De ce qu'il fait pour vous dois-je être le salaire
Et me livrer moi-même au reproche éternel
D'avoir trempé mes mains dans le sang paternel ? »

Le Cid, 1660

Corneille et l'esthétique du plaisir

Partout dans les textes liminaires, on sent Corneille pris entre la nécessité de céder aux doctes et celle de défendre sa liberté. Aux fondements de son choix de la vérité contre la vraisemblance, de la vraisemblance extraordinaire contre la bienséance, il y a une esthétique du primat du plaisir sur la règle. En homme de théâtre, Corneille entend en réalité n'avoir à répondre que devant son public. À propos de la choquante entrevue entre les deux amants (acte III, scène 4), il s'en explique avec force :

« Les deux visites que Rodrigue fait à sa maîtresse ont quelque chose qui choque cette bienséance de la part de celle qui les souffre ; la rigueur du devoir voulait qu'elle refusât de lui parler ; mais permettez-moi de dire avec un des premiers esprits de notre siècle [l'abbé d'Aubignac], "que leur conversation est remplie de si beaux sentiments, que plusieurs n'ont pas connu ce défaut, et que ce qui l'ont connu l'ont toléré". J'irai plus outre, et dirai que tous presque ont souhaité que ces entretiens se fissent ; et j'ai remarqué aux premières représentations qu'alors que ce malheureux amant se présentait devant elle, il s'élevait un certain frémissement dans l'assemblée, qui marquait une curiosité merveilleuse et un redoublement d'attention pour ce qu'ils avaient à se dire dans un état si pitoyable. Aristote dit qu'"il y a des absurdités qu'il faut laisser dans un poème, quand on peut espérer qu'elles seront bien reçues ; et il est du devoir du poète, en ce cas, de les couvrir de tant de brillants qu'elles puissent éblouir." »

Pierre Corneille, **Examen du Cid**, 1660

▶ Variations

Anciens et Modernes : le XVIIe siècle et l'Antiquité

La querelle des Anciens et des Modernes

On a du mal à imaginer aujourd'hui l'importance et la vivacité de la querelle des Anciens et des Modernes. Née au début du XVIIe siècle, elle le parcourt entièrement, au gré des polémiques particulières, et s'épuise peu à peu, tard dans le XVIIIe siècle. Pour être précis, les Anciens sont non seulement les partisans des auteurs antiques, grecs et latins, mais ils tiennent aussi l'Antiquité pour une époque de si haute civilisation que tout le reste des temps postérieurs n'a jamais pu, à leurs yeux, atteindre à une telle perfection. Les Modernes, ou partisans de la modernité, reconnaissent plus ou moins les qualités de la civilisation gréco-latine, mais se rejoignent tous sur l'idée que l'histoire est en progrès, et que le XVIIe siècle, siècle moderne par excellence, est lui-même un apogée, un sommet de civilisation insurpassé, et sans doute insurpassable dans l'avenir. On voit dès l'abord qu'une telle polémique ne manque pas d'être complexe, pour ce qu'elle engage non seulement les arts, mais aussi des conceptions de l'histoire et de la temporalité radicalement opposées.

Le décor du prologue d'*Atys*, opéra de Lully, montre l'allégorie du Temps dans son palais rempli de personnages mythologiques. À l'arrière-plan, une perspective de colonnade rappelle l'Antiquité. Le Temps chante la gloire de Louis XIV, sous la plume de Quinault, partisan des Modernes : *En vain j'ai respecté la célèbre mémoire / Des Héros des siècles passés ; / C'est en vain que leurs noms, si fameux dans l'histoire, / Du sort des noms communs on été dispensés ; / Nous voyons un Héros dont la brillante gloire / Les a presque tous effacés.*

La notion de progrès

1 Nous reprendrons la terminologie du temps, et entendrons par Anciens les partisans des auteurs antiques, et Modernes, les partisans des auteurs contemporains.
Voir « Genres et registres » (p. 237)

Pour les Anciens[1], le temps qui passe correspond à une déperdition. Face à l'image idéale qu'ils ont de la civilisation antique, les hommes et les arts d'aujourd'hui semblent bien corrompus, bien médiocres. Leur opinion est fondée sur l'idée d'une lente et vaste décadence des mœurs et du goût. Lorsque La Bruyère publie *Les Caractères ou les Mœurs de ce siècle*, en 1688, il les place à la suite des *Caractères* de Théophraste. La première remarque de l'ouvrage donne le ton : non seulement l'écrivain ne pourra faire mieux que son modèle antique, mais surtout le siècle lui-même est corrompu – et c'est là tout le propos critique de l'œuvre. Plus profondément encore, La Bruyère date le début de la décadence de l'origine même de l'humanité. Le temps n'est lui-même que corruption :

> « 1. – Tout est dit et l'on vient trop tard depuis plus de sept mille ans qu'il y a des hommes et qui pensent. Sur ce qui concerne les mœurs, le plus beau et meilleur est enlevé ; l'on ne fait que glaner après les Anciens et les habiles d'entre les modernes. »
>
> Jean de La Bruyère, **Les Caractères**, 1688

Pour un moderne comme Charles Perrault, au contraire, le monde est en perpétuel progrès : non seulement la nature, toujours égale à elle-même, n'a aucune raison de décliner, mais l'expérience que les hommes accumulent est source d'améliorations certaines. Aux fondements de la vision progressiste de Perrault, il y a une vaste dimension apologétique, qui se concentre sur le siècle de Louis XIV : le XVIIe siècle n'est-il pas celui du « plus grand Roi du Monde » ?

Voir « Figures » (p. 200)

> « Quels pouvoirs n'auraient pas tant de grâces nouvelles ?
> Tout art n'est composé que des secrets divers
> Qu'aux hommes curieux l'usage a découverts,
> Et cet utile amas des choses qu'on invente,
> Sans cesse chaque jour ou s'épure ou s'augmente.
> Ainsi les humbles toits de nos premiers aïeux,
> Couverts négligemment de joncs et de glaïeux,
> N'eurent rien de pareil en leur architecture
> À nos riches palais d'éternelle structure ;
> Ainsi le jeune chêne en son âge naissant
> Ne se peut comparer au chêne vieillissant
> Qui jetant sur la terre un spacieux ombrage
> Avoisine le ciel de son vaste branchage.
> Mais c'est peu, dira-t-on, que par un long progrès
> Le Temps de tous les arts découvre le secret,
> La Nature affaiblie en ce siècle où nous sommes
> Ne peut plus enfanter de ces merveilleux hommes
> Dont avec abondance, en mille endroits divers,
> Elle ornait les beaux jours du naissant univers,

Et que tout pleins d'ardeur, de force et de lumière,
Elle donnait au monde en sa vigueur première.
À former les esprits comme à former les corps,
La Nature en tous temps fait les mêmes efforts,
Son être est immuable, et cette force aisée
Dont elle produit tout ne s'est point épuisée ;
Jamais l'astre du jour qu'aujourd'hui nous voyons,
N'eut le front couronné de plus brillants rayons,
Jamais dans le printemps les roses empourprées
D'un plus vif incarnat ne furent colorées ;
Non moins blanc qu'autrefois brille dans nos jardins
L'éblouissant émail des lis et des jasmins,
Et dans le siècle d'or la tendre Philomèle[1],
Qui charmait nos aïeux de sa chanson nouvelle,
N'avait rien de plus doux que celle dont la voix
Réveille les échos qui dorment dans nos bois ;
De cette même main les forces infinies
Produisent en tous temps de semblables génies.
Les siècles, il est vrai, sont entre eux différents,
Il en fut d'éclairés, il en fut d'ignorants ;
Mais si le règne heureux d'un excellent Monarque
Fut toujours de leur prix et la cause et la marque,
Quel siècle pour ses rois, des hommes révéré,
Au siècle de LOUIS peut être préféré ?
De LOUIS qu'environne une gloire immortelle,
De LOUIS des grands rois le plus parfait modèle. »

Charles Perrault, **Le Siècle de Louis le Grand**, extrait, 1687

1 Jeune fille qui fut changée en rossignol (Ovide, *Les Métamorphoses*).

Autorité et liberté

C'est sous-tendues par cette différence de sensibilité à la temporalité que se sont développées les polémiques autour de la précellence des lettres anciennes sur les modernes. La littérature du XVIIe siècle est tout entière nourrie de la question de l'autorité des anciens, et de la nature du rapport qu'il faut établir au modèle antique. Le problème devient complexe lorsque l'on considère que la polémique ne fait que masquer la possibilité d'une distinction entre les bons et les mauvais auteurs d'aujourd'hui. Car si l'on peut mieux faire que les anciens, encore faut-il le prouver. Derrière l'ancien et le moderne, la littérature court le risque de trouver le pâle imitateur et le plumitif à la mode. N'est pas progressiste qui l'on croit : en effet, la « fureur » de la modernité conduit aux pires excès du mauvais goût, tandis qu'un auteur conscient de son héritage est dans une situation de concurrence et d'émulation. Nommons quelques Anciens : Mme de La Fayette, La Rochefoucauld, La Bruyère, Bossuet, Boileau, Racine, La Fontaine[1]... Pour aucun de ces auteurs il ne peut être question de la redite superflue de chefs-d'œuvres passés. À l'instar de Corneille, qui n'entendait respecter les règles aristotéliciennes que pour autant qu'elles n'entravent pas son génie dramatique, les grands auteurs

1 L'analyse devrait préciser la place et la spécificité de chacun de ces auteurs dans la querelle. Nous ne faisons qu'indiquer des tendances générales.

sont toujours ceux qui pratiquent la synthèse entre l'autorité légitime des anciens et leur liberté propre.

L'évêque de Soissons est un érudit reconnu pour sa profonde connaissance de l'Antiquité, ami à la fois de Boileau et de Perrault. La Fontaine a choisi cet illustre destinataire pour prendre position, de manière personnelle, dans la querelle.

« Je vous fais un présent capable de me nuire.
Chez vous Quintilien s'en va tous nous détruire ;
Car enfin qui le suit ? Qui de nous aujourd'hui
S'égale aux Anciens tant estimés chez Lui ?
Tel est mon sentiment, tel doit être le vôtre.
Mais si notre suffrage en entraîne quelque autre,
Il ne fait pas la foule ; et je vois des auteurs
Qui, plus savants que moi, sont moins admirateurs.
Si nous les en croyons, on ne peut sans faiblesse
Rendre hommage aux esprits de Rome et de la Grèce :
"Craindre ces écrivains ! On écrit tant chez nous !
La France excelle aux arts, ils y fleurissent tous ;
Notre prince avec art nous conduit aux alarmes,
Et sans art nous louerions le succès de ses armes !
Dieu désapprendrait-il à former des talents ?
Les Romains et les Grecs sont-ils seuls excellents ?"
Ces discours sont fort beaux, mais fort souvent frivoles :
Je ne vois point l'effet répondre à ces paroles ;
Et, faute d'admirer les Grecs et les Romains,
On s'égare en voulant tenir d'autres chemins.
Quelques imitateurs, sot bétail, je l'avoue,
Suivent en vrais moutons le pasteur de Mantoue[1] ;
J'en use d'autre sorte ; et, me laissant guider,
Souvent à marcher seul j'ose me hasarder.
On me verra toujours pratiquer cet usage ;
Mon imitation n'est point un esclavage :
Je ne prends que l'idée, et les tours, et les lois,
Que nos maîtres suivaient eux-mêmes autrefois.
Si d'ailleurs quelque endroit plein chez eux d'excellence,
Peut entrer dans mes vers sans nulle violence,
Je l'y transporte, et veux qu'il n'ait rien d'affecté,
Tâchant de rendre mien cet air d'antiquité. »

Jean de La Fontaine, **À Monseigneur l'évêque de Soissons**, 1687

1 Le grand poète latin Virgile.

… à vous de situer La Fontaine dans la querelle des Anciens et des Modernes…

1 Comment La Fontaine expose-t-il la thèse des Modernes ? Quels en sont les principaux arguments ?

2 Par quel argument central réfute-t-il les Modernes ? De quelle manière déplace-t-il le problème ?

3 Montrez comment La Fontaine, par cet argument, peut renvoyer dos à dos la plupart de ses contemporains, Anciens et Modernes, et affirmer une position singulière.

L'héritage des anciens à l'œuvre

La compréhension des œuvres du XVIIe siècle doit passer par la prise en compte du double mouvement, présent chez tous les grands poètes du siècle, qui les conduit à la fois à connaître, respecter et imiter les modèles antiques, et à trouver des solutions personnelles, adéquates à leur temps et à leur génie propre. C'est ainsi que l'on perçoit par un seul geste paradoxal l'originalité radicale de leur écriture, et l'appropriation intelligente de modèles, de genres et de structures profondément ancrés dans les traditions de l'esprit antique. Les grands auteurs ne s'en sont pas caché, et c'est dans le respect de l'autorité littéraire qu'ils ont atteint à leur pleine souveraineté.

« Au reste, je ne vous dissimulerai point qu'après avoir arrêté mon choix sur ce sujet [le mythe d'Œdipe, dont Sophocle a fait une tragédie], dans la confiance que j'aurais pour moi les suffrages de tous les savants, qui l'ont regardé comme le chef-d'œuvre de l'Antiquité, et que les pensées de ces grands génies qui l'ont traité en grec et en latin me faciliteraient les moyens d'en venir à bout assez tôt pour le faire représenter dans le carnaval, je n'ai pas laissé que de trembler quand je l'ai envisagé de près, et un peu plus à loisir que je n'avais fait en le choisissant. J'ai connu que ce qui avait passé pour miraculeux dans ces siècles éloignés pourrait sembler horrible au nôtre, et que cette éloquente et curieuse description de la manière dont ce malheureux prince se crève les yeux[1], et le spectacle de ces mêmes yeux crevés dont le sang lui distille sur le visage, qui occupe tout le cinquième acte chez ces incomparables originaux, ferait soulever la délicatesse de nos dames, qui composent la plus belle partie de notre auditoire, et dont le dégoût accompagne aisément la censure de ceux qui les accompagnent ; et qu'enfin l'amour n'ayant point de part dans ce sujet, ni les femmes d'emploi ; il était dénué des principaux ornements qui nous gagnent d'ordi-

1 Œdipe, découvrant qu'il avait sans le savoir tué son père et épousé sa propre mère, se crève les yeux pour ne plus jamais voir les effets de son horrible crime.

naire la voix publique. J'ai tâché de remédier à ces désordres au moins mal que j'ai pu, en épargnant d'un côté à mes auditeurs ce dangereux spectacle, et y ajoutant de l'autre l'heureux épisode des amours de Thésée et de Dircé [...]. Cela m'a fait perdre l'avantage que je m'étais promis de n'être souvent que le traducteur de ces grands hommes qui m'ont précédé. Comme j'ai pris une autre route que la leur, il m'a été impossible de me rencontrer avec eux ; mais, en récompense, j'ai eu l'honneur de faire avouer à la plupart de mes auditeurs que je n'ai fait aucune pièce de théâtre où il se trouve tant d'art qu'en celle-ci, bien que ce ne soit qu'un ouvrage de deux mois, que l'impatience française m'a fait précipiter, par un juste empressement d'exécuter les ordres favorables que j'avais reçus. »

Pierre Corneille, **Au lecteur**, Préface à **Œdipe**, tragédie, 1659

« Voici celle de mes tragédies que je puis dire que j'ai le plus travaillée. Cependant j'avoue que le succès ne répondit pas d'abord à mes espérances. À peine elle parut sur le théâtre, qu'il s'éleva quantité de critiques qui semblaient la devoir détruire. Je crus moi-même que sa destinée serait à l'avenir moins heureuse que celle de mes autres tragédies. Mais enfin il est arrivé de cette pièce ce qui arrivera toujours des ouvrages qui auront quelque bonté : les critiques se sont évanouies, la pièce est demeurée. C'est maintenant celle des miennes que la cour et le public revoient le plus volontiers. Et si j'ai fait quelque chose de solide, et qui mérite quelque louange, la plupart des connaisseurs demeurent d'accord que c'est ce même *Britannicus*.

À la vérité, j'avais travaillé sur des modèles qui m'avaient extrêmement soutenu dans la peinture que je voulais faire de la cour d'Agrippine et de Néron. J'avais copié mes personnages d'après le plus grand peintre de l'Antiquité, je veux dire d'après Tacite, et j'étais alors si rempli de la lecture de cet excellent historien, qu'il n'y a presque pas un trait éclatant dans ma tragédie dont il m'ait donné l'idée. J'avais voulu mettre dans ce recueil un extrait des plus beaux endroits que j'ai tâché d'imiter; mais j'ai trouvé que cet extrait tiendrait presque autant de place que la tragédie. Ainsi le lecteur trouvera bon que je le renvoie à cet auteur, qui aussi bien est entre les mains de tout le monde; et je me contenterai de rapporter ici quelques-uns de ses passages sur chacun des personnages que j'introduis sur la scène. »

Jean Racine, Seconde Préface à **Britannicus**, 1676

… à vous de réfléchir sur la création…

En lisant ces deux points de vue sur l'élaboration d'*Œdipe* et de *Britannicus*, vous vous interrogerez sur la part tenue par l'imitation dans la création.

L'avare Euclion a caché son or dans le temple. L'esclave Strobile vient d'y pénétrer pour trouver le trésor, mais en vain. Il est surpris par Euclion.

« EUCLION, *traînant Strobile par le collet.* – Allons, dehors, ver de terre, qui viens de ramper hors de ton trou. On ne te voyait pas tout à l'heure ; mais puisque tu t'es montré, tu es mort. Pardieu, je t'arrangerai de la belle manière, rusé coquin !
STROBILE. – Quelle furie te tourmente ? Qu'ai-je à faire avec toi, vieillard ? Pourquoi me bouscules-tu ? Pourquoi me tirailles-tu ? Pour quelles raisons me frappes-tu ?
EUCLION. – Rossard, tu me le demandes ! Voleur, que dis-je ? Triple voleur !
STROBILE. – Qu'est-ce que je t'ai pris ?
EUCLION. – Rends-le moi, et vite.
STROBILE. – Que veux-tu que je te rende ?
EUCLION. – Tu le demandes ?
STROBILE. – Je n'ai rien pris à toi.
EUCLION. – Mais ce que tu prenais pour toi, donne-le. Eh bien, tu te décides ?
STROBILE. – À quoi ?
EUCLION. – Tu ne l'emporteras pas : impossible.
STROBILE. – Qu'est-ce que tu as donc ?
EUCLION. – Mets-moi ça là. […]
STROBILE. – Mais que dois-je mettre là ? Appelle-moi la chose par son nom. Pour ma part, je n'ai rien pris, rien touché ; je le jure.
EUCLION. – Montre-moi tes mains.
STROBILE. – Tiens, je te les montre : les voici.
EUCLION. – Bon, je vois. Maintenant, montre-moi la troisième.
STROBILE. – Mauvais esprits, humeurs noires, accès de folie : tout s'en mêle pour lui troubler la tête. »

Plaute (auteur latin, 254-184 av. J.-C.), l'**Aulularia**, comédie, trad. A. Ernout, Les Belles Lettres

L'avare Harpagon croit que le valet La Flèche a l'intention de le voler.

« HARPAGON. – Hors d'ici tout à l'heure, et qu'on ne réplique pas ! Allons, que l'on détale de chez moi, maître juré filou, vrai gibier de potence !
LA FLÈCHE, *à part.* – Je n'ai jamais rien vu de si méchant que ce maudit vieillard, et je pense, sauf correction, qu'il a le diable au corps.

HARPAGON. – Tu murmures entre tes dents ?
LA FLÈCHE. – Pourquoi me chassez-vous ?
HARPAGON. – C'est bien à toi, pendard, à me demander des raisons ! Sors vite, que je ne t'assomme.
LA FLÈCHE. – Qu'est-ce que je vous ai fait ?
HARPAGON. – Tu m'as fait, que je veux que tu sortes.
LA FLÈCHE. – Mon maître, votre fils, m'a donné ordre de l'attendre.
HARPAGON. – Va-t'en l'attendre dans la rue, et ne sois point dans ma maison, planté tout droit comme un piquet, à observer ce qui se passe et faire ton profit de tout. Je ne veux point avoir sans cesse devant moi un espion de mes affaires, un traître dont les yeux maudits assiègent toutes mes actions, dévorent ce que je possède, et furètent de tous côtés pour voir s'il n'y a rien à voler.
LA FLÈCHE. – Comment diantre voulez-vous qu'on fasse pour vous voler ? Êtes-vous un homme volable, quand vous renfermez toutes choses et faites sentinelle jour et nuit ?
HARPAGON. – Je veux renfermer ce que bon me semble et faire sentinelle comme il me plaît. Ne voilà pas de mes mouchards qui prennent garde à ce qu'on fait ? (*À part.*) Je tremble qu'il n'ait soupçonné quelque chose de mon argent. (*Haut.*) Ne serais-tu point homme à aller faire courir le bruit que j'ai chez moi de l'argent caché ?
LA FLÈCHE. – Vous avez de l'argent caché ?
HARPAGON. – Non, coquin, je ne dis pas cela. (*À part.*) J'enrage ! (*Haut.*) Je demande si malicieusement tu n'irais point faire courir le bruit que j'en ai.
LA FLÈCHE. – Hé ! Que nous importe que vous en ayez ou que vous n'en ayez pas, si c'est pour nous la même chose ?
HARPAGON. – Tu fais le raisonneur ! Je te baillerai de ce raisonnement-ci par les oreilles. (*Il lève la main pour lui donner un soufflet.*) Sors d'ici, encore une fois.
LA FLÈCHE. – Hé bien, je sors.
HARPAGON. – Attends. Ne m'emportes-tu rien ?
LA FLÈCHE. – Que vous emporterais-je ?
HARPAGON. – Viens çà, que je voie. Montre-moi tes mains.
LA FLÈCHE. – Les voilà.
HARPAGON. – Les autres.
LA FLÈCHE. – Les autres ?
HARPAGON. – Oui.
LA FLÈCHE. – Les voilà. »

Molière, **L'Avare**, acte I, scène 3, 1668

… à vous de comparer Plaute et Molière…

Voici l'épitaphe que La Fontaine écrivit à la mort de Molière :

> « Sous ce tombeau gisent Plaute et Térence,
> Et cependant le seul Molière y gît.
> Leurs trois talents ne formaient qu'un esprit
> Dont le bel art réjouissait la France.
> Ils sont partis ! Et j'ai peu d'espérance
> De les revoir. Malgré tous nos efforts,
> Pour un long temps, selon toute apparence,
> Térence, et Plaute, et Molière sont morts. »

Après avoir lu les deux extraits de Plaute et de Molière, vous éclairerez les deux premiers vers.
Qu'est-ce que Molière a ajouté à la scène dont il s'est inspiré pour *L'Avare* ?

… à vous de participer à la querelle des Anciens et des Modernes…

1 Cherchez dans la littérature moderne, au théâtre ou au cinéma, des œuvres qui se sont inspirées de l'Antiquité. Pour chaque œuvre sélectionnée, vous vous demanderez pourquoi son auteur a choisi de trouver son inspiration dans l'Antiquité. Ces œuvres vous apprennent-elles des choses sur notre temps ?

2 De la même manière, que peuvent nous apprendre les œuvres du XVIIe siècle sur notre époque ? Pensez à la critique de la cour, à la propagande politique de Louis XIV, à la vision de l'homme par les moralistes, etc. Est-ce que les préoccupations des auteurs de l'époque sont absolument étrangères à celles d'aujourd'hui ?

XVIIIe s.

les chemins de la liberté

Introduction

C'est traditionnellement une métaphore qui sert à exprimer, en un seul mot, l'identité scientifique et culturelle du XVIIIe siècle français, celle de la *lumière*. Les hommes de lettres de ce siècle, succédant à ceux qui avaient conquis l'autonomie de la création littéraire moderne par rapport au pouvoir et du passé et des princes, marchèrent vers la fin de l'Ancien Régime, en illuminant, pour filer la métaphore, les esprits, en allumant patiemment les lueurs de la raison là où elles ne brillaient pas encore, en conseillant des monarques désireux de devenir grâce à eux « éclairés », en combattant l'obscurantisme, en ouvrant sur les ténèbres les fenêtres innombrables de la connaissance. Suivons encore le fil de la métaphore : en nourrissant ainsi les Lumières, ceux que l'on appelle les philosophes alimentaient aussi le foyer de l'égalité et de la fraternité, valeurs que l'Ancien Régime n'avait cessé d'étouffer pour survivre. En éclairant les esprits, les hommes des Lumières embrasaient également les cœurs, faisant découvrir à leurs semblables les trésors d'une individualité et d'une sensibilité jusqu'alors inconnues, attisaient les sentiments d'injustice et les **désirs de révolte** qui conduisirent à l'événement fondateur des valeurs de la République, la Révolution française.

La prise de la Bastille le 14 juillet 1789 est un acte symbolique non seulement du moment historique précis de la Révolution, mais aussi de l'ensemble du XVIIIe siècle culturel et littéraire, puisqu'il résume la volonté qu'ont eue les écrivains des Lumières de **libérer les esprits des préjugés de l'Ancien Régime**. Une autre métaphore exprime donc le grand mouvement des Lumières : la libération physique des prisonniers de la Bastille marque les efforts d'un siècle de libération intellectuelle et morale. Nous nous proposons donc de lire la littérature du XVIIIe siècle français sous le signe de la liberté : celle, effective, apportée au début du siècle par le relâchement de l'autorité royale de la Régence ou par la **libération économique** conduisant à une certaine prospérité qui permet de constater une transformation du paysage social et de croire à ces nouveaux idéaux que sont le progrès et le bonheur ; celle, plus incertaine, pour laquelle les écrivains se battent, de penser et de publier leurs écrits **sans être censurés ou exilés** par le pouvoir ; celle des **genres et des formes qui s'émancipent des règles et de la hiérarchie classique** ; celle des individus dans une société de classes, celle des femmes dans une société d'hommes, celles des petits dans une société de Grands.

▶ Image

Jacques-Louis David
Esquisse pour *Le Serment du Jeu de Paume*, 1790 (Paris, 1748-Bruxelles, 1825)
Huile sur toile, 65 × 88,7 cm
Musée Carnavalet, Paris

La liberté, cette aspiration confuse de tout un siècle qui trouve son expression la plus aboutie dans les premiers épisodes de la Révolution française, est une idée difficile à mettre en scène pour un peintre. À l'allégorie savante, Jacques-Louis David préfère **la célébration d'un événement historique emblématique**, dans cette esquisse pour *Le Serment du Jeu de Paume*, réalisée en 1790 en préparation de la grande composition destinée à orner la salle du Jeu de Paume. Commémorant **l'acte fondateur de la Révolution**, la proclamation en Assemblée nationale constituante des députés du tiers état, rejoints par quelques députés du bas clergé le 20 juin 1789, l'immense peinture (400 × 660 cm, musée national du Château de Versailles) commandée par la Société des amis de la Constitution, ne sera jamais achevée par l'artiste, faute de financements, l'œuvre devant être payée par souscription publique. Connue par cette esquisse et par un grand dessin à la plume et au lavis (musée national du Château de Versailles), la composition imaginée par David pour rendre compte d'un événement auquel il n'a pas assisté est plus une construction symbolique qu'une figuration réaliste d'un épisode dont la réelle portée historique ne s'est révélée qu'à la lumière des développements ultérieurs. Bailly, député du tiers état de Paris et premier à avoir prononcé le serment « de ne jamais se séparer et de se rassembler partout où les circonstances l'exigent, jusqu'à ce que la constitution du royaume soit établie et affermie sur des fondements solides » est figuré ici au centre, hissé sur une chaise. À ses pieds, un groupe construit selon un schéma trinitaire réunit un moine chartreux, Dom Gerle, l'abbé Grégoire et Rambert Saint-Étienne, pasteur protestant, symbolisant la réconciliation des religions du royaume. Tous les députés, parmi lesquels on reconnaît Mirabeau et Barnave, prêtent à voix haute, avec un geste grandiloquent, le **serment solennel** qui les unit en Assemblée. David, par la fenêtre ouverte, fait figurer le peuple, pourtant absent de la scène historique du 20 juin, au cours de laquelle les députés du tiers, ayant trouvé la salle des Menus-Plaisirs, où se tenaient leurs débats, fermée sur ordre du roi, s'étaient réfugiés dans la salle du Jeu de Paume de Versailles, autrefois destinée à accueillir les parties de jeu de balle de la cour. La théâtralité exacerbée des gestes et des postures, la composition qui fait converger les regards et les mouvements vers le point central qu'est la figure de Bailly, à l'exception d'un personnage à gauche qui tourne son regard vers le peuple et l'invite à entrer dans la scène, tout est parfaitement construit pour mettre en scène **l'idée de liberté** plus que son expression réelle. David, peintre néoclassique, ardent défenseur des idées révolutionnaires, fait là **œuvre politique**, et met son pinceau au service de l'Histoire en train de s'écrire. Il commémore un événement, le réécrit selon son imagination et impose ainsi au temps une image de cet épisode qui s'appuie sur le réel sans en être esclave. Plus qu'une reconstitution historiquement exacte, cette œuvre, qui n'est ici qu'un projet, est conçue comme **un des premiers monuments iconographiques de la Révolution**, un emblème de la Nation en train de naître, commandé un an après l'événement, alors que les chemins de la liberté se sont aventurés très loin des certitudes immuables de la société d'Ancien Régime. À cette date, les privilèges ont été abolis, la Déclaration des droits de l'homme et du citoyen a été rédigée, la monarchie est devenue constitutionnelle, l'organisation administrative du royaume a été profondément modifiée, **la Révolution est en marche** et a déjà une histoire que David, tel un reporter militant, se charge de transmettre aux générations futures.

▶Situations

1716 La Régence : une libération ambiguë

Après la pluie, le beau temps ?

En 1715, la mort de Louis XIV, monarque absolu qui avait imposé son règne et sa seule loi pendant plus d'un demi-siècle, est ressentie comme une véritable libération. Pourtant, la liberté est encore très fragile...

Le duc d'Orléans, régent de 1715 à 1723, remplace l'austérité par la souplesse et la détente. L'atmosphère est à la fête ; les Français renouent avec la fantaisie et la frivolité. Le théâtre devient leur divertissement préféré. En 1716, le Régent accompagne ce mouvement en rappelant à Paris la troupe des Comédiens-Italiens, qui avait été expulsée en 1697.

Antoine Watteau, *L'Embarquement pour Cythère* (détail), 1717. On considère Watteau comme le peintre des divertissements et de la joie de vivre retrouvée de la Régence. Pourtant, le regard de la jeune femme semble exprimer également un autre sentiment, lequel ?

À l'image d'un autre théâtre, celui de la Foire, les Français retrouvent aussi le goût de l'insolence et de l'irrespect ; pamphlets et satires fleurissent. Mais il ne faut rien idéaliser, la liberté demeure toute relative : Voltaire fut tout de même exilé en 1716, puis embastillé pour avoir raillé un peu trop audacieusement les amours du Régent.

L'ouverture économique et financière

Les prémisses de la liberté ne se font pas seulement sentir dans les esprits et les attitudes intellectuelles, ils sont aussi concrets, économiques. Du reste, liberté et prospérité économique et politique sont liées :

> « Le commerce, qui a enrichi les citoyens en Angleterre, a contribué à les rendre libres, et cette liberté a étendu le commerce à son tour ; de là s'est formée la grandeur de l'État. »
>
> Voltaire, **Lettres philosophiques**, 1734

La Régence, notamment grâce au relâchement des persécutions religieuses, permet au pays de se tourner vers l'étranger, et en particulier vers ces nations protestantes et capitalistes que sont la Hollande et l'Angleterre. Cette dernière, qui a déjà accompli sa révolution scientifique et industrielle, devient très vite un modèle de liberté, d'égalité et de modernité. La France reçoit dès 1716 ses premières leçons de libéralisme : l'Écossais John Law lui fait découvrir crédit et papier-monnaie, les premiers billets de banque modernes, qui permettent de se passer des pièces d'or et d'argent, lourdes, encombrantes et trop rares pour suivre le rythme d'une économie puissante.

Le roman de Lesage (1668-1747) qui commence à paraître au tout début de la Régence reflète bien l'atmosphère de cette époque. *Gil Blas de Santillane* raconte, à la première personne, l'ascension sociale d'un jeune Espagnol découvrant les rouages du monde. Devenu vieux, le narrateur use de toute la lucidité acquise dans ses multiples expériences pour dresser un portrait critique de la société de la Régence. Lorsqu'il est appelé, par exemple, à juger de la qualité des homélies[1] dites par l'archevêque de Grenade, l'honnêteté et la liberté d'expression dont il fait preuve le disqualifient auprès de l'ecclésiastique. Les bonnes intentions ont du mal à passer du plan théorique au plan pratique.

1 Sermons simples et de ton familier.

> « Monsieur Gil Blas, cette pièce n'est donc pas de votre goût ? – Je ne dis pas cela, Monseigneur, interrompis-je tout déconcerté. Je la trouve excellente, quoiqu'un peu en dessous de vos autres ouvrages. – Je vous entends, répliqua-t-il. Je vous parais baisser, n'est-ce pas ? Tranchez le mot. Vous croyez qu'il est temps que je songe à la retraite ? – Je n'aurais pas été assez hardi, lui dis-je, pour vous parler si librement, si votre Grandeur ne me l'eût ordonné. Je ne fais donc que lui obéir, et je la supplie très humblement de ne me point savoir mauvais gré de

ma hardiesse. – À Dieu ne plaise, interrompit-il avec précipitation, à Dieu ne plaise que je vous la reproche ! Il faudrait que je fusse bien injuste. Je ne trouve point du tout mauvais que vous me disiez votre sentiment. C'est votre sentiment seul que je trouve mauvais. J'ai été furieusement la dupe de votre intelligence bornée. »

Alain René Lesage, **Gil Blas de Santillane**, livre VII, chapitre 4, 1715-1735

1721 Comment peut-on être Persan ?

Être libre, c'est aussi pouvoir penser et vivre différemment, être accepté tel que l'on est, et accepter que l'autre ne soit pas identique à soi. Autour de 1720, alors que l'astronome Halley augmente l'étendue du monde connu en perfectionnant la cloche à plongeur qui permet d'explorer les fonds marins, plusieurs œuvres de la littérature française proposent une réflexion sur les différences et leur richesse en imaginant la confrontation de deux univers totalement étrangers l'un à l'autre.

Voir « Genres et registres » (p. 327)

Montesquieu (1689-1755), au début de l'année 1721, utilise, en le perfectionnant, le transfert et le choc des cultures. Il écrit un roman par lettres dont les personnages sont deux Persans, Usbek et Rica, qui voyagent en France de 1712 à 1720. Ces correspondants exotiques se trouvent insérés dans un milieu dont ils ne connaissaient rien auparavant. Ils le découvrent avec des yeux neufs et avec le système de valeurs qui est le leur. Les découvertes qu'ils font de la France de Louis XIV puis de la Régence – le roi et le système politique, l'Église, les institutions, la mode, les divertissements, etc. – leur apparaissent donc comme des absurdités. Persuadés de leur supériorité nationale, ils s'adonnent à la critique.

« Les habitants de Paris sont d'une curiosité qui va jusqu'à l'extravagance. Lorsque j'arrivai, je fus regardé comme si j'avais été envoyé du Ciel : vieillards, hommes, femmes, enfants, tous voulaient me voir. Si je sortais, tout le monde se mettait aux fenêtres ; si j'étais aux Tuileries, je voyais aussitôt un cercle se former autour de moi : les femmes mêmes faisaient un arc-en-ciel, nuancé de mille couleurs, qui m'entourait ; si j'étais aux spectacles, je trouvais d'abord cent lorgnettes dressées contre ma figure : enfin jamais homme n'a tant été vu que moi. Je souriais quelquefois d'entendre des gens qui n'étaient presque jamais sortis de leur chambre, qui disaient entre eux : "Il faut avouer qu'il a l'air bien persan." Chose admirable ! je trouvais de mes portraits partout ; je me voyais multiplié dans toutes les boutiques, sur toutes les cheminées : tant on craignait de ne m'avoir pas assez vu.

Tant d'honneurs ne laissent pas d'être à charge : je ne me croyais pas un homme si curieux et si rare ; et, quoique j'aie très

Dans ce dessin, Watteau croque un Persan, personnage jugé remarquable. Sans doute était-ce l'imposant turban persan qui provoquait l'étonnement des Français. Mais est-il plus impressionnant qu'un chapeau à plumes ? Finalement, le costume du Parisien du XVIIIe siècle est-il pour nous moins étrange que celui du Persan ?

bonne opinion de moi, je ne me serais jamais imaginé que je dusse troubler le repos d'une grande ville où je n'étais point connu. Cela me fit résoudre à quitter l'habit persan et à en endosser un à l'européenne, pour voir s'il resterait encore dans ma physionomie quelque chose d'admirable. Cet essai me fit connaître ce que je valais réellement : libre de tous les ornements étrangers, je me vis apprécié au plus juste. J'eus sujet de me plaindre de mon tailleur, qui m'avait fait perdre en un instant l'attention et l'estime publique : car j'entrai tout à coup dans un néant affreux. Je demeurais quelquefois une heure dans une compagnie sans qu'on m'eût regardé, et qu'on m'eût mis en occasion d'ouvrir la bouche. Mais, si quelqu'un, par hasard, apprenait à la compagnie que j'étais Persan, j'entendais aussitôt autour de moi un bourdonnement : “Ah ! ah ! Monsieur est Persan ? c'est une chose bien extraordinaire ! Comment peut-on être Persan ?”

De Paris, le 6 de la lune de Chalval, 1712. »

Montesquieu, **Lettres persanes**, lettre XXX, Rica au même, à Smyrne, 1721

… à vous de lire la lettre de Rica…

1 Vous serez sensible à l'humour et à l'ironie du ton.

2 Justifiez le recours à l'accumulation comme expression de la curiosité.

C'est une façon habile pour Montesquieu de dénoncer tous les abus de la monarchie absolue et de la société française. Mais son dispositif est encore plus subtil. À côté de la correspondance touristique, des lettres tiennent Usbek au courant de ce qui se passe dans son sérail. Grâce à ce roman oriental, on apprend que, du côté persan, tout n'est pas rose non plus : ceux qui critiquent les mœurs françaises sont aussi de grands despotes, réduisant la femme en esclavage et incapables de vaincre par la raison l'aveuglement des passions. Chaque système de références se trouve mis en question, et même sérieusement ébranlé, par sa confrontation à ce qui n'est pas lui, à l'ailleurs et à l'autre. Ce qu'il faut combattre, ce ne sont pas les différences, mais les préjugés. La leçon littéraire et philosophique de Montesquieu est aussi importante qu'une révolution scientifique : c'est celle de la relativité.

1731 *Manon Lescaut*, ou les dangers de la liberté

L'esprit de liberté relative de la Régence perdure après la mort du duc d'Orléans et la montée sur le trône en 1723 de Louis XV, appelé un certain temps « Louis le Bien-Aimé ». D'un côté, cette atmosphère de détente annonce l'enthousiasme et les combats du siècle philosophique, mais, de l'autre, le relâchement de l'autorité apparaît comme une source de dérèglement des mœurs et de corruption des individus.

Manon Lescaut, *ou la conséquence de la libéralisation des mœurs*

C'est le tableau qu'en donne, en 1731, *L'Histoire du chevalier des Grieux et de Manon Lescaut*, tome VII des *Mémoires et aventures d'un homme de qualité*, roman-fleuve d'un moine défroqué, ayant choisi la liberté, l'aventure, l'évasion dans l'écriture romanesque : contraint par ses choix à passer une partie de sa vie hors de France, Prévost (1697-1763) se fait du reste appeler « d'Exiles ». Le narrateur principal des *Mémoires* laisse la parole à l'homme qu'il vient de rencontrer. Celui-ci raconte alors comment il s'est épris follement de Manon, fille aux mœurs légères, et comment cette passion l'a entraîné dans le malheur. Les préoccupations matérielles sont sans cesse au centre de ce roman de l'amour fou, au prix d'une sorte de paradoxe générique : « Crois-tu que l'on puisse être bien tendre lorsqu'on manque de pain ? » se justifie l'héroïne. Milieu, époque, inclination naturelle au plaisir, nécessité, tout la pousse à se conduire comme une catin, à trahir son compagnon et à le réduire à se faire escroc.

À la libéralisation des mœurs, Prévost oppose l'aliénation des êtres à leur passion. L'amour est, dans ses romans, aussi fatal que dans l'univers racinien, et *Manon Lescaut* est aussi une tragédie. Mais la fatalité n'est plus métaphysique : elle est remplacée par une sorte de déterminisme. Les deux personnages sont en effet présentés comme des victimes de la société dans laquelle ils vivent.

« Manon était passionnée pour le plaisir. Je l'étais pour elle. Il nous naissait, à tous moments, de nouvelles occasions de dépense ; et loin de regretter les sommes qu'elle employait quelquefois avec profusion, je fus le premier à lui procurer tout ce que je croyais propre à lui plaire. Notre demeure de Chaillot commença même à lui devenir à charge. L'hiver approchait ; tout le monde retournait à la ville, et la campagne devenait déserte. Elle me proposa de reprendre une maison à Paris. Je n'y consentis point ; mais pour la satisfaire en quelque chose, je lui dis que nous pouvions y louer un appartement meublé, et que nous y passerions la nuit lorsqu'il nous arriverait de quitter trop tard l'assemblée où nous allions plusieurs fois la semaine ; car l'incommodité de revenir si tard à Chaillot était le prétexte qu'elle apportait pour le vouloir quitter. Nous nous donnâmes ainsi deux logements, l'un à la ville, et l'autre à la campagne. Ce changement mit bientôt le dernier désordre dans nos affaires, en faisant naître deux aventures qui causèrent notre ruine. »

Prévost, **Manon Lescaut**, 1731

Un retour à l'ordre

Pour remédier aux dérèglements dont témoigne le roman de Prévost, un retour à l'ordre semble nécessaire. En 1726, le cardinal Fleury devient ministre et se livre à une reprise en main politique et religieuse du royaume. En 1732, le roi ferme le cimetière Saint-Médard, où s'accomplissaient sur la tombe d'un diacre de prétendues guérisons miraculeuses : le pouvoir se méfie d'une rumeur qui pourrait en imposer à l'opinion populaire. Fleury exile pour un bref séjour à la campagne quelque cent quarante parlementaires qui s'opposaient à sa politique. Deux ans après sa publication, *Manon Lescaut* est condamné à être brûlé. Un événement emblématique résume cette volonté de restauration de l'ordre : en 1731, le cardinal interdit les réunions de l'Entresol, première expérience de « club à l'anglaise » dont les membres, hommes d'État, administrateurs, diplomates, débattaient depuis dix ans de questions politiques, juridiques et économiques. Les esprits s'échauffent, l'heure est à la réflexion, mais le pouvoir veille.

1748 L'esprit des lois

De la position politique à la science politique

Tous les écrivains des Lumières, parce qu'ils s'attachent à défendre les droits et la liberté, parce qu'ils ont conscience d'avoir un rôle à jouer dans la cité, peuvent être considérés comme des écrivains politiques. Du reste, la surveillance étroite exercée à leur égard par le pouvoir en est la preuve. En 1748, c'est la portée politique de son conte *Zadig* qui oblige Voltaire à fuir la cour.

Mais la véritable écriture politique du siècle est celle de Montesquieu. Ce noble de province, lui, ne se mêlera jamais de la cour ni du gouvernement. Il ne fait pas de la littérature une arme politique, mais de la politique un objet d'étude qu'il place au centre de son activité littéraire.

Après avoir écrit vers l'âge de trente ans les *Lettres persanes* dont le succès lui permet de briller dans les salons parisiens, cet avocat parcourt l'Europe, puis se retire dans son château de La Brède en Gironde. Là, il se consacre à la question qui le préoccupe essentiellement : quelle est la signification de l'histoire ? Dans les *Considérations sur les causes de la grandeur des Romains et de leur décadence*, en 1734, il montre que le déclin de l'Empire romain avait été rendu inéluctable par la disparition de la liberté et des vertus républicaines. Il inaugure en cela le concept de déterminisme[1] historique. Cette idée se précise dans l'œuvre magistrale de ce fondateur de la science politique : *De l'esprit des lois*, paru en 1748 après dix années de rédaction.

1 Pensée philosophique selon laquelle les événements sont déterminés par la totalité des événements antérieurs.

À la recherche du gouvernement idéal, Montesquieu entreprend de décrire les différents types de gouvernements et de comprendre leur nature et leurs principes. Pour lui, tout système politique peut être expliqué par les circonstances dans lesquelles il s'établit : il dépendra des climats, des caractères géographiques de chaque nation, et de ses mœurs ; cet ensemble de critères définit l'« esprit » d'une nation. Ainsi, la république ne peut pas subsister sans « vertu » (qui signifie pour lui, amour de la liberté et de l'égalité), la monarchie se fonde sur l'« honneur », le despotisme sur la crainte. L'évolution des États s'explique alors par les contradictions qui peuvent survenir entre l'esprit de la nation et la forme de gouvernement qui l'exprime. Entre ces différents types de gouvernements, Montesquieu rejette la république et le despotisme, considérant comme odieux le pouvoir du peuple et le pouvoir d'un seul. Il choisit « le pouvoir intermédiaire le plus naturel » : la monarchie, mais dotée d'une séparation ou au moins d'une répartition du pouvoir qui, seule, permet la sauvegarde des libertés et des droits individuels.

« Il est vrai que dans les démocraties le peuple paraît faire ce qu'il veut ; mais la liberté politique ne consiste point à faire ce que l'on veut. Dans un État, c'est-à-dire dans une société où il y a des lois, la liberté ne peut consister qu'à pouvoir faire ce que l'on doit vouloir, et à n'être point contraint de faire ce que l'on ne doit pas vouloir. »

Montesquieu, **De l'esprit des lois**, chapitre III, 1748

« La démocratie et l'aristocratie ne sont point des États libres par leur nature. La liberté politique ne se trouve que dans les gouvernements modérés. Mais elle n'est pas toujours dans les États modérés ; elle n'y est que lorsqu'on n'abuse pas du pouvoir ; mais c'est une expérience éternelle que tout homme qui a du pouvoir est porté à en abuser ; il va jusqu'à ce qu'il trouve des limites. Qui le dirait ! la vertu même a besoin de limites.

Pour qu'on ne puisse abuser du pouvoir, il faut que, par la disposition des choses, le pouvoir arrête le pouvoir. Une constitution peut être telle que personne ne sera contraint de faire les choses auxquelles la loi ne l'oblige pas, et à ne point faire celles que la loi lui permet. »

Montesquieu, **De l'esprit des lois**, chapitre IV, 1748

Voyez comment ces chapitres témoignent aussi du souci d'inventer un style politique dominé par la clarté, la rigueur, la concision d'une prose soigneusement rythmée, l'art de l'image efficace et concrète ou de l'ironie lapidaire : « Pour bien écrire, il faut sauter les idées intermédiaires, assez pour n'être pas ennuyeux ; pas trop, de peur de n'être pas entendu. », écrit-il, ou encore : « Il ne faut pas que, dans un ouvrage, l'ironie soit continuée : elle ne surprend plus. »

1751 Une œuvre-emblème : l'*Encyclopédie*

La bataille

L'idée de l'*Encyclopédie*, l'œuvre la plus spectaculaire et en même temps la plus emblématique des Lumières, est née dans l'esprit d'un libraire parisien nommé Le Breton. Il ne s'agit au départ que de traduire la *Cyclopedia or Universal Dictionary of Arts and Sciences* parue à Londres en 1728. Le Breton demande à Diderot (1713-1784) et d'Alembert (1717-1783) de récrire certains articles mal traduits. Devenus directeurs de la publication, les deux auteurs changent la nature du projet que vient entériner un nouveau privilège[1] royal en 1748 : le *Dictionnaire* ne sera plus seulement traduit, mais augmenté. Diderot prend les choses en main et recrute des collaborateurs. Ainsi travailleront à l'ouvrage, pendant vingt ans, des savants, des écrivains, des critiques, des théologiens, des économistes : Duclos, critique d'art, Dumarsais, grammairien, d'Holbach, chimiste, Jaucourt, le plus fervent encyclopédiste selon Diderot, Marmontel (1723-1799), écrivain et critique, Montesquieu, Rousseau, Turgot (futur ministre), Voltaire… pour ne citer que les plus célèbres d'entre eux.

1 Droit de publication et exclusivité.

« […] le but d'une *encyclopédie* est de rassembler les connaissances éparses sur la surface de la terre ; d'en exposer le système[1] général aux hommes avec qui nous vivons, et de le transmettre aux hommes qui viendront après nous ; afin que les travaux des siècles passés n'aient pas été des travaux inutiles pour les siècles qui succéderont ; que nos neveux[2], devenant plus instruits, deviennent en même temps plus vertueux et plus heureux, et que nous ne mourions pas sans avoir bien mérité du genre humain. »

Denis Diderot, **Encyclopédie**, article « Encyclopédie »

1 Ensemble organisé d'éléments intellectuels. **2** Descendants.

Le premier volume, tiré à 2 050 exemplaires, paraît le 28 juin 1751, et aussitôt la censure s'élève de toute part : le théologien du *Dictionnaire*, l'abbé de Prades est excommunié, le Parlement condamne le livre au feu, si bien qu'en février 1752, le roi ordonne de supprimer l'*Encyclopédie*. L'interdiction n'est cependant pas totale. Trois mois plus tard, le travail reprend, un volume paraît chaque année.

Les années 1757-1762 sont catastrophiques : les multiples attaques poussent d'Alembert à abandonner ; puis l'entreprise est dénaturée lorsque le Parlement nomme une commission pour corriger l'« impiété » et la « licence » de l'œuvre ; la fin semble proche quand le Conseil du roi révoque le privilège initial. Mais le véritable salut vient, de façon inattendue, de la suppression, par un Parlement à tendance janséniste, de la Compagnie de Jésus. Avec les Jésuites disparaissent les principaux adversaires des Encyclopédistes : Diderot ne sera pas obligé d'aller achever son œuvre en Russie, comme Catherine II le lui avait proposé.

Voir XVIIe siècle (« Lieux », p. 196)

Dernière péripétie de l'aventure : Diderot découvre que le libraire censure depuis deux ans certains articles. Il est profondément déçu par cette trahison, mais décide d'aller jusqu'au bout. Les dix derniers volumes paraissent en 1766, suivis en 1772 des dernières planches.

*L'esprit encyclopédique, ou qu'est-ce que l'*Encyclopédie *?*

Étymologiquement, une encyclopédie est une instruction embrassant tout le cycle du savoir. Le but de l'entreprise menée par Diderot et d'Alembert, prolongeant l'appétit de savoir de la Renaissance, est conforme à cette définition, mais en même temps il la dépasse. Il s'agit de rassembler toutes les connaissances humaines accumulées au cours de l'histoire, selon un ordre méthodique. La double originalité de l'*Encyclopédie* est qu'elle est une œuvre de la raison tout entière tournée vers l'homme. Elle marque en cela la naissance des sciences humaines.

> « [...] c'est la présence de l'homme qui rend l'existence des êtres intéressante, et que peut-on proposer de mieux dans l'histoire de ces êtres que de se soumettre à cette considération ? Pourquoi n'introduirons-nous pas l'homme dans notre ouvrage, comme il est placé dans l'univers ? Pourquoi n'en ferons-nous pas un centre commun ? Est-il, dans l'espace infini, quelque point d'où nous puissions, avec plus d'avantage, faire partir les lignes immenses que nous nous proposons d'étendre à tous les autres points ? »
>
> Denis Diderot, **Encyclopédie**, article « Encyclopédie »

Mais, pour Diderot et ses collaborateurs, l'homme n'est pas seulement l'objet du savoir, il doit aussi en être le sujet. Sciences de l'homme, sciences pour l'homme : « L'histoire de la nature est incomplète sans celle des arts. »

Mme de Pompadour, peinte ici par Quentin La Tour, était la protectrice des arts, des lettres et des sciences au milieu du XVIIIe siècle. Partition musicale entre les mains, la *Henriade* de Voltaire et l'*Encyclopédie* sur sa table : tout fait signe vers l'intérêt intellectuel.

L'*Encyclopédie* a donc nécessairement un aspect pratique. Elle propose un inventaire et une description des arts et des techniques, comme le prolongement concret naturel de l'exposé des différentes sciences abstraites. C'est l'occasion de réhabiliter, aux côtés des *arts libéraux* ou « beaux-arts », les *arts mécaniques* : ainsi est affirmé le rôle essentiel des artisans dans la marche de l'humanité vers le progrès.

Une œuvre de combat

Si l'*Encyclopédie* a soulevé autant d'oppositions, principalement de la part des Jésuites, c'est parce qu'elle constituait un dangereux moyen de diffusion des idées philosophiques en matière de religion. Combattant tous les préjugés, elle affirme l'incompatibilité entre la raison et la

1 Position philosophique de ceux qui croient à l'existence d'une divinité mais refusent l'idée d'une religion révélée réglée par un dogme.

foi. Pourtant, si la plupart des collaborateurs sont antichrétiens, tous ne sont pas athées et certains voient dans le déisme[1], croyance en un Dieu qui n'est pas forcément celui du christianisme, le moyen de concilier raison et tolérance.

1756 La Providence en débat

Le désenchantement voltairien

Au début de sa carrière, Voltaire (1694-1778), plein d'optimisme et d'engouement pour le monde nouveau qu'il a cru voir naître en Angleterre, a confiance en l'homme. Il pense que le bonheur est possible, fondé sur la science et la connaissance qui permettent de maîtriser la nature. Pour Voltaire, l'homme peut trouver le bonheur sur terre, ici et maintenant, en le construisant ; il suffit pour cela d'agir : « Le paradis terrestre est où je suis. »

Mais, en 1755 et 1756, deux catastrophes, l'une naturelle, l'autre humaine, l'instruisent de l'absurdité du monde et marquent sa pensée du sceau de la désillusion. Le 1er septembre 1755, la ville de Lisbonne est ravagée par un terrible tremblement de terre suivi d'un raz-de-marée. Le bilan est effroyable : 30 000 morts. Ce dramatique événement réveille chez le philosophe angoisse, scepticisme et révolte. Voltaire ne supporte pas que la liberté de l'homme soit ainsi entravée par une force qui le dépasse, que l'être humain soit ainsi à la merci de la nature, écrasé par elle comme une misérable fourmi impuissante. Pour témoigner de la souffrance et dénoncer cette conception qu'il juge indigne, celle du « meilleur monde possible » de Leibniz (1646-1716) dont il se moque dans *Candide*, il compose le *Poème sur le désastre de Lisbonne* alors que sa déception est renforcée par le début de la guerre de Sept Ans. Les vers, globalement dédaignés par le XVIIIe siècle, sont alors pour Voltaire le moyen le plus sûr de toucher et de frapper ses contemporains, de leur transmettre ses idées tout en exprimant profondément ses sentiments :

« Philosophes trompés qui criez : "Tout est bien" ;
Accourez, contemplez ces ruines affreuses,
Ces débris, ces lambeaux, ces cendres malheureuses,
Ces femmes, ces enfants l'un sur l'autre entassés,
Sous ces marbres rompus ces membres dispersés ;
Cent mille infortunés que la terre dévore,
Qui, sanglants, déchirés, et palpitants encore,
Enterrés sous leurs toits, terminent sans secours
Dans l'horreur des tourments leurs lamentables jours !
Aux cris demi-formés de leurs voix expirantes,
Au spectacle effrayant de leurs cendres fumantes,
Direz-vous : "C'est l'effet des éternelles lois

Qui d'un Dieu libre et bon nécessitent le choix" ?
Direz-vous, en voyant cet amas de victimes :
"Dieu s'est vengé, leur mort est le prix de leurs crimes" ?
Quel crime, quelle faute ont commis ces enfants
Sur le sein maternel écrasés et sanglants ?
Lisbonne, qui n'est plus, eut-elle plus de vices
Que Londres, que Paris, plongés dans les délices ?
Lisbonne est abîmée[1], et l'on danse à Paris.
Tranquilles spectateurs, intrépides esprits,
De vos frères mourants contemplant les naufrages,
Vous recherchez en paix les causes des orages :
Mais du sort ennemi quand vous sentez les coups,
Devenus plus humains, vous pleurez comme nous.
Croyez-moi, quand la terre entrouvre ses abîmes,
Ma plainte est innocente et mes cris légitimes. »

1 Engloutie.

Voltaire, **Poème sur le désastre de Lisbonne ou examen de cet axiome : « Tout est bien »**, 1756

Voltaire contre Rousseau

Jean-Jacques Rousseau (1712-1778) est l'un des défenseurs de la Providence que vise Voltaire dans sa colère. En effet, l'année même du désastre de Lisbonne, Rousseau publie son *Discours sur l'origine et les fondements de l'inégalité parmi les hommes*, réponse au sujet du concours proposé par l'académie de Dijon : pour lui, la civilisation, et en premier lieu l'inégalité instaurée par la société civile, a dénaturé l'homme qui vivait auparavant dans un état de nature. Cet âge d'or idéal, selon Rousseau, n'est en fait qu'une fiction devant servir à montrer le degré de dégradation de l'homme social.

« Sans quitter votre sujet de Lisbonne, convenez, par exemple, que la nature n'avait point rassemblé là vingt mille maisons de six à sept étages, et que si les habitants de cette grande ville eussent été dispersés plus également, et plus légèrement logés, le dégât eût été beaucoup moindre, et peut-être nul. Tout eût fui au premier ébranlement, et on les eût vus le lendemain à vingt lieues de là, tout aussi gais que s'il n'était rien arrivé ; mais il faut rester, s'opiniâtrer[1] autour des masures[2], s'exposer à de nouvelles secousses, parce que ce qu'on laisse vaut mieux que ce qu'on peut emporter. Combien de malheureux ont péri dans ce désastre, pour vouloir prendre, l'un ses habits, l'autre ses papiers, l'autre son argent ? Ne sait-on pas que la personne de chaque homme est devenue la moindre partie de lui-même, et que ce n'est presque pas la peine de la sauver quand on a perdu tout le reste ?

Vous auriez voulu, (et qui n'eût pas voulu de même ?) que le tremblement se fût fait au fond d'un désert plutôt qu'à Lisbonne. Peut-on douter qu'il ne s'en forme aussi dans les

1 S'entêter. 2 Maisons vétustes et délabrées.

D'après ce que vous savez de Rousseau et de Voltaire, une scène qui les opposerait physiquement a-t-elle pu se produire réellement ?

déserts ? Mais nous n'en parlons point, parce qu'ils ne font aucun mal aux messieurs des villes, les seuls hommes dont nous tenions compte : ils en font peu même aux animaux et aux sauvages qui habitent épars dans des lieux retirés, et qui ne craignent, ni la chute des toits, ni l'embrasement des maisons. Mais que signifierait un pareil privilège ? Serait-ce donc à dire que l'ordre du monde doit changer selon nos caprices, que la nature doit être soumise à nos lois, et que, pour lui interdire un tremblement de terre en quelque lieu, nous n'avons qu'à y bâtir une ville ? »

Jean-Jacques Rousseau, **Discours sur l'origine et les fondements de l'inégalité parmi les hommes**, 1755

À la parution du texte, Voltaire envoie à son auteur une lettre de « remerciements » dont le but est de réfuter la thèse de la civilisation corruptrice. Pour lui, seuls les progrès des arts, des sciences et des techniques pourront prévenir les catastrophes comme celle de Lisbonne. Le fossé entre les deux hommes est désormais creusé.

1761 Deux visions de la liberté : *La Nouvelle Héloïse* et l'affaire Calas

Rêve de bonheur

Éprouvé par la vie parisienne et mondaine, Rousseau trouve un réconfort dans la nature. Il se retire à l'Ermitage, où la vie champêtre le soulage. Mais il est seul : pour lutter contre la mélancolie, il fait du rêve son nouveau refuge et invente des « créatures selon son cœur » qui viennent peupler sa solitude. Alors qu'il avait sévèrement jugé le genre comme « pâture des peuples corrompus », sa rêverie va bientôt prendre la forme d'un roman. D'abord, il ne s'agit que de fictions, mêlées à des souvenirs personnels. C'est ainsi que naissent Julie, l'amante rêvée, et Saint-

Voilà ce que dit Diderot dans le *Salon de 1761* de ce tableau de Greuze, *L'Accordée de village* : « Le sujet est pathétique, et l'on se sent gagner d'une émotion douce en le regardant. La composition m'en a paru très belle. Il y a douze figures ; chacune est à sa place, et fait ce qu'elle doit. Comme elles s'enchaînent toutes ! comme elles vont en ondoyant et en pyramidant ! »

Les Adieux de Calas à sa famille : Daniel Chodowiecki (1726-1801) met le pathétique au service de la dénonciation de l'injustice. Après avoir lu « Un combat pour la tolérance », vous expliquerez sans peine la scène représentée ici.

Preux, le double de Rousseau par qui il connaît la passion. En 1757, *Julie* compte quatre parties.

Est-ce la rencontre de l'amour réel qui infléchit la création ? Rousseau s'éprend de Mme d'Houdetot, mais elle ne répond pas à sa passion. Cette expérience pousse l'écrivain à ajouter à *Julie* deux parties qui la transforment en hymne à l'exceptionnelle amitié au sein d'une petite société parfaite. Rousseau veut alors que son roman soit un « objet de concorde publique » ; il y réconcilie l'athéisme et la dévotion chrétienne. En 1759, il lui donne enfin son titre définitif qui rappelle la passion que connurent Héloïse et Abélard avant d'entrer en religion. *La Nouvelle Héloïse* paraît en 1661 et connaît un succès sans précédent : ce roman total, à la fois sentimental, philosophique et moral, est l'un des best-sellers du XVIIIe siècle.

Au Salon de peinture, cette même année, on peut admirer *L'Accordée de village* de Jean-Baptiste Greuze, tableau dans lequel l'artiste semble transposer les intentions moralisantes de Rousseau et revendiquer un art populaire et utile à la société, exaltant la douceur du bonheur et l'amour de la vertu.

Un combat pour la tolérance

Le 12 octobre 1761, Marc-Antoine Calas, fils aîné d'un commerçant de Toulouse, est retrouvé pendu dans le magasin de son père. Suicide ou meurtre ? L'affaire ne sera jamais élucidée et l'enquête ne sera ni objective ni impartiale, car la famille Calas est protestante. Aussitôt, une rumeur se répand : la victime aurait souhaité se convertir au catholicisme et aurait été, pour cette raison, tuée par ses parents. Son père, Jean Calas, est condamné à mort et périt sur la roue. Voltaire s'intéresse à l'affaire parce que, quelle que soit la vérité des faits, elle est une manifestation de l'intolérance. Au début, le philosophe accepte la version officielle et condamne cet acte de fanatisme. Mais le jugement n'est pas clair à ses yeux et, après avoir réexaminé l'affaire, il est bientôt persuadé de l'innocence de Jean Calas qui, de bourreau huguenot, devient victime de la persécution du pouvoir et de l'opinion catholiques. Cette erreur judiciaire donne à Voltaire l'occasion de combattre le fanatisme religieux. L'affaire Calas est aussi un exemple d'engagement intellectuel efficace : en 1764, l'arrêt du Parlement de Toulouse est cassé et, l'année suivante, Jean Calas est réhabilité.

« Il ne faut pas un grand art, une éloquence bien recherchée, pour prouver que des chrétiens doivent se tolérer les uns les autres. Je vais plus loin : je vous dis qu'il faut regarder tous les hommes comme nos frères. Quoi ! mon frère le Turc ? mon frère le Chinois ? le Juif ? le Siamois ? Oui, sans doute ; ne sommes-nous pas tous enfants du même père, et créatures du même Dieu ?

Mais ces peuples nous méprisent ; mais ils nous traitent d'idolâtres[1] ! Hé bien ! je leur dirai qu'ils ont grand tort. Il me semble

1 Qui rendent un culte divin aux idoles.

2 Chef de prière d'une mosquée. 3 Petit singe qui pourrait ressembler à un ecclésiastique ; d'où, moine bouddhiste.

que je pourrais étonner au moins l'orgueilleuse opiniâtreté d'un iman[2] ou d'un talapoin[3], si je leur parlais à peu près ainsi : "Ce petit globe, qui n'est qu'un point, roule dans l'espace, ainsi que tant d'autres globes ; nous sommes perdus dans cette immensité. L'homme, haut d'environ cinq pieds, est assurément peu de chose dans la création. Un de ces êtres imperceptibles dit à quelques-uns de ses voisins, dans l'Arabie ou dans la Cafrerie : "Écoute-moi, car le dieu de tous ces mondes m'a éclairé : il y a neuf cent millions de petites fourmis comme nous sur la terre, mais il n'y a que ma fourmilière qui soit chère à Dieu ; toutes les autres lui sont en horreur de toute éternité ; elle sera seule heureuse, et toutes les autres seront éternellement infortunées."
Ils m'arrêteraient alors, et me demanderaient quel est le fou qui a dit cette sottise. Je serais obligé de leur répondre : "C'est vous-mêmes." Je tâcherais ensuite de les adoucir ; mais cela serait bien difficile. »

Voltaire, **Traité sur la tolérance**, chapitre XXII,
« De la tolérance universelle », 1763

1776 Naissance des États-Unis d'Amérique

Des tentatives de réformes

À l'avènement du jeune Louis XVI, en 1774, la monarchie est menacée par une grave crise économique. Turgot, le contrôleur des finances, propose une série de réformes audacieuses. Il conçoit ensuite un système de décentralisation ne tenant plus compte de la distinction des trois ordres. Bien sûr, le Parlement, dont les membres ont tout intérêt à sauvegarder les privilèges de l'Ancien Régime, prend peur, tout comme le peuple qui se méfie des nouvelles assemblées. Turgot est renvoyé avant d'avoir pu lancer son programme, en 1776.

Une répétition générale

Au-delà des mers, la colonie anglaise du Nouveau Monde se révolte. Le 4 juillet, les députés américains réunis à Philadelphie forment un Congrès, rédigent une Déclaration des droits, se dotent d'une Constitution.

L'indépendance est proclamée, et les insurgés entrent en guerre contre l'Angleterre. Cette bataille pour la liberté d'un peuple va trouver en France une résonance exceptionnelle. Dès le début, certains hommes tentent de faire pression sur le gouvernement français pour le convaincre de soutenir ceux que l'on appelle alors les « Insurgents ».

> « Nous tenons pour évidentes par elles-mêmes les vérités suivantes : tous les hommes sont créés égaux ; ils sont doués par le Créateur de certains droits inaliénables ; parmi ces droits se trouvent la vie, la liberté et la recherche du bonheur. Les gouvernements sont établis par les hommes pour garantir ces droits, et leur juste pouvoir émane du consentement des gouvernés. Toutes les fois qu'une forme de gouvernement devient destructive de ce but, le peuple a le droit de la changer ou de l'abolir et d'établir un nouveau gouvernement, en le fondant sur les principes et en l'organisant en la forme qui lui paraîtront les plus propres à lui donner la sûreté et le bonheur. »
>
> **Déclaration d'indépendance américaine**, 4 juillet 1776

Beaumarchais (1732-1799) joue un rôle important : il est tellement convaincu de la nécessité de leur venir en aide qu'il monte une compagnie de commerce exclusivement consacrée à leur ravitaillement. Du côté du pouvoir, il faut attendre une capitulation anglaise en octobre 1777 pour que l'intervention française soit décidée. On fournit secrètement des armes, des équipements et de l'argent aux Américains, tandis que de jeunes officiers, comme La Fayette, se rangent volontairement sous les ordres du chef de l'armée américaine, Washington. De modèle de la liberté qu'elle était au début du siècle, l'Angleterre devient l'ennemi. Bientôt seule face à une coalition européenne défendant les Insurgents, elle est amenée à faire des propositions de paix à la fin de l'année 1782. Les négociations aboutissent au traité de Versailles en septembre 1783. L'Angleterre y reconnaît l'indépendance des États-Unis d'Amérique, restitue à l'Espagne la Floride et quelques îles des Antilles, tout comme le Sénégal à la France.

Mais les retombées sont lourdes d'enjeux. L'indépendance coûte cher et accroît le déficit financier et la fragilité de la monarchie, mais elle éveille aussi les désirs de liberté. Beaucoup de Français considèrent la naissance des États-Unis comme leur œuvre et le premier aboutissement de l'esprit philosophique, comme l'analyse Alexis de Tocqueville, au siècle suivant dans *De la démocratie en Amérique* (1835-1840) : « Les Américains semblaient ne faire qu'exécuter ce que nos écrivains avaient conçu ; ils donnaient la substance de la réalité à ce que nous étions en train de rêver. » L'indépendance américaine est ainsi, pour la France, plus qu'un simple exemple : un coup d'essai.

1784 Combat et victoire de Figaro

Une bataille pour la libre expression

Beaumarchais est un fervent défenseur des libertés, qu'il s'agisse de ses propres intérêts ou de ceux des autres. Il décide de garantir les droits des hommes de théâtre, ses confrères, en créant la Société des auteurs dramatiques, chargée de veiller à une juste distribution des droits d'auteurs. Peu de temps après, il signe un acte pour la liberté de pensée en se lançant dans la publication des œuvres complètes de Voltaire. Mais son plus grand combat est celui du *Mariage de Figaro*.

C'est en 1781 que les Comédiens-Français reçoivent la première version de la pièce, pour laquelle Beaumarchais demande, tout à fait normalement, un censeur[1]. Alors que celui-ci autorise sa représentation, la pièce parvient jusque dans les mains du roi qui y voit une « inconséquence dangereuse » et l'interdit. Beaumarchais engage alors la lutte. Il adopte la même stratégie que Molière pour *Tartuffe*. Bientôt, tous les habitués des salons ont lu *Le Mariage*. Les critiques qui s'élèvent permettent à l'auteur de remanier son œuvre : il déplace l'intrigue en Espagne, en espérant que cette délocalisation amadouera le roi. Malheureusement, le deuxième censeur refuse son approbation. Beaumarchais est alors prêt à se contenter, faute de mieux, d'une représentation privée pour le comte d'Artois, mais une lettre de cachet[2] de dernière minute empêche l'événement. Un troisième censeur finit par autoriser une représentation privée pour un autre aristocrate. En 1783, quelques privilégiés assistent à la première confidentielle du chef-d'œuvre de Beaumarchais.

1 Sous l'Ancien Régime, chaque œuvre doit être approuvée par un censeur royal.

Voir XVIIe siècle (« Situations », p. 178)

2 Lettre au cachet (sceau) du roi contenant un ordre d'emprisonnement, d'exil ou d'interdiction.

Triomphe populaire et scandale

Le 27 avril 1784, la première publique du *Mariage de Figaro* a lieu au nouveau théâtre de la montagne Sainte-Geneviève. Dix heures avant le lever de rideau, l'effervescence populaire provoque une émeute. Bilan : cinq morts. Le triomphe – soixante-huit représentations successives, un record ! – est suivi du scandale. D'abord, la pièce revendique le droit à la liberté individuelle en affirmant que chaque être humain, quelle que soit sa classe sociale, a le droit de disposer de lui-même et de sa vie comme il l'entend. Suzanne et Figaro veulent se marier et le comte, leur employeur plus que leur « maître », n'a aucun droit à faire valoir pour nuire à cette union, si vifs soient ses désirs pour la belle soubrette.

Dans le dernier acte de la pièce, Suzanne et la comtesse ont décidé de punir le comte en envoyant sa propre femme, revêtue des habits de la suivante, au rendez-vous qu'il lui a donné. Mais Figaro n'est pas au courant et il tombe dans le piège, croyant que Suzanne le trompe. S'ensuit un quiproquo généralisé où chacun reçoit la gifle destinée à un autre. Au final, les femmes triomphent.

« « Ô femme ! femme ! femme ! créature faible et décevante !... nul animal créé ne peut manquer à son instinct : le tien est-il donc de tromper ?... Après m'avoir obstinément refusé quand je l'en pressais devant sa maîtresse ; à l'instant qu'elle me donne sa parole, au milieu même de la cérémonie... Il riait en lisant, le perfide ! et moi comme un benêt... Non, Monsieur le Comte, vous ne l'aurez pas... vous ne l'aurez pas. Parce que vous êtes un grand seigneur, vous vous croyez un grand génie !... Noblesse, fortune, un rang, des places, tout cela rend si fier ! Qu'avez-vous fait pour tant de biens ? Vous vous êtes donné la peine de naître, et rien de plus. Du reste, homme assez ordinaire ; tandis que moi, morbleu ! perdu dans le foule obscure, il m'a fallu déployer plus de science et de calculs, pour subsister seulement, qu'on n'en a mis depuis cent ans à gouverner toutes les Espagnes : et vous voulez jouter... On vient... c'est elle... ce n'est personne. – La nuit est noire en diable, et me voilà faisant le sot métier de mari, quoique je ne le sois qu'à moitié ! *(Il s'assied sur un banc.)* Est-il rien de plus bizarre que ma destinée ? Fils de je ne sais pas qui, volé par les bandits, élevé dans leurs mœurs, je m'en dégoûte et veux courir une carrière honnête ; et partout je suis repoussé ! J'apprends la chimie, la pharmacie, la chirurgie, et tout le crédit d'un grand seigneur peut à peine me mettre à la main une lancette vétérinaire ! – Las d'attrister des bêtes malades, et pour en faire un métier contraire, je me jette à corps perdu dans le théâtre : me fussé-je mis une pierre au cou ! Je broche une comédie dans les mœurs du sérail. Auteur espagnol, je crois pouvoir y fronder Mahomet sans scrupule : à l'instant un envoyé... de je ne sais où se plaint que j'offense dans mes vers la Sublime-Porte[1], la Perse, une partie de la presqu'île de l'Inde, toute l'Égypte, les royaumes de Barca[2], de Tripoli, de Tunis, d'Alger et de Maroc : et voilà ma comédie flambée, pour plaire aux princes mahométans, dont pas un, je crois, ne sait lire, et qui nous meurtrissent l'omoplate, en nous disant : *chiens de chrétiens*. – Ne pouvant avilir l'esprit, on se venge en le maltraitant. – Mes joues creusaient, mon terme était échu : je voyais de loin arriver l'affreux recors[3], la plume fichée dans sa perruque : en frémissant je m'évertue. Il s'élève une question sur la nature des richesses ; et comme il n'est pas nécessaire de tenir les choses pour en raisonner, n'ayant pas un sou, j'écris sur la valeur de l'argent et sur son produit net : sitôt je vois du fond d'un fiacre baisser pour moi le pont d'un château fort, à l'entrée duquel je laissai l'espérance et la liberté. *(Il se lève.)* Que je voudrais bien tenir un de ces puissants de quatre jours, si légers sur le mal qu'ils ordonnent, quand une bonne disgrâce a cuvé son orgueil ! je lui dirais... que les sottises imprimées n'ont d'importance qu'aux lieux où l'on gêne le cours ; que, sans la liberté de blâmer, il n'est point d'éloge flatteur ; et qu'il n'y a que les petits hommes qui redoutent les petits écrits. *(Il se rassied.)* Las de nourrir un obscur pensionnaire, on

1 L'Empire ottoman. **2** Aujourd'hui, la Libye. **3** Officier de justice présent lors des saisies.

me met un jour dans la rue ; et comme il faut dîner, quoiqu'on ne soit plus en prison, je taille encore ma plume, et demande à chacun de quoi il est question : on me dit que, pendant ma retraite économique, il s'est établi dans Madrid un système de liberté sur la vente des productions, qui s'étend même à celles de la presse ; et que, pourvu que je ne parle en mes écrits ni de l'autorité, ni de la politique, ni de la morale, ni des gens en place, ni des corps en crédit, ni de l'Opéra, ni des autres spectacles, ni de personne qui tienne à quelque chose, je puis tout imprimer librement, sous l'inspection de deux ou trois censeurs. Pour profiter de cette douce liberté, j'annonce un petit écrit périodique, et, croyant n'aller sur les brisées d'aucun autre, je le nomme *Journal inutile*. Pou-ou ! je vois s'élever contre moi mille pauvres diables à la feuille, on me supprime, et me voilà derechef sans emploi ! – Le désespoir m'allait saisir ; on pense à moi pour une place, mais par malheur j'y étais propre : il fallait un calculateur, ce fut un danseur qui l'obtint. Il ne me restait plus qu'à voler ; je me fais banquier de pharaon[4] : alors, bonnes gens ! je soupe en ville, et les personnes dites *comme il faut* m'ouvrent poliment leur maison, en retenant pour elles les trois quarts du profit. J'aurais bien pu me remonter ; je commençais même à comprendre que, pour gagner du bien, le savoir-faire vaut mieux que le savoir. Mais comme chacun pillait autour de moi, en exigeant que je fusse honnête, il fallut bien périr encore. Pour le coup je quittais le monde, et vingt brasses d'eau m'en allaient séparer, lorsqu'un dieu bienfaisant m'appelle à mon premier état. Je reprends ma trousse et mon cuir anglais[5] ; puis, laissant la fumée aux sots qui s'en nourrissent, et la honte au milieu du chemin comme trop lourde à un piéton, je vais rasant de ville en ville, et je vis enfin sans souci. Un grand seigneur passe à Séville ; il me reconnaît, je le marie ; et pour prix d'avoir eu par mes soins son épouse, il veut intercepter la mienne ! Intrigue, orage à ce sujet. Prêt à tomber dans un abîme, au moment d'épouser ma mère, mes parents m'arrivent à la file. *(Il se lève en s'échauffant.)* On se débat, c'est vous, c'est lui, c'est moi, c'est toi, non, ce n'est pas nous ; eh ! mais qui donc ? *(Il retombe assis.)* Ô bizarre suite d'événements ! Comment cela m'est-il arrivé ? Pourquoi ces choses et non pas d'autres ? Qui les a fixées sur ma tête ? Forcé de parcourir la route où je suis entré sans le savoir, comme j'en sortirai sans le vouloir, je l'ai jonchée d'autant de fleurs que ma gaieté me l'a permis : encore je dis ma gaieté sans savoir si elle est à moi plus que le reste, ni même quel est ce *moi* dont je m'occupe : un assemblage informe de parties inconnues ; puis un chétif être imbécile[6], un petit animal folâtre, un jeune homme ardent au plaisir, ayant tous les goûts pour jouir, faisant tous les métiers pour vivre ; maître ici, valet là, selon qu'il plaît à la fortune ; ambitieux par vanité, laborieux par nécessité, mais paresseux… avec délices ! orateur selon le danger ; poète par délas-

4 Jeu de hasard. **5** Cuir servant à polir les rasoirs. **6** Sans force.

sement ; musicien par occasion ; amoureux par folles bouffées ; j'ai tout vu, tout fait, tout usé. Puis l'illusion s'est détruite et, trop désabusé... Désabusé...! Suzon, Suzon, Suzon ! que tu me donnes de tourments !... J'entends marcher... on vient. Voici l'instant de la crise. » ●

Beaumarchais, **Le Mariage de Figaro**, acte V, scène 3, 1784

... à vous de lire le monologue...

1 Figaro tient là un des monologues les plus virtuoses du théâtre français. Admirez l'art de Beaumarchais pour le rendre dynamique (didascalies, articulations...).

2 Dégagez la philosophie de Figaro.

3 Étudiez la verve de Figaro.

Même si Beaumarchais ne renverse pas les fondements de la monarchie et de la société féodale, il en dénonce les dysfonctionnements : « Dans l'ouvrage que je défends, on n'attaque point les états, mais les abus de chaque état » (Préface au *Mariage de Figaro*).

La pièce est en cela un hymne à la liberté, dont le personnage Figaro, double de l'auteur, se fait le chantre, et qui annonce la Révolution française. Mais le scandale vient aussi de cette Préface qui accompagne la publication de la pièce. Beaumarchais n'y parle-t-il pas des lions et des tigres qui lui ont barré la route ? Ces fauves, brutes sanguinaires, ne désignent-ils pas le roi ? En tout cas, c'est ainsi que Louis XVI l'entend. Il expédie Beaumarchais en prison, mais l'indignation populaire le force à l'en retirer très vite. Et « tout finit par des chansons » : alors qu'en France l'ordre revient, le Vénitien Lorenzo Da Ponte (1749-1838) propose à Mozart un livret adaptant la pièce ; l'opéra *Les Noces de Figaro* est créé à Vienne en 1786.

1789 Le symbole de la liberté

L'événement symbolique de la Révolution française, c'est la prise de la Bastille, redoutable prison parisienne, le 14 juillet 1789. Mais, pour saisir l'ampleur de ce symbole, il est nécessaire de remonter un peu en arrière. La crise économique et financière qui frappe la France s'est encore aggravée. Cette situation pousse le pouvoir politique à réunir une assemblée des notables pour tenter de trouver des solutions à la crise, étape préparatoire à la convocation par Louis XVI de l'assemblée représentative des trois ordres du royaume, les états généraux. Ceux-ci s'ouvrent le 5 mai 1789, alors que la hausse du prix des céréales porte un nouveau coup à une population déjà affaiblie par un hiver très rude.

Le 5 mai 1789 s'ouvrent les états généraux. Observez l'organisation de la salle. À quoi cette séance d'ouverture peut-elle faire penser ?

Voir « Image » (p. 263)

Les états généraux dévoilent au grand jour les revendications que le tiers état inscrit depuis longtemps sur les « cahiers de doléances » : l'abolition des droits seigneuriaux, une constitution. Le 9 juillet, ils se déclarent Assemblée nationale *constituante*. Le serment du Jeu de Paume, en date du 20 juin, avait scellé au préalable la décision d'instaurer un vote par tête et non par ordre, qui donne l'avantage au tiers état, numériquement majoritaire.

La révolution politique trouve un écho populaire : à Paris, puis au niveau national, les citoyens prennent les armes. C'est ce mouvement qui conduit à la prise de la Bastille : l'emblème de la tyrannie de l'Ancien Régime tombe. La révolte gagne cependant aussi les campagnes : la panique paysanne, avec son cortège d'affamés et de brigands qui, semble-t-il, pillent les châteaux, est appelée *la grande peur*. Très vite, l'organisation suit le chaos. La Déclaration des droits de l'homme et du citoyen sert de prélude à la rédaction de la Constitution. Les partis se forment, des chefs jaillissent de la masse. Dès 1789, la France se dote de sa structure politique et parlementaire moderne.

« Les représentants du peuple français, constitués en Assemblée nationale, considérant que l'ignorance, l'oubli ou le mépris des droits de l'homme sont les seules causes des malheurs publics et de la corruption des gouvernements, ont résolu d'exposer,

Cette estampe fait partie de l'illustration traditionnelle que les colporteurs distribuaient dans les campagnes. C'est ainsi que l'idée révolutionnaire pouvait faire son chemin. « Ces mortels sont égaux, ce n'est pas la naissance, c'est la seule vertu qui fait la différence. » Comment cette allégorie signifie-t-elle l'égalité entre les hommes ? Essayez de déchiffrer les nombreux symboles utilisés.

dans une déclaration solennelle, les droits naturels, inaliénables et sacrés de l'homme, afin que cette déclaration, constamment présente à tous les membres du corps social, leur rappelle sans cesse leurs droits et leurs devoirs ; afin que les actes du pouvoir législatif et ceux du pouvoir exécutif, pouvant être à chaque instant comparés avec le but de toute institution politique, en soient plus respectés ; afin que les réclamation des citoyens, fondées désormais sur des principes simples et incontestables, tournent toujours au maintien de la Constitution, et au bonheur de tous. – En conséquence, l'Assemblée nationale reconnaît et déclare, en présence et sous les auspices[1] de l'Être suprême les droits suivants de l'Homme et du Citoyen.

Article premier. – Les hommes naissent et demeurent libres et égaux en droits. Les distinctions sociales ne peuvent être fondées que sur l'utilité commune. »

Déclaration des droits de l'homme et du citoyen, 26 août 1789

1 Sous la protection.

...à vous de circuler dans l'histoire...

1 Outre la Révolution française, date majeure des revendications de la liberté, d'autres événements montrent que l'idée était en marche : lesquels ?

2 L'activité littéraire a notablement influencé la vie politique : repérez les œuvres qui ont joué un rôle prépondérant et expliquez ce que leur doit l'évolution des institutions.

3 La censure a tenté de s'exercer à l'encontre de certaines œuvres pour maintenir le régime en place : quelles œuvres ont-elles été menacées, et quelles ont été les échappatoires de leurs auteurs ?

4 *Le Mariage de Figaro*, vous l'avez lu, s'est heurté à la censure. Pouvez-vous en comprendre les raisons en lisant le monologue de Figaro ? Plusieurs plans sont évoqués dans le monologue : la vie sociale, les sentiments, le rapport à l'argent. Dites quelles positions défend Figaro sur chacun de ces points. Le monologue traduit les dysfonctionnements d'une société au bord de l'éclatement : cherchez-en les signes.
Lisez ce monologue à haute voix : combien de temps dure-t-il sur scène ? Est-ce, selon vos connaissances en matière théâtrale, si fréquent qu'un personnage occupe seul dans une pièce un aussi long moment ? Que vous pouvez-vous en conclure ? Ce monologue a plusieurs temps : quelles consignes de mise en scène (mouvements, intonations, silences) donneriez-vous au comédien chargé du rôle ?

▶Lieux

Les combats pour la connaissance, le bonheur et la liberté qui caractérisent le siècle des Lumières font émerger de nouveaux lieux dans le paysage d'une société française ouverte sur l'Europe et le monde. Ce sont, à l'intérieur du royaume, des espaces de sociabilité, de discussion et de création, prolongements lointains des centres culturels qu'étaient les cours princières de la Renaissance. Mais, si les salons et les cafés constituent des alliés de la liberté d'expression en tant qu'instruments de communication et de partage des idées à l'échelle de communautés réduites, bon nombre d'écrivains sont confrontés à la censure française et obligés de chercher ailleurs, dans d'autres pays d'Europe, dans l'exploration des modèles des sociétés exotiques, voire dans l'utopie, le respect de leur droit de s'exprimer.

Salons et cafés

L'esprit de conversation dans l'intimité

Un exercice de politesse

La discussion, de la simple conversation au véritable débat, est un élément essentiel dans la diffusion des idées au XVIIIe siècle. C'est pourquoi les salons littéraires, imités bientôt par les cafés, prolifèrent. Ces assemblées réunies autour d'une maîtresse de maison sont d'abord les héritières des cercles précieux du siècle précédent. C'est la tradition de la politesse et de l'art de la conversation qui les motive, ainsi que le fait qu'ils permettent aux femmes de s'offrir un rôle d'importance dans la société des lettres. Les membres de l'élite mondaine et intellectuelle, académiciens, savants, écrivains, artistes, étrangers, s'y rencontrent, échangent et contribuent à créer l'actualité littéraire et philosophique. Dominés par la mondanité, les salons ne sont pas le lieu de l'élaboration des idées, ni même de leur véritable confrontation (la politesse ne supporterait pas une violente polémique), mais ils constituent un puissant organe de publicité auprès des élites européennes et du grand public.

Voir XVIIe siècle («Lieux», p. 187)

Rendez-vous chez…

Neuf salons parisiens importants, dont deux tenus par des hommes, se côtoient et se succèdent tout au long du XVIIIe siècle. La marquise de Lambert ouvre le sien de 1710 à sa mort en 1733. C'est le temple des Modernes (la fameuse querelle a ressuscité en 1713) et de la *nouvelle préciosité*, et aussi une sorte d'antichambre de l'Académie française. Lors des dîners du mardi, les invités, parmi lesquels Fontenelle (1657-1757), Marivaux (1688-1763), Montesquieu, peuvent lire un ouvrage ou causer de littérature ou de morale.

Voir XVIIe siècle («Variations», p. 251)

De 1733 jusqu'en 1749, c'est Mme de Tencin qui reçoit. En 1748, Montesquieu lit chez elle *De l'esprit des lois*, ouvrage auquel elle donne une grande publicité et dont elle surveille l'édition parisienne. Le plus durable des salons (1740-1780) est tenu par Mme du Deffand, une des

Dans le salon de Mme Geoffrin, peint par Anicet Lemonnier, on compte ce soir-là, entre autres, les écrivains Fontenelle, Rousseau et d'Alembert, le naturaliste Buffon, Rameau le musicien. On y lit *L'orphelin de la Chine*, une tragédie de Voltaire, sous les tableaux de maître.

correspondantes de Voltaire, qu'elle reçoit avec d'Alembert. À partir de 1764, ce salon fait preuve d'une attitude hostile aux philosophes.

De 1750 à 1777, le salon de Mme Geoffrin, riche bourgeoise très « professionnelle », a pour spécialité d'accueillir, avec les artistes le lundi et les écrivains le mercredi, les personnalités étrangères comme le futur roi de Pologne, la future Catherine II, Marie-Thérèse d'Autriche, etc. Mme Geoffrin est, d'autre part, un soutien pour les philosophes et les encyclopédistes. À peu près à la même époque, le salon de Mme d'Épinay accueille Rousseau et anime un journal, la *Correspondance littéraire*.

Les deux salons masculins, celui du baron d'Holbach, de 1759 à 1788, et celui d'Helvétius, de 1759 à 1771, sont un peu plus actifs : l'un réunit autour de Diderot une société cosmopolite et abrite l'avant-garde du combat philosophique ; on y parle avec une totale liberté de religion ou de politique ; l'autre est tenu par le mécène des encyclopédistes.

De 1764 à 1776, l'ancienne lectrice de Mme du Deffand ouvre son propre salon : Mlle de Lespinasse y rassemble Condillac, Diderot, Marmontel, Condorcet, Hume... autour de son ami d'Alembert. Enfin, le dernier salon du siècle, ouvert en même temps que le précédent, survivra un an après la prise de la Bastille : il s'agit du salon de Mme Necker, lieu de rencontre, grâce au ministre populaire Necker, entre les philosophes et la cour. C'est là qu'en 1788 Bernardin de Saint-Pierre (1737-1814) lit *Paul et Virginie*, et que se forme Germaine Necker, future Mme de Staël.

« La marquise de Chaves était une veuve de trente-cinq ans, belle, grande et bien faite. Elle jouissait d'un revenu de dix mille ducats et n'avait point d'enfants. Je n'ai jamais vu de femme plus sérieuse, ni qui parlât moins. Cela ne l'empêchait pas de passer pour la dame de Madrid la plus spirituelle. Le grand concours de personnes de qualité et de gens de lettres qu'on voyait chez elle tous les jours contribuait peut-être plus que ce qu'elle disait à lui donner cette réputation. C'est une chose dont je ne déciderai point. Je me contenterai de dire que son nom emportait une idée de génie supérieur, et que sa maison était appelée par excellence dans la ville le bureau des ouvrages d'esprit.
Effectivement on y lisait chaque jour tantôt des poèmes dramatiques et tantôt d'autres poésies. Mais on n'y faisait guère que des lectures sérieuses. Les pièces comiques y étaient méprisées. On n'y regardait la meilleure comédie ou le roman le plus ingénieux et le plus égayé que comme une faible production qui ne méritait aucune louange ; au lieu que le moindre ouvrage sérieux, une ode[1], une églogue[2], un sonnet y passait pour le plus grand effort de l'esprit humain. Il arrivait souvent que le public ne confirmait pas les jugements du bureau, et que même il sifflait quelquefois impoliment les pièces qu'on y avait fort applaudies. »

1 Poème lyrique.
2 Petit poème champêtre.

Alain René Lesage, **Gil Blas de Santillane**, chapitre VIII,
« De quel caractère était la marquise de Chaves,
et quelles personnes allaient ordinairement chez elle », 1715-1735

« Qu'a fait une femme qui veut entrer subitement et comme actrice dans le sanctuaire des Muses et de la philosophie ? Elle a lorgné, persiflé, minaudé, fait des nœuds et des riens ; elle a gâté son esprit dans une mer de futilités ; elle n'a fait attention qu'au brillant, et s'est toujours arrêtée à la superficie. Elle s'aveugle elle-même ; cependant elle croit pouvoir décider d'un livre comme d'un pompon. La paresse de son esprit l'empêche d'examiner ; le peu d'énergie de son âme ne lui permet pas de saisir les traits marqués ; sa légèreté repose sur quelques détails, et ne peut embrasser le plan. Elle prononce comme elle sent, d'une manière vague, incertaine et peu sûre.
Qu'elle ouvre sa porte à cet essaim d'auteurs, qui, sans nom et sans talents, sont dix fois plus orgueilleux que les auteurs connus. Ils arrivent pour mettre à contribution son ton admiratif. Le satirique[1] vient chercher près d'elle des traits propres à la comédie. Elle siège sur son petit tribunal, où en jugeant elle est jugée la première. Obligée de louer ceux qui sont présents, les derniers venus se montrent jaloux. Alors la division se met dans la troupe : elle veut concilier les mécontents, et des jugements contradictoires sortent de la sa bouche. L'aigreur devient acharnement ; elle aurait plutôt pacifié les puissances belligérantes, que de réunir ces partis opposés.

1 L'auteur de satire.

[...] On trouve donc aujourd'hui l'Académie française dans beaucoup de maisons. Il n'est plus besoin d'aller au Louvre pour y entendre des vers et de la prose, on en fait dans le monde tout aussi bien que les jurés beaux esprits. Ils n'ont de plus que le ridicule de leurs prétentions exclusives. »

Louis Sébastien Mercier (1740-1814), **Tableau de Paris**, « Bureaux d'esprit », 1781-1788

... à vous de comparer...

1 Ces deux extraits ont des ambitions descriptives : l'un installe un espace romanesque (*Gil Blas*), l'autre traduit, comme un ethnologue, un lieu caractéristique de la mode des salons. Tous deux utilisent le procédé de l'ironie : antiphrase, recherche de la complicité avec le lecteur, absence de coordination logique, hyperbole. Faites le relevé de ces pratiques dans l'un et l'autre extrait, puis, à votre tour, chaussez vos lunettes ironiques et exercez-vous sur un petit milieu que vous connaissez bien : cela peut être un cercle d'amis, une réunion familiale ou une émission de télévision aux codes particulièrement définis.

2 Et ces deux extraits ont des ambitions critiques : cherchez dans le premier la critique cachée sous l'éloge, et dans le second la satire des femmes savantes.

Les cafés

Pendant populaire aux cercles mondains, le café est l'autre lieu de rencontre du XVIIIe siècle. Là, pas de protocole et des activités beaucoup plus diversifiées. Chacun doit sa renommée à une spécialité. À *La Régence*, place du Palais-Royal, on joue et l'on regarde jouer aux échecs. Au *Procope*, qui dresse aujourd'hui encore sa superbe devanture dans le VIe arrondissement de Paris, on écoute des nouvellistes, on discute des ouvrages récents et des pièces nouvelles. Les auteurs peuvent y juger du succès de leurs œuvres auprès du public, comme l'indique Figaro dans *Le Barbier de Séville :* « Avant la pièce, le café m'avait paru dans les meilleures dispositions pour moi. » Au *Procope* encore ou au *Conti*, on utilise un langage codé pour débattre de dangereux sujets sans éveiller l'attention des « mouches » (les mouchards).

« Mais ce qui me choque de ces beaux esprits, c'est qu'ils ne se rendent pas utiles à leur patrie, et qu'ils amusent leurs talents à des choses puériles. Par exemple, lorsque j'arrivai à Paris, je les trouvai échauffés sur une dispute, la plus mince qu'il se puisse imaginer : il s'agissait de la réputation d'un vieux poète grec dont, depuis deux mille ans, on ignore la patrie, aussi bien que le temps de sa mort. Les deux partis avouaient que c'était un poète excellent ; il n'était question que du plus ou du moins de mérite qu'il fallait lui attribuer. Chacun en voulait donner le taux ; mais, parmi ces distributeurs de réputation, les uns faisaient meilleur poids que les autres. Voilà la querelle ! Elle était bien vive : car on se disait cordialement, de part et d'autre, des injures si grossières, on faisait des plaisanteries si amères, que je n'admirais pas moins la manière de disputer, que le sujet de la dispute. "Si quelqu'un, disais-je en moi-même, était assez étourdi pour aller devant un de ces défendeurs du poète grec attaquer la réputation de quelque honnête citoyen, il ne serait pas mal relevé, et je crois que ce zèle si délicat sur la réputation des morts s'embraserait bien pour défendre celle des vivants ! Mais, quoi qu'il en soit, ajoutais-je, Dieu me garde de m'attirer jamais l'inimitié des censeurs de ce poète, que le séjour de deux mille ans dans le tombeau n'a pu garantir d'une haine si implacable ! Ils frappent à présent des coups en l'air. Mais que serait-ce si leur fureur était animée par la présence d'un ennemi ?" »

Montesquieu, **Lettres persanes**, lettre XXXVI, Usbek à Rhedi, à Venise, 1721

« Qu'il fasse beau, qu'il fasse laid, c'est mon habitude d'aller sur les cinq heures du soir me promener au Palais-Royal. C'est moi qu'on voit toujours seul, rêvant sur le banc d'Argenson. Je m'entretiens avec moi-même de politique, d'amour, de goût ou de philosophie. J'abandonne mon esprit à tout son libertinage. Je le laisse maître de suivre la première idée sage ou folle qui se présente, comme on voit, dans l'allée de Foy, nos jeunes dissolus marcher sur les pas d'une courtisane à l'air éventé, au visage riant, à l'œil vif, au nez retroussé, quitter celle-ci pour une autre, les attaquant toutes et ne s'attachant à aucune. Mes pensées ce sont mes catins[1]. Si le temps est trop froid, ou trop

1 Prostituées.

La gravure du café Manoury résume les diverses activités pratiquées au café : conversation, lecture de la gazette, jeux de dames et d'échecs.

pluvieux, je me réfugie au café de la Régence ; là, je m'amuse à voir jouer aux échecs. Paris est l'endroit du monde, et le café de la Régence est l'endroit de Paris où l'on joue le mieux à ce jeu. C'est chez Rey que font assaut Legal le profond, Philidor le subtil, le solide Mayot ; qu'on voit les coups les plus surprenants et qu'on entend les plus mauvais propos ; car si l'on peut être homme d'esprit et grand joueur d'échecs comme Legal, on peut être aussi un grand joueur d'échecs et un sot comme Foubert et Mayot. »

Denis Diderot, **Le Neveu de Rameau**, satire seconde, 1774

« Dans le plus grand nombre des cafés, le bavardage est encore plus ennuyeux : il roule incessamment sur la gazette. La crédulité parisienne n'a point de bornes en ce genre ; elle gobe tout ce qu'on lui présente ; et mille fois abusée, elle retourne au pamphlet ministériel.

Tel homme arrive au café sur les dix heures du matin, pour n'en sortir qu'à onze heures du soir ; il dîne avec une tasse de café au lait, et soupe avec une bavaroise : le sot riche en rit, au lieu de lui offrir sa table.

Il n'est plus décent de séjourner au café, parce que cela annonce une disette de connaissance, et un vide absolu dans la fréquentation de la bonne société. Un café néanmoins, où se rassembleraient les gens instruits et aimables, serait préférable, par sa liberté et sa gaieté, à tous nos cercles qui sont parfois ennuyeux. »

Louis Sébastien Mercier, **Tableau de Paris**, 1781-1788

… à vous d'entrer dans les cafés…

1 Chacun de ces observateurs se situe comme extérieur à la vie des cafés. Changez de point de vue et racontez un moment passé à une table d'un de ces établissements : vous serez tout à tour débatteur, joueur d'échec et lecteur de gazette.

2 Soyez attentif à la façon dont Montesquieu structure ce texte et retrouvez comment il passe de la description à la réflexion.

3 Diderot utilise une métaphore qu'il file dans cet extrait du *Neveu de Rameau* : laquelle ? Justifiez-la.

4 On peut dire de Mercier qu'il fait œuvre de moraliste : c'est un « caractère » qu'il décrit là. Expliquez. Vous pourrez relire « Formes brèves des moralistes » (p. 237) pour vous aider.

Genève, et autres lieux d'exil

Paradis éditoriaux et villes refuges

Les progrès de l'esprit critique depuis la fin du XVIIe siècle n'ont pas pour autant éradiqué la censure du monde des lettres. En 1728 et en 1757, deux « déclarations royales » mettent en garde les professionnels du livre : c'est la peine de mort qui menace les auteurs, les imprimeurs, les éditeurs et les libraires d'ouvrages attaquant le roi ou la religion, ou simplement susceptibles d'« émouvoir les esprits ». Pour échapper à cette répression, qui ne les empêche pas d'écrire, la création est très souvent obligée de déserter Paris.

De nombreuses œuvres sont éditées à Rotterdam (le *Dictionnaire* de Bayle, 1647-1706), à Genève (*De l'esprit des lois*, les *Œuvres complètes* de Voltaire par Beaumarchais), à Amsterdam (*Du contrat social*, *La Nouvelle Héloïse*). Les écrivains doivent aller chercher refuge loin de Paris. Ainsi, Voltaire sera d'abord exilé à Sully-sur-Loire, en Angleterre, puis à Cirey en Lorraine, en Hollande, et enfin croit pouvoir trouver la tranquillité près de Genève, dans sa propriété des Délices.

Genève, une ville en vogue

Un modèle démocratique

Genève représente, au même titre que l'Angleterre dont elle partage du reste la religion protestante, un modèle de démocratie. La ville et son petit territoire apparaissent comme protégés des conflits qui agitent le

Une impression de sérénité et d'ordonnance : nichée entre les Alpes et le lac, Genève semble une oasis protégée des tourments de l'Europe.

reste de l'Europe. C'est un État riche. Son système politique semble exemplaire : le gouvernement est constitué de quatre syndics[1] non renouvelables, d'un petit conseil d'une vingtaine d'hommes, élus par un grand conseil de deux cent cinquante têtes, et d'une sorte de ministère de la Justice.

1 Représentants.

« Le grand conseil est composé de deux cent cinquante citoyens ou bourgeois ; il est juge des grandes causes civiles, il fait grâce, il bat monnaie, il élit les membres du petit conseil, il délibère sur ce qui doit être porté au conseil général. Ce conseil général embrasse le corps entier des citoyens et des bourgeois, excepté ceux qui n'ont pas vingt-cinq ans, les banqueroutiers, et ceux qui ont eu quelque flétrissure. C'est à cette assemblée qu'appartiennent le pouvoir législatif, le droit de la guerre et de la paix, les alliances, les impôts, et l'élection des principaux magistrats, qui se fait dans la cathédrale avec beaucoup d'ordre et de décence, quoique le nombre des votants soit d'environ quinze cents personnes. »

D'Alembert, **Encyclopédie**, article « Genève »

La modestie territoriale et numéraire de l'État permet à tout citoyen d'être entendu et garantit le bon fonctionnement de cette démocratie dont Rousseau, l'enfant du pays, fait aussi l'éloge.

« Je ne crois pas qu'il y ait nulle part au monde des époux plus unis et de meilleurs ménages que dans cette ville. La vie domestique y est agréable et douce : on y voit des maris complaisants, et presque d'autres Julies[1]. Ton système se vérifie très bien ici. Les deux sexes gagnent de toutes manières à se donner des travaux et des amusements différents qui les empêchent de se rassasier l'un de l'autre, et font qu'ils se retrouvent avec plus de plaisir. Ainsi s'aiguise la volupté du sage ; s'abstenir pour jouir, c'est ta philosophie ; c'est l'épicurisme[2] de la raison. »

Jean-Jacques Rousseau, **La Nouvelle Héloïse**,
lettre V de Mme d'Orbe à Mme de Wolmar, 1761

1 Allusion à l'héroïne vertueuse du roman de Rousseau. 2 Philosophie d'Épicure, fondée sur la recherche du plaisir.

Les déceptions genevoises

Mais l'opinion de Voltaire sur la perfection de Genève se dégrade lorsque les calvinistes interdisent toute représentation théâtrale sur le territoire. La censure fanatique a gagné la ville idéale, et Voltaire est obligé de fermer son théâtre privé des Délices.

« On ne souffre point à Genève de comédie : ce n'est pas qu'on y désapprouve les spectacles en eux-mêmes ; mais on craint, dit-on, le goût de parure, de dissipation et de libertinage, que les troupes de comédiens dispensent parmi la jeunesse. »

D'Alembert, **Encyclopédie**, article « Genève »

Voltaire finit par trouver un nouveau refuge sur la frontière franco-suisse, à Ferney, où il passe les dix-huit dernières années de sa vie. Rousseau connaîtra le même désenchantement à l'égard de sa ville natale. En juin 1762, à la suite de la condamnation par le Parlement de Paris de l'*Émile*, le « citoyen de Genève » s'enfuit en Suisse où il pense être à l'abri. Mais son livre est aussi condamné à Genève, brûlé publiquement en compagnie du *Contrat social*, puis à Berne :

> « Je ne fus pas longtemps en doute sur l'accueil qui m'attendait à Genève, au cas que j'eusse envie d'y retourner. Mon livre y fut brûlé, et j'y fus décrété[1] le 18 juin, c'est-à-dire neuf jours après l'avoir été à Paris. Tant d'incroyables absurdités étaient cumulées dans ce second décret, et l'Édit Ecclésiastique y était si formellement violé, que je refusai d'ajouter foi aux premières nouvelles qui m'en vinrent, et que, quand elles furent bien confirmées, je tremblai qu'une si manifeste et criante infraction de toutes les lois, à commencer par celle du bon sens, ne mît Genève sens dessus dessous. J'eus de quoi me rassurer ; tout resta tranquille. S'il s'émut quelque rumeur dans la populace, elle ne fut que contre moi, et je fus traité publiquement par toutes les caillettes et par tous les cuistres comme un écolier qu'on menacerait du fouet pour n'avoir pas bien dit son catéchisme. »
>
> Jean-Jacques Rousseau, **Confessions**, 1782-1789

1 Condamné.

Rousseau entame alors une vie de persécution et d'errance : « je serai désormais fugitif sur la terre ». En 1765, il est chassé de la principauté prussienne de Neuchâtel, où, dans le village de Motiers, il a commencé à rédiger ses *Confessions*. Sa maison est lapidée et il décide de se réfugier dans l'île Saint-Pierre, sur le lac de Bienne. La dernière étape de son exil sera finalement l'Angleterre, où l'accueille le philosophe David Hume.

Rousseau et le retour à la nature

La Suisse est aussi refuge pour Rousseau en ce qu'elle répond à son amour de la nature. Alors que le roman du XVIIIe siècle s'attache plutôt à un cadre urbain, rend compte du développement des villes et des possibilités qu'elles offrent à ceux qui veulent réussir, Rousseau choisit de situer les personnages de *La Nouvelle Héloïse* dans les paysages alpestres qu'il a toujours connus et qui s'approchent le plus de son idéal de vie. Dans l'évocation du lac de Genève et des montagnes du Valais, c'est l'âme de Saint-Preux – ou de Rousseau – qui peut s'exprimer, selon un système de correspondances entre nature et sentiments :

> « Pour placer mes personnages dans un séjour qui leur convînt, je passai successivement en revue les plus beaux lieux que j'eusse vus dans mes voyages. Mais je ne trouvai point de bocage assez frais, point de paysage assez touchant à mon gré. [...] Il me fallait cependant un lac, et je finis par choisir celui autour duquel mon cœur n'a jamais cessé d'errer. »
>
> Jean-Jacques Rousseau, **La Nouvelle Héloïse**, 1761

L'émigration

Sous la Révolution, l'exil est toujours de mise, pour des raisons directement politiques. Il change de nom : on l'appelle émigration. Les terres d'accueil ne sont plus non plus tout à fait les mêmes. C'est à Bruxelles qu'émigre en 1792 le polémiste Rivarol, avant de rejoindre Hambourg où une véritable colonie de quarante mille émigrés français s'est installée, important son théâtre, son café et ses journaux. Mme de Staël (1766-1817) se réfugie en Russie, Beaumarchais en Hollande, Chateaubriand (1768-1848) à Londres. Dans cette période très dure de la Terreur, l'exil apparaît comme le moindre mal : de nombreux écrivains sont emprisonnés et vont, pour échapper à l'incarcération, jusqu'à tenter de se donner la mort, comme le moraliste Chamfort (1740-1794).

… comment peut-on être Genevois ?…

À partir des différents textes sur Genève, vous relèverez ce qui vous semble conforme à l'esprit des penseurs du XVIIIe siècle, et ce qui, à l'inverse, peut les décevoir.

▶ Figures

Au XVIIIe siècle, les acteurs du champ littéraire ne sont plus seulement des poètes ou des auteurs, ce sont des écrivains, au sens le plus moderne du terme, c'est-à-dire des hommes engagés par leurs écrits, mais aussi par leurs actions, dans la vie sociale et politique de leur pays. Ils sont les prédécesseurs des intellectuels du XXe siècle. La distinction entre homme de lettres et homme politique fait même l'objet d'une forme d'inversion lorsque l'on considère la période révolutionnaire : alors que nous considérons les philosophes des Lumières comme des écrivains mettant leur plume au service d'un contre-pouvoir, les orateurs de la Révolution, Danton (1759-1794), Robespierre (1758-1794), Mirabeau (1749-1791), sont d'abord pour nous des hommes politiques, et même des hommes d'État, mais dont les discours présentent une véritable valeur littéraire.

Voir XXe siècle, (« Figures », p. 532)

Ce jeu d'effacement des frontières est aussi sensible dans l'apparition d'un autre acteur de la littérature : le lecteur, dont le rôle est accru par l'enjeu social et politique des œuvres qui lui sont adressées, même lorsqu'il s'agit de comédies ou de romans.

Le philosophe des Lumières

Le nom de philosophe, au sens où l'entend le siècle des Lumières, apparaît à la fin du règne de Louis XIV pour désigner les esprits libres qui contestent le régime et les formes de pensée arbitraires qui le cautionnent. Dès 1694, le *Dictionnaire* de l'Académie française enregistre l'inflexion de sens : le philosophe n'est pas seulement un homme « qui s'applique à l'étude des sciences et qui cherche à en connaître les effets par leur causes et par leurs principes » ou encore « un homme sage qui mène une vie tranquille et retirée, hors de l'embarras des affaires », mais aussi, parfois, « un homme qui, par libertinage d'esprit, se met au-dessus des devoirs et des obligations ordinaires de la vie civile ».

Un homme de raison

Comme pour les libertins, cartésiens avant tout, la valeur suprême pour les philosophes est la raison. Mais il ne s'agit plus de la valeur normative qui servait de fondement à l'esthétique classique. Les philosophes vouent un véritable culte à la raison en tant que faculté d'examen et de logique qui permet à l'esprit humain d'établir des rapports entre les choses, de saisir la liaison des principes et des conséquences, des causes et des effets, et de comprendre ainsi l'univers. Elle est, selon Diderot, « le vrai juge compétent », la faculté critique permettant de distinguer le vrai du faux, le bien du mal. Elle doit en cela remplacer la révélation divine et la foi, cette dernière étant précisément définie par Voltaire comme son contraire : « la foi consiste à croire ce que la raison ne croit pas ». *Raison* est aussi, au XVIIIe siècle, antonyme de *religion*, de *superstition* et de *préjugé*.

C'est en vertu de cette opposition que les adversaires des philosophes furent appelés dévots. Même ceux qui, comme Rousseau, sont conscients des limites de la raison, laquelle, responsable des progrès de la civilisation par l'intermédiaire des sciences et des arts, l'est aussi de la corruption des mœurs, n'ont pu résister à l'enthousiasme général :

« C'est un grand et beau spectacle de voir l'homme sorti en quelque manière du néant par ses propres efforts dissiper, par les lumières de sa raison, les ténèbres dans lesquelles la nature l'avait enveloppé ; s'élever au-dessus de soi-même ; s'élancer par l'esprit jusque dans les régions célestes ; parcourir à pas de géant ainsi que le Soleil la vaste étendue de l'Univers ; et, ce qui est plus grand et plus difficile, rentrer en soi pour y étudier l'homme et connaître sa nature, ses devoirs et sa fin. »

Jean-Jacques Rousseau, **Discours sur les sciences et les arts**, 1750

Un homme d'expérience

Pour s'exercer, la raison a besoin d'une matière, fournie par l'observation et l'expérience. Les philosophes sont des êtres du concret : ils joignent à l'enseignement de Descartes celui de Newton[1]. La démarche philosophique doit donc être la suivante : partir des faits, des phénomènes observés pour en déduire des principes. Ainsi, philosophes et savants se confondent par leurs méthodes de travail. Pour Buffon, auteur d'une *Histoire naturelle*, « on doit commencer par voir beaucoup et revoir souvent ». Et c'est la démarche qu'adopte Voltaire dans l'élaboration de ses *Lettres philosophiques*: exilé en Angleterre, il se livre à une véritable exploration de terrain, et c'est d'abord une expérience qu'il rapporte (l'ouvrage s'ouvre par un reportage sur les quakers[2] parmi lesquels Voltaire a séjourné), avant de faire, contre Descartes (1596-1650) et sa théorie des idées innées, l'éloge du philosophe anglais John Locke (1632-1704), pour qui « toutes nos idées viennent des sens » et de l'empirisme :

1 Physicien anglais du XVIIe siècle. **2** Secte protestante prêchant pacifisme et simplicité des mœurs.

« Tant de raisonneurs ayant fait le roman de l'âme, un sage est venu, qui en a fait modestement l'histoire. Locke a développé à l'homme la raison humaine, comme un excellent anatomiste explique les ressorts du corps humain. Il s'aide partout du flambeau de la physique. »

Voltaire, **Lettres philosophiques**, 1734

Diderot est sans doute celui des philosophes qui s'est le plus intéressé aux sciences exactes. Il a suivi, à une époque, des cours de chirurgie et traduit de l'anglais, pour gagner sa vie, un dictionnaire de médecine.

Un honnête homme

L'expérience, c'est aussi celle de la vie. Mis à part l'exception de Jean-Jacques Rousseau, auquel ses anciens confrères reprochent sa solitude, le philosophe des Lumières n'est pas un ermite se méfiant des sensations et des émotions, et fuyant le monde et ses agréments, mais l'héritier de l'honnête homme du Grand Siècle. Cette sociabilité est inscrite dans la nature humaine. Il est clair que l'homme est porté au plaisir plus qu'à la douleur, et doit pour satisfaire cette inclination entretenir des liens avec ses semblables. C'est en vertu de cette nécessité que les philosophes, Voltaire en tête, défendent tous les arts, beaux-arts ou arts appliqués, parce qu'ils sont producteurs de bien-être, parce qu'« ils adoucissent les esprits en les éclairant ».

L'allié tout trouvé du philosophe est par conséquent le bourgeois, le plus souvent un entrepreneur dont les activités commerciales et industrielles sont valorisées. Le marchand a un point commun essentiel avec le penseur des Lumières : il est utile à la société.

Un homme d'action

Voir xxe siècle (« Figures », p. 532)

Le philosophe est aussi le premier « intellectuel engagé » de la littérature française. Il ne doit pas se contenter d'écrire, mais participer aussi à la vie sociale et politique de son pays. C'est en cela un vrai militant, pour qui agir est une raison de vivre :

> « L'homme est né pour l'action, comme le feu tend en haut et la pierre en bas. N'être point occupé et n'exister pas est la même chose pour l'homme [...]. Nous avons tant d'obligation à l'auteur de la nature, qu'il a attaché l'ennui à l'inaction, afin de nous forcer par là à être utiles au prochain et à nous-mêmes. »
>
> Voltaire, **Lettres philosophiques**, 1734

Cette action passe d'abord par la vulgarisation et la diffusion des savoirs : « Nous sommes ce petit nombre de têtes qui, placées sur le cou du grand animal, traînent après elles la multitude aveugle de ses queues. »

Les philosophes savent que leur influence ne peut être efficace que si elle s'exerce sur le pouvoir. Chacun à sa manière intervient dans le champ politique : malgré leurs différences et leurs divergence, ils constituent donc un véritable « parti » politique mettant en péril le pouvoir et les partis religieux, jésuite et janséniste. Cette opposition leur vaut d'être les cibles de la censure. Voltaire, Diderot, Rousseau connaissent la prison et l'exil. Mais la persécution sert dans une certaine mesure de publicité, et contribue à répandre leurs idées au point d'attirer l'attention de certains gouvernants séduits par l'image du souverain éclairé : Voltaire entretient avec Frédéric II de Prusse une correspondance de

Jean-Honoré Fragonard a choisi de représenter Denis Diderot au travail. Il semble ainsi en train de lire, et pourtant son regard se détourne. Que signifie ce regard ? Que signifie le sourire du philosophe ? En quoi consiste donc le « travail » de l'écrivain ?

plus de huit cent cinquante lettres, Diderot devient le conseiller de Catherine II, la « Sémiramis[1] du Nord », mais ni l'un ni l'autre ne parvient à convertir ces despotes, dont les lumières restent illusoires.

[1] Reine légendaire qui aurait fait la guerre jusqu'aux Indes et qui aurait également construit les jardins suspendus de Babylone.

« Les autres hommes sont déterminés à agir sans sentir, ni connaître les causes qui les font mouvoir, sans même songer qu'il y en ait. Le *philosophe* au contraire démêle les causes autant qu'il est en lui, et souvent même les prévient, et se livre à elles avec connaissance : c'est une horloge qui se monte, pour ainsi dire, quelquefois elle-même. Ainsi il évite les objets qui peuvent lui causer des sentiments qui ne conviennent ni au bien-être, ni à l'être raisonnable, et cherche ceux qui peuvent exciter en lui des affections convenables à l'état où il se trouve. La raison est à l'égard du *philosophe* ce que la grâce est à l'égard du chrétien. La grâce détermine le chrétien à agir ; la raison détermine le *philosophe*.

Les autres hommes sont emportés par leurs passions, sans que les actions qu'ils font soient précédées de la réflexion : ce sont des hommes qui marchent dans les ténèbres ; au lieu que le *philosophe*, dans ses passions mêmes, n'agit qu'après la réflexion ; il marche la nuit, mais il est précédé d'un flambeau.

[...] Il serait inutile de remarquer ici combien le *philosophe* est jaloux de tout ce qui s'appelle *honneur et probité*. La société civile est, pour ainsi dire, une divinité pour lui sur la terre ; il l'encense, il l'honore par la probité, par une attention exacte à ses devoirs, et par un désir sincère de n'en être pas un membre inutile ou embarrassant. Les sentiments de probité entrent autant dans la constitution mécanique du *philosophe*, que les lumières de l'esprit. Plus vous trouverez de raison dans un homme, plus vous trouverez en lui de probité. Au contraire, où règnent le fanatisme et la superstition, règnent les passions et l'emportement. Le tempérament du *philosophe*, c'est d'agir par esprit d'ordre ou par raison ; comme il aime extrêmement la société, il lui importe bien plus qu'au reste des hommes de disposer tous ses ressorts à ne produire que des effets conformes à l'idée d'honnête homme. »

César Dumarsais (1676-1756), **Le Philosophe**, 1740

« Je sais avec quelle fureur le fanatisme s'élève contre la philosophie. Elle a deux filles qu'il voudrait faire périr comme Calas, ce sont la vérité et la tolérance, tandis que la philosophie ne veut que désarmer les enfants du fanatisme, le mensonge et la persécution.

Des gens qui ne raisonnent pas ont voulu décréditer ceux qui raisonnent ; ils ont confondu le philosophe avec le sophiste ; ils se sont bien trompés. Le vrai philosophe peut quelquefois s'irriter contre la calomnie qui le poursuit lui-même. Il peut couvrir d'un éternel mépris le vil mercenaire qui outrage deux fois par mois la raison, le bon goût et la vertu. Il peut même livrer en passant, au ridicule, ceux qui insultent à la littérature dans le sanctuaire où ils auraient dû l'honorer, mais il ne connaît ni les cabales, ni les sourdes pratiques, ni la vengeance. Il sait comme le sage de Montbard[1], comme celui de Voré[2], rendre la terre plus fertile et ses habitants plus heureux. Le vrai philosophe défriche les champs incultes, augmente le nombre des charrues, et par conséquent des habitants ; occupe le pauvre et l'enrichit, encourage les mariages, établit l'orphelin, ne murmure point contre des impôts nécessaires, et met le cultivateur en état de les payer avec allégresse. Il n'attend rien des hommes, et il leur fait tout le bien dont il est capable. Il a l'hypocrite en horreur, mais il plaint le superstitieux ; enfin, il sait être ami. »

Voltaire, lettre à Étienne-Noël Damilaville, 1765

1 Buffon. **2** Helvétius.

« Le philosophe, qui n'aperçoit souvent la vérité que comme le politique maladroit aperçoit l'occasion, par le côté chauve, assure qu'il est impossible de la saisir, dans le moment où la main du manœuvre[1] est portée par le hasard sur le côté qui a des cheveux. Il faut cependant avouer que parmi ces manœuvriers[1] d'expériences, il y en a de bien malheureux : l'un d'eux emploiera toute sa vie à observer des insectes, et ne verra rien de nouveau ; un autre jettera sur eux un coup d'œil en passant et apercevra le polype, ou le puceron hermaphrodite. »

Denis Diderot, **De l'interprétation de la nature**, 1754

1 Qui travaille avec ses mains, qui pratique l'expérience.

… à vous de comprendre les philosophes…

1 Ces définitions, pourtant théoriques, utilisent un certain nombre d'images : relevez-les. À quel champ symbolique se réfèrent-elles ? Pourquoi sont-elles utilisées ?

2 Le philosophe est doté d'un certain nombre de qualités ou de vertus : lesquelles ? Vous semble-t-il facile d'être philosophe au sens où l'entend le XVIIIe siècle ?

Du lecteur au critique

Un public en expansion

Voir XVIe siècle (« Lieux », p. 101)

Au XVIIIe siècle, grâce aux progrès de l'éducation et à l'immense effort de diffusion et de vulgarisation des idées, le public des œuvres littéraires s'accroît. L'augmentation du nombre de lecteurs entraîne la création dans les villes de bibliothèques qui portent d'abord le nom de « cabinets de lecture ». Pour satisfaire l'appétit de ce lectorat massif apparaissent les collections suivies qui publient un livre par mois, les revues littéraires qui proposent des romans-feuilletons, des réflexions, et des critiques. La composition du public se modifie également. La traduction et l'ouverture des frontières font que les lecteurs de nos écrivains nationaux ne sont plus seulement français. Mais surtout, beaucoup de lecteurs sont des lectrices, qui jouent un rôle très important dans la réception des œuvres, et notamment du genre romanesque, dont elles assurent l'immense succès. La lecture devient donc une activité relativement courante et populaire.

Jean Raoux (1677-1734), *Jeune fille lisant une lettre*. Le lectorat féminin joue un rôle essentiel dans le développement du livre au XVIIIe siècle. Comment le peintre réussit-il à suggérer le plaisir de la lecture ? Que représente cette activité pour la femme ou la jeune fille ?

De la lecture et de ses dangers

Don Quichotte, le roman de l'Espagnol Cervantès (1547-1616) traduit en français dès 1614, a connu un vif regain d'intérêt au début du XVIIIe siècle. On le traduit à nouveau, on l'adapte, on l'imite. Or, le héros de ce roman est précisément un lecteur, un peu particulier puisque ses lectures, excessives, l'ont rendu fou. Il se prend pour un chevalier errant, semblable aux personnages des livres qu'il a lus, et croit revivre leurs aventures. À travers cette figure extravagante, l'auteur parodie les romans de chevalerie et en fait la critique. Il met aussi en garde contre la lecture de ce genre de livres, contre la mauvaise lecture qui peut être dangereuse pour les esprits crédules. Ces méfaits de la lecture vont nourrir les attaques contre le roman.

« J'ignore ce que je fis jusqu'à cinq ou six ans ; je ne sais comment j'appris à lire ; je ne me souviens que de mes premières lectures et de leur effet sur moi : c'est le temps d'où je date sans interruption la conscience de moi-même. Ma mère avait laissé des romans. Nous nous mîmes à les lire après souper, mon père et moi. Il n'était question d'abord que de m'exercer à la lecture par des livres amusants ; mais bientôt l'intérêt devint si vif, que nous lisions tour à tour sans relâche, et passions les nuits à cette occupation. Nous ne pouvions jamais quitter qu'à la fin du volume. Quelquefois mon père, entendant le matin les hirondelles, disait tout honteux : "Allons nous coucher ; je suis plus enfant que toi." En peu de temps j'acquis, par cette dangereuse méthode, non seulement une extrême facilité à lire et à m'entendre, mais une intelligence unique à mon âge sur les passions. Je n'avais aucune idée des choses, que tous les sentiments m'étaient déjà connus. Je n'avais rien conçu, j'avais tout senti. Ces émotions confuses, que j'éprouvais coup sur coup, n'altéraient point la raison que je n'avais pas encore ; mais elles m'en formèrent une d'une autre trempe, et me donnèrent de la vie humaine des notions bizarres et romanesques, dont l'expérience et la réflexion n'ont jamais bien pu me guérir.

[...] De ces intéressantes lectures, des entretiens qu'elles occasionnaient entre mon père et moi, se forma cet esprit libre et républicain, ce caractère indomptable et fier, impatient de joug et de servitude, qui m'a tourmenté tout le temps de ma vie dans les situations les moins propres à lui donner l'essor. Sans cesse occupé de Rome et d'Athènes, vivant pour ainsi dire avec leurs grands hommes, né moi-même citoyen d'une république, et fils d'un père dont l'amour de la patrie était la plus forte passion, je m'en enflammais à son exemple ; je me croyais Grec ou Romain ; je devenais le personnage dont je lisais la vie : le récit des traits de constance et d'intrépidité qui m'avaient frappé me rendait les yeux étincelants et la voix forte. Un jour que je racontais à table l'aventure de Scævola[1], on fut effrayé de me voir avancer et tenir la main sur un réchaud pour représenter son action. »

Jean-Jacques Rousseau, **Confessions**, 1782-1789

1 Mucius Scævola fut fait prisonnier par les Étrusques et se laissa brûler la main droite plutôt que de dénoncer ses compagnons.

La réflexion des romanciers

Un des romans du jeune Marivaux redouble la figure du lecteur en faisant sans cesse interrompre le récit par un dialogue entre le narrateur, qui se désigne comme auteur, et un « narrataire », appelé tantôt « lecteur », « sérieux » ou « impétueux », tantôt « chicaneur », tantôt « esprit froid », tantôt « critique ». Ce dernier, contrairement au jeune homme enivré par ses lectures au point de s'identifier complètement aux héros de romans, est capable de prendre ses distances par rapport à la narration. Il intervient pour donner son avis, commenter, contredire. Il rappelle l'auteur à l'ordre lorsqu'il s'attarde à une digression abstraite :

« Hé, vite, me dit mon critique, vous avez laissé vos amants transis ; ils sont pâles comme la mort, et vous vous amusez à faire un traité de la cause de leurs mouvements et de leur nombre. Cela vient bien à propos ! Que deviennent-ils ? »

Marivaux, **Pharsamon ou les nouvelles folies romanesques**, 1713

Il n'est plus un lecteur passif, mais un complice de l'écrivain, capable de prendre le relais de la narration, le temps d'une ellipse par exemple :

« Le lecteur me demande déjà compte de l'oncle que j'ai laissé dans l'ardeur de poursuivre un lièvre ; le lecteur aurait bien pu le conduire chez lui, quand j'aurais oublié de le faire. »

Marivaux, **Pharsamon ou les nouvelles folies romanesques**, 1713

Sorte de conscience critique, la figure du lecteur permet au romancier de réfléchir sur sa création. Dans cette pratique, Marivaux est le précurseur de Diderot : *Jacques le Fataliste*, conçu de 1765 à 1773, est construit sur cette mise en cause du pacte de confiance qui lie normalement l'auteur et son lecteur, et sur la rupture incessante de l'illusion romanesque. En dessinant dans son texte la figure d'un lecteur actif et indépendant, Diderot invite son lecteur réel à s'émanciper : il n'est plus question d'identification romanesque, mais de liberté de pensée et d'esprit de contradiction.

« Et Jacques à la femme tombée ou ramassée : "Consolez-vous, ma bonne, il n'y a ni de votre faute, ni de la faute de M. le docteur, ni de la mienne, ni de celle de mon maître ; c'est qu'il était écrit là-haut qu'aujourd'hui, sur ce chemin, à l'heure qu'il est, M. le docteur serait un bavard, que mon maître et moi nous serions deux bourrus, que vous auriez une contusion à la tête et qu'on vous verrait le cul…"
Que cette aventure ne deviendrait-elle pas entre mes mains, s'il me prenait en fantaisie de vous désespérer. Je donnerais de l'importance à cette femme ; j'en ferais la nièce d'un curé du village voisin ; j'ameuterais les paysans de ce village ; je me préparerais des combats et des amours ; car enfin cette paysanne était belle sous le linge. Jacques et son maître s'en étaient aperçus ; l'amour n'a pas toujours attendu une occasion aussi séduisante. Pourquoi Jacques ne deviendrait-il pas amoureux une seconde fois ? pourquoi ne serait-il pas une seconde fois le rival et même le rival préféré de son maître ? – Est-ce que le cas lui était déjà arrivé ? – Toujours des questions ! Vous ne voulez donc pas que Jacques continue le récit de ses amours ? Une bonne fois pour toutes, expliquez-vous ; cela vous fera-t-il, cela ne vous fera-t-il pas plaisir ? Si cela vous fera plaisir, remettons la paysanne en croupe derrière son conducteur, laissons-les aller et revenons à nos deux voyageurs. »

Denis Diderot, **Jacques le Fataliste et son Maître**, 1796

… à vous de lire les figures de lecteur…

Dans *Jacques le Fataliste* de Diderot (œuvre intégrale) :

1 De quelle philosophie le roman de Diderot se fait-il la satire ? Quels autres philosophes des Lumières ont débattu de cette philosophie ?

2 Pensez-vous que Jacques soit un valet comme les autres ?

3 Jacques et son maître font un voyage, mais que sait-on de celui-ci ? Quel est le véritable voyage du roman ?

4 Le récit des amours de Jacques est sans cesse interrompu : pourquoi ? Analysez la structure du roman en repérant les récits enchâssés. Quelle est la valeur de ces derniers ? Quel rapport ont-ils avec l'histoire principale ?

5 En quoi *Jacques le Fataliste et son Maître* est-il un anti-roman ?

6 Inspirez-vous de Diderot : dans une page romanesque que vous aimez, une scène d'action ou bien la première rencontre entre deux futurs amants, glissez-vous, tel le lecteur intradiégétique de Diderot, et racontez vos impressions.

Les tribuns révolutionnaires

Les grandes voix de la politique

La Révolution permet à l'éloquence de quitter la chaire religieuse ou le barreau de la justice pour retrouver sa vocation originelle, la politique. Dans chacune des assemblées qui vont se succéder après la chute de la monarchie, des discours vont être prononcés à la tribune – d'où l'appellation de « tribuns » – pour convaincre et rallier les citoyens aux différentes idées exprimées par les différents partis.

C'est la Constituante[1] qui voit se mettre en place pour la première fois une répartition topographique des militants entre la « droite » et la « gauche ». À gauche, Talleyrand, Robespierre et l'éloquent Mirabeau : « Nous ne quitterons nos places que par la puissance des baïonnettes. »

L'Assemblée législative est dominée par Vergniaud, député du parti girondin et président à partir d'octobre 1791. Il est orateur professionnel, puisque avocat et lecteur de Montesquieu, de Voltaire et de Rousseau. Il rêve d'une République où régneraient le bonheur, le confort matériel, la liberté. Il est en cela un héritier de l'optimisme des Lumières et accepte mal une Révolution qu'il compare à Saturne dévorant un à un ses enfants : « On cherche à consommer la Révolution par la terreur ; j'aurais voulu la consommer par l'amour. » Il est guillotiné en 1793 avec ses amis girondins[2], accusés de modérantisme. Il se défend contre Robespierre dans un ultime discours, pathétique et dominé par la première personne :

1 Assemblée Constituante de 1789 à 1791. **2** Parti formé en 1791 autour des députés de la Gironde.

Voici Mirabeau et Dreux-Brézé peints par Fragonard. Comment le peintre suggère-t-il l'énergie et le souffle rhétoriques des deux orateurs ? Soyez attentif à la lumière, à la place des personnages sur la toile, à leurs gestes.

« Nous, modérés ! Je ne l'étais pas le 10 août, Robespierre, quand tu étais caché dans ta cave. Des modérés ! Non, je ne le suis pas dans le sens que je veuille éteindre l'énergie nationale. Je sais que la liberté est toujours active comme la flammc, qu'elle est inconciliable avec ce calme parfait qui ne convient qu'à des esclaves. Si on n'eût voulu que nourrir ce feu sacré qui brûle dans mon cœur aussi ardemment que dans celui des hommes qui parlent sans cesse de l'impétuosité de leur caractère, de si grands dissentiments n'auraient pas éclaté dans cette assemblée. »

Vergniaud, **Réponse aux accusations**, 31 mai 1793

La Convention est le théâtre qui sert de décor à la joute entre Danton et Robespierre. Robespierre, lui, est dès la Législative une personnalité importante du club des Jacobins[1] où il est « l'incorruptible ». Il devient un des principaux chefs montagnards[2] et se fait remarquer par sa haine extrême des privilèges monarchiques, nobiliaires et cléricaux. Sa position envers le roi est claire et nette : « Louis doit mourir, parce qu'il faut que la patrie vive. » Entré en juillet 1793 au Comité de salut public[3], il exerce une véritable dictature dont le principe consiste à faire régner la vertu par la terreur. Une coalition de montagnards et de modérés le fait monter sur l'échafaud le 28 juillet 1793. Danton, lui aussi avocat, est le

1 Les clubs sont des cercles de réflexion qui serviront de tremplin aux hommes politiques influents. D'abord modérés, les Jacobins constitueront l'aile gauche de l'Assemblée législative. **2** Députés de gauche qui siégeaient sur les bancs les plus élevés de la Convention, d'où leur nom. **3** Créé par Danton en 1793, le Comité de salut public doit prendre des décisions urgentes. Il exerce par la suite un véritable pouvoir dictatorial.

fondateur du club des Cordeliers[4] sur lequel il s'appuie pour demander la déchéance du roi après la fuite à Varennes. Devenu ministre de la Justice, il met son éloquence très populaire au service de la mobilisation de la défense nationale et institue le Comité de salut public pour abattre les Girondins. Il est alors membre de la Montagne et allié de Robespierre. Mais, une fois leurs ennemis tombés, il devient le chef de l'opposition à la Terreur : il est guillotiné le 5 avril 1794.

4 Parti fondé par Danton, Marat et Camille Desmoulins dans l'ancien couvent des Cordeliers de Paris.

« Messieurs, après la faculté de penser, celle de communiquer ses pensées à ses semblables est l'attribut le plus frappant qui distingue l'homme de la brute.

Elle est tout à la fois le signe de la vocation immortelle de l'homme à l'état social, le lien, l'âme, l'instrument de la société, le moyen unique de la perfectionner, d'atteindre le degré de puissance, de lumières et de bonheur dont il est susceptible.

Qu'il les communique par la parole, par l'écriture ou par l'usage de cet art heureux qui a reculé si loin les bornes de son intelligence, et qui assure à chaque homme les moyens de s'entretenir avec le genre humain tout entier, le droit qu'il exerce est toujours le même, et la liberté de la presse ne peut être distinguée de la liberté de parole ; l'une et l'autre est sacrée comme la nature ; elle est nécessaire comme la société même.

Par quelle fatalité les lois se sont-elles donc presque partout appliquées à la violer ? C'est que les lois étaient l'ouvrage des despotes, et que la liberté de la presse est le plus redoutable fléau du despotisme.

Comment expliquer en effet le prodige de plusieurs millions d'hommes opprimés par un seul, si ce n'est par la profonde ignorance et par la stupide léthargie[1] où ils sont plongés ?

Mais que tout homme qui a conservé le sentiment de sa dignité puisse dévoiler les vues perfides et la marche tortueuse de la tyrannie ; qu'il puisse opposer sans cesse les droits de l'humanité aux attentats qui les violent, la souveraineté des peuples à leur avilissement et à leur misère ; que l'innocence opprimée puisse faire entendre impunément sa voix redoutable et touchante, et la vérité rallier tous les esprits et tous les cœurs aux noms sacrés de liberté et de patrie ; alors l'ambition trouve partout des obstacles, et le despotisme est contraint de reculer à chaque pas ou de venir se briser contre la force invincible de l'opinion publique et de la volonté générale.

Aussi voyez avec quelle artificieuse politique les despotes se sont ligués contre la liberté de parler et d'écrire ; voyez le farouche inquisiteur la poursuivre au nom du ciel, et les princes au nom des lois qu'ils ont faites eux-mêmes pour protéger leurs crimes.

Secouons le joug des préjugés auxquels ils nous ont asservis, et apprenons d'eux à connaître tout le prix de la liberté de la presse. »

Maximilien de Robespierre, séance du 11 mai 1791, club des Jacobins

1 État d'abattement.

… à vous de donner à Robespierre une stature d'écrivain…

1 Ce discours renvoie sans aucun doute au registre argumentatif. Justifiez cette affirmation (énonciation, organisation, arguments…).

2 Et l'on peut le qualifier d'exalté : cherchez-en les preuves (procédés d'emphase, vocabulaire abstrait, effets de rythme, etc.).

… à vous d'exercer votre éloquence…

Il faut savoir que la rhétorique, l'art de parler auquel tous les écoliers d'alors étaient formés, ne consiste pas seulement à savoir trouver des idées (l'*inventio* latine), puis à organiser (*dispositio*) et écrire (*elocutio*) un discours, mais aussi à le mémoriser (*memoria*) et à le prononcer (*actio* et *pronunciatio*) devant une assemblée : positionnement de la voix, gestuelle, expression du visage, tout compte quand il s'agit de convaincre.

1 **L'énonciation :** comment l'orateur se met-il en scène dans son discours ? Quelle image de lui veut-il donner, et à quelles fins ? Comment s'adresse-t-il à son auditoire ? Quelle image de son public se dessine dans son discours, et pourquoi ?

2 **La disposition :** comment le discours est-il organisé ? Quelles sont ses différentes parties ? Possède-t-il une entrée en matière (appelée *exorde*), et une narration rapportant les faits dont il est question, des arguments ou des preuves (la *confirmation*), une conclusion (la *péroraison*) ? Comment ces différentes parties sont-elles liées entre elles ? Les arguments sont-ils d'ordre logique ou d'ordre affectif ? Et, dans le deuxième cas, quels effets visent-ils ? un effet de pathétique, de dramatisation, de terreur, d'édification, etc. ?

3 **L'élocution :** quel est le style de l'orateur ? Quels procédés et figures de rhétorique emploie-t-il pour faire impression sur l'auditoire et le convaincre ? Dramatisation, répétitions, effets rythmiques (rythme binaire ou ternaire quand les éléments de la proposition sont regroupés par deux ou par trois ; séquence majeure ou mineure, quand la taille des parties d'une phrase va en augmentant ou en diminuant : la phrase de Danton « Tout s'émeut, tout s'ébranle, tout brûle de combattre » est construite sur un rythme ternaire et une séquence majeure), images (comparaisons et métaphores), hyperboles, énumérations, exagérations, travail des sonorités (allitérations et assonances), etc.

D'autres tribunes : les journaux

La presse, dont la Déclaration des droits de l'homme garantit une liberté qui n'est du reste pas toujours respectée, et les hommes qui l'animent jouent aussi un rôle important dans la Révolution.

Les journaux constituent des tribunes d'où les discours et les idéologies peuvent être adressés à des milliers de personnes. Les deux plus célèbres de ces tribuns de l'écrit, qui siègent aussi à la Convention, sont Marat et Camille Desmoulins, rédacteurs l'un de *L'Ami du peuple* et du *Journal de la République française*, l'autre du *Vieux Cordelier*. À l'Assemblée, Marat représente la tendance montagnarde et attaque les Girondins avec véhémence. Inspiré par Rousseau, il nourrit ses articles et ses discours de la très haute idée qu'il se fait du peuple et de son rôle dans la lutte révolutionnaire. Son éloquence est efficace : attaqué par les Girondins, il se défend et est acquitté par le tribunal révolutionnaire. Il est l'un des rares hommes politiques à échapper à l'échafaud.

Camille Desmoulins, lui, est un jeune député proche de Danton. Par l'intermédiaire de son journal, qui bénéficie d'une large audience et qui a beaucoup d'influence sur l'opinion, il se bat pour la paix, pour obtenir la formation d'un « comité de clémence » capable d'enrayer la machine sanglante de la Terreur. Peine perdue : il en est la victime en avril 1794.

> « Non, la liberté, descendue du ciel, ce n'est point une nymphe de l'Opéra, ce n'est point un bonnet rouge, une chemise sale ou des haillons. La liberté, c'est le bonheur, c'est la raison, c'est l'égalité, c'est la justice, c'est la déclaration des droits, c'est votre sublime Constitution ! »
>
> Camille Desmoulins, **Le Vieux Cordelier**, 1793

Des tempéraments et des styles

Ces hommes politiques et journalistes ont aussi marqué leur temps parce qu'ils étaient des personnages d'exception, à la fois pour certains dans leur physique et dans leur caractère. Ainsi, Michelet peint Mirabeau comme une sorte de monstre fascinant : « Mirabeau attirait tous les regards, son immense chevelure, sa tête léonine marquée d'une laideur puissante, étonnait, effrayait presque ; on n'en pouvait détacher les yeux. » Danton, de même, était d'une stature impressionnante, et sa laideur expressive devait peser dans ses discours.

Mais ces figures révolutionnaires se dessinent également dans la lettre de leur discours, dans leur style oratoire. Chaque éloquence particulière est l'expression d'un tempérament. Le contraste entre Danton et Robespierre est à ce titre très frappant. Danton est en accord avec sa physionomie : c'est un jouisseur, aimant le plaisir et l'argent, un bon vivant, et un orateur populaire capable d'ébranler les foules grâce à une éloquence simple et un grand talent d'improvisation. Il parle avant tout dans l'urgence et cherche l'efficacité maximale. Il est souvent emporté, tout feu tout flamme ; du reste, l'image du feu est souvent présente dans ses discours :

> « Une grande nation en révolution est comme le métal qui bouillonne dans la fournaise : la statue de la liberté n'est pas fondue, le métal est fusion ; si vous ne savez pas conduire le fourneau, vous en serez tous dévorés. »
>
> Danton, **Discours**

Robespierre, au contraire, semble fait de marbre et de glace. Il est rigoureux et austère, si bien que ses discours ont pu être comparés à des sermons religieux. Pas question pour lui d'improviser ; son éloquence est très travaillée, chaque terme est choisi, chaque phrase soigneusement calculée. Il utilise beaucoup moins les images, et son style est plus dogmatique. Pour lui, les révolutions ne sont pas des brasiers, mais des événements historiques qu'il faut analyser avec lucidité :

> « Les Révolutions qui jusqu'à nous ont changé la face des Empires n'ont eu pour objet qu'un changement de dynastie, ou le passage du pouvoir d'un seul à celui de plusieurs. La Révolution française est la première qui ait été fondée sur la théorie des droits de l'humanité et sur les principes de justice. »
>
> Robespierre, **Dernier discours devant la Convention**, 8 thermidor an II (26 juillet 1794)

Genres et registres

Face à une société et à une culture en mutation, la littérature doit renouveler ses genres pour pouvoir exprimer les nouvelles aspirations des individus qui la produisent et qui la lisent. C'est ainsi que le paysage générique du Grand Siècle se transforme profondément. C'est d'abord sa hiérarchie stricte et désuète qui est mise en question, comme la noblesse le sera par le tiers état : la poésie dramatique, qui était le roi des genres, disparaît pour laisser place au roman, genre populaire, et au drame, créé pour être l'étendard de la bourgeoisie. Certains de ceux qu'on appelait les « petits genres », dont le conte et la lettre, gagnent aussi leurs lettres de noblesse, parce qu'ils permettent à la fois la diffusion agréable des idées et des savoirs et l'expression de la sensibilité.

Le conte philosophique

Du divertissement à la déception

À l'époque de Voltaire, le conte est un genre très en vogue. Les lecteurs se passionnent pour les *Contes* de Perrault (1613-1688), premiers du genre, ou pour la traduction qu'Antoine Galland a donnée des *Mille et Une Nuits*. Voltaire, lui, éprouve d'abord un certain mépris pour ces petits textes où règne le merveilleux, incapables de rivaliser avec la noblesse classique de l'épopée ou de la tragédie. Il pratique le conte, en prose ou en vers, dès les années 1720, mais la bataille antiphilosophique qui fait rage entre 1745 et 1760 lui confère une valeur particulière : le conte devient le lieu d'expression des frustrations, des déceptions et des échecs de leur auteur. *Candide*, commencé en 1755 et publié en 1759, traduit ainsi l'écœurement de l'écrivain face aux « atrocités inutiles » qui composent l'histoire contemporaine.

Voltaire, retiré à Ferney, s'invente même un double par l'intermédiaire duquel il publie les *Contes de Guillaume Vadé* qui lui permettent, avant *L'Ingénu* de 1767, d'exprimer son anticatholicisme.

Des romans d'apprentissage

Du point de vue de la forme pure, Voltaire suit dans ses contes en vers l'exemple de La Fontaine : il utilise le décasyllabe, l'octosyllabe ou l'alexandrin, convoque l'allégorie, et nourrit la satire de burlesque. Il se plie parfaitement, en cela, aux canons du genre. L'originalité est dans les contes en prose, que du reste, significativement, Voltaire ne désigne jamais par le terme de « conte » : *Micromégas* est une *histoire philosophique*, *L'Ingénu*, une *histoire véritable*, *Zadig*, une *histoire orientale*, *Babouc*, une *vision*, etc. Il n'emploie pas non plus l'appellation « roman ». Pourtant, les contes voltairiens ont très souvent une structure proche de celle de la narration romanesque. Sous une apparente incohérence, ils racontent dans un récit construit les aventures d'un héros devant affronter le monde : à son contact, les personnages rencontrent les obstacles, les expériences qui forgeront leur personnalité et donneront sens à leur existence. En cela, même si la narration ne se fait pas un souci majeur du réalisme et de la psychologie, le conte voltairien est une sorte de roman d'apprentissage, roman qui contiendrait les éléments de sa propre parodie. Il l'est d'autant plus que ses personnages sont bien souvent une projection de leur créateur. Ainsi Zadig, le sage ministre babylonien, incarne le Voltaire anti-Versailles dénonçant les abus du règne de Louis XV, caricaturé sous les traits du roi Moabdar.

Voltaire raconte dans *Zadig* les aventures d'un jeune homme de Babylone qui semble bien être le sage parfait. Les expériences qu'il accumule dans chaque chapitre illustrent et augmentent sa sagesse. Trompé par un envieux qui l'accuse d'avoir écrit un poème satirique contre le roi, il est sauvé de justesse de la mort par un perroquet qui prouve que le roi n'avait vu que la moitié du poème. Le roi récompense alors Zadig en le faisant ministre.

« Le roi avait perdu son premier ministre. Il choisit Zadig pour remplir cette place. Toutes les belles dames de Babylone applaudirent à ce choix, car depuis la fondation de l'empire il n'y avait jamais eu de ministre si jeune. Tous les courtisans furent fâchés ; l'envieux en eut un crachement de sang, et le nez lui enfla prodigieusement. Zadig, ayant remercié le roi et la reine, alla remercier aussi le perroquet : “Bel oiseau, lui dit-il, c'est vous qui m'avez sauvé la vie, et qui m'avez fait premier ministre : la chienne et le cheval de Leurs Majestés m'avaient fait beaucoup de mal, mais vous m'avez fait du bien. Voilà donc de quoi dépendent les destins des hommes ! Mais, ajouta-t-il, un bonheur si étrange sera peut-être bientôt évanoui.” Le perroquet répondit : “Oui.” Ce mot frappa Zadig. Cependant, comme il était bon physicien, et qu'il ne croyait pas que les perroquets fussent prophètes, il se rassura bientôt et se mit à exercer son ministère de son mieux.

Il fit sentir à tout le monde le pouvoir sacré des lois, et ne fit sentir à personne le poids de sa dignité. Il ne gêna point les voix du divan, et chaque vizir pouvait avoir un avis sans lui déplaire. Quand il jugeait une affaire, ce n'était pas lui qui jugeait, c'était la loi ; mais quand elle était trop sévère, il la tempérait ; et quand on manquait de lois, son équité en faisait qu'on aurait prises pour celles de Zoroastre.

C'est de lui que les nations tiennent ce grand principe : qu'il vaut mieux hasarder de sauver un coupable que de condamner un innocent. Il croyait que les lois étaient faites pour secourir les citoyens autant que pour les intimider. Son principal talent était de démêler la vérité, que tous les hommes cherchent à obscurcir. Dès les premiers jours de son administration il mit ce grand talent en usage. Un fameux négociant de Babylone était mort aux Indes ; il avait fait ses héritiers ses deux fils par portions égales, après avoir marié leur sœur, et il laissait un

1 Prêtres à Babylone. 2 Enceinte. 3 Ici, discours. 4 Forme de raisonnement logique. 5 Étude des démons. 6 Notions philosophiques, comme la liste qui suit.

présent de trente mille pièces d'or à celui de ses deux fils qui serait jugé l'aimer davantage. L'aîné lui bâtit un tombeau, le second augmenta d'une partie de son héritage la dot de sa sœur ; chacun disait : "C'est l'aîné qui aime le mieux son père, le cadet aime mieux sa sœur ; c'est à l'aîné qu'appartiennent les trente mille pièces."

Zadig les fit venir tous deux l'un après l'autre. Il dit à l'aîné : "Votre père n'est point mort, il est guéri de sa dernière maladie, il revient à Babylone. – Dieu soit loué, répondit le jeune homme ; mais voilà un tombeau qui m'a coûté bien cher !" Zadig dit ensuite la même chose au cadet. "Dieu soit loué, répondit-il ; je vais rendre à mon père tout ce que j'ai ; mais je voudrais qu'il laissât à ma sœur ce que je lui ai donné. – Vous ne rendrez rien, dit Zadig, et vous aurez les trente mille pièces : c'est vous qui aimez le mieux votre père."

Une fille fort riche avait fait une promesse de mariage à deux mages[1], et, après avoir reçu quelques mois des instructions de l'un et de l'autre, elle se trouva grosse[2]. Ils voulaient tous deux l'épouser. "Je prendrai pour mon mari, dit-elle, celui des deux qui m'a mise en état de donner un citoyen à l'empire. – C'est moi qui ai fait cette bonne œuvre, dit l'un. – C'est moi qui ai eu cet avantage, dit l'autre. – Eh bien ! répondit-elle, je reconnais pour père de l'enfant celui des deux qui lui pourra donner la meilleure éducation." Elle accoucha d'un fils. Chacun des mages veut l'élever. La cause est portée devant Zadig. Il fait venir les deux mages. "Qu'enseigneras-tu à ton pupille ? dit-il au premier. – Je lui apprendrai, dit le docteur, les huit parties d'oraison, la dialectique[3], l'astrologie[4], la démonomanie[5] ; ce que c'est que la substance et l'accident[6], l'abstrait et le concret, les monades et l'harmonie préétablie. – Moi, dit le second, je tâcherai de le rendre juste et digne d'avoir des amis." Zadig prononça : "Que tu sois son père ou non, tu épouseras sa mère." »

Voltaire, **Zadig**, « Le ministre », 1748

… à vous de lire *Zadig*…

1 Les ingrédients du conte : examinez les temps du récit, les personnages en présence, les indices de l'exotisme, la structure sérielle.

2 L'ironie voltairienne : relevez tout ce qui, dans ce passage, peut être interprété à plusieurs niveaux, selon différents sens.

3 En quoi cet extrait contient-il une leçon politique ? Montrez que la conduite de la narration illustre une démarche philosophique.

Un instrument de vulgarisation

Ce n'est bien sûr pas seulement une image de sa vie que Voltaire cherche à dessiner dans ses contes. Il y défend aussi les causes qui lui sont chères, et c'est en cela que le conte est véritablement *philosophique*.

> « Ah ! s'il nous faut des fables, que ces fables soient du moins l'emblème de la vérité ! J'aime les fables des philosophes, je ris de celles des enfants, je hais celles des imposteurs. »
>
> Voltaire, **L'Ingénu**, chapitre XI, 1767

Fidèle à la mission classique de la fable qui se propose d'instruire en amusant, le conte constitue un exceptionnel instrument de vulgarisation des idées des philosophes. *Micromégas* diffuse les théories de Copernic, Galilée, Kepler et Newton[1] en donnant une leçon de relativisme et d'humanité ; *Zadig* dénonce la corruption du pouvoir et fait l'apologie du souverain éclairé régnant en suivant la raison ; *Candide* raille la pensée de Leibniz sur « le meilleur des mondes possibles[2] » ; *L'Ingénu*, enfin, expose le contraste entre l'homme naturel idéal et une société corrompue.

L'arme la plus efficace du conte voltairien est la satire. L'auteur élabore un style philosophique reposant sur une ironie de la soustraction (simplicité, non-dits, coupures, ellipses, litotes) : il semble en dire le moins possible pour en fait en dire le plus. Ainsi, les violences les plus atroces sont évoquées comme si de rien n'était, et cette évidence feinte et inconvenante les condamne.

1 Scientifiques qui ont été, dans leur temps, très débattus. **2** C'est ainsi que Pangloss explique à Candide que l'enchaînement des événements est pour le mieux, quelle que soit la cruauté des faits qui se sont produits.

Les genres dramatiques : à la recherche du drame

Au tout début du siècle, les scènes et les genres dramatiques se multiplient et se diversifient. De l'opéra aux pièces en vaudeville[1] de la Foire, de la comédie régulière à la parade, il y en a pour tous les goûts. Cependant, les Lumières n'ont pas encore trouvé leur théâtre, capable de rendre compte de la réalité de la société. Pour répondre à ce besoin de vérité, les théoriciens, Diderot et Beaumarchais en tête, inventent, entre tragédie et comédie, le drame.

1 Pièces comportant des chansons et des danses.

Le déclin de la tragédie

Voltaire est d'abord connu de ses contemporains pour ses tragédies, qui lui valent même d'être considéré comme le successeur de Racine.

Il tâche de prendre en compte les changements de sensibilité du public. Celui-ci veut être touché, ému, attendri au plus haut point : il veut se sentir concerné par le spectacle auquel il assiste. Voltaire tente de satisfaire cette attente d'une part en développant le pittoresque et le pathétique, d'autre part en mettant en scène les grandes questions politiques et religieuses qui animent le siècle philosophique.

Crébillon Père, deuxième tragédien de son temps, offre aux spectateurs des émotions fortes : crimes horribles, mort en direct, vue du sang, le pathétique violent est censé tenir lieu de terreur tragique. Malgré ces efforts, le public et les autres auteurs délaissent la tragédie beaucoup trop éloignée de la vie réelle, de leur vie.

« Que me font à moi, sujet paisible d'un État monarchique du XVIIIe siècle, les révolutions d'Athènes et de Rome ? quel véritable intérêt puis-je prendre à la mort d'un tyran du Péloponnèse[1] ? au sacrifice d'une jeune princesse en Aulide[1] ? Il n'y a dans tout cela rien à avoir pour moi, aucune moralité qui me convienne. »

Beaumarchais, **Essai sur le genre dramatique sérieux**, 1767

1 Régions de Grèce.

Le renouvellement de la comédie dans la première moitié du siècle : vers le naturel

La comédie du XVIIIe siècle s'émancipe du modèle moliéresque : ce théâtre ne fait plus rire, ou du moins pas de la même façon. Ainsi, le public boude les reprises des pièces du maître, de moins en moins mises à l'affiche, et Voltaire doit constater en 1739 que « le spectacle est désert quand on joue ces comédies et il ne va presque plus personne à ce même *Tartuffe* qui attirait autrefois tout Paris ».

La nouvelle comédie, écrite de plus en plus souvent en prose et non plus en vers, tend vers plus de réalisme et de naturel. Elle oppose aux types schématiques de la comédie de caractères de véritables personnages aux prises avec des situations qui, même si elles restent conventionnelles (mariages, héritages, etc.), trouvent un ancrage dans la vie contemporaine. Elle se fait comédie de mœurs. Dans la première moitié du siècle, Marivaux crée ainsi une comédie plus sensible et plus grave, dont la valeur dominante est le naturel. Son théâtre est une exploration de l'être, en particulier devant la naissance de l'amour. La parole des personnages ne sert pas seulement à exprimer l'action, elle est le sujet même de chaque pièce : c'est ce style dramatique original que l'on appelle le marivaudage. Le comique et le rire, dans les comédies de Marivaux, sont un peu particuliers : on ne rit plus, comme chez Molière (1622-1673), de ce que sont les personnages, contre eux, mais on sourit de ce qu'ils disent, avec eux et grâce à eux.

« SILVIA, DORANTE

SILVIA, *à part.* – Ils se donnent la comédie, n'importe, mettons tout à profit ; ce garçon-ci n'est pas sot, et je ne plains pas la soubrette qui l'aura. Il va m'en conter, laissons-le dire, pourvu qu'il m'instruise.

DORANTE, *à part.* – Cette fille-ci m'étonne, il n'y a point de femme au monde à qui sa physionomie ne fît honneur : lions connaissance avec elle. (*Haut.*) Puisque nous sommes dans le style amical et que nous avons abjuré les façons, dis-moi, Lisette, ta maîtresse te vaut-elle ? Elle est bien hardie d'oser avoir une femme de chambre comme toi.

SILVIA. – Bourguignon, cette question-là m'annonce que, suivant la coutume, tu arrives avec l'intention de me dire des douceurs, n'est-il pas vrai ?

DORANTE. – Ma foi, je n'étais pas venu dans ce dessein-là, je te l'avoue ; tout valet que je suis, je n'ai jamais eu de grandes liaisons avec les soubrettes, je n'aime pas l'esprit domestique ; mais à ton égard c'est une autre affaire ; comment donc, tu me soumets, je suis presque timide, ma familiarité n'oserait s'apprivoiser avec toi, j'ai toujours envie d'ôter mon chapeau de dessus ma tête, et quand je te tutoie, il me semble que je jure ; enfin j'ai un penchant à te traiter avec des respects qui te feraient rire. Quelle espèce de suivante es-tu donc avec ton air de princesse ?

SILVIA. – Tiens, tout ce que tu dis avoir senti en me voyant est précisément l'histoire de tous les valets qui m'ont vue.

DORANTE. – Ma foi, je ne serais pas surpris quand ce serait aussi l'histoire de tous les maîtres.

SILVIA. – Le trait est joli assurément ; mais je te le répète encore, je ne suis point faite aux cajoleries de ceux dont la garde-robe ressemble à la tienne.

DORANTE. – C'est-à-dire que ma parure ne te plaît pas ?

SILVIA. – Non, Bourguignon ; laissons là l'amour, et soyons bons amis.

DORANTE. – Rien que cela ? Ton petit traité n'est composé que de deux clauses impossibles.

SILVIA, *à part.* – Quel homme pour un valet ! (*Haut.*) Il faut pourtant qu'il s'exécute ; on m'a prédit que je n'épouserais jamais qu'un homme de condition, et j'ai juré depuis de n'en écouter jamais d'autres.

DORANTE. – Parbleu, cela est plaisant, ce que tu as juré pour homme, je l'ai juré pour femme, moi, j'ai fait serment de n'aimer sérieusement qu'une fille de condition.

SILVIA. – Ne t'écarte donc pas de ton projet.

DORANTE. – Je ne m'en écarte peut-être pas tant que nous le croyons, tu as l'air bien distingué, et l'on est quelquefois fille de condition sans le savoir.

SILVIA. – Ah, ah, ah, je te remercierais de ton éloge, si ma mère n'en faisait pas les frais.

DORANTE. – Eh bien, venge-t'en sur la mienne, si tu me trouves assez bonne mine pour cela.
SILVIA, *à part*. – Il le mériterait. (*Haut.*) Mais ce n'est pas là de quoi il est question ; trêve de badinage, c'est un homme de condition qui m'est prédit pour époux, et je n'en rabattrai rien.
DORANTE. – Parbleu, si j'étais tel, la prédiction me menacerait, j'aurais peur de la vérifier, je n'ai point de foi à l'astrologie, mais j'en ai beaucoup à ton visage.
SILVIA, *à part*. – Il ne tarit point… (*Haut.*) Finiras-tu, que t'importe la prédiction puisqu'elle t'exclut ?
DORANTE. – Elle n'a pas prédit que je ne t'aimerais point.
SILVIA. – Non, mais elle a dit que tu n'y gagnerais rien, et moi je te le confirme.
DORANTE. – Tu fais fort bien, Lisette, cette fierté-là te va à merveille, et quoiqu'elle me fasse mon procès, je suis pourtant bien aise de te la voir ; je te l'ai souhaitée d'abord que je t'ai vue, il te fallait encore cette grâce-là, et je me console d'y perdre, parce que tu y gagnes.
SILVIA, *à part*. – Mais en vérité, voilà un garçon qui me surprend malgré que j'en aie… (*Haut.*) Dis-moi, qui es-tu toi qui me parles ainsi ?
DORANTE. – Le fils d'honnêtes gens qui n'étaient pas riches.
SILVIA. – Va, je te souhaite de bon cœur une meilleure situation que la tienne, et je voudrais pouvoir y contribuer ; la fortune a tort avec toi.
DORANTE. – Ma foi, l'amour a plus de tort qu'elle, j'aimerais mieux qu'il me fût permis de te demander ton cœur, que d'avoir tous les biens du monde.
SILVIA, *à part*. – Nous voilà grâce au ciel en conversation réglée. (*Haut.*) Bourguignon, je ne saurais me fâcher des discours que tu me tiens ; mais je t'en prie, changeons d'entretien, venons à ton maître ; tu peux te passer de me parler d'amour, je pense ?
DORANTE. – Tu pourrais bien te passer de m'en faire sentir, toi.
SILVIA. – Ahi, je me fâcherai, tu m'impatientes, encore une fois laisse là ton amour.
DORANTE. – Quitte donc ta figure.
SILVIA, *à part*. – À la fin, je crois qu'il m'amuse… (*Haut.*) Eh bien, Bourguignon, tu ne veux donc pas finir, faudra-t-il que je te quitte ? (*À part.*) Je devrais déjà l'avoir fait.
DORANTE. – Attends, Lisette, je voulais moi-même te parler d'autre chose ; mais je ne sais plus ce que c'est.
SILVIA. – J'avais de mon côté quelque chose à te dire ; mais tu m'as fait perdre mes idées aussi, à moi.
DORANTE. – Je me rappelle de t'avoir demandé si ta maîtresse te valait.
SILVIA. – Tu reviens à ton chemin par un détour, adieu.
DORANTE. – Eh non, te dis-je, Lisette, il ne s'agit ici que de mon maître.
SILVIA. – Eh bien soit ! je voulais te parler de lui aussi, et j'es-

père que tu voudras bien me dire confidemment ce qu'il est; ton attachement pour lui m'en donne bonne opinion, il faut qu'il ait du mérite puisque tu le sers.
DORANTE. – Tu me permettras peut-être bien de te remercier de ce que tu me dis là ; par exemple ?
SILVIA. – Veux-tu bien ne prendre pas garde à l'imprudence que j'ai eue de le dire ?
DORANTE. – Voilà encore de ces réponses qui m'emportent ; fais comme tu voudras, je n'y résiste point, et je suis bien malheureux de me trouver arrêté par tout ce qu'il y a de plus aimable au monde.
SILVIA. – Et moi, je voudrais bien savoir comment il se fait que j'ai la bonté de t'écouter, car assurément, cela est singulier.
DORANTE. – Tu as raison, notre aventure est unique.
SILVIA, *à part*. – Malgré tout ce qu'il m'a dit, je ne suis point partie, je ne pars point, me voilà encore, et je réponds ! En vérité, cela passe la raillerie. (*Haut.*) Adieu.
DORANTE. – Achevons donc ce que nous voulions dire.
SILVIA. – Adieu, te dis-je, plus de quartier. Quand ton maître sera venu, je tâcherai en faveur de ma maîtresse de le connaître par moi-même, s'il en vaut la peine ; en attendant, tu vois cet appartement, c'est le vôtre.
DORANTE. – Tiens, voici mon maître. »

Marivaux, **Le Jeu de l'amour et du hasard**, acte I, scène 7, 1730

… à vous de jouer…

1 Relevez les apartés et expliquez leur utilité.

2 Ce texte ne vous a pas été présenté : rétablissez la situation d'origine, l'identité des personnages, et dites sur quel procédé dramatique est construite la scène.

Contemporain de Marivaux, Nivelle de La Chaussée pousse à son extrémité le paradoxe de la nouvelle comédie en créant la « comédie larmoyante », si sensible et attendrissante qu'elle va jusqu'à arracher des larmes aux spectateurs au lieu de les faire rire. Preuve qu'entre comique et tragique, les frontières étaient prêtes à tomber…

Le drame, ou la société au théâtre

C'est dans ce contexte, entérinant le désintérêt qui touche la tragédie et les métamorphoses de la comédie, qu'apparaît, au début de la seconde moitié du siècle, un genre nouveau, fruit d'une recherche théorique menée par Diderot parallèlement à l'écriture dramatique. La mission du théâtre étant de fournir un enseignement moral aux spectateurs, il ne saurait être efficace que si le public peut se sentir personnellement impliqué. C'est pourquoi il faut créer un genre intermédiaire, qui, en peignant « les humbles péripéties de l'existence moyenne », offrira un miroir aux classes montantes de la nouvelle société, la bourgeoisie et le peuple. Ce genre est aussi intermédiaire du point de vue des émotions représentées et suscitées chez le spectateur :

> « On distingue dans tout objet moral, un milieu et deux extrêmes. Il semble donc que, toute action dramatique étant un objet moral, il devrait y avoir un genre moyen et deux genres extrêmes. Nous avons ceux-ci : c'est la comédie et la tragédie : mais l'homme n'est pas toujours dans la douleur ou dans la joie. Il y a donc un point qui sépare la distance du genre comique au genre tragique.
> Il y a de l'intérêt, et il y en aura, sans ridicule qui fasse rire, sans danger qui fasse frémir, dans toute composition dramatique où le sujet sera important, où le poète prendra le ton que nous avons dans les affaires sérieuses [...]. J'appellerai ce genre le genre sérieux. »
>
> Denis Diderot, **Entretiens avec Dorval sur le Fils naturel**, 1757

Pour assurer la proximité avec le public, le nouveau genre n'aura plus pour sujet les caractères ou les passions comme la comédie et la tragédie classique, mais les conditions sociales, professionnelles ou familiales. Le père de famille (titre du drame de Diderot), le négociant, l'ouvrière sans naissance sont donc les personnages inédits du drame. Ce nouveau personnel dramatique exige alors une autre dramaturgie. Finie la règle des unités : on lui préfère la puissance de l'évocation. « Ce ne sont pas des mots que je veux remporter du théâtre, mais des impressions », écrit encore Diderot (*Discours sur la poésie dramatique*, 1758). Ses « impressions » sont engendrées par plusieurs artifices qui consolident l'illusion théâtrale. D'abord le jeu du comédien, qui devra par sa lucidité et sa maîtrise de l'art reproduire la nature (*Paradoxe sur le comédien*, 1773). Ce dernier a à sa disposition la pantomime, gestuelle composée de cris, de soupirs, de mimiques capables, mieux que la réplique, d'exprimer l'émotion. La mise en scène prend aussi toute son importance : c'est à l'auteur de régler minutieusement dans les didascalies, non seulement les mouvements des personnages, mais aussi les décors, les costumes, les accessoires, la musique, l'ensemble visant à évoquer la réalité le plus fidèlement possible. Le drame se définit encore comme une suite de « tableaux vivants », remplaçant les coups de théâtre, à l'image de ceux du peintre favori de Diderot, Greuze. Le théâtre devient ainsi un spectacle total, donnant leur place à tous les beaux-arts.

Voir Situations («1761», p. 277)

Dorval est l'ami de Clairville, chez qui il séjourne. Il doit être le témoin de son prochain mariage avec Rosalie, mais il a le malheur de s'éprendre de la jeune fille au lieu de répondre aux avances de la sage Constance, sœur de Clairville et modèle de vertu pour Rosalie. Rosalie, de son côté, tombe amoureuse de Dorval. Tandis que celui-ci lutte contre son amour en préparant son départ, on apprend que le père de Rosalie, qui devait rentrer des îles, a fait naufrage. Le malheur s'abat sur la famille : Rosalie n'a plus de bien et Clairville devra travailler pour subvenir à leurs besoins. Dans un geste de générosité grandiose, Dorval renonce alors non seulement à son amour mais aussi à sa fortune qu'il donne à son ami. Mais le père de Rosalie, Lysimond, n'est pas mort, il arrive, et Dorval reconnaît son propre père, dont il est le fils naturel, caché au reste de la famille. Après avoir frôlé la catastrophe de l'inceste, le frère et la sœur comprennent la nature de leur amour et épousent respectivement Constance et Clairville.

« LYSIMOND (*il est assis*). – Oui, mes enfants ; vous saurez tout... Approchez, que je vous embrasse encore... *(Il lève ses mains au ciel)*... Que le Ciel qui me rend à vous, qui vous rend à moi, vous bénisse... qu'il nous bénisse tous... *(À Clairville :)* Clairville. *(À Constance :)* Madame, pardonnez à un père qui retrouve ses enfants. Je les croyais perdus pour moi... Je me suis dit cent fois : Je ne les reverrai jamais. Ils ne me reverront plus. Peut-être, hélas, ils s'ignoreront toujours !... Quand je partis, ma chère Rosalie, mon espérance la plus douce était de te montrer un fils digne de moi, un frère digne de toute ta tendresse ; qui te servît d'appui, quand je ne serai plus... et, mon enfant, ce sera bientôt... Mais, mes enfants, pourquoi ne vois-je point encore sur vos visages ces transports que je m'étais promis ?... Mon âge, mes infirmités, ma mort prochaine vous affligent... Ah, mes enfants ; j'ai tant travaillé, tant souffert !... Dorval, Rosalie. *(En disant ces mots, le vieillard tient ses bras étendus vers ses enfants qu'il regarde alternativement, et qu'il invite à se reconnaître.)*

(Dorval et Rosalie se regardent, tombent dans les bras l'un de l'autre, et vont ensemble embrasser les genoux de leur père, en s'écriant :)

DORVAL, ROSALIE. – Ah, mon père ! »

Denis Diderot, **Le Fils naturel**, 1757

... à vous de caractériser cet extrait...

1 Expliquez que cette tirade constitue un dénouement.

2 Relevez tout ce que ce tableau doit au pathétique (didascalies, stylistique du trouble, etc.).

Cette œuvre, *La Malédiction paternelle* de Greuze, est un tableau dramatique : la composition, fondée sur la position des bras des différentes figures, fait naître le mouvement, tandis que les regards suggèrent la parole. À vous d'imaginer ce que dit chaque personnage.

… à vous de composer…

Les drames de Diderot partagent avec l'œuvre picturale de Greuze un thème, qui est aussi une finalité esthétique, celui de la vertu. La pièce, comme le tableau, exprime le triomphe de cette qualité morale. En vous inspirant de l'extrait du *Fils naturel*, composez une scène où se dessinera l'intrigue ou le dénouement d'un drame à partir du tableau de Greuze, *Le Fils ingrat ou la Malédiction paternelle* (1765). N'oubliez pas : du pathétique, des sentiments, de la vertu et de la morale !

Les solutions de Beaumarchais

Après avoir composé des parades (petits sketches farcesques de lever de rideau), Beaumarchais écrit un drame pour illustrer la théorie de Diderot qui l'a véritablement fasciné. *Eugénie* est un échec, tout comme sa deuxième tentative dans le genre sérieux, *Les Deux Amis, ou le Négociant de Lyon*, qui met en scène deux marchands rivalisant de générosité. C'est donc par une sorte de dépit que Beaumarchais se tourne vers les autres genres dramatiques.

Le Barbier de Séville est d'abord un opéra-comique[1] qui emprunte son sujet à *L'École des femmes* de Molière et que Beaumarchais remanie pour faire une comédie qui plaise plus au public. Celle-ci, de facture assez classique, repose sur une série de quiproquos et de ruses qui déclenchent le rire. La gaieté et le rythme dominent cette comédie d'intrigue. Mais son succès tient avant tout à l'invention du personnage de Figaro. Beaumarchais est même conscient que le caractère comique de sa pièce en dépend :

1 Pièce comique comprenant des airs chantés.

> « Il m'a suffi que le machiniste, au lieu d'être un noir scélérat, fût un drôle de garçon, un homme insouciant, qui rit également du succès et de la chute de ses entreprises, pour que l'ouvrage, loin de tourner au drame sérieux, devînt une comédie fort gaie. »
>
> Beaumarchais, **Lettre modérée sur la chute et la critique du Barbier de Séville**, 1777

Cette phrase est capitale pour la suite de sa carrière. Après *Le Mariage de Figaro* qui renouvelle complètement la comédie en mettant en scène un très grand nombre de personnages complexes dans une intrigue proche de celle d'un véritable roman, sans cesse agitée de nouvelles péripéties et dénonçant par la satire les abus de l'aristocratie, de la justice, du clergé, après cette révolution donc, Beaumarchais revient au drame. Cette fois, il ne suit pas à la lettre les théories de Diderot. Il a compris que « le genre d'une pièce dépend moins du fond des choses que des caractères qui les mettent en œuvres » et, reprenant les aventures de la famille Almaviva, il construit son drame non plus autour du personnage du bon Figaro, mais d'un *noir scélérat*, Bégears, dit « l'autre Tartufe ». Comme le faux dévot de Molière, ce traître veut s'emparer des biens du comte et sème pour cela la terreur (émotion tragique !) dans l'esprit et le cœur des protagonistes.

Les spectateurs, quant à eux, sont horrifiés devant le mal et le vice. La pièce se déroule sur fond de Révolution, et bien que l'histoire soit à peu près la même que chez Molière, il n'est plus question de rire. C'est que Beaumarchais a trouvé là sa propre formule du genre sérieux. Il ne s'agit pas d'un genre intermédiaire, mais d'un genre mixte : s'inspirant de ce que pouvait avoir d'inquiétant le Tartuffe moliéresque, sa solution est celle d'« une intrigue de comédie, fondue dans le pathétique d'un drame ».

Bégears s'est introduit comme secrétaire dans la famille du comte Almaviva afin de s'emparer de tous ses biens en épousant sa filleule et pupille Florestine. Pour cela, il utilise le secret de la comtesse, mère coupable car son fils Léon n'est pas l'enfant du comte, mais le fruit de ses amours avec le jeune Chérubin. Figaro réussit à sauver la famille en révélant au grand jour les intentions et les agissements fourbes du nouveau Tartuffe.

« LE COMTE *crie.* – Figaro ! vos secours !

FIGARO, *étouffé.* – Un moment ! Calmez-vous. Son état n'est plus si pressant. Moi qui étais dehors, grand Dieu ! je suis rentré bien à propos !... Elle m'avait fort effrayé ! Allons, madame, du courage !

LA COMTESSE, *priant, renversée.* – Dieu de bonté ! fais que je meure !

LÉON, *en l'asseyant mieux.* – Non, maman, vous ne mourrez pas, et nous réparerons nos torts. Monsieur ! vous que je n'outragerai plus en vous donnant un autre nom, reprenez vos titres, vos biens ; je n'y avais nul droit ; hélas ! je l'ignorais. Mais, par pitié, n'écrasez point d'un déshonneur public cette infortunée qui fut vôtre... Une erreur expiée par vingt années de larmes est-elle encore un crime, alors qu'on fait justice ? Ma mère et moi, nous nous bannissons de chez vous.

LE COMTE, *exalté.* – Jamais ! Vous n'en sortirez point.

LÉON. – Un couvent sera sa retraite ; et moi, sous mon nom de Léon, sous le simple habit d'un soldat, je défendrai la liberté de notre nouvelle patrie. Inconnu, je mourrai pour elle ou je la servirai en zélé citoyen.

Suzanne pleure dans un coin ; Figaro est absorbé dans l'autre.

LA COMTESSE, *péniblement.* – Léon ! mon cher enfant ! ton courage me rend la vie ! Je puis encore la supporter, puisque mon fils a la vertu de ne pas détester sa mère. Cette fierté dans le malheur sera ton noble patrimoine. Il m'épousa sans biens ; n'exigeons rien de lui. Le travail de mes mains soutiendra ma faible existence ; et toi, tu serviras l'État.

LE COMTE, *avec désespoir.* – Non, Rosine ! jamais. C'est moi qui suis le vrai coupable ! De combien de vertus je privais ma triste vieillesse !...

LA COMTESSE. – Vous en serez enveloppé. Florestine et Bégears vous restent. Floresta, votre fille, l'enfant chéri de votre cœur !...

LE COMTE, *étonné.* – Comment ?... D'où savez-vous ?... Qui vous l'a dit ?...

LA COMTESSE. – Monsieur, donnez-lui tous vos biens, mon fils et moi n'y mettons point d'obstacle ; son bonheur nous consolera. Mais, avant de nous séparer, que j'obtienne au moins une grâce ! Apprenez-moi comment vous êtes possesseur d'une terrible lettre que je croyais brûlée avec les autres. Quelqu'un m'a-t-il trahie ?

FIGARO, *s'écriant.* – Oui ! l'infâme Bégears : je l'ai surpris tantôt qui la remettait à Monsieur.

LE COMTE, *parlant vite.* – Non, je la dois au seul hasard. Ce matin, lui et moi, pour un tout autre objet, nous examinions votre écrin, sans nous douter qu'il eût un double fond. Dans le débat et sous ses doigts, le secret s'est ouvert soudain, à son très grand étonnement. Il a cru le coffre brisé !
FIGARO, *criant plus fort.* – Son étonnement d'un secret ? Monstre ! C'est lui qui l'a fait faire !
LE COMTE. – Est-il possible ?
LA COMTESSE. – Il est trop vrai !
LE COMTE. – Des papiers frappent nos regards ; il en ignorait l'existence, et quand j'ai voulu les lui lire, il a refusé de les voir.
SUZANNE, *s'écriant.* – Il les a lus cent fois avec Madame !
LE COMTE. – Est-il vrai ? Les connaissait-il ?
LA COMTESSE. – Ce fut lui qui me les remit, qui les apporta de l'armée, lorsqu'un infortuné mourut. » ●

Beaumarchais, **La Mère coupable**, 1792

… à vous de lire *La Mère coupable*…

1 Retrouvez les scènes de *Tartuffe* qui correspondent à celle-ci : examinez les ressemblances et les différences.

2 Les liens entre les personnages sont complexes : avez-vous compris qui est qui ?

3 Selon vous, avant cette scène de dévoilement, quels étaient les personnages favorables à Bégears et ceux qui lui étaient opposés ?

La lettre, une forme pour plusieurs genres

Origines et métamorphoses

Au XVIIe siècle, l'idéal d'honnêteté fait de la lettre un moyen d'expression privilégié, et l'on commence à éditer des correspondances littéraires – celle de Mme de Sévigné (1626-1696) en est le plus bel exemple –, mais aussi didactiques : ces « secrétaires » ou « formulaires » sont des recueils de modèles de lettres pour toutes les circonstances de la vie. Bientôt, pour rendre l'apprentissage plus agréable, les lettres authentiques sont remplacées par des échanges relevant plus ou moins de la fiction. La tradition mondaine rencontre alors d'autres traditions, celle des

Héroïdes, élégies[1] exprimant le lyrisme de la séparation écrites par le poète antique Ovide, et celle des lettres insérées dans les romans. En 1669 paraissent les *Lettres portugaises* de Guilleragues (1628-1685) : on croit très longtemps qu'il s'agit de lettres authentiques qu'une jeune Portugaise écrit à son amant, qui l'a abandonnée. En fait, le premier roman épistolaire est né !

1 Poèmes lyriques exprimant une plainte douloureuse.

Authenticité et sensibilité

Au début du XVIIIe siècle, le roman est le genre maudit de la littérature. Il est considéré comme une frivolité réservée aux femmes. C'est un genre neuf, que l'Antiquité pratiquait peu et qu'Aristote n'a pas théorisé. Il n'a aucun garant et est en proie à tous les reproches. Il fait l'objet de deux attaques : on s'en prend à son manque de vraisemblance et à son immoralité.

Le roman par lettres peut alors apparaître comme une solution, car il répond à la double exigence de sociabilité et d'authenticité. Cette dernière prévient les reproches de corruption des jeunes filles par la peinture des dangereuses passions : les histoires racontées, parce qu'elles sont vraies (prétend-on), doivent servir de leçon et non de modèle.

La lettre est l'instrument idéal de cette authenticité. Plus que le roman à la troisième personne ou même le récit de vie qui n'appréhendent la réalité vécue que par la reconstruction de la mémoire, la lettre peut saisir les expériences et les sentiments, directement. De la confidence individuelle dans les correspondances privées à la fiction, la lettre constitue un miroir de l'être humain et de sa sensibilité que découvre avec enthousiasme le siècle des Lumières et que le genre romanesque se fait une spécialité d'analyser.

Un moyen de communication et de diffusion des Lumières

Forme des Lumières, la lettre l'est aussi parce qu'elle permet aux idées de circuler dans l'espace et d'étendre ainsi leur résonance. Par son origine, son contenu est d'abord informatif : la lettre est en quelque sorte l'ancêtre du journal, de la gazette qui, chaque jour, donne les nouvelles. Ainsi, les *Lettres philosophiques* de Voltaire sont « philosophiques » parce ce qu'il s'agit d'un ouvrage de propagande pour la liberté, mais « lettres » avant tout parce que chaque chapitre du livre se présente sous la forme de la description d'un aspect d'un pays visité par le voyageur qui le découvre. Le point de départ est bien l'information : Voltaire dresse un tableau de l'Angleterre pour la donner en exemple. Dans sa correspondance privée, c'est l'inverse : l'événement, quand il ne donne pas lieu à une manifestation de la personnalité, devient occasion de réflexion ou d'engagement militant.

[« « Vous me faites une peine extrême, Madame, car vos tristes idées ne sont pas seulement du raisonner, c'est de la sensation. Je conviens avec vous que le néant vaut, généralement parlant, beaucoup mieux que la vie, le néant a du bon ; consolons-nous, nous en tâterons. Il est bien clair que nous serons après notre mort ce que nous étions avant de naître, mais pour les deux ou trois minutes de notre existence qu'en ferons-nous ? Nous sommes de petites roues de la grande machine, de petits animaux à deux pieds, et à deux mains comme les singes, moins agiles qu'eux, aussi comiques, et ayant une mesure d'idées plus grande. Nous obéissons tous au mouvement général imprimé par la nature, nous ne nous donnons rien, nous recevons tout, nous ne sommes pas plus les maîtres de nos idées que de la circulation du sang dans nos veines. Chaque être, chaque manière d'être obéit nécessairement à la loi générale. Il est ridicule et impossible que l'homme se donnât quelque chose, quand la foule des astres ne se donne rien, et que nous fussions libres (dans le sens des théologiens) quand l'univers est esclave.

Voilà une belle chienne de condition ! direz-vous. Je souffre, je me débats contre mon existence que je maudis et que j'aime ; je hais la vie et la mort ; qui me consolera, qui me soutiendra ? La nature entière est impuissante à me soulager.

Voici, Madame, ce que j'imagine pour remède. Il n'a dépendu ni de vous ni de moi de perdre les yeux[1], d'être privés de nos amis, d'être dans la situation où nous sommes. Toutes vos privations, tous vos sentiments, toutes vos idées sont des choses absolument nécessaires. Vous ne pouviez vous empêcher de m'écrire la très philosophique et très triste lettre que j'ai reçue de vous ; et moi je vous écris nécessairement que le courage, la résignation aux lois de la nature, le profond mépris pour toutes les superstitions, le plaisir noble de se sentir d'une autre nature que les sots, l'exercice de la faculté de penser sont des consolations véritables.

1 Mme du Deffand était aveugle depuis dix ans et venait de se brouiller avec Mlle de Lespinasse.

Cette idée que j'étais destiné à vous représenter appelle nécessairement dans vous votre philosophie. Je deviens un instrument qui en affermit un autre, par lequel je serai raffermi à mon tour. Heureuses les machines qui peuvent s'aider mutuellement !

Votre machine est une des meilleures de ce monde ; n'est-il pas vrai que s'il vous fallait choisir entre la lumière et la pensée vous ne balanceriez pas, et que vous préféreriez les yeux de l'âme à ceux du corps ? J'ai toujours désiré que vous dictassiez la manière dont vous voyez les choses, et que vous m'en fissiez part, car vous voyez très bien, et vous peignez de même.

Dites-moi, je vous prie, Madame, votre critique de ma critique sur un endroit des *Horaces*, cela vous amusera et m'éclairera. C'est une consolation de mettre son esprit sur le papier ; confiez-moi tout ce qui vous passe par la tête.

J'écris rarement, parce que je suis agriculteur. Vous ne vous doutez pas de ce métier-là, c'est pourtant celui de nos premiers pères. J'ai été toujours accablé d'occupations qui m'engloutissaient tous mes moments, mais les plus agréables sont ceux où je reçois de vos nouvelles, et où je peux vous dire combien votre âme plaît à la mienne, et à quel point je vous regrette. Ma santé devient tous les jours plus mauvaise, tout le monde n'est pas comme Fontenelle. Allons, Madame, courage, traînons notre lien jusqu'au bout. Soyez bien persuadée du véritable intérêt que mon cœur prend à vous, et de mon très tendre respect. »

Voltaire, lettre à Marie de Vichy de Chamrond, marquise du Deffand, aux Délices, 22 mai 1764

… à vous de devenir la correspondante de Voltaire…

En relevant les indices donnés par Voltaire, écrivez la lettre de la marquise du Deffand à laquelle répond l'écrivain. Vous vous demanderez dans quel état d'esprit était la marquise quand elle prit la plume, où elle se trouvait et ce qu'elle attendait de son correspondant.

De l'autre côté du miroir : Les Liaisons dangereuses

Dans le roman, la lettre permet également de prendre conscience de la relativité des points de vue. C'est ce dont Montesquieu avait fait la démonstration avec les *Lettres persanes* en proposant la correspondance de plusieurs personnages. Mais il exploitait peu les richesses d'analyse de la lettre en restant dans la veine de la satire philosophique. Les romans par lettres de la première moitié du XVIIIe siècle s'en distinguent par deux aspects : ils sont tournés vers la psychologie et les sentiments, et ne font entendre qu'une seule voix. C'est *La Nouvelle Héloïse* qui impose la forme polyphonique, entrelacement de plusieurs subjectivités, mais qui participent toutes à la même harmonie. Le roman de Laclos fait exploser le procédé, et cela doublement : il le porte à son apogée et le détruit en même temps.

D'abord, à contre-emploi, la lettre est ici mise au service de la corruption : elle est l'instrument grâce auquel la marquise de Merteuil et le vicomte de Valmont, deux libertins « professionnels », vont perdre une jeune vierge sortie du couvent, Cécile de Volanges, et une dévote tranquille, pure et fidèle, Mme de Tourvel. Ensuite, Laclos utilise la forme épistolaire dans toutes ses possibilités. Les lettres ne sont pas seulement des textes, mais aussi des objets qui s'échangent, se transmettent, servent de preuve (les lettres 81 et 85 sont publiées par Danceny, le jeune amant de Cécile, pour dévoiler les crimes des deux scélérats). La lettre est donc véritablement devenue acte, du langage performatif.

Voir XXe siècle (« Figures », p. 534)

Maniant cette forme romanesque en virtuose, Laclos en vient même à la dénaturer. Il pervertit le pacte épistolaire qui veut qu'une lettre soit une communication individuelle et privée : dans *Les Liaisons*, des faussaires, sciemment ou malgré eux, signent des lettres qu'ils n'ont pas écrites ; du côté de la réception, des voyeurs lisent des lettres qui ne leur sont pas adressées, qu'elles soient interceptées ou qu'un destinataire trahisse la confiance de son correspondant en montrant son texte.

Revenons enfin à la question de la relativité. Chez Laclos, la polyphonie, au lieu de préciser les nuances d'une réalité, la met en doute et l'annule. L'enchaînement des lettres joue très souvent sur le contraste : la lettre 84, dans laquelle Valmont, libertin perfide, indique à Cécile comment huiler sa porte pour qu'elle ne grince pas, jette un total discrédit sur la lettre précédente dans laquelle il déclarait à nouveau sa flamme, dans un grand transport lyrique, à Mme de Tourvel. Comment le lecteur peut-il croire alors, rétrospectivement, à la déclaration d'amour ? La lettre 48 résume tout l'art de l'ambiguïté dont Laclos fait preuve : Valmont écrit une lettre passionnée à Mme de Tourvel, et pour Mme de Merteuil (Valmont lui envoie la lettre non cachetée pour qu'elle puisse la lire avant de la poster pour lui), en compagnie d'une troisième femme, une courtisane, qui lui sert de pupitre. C'est le triomphe du double sens : si la présidente peut croire au tourment d'une âme en proie à l'amour, Mme de Merteuil et le lecteur complice savent qu'il s'agit du récit d'une voluptueuse nuit avec une courtisane.

« Paris, ce 30 août.

C'est après une nuit orageuse, et pendant laquelle je n'ai pas fermé l'œil ; c'est après avoir été sans cesse ou dans l'agitation d'une ardeur dévorante, ou dans l'entier anéantissement de toutes les facultés de mon âme, que je viens chercher auprès de vous, Madame, un calme dont j'ai besoin, et dont pourtant je n'espère pas pouvoir jouir encore. En effet, la situation où je suis en vous écrivant me fait connaître, plus que jamais, la puissance irrésistible de l'amour ; j'ai peine à conserver assez d'empire sur moi pour mettre quelque ordre dans mes idées ; et déjà je prévois que je ne finirai pas cette lettre, sans être obligé de l'interrompre. Quoi ! ne puis-je donc espérer que vous partagerez quelque jour le trouble que j'éprouve en ce moment ? J'ose croire cependant que, si vous le connaissiez bien, vous n'y seriez pas entièrement insensible. Croyez-moi, Madame, la froide tranquillité, le sommeil de l'âme, image de la mort, ne mènent point au bonheur ; les passions actives peuvent seules y conduire ; et malgré les tourments que vous me faites éprouver, je crois pouvoir assurer sans crainte, que, dans ce moment même, je suis plus heureux que vous. En vain m'accablez-vous de vos rigueurs désolantes ; elles ne m'empêchent point de m'abandonner entièrement à l'amour, et d'oublier, dans le délire qu'il me cause, le désespoir auquel vous me livrez. C'est ainsi que je veux me venger de l'exil auquel vous me condamnez. Jamais je n'eus tant de plaisir en vous écrivant ; jamais je ne ressentis, dans cette occupation, une émotion si douce, et cependant si vive. Tout semble augmenter mes transports[1] : l'air que

1 Élans d'émotion.

je respire est brûlant de volupté ; la table même sur laquelle je vous écris, consacrée pour la première fois à cet usage, devient pour moi l'autel sacré de l'amour ; combien elle va s'embellir à mes yeux ! j'aurai tracé sur elle le serment de vous aimer toujours ! Pardonnez, je vous en supplie, le délire que j'éprouve. Je devrais peut-être m'abandonner moins à des transports que vous ne partagez pas : il faut vous quitter un moment pour dissiper une ivresse qui s'augmente à chaque instant, et qui devient plus forte que moi. »

Choderlos de Laclos, **Les Liaisons dangereuses**, Première partie, lettre 48, 1782

… à vous de lire une œuvre intégrale : *Les Liaisons dangereuses*…

1 Parcours rapide

Si la longueur du roman vous rebute, nous vous proposons une lecture allégée qui rendra compte du développement que vous venez de lire : passez donc par les lettres 26, 41, 48, 64, 65, 83, 84, 109, 123. Peut-être cet aperçu vous donnera-t-il envie de persister…

2 Étude de fond

- La technique épistolaire : étude de la technique du contrepoint qui permet de présenter sous plusieurs angles la même réalité ; la perversion du pacte épistolaire.
- La composition romanesque : combien de « fils » tissent-ils l'intrigue ? Comment ces fils se rencontrent-ils ? Leur agencement présente-t-il des symétries ?
- L'univers romanesque : comment le roman se fait-il le tableau d'une société en pleine décadence ? Les personnages semblent prisonniers des lieux qu'ils fréquentent ; ce sont des personnages pressés, que le roman présente sans avenir.
- Les personnages : leur identité est-elle bien cernée ? Leur physique apparaît-il ? Ou bien sont-ils plutôt des figures stéréotypées ?
- Les thèmes du roman : le libertinage (qu'est-ce que le libertinage ? le roman ne cherche-t-il pas aussi à marquer les limites et les faiblesses de ce système ?) ; les femmes (comment le roman pose-t-il le problème de leur éducation ? Est-il un roman féministe ?) ; la morale (comment le romancier préserve-t-il une ambiguïté morale ?)
- Le style et les styles : comment le romancier fait-il parler chacun de ses personnages ? Quelle attitude a-t-il à l'égard de leur langage ? Peut-on dire que le principe de l'écriture de Laclos est l'ironie ?

▶ L'écrivain au travail

Les *Rêveries* de Rousseau, ou l'écriture de l'immédiateté

Écrire pour soi, s'écrire

Les *Rêveries du promeneur solitaire* de Jean-Jacques Rousseau sont le troisième et dernier volet d'un triptyque autobiographique entamé avec les *Confessions* et poursuivi avec les *Dialogues*. Mais elles se distinguent des deux œuvres précédentes par leur dessein et par leur forme. Il ne s'agit plus en effet de saisir sa vie et l'unité de son être dans une vision rétrospective ou dans une justification dialectique, mais dans l'instant et la solitude. Alors que l'écriture des *Dialogues* était tendue vers autrui parce que c'était l'espoir d'être compris qui la motivait, les *Rêveries* sont du côté de la résignation. La « première promenade » s'ouvre ainsi sur la nécessité du repli sur soi : « Me voici donc seul sur la terre, n'ayant plus de frère, de prochain, d'ami, de société que moi-même. » Rousseau recueille pour lui seul (« Je n'écris mes rêveries que pour moi ») les conversations qu'il a avec son âme au cours de ses pérégrinations afin de pouvoir en « fixer » les moments de bonheur dont il pourra jouir encore en se relisant. Ses *Rêveries* relèvent donc en partie du genre du journal intime (Rousseau emploie bien les expressions de « pâture journalière » ou d'« état journalier »), mais c'est un « informe journal » dont la périodicité et la maîtrise sont réduites à l'extrême. Rousseau les conçoit comme un « registre fidèle » des pensées qui lui « passent par la tête » : « Je dirai ce que j'ai pensé tout comme il m'est venu et avec aussi peu de liaison que les idées de la veille en ont d'ordinaire avec celles du lendemain » (« première promenade »).

De singulières esquisses

Rousseau est conscient que, pour procéder à un examen de soi, il faudrait adopter la méthode d'une introspection ordonnée. Mais cette démarche entre en contradiction avec son projet. Il avoue ainsi : « je suis incapable de ce travail et même il m'écarterait de mon but qui est de me rendre compte des modifications de mon âme et de leurs successions ». Ce qu'il souhaite, c'est saisir ses pensées telles qu'elles surgissent au cours de la promenade, au gré des paysages, des découvertes, des événements fortuits qui peuvent survenir à chaque nouveau pas. De fait, si les *Rêveries* ont été rédigées après coup, une fois rentré chez lui, elles ont pris naissance dans l'instant de la promenade. La composition s'est ainsi faite de 1776 à 1778 en partie grâce à des notes fugitives que Jean-Jacques prenait lors de ses sorties. Il lui est arrivé d'écrire ce qui lui venait à l'esprit sur des cartes à jouer. Il y en a vingt-sept, retrouvées dans les papiers de Rousseau, sans indications particulières. Les inscriptions figurent le plus souvent au verso, mais parfois également au recto autour des cœurs, des carreaux ou des piques. Elles sont tantôt à l'encre, tantôt au crayon, tantôt au crayon repassé à l'encre, ce qui laisse penser que Rousseau reprenait ces fragiles notes pour ne pas perdre ce qu'il avait écrit. Certaines semblent se rattacher aux *Dialogues* et donc remonter aux années 1771 et 1772, d'autres sont plus clairement des sortes de brouillons des *Rêveries :* celle à laquelle on a donné le numéro 1 semble être une introduction, celle qui porte le numéro 27, une sorte de plan.

« Pour bien remplir le titre de ce recueil je l'aurais dû commencer il y a soixante ans : car ma vie entière n'a guère été qu'une longue rêverie divisée en chapitres par mes promenades de chaque jour.
Je la commence aujourd'hui quoique tard parce qu'il ne me reste plus rien de mieux à faire en ce monde.
Je sens déjà mon imagination se glacer, toutes mes facultés s'affaiblir. Je m'attends à voir mes rêveries devenir plus froides de jour en jour jusqu'à ce que l'ennui de les écrire m'en ôte le courage ; ainsi mon livre, si je le continue, doit naturellement finir quand j'approcherai de la fin de ma vie. »

Carte 1

« J'ai bientôt senti que j'avais trop tardé d'exécuter ce projet. Mon imagination déjà moins vive ne s'enflamme plus comme autrefois à la contemplation de l'objet qui l'anime, je m'enivre moins du délire de la rêverie ; il y a plus de réminiscence que de création dans ce qu'elle produit désormais, un tiède alanguissement énerve toutes mes facultés, l'esprit de vie s'éteint en moi par degrés ; mon âme ne s'élance plus qu'avec peine

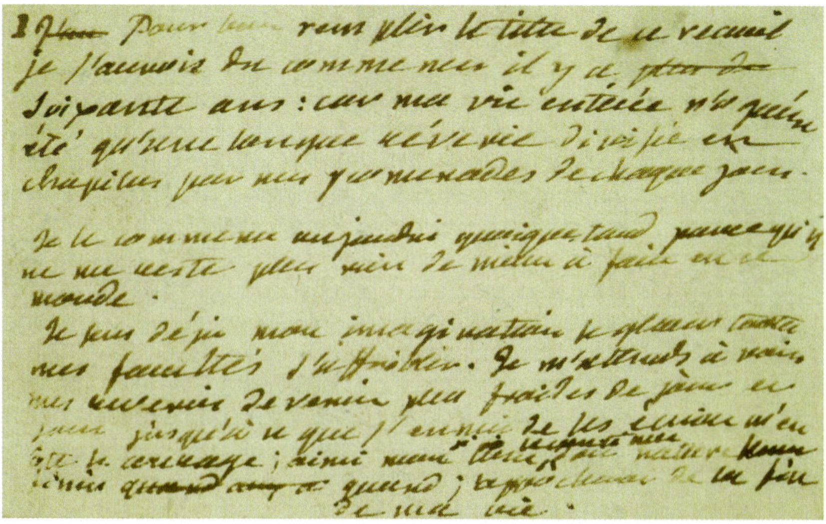

hors de sa caduque enveloppe, et sans l'espérance de l'état auquel j'aspire parce que je m'y sens avoir droit, je n'existerais plus que par des souvenirs. Ainsi pour me contempler moi-même avant mon déclin, il faut que je remonte au moins de quelques années au temps où perdant tout espoir ici-bas et ne trouvant plus d'aliment pour mon cœur sur la terre, je m'accoutumais peu à peu à le nourrir de sa propre substance et à chercher toute sa pâture au-dedans de moi. »

« Seconde promenade »

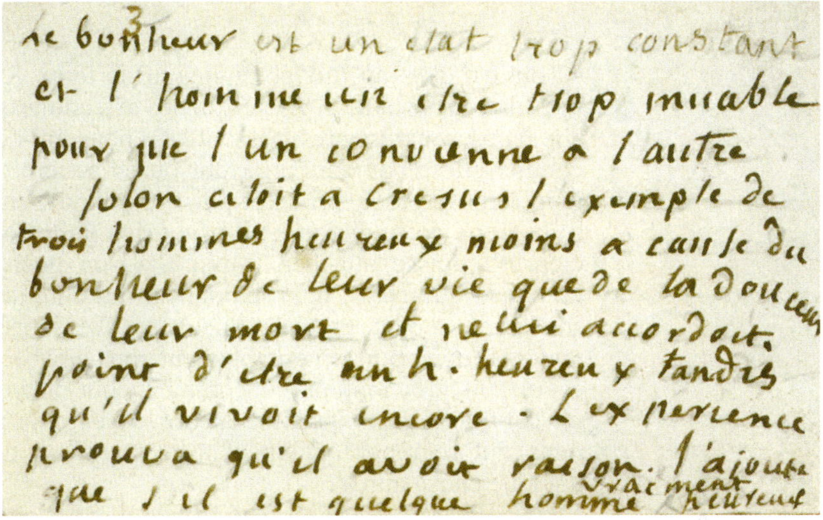
le bonheur est un etat trop constant
et l'homme un etre trop muable
pour que l'un convienne a l'autre
Solon citoit a Cresus l'exemple de
trois hommes heureux moins a cause du
bonheur de leur vie que de la douceur
de leur mort et ne lui accordoit
point d'etre un h. heureux tandis
qu'il vivoit encore. L'experience
prouva qu'il avoit raison. J'ajoute
que s'il est quelque homme vraiment heureux

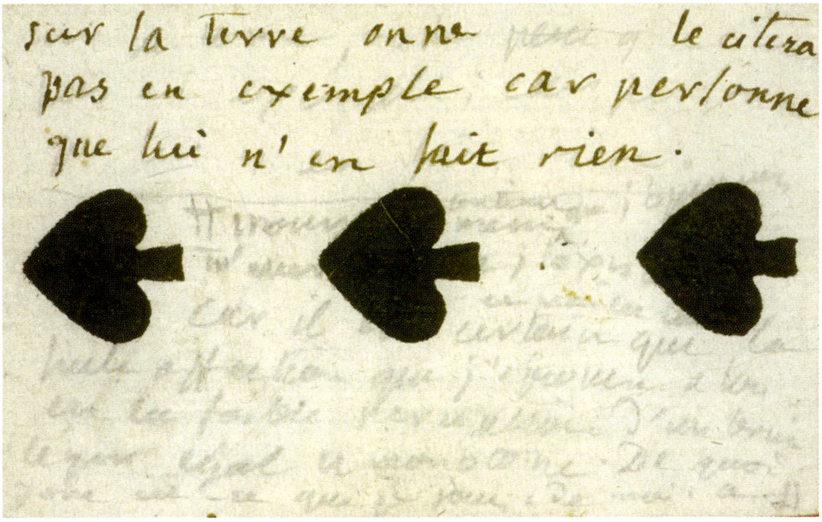
sur la terre on ne le citera
pas en exemple car personne
que lui n'en sait rien.

1 Législateur et poète athénien du VIe siècle avant J.-C., modèle du législateur vertueux.

« Le bonheur est un état trop constant et l'homme un être trop muable pour que l'un convienne à l'autre. Solon[1] citait à Crésus l'exemple de trois hommes heureux moins à cause du bonheur de leur vie que de la douceur de leur mort, et ne lui accordait point d'être un homme heureux tandis qu'il vivait encore. L'expérience prouva qu'il avait raison. J'ajoute que s'il est quelque homme vraiment heureux sur la terre on ne le citera pas en exemple car personne que lui n'en sait rien.
... mouvement continu que j'aperçois m'avertit que j'existe car il est certain que la seule affection que j'éprouve alors est la faible sensation d'un bruit léger, égal et monotone. De quoi est-ce donc que je jouis, de moi ou... »

Carte 3

« Tout est dans un flux continuel sur la terre. Rien n'y garde une forme constante et arrêtée, et nos affections qui s'attachent aux choses extérieures passent et changent nécessairement comme elles. Toujours en avant ou en arrière de nous, elles rappellent le passé qui n'est plus ou préviennent l'avenir qui souvent ne doit point être : il n'y a rien là de solide à quoi le cœur se puisse attacher. Aussi n'a-t-on guère ici-bas que du plaisir qui passe ; pour le bonheur qui dure je doute qu'il y soit connu. À peine est-il dans nos plus vives jouissances un instant où le cœur puisse véritablement nous dire : Je voudrais que cet instant durât toujours ; et comment peut-on appeler bonheur un état fugitif qui nous laisse encore le cœur inquiet et vide, qui nous fait regretter quelque chose avant, ou désirer encore quelque chose après ?
Mais s'il est un état où l'âme trouve une assiette assez solide pour s'y reposer tout entière et rassembler là tout son être, sans avoir besoin de rappeler le passé ni d'enjamber sur l'avenir ; où le temps ne soit rien pour elle, où le présent dure toujours sans néanmoins marquer sa durée et sans aucune trace de succession, sans aucun autre sentiment de privation ni de jouissance, de plaisir ni de peine, de désir ni de crainte que celui seul de notre existence, et que ce sentiment seul puisse la remplir tout entière ; tant que cet état dure celui qui s'y trouve peut s'appeler heureux, non d'un bonheur imparfait, pauvre et relatif, tel que celui qu'on trouve dans les plaisirs de la vie mais d'un bonheur suffisant, parfait et plein, qui ne laisse dans l'âme aucun vide qu'elle sente le besoin de remplir. Tel est l'état où je me suis trouvé souvent à l'île de Saint-Pierre[1] dans mes rêveries solitaires, soit couché dans mon bateau que je laissais dériver au gré de l'eau, soit assis sur les rives du lac agité, soit ailleurs, au bord d'une belle rivière ou d'un ruisseau murmurant sur le gravier.
De quoi jouit-on dans une pareille situation ? De rien d'extérieur à soi, de rien sinon de soi-même et de sa propre existence, tant que cet état dure on se suffit à soi-même comme Dieu. Le

1 Île du lac de Bienne où Rousseau se réfugie après la lapidation de sa maison de Neuchâtel.

sentiment de l'existence dépouillé de toute autre affection est par lui-même un sentiment précieux de contentement et de paix, qui suffirait seul pour rendre cette existence chère et douce à qui saurait écarter de soi toutes les impressions sensuelles et terrestres qui viennent sans cesse nous en distraire et en troubler ici-bas la douceur. »

« Cinquième promenade »

« Le bonheur est un état permanent qui ne semble pas fait ici-bas pour l'homme. Tout est sur la terre dans un flux continuel qui ne permet à rien d'y prendre une forme constante. Tout change autour de nous. Nous changeons nous-mêmes et nul ne peut s'assurer qu'il aimera demain ce qu'il aime aujourd'hui. Ainsi tous nos projets de félicité pour cette vie sont des chimères. Profitons du contentement d'esprit quand il vient ; gardons-nous de l'éloigner par notre faute, mais ne faisons pas des projets pour l'enchaîner, car ces projets-là sont de pures folies. J'ai peu vu d'hommes heureux, peut-être point ; mais j'ai souvent vu des cœurs contents, et de tous les objets qui m'ont frappé c'est celui qui m'a le plus contenté moi-même. Je crois que c'est une suite naturelle du pouvoir des sensations sur mes sentiments internes. Le bonheur n'a point d'enseigne extérieure ; pour le connaître, il faudrait lire dans le cœur de l'homme heureux ; mais le contentement se lit dans les yeux, dans le maintien, dans l'accent, dans la démarche, et semble se communiquer à celui qui l'aperçoit. Est-il une jouissance plus douce que de voir un peuple entier se livrer à la joie un jour de fête, et tous les cœurs s'épanouir aux rayons expansifs du plaisir qui passe rapidement, mais vivement, à travers les nuages de la vie ? »

« Neuvième promenade »

… à vous de retrouver le mouvement de l'écriture…

Jean-Jacques Rousseau ne se contente pas de recopier les notes qu'il a prises sur ses cartes à jouer. On dirait plutôt qu'elles servent d'amorce à son écriture en lui fournissant un thème, des images dont les *Rêveries* définitives sont des variations, des développements.

1 Examinez la carte 1 et le texte de la seconde promenade : quelle est l'idée dont Rousseau suit ici le fil ? Quel changement de mode et de temps y a-t-il entre la carte et le texte imprimé ? Quel peut être le sens de ce changement ? Quels sont les termes de la carte repris dans le texte ? Par quoi sont-ils développés ? Que devient l'image de refroidissement de l'imagination dans le texte final ? Pourquoi cette métamorphose ?

• • •

2 Quelle définition du bonheur est exprimée dans les textes de la carte 3, de la cinquième et de la neuvième promenades ? Quelle vision de l'homme y est-elle opposée ? Montrez que les textes des promenades développent en plusieurs phrases ce que la carte énonce en une seule.

3 Que donne dans la neuvième promenade la dernière phrase du premier paragraphe de la carte 3 (« J'ajoute que s'il est quelque homme vraiment heureux sur la terre on ne le citera pas en exemple car personne que lui n'en sait rien ») ?

4 Étudiez le passage du second paragraphe de la carte à la cinquième promenade : que décrit Rousseau ? Quels développements sont donnés à « la faible sensation d'un bruit léger, égal et monotone » ?

5 Le lendemain de la rédaction de la dixième promenade (12 avril 1778), Rousseau écrit à l'abbé de Pramont : « Je ne puis écrire lisiblement que quand je copie, et j'avoue que je n'ai pas eu le courage de doubler mon travail en faisant des brouillons » (*Correspondance générale*). Que pensez-vous de l'écriture, cette fois au sens graphique du terme, de Rousseau ?

La marche de l'esprit

Objets de ce qu'on appelle la critique génétique, qui étudie les manuscrits d'écrivains, les *Rêveries* de Rousseau sont aussi des témoignages du processus d'écriture. En effet, c'est la promenade elle-même, comme le montre la nécessité d'une écriture immédiate, autant que son souvenir, qui fait naître le texte. Le mouvement physique de la marche engendre le mouvement de l'écriture. Dans les *Confessions*, Rousseau décrit cette continuité entre l'activité physique et l'activité de l'esprit :

> « Jamais je n'ai tant pensé, tant existé, tant vécu, tant été moi si j'ose ainsi dire, que dans ce que j'ai fait seul et à pied. La marche a quelque chose qui anime et avive mes idées : je ne puis penser quand je reste en place ; il faut que mon corps soit en branle pour y mettre mon esprit. »
>
> Jean-Jacques Rousseau, **Confessions**, 1782-1789

▶**Variations**

Parvenir, ou le thème de l'ascension sociale dans le roman

L'aventure d'un individu

C'est essentiellement au roman qu'est dévolu, au XVIIIe siècle, le rôle de rendre compte des transformations qui affectent la société : déclin de l'aristocratie qui essaie de reconstituer une caste de privilèges par la sophistication extrême de la vie mondaine, essor de nouvelles classes sociales, émergence d'une nouvelle figure littéraire, celle du parvenu. Beaucoup de romans ont donc pour objet de suivre la trajectoire d'un individu qui, peu à peu, au gré des rencontres et des expériences, gravit les échelons du monde social et parvient à y trouver – ou à y faire – sa place. Les narrations de ce type se fondent parfaitement dans une structure répondant à l'exigence d'authenticité qui règne alors, celle du roman-mémoire. Devenu vieux, et installé solidement dans sa nouvelle et confortable position sociale, le narrateur retrace à la première personne le parcours du jeune débutant qu'il était. La distance qui sépare le narrateur du personnage de son récit se solde par l'exercice d'une douce ironie : le narrateur parvenu peut se moquer des naïvetés et des erreurs de sa jeunesse. Mais ce décalage dans le temps et dans la connaissance des faits (le héros ne maîtrise encore rien de ce que le narrateur a appris à maîtriser) donne aussi souvent à l'ascension sociale une allure de destin : en écrivant l'histoire de sa vie, le narrateur la recompose à son gré, l'unifie, lui donne un sens, c'est-à-dire la rend à la fois orientée et signifiante.

Le narrateur, revenant sans cesse en les commentant sur les réactions et les sentiments qu'il a eus à la faveur des événements de sa vie, est un spectateur de la sensibilité humaine. D'où la présence dans les textes d'un très grand nombre de digressions et de réflexions. C'est grâce à ce retour sur soi que le narrateur, tout comme le héros qui a progressé à force d'expériences, parviendra à se connaître.

Un roman d'éducation

Revenons aux héros. Le roman est le récit de leur ascension. Celle-ci présuppose des obstacles à surmonter, des pièges dans lesquels on tombe et dont on tire des leçons. Le roman de l'ascension sociale est donc un roman d'apprentissage. Chacun part de très bas. Chaque expérience, et les commentaires des narrateurs lucides le soulignent, est l'occasion d'une leçon, et c'est surtout par cette forme d'éducation sociale et morale que les héros peuvent progresser pour gravir les échelons.

Un thème réaliste

Dans tous ces romans, la progression du personnage s'inscrit dans un cadre bien précis. Le roman de l'individu en quête d'une identité et d'un statut est inséparable de la représentation de la société. Il signe en cela les premiers essais du réalisme qui triomphera au milieu du siècle suivant. Lesage et Marivaux peuvent être considérés comme de véritables précurseurs : leurs récits donnent à voir tous les milieux, la campagne et la ville, la rue et les salons, et, chose nouvelle, le peuple y fait son apparition. Marivaux suscite du reste de très violentes critiques en introduisant dans la seconde partie de *La Vie de Marianne* une scène d'altercation pittoresque entre une marchande de linge et un cocher. Malgré les justifications moralistes de l'auteur, les bienséances en ont été choquées :

> « Au reste, bien des lecteurs ne pourront pas aimer la querelle du cocher avec madame Dutour. Il y a des gens qui croient au-dessous d'eux de jeter un regard sur ce que l'opinion a traité d'ignoble ; mais ceux qui sont un peu plus philosophes, qui sont un peu moins dupes des distinctions que l'orgueil a mis dans les choses de ce monde, ces gens-là ne seront pas fâchés de voir ce que c'est que l'homme dans un cocher, et ce que c'est que la femme dans une petite marchande. »
>
> Marivaux, **La Vie de Marianne**, IIe partie, 1734

Les choses, essentielles à la peinture de la réalité sociale, ont tant de poids qu'elles deviennent de véritables éléments narratifs. Les décors et les objets qui entourent les personnages, jardins, salons, sofas, tables de jeu, demeurent abstraits, délestés du poids de la description, mais ils n'en désignent pas moins une réalité, la classe de l'aristocratie décadente.

Jean-Baptiste Chardin a peint, outre ses célèbres natures mortes, des scènes de la vie quotidienne dans lesquelles les objets, les gestes, le détail des costumes se préoccupent des questions de réalisme, comme dans ce *Garçon jouant aux cartes*.

La Vie de Marianne raconte, à la première personne, l'histoire d'une jeune orpheline essayant de trouver une place, qui était peut-être légitimement la sienne à l'origine, dans l'aristocratie parisienne. Dans cet extrait, la femme qui l'a élevée vient de mourir, la laissant seule dans la capitale. Marianne est orientée par un homme d'Église intéressé vers un noble qui la place chez une lingère et la comble de cadeaux. Mais elle se rendra très vite compte qu'elle doit payer cette charité de ses charmes, et refusera de se vendre. Ce n'est pas par cette voie qu'elle deviendra la comtesse qui écrit, sous la forme de longues lettres à une amie, ces sortes de mémoires. Du reste, on ne connaîtra jamais les aventures qui lui auront permis de parvenir, car Marivaux a laissé son roman inachevé.

« Eh bien ! mademoiselle, comment vous trouvez-vous ici ? me dit-il. Mais, monsieur, répondis-je, j'espère que je m'y ferai. J'aurais, répondit-il, grande envie que vous fussiez contente, car je vous aime de tout mon cœur, vous m'avez plu tout d'un coup, et je vous en donnerai toutes les preuves que je pourrai. Pauvre enfant ! que j'aurai de plaisir à vous rendre service ! Mais je veux que vous ayez de l'amitié pour moi. Il faudrait que je fusse bien ingrate pour en, manquer, lui répondis-je. Non, non, reprit-il, ce ne sera point par ingratitude que vous ne m'aimerez point ; c'est que vous n'aurez pas avec moi une certaine liberté que je veux que vous ayez. Je sais trop le respect que je vous dois, lui dis-je. Il n'est pas sûr que vous m'en deviez, dit-il, puisque nous ne savons pas qui vous êtes ; mais, Marianne, ajouta-t-il, en me prenant la main qu'il serrait imperceptiblement, ne seriez-vous pas un peu plus familière avec un ami qui vous voudrait autant de bien que je vous en veux ? Voilà ce que je demande : vous lui diriez vos sentiments, vos goûts ; vous aimeriez à le voir. Pourquoi ne feriez-vous pas de même avec moi ? Oh ! que j'y veux mettre ordre absolument, ou nous aurons querelle ensemble. À propos, j'oubliais à vous donner de l'argent. Et en disant cela, il me mit quelques louis d'or dans la main. Je les refusai d'abord, et lui dis qu'il me restait quelque argent de la défunte ; mais, malgré cela, il me força de les prendre. Je le pris donc avec honte, car cela m'humiliait ; mais je n'avais pas de fierté à écouter là-dessus avec un homme qui s'était chargé de moi, pauvre orpheline, et qui paraissait vouloir me tenir lieu de père.

Je fis une révérence assez sérieuse en recevant ce qu'il me donnait. [...]

Il fut charmé de mon mouvement, et me prit la main, qu'il baisa d'une manière fort tendre ; façon de faire qui, au milieu de mon petit transport, me parut encore singulière, mais toujours de cette singularité qui m'étonnait sans rien m'apprendre, et que je penchais à regarder comme des expressions un peu extraordinaires de son bon cœur.

Quoi qu'il en soit, la conversation, de ma part, devint dès ce moment-là plus aisée, mon aisance me donna des grâces qu'il ne me connaissait pas encore ; il s'arrêtait de temps en temps à me considérer avec une tendresse dont je remarquais toujours l'excès, sans y entendre plus de finesse.

Il n'y avait pas moyen, non plus, qu'alors j'en pénétrasse davantage ; mon imagination avait fait son plan sur cet homme-là, et quoique je le visse enchanté de moi, rien n'empêchait que ma jeunesse, ma situation, mon esprit et mes grâces ne lui eussent donné pour moi une affection très innocente. On peut se prendre d'une tendre amitié pour les personnes de mon âge dont on veut avoir soin ; on se plaît à leur voir du mérite, parce que nos bienfaits nous en feront plus d'honneur ; enfin on aime ordinairement à voir l'objet de sa générosité ; et tous les motifs de simple tendresse qu'un bienfaiteur peut avoir dans ce cas-là, une fille de plus de quinze ans et demi, quoiqu'elle n'ait rien vu, les sent et les devine confusément ; elle n'en est non plus surprise que de voir l'amour de son père et de sa mère pour elle ; et voilà comment j'étais : je l'aurais plutôt pris pour un original dans ses façons que pour ce qu'il était. Il avait beau reprendre ma main, l'approcher de sa bouche en badinant, je n'admirais là-dedans que la rapidité de son inclination pour moi, et cela me touchait plus que tous ses bienfaits ; car, à l'âge où j'étais, quand on n'a point encore souffert, on ne sait point trop l'avantage qu'il y a d'être dépourvue de tout. »

Marivaux, **La Vie de Marianne**, 1731-1742

Voir Situations (« 1716 », p. 265)

Ce ne sont pas les femmes qui permettent à Gil Blas, le héros de Lesage, de progresser dans la société, mais plutôt les hommes, l'esprit, le savoir-faire et la politique. Parti de rien (son père était un simple barbier), ce picaro parcourt l'Espagne, tour à tour escroc, médecin, comédien, valet, et finit par gagner grâce à son intelligence la confiance du duc de Lerme, le Premier ministre. Le problème est qu'au début, le duc ne le paie pas : brillant favori à la cour, il est un mendiant quand les grands se retirent. Il s'ouvre donc au duc de cette misère et craint d'avoir fait une belle erreur. Mais, comme le montre ce passage, il n'en est rien. Pour une fois, la sincérité et la confiance sont récompensées.

« J'étais trop plein du mauvais succès de mon apologue, pour leur cacher ma douleur. Je leur fis le récit des choses que j'avais dites au duc, et ils se montrèrent sensibles à la vive affliction dont je leur parus saisi. [...] Hélas ! disais-je, pourquoi faut-il que j'aie hasardé cette malheureuse fable qui a déplu au ministre ? Il était peut-être sur le point de me tirer de mon état misérable. Peut-être même allais-je faire une de ces fortunes subites qui étonnent tout le monde. Que de richesses ! que d'honneurs m'échappent par mon étourderie ! Je devais bien faire réflexion qu'il y a des grands qui n'aiment pas qu'on les prévienne et qui veulent qu'on reçoive d'eux comme des grâces jusqu'aux moindres choses qu'ils sont obligés de donner. Il eût mieux valu continuer ma diète sans en rien témoigner au duc, et me laisser même mourir de faim pour mettre tout le tort de son côté.

Quand j'aurais encore conservé quelque espérance, mon maître, que je vis l'après-dînée, me l'eût fait perdre entièrement.

Il fut fort sérieux avec moi contre son ordinaire, et il ne me parla point du tout. Ce qui me causa le reste du jour une inquiétude mortelle. Je ne passai pas la nuit plus tranquillement. Le regret de voir évanouir mes agréables illusions, et la crainte d'augmenter le nombre des prisonniers d'État, ne me permirent que de soupirer et de faire des lamentations.

Le jour suivant fut le jour de crise. Le duc me fit appeler le matin. J'entrai dans sa chambre plus tremblant qu'un criminel qu'on va juger. Santillane, me dit-il en me montrant un papier qu'il avait à la main, prends cette ordonnance... Je frémis à ce mot d'ordonnance, et dis en moi-même : Ô ciel ! voici le cardinal Spinosa. La voiture est prête pour Ségovie. La frayeur qui me saisit dans ce moment-là fut telle, que j'interrompis le ministre, en me jetant à ses pieds : Monseigneur, lui dis-je, tout en pleurs, je supplie très humblement Votre Excellence de me pardonner ma hardiesse. C'est la nécessité qui m'a forcé de vous apprendre ma misère.

Le duc ne put s'empêcher de rire du désordre où il me voyait. Console-toi, Gil Blas, me répondit-il et m'écoute. Quoiqu'en me découvrant tes besoins ce soit me reprocher de ne les avoir pas prévenus, je ne t'en sais point mauvais gré, mon ami. Je me veux plutôt du mal à moi-même de ne t'avoir pas demandé comme tu vivais. Mais, pour commencer à réparer cette faute d'attention, je te donne une ordonnance de quinze cents ducats, qui te seront comptés à vue au Trésor royal. Ce n'est pas tout : je t'en promets autant chaque année ; et de plus, quand des personnes riches et généreuses te prieront de leur rendre service, je ne te défends pas de me parler en leur faveur.

Dans le ravissement où me jetèrent ces paroles, je baisai les pieds du ministre, qui, m'ayant commandé de me relever, continua de s'entretenir familièrement avec moi. Je voulus de mon côté rappeler ma belle humeur ; mais je ne pus passer si tôt de la douleur à la joie. Je demeurai aussi troublé qu'un malheureux qui entend crier grâce au moment qu'il croit aller recevoir le coup de la mort. Mon maître attribua toute mon agitation à la seule crainte de lui avoir déplu, quoique la peur d'une prison perpétuelle n'y eût pas moins de part. Il m'avoua qu'il avait affecté de me paraître refroidi, pour voir si je serais bien sensible à ce changement ; qu'il jugeait par là de la vivacité de mon attachement à sa personne, et qu'il m'en aimait davantage. » ●

Alain René Lesage, **Gil Blas de Santillane**, chapitre 6, huitième partie, 1715-1735 »]

Le jeune Monsieur de Meilcour, qui deviendra l'auteur de ces mémoires que Crébillon Fils (1707-1777) intitule *Les Égarements du cœur et de l'esprit*, bien qu'amoureux d'Hortense, une jeune fille de son âge aperçue à l'Opéra, fréquente deux femmes mûres, amies de sa mère, Madame de Lursay et Madame de Senanges, car elles sont en mesure de l'introduire dans le monde, c'est-à-dire de fonder sa réputation de galant homme. Perdu dans ses sentiments, il reçoit les leçons de Versac, un autre Valmont, roué accompli, qui l'aide à distinguer le cœur de l'esprit et l'amour du simple libertinage. Voici l'introduction de la plus complète de ces leçons.

« J'étais à peine rentré qu'on m'annonça Versac. Quelque occupé que je fusse de mon amour, la solitude à laquelle je m'étais condamné, m'ennuyait, et je fus charmé de le revoir. Je viens savoir, me dit-il, ce que vous faites depuis deux jours. Il n'y a pas d'endroit dans Paris que je n'aie parcouru sans vous y rencontrer. Je suis, répondis-je, de la plus mauvaise humeur du monde. Les amants heureux ont-ils du chagrin, me demanda-t-il ? Je ne suis pas fâché de vous voir sensible à l'absence de Madame de Senanges, mais vous devez être si sûr d'être aimé… Ah ! Ciel, m'écriai-je. Cette exclamation tragique me confond, interrompit-il à son tour, est-ce qu'on ne vous aurait pas encore écrit ? Non assurément, répondis-je, il n'y a que deux jours qu'elle est partie, et vous savez qu'elle ne doit m'écrire qu'à son retour ici. Cela est vrai, repartit-il, mais je n'en suis pas moins surpris que vous n'ayez encore entendu parler de rien. Avant-hier on vous demanda la permission de vous écrire, et dans toutes les règles, vous auriez dû recevoir quelques billets. C'est une femme charmante que Madame de Senanges ! On n'a jamais avec elle, ni sottes réflexions, ni lenteurs affectées à craindre. En un instant, son esprit a tout aperçu, son cœur a tout senti. Ce ne serait pas, repris-je, ce qui me la ferait aimer davantage. Un peu d'indécision, quand il s'agit du choix d'un amant, sied, je crois, mieux à une femme que cette précipitation dont vous savez si bon gré à Madame de Senanges. Autrefois, dit-il, on pensait comme vous, mais les temps sont changés. Nous parlerons là-dessus plus à loisir ; revenons à Madame de Senanges. Après les espérances que vous lui avez données, et les soins que vous lui avez rendus, votre indifférence m'étonne. Moi, m'écriai-je, je lui ai donné des espérances ? Mais sans doute, répondit-il froidement, quand un homme de votre âge va chez une femme comme Madame de Senanges, paraît en public avec elle, et laisse établir un commerce[1] de lettres, il faut bien qu'il ait ses raisons. Communément on ne fait point ces choses-là sans idée. Elle doit croire que vous l'adorez. Ce qu'elle croit m'importe peu, repris-je, je saurai la détromper. Cela ne sera pas honnête, repartit-il, et vous la mettez en droit de se plaindre de vos procédés.

1 Échange.

Il me semble, répondis-je, que je suis plus en droit de me plaindre des siens. À propos de quoi peut-elle croire que je lui dois mon cœur ? Votre cœur ! dit-il ; jargon de roman. Sur quoi supposez-vous qu'elle vous le demande ? Elle est incapable d'une prétention si ridicule. Que demande-t-elle donc ? répondis-je. Une sorte de commerce intime, reprit-il, une amitié vive qui ressemble à l'amour par les plaisirs, sans en avoir les sottes délicatesses. C'est, en un mot, du goût qu'elle a pour vous, et ce n'est que du goût que vous lui devez. Je crois, répliquai-je, que je le lui devrai longtemps. Peut-être, dit-il. La raison vous éclairera sur une répugnance si mal fondée ; Madame de Senanges ne vous inspire rien à présent ; mais vous ne pouvez pas empêcher qu'incessamment elle ne vous paraisse plus aimable. Ce sera malgré vous, mais cela sera, ou vous renoncerez à toutes sortes de bienséances et d'usages.

Je suis, quoi que vous en disiez, répondis-je, très certain que cela ne saurait être. On pensera de moi ce qu'on voudra, il est décidé que je n'en veux point. Je le vois avec une extrême douleur, reprit-il, il ne vous reste seulement qu'à examiner si vous avez raison de n'en pas vouloir. Mais, vous, lui demandai-je, la prendriez-vous ? Si j'étais, dit-il, assez infortuné pour qu'elle le voulût, je ne vois pas que je pusse faire autrement, et par mille raisons cependant je pourrais m'en dispenser. Eh ! pourquoi pourrais-je m'en dispenser moins que vous ?

Vous êtes trop jeune, me répondit-il, pour ne pas avoir Madame de Senanges. Pour vous, c'est un devoir ; si je la prenais, moi, ce ne serait que par politesse. Vous avez actuellement besoin d'une femme qui vous mette dans le monde, et c'est moi qui y mets toutes celles qui veulent y être célèbres. Cela seul doit faire la différence de votre choix et du mien.

Permettez-moi une question, lui dis-je, ne soyez même pas surpris si dans le cours de cette conversation, je vous en fais quelques-unes. Vous me dites des choses qui me sont trop nouvelles, pour que je les saisisse d'abord comme vous le voudriez. Vous devez d'ailleurs vous attendre à me trouver incrédule, aussi souvent que vous m'étonnerez.

Comme je n'ai d'autre but que celui de vous instruire, je me ferai toujours un vrai plaisir d'éclaircir vos doutes, repartit-il, et de vous montrer le monde tel que vous devez le voir. Mais pour nous livrer plus librement à des objets qui, par leur étendue et leur variété pourront nous mener loin, je voudrais que nous allassions chercher quelque promenade solitaire, où nous pussions n'être pas interrompus, et je crois que l'Étoile[2] pourrait convenir à notre dessein. J'approuvai son idée, et nous partîmes.

Nous ne nous entretînmes en chemin que de choses indifférentes, et ce ne fut qu'en arrivant à l'Étoile que nous commençâmes une conversation, qui n'a que trop influé sur les actions de ma vie. »

2 Lieu parisien.

Crébillon, **Les Égarements du cœur et de l'esprit**, 1736

Pour servir de transition avec le siècle suivant, voici un extrait du plus célèbre roman de Balzac (1799-1850) : *Le Père Goriot*. C'est aussi une leçon, celle que Madame de Beauséant donne à son cousin Eugène de

Rastignac venu à Paris pour faire fortune. Après lui avoir dévoilé le secret du Père Goriot, l'énigmatique pensionnaire de la pension Vauquer où demeure le jeune homme, elle lui donne les deux clés de la réussite : les femmes et l'argent.

« Eh bien ! monsieur de Rastignac, traitez ce monde comme il mérite de l'être. Vous voulez parvenir, je vous aiderai. Vous sonderez combien est profonde la corruption féminine, vous toiserez la largeur de la misérable vanité des hommes. Quoique j'aie bien lu dans ce livre du monde, il y avait des pages qui cependant m'étaient inconnues. Maintenant je sais tout. Plus froidement vous calculerez, plus avant vous irez. Frappez sans pitié, vous serez craint. N'acceptez les hommes et les femmes que comme les chevaux de poste que vous laisserez crever à chaque relais, vous arriverez ainsi au faite de vos désirs. Voyez-vous, vous ne serez rien ici si vous n'avez pas une femme qui s'intéresse à vous. Il vous la faut jeune, riche, élégante. Mais si vous avez un sentiment vrai, cachez-le comme un trésor ; ne le laissez jamais soupçonner, vous seriez perdu. Vous ne seriez plus le bourreau, vous deviendriez la victime. Si jamais vous aimiez, gardez bien votre secret ! ne le livrez pas avant d'avoir bien su à qui vous ouvrirez votre cœur. Pour préserver par avance cet amour qui n'existe pas encore, apprenez à vous méfier de ce monde-ci. Écoutez-moi, Miguel... (Elle se trompait naïvement de nom sans s'en apercevoir.) Il existe quelque chose de plus épouvantable que ne l'est l'abandon du père par ses deux filles, qui le voudraient mort. C'est la rivalité des deux sœurs entre elles. Restaud a de la naissance, sa femme a été adoptée, elle a été présentée ; mais sa sœur, sa riche sœur, la belle madame Delphine de Nucingen, femme d'un homme d'argent, meurt de chagrin ; la jalousie la dévore, elle est à cent lieues de sa sœur ; sa sœur n'est plus sa sœur ; ces deux femmes se renient entre elles comme elles renient leur père. Aussi, madame de Nucingen laperait-elle toute la boue qu'il y a entre la rue Saint-Lazare et la rue de Grenelle pour entrer dans mon salon. Elle a cru que de Marsay la ferait arriver à son but, et elle s'est faite l'esclave de de Marsay, elle assomme de Marsay. De Marsay se soucie fort peu d'elle. Si vous me la présentez, vous serez son Benjamin[1], elle vous adorera.

Aimez-la si vous pouvez après, sinon servez-vous d'elle. Je la verrai une ou deux fois, en grande soirée, quand il y aura cohue ; mais je ne la recevrai jamais le matin. Je la saluerai, cela suffira. Vous vous êtes fermé la porte de la comtesse pour avoir prononcé le nom du père Goriot. Oui, mon cher, vous iriez vingt fois chez madame de Restaud, vingt fois vous la trouveriez absente. Vous avez été consigné. Eh bien ! que le père Goriot vous introduise près de madame Delphine de Nucingen. La belle madame de Nucingen sera pour vous une

1 Dans la Bible, nom du plus jeune fils de Jacob, son préféré.

enseigne. Soyez l'homme qu'elle distingue, les femmes raffoleront de vous. Ses rivales, ses amies, ses meilleures amies voudront vous enlever à elle. Il y a des femmes qui aiment l'homme déjà choisi par une autre, comme il y a de pauvres bourgeoises qui, en prenant nos chapeaux, espèrent avoir nos manières. Vous aurez des succès. À Paris, le succès est tout, c'est la clef du pouvoir. Si les femmes vous trouvent de l'esprit, du talent, les hommes le croiront, si vous ne les détrompez pas. Vous pourrez alors tout vouloir, vous aurez le pied partout. Vous saurez alors ce qu'est le monde, une réunion de dupes et de fripons. Ne soyez ni parmi les uns ni parmi les autres. Je vous donne mon nom comme un fil d'Ariane[2] pour entrer dans ce labyrinthe. Ne le compromettez pas, dit-elle en recourbant son cou et jetant un regard de reine à l'étudiant, rendez-le-moi blanc. Allez, laissez-moi. Nous autres femmes, nous avons aussi nos batailles à livrer. »

2 Dans la mythologie grecque, Ariane aida Thésée à sortir du labyrinthe après qu'il eut vaincu le Minotaure.

Honoré de Balzac, **Le Père Goriot**, 1835

… à vous de confronter les textes…

1 Quels sont les différents moyens de parvenir que nous présentent ces textes ?

2 Les héros : quels sont les éléments qui unissent ou distinguent les différents personnages dans leur démarche ?

3 Montrez en quoi les quatre textes sont des leçons. Relevez les éléments qui les rattachent au registre didactique (énonciation, régimes textuels, champs lexicaux, etc.). Quelle est la différence entre les leçons des deux premiers textes et les leçons des deux derniers ?

4 Voici des titres qui pourraient convenir à identifier chacun des extraits : « Un heureux coup de théâtre », « Une dure vision du monde », « Une scène de séduction entre un libertin et une fausse naïve », « Un décryptage sociologique et moraliste ». Ils sont dans le désordre ; retrouvez les textes qu'ils pourraient qualifier et justifiez votre choix.

XIXe s.

artistes dans un monde bourgeois

▶ Introduction

La bourgeoisie est la classe sociale qui sort affermie de la Révolution française. Elle assurait, à la fin de l'Ancien Régime, le dynamisme économique du pays, mais restait éloignée du pouvoir politique. Au cours du XIXe siècle, tout en devenant une bourgeoisie d'affaires et une bourgeoisie industrielle, portée par **l'essor du capitalisme moderne**, elle tendra à s'emparer progressivement du pouvoir. Est-ce un hasard si le roi Louis-Philippe, qui règne entre 1830 et 1848, est surnommé le « **roi bourgeois** », et se promène, coiffé d'un haut-de-forme et armé d'un parapluie, ces deux « insignes » vestimentaires du bourgeois ? Souvent imprégnée de l'idéologie des Lumières, la bourgeoisie se montrera volontiers « voltairienne », faisant profession d'athéisme et se voulant « libérale » politiquement, mais non socialement : le prolétariat, cette nouvelle classe sociale qui naît avec l'industrie, est rapidement perçu comme une classe « dangereuse ».

Cette **ascension de la bourgeoisie** s'accompagne durant tout le siècle de contestations issues des horizons les plus divers : contestations réactionnaires de nature aristocratique durant la première moitié du siècle ; contestations de nature socialiste dans la seconde. Mais, surtout, la bourgeoisie devient rapidement un symbole social : celui du pouvoir de l'argent, dominant une société matérialiste qui a renoncé aux idéaux métaphysiques et artistiques. Le bourgeois, pour de nombreux artistes, incarne **la figure du philistin**, c'est-à-dire d'un être insensible aux arts et aux lettres.

Créer dans ce siècle « bourgeois » prend alors souvent une dimension polémique, qu'il s'agisse d'attaquer, de flatter ou d'« épater » le bourgeois. Pourtant, l'ascension de la bourgeoisie fascine : elle hante tout le roman du XIXe siècle. Et de nombreux artistes, comme Zola, participent à **l'émergence d'une bourgeoisie intellectuelle**. Artistes aristocrates ou bohèmes qui méprisent le bourgeois, artistes bourgeois qui mettent en garde leur propre classe contre les méfaits des injustices sociales : le XIXe siècle présente toutes les figures.

Les artistes, en s'affranchissant du mécénat aristocratique, entrent du même coup dans le système économique : ils doivent vendre leur œuvre, en protéger la propriété. Ils ne peuvent pas non plus ignorer la modernité industrielle et scientifique qui est en train de voir le jour : le XIXe siècle verra aussi naître un « **art industriel** », même si les deux termes semblent longtemps s'exclure.

Autour de l'ascension de la bourgeoisie, le XIXe siècle est sans cesse partagé entre la nostalgie d'un monde que la Révolution a englouti, et l'espoir d'un monde meilleur que le progrès fera peut-être advenir.

▶Image

Gustave Courbet, *Autoportrait de l'artiste* dit *Le Désespéré*, 1843
Huile sur toile, 45 × 54 cm, Luxeuil, collection particulière

Seul face à lui-même, l'artiste observe son visage dans une glace et tente de fixer sur la toile ses traits hallucinés. Cette démarche d'introspection le conduit peu à peu sur les sentiers vertigineux de l'angoisse, comme si Courbet prenait conscience, dans cette observation scrupuleuse de lui-même, de **l'immense étendue de sa liberté de création** comme de son écrasante solitude. « Fais ce que tu vois, ce que tu sens, ce que tu voudras », énonce Courbet en guise de programme à ses élèves lorsqu'il ouvre un atelier en 1862, marquant **une rupture radicale** avec le programme contraignant et codifié de la formation académique délivrée par l'école des Beaux-Arts. **Anticonformiste**, Courbet revendique pour l'artiste une totale liberté de sujet et de traitement et, s'il soumet ses créations aux instances bourgeoises de validation artistique, Salons, Expositions universelles, avec leur cortège de médailles et de commandes publiques, il n'hésite pas, si ses œuvres ne trouvent pas grâce aux yeux du jury, à se charger lui-même de leur promotion. Ainsi, en 1855, estimant injuste le refus de tableaux qui lui tenaient particulièrement à cœur, il fait construire à ses frais, en marge de l'exposition officielle, le « Pavillon du réalisme » pour les présenter au public. Quatre ans plus tard, en 1859, il organise une autre exposition personnelle de ses œuvres, intitulée la « **Fête du réalisme** », qui se tient dans son propre atelier. Mais cette volonté de créer sans contraintes, ce besoin de respecter à tout prix sa propre « nécessité intérieure » **sans souffrir aucune concession face au monde bourgeois**, conformiste et policé, conduit le peintre à affronter les sarcasmes et les insultes du public et des critiques. Sûr de son talent et de ses moyens, l'artiste court le risque d'être seul, sans appui public et donc sans subside, ne pouvant compter que sur le soutien financier des privés, mécènes, marchands et collectionneurs, tout comme sur l'aide morale de quelques écrivains et critiques d'art. Dans cette œuvre réalisée en 1843, à une époque où l'artiste n'a pas encore livré les batailles les plus rudes de sa carrière, son regard est celui d'un homme sur le point de basculer dans l'abîme de ses propres questions. Plus qu'un désespoir, c'est une angoisse, une terreur, une peur de la folie qui s'inscrit dans les cavités béantes de ses prunelles dilatées. L'expression outrée, loin de relever d'un réalisme servile, plonge ses racines dans l'inquiétude romantique, et n'est pas sans rappeler les portraits de fous réalisés par Géricault. Œuvre sans destination, sans autre justification qu'elle-même, cette peinture est celle d'un homme fasciné et effrayé par le bouillonnement créatif qui l'agite, poussé sur les sentiers d'une création sans limites, **hors du cadre étroit et codifié de la société à laquelle il appartient**.

▶Situations

1799 La Révolution et Napoléon : deux nouveaux mythes fondateurs

1789-1799 : des origines révolutionnaires

« [...] le dix-neuvième siècle a une mère auguste, la Révolution française. Il a ce sang énorme dans les veines » (Victor Hugo). Il semble que la littérature du siècle se construise et se pense à partir de la fracture révolutionnaire, perçue à la fois comme origine et comme légende, comme énigme et comme mémoire. Victor Hugo (1802-1885), chef de file du romantisme, consacre avec véhémence cette filiation :

« La démocratie est dans cette littérature. La révolution a forgé le clairon ; le dix-neuvième siècle le sonne. Ah ! cette affirmation nous convient, et, en vérité, nous ne reculons pas devant elle, avouons notre gloire, nous sommes révolutionnaires. Les penseurs de ce temps, les poètes, les écrivains, les historiens, les orateurs, les philosophes, tous, tous, tous, dérivent de la Révolution française. Ils viennent d'elle et d'elle seule. De 89 est sortie la Délivrance, et de 93 la Victoire. 89 et 93 ; les hommes du dix-neuvième siècle sortent de là. C'est là leur père et leur mère. Ne leur cherchez pas d'autre filiation, d'autre inspiration, d'autre insufflation, d'autre origine. Ils sont les démocrates de l'idée, successeurs des démocrates de l'action. Ils sont les émancipateurs. L'idée Liberté s'est penchée sur leurs berceaux. Ils ont tous sucé cette grande mamelle ; ils ont tous ce lait dans les entrailles, de cette moelle dans les os, de cette sève dans la volonté, de cette révolte dans la raison, de cette flamme dans l'intelligence. [...] Les écrivains et les poètes du dix-neuvième siècle ont cette admirable fortune de sortir d'une genèse, d'arriver après une fin de monde, d'accompagner une réapparition de lumière, d'être les organes d'un recommencement. »

Victor Hugo, **William Shakespeare**, IIIe partie, livre II, « Le dix-neuvième siècle », 1864

La Révolution française occupe durant tout le siècle une place considérable dans les discours et les œuvres : sujet de roman ou allégorie poétique, elle est un objet de questionnements politiques et philosophiques. Véritable mythe des origines, la Révolution incarne l'histoire en marche, et c'est à travers elle, à partir d'elle que le monde nouveau auquel elle a donné naissance recherche son image et construit son identité. C'est donc assez logiquement qu'elle devient la source, la matrice des révolutions esthétiques et intellectuelles qui s'accomplissent tout au long du XIXe siècle.

La Révolution en question

Mais si, en 1799, la Révolution française fête ses dix ans, elle n'est pas encore ce nouveau mythe fondateur que le siècle à venir va voir en elle. Plus qu'un symbole à célébrer ou une légende à perpétuer, elle est une réalité immédiate et complexe qui divise profondément le pays et les esprits :

> « Chaque âge est un fleuve qui nous entraîne selon le penchant des destinées quand nous nous y abandonnons. Mais il me semble que nous sommes tous hors de son cours. Les uns [les républicains] l'ont traversé avec impétuosité et se sont élancés sur le bord opposé. Les autres [les royalistes] sont demeurés de ce côté-ci sans vouloir s'embarquer. Les deux partis crient et s'insultent, selon qu'ils sont sur l'une ou l'autre rive. Ainsi les premiers nous transportent loin de nous, dans des perfections imaginaires, en nous faisant devancer notre âge ; les seconds nous retiennent en arrière, refusent de s'éclairer et veulent rester les hommes du quatorzième siècle. »
>
> François-René de Chateaubriand, **Essai sur les révolutions**, I, 1, Introduction, 1797

Certes, la Bastille a été prise, la République proclamée et le roi décapité, mais le monde nouveau qui a irrémédiablement surgi de ce « cataclysme » n'a pas encore une perception très claire de lui-même : les esprits sont tiraillés entre cette conscience d'une rupture irréductible et la difficulté d'en appréhender les conséquences. Ces interrogations se perçoivent non seulement chez les nostalgiques de l'ordre ancien, qui ne sont pas tous des contre-révolutionnaires acharnés, mais également du côté même des défenseurs fervents du processus révolutionnaire. Cette société postrévolutionnaire, encore abasourdie par les violences de la Terreur et les guerres continuelles qui menacent la République, est en quête d'elle-même : elle cherche les moyens nouveaux qui lui permettraient de se définir et donc de se faire réellement advenir.

Quand Bonaparte mit fin à la Révolution…

> « [...] le bruit du magique retour du général Bonaparte et des événements du Dix-huit Brumaire ne tarda pas à se répandre. [...] En apprenant que le général Bonaparte avait été nommé premier consul de la République, les militaires éprouvèrent une joie très vive : ils voyaient, pour la première fois, un des leurs arrivant au maniement des affaires. La France, qui avait fait une idole de ce jeune général, tressaillit d'espérance. L'énergie de la nation se renouvela. »
>
> Honoré de Balzac, **Les Chouans**, 1829

L'arrivée de Bonaparte au pouvoir, à la faveur du coup d'État du 18 Brumaire (9 novembre 1799), est tout à fait emblématique des contradictions et des ambiguïtés qui divisent la France. Noble, patriote, Corse rallié à la France et jacobin, le général Bonaparte incarne parfaitement ces ambivalences. Il se présente, fort de son prestige militaire et des gages de fidélité qu'il a donnés aux grands principes révolutionnaires, comme la figure idéale du sauveur et du rassembleur de la Nation. Bonaparte déclare que « la Révolution est fixée aux principes qui l'ont commencée » et qu'en ce sens « elle est finie[1] », c'est-à-dire rétablie dans ses lois, garantie et consacrée dans ses fondements : liberté individuelle, égalité de tous devant la loi et devant l'impôt, garantie de la propriété, accès à toutes les charges, maintien de l'unité et de la souveraineté nationale.

1 Proclamation des consuls de la République du 24 frimaire an VIII.

En faisant de la France cette « grande nation », suffisamment puissante pour s'imposer à l'étranger, la « révolution du 18 Brumaire » se propose d'offrir enfin au peuple français, après dix ans de conflits, une Constitution supposée garantir l'ordre, la paix et la prospérité. Le Concordat de 1801 opère une réconciliation avec les catholiques et met fin à la querelle religieuse qui divisait les Français depuis la Révolution ; la signature avec l'Angleterre de la paix d'Amiens, en 1802, permet à l'Europe et à la France d'être en paix ; en 1803-1804, le Code civil unifie les lois françaises. C'est alors que le premier consul Bonaparte devient Napoléon Ier, empereur des Français... Le sacre a lieu le 2 décembre 1804, à Notre-Dame de Paris, en présence du pape ! L'avènement de l'Empire (1804-1814) marque ainsi le début d'une période de transition où se consomment les ruptures et les ralliements, les évolutions et les résistances.

De la légende vivante au mythe

De 1804 à 1814, Napoléon étend son Empire et le prestige de la France à travers toute l'Europe. Il construit sa légende au rythme de ses victoires : Austerlitz (1805), Iéna (1806), Wagram (1809), deviennent les lieux illustres d'une véritable épopée célébrée par les peintres (David, Gros) et les écrivains (Dellille, Lemercier, Béranger). Cependant, c'est véritablement après l'échec des Cent-Jours, sa défaite à Waterloo (1815) et sa mort en exil, le 5 mai 1821 à Sainte-Hélène, que se bâtit le mythe napoléonien, entre légende noire et légende dorée. Tout au long du siècle, on va successivement honnir puis révérer ce nouvel Alexandre, qui prend sous la plume de nombreux écrivains la stature d'un héros épique, d'un père fondateur et même d'un Christ moderne.

« Bonaparte n'est plus le vrai Bonaparte, c'est une figure légendaire composée des lubies du poète, des devis du soldat et des contes du peuple ; c'est le Charlemagne et l'Alexandre des épopées du moyen âge que nous voyons aujourd'hui. Ce héros fantastique restera le personnage réel ; les autres portraits disparaîtront. Bonaparte appartenait si fort à la domination absolue, qu'après avoir subi le despotisme de sa personne, il nous faut subir le despotisme de sa mémoire. Ce dernier despotisme est plus dominateur que le premier, car si l'on combattit quelquefois Napoléon alors qu'il était sur le trône, il y a consentement universel à accepter les fers que mort il nous jette. Il est un obstacle aux événements futurs : comment une puissance sortie des camps pourrait-elle s'établir après lui ? n'a-t-il pas tué en la surpassant toute gloire militaire ? Comment un gouvernement libre pourrait-il naître, lorsqu'il a corrompu dans les cœurs le principe de toute liberté ? Aucune puissance légitime ne peut plus chasser de l'esprit de l'homme le spectre usurpateur : le soldat et le citoyen, le républicain et le monarchiste, le riche et le pauvre, placent également les bustes et les portraits de Napoléon à leurs foyers, dans leurs palais ou dans leurs chaumières ; les anciens vaincus sont d'accord avec les anciens vainqueurs ; on ne peut faire un pas en Italie qu'on ne le retrouve ; on ne pénètre pas en Allemagne qu'on ne le rencontre, car dans ce pays la jeune génération qui le repoussa est passée. Les siècles s'asseyent d'ordinaire devant le portrait d'un grand homme, ils l'achèvent par un travail long et successif. Le genre humain cette fois n'a pas voulu attendre ; peut-être s'est-il trop hâté d'estamper un pastel.

Mais pourtant un peuple entier peut-il être plongé dans l'erreur ? N'est-il point de vérité d'où sont venus les mensonges ? Il est temps de placer en regard de la partie défectueuse de l'idole la partie achevée.

Bonaparte n'est point grand par ses paroles, ses discours, ses écrits, par l'amour des libertés qu'il n'a jamais eu et n'a jamais prétendu établir ; il est grand pour avoir créé un gouvernement régulier et puissant, un code de lois adopté en divers pays, des cours de justice, des écoles, une administration forte, active, intelligente, et sur laquelle nous vivons encore ; il est grand pour avoir ressuscité, éclairé et géré supérieurement l'Italie ; il est grand pour avoir fait renaître en France l'ordre au sein du chaos, [...] il est grand surtout pour être né de lui seul, pour avoir su, sans autre autorité que celle de son génie, pour avoir su, lui, se faire obéir par trente-six millions de sujets à l'époque où aucune illusion n'environne les trônes. »

François-René de Chateaubriand, **Mémoires d'outre-tombe**, 1850

« À Rome, où du sénat hérite le conclave,
À l'Elbe, aux monts blanchis de neige ou noirs de lave,
Au menaçant Kremlin, à l'Alhambra riant,
Il est partout ! – Au Nil je le retrouve encore.
L'Égypte resplendit des feux de son aurore ;
Son astre impérial se lève à l'orient.

Vainqueur, enthousiaste, éclatant de prestiges,
Prodige, il étonna la terre de prodiges.
Les vieux scheiks vénéraient l'émir jeune et prudent ;

Le peuple redoutait ses armes inouïes ;
Sublime, il apparut aux tribus éblouies
Comme un Mahomet d'Occident.
[...]
Parfois il vient, porté sur l'ouragan numide,
Prenant pour piédestal la grande pyramide,
Contempler les déserts, sablonneux océans ;
Là, son ombre, éveillant le sépulcre sonore,
Comme pour la bataille y ressuscite encore
Les quarante siècles géants.

Il dit : debout ! soudain chaque siècle se lève,
Ceux-ci portant le sceptre et ceux-là ceints du glaive,
Satrapes, pharaons, mages, peuple glacé.
Immobiles, poudreux, muets, sa voix les compte ;
Tous semblent, adorant son front qui les surmonte,
Faire à ce roi des temps une cour du passé.

Ainsi tout, sous les pas de l'homme ineffaçable,
Tout devient monument ; il passe sur le sable,
Mais qu'importe qu'Assur de ses flots soit couvert,
Que l'Aquilon sans cesse y fatigue son aile,
Son pied colossal laisse une trace éternelle
Sur le front mouvant du désert. »

Victor Hugo, **Les Orientales**, « Lui » (II), extraits, 1829

« Il n'avait pas l'air d'avoir plus de vingt-trois ans, qu'il était vieux général, depuis la prise de Toulon, où il a commencé par faire voir aux autres qu'ils n'entendaient rien à manœuvrer les canons. Pour lors, nous tombe tout maigrelet général en chef à l'armée d'Italie, qui manquait de pain, de munitions, de souliers, d'habits, une pauvre armée nue comme un vers. “Mes amis, qu'il dit, nous voilà ensemble. Or, mettez-vous dans la boule que d'ici à quinze jours vous serez vainqueurs, habillés à neuf, que vous aurez tous des capotes, de bonne guêtres, de fameux souliers ; mais, mes enfants, faut marcher pour aller les prendre à Milan, où il y en a.” Et l'on a marché. Le Français, écrasé, plat comme une punaise, se redresse. Nous étions trente mille va-nu-pieds contre quatre-vingt mille fendants d'Allemands, tous beaux hommes, bien garnis, que je vois encore. Alors Napoléon, qui n'était encore que Bonaparte, nous souffle je ne sais quoi dans le ventre. Et l'on marche la nuit, et l'on marche le jour, l'on te les tape à Montenotte, on court les rosser à Rivoli, Lodi, Arcole, Millesimo, et on ne te les lâche pas. Le soldat prend goût à être vainqueur. Alors Napoléon vous enveloppe ces généraux allemands qui ne savaient où se fourrer pour être à leur aise, les pelote très bien, leur chipe quelquefois des dix mille hommes d'un seul coup en vous les entourant de quinze cent Français qu'il

faisait foisonner à sa manière. Enfin, leur prend leurs canons, vivres, argent, munitions, tout ce qu'ils avaient de bon à prendre, vous les jette à l'eau, les bat sur les montagnes, les mord dans l'air, les dévore sur terre, les fouille partout. Voilà des troupes qui se remplument ; parce que, voyez-vous, l'Empereur, qu'était aussi un homme d'esprit, se fait bien venir de l'habitant, auquel il dit qu'il est arrivé pour le délivrer. Pour lors, le péquin nous loge et nous chérit, les femmes aussi, qu'étaient des femmes très judicieuses. Fin finale, en ventôse 96, qu'était dans ce temps-là le mois de mars d'aujourd'hui, nous étions acculés dans un coin du pays des marmottes ; mais après la campagne, nous voilà maîtres de l'Italie, comme Napoléon l'avait prédit. Et au mois de mars suivant, en une seule année et deux campagnes, il nous met en vue de Vienne : tout était brossé. Nous avions mangé trois armées successivement différentes, et dégommé quatre généraux autrichiens, dont un vieux qu'avait les cheveux blancs, et qui a été cuit comme un rat dans les paillassons, à Mantoue. Les rois demandaient grâce à genoux ! La paix était conquise.
Un homme aurait-il pu faire cela ? Non. Dieu l'aidait, c'est sûr. »

Honoré de Balzac, **Le Médecin de campagne**, 1833

« Ce génie, extraordinairement ferme et sévère, du premier coup peignit l'Empire et le jugea. Il fit comme l'épitaphe du soldat de 1814. C'est le cavalier démonté, le cuirassier, ce bon géant, si pâle, géant de taille, et pourtant si homme, et si touchant ! Un soldat, mais un homme encore ; la guerre, on le sent bien, ne l'a point endurci. Il se raidit en vain pour retenir son coursier colossal sur la descente rapide, glissante… Il n'échappera pas… Derrière planent un noir tourbillon d'hiver et de Russie, l'ombre du soir et de la mort ; il n'y aura pas de matin… Et pourtant, tout le reste semble un paysage de France, la terre de la patrie. Il revient, après le tour du globe, il rentre…pour mourir. »

Jules Michelet, **Réflexions sur Géricault**, « La rénovation sociale et la révolution », Cinquième leçon du cours commencé en 1847 au Collège de France et publié en 1848

Théodore Géricault, *Cuirassier blessé quittant le feu* (1814).

… à vous de lire le groupement de textes et le tableau de Géricault…

1 Comment chacun des textes construit-il « son » portrait de Napoléon, « sa » transfiguration mythique : images, figures rhétoriques, amplifications, hyperboles, etc. ? Quelles sont les différentes ressources de la prose et de la poésie ?

2 « La fortune du Bâtard au siècle de l'histoire et du roman est proprement inconcevable sans la montée de Napoléon. L'aventurier sans naissance ni fortune, qui, en rien de temps, se couronne lui-même, installe ses frères sur tous les trônes d'Europe qu'il a rendus vacants, et se taille un empire dans une république toute neuve dont il est à peine citoyen, appartient au roman par toutes les fibres de sa personnalité, il est roman de bout en bout, un roman qui se fait à mesure qu'il influence les événements de l'histoire et qui, pour la première fois à l'époque moderne, s'imprime en lettres de chair et de sang dans le tissu même de la réalité. […] Aussi devient-il pour le Bâtard contemporain l'inspirateur, le maître, l'idole qui n'écrase pas, mais relève ses fidèles ; et pour le roman moderne le génie libérateur dont l'action même, aux confins de l'action et du rêve, recule comme jamais encore les limites de l'imagination » (Marthe Robert, *Roman des origines et Origines du roman*, « Tranches de vie »).
En quoi ces réflexions de Marthe Robert éclairent-elles le texte extrait du *Médecin de campagne* ? On pourra les confronter également à la lecture d'un roman comme *Le Rouge et le Noir* (1830) de Stendhal, roman dont le héros, Julien Sorel, prend précisément pour modèle, pour bible, le *Mémorial de Sainte-Hélène* et les *Bulletins de la Grande Armée*.

3 En observant attentivement le tableau de Géricault, quels sont les éléments qui vous paraissent illustrer l'analyse qu'en propose Michelet ? De quels aspects de l'histoire napoléonienne le peintre et l'historien semblent-ils se faire ici les échos ?

1820 Restauration en crise et naissance du romantisme

La Restauration : un équilibre difficile

« Au bruit de sa chute [celle de Napoléon], les vieilles croyances moribondes se redressèrent sur leur lit de douleur, et, avançant leurs pattes crochues, toutes les royales araignées découpèrent l'Europe, et de la pourpre de César se firent un habit d'Arlequin. […] Ainsi la France, veuve de César, sentit tout à coup sa blessure. Elle tomba en défaillance, et s'endormit d'un si profond sommeil que ses vieux rois, la croyant morte, l'enveloppèrent d'un linceul blanc. »

Alfred de Musset, **La Confession d'un enfant du siècle**, chap. II, 1836

Après les Cent-Jours[1] et l'ultime défaite de Napoléon à Waterloo en 1815, Louis XVIII, le frère de Louis XVI, retrouve définitivement son trône. Le roi confirme la Charte[2] qu'il avait signée en juin 1814, lors de la première Restauration. Ce texte ne rétablit pas l'Ancien Régime, mais se place dans la continuité monarchique française. De nombreux acquis de la Révolution française sont cependant confirmés, comme la liberté d'opinion, de presse, de religion, l'égalité devant la loi et l'impôt ainsi que la propriété des biens nationaux[3]. Le Code civil napoléonien est maintenu. Mais Louis XVIII est déclaré roi de droit divin, et prend le titre traditionnel de « roi de France et de Navarre ». Le drapeau blanc et la noblesse d'Ancien Régime sont rétablis. Cette nouvelle monarchie repose sur un compromis fragile : elle est divisée entre les « ultras », royalistes réactionnaires nostalgiques de l'Ancien Régime, et les « constitutionnels », grands notables libéraux qui soutiennent l'application de la Charte.

1 Période au cours de laquelle Napoléon Ier fut de nouveau au pouvoir, du 1er mars au 18 juin 1815. **2** Texte comparable à une constitution, donné par le souverain à la nation, qui fixe les règles de fonctionnement des pouvoirs et établit des libertés fondamentales. **3** Les biens de l'Église et ceux des aristocrates émigrés mis à la disposition de l'État pendant la Révolution et souvent acquis par des paysans aisés et des bourgeois.

L'assassinat du duc de Berry et la radicalisation du régime

Dans la nuit du 13 au 14 février 1820, le duc de Berry, fils du comte d'Artois (le futur Charles X) et neveu du roi, est assassiné par Louvel, un ouvrier sellier, à la sortie de l'Opéra. Cet assassinat ébranle le pouvoir et l'opinion, il facilite ainsi le retour des ultras et le durcissement du régime : rappelé au pouvoir, le duc de Richelieu s'illustre par le vote de lois suspendant la liberté individuelle et la liberté de la presse. De nouvelles lois électorales diminuant encore le nombre des votants visent à empêcher la progression des libéraux. La Restauration s'éloigne ainsi de l'esprit de la Charte telle que la concevait Chateaubriand : une « synthèse », un équilibre entre l'ancien et le nouveau monde censé clore l'ère des troubles et des révolutions. Le sacre de Charles X à Reims, en mai 1825, consacre cette évolution réactionnaire : chef des « ultras », le nouveau roi est un partisan acharné du retour à l'Ancien Régime… Le divorce semble donc consommé entre les forces de progrès et les puissances de la réaction[1].

1 *Le Rouge et le Noir* de Stendhal (1830) propose une lecture éclairante des enjeux de cette période.

« Alors il s'assit sur un monde en ruine une jeunesse soucieuse[1] »

La Restauration donne à toute une génération le sentiment d'un monde bloqué, d'une société vieillie et racornie, incapable de donner foi en l'avenir et de fédérer les jeunes énergies. Musset dresse le portrait moral de cette génération dans *La Confession d'un enfant du siècle* : d'abord bercée par l'épopée napoléonienne puis terrassée par la vacuité et la

1 Musset, *La Confession d'un enfant du siècle* (1836). Les chapitres I et II sont consacrés à cette « maladie du siècle » qui s'empara d'une partie de la jeunesse française au passage de l'Empire à la Restauration.

stérilité du présent, elle a reconnu dans les œuvres de Goethe et de Byron la mélancolie et le désespoir qui l'assaille. Musset dévoile les causes historiques aussi bien que les symptômes de ce qu'on a, depuis, appelé le « mal du siècle » :

« Trois éléments partageaient donc la vie qui s'offrait alors aux jeunes gens : derrière eux un passé à jamais détruit s'agitant encore sur ses ruines, avec tous les fossiles des siècles de l'absolutisme ; devant eux l'aurore d'un immense horizon, les premières clartés de l'avenir ; et entre ces deux mondes… quelque chose de semblable à l'Océan qui sépare le vieux continent de la jeune Amérique, je ne sais quoi de vague et de flottant, une mer houleuse et pleine de naufrages, traversée de temps en temps par quelque voile lointaine ou par quelque navire soufflant une lourde vapeur ; le siècle présent, en un mot, qui sépare le passé de l'avenir, qui n'est ni l'un ni l'autre et qui ressemble à tous deux à la fois, et l'on ne sait, à chaque pas que l'on fait, si l'on marche sur une semence ou sur un débris. Voilà dans quel chaos il fallut choisir alors ; voilà ce qui se présentait à des enfants plein de force et d'audace, fils de l'Empire et petits-fils de la Révolution. Or, du passé, ils n'en voulaient plus, car la foi en rien ne se donne ; l'avenir, ils l'aimaient mais quoi ? comme Pygmalion Galatée ; c'était pour eux comme une amante de marbre, et ils attendaient qu'elle s'animât, que le sang colorât ses veines. Il leur restait donc le présent, l'esprit du siècle, ange du crépuscule, qui n'est ni la nuit ni le jour ; ils le trouvèrent assis sur un sac de chaux plein d'ossements, serré dans le manteau des égoïstes, et grelottant d'un froid terrible. L'angoisse de la mort leur entra dans l'âme à la vue de ce spectre moitié momie et moitié fœtus. » ●

Alfred de Musset, **La Confession d'un enfant du siècle**, 1836

… à vous de lire *La Vieille Fille* (1837) de Balzac…

1 Le roman et l'histoire

- Dans le chapitre II, vous étudierez le sommaire romanesque relatant les tentatives infructueuses de la vieille fille pour se marier : comment destin individuel et déroulement de l'Histoire sont-ils liés ? La Révolution et l'Empire : relevez les traits de parodie du registre épique.
- Les trois salons d'Alençon à la fin du roman : en quoi la petite ville d'Alençon constitue-t-elle un miroir de la société française en 1830 ?
- Les trois prétendants de Rose Cormon (le chevalier de Valois, du Bousquier, Athanase) : chacun d'entre eux représente une tendance politique de la société française sous la Restauration. Identifiez-les. En quoi Rose Cormon apparaît-elle dès lors comme un type social ambigu ?

● ● ●

● ● ●

2 Une scène de la vie de province

• Relevez les traits de théâtralité dans le récit (nom des personnages, traitement des scènes romanesques, chronologie interne de l'œuvre).
• La constitution d'un type : étudiez l'organisation du portrait du chevalier de Valois dans les premières pages du roman. Comment le narrateur inscrit-il le personnage du roman dans un type général ?
• La satire de la vie provinciale : relevez et classez les procédés de l'écriture comique (caricature, grotesque, humour du narrateur…).
• Le philosophe Alain pensait que *La Vieille Fille* était un roman sur la bêtise : justifiez cette position en analysant le traitement du personnage de Rose Cormon. Vous pouvez également la nuancer en analysant la sympathie du narrateur pour son personnage.

Un renouveau du lyrisme : les Méditations poétiques

Voici un paysage de montagne peint par Caspar David Friedrich (1774-1840). Pour cet artiste allemand, il faut atteindre par la composition et la palette une réalité cachée. L'homme, lorsqu'il est présent dans ses paysages, est figuré de dos. Ses œuvres sont construites avec une rigueur et une précision extrêmes qui mettent en valeur le sentiment de la solitude humaine face à l'immensité de la nature.

En 1820 paraissent les *Méditations poétiques* de Lamartine (1790-1869). Rapidement épuisée, l'édition fait l'effet d'un véritable événement littéraire et devient très vite, pour les contemporains, la première manifestation d'un romantisme français encore à la recherche de ses formes d'expression. « C'était une révélation » commentera par la suite Sainte-Beuve. Mais de quelle révélation-révolution poétique s'agit-il au juste ? Revenons quelques années en arrière, pour mieux comprendre l'importance et l'impact de ce recueil.

Histoire d'un mot et influences étrangères

Voir XVIIIe siècle (« L'écrivain au travail », p. 333)

Au commencement, il y a un adjectif « romantique » qui s'épanouit à la fin du XVIIIe siècle. Ainsi, dans les traductions de Shakespeare par Letourneur en 1776, on trouve des expressions comme « le paysage aérien et romantique des nuages » et dans un passage des *Rêveries du promeneur solitaire* (Rousseau, 1782) sont évoquées les rives du lac de Bienne, « plus sauvages et plus romantiques que celle du lac de Genève ». Chateaubriand, dans l'*Essai sur les révolutions* (1797), et Senancour dans *Oberman* (1804) utilisent également cet adjectif qui fait son entrée officielle, en 1798, dans le *Dictionnaire* de l'Académie française avec cette définition : « Il se dit ordinairement des lieux, des paysages qui rappellent à l'imagination les descriptions des poèmes et des romans. » D'emblée, l'adjectif est lié aux émotions, à l'imaginaire et à l'intériorité. Mme de Staël, dans *De l'Allemagne* (1814), y ajoute une dimension nouvelle avec cette nuance allemande de l'adjectif *romantisch* qui sert à « désigner la poésie dont les chants des troubadours ont été à l'origine, celle qui est née de la chevalerie et du christianisme ». Cette dimension nationale, chrétienne et médiévale allait également devenir une des composantes du romantisme français.

Des thématiques essentielles se mettent donc en place, au fil des textes, autour de cet adjectif « envahisseur », comme l'ont qualifié les défenseurs du classicisme. Ces derniers voient d'un très mauvais œil au début de la Restauration, alors que la France est occupée par les armées étrangères, le développement d'un certain cosmopolitisme littéraire et l'émergence de ce qu'ils nomment alors le « genre romantique ». Les influences des littératures étrangères, aussi bien allemande, anglaise, italienne qu'espagnole, jouent un rôle essentiel dans l'émergence du romantisme[1] français vers 1820. Pendant le premier tiers du XIXe siècle, les traductions se multiplient et permettent la diffusion d'œuvres qui vont devenir des références majeures pour les romantiques français : le théâtre de Shakespeare, *Les Brigands* (1782) de Schiller, *Werther* (1774) de Goethe, les *Poèmes d'Ossian* (1760) de Macpherson, *Childe Harold* (1812-1816) de Byron, entre autres.

1 Le substantif « romantisme », quant à lui, semble entrer véritablement dans la langue vers 1824, date à laquelle il est intégré au discours du directeur de l'Académie française, le très classique Auger qui y fustige la « secte romantique » à l'origine d'un véritable « schisme littéraire »...

« Le ciel est changé, et quel changement ! Ô nuit,
orages, ténèbres, vous êtes prodigieusement forts,
et pourtant beaux dans votre force, comme la lumière
des yeux noirs d'une femme ! Bien loin,
de pic en pic, parmi les rochers où il éclate,
bondit le tonnerre vivant ! Il ne vient pas d'un seul nuage,
mais chaque montagne a trouvé maintenant une voix ;
et le Jura répond, à travers son voile brumeux,
aux Alpes joyeuses qui lui lancent un appel retentissant !
Et tout cela est dans la nuit : nuit des plus splendides,
tu ne nous fus pas envoyée pour le sommeil ! Je veux être
associé à ton farouche et lointain enchantement,
une partie de la tempête et de toi-même !
Comme le lac illuminé brille, mer phosphorescente,
et comme la grosse pluie tombe en bondissant sur la terre !
Et maintenant revient l'obscurité, et maintenant la joie
des collines sonores frémit avec une montagneuse allégresse,
comme si elles se réjouissaient de la naissance d'un cataclysme
nouveau.
[...]
Ciel, montagne, rivière, vents, lac, éclairs, vous tous,
et aussi la nuit, et les nuages, et le tonnerre, et l'âme

qui fait que ces choses sentent et qu'on les sent, pouvez bien être
des objets qui m'ont tenu éveillé : le roulement lointain
de vos voix expirantes est le glas
de ce qui en moi ne dort pas, si jamais je repose.
Mais où donc, ô tempêtes, où donc est votre terme ?
Êtes-vous pareilles à celles qui agitent le cœur de l'homme,
ou trouvez-vous enfin, comme les aigles, quelque nid sur les hauteurs ? »

Lord Byron, **Pèlerinage de Childe Harold**, chant III, 1812-1816, traduction Paul Bensimon et Roger Martin, Aubier

Pour une nouvelle littérature : le temps des théories

En 1814, dans *De l'Allemagne*, Mme de Staël énonce une sorte de programme poétique de ce qui peu à peu, en France, se nomme le romantisme :

« Il est difficile de dire ce qui n'est pas de la poésie ; mais si l'on veut comprendre ce qu'elle est, il faut appeler à son secours les impressions qu'excitent une belle contrée, une musique harmonieuse, le regard d'un objet chéri, et par-dessus tout, un sentiment religieux qui nous fait éprouver en nous-mêmes la présence de la Divinité. »

Mme de Staël, **De l'Allemagne**, 1814

On retiendra de cette tentative de définition les notions de regard, de musique et d'harmonie, l'importance première accordée aux impressions et l'évocation d'une élévation spirituelle. Jusqu'en 1820, le romantisme français est, en fait, essentiellement théorique et sa conception encore hésitante se formule dans des ouvrages comme ceux des frères Schlegel ou du Suisse Sismondi[1], *De la littérature* de Mme de Staël (1800), *Le Génie du christianisme* de Chateaubriand (1802) ou encore les premiers écrits de Stendhal[2]. En suivant des voies différentes et parfois divergentes, tous appellent de leurs vœux une littérature nouvelle pour des temps nouveaux qui, seule, peut devenir « le miroir du monde qui l'environne, l'image du siècle[3] ».

1 *Cours de littérature dramatique* (1808) de Wilhelm Schlegel et *La Littérature du Midi de l'Europe* de Sismondi. 2 Stendhal se déclare « farouchement romantique » dès 1818 et publie une brochure intitulée « Qu'est ce que le romanticisme ? », avant un pamphlet anticlassique, *Racine et Shakespeare* (1823-1825). 3 Friedrich Shlegel, *Athénaüm*, 1798.

« Mais comment exprimer cette foule de sensations fugitives, que j'éprouvais dans mes promenades ? Les sons que rendent les passions dans le vide d'un cœur solitaire ressemblent au murmure que les vents et les eaux font entendre dans le silence d'un désert : on en jouit, mais on ne peut les peindre. [...]

Le jour, je m'égarais sur de grandes bruyères terminées par des forêts. Qu'il fallait peu de chose à ma rêverie ! une feuille séchée que le vent chassait devant moi, une cabane dont la fumée s'élevait dans la cime dépouillée des arbres, la mousse qui tremblait au souffle du nord sur le tronc d'un chêne, une roche écartée, un étang désert où le jonc flétri murmurait ! Le clocher solitaire s'élevant au loin dans la vallée, a souvent attiré mes regards ; souvent, j'ai suivi des yeux les oiseaux de passage qui volaient au-dessus de ma tête. Je me figurais les bords ignorés, les climats lointains où ils se rendent ; j'aurais voulu être sur leurs ailes. Un secret instinct me tourmentait ; je sentais que je n'étais moi-même qu'un voyageur ; mais une voix du ciel semblait me dire : "Homme, la saison de ta migration n'est pas encore venue ; attends que le vent de la mort se lève, alors tu déploieras ton vol vers ces régions inconnues que ton cœur demande."

Levez-vous vite, orages désirés, qui devez emporter René dans les espaces d'une autre vie ! Ainsi disant, je marchais à grands pas, le visage enflammé, le vent sifflant dans ma chevelure, ne sentant ni pluie ni frimas, enchanté, tourmenté, et comme possédé par le démon de mon cœur.

La nuit, lorsque l'aquilon ébranlait ma chaumière, que les pluies tombaient en torrent sur mon toit, qu'à travers ma fenêtre je voyais la lune sillonner les nuages amoncelés, comme un pâle vaisseau qui laboure les vagues, il me semblait que la vie redoublait au fond de mon cœur, que j'aurais eu la puissance de créer des mondes. » ●

François-René de Chateaubriand, **René**, 1805 »

Les Méditations *: une œuvre qui fait date*

En 1820, les *Méditations poétiques* de Lamartine font le double effet d'une réponse et d'une rupture : réponse aux attentes de ceux qui réclament de nouvelles formes artistiques, rupture dans un contexte poétique qui est en fait marqué par l'usure d'une rhétorique classique, enfermée dans la répétition académique d'une poésie épique ou descriptive dont la grandiloquence convenue semble signaler la décrépitude.

Le temps de la première personne

La première rupture romantique réside dans l'affirmation du sentiment personnel, des émotions, des passions et des douleurs intimes comme sources majeures et presque uniques de l'inspiration poétique. Autrement dit, on va préférer désormais le cœur à la raison, les impressions aux argumentations, le verbe de l'intériorité à la glose classique. Avec les *Méditations*, c'est cette nouvelle tonalité, plus qu'une véritable révolution de la versification, qui séduit un public désireux, lui aussi, d'épancher son âme et qui trouve dans ce recueil élégiaque les échos de ses propres déchirements et de ses aspirations.

« « Salut, bois couronnés d'un reste de verdure !
Feuillages jaunissants sur les gazons épars !
Salut, derniers beaux jours ! le deuil de la nature
Convient à la douleur et plaît à mes regards.

Je suis d'un pas rêveur le sentier solitaire ;
J'aime à revoir encor, pour la dernière fois,
Ce soleil pâlissant, dont la faible lumière
Perce à peine à mes pieds l'obscurité des bois.

Oui, dans ces jours d'automne où la nature expire,
À ses regards voilés je trouve plus d'attraits ;
C'est l'adieu d'un ami, c'est le dernier sourire
Des lèvres que la mort va fermer pour jamais.

Ainsi, prêt à quitter l'horizon de la vie,
Pleurant de mes longs jours l'espoir évanoui,
Je me retourne encore, et d'un regard d'envie
Je contemple ces biens dont je n'ai pas joui.

Terre, soleil, vallons, belle et douce nature,
Je vous dois une larme aux bords de mon tombeau !
L'air est si parfumé ! la lumière est si pure !
Aux regards d'un mourant le soleil est si beau !

Je voudrais maintenant vider jusqu'à la lie
Ce calice mêlé de nectar et de fiel :
Au fond de cette coupe où je buvais la vie,
Peut-être restait-il une goutte de miel !

Peut-être l'avenir me gardait-il encore
Un retour de bonheur dont l'espoir est perdu !
Peut-être, dans la foule, une âme que j'ignore
Aurait compris mon âme et m'aurait répondu !...

La fleur tombe en livrant ses parfums au zéphyre ;
À la vie, au soleil, ce sont là ses adieux :
Moi, je meurs ; et mon âme, au moment qu'elle expire,
S'exhale comme un son triste et mélodieux. »

Alphonse de Lamartine, **Méditations poétiques**, « L'automne », 1820

Le moi et le monde

Lamartine offre les premières actualisations d'un lyrisme[1] personnel qui s'approfondit en une véritable quête mystique. Le discours poétique devient le lieu privilégié où le monde, souvent élargi à l'univers en son entier, vient se réfléchir au sein d'une conscience singulière. À la faveur de cette imprégnation, un subtil jeu de miroir permet de mêler harmonieusement le moi souffrant au chant de la nature qui l'entoure, et à l'énigme du cœur humain répond celle de la Création[2]. Dans ce double mouvement d'ouverture et de fermeture, de concentration et de déploiement du poème, la singularité s'accorde à l'universalité. L'introspection poétique devient alors le médiateur privilégié d'un déchiffrement du

1 Par son étymologie même (le mot vient de lyre, instrument de musique à cordes), le lyrisme est en rapport avec l'idée de musique et de chant. Le premier sens de l'expression « poésie lyrique » indique une poésie chantée, accompagnée à la lyre, puis par tout autre instrument. C'est à la fin

du XVIIIe siècle que le terme désigne également l'expression du sentiment personnel.
2 Dans des poèmes comme « Le Soir », « Le vallon », « Le lac », etc.

monde. La plainte mélancolique, au lieu d'être un repli sur soi, se révèle, au contraire, comme une promesse d'expansion et de communion avec l'univers, avec ce « grand Tout » dont parle sans cesse Lamartine.

Une poésie du symbole et de la vision

Le lyrisme romantique dévoile, dès les *Méditations*, sa dimension philosophique : il s'agit en effet de faire éprouver la dimension métaphysique du monde par une image, un rythme, un symbole, au sein même de l'introspection sentimentale. Le verbe poétique se voit donc attribuer une puissance herméneutique, c'est-à-dire qu'il est capable d'interpréter et de transcrire le mystère du monde, en établissant d'infinis réseaux d'analogies et de correspondances entre le visible et l'invisible. D'où l'importance du regard qui se fait ici vision. Plus que de représenter le monde, il s'agit désormais de le comprendre. Le poète, l'artiste, se trouve investi d'une mission particulière qui excède de beaucoup la seule expression harmonieuse et émouvante de ses impressions et sentiments : il est celui qui peut entrevoir le sens de l'énigme universelle, il a accès aux secrets du monde divin, sa poésie est une élévation intime vers la transcendance.

Voir « Figures » (p. 433)

L'intimité du moi est donc conçue comme une révélation de l'intimité du monde, et c'est dans cette voie que s'oriente Victor Hugo (1802-1885), à la suite de Lamartine, quand il publie en 1822 ses *Odes et Ballades* :

> « [...] le domaine de la poésie est illimité. Sous le monde réel, il existe un monde idéal, qui se montre resplendissant à l'œil de ceux que des méditations graves ont accoutumés à voir plus que les choses. »
>
> Victor Hugo, **Odes et Ballades**, Préface, 1822

Le verbe poétique, progressivement libéré des cadres classiques d'une poésie impersonnelle et archaïque, se transforme donc, à partir de 1820, en une parole revivifiée, décidée à orchestrer et à devenir cette « harmonie immense qui dit tout » (Hugo).

... à vous de comprendre la naissance du romantisme...

1 Sources et influences : une prose poétique

- Étudiez dans le texte de Byron et celui de Chateaubriand la relation qui se construit entre le moi et le monde : jeu des comparaisons, motifs du reflet et du miroir, désirs de fusion, dialogues et déchiffrements, échos et correspondances entre les voix intérieures et les chants de la nature. Montrez comment s'exprime l'intensité des sensations et des émotions.
- Repérez et analysez les motifs récurrents que sont la nuit, la tempête, l'eau, le vent, etc. Commentez cette poésie des cataclysmes.
- Avoir « la puissance de créer des mondes » : analysez la force créatrice accordée à cette écriture de la contemplation exaltée, de la déambulation solitaire, de la rêverie interrogatrice.

• • •

• Étudiez la dialectique de l'ombre et de la lumière, de l'énergie et de la mort, de la joie et de la mélancolie. Puis mettez ces deux textes en regard avec les poèmes de Lamartine et de Hugo.

2 Lamartine, « L'Automne »

L'élégie est une forme héritée du lyrisme antique et caractérisée par l'expression d'une plainte. Elle donne lieu, en général, à la déploration d'un malheur souvent amoureux.

• Comment Lamartine mêle-t-il dans ce poème déploration et célébration ? Comment se construit le rapport entre l'intériorité souffrante et le spectacle de la nature ? Quels motifs particuliers cette saison de transition, couplée au moment de la fin du jour, permet-elle de déployer ?

• Comment Lamartine produit-il ce « son triste et mélodieux » ? Observez le mètre (alexandrins), les rimes croisées, l'enchaînement des huit quatrains, les enjambements, les effets de rythme, les sonorités (assonances, allitérations), etc. En quoi l'écriture de ce poème construit-elle un « art poétique » fondé sur l'émotion, la rêverie et l'harmonie ?

• Vous pourrez faire une lecture comparée de ce poème avec, notamment, « Chant d'automne » de Baudelaire (*Les Fleurs du mal*) et « Automne malade » d'Apollinaire (*Alcools*).

1830 Révolution littéraire et politique

*La bataille d'*Hernani

> « 25 février 1830 ! Cette date reste écrite dans le fond de notre passé en caractères flamboyants : la date de la première représentation d'*Hernani* ! Cette soirée décida de notre vie ! »
>
> Théophile Gautier, **Histoire du romantisme**, « Première représentation d'Hernani », 1874

La première représentation de la pièce de Victor Hugo au Théâtre-Français correspond, en effet, à un moment stratégique pour la « nouvelle école » romantique bien décidée à imposer ses vues et à dominer la scène littéraire. Derrière Hugo, qui fait depuis quelques années office de chef d'école, se sont regroupées les troupes romantiques. Alexandre Dumas, Gérard de Nerval, Honoré de Balzac, Pétrus Borel, Hector Berlioz et Théophile Gautier, entre autres, font partie de cette « jeunesse romantique pleine d'ardeur et fanatisée par la préface de *Cromwell* » (Théophile Gautier). Dans son *Histoire du romantisme*, Gautier se souvient de cette soirée mémorable :

« Malgré la terreur qu'inspirait la bande à Hugo répandue par petites escouades et facilement reconnaissable à ses ajustements excentriques et à ses airs féroces, bourdonnait dans la salle cette sourde rumeur des foules agitées qu'on ne comprime pas plus que celle de la mer. La passion qu'une salle contient se dégage toujours et se révèle par des signes irrécusables. Il suffisait de jeter les yeux sur ce public pour se convaincre qu'il ne s'agissait pas là d'une représentation ordinaire ; que deux systèmes, deux partis, deux armées, deux civilisations même, ce n'est pas trop dire étaient en présence, se haïssant cordialement, comme on se hait dans les haines littéraires, ne demandant que la bataille, et prêts à fondre l'un sur l'autre. L'attitude générale était hostile, les coudes se faisaient anguleux, la querelle n'attendait pour agir que le moindre contact, et il n'était pas difficile de voir que ce jeune homme à longs cheveux trouvait ce monsieur à face bien rasée désastreusement crétin et ne lui cacherait pas longtemps cette opinion particulière. »

Théophile Gautier, **Histoire du romantisme**,
« Première représentation d'Hernani », 1874

Récit exalté d'une soirée devenue mythique, le texte de Gautier évoque les conflits idéologiques et esthétiques que la fameuse bataille d'*Hernani* a permis de cristalliser. Mais de quoi s'agit-il au juste ? Dans la Préface de *Cromwell* (1827), véritable « bible » théorique de la nouvelle école, Hugo déploie une vaste fresque historique et esthétique qui aboutit à la nécessité d'une réforme du théâtre : tout comme Stendhal dans *Racine et Shakespeare* (1823-1825) et Alfred de Vigny dans sa *Lettre à Lord*** sur la soirée du 24 octobre 1829*, il estime que les cadres de la tragédie classique ne sont plus adaptés aux temps modernes. Mais, contrairement à Stendhal qui milite pour un théâtre en prose, Hugo garde la rime et le vers qu'il veut aptes à incarner « le mélange des genres » et des registres :

Dans cette caricature, Benjamin Roubaud représente Victor Hugo entraînant à sa suite les auteurs romantiques que vous reconnaîtrez dans ce *Grand chemin de la postérité* (détail).

« Nous voudrions un vers libre, franc, loyal, osant tout dire sans pruderie, tout exprimer sans recherche ; passant d'une naturelle allure de la comédie à la tragédie, du sublime au grotesque, tour à tour positif et poétique, tout ensemble artiste et inspiré, profond et soudain large et vrai ; [...] lyrique, épique, dramatique, selon le besoin ; pouvant parcourir toute la gamme poétique, aller de haut en bas, des idées les plus élevées aux plus vulgaires, des plus bouffonnes aux plus graves, des plus extérieures aux plus abstraites, sans jamais sortir des limites d'une scène parlée... »

Victor Hugo, Préface de **Cromwell**, 1827

Véritable charte esthétique du drame romantique, la Préface de *Cromwell* annonce une révolution dramaturgique. Un théâtre à la fois populaire et artistique doit naître, une sorte de spectacle total capable de mettre en scène le réel dans toutes ses dimensions. Le drame selon Hugo est « un point d'optique » où « tout ce qui existe dans le monde, dans l'histoire, dans la vie, dans l'homme, tout doit et peut s'y réfléchir, mais sous la baguette magique de l'art ».

Voir XVIIe siècle (« Genres et registres », p. 222)

Pour cela, il faut rompre avec les unités de temps, de lieu et d'action qui figent le déroulement de l'intrigue, pour leur préférer une construction en « tableaux », plus riche et plus dynamique. Que les pièces nouvelles soient composées en vers ou en prose, le style des dialogues cherche à rendre la violence et la brutalité des passions en se dégageant radicalement de la rhétorique convenue du registre tragique. L'écriture dramatique mêle emphase et prosaïsme, longues tirades et enchaînements de courtes répliques. La mise en scène se doit de souligner le pathétique des situations, d'utiliser davantage le corps des acteurs et d'exploiter au maximum l'ensemble de l'espace scénique afin de renforcer la dimension vivante du spectacle et l'illusion de vérité.

Le drame romantique, en utilisant l'ensemble de ces ressources, se propose de dévoiler les inextricables contradictions de l'histoire moderne, le combat perpétuel de la politique et de la morale, les tensions qui font s'affronter les principes collectifs et les désirs individuels. Ainsi, *Hernani* marque les esprits par la vigueur provocante de son écriture, par la violence ou le comique des situations : le roi d'Espagne se retrouve dans un placard ! La vigueur du style, la grandeur paradoxale des personnages, l'amour impossible, la présence permanente de la mort, la dénonciation d'un pouvoir sclérosé et inféodé au passé sont autant de motifs susceptibles de réjouir une jeunesse romantique qui considère cette œuvre comme l'affirmation grandiose de la liberté dans l'art et reconnaît en Hernani, proscrit amoureux et révolté, l'une des plus éclatantes incarnations de l'idéal héroïque de sa génération.

… à vous de découvrir *Hernani*…

« À peuple nouveau, art nouveau. »

1 **Analyser la scène d'exposition :** comment est-elle construite ? Où se déroule-t-elle ? Qui sont les personnages en présence ? Drame ou comédie : pourquoi Hugo a-t-il choisi de commencer par cet épisode vaudevillesque ? En dehors de choquer les « classiques », que peut-on dire de ce roi caché dans une armoire ? Comparez cette première scène avec celles des tragédies suivantes : *Britannicus*, *Phèdre* et *Bérénice* de Racine, *Le Cid* et *Cinna* de Corneille.

2 **Autoportrait d'un héros romantique** (acte III, scène 4) : pour commenter cette célèbre tirade d'Hernani, vous pourrez montrer en quoi Hernani revêt ici les traits du héros romantique. Vous pourrez vous aider des textes de Chateaubriand, de Byron ou Lamartine réunis à la fin de « 1820 », et également comparer Hernani avec Lorenzaccio, le héros éponyme de la pièce de Musset.

3 **Les personnages.** Dans une étude globale des personnages, vous pourrez vous intéresser notamment à la question centrale des identités : voilées, révélées, problématiques, ambiguës, ambivalentes, transformées. Le masque, le double et la métamorphose sont des motifs récurrents dans le drame et la littérature romantique. Une comparaison d'*Hernani* avec *Hamlet*, *Dom Juan* et *Lorenzaccio* serait ici intéressante à mener. Dans la perspective de l'intrigue amoureuse, vous pourrez étudiez les différentes alliances et oppositions des trois rivaux, le type d'amour qu'ils éprouvent pour Doña Sol (voir le sous-titre du drame, *Tres para una* : « Trois pour une »), les différents duos amoureux entre elle et Hernani, les relations entre l'intrigue sentimentale et les enjeux éthiques et politiques.

4 **Étude littéraire :** le monologue de Don Carlos. Analyser la dimension historique et politique du long monologue de Don Carlos (acte IV, scène 2), en particulier le passage concernant le « peuple-océan ». Montrez quels en sont les échos en cette année 1830. Sur la question de la clémence et de la légitimité du pouvoir, comparez les déclarations de Don Carlos avec le monologue d'Auguste dans *Cinna* (acte IV, scène 2).

5 **Écriture et mise en scène.** Étudiez les nombreuses didascalies présentes dans la pièce : lieux, décors, gestuelles, costumes, bruits, etc. En quoi traduisent-elles, en dehors des effets de couleur locale propre au contexte « castillan » du drame, l'ambition de spectacle total du drame romantique ? Comment Hugo élargit-il sans cesse l'espace scénique en faisant « jouer » un rôle important à ce qui se passe « hors scène » ? Étudiez également les changements de lieux, la prédominance de la nuit, l'écoulement du temps, les ellipses entre les actes, et montrez quels effets la rupture de la règle des trois unités permet d'obtenir. Enfin, l'écriture d'*Hernani* vous semble-t-elle répondre à la définition du « vers libre » telle que Hugo la présente dans la Préface de *Cromwell* ? (Reportez-vous à la citation ci-contre.)

La révolution de Juillet 1830

Durant son règne, Charles X, au pouvoir depuis 1824, a multiplié les signes de remise en cause de l'héritage de 1789, notamment en défendant ostensiblement la religion catholique, en faisant voter la loi du « milliard des émigrés » qui indemnise très largement les nobles dépouillés pendant la Révolution, en soutenant une politique « ultra » qui réduit les libertés et contrôle les opinions. Un vaste mouvement d'opposition se constitue contre cette politique, composé de bourgeois libéraux, mais aussi d'étudiants républicains, d'ouvriers et d'artisans socialistes. Vainqueurs aux élections de juillet 1830, les libéraux se heurtent à l'intransigeance du roi et de son ministre Polignac. Charles X, face aux attaques croissantes menées par les libéraux contre le régime de la Restauration, décide de dissoudre la Chambre des députés. De nouvelles élections ont donc lieu du 23 juin au 19 juillet 1830 : l'opposition libérale en sort encore renforcée. C'est un grave échec pour le roi et Polignac. Refusant cependant de renvoyer ce dernier et d'évoluer vers une politique monarchique de type parlementaire, Charles X prépare au contraire quatre ordonnances « liberticides » qui sont annoncées le 25 juillet : la liberté de la presse est suspendue, la Chambre est de nouveau dissoute (les dates des nouvelles élections sont fixées aux 6 et 13 septembre), le niveau du cens[1] est relevé pour diminuer le nombre des électeurs. Ainsi, seuls les plus riches pourront voter. Ce geste est perçu comme un véritable coup d'État : « La France retombe en révolution par le fait même du pouvoir » (Armand Carrel, *Le National*, 25 juillet 1830).

1 Montant des impôts donnant le droit à un citoyen d'être électeur dans le cadre d'un suffrage dit censitaire.

C'est le 26 juillet qu'interviennent les premières protestations étudiantes. Le 29, les insurgés contrôlent le Louvre, les Tuileries et s'emparent du Palais-Bourbon. Charles X consent, mais trop tardivement, à retirer les fameuses ordonnances et à renvoyer Polignac. Le 30 juillet, les députés proposent la lieutenance générale du royaume au duc d'Orléans, qui l'accepte. C'est la fin de la Restauration et du règne de Charles X, mais c'est aussi l'échec des républicains. Le roi abdique le 2 août et prend le chemin de l'exil. Le 9 août, le duc d'Orléans est intronisé au Palais-Bourbon et devient Louis-Philippe Ier, « roi des Français » ! Environ mille personnes, dont huit cents insurgés, ont trouvé la mort pendant ces journées d'insurrection que l'on nommera les « Trois Glorieuses », et l'on est passé d'une tentative révolutionnaire à un nouveau régime de compromis. Avec son « roi-citoyen », la monarchie de Juillet, issue de la défense des libertés, incarne une solution politique et idéologique appelée « juste milieu ».

> « Quoi, l'Europe bouleversée, les trônes croulant les uns sur les autres, les générations précipitées à la fosse le glaive dans le sein, le monde en travail pendant un demi-siècle, tout cela pour enfanter la quasi-légitimité ! On concevrait une grande république émergeant de ce cataclysme social. [...] La liberté n'est nulle part ; devenue l'objet de la dérision de ceux qui en faisaient leur cri de ralliement [...], cette liberté, étranglée après flétrissure au tourniquet des lois d'exception, transformera par son anéantissement la Révolution de 1830 en une cynique duperie. »
>
> François-René de Chateaubriand, **Mémoires d'outre-tombe**, IVe partie, livre I, 1848-1850

1836 Le mal du siècle

Désillusions politiques

Face à la désillusion politique qui accompagne les premières années de la monarchie de Juillet, on commence à entendre des voix dissonantes. Certains jeunes auteurs multiplient les protestations et les signes de révolte. Alors s'épanouit, de plus en plus nettement, cette tonalité singulière à laquelle Balzac, dès 1831, avait judicieusement donné le nom d'« école du désenchantement[1] ». Dès octobre 1830, Musset exprimait dans son poème « Les Vœux stériles » cette conscience des impasses de l'histoire et de la vanité des engagements de l'artiste dans une société qui prostitue les idéaux et les travestit en intérêts : créer ? « Mais aujourd'hui pour qui ? dans quel but ? sous quel maître ? » Si « l'artiste est un marchand, et l'art est un métier », si le poète pour survivre doit revêtir « un masque infâme » ou bien sombrer dans la nostalgie des mondes engloutis, alors surviennent le noir et farouche désespoir, la tentation des gouffres et du suicide. Le jeune Nerval, ardent républicain qui avait célébré avec enthousiasme la Révolution de 1830 – « On se sentait fort dans un pareil moment ! / Que de gloire ! que d'espérance » –, est lui aussi violemment frappé par l'enterrement de cet idéal dans les premières années du nouveau régime. Il exprime un profond dégoût pour la politique, « cette prostituée de tous les trônes absolus ». Gautier, quant à lui, affecte dans ses écrits des débuts de la monarchie de Juillet une indifférence véhémente envers les agitations de l'histoire et de la politique. Son détachement et son nihilisme traduisent également cette fracture entre l'artiste et le siècle, entre le moi et le monde. Même Hugo, avec *Les Chants du crépuscule* (1835), laisse apparaître les couleurs sombres du doute, les traces des désillusions politiques et spirituelles.

1 Article publié dans *Le Voleur*, 10 janvier 1831.

La bourgeoisie au pouvoir

En effet, la révolution de 1830 semble avoir accouché, avec son « roi-citoyen », d'un régime de notables bourgeois, plus soucieux de faire fructifier leurs intérêts que d'œuvrer à l'épanouissement de l'idée républicaine. Le mouvement d'enthousiasme qui avait porté la révolution de Juillet semble ainsi s'être figé dans une demi-mesure ambiguë, un *statu quo* suspendu à ce célèbre mot d'ordre de Guizot : « Enrichissez-vous. » Situation d'entre-deux qu'évoque très bien Victor Hugo dans *Les Misérables* :

> « 1830 est une révolution arrêtée à mi-côte [...]. Qui arrête les révolutions à mi-côte ? La bourgeoisie. Parce que la bourgeoisie est l'intérêt arrivé à satisfaction. Hier c'était l'appétit, aujourd'hui c'est la plénitude, demain ce sera la satiété. »
>
> Victor Hugo, **Les Misérables**, 1862

En faisant de l'argent la nouvelle religion d'un siècle qui semble de plus en plus voué au mercantilisme et à l'utilitarisme, la monarchie de Juillet favorise effectivement l'expansion économique d'une certaine France bourgeoise, mais elle engendre aussi son envers critique et polémique. Cette opposition sarcastique et désespérée est l'une des manifestations de ce que l'on a appelé le « mal du siècle ».

Figures du désenchantement

« Notre siècle est arrivé à son tour au bord du nid ; mais on lui a coupé les ailes, et il attend la mort en regardant l'espace dans lequel il ne peut s'élancer. »

Alfred de Musset, **Fantasio**, 1834

Un jeune homme alangui, un crâne, un masque tragique : voici comment Wilhem Bendz (1804-1832) représente au XIXe siècle un artiste dans son atelier. Une figuration du mal de vivre.

En 1836, Musset fait paraître *La Confession d'un enfant du siècle*, où il cristallise ce malaise fait de révolte et d'angoisse, de désespoir et de nihilisme. Musset emploie les ressources de l'autobiographie fictive pour dresser avec son double, le narrateur Octave, le portrait de cette génération désenchantée qui, peu à peu, oppose aux grands rêves humanitaristes d'un premier romantisme triomphant la conscience aiguë des impasses de l'histoire postrévolutionnaire. Les années de la Restauration, décrites dans ce texte de 1836, apparaissent comme l'écho anticipé des impasses de la monarchie de Juillet : le passé du récit et le présent de l'énonciation se confondent dans une même conscience des apories du siècle.

« Ce fut comme une dénégation de toutes choses du ciel et de la terre, qu'on peut nommer désenchantement, ou si l'on veut *désespérance* ; comme si l'humanité en léthargie avait été crue morte par ceux qui lui tâtaient le pouls. De même que ce soldat à qui l'on demanda jadis : À quoi crois-tu ? et qui le premier répondit : À moi ; ainsi la jeunesse de France, entendant cette question, répondit la première : À rien.
Dès lors il se forma comme deux camps : d'une part, les esprits

exaltés, souffrants, toutes les âmes expansives qui ont besoin de l'infini plièrent la tête en pleurant ; ils s'enveloppèrent de rêves maladifs, et l'on ne vit plus que de frêles roseaux sur un océan d'amertume. D'autre part, les hommes de chair restèrent debout, inflexibles, au milieu des jouissances positives, et il ne leur prit d'autre souci que de compter l'argent qu'ils avaient. Ce ne fut qu'un sanglot et un éclat de rire, l'un venant de l'âme, et l'autre du corps. » ●

Alfred de Musset, **La Confession d'un enfant du siècle**, première partie, chapitre II, 1836 »

Un an auparavant, dans un roman épistolaire intitulé *Mademoiselle de Maupin* (1835), Théophile Gautier avait également construit l'histoire d'un héros désenchanté : d'Albert, obsédé par la quête à jamais insatisfaite de la beauté idéale, y est dépeint comme un être habité par les violences narcissiques d'un pessimisme noir. Enfermé en lui-même, indifférent et solitaire, il éprouve le non-sens de l'existence :

« « En vérité, rien ne me paraît louable ou blâmable, et les plus étranges actions ne m'étonnent que peu. – Ma conscience est une sourde et muette. L'adultère me paraît la chose la plus innocente du monde ; je trouve tout simple qu'une jeune fille se prostitue ; il me semble que je trahirais mes amis sans le moindre remords, et je ne me ferais pas le plus léger scrupule de pousser du pied dans un précipice les gens qui me gênent, si je marchais sur le bord avec eux. – Je verrais de sang froid les scènes les plus atroces, et il y a dans les souffrances et dans les malheurs de l'humanité quelque chose qui ne me déplaît pas. – J'éprouve à voir quelque calamité tomber sur le monde le même sentiment de volupté âcre et amère que l'on éprouve quand on se venge enfin d'une vieille insulte. Ô monde, que m'as-tu fait pour que je te haïsse ainsi ? Qui m'a donc enfiellé de la sorte contre toi ? qu'attendais-je donc de toi pour te conserver tant de rancœur de m'avoir trompé ? à quelle haute espérance as-tu menti ? quelles ailes d'aiglon as-tu coupées ? – Quelles portes devais-tu ouvrir et qui sont restées fermées, et lequel de nous deux a manqué à l'autre ? Rien ne me touche, rien ne m'émeut ; – je ne sens plus, à entendre le récit des actions héroïques, ces sublimes frémissements qui me couraient autrefois de la tête aux pieds. – Tout cela me paraît même quelque peu niais. Aucun accent n'est assez profond pour mordre les fibres détendues de mon cœur et les faire vibrer… » ●

Théophile Gautier, **Mademoiselle de Maupin**, chapitre VIII, 1835 »

À la puissance et à l'énergie civilisatrice ont donc succédé des visions de l'avenir nettement moins exaltées : les vertiges de l'ennui, du désespoir, de l'impuissance et du néant ont remplacé les lumineuses chimères des utopies.

… à vous d'étudier *Lorenzaccio* (1834) de Musset…

1 Un drame politique

• Étudiez le monologue de Philippe Strozzi (acte I, scène 3) : mettez-le en perspective avec les lumineuses chimères de l'utopie que nous venons d'évoquer. En quoi le dénouement politique de la pièce vient-il démentir radicalement ce discours ?
• La pièce contient trois intrigues, liées à Lorenzo, à Strozzi et à Cibo. Elles ont un but commun : changer le régime à Florence. Définissez chacune de ces tentatives en termes politiques (révolution, réformisme, terrorisme).
• Le cardinal Cibo : étudiez les apparitions de ce personnage. En quoi constitue-t-il le seul réel opposant de Lorenzaccio ? En quoi incarne-t-il un « traître de mélodrame » ? une figure machiavélique ?

2 Un drame romantique. En quoi les préceptes de la Préface de *Cromwell* sont-ils mis en œuvre dans *Lorenzaccio* (transgression de la règle des trois unités, variations des registres) ?

3 Une tragédie existentielle : le héros romantique. À partir d'une analyse de la scène III, 3, qui occupe le centre géométrique de la pièce, définissez les termes de la tragédie existentielle qui déchire le personnage de Lorenzo.

1848 L'impossible République ?

Vers la République ?

Le régime mis en place en 1830 avait permis, en dépit de ses multiples tentatives de restriction des libertés, la progression des idées républicaines grâce, notamment, à la réduction du cens électoral à 200 francs, principale mesure de la révision de la Charte de 1814. L'augmentation du nombre des électeurs avait ainsi modifié les équilibres anciens. En outre, le droit d'élire des conseils municipaux en province favorisa le développement des pratiques démocratiques. La monarchie de Juillet raviva également la mémoire de 1789 en érigeant place de la Bastille une colonne commémorative pour célébrer les journées de Juillet 1830. Un tel choix impliquait la reconnaissance de la légitimité de l'insurrection populaire.

La monarchie de Juillet correspond également à une période de grande effervescence intellectuelle. La question politique continue de préoccuper fortement écrivains et philosophes. Ils élaborent des systèmes et des théories qui interrogent les notions de révolution, de démocratie, de république, de liberté et d'égalité, mais aussi de propriété et de production, dans la perspective d'une profonde transformation de la société et d'une amélioration des conditions de vie de tous. De nouveaux concepts, appelés à jouer un grand rôle par la suite, voient ainsi le jour : Leroux lance, en 1833, le mot « socialisme » ; en 1842, Cabet introduit le terme « communisme » et Pecqueur celui de « collectivisme ». La fréquentation de Karl Marx (1818-1883), installé à Paris depuis 1843, permet aussi la diffusion du concept de lutte des classes. Le peuple devient également une idée centrale : peuple à éduquer, à libérer de ses servitudes, à transformer en citoyens, ou à fédérer en associations de prolétaires. De nombreux textes importants ponctuent cette période et attestent de ce renouvellement de la pensée historique et de la philosophie politique. On peut citer notamment : *De la démocratie en Amérique* (Tocqueville, 1836), *L'Organisation du travail* (Blanc, 1839), *Qu'est-ce que la propriété ?* (Proudhon, 1840), *Le Peuple* (Michelet, 1846), *Philosophie de la misère* (Proudhon, 1846), *Manifeste du parti communiste* (Marx et Engels, 1848)... Pour ces penseurs libéraux, républicains, socialistes et communistes, la question politique devient plus que jamais indissociable des questions sociales et économiques. Cette richesse de la réflexion politique permet la progression des idées réformistes et républicaines dans l'opinion ; elle joue un rôle important dans l'avènement de la IIe République[1].

1 Flaubert, dans la troisième partie de *L'Éducation sentimentale* (1869), rendra compte, non sans ironie, de cette effervescence des idées et des systèmes politiques quand Frédéric Moreau, son héros, voulant devenir député en 1848, visite les différents clubs de pensée.

La chute de Louis-Philippe

Les journées de 1848 furent très violentes : le 24 février, on incendia le château d'eau du Palais-Royal à Paris.

L'atmosphère politique s'est de plus en plus durcie entre des gouvernements se refusant à tout changement, considérant la logique du « juste milieu » comme la seule qui convienne, et des républicains et des socialistes qui réclament une modification des institutions. La situation se dégrade encore en raison d'une crise économique mondiale qui éclate en 1846 et provoque en France de nombreuse faillites d'entreprises. Le climat social, dans un tel contexte de double crise économique et politique, devient de plus en plus tendu.

La révolution de Février éclate à l'occasion d'un incident qui se révélera être une grave maladresse. Guizot, chef du gouvernement, fait interdire un banquet prévu à Paris, le dernier d'une série au cours de laquelle l'opposition républicaine et socialiste avait organisé le rassemblement de ses forces de contestation dans la perspective d'une réforme électorale et parlementaire. Cette annulation est fatale au régime : ouvriers et étudiants refusent de se soumettre une fois de plus à la volonté du gouvernement et se dirigent vers la place de la Concorde, où les premiers affrontements ont lieu. Le 23 février, la Garde nationale fraternise avec les émeutiers aux cris de « Vive la Réforme » et « Guizot démission ! ». Le roi « accepte » le départ de ce dernier. Le même soir, la foule se rend sous ses fenêtres, les soldats paniquent et tirent. Les premières victimes sont promenées en charrette dans les rues de Paris à la lueur des torches, et toute la nuit l'indignation et la colère, suscitées par la vue de ces cadavres, grossissent les rangs des insurgés.

Constitution d'un gouvernement provisoire

Le 24 février, le roi abdique en faveur de son petit-fils et se réfugie en Angleterre. Lamartine et quelques élus de l'opposition refusent la régence de la duchesse d'Orléans et dressent la liste du futur gouvernement. Un gouvernement provisoire est créé, et qui reste en fonction jusqu'au 4 mai. Des socialistes, comme Louis Blanc et Albert, y sont associés, et le peuple de Paris occupe en permanence la place de Grève[1]. Ce gouvernement provisoire déclare vouloir proclamer la République. Il prend immédiatement une série de mesures importantes : l'abolition de la peine de mort que Victor Hugo, avec *Le Dernier Jour d'un condamné* (1829) et ses nombreux discours, avait été l'un des premiers à réclamer ; l'abolition de l'esclavage dans les colonies ; le rétablissement de la liberté de la presse et de réunion ; et surtout l'établissement du suffrage universel pour tous les hommes (!), français, âgés de plus de 21 ans. La future République semble bien se vouloir sociale et progressiste. Début mars, George Sand, témoin des événements, ne cache pas son enthousiasme :

1 Actuelle place de l'Hôtel-de-Ville.

> « Vive la République ! Quel rêve, quel enthousiasme ! [...] J'ai passé bien des nuits sans dormir, bien des jours sans m'asseoir. On est ivre, on est heureux [...]. La République est conquise, elle est assurée, nous y périrons tous plutôt que de la lâcher. »
>
> George Sand, **Correspondance**, lettre datée du 8 mars 1848

L'échec de juin

Limites et divisions

Les premières tensions apparaissent assez vite : Lamartine refuse le drapeau rouge des insurgés et, si le gouvernement provisoire décide effectivement la création des Ateliers nationaux[1] pour lutter contre le chômage et la misère, il adopte une formule bancale qui réduit nettement le programme préconisé par le socialiste Louis Blanc. Les premières résolutions ne semblent donc convenir ni aux ouvriers, ni aux socialistes, ni aux bourgeois : trop timides et donc insuffisantes pour les uns, mais véritablement effrayantes pour les autres...

1 Les Ateliers nationaux sont chargés d'employer les ouvriers chômeurs à des travaux d'intérêt public.

> « La chute de la monarchie avait été si prompte, que, la première stupéfaction passée, il y eut chez les bourgeois comme un étonnement de vivre encore. L'exécution sommaire de quelques voleurs, fusillés sans jugement, parut chose très juste. On se redit, pendant un mois, la phrase de Lamartine sur le drapeau rouge, "qui n'avait fait que le tour du Champ-de-Mars, tandis que le drapeau tricolore", etc. ; et tous se rangèrent sous son ombre, chaque parti ne voyant des trois couleurs que la sienne et se promettant bien, dès qu'il serait le plus fort, d'arracher les deux autres. »
>
> Gustave Flaubert, **L'Éducation sentimentale**, 1869

La République enfin proclamée est aussitôt contestée

Le 4 mai, la République est officiellement proclamée par l'Assemblée, mais les tensions se précisent entre une extrême gauche socialiste, désireuse de se conformer aux aspirations premières de la révolution de Février, et un gouvernement qui semble avoir des ambitions démocratiques encore trop timides et limitées. Le 15 mai, des manifestations organisées par les clubs d'extrême gauche ont lieu à Paris, des groupes de protestataires envahissent même la salle de l'Assemblée, qui se trouve ainsi contestée dans sa légitimité. Le problème posé par le bien-fondé des Ateliers nationaux cristallise les oppositions et les mécontentements.

Durant le mois de juin, l'agitation ouvrière se fait de plus en plus violente : la république sociale est acclamée et réclamée, le gouvernement conspué. Les Ateliers nationaux sont perçus par le gouvernement comme de dangereux foyers d'agitation populaire. Le 21 juin, ils sont purement et simplement dissous. La réaction est immédiate : la révolte populaire éclate. Du 23 au 26 juin, Paris est le théâtre de combats violents et meurtriers : 4 000 morts du côté des insurgés, 1 500 parmi les forces de l'ordre. Le général Cavaignac, nommé chef de l'exécutif et auquel ont été confiés les pleins pouvoirs, se trouve chargé de la répression, qui sera impitoyable : plus de 1 500 exécutions sommaires sont ordonnées et 15 000 personnes sont arrêtées, condamnées à des peine de prison ou déportées en Algérie. On est bien loin des enthousiasmes de février ; la République bourgeoise a, elle aussi, tiré sur le peuple !

Une République réactionnaire

Le 28 juin, un nouveau gouvernement est nommé et l'Assemblée constituante accentue sa politique de réaction : des lois entravent la liberté de réunion des clubs politiques, la journée de travail repasse à douze heures (après avoir été ramenée à dix heures à Paris et onze en province) et la presse populaire est muselée. Lamennais, protestant contre cette politique répressive, traduit l'esprit qui motive cette attitude gouvernementale en une célèbre formule lapidaire : « Silence aux pauvres ! » La toute jeune République s'éloigne de plus en plus de l'idéal de liberté et de progrès social de ses origines. Une fois encore, la révolution semble avoir avorté et la bourgeoisie en place défend, comme le régime précédent, l'ordre et la propriété. Ainsi, à mesure que le pouvoir s'institutionnalise, il se décrédibilise : le 4 novembre, la Constitution de la IIe République est proclamée. Le 10 décembre, la première élection présidentielle a lieu et, signe des temps, Louis Napoléon Bonaparte est élu au suffrage universel devant Cavaignac, Lamartine ne recueillant que bien peu de voix… Le temps politique paraît s'être à nouveau figé, comme en 1830, dans une solution de demi-mesure et, en quelques mois, les promesses d'avenir se sont métamorphosées en vagues réminiscences du passé : le neveu de Napoléon, pâle copie de son oncle, est censé garantir l'ordre et revivifier la légende de l'Empire ! Avec ses tendances répressives et ce type de compromis, la IIe République se trouve porteuse de sa propre destruction. Hugo, dans un poème intitulé « À une statue » qu'il insère à la date du 12 novembre 1848 dans *Choses vues*, lui retire toute légitimité :

> « Non, tu n'es pas la grande et sainte République !
> Celle que l'homme attend, que l'Évangile explique […]
>
> Non, tu n'es pas la grande et sainte République !
> Ô fantôme à l'œil louche, à l'attitude oblique ;
> Tu n'as pas su donner l'honneur à nos drapeaux,
> Au peuple le travail, au pays le repos ;
> Tu n'as point reconnu le droit des misérables ;
> Tu n'as point su toucher à leurs maux vénérables ;
> Tu pouvais, en suivant un élan immortel,
> De l'échafaud brisé te bâtir un autel,
> Et tu ne l'as point fait. »
>
> Victor Hugo, **Choses vues**, 1848

Les figures de la République

La monarchie renversée, la République doit construire les nouveaux symboles de l'État. En 1848 sont donc organisés par le gouvernement des concours officiels de peinture et de sculpture, les artistes devant présenter des figures symboliques de la République française. Cette mise en place d'une iconographie républicaine officielle pose l'épineuse question des attributs et des significations que le nouveau pouvoir veut rattacher à la représentation de l'État français. L'histoire politique des signes donne ici un contrepoint éclairant à l'histoire des choix idéologiques. Maurice Agulhon, dans *Marianne au combat* (Flammarion), montre que cette production des allégories de la République traduit la division croissante entre deux courants républicains, « l'un plus bourgeois, l'autre populaire ; […] l'un qui veut stabiliser au plus tôt une République de démocratie libérale, égalitaire, conciliatrice, éducatrice, l'autre qui met l'accent sur une République de mouvement populaire, dynamique et combatif ».

De retour au pouvoir, les républicains lancent un concours pour « la composition d'une figure symbolique de la République ». Voici la proposition d'Honoré Daumier : tenant le drapeau tricolore, la République nourrit et protège ses enfants.

Dans *L'Éducation sentimentale*, Flaubert décrit le sac des Tuileries, où la République apparaît sous les traits d'une prostituée.

« Par les baies des portes, on n'apercevait dans l'enfilade des appartements que la sombre masse du peuple entre les dorures, sous un nuage de poussière. Toutes les poitrines haletaient ; la chaleur de plus en plus devenait suffocante ; les deux amis craignant d'être étouffés, sortirent.
Dans l'antichambre, debout sur un tas de vêtements, se tenait une fille publique, en statue de la Liberté, – immobile, les yeux grands ouverts, effrayante. »

Gustave Flaubert, **L'Éducation sentimentale**, 1869

Dans le roman, le peintre Pellerin célèbre l'art républicain et y apporte sa contribution :

> « Il allait avec ses collègues réclamer la création d'un Forum de l'Art, une espèce de Bourse où l'on débattrait les intérêts de l'Esthétique ; des œuvres sublimes se produiraient puisque les travailleurs mettraient en commun leur génie. Paris, bientôt, serait couvert de monuments gigantesques ; il les décorerait ; il avait même commencé une figure de la République. [...] Mais dans l'antichambre, un tableau l'arrêta, le tableau de Pellerin, posé sur une chaise, provisoirement sans doute. Cela représentait la République, ou le Progrès, ou la Civilisation, sous la figure de Jésus-Christ conduisant une locomotive, laquelle traversait une forêt vierge. »
>
> Gustave Flaubert, **L'Éducation sentimentale**, 1869

... à vous de déchiffrer les représentations de la République...

1 Face à la « République fougueuse », la « République apaisée-apaisante » :

• Pour analyser la *République* de Daumier, étudiez sa posture (calme ou véhémence, énergie ou solennité, nudité ou drapés), ses attributs (que porte-t-elle, que tient-elle dans ses mains, de quoi est-elle entourée, quels sont les différents symboles représentés et comment sont-ils disposés autour d'elle...?). Analysez le traitement de l'espace, du visage, du corps, des volumes...
• Après cette étude détaillée, identifiez le courant idéologique qu'elle représente : incarne-t-elle, selon vous, la République de l'ordre, bourgeoise et pacifiée ou bien la République populaire, vaillante et combative ? Vous pourrez également, pour enrichir cette étude, comparer cette peinture avec d'autres figurations de la République réalisées en 1848 comme *La République* du sculpteur Soitoux, celle du peintre Sébastien-Melchior Cornu, ou encore celles de Charles Landelle ou de Dominique Papety (œuvres reproduites notamment en ouverture de *Marianne au combat*, Flammarion).

2 Critiques et caricatures, Hugo, Flaubert : en regard du déroulement et des enjeux de la révolution de 1848 et en les comparant à la figure précédente, comment comprenez-vous la lecture des événements que donne Hugo dans son poème « À une statue » et celle qui est construite par Flaubert à travers ses deux incarnations caricaturales de la République ? Sur quels contrastes les deux auteurs jouent-t-ils ? Comment traduisent-il les tensions et la cacophonie politique et symbolique de cette période ?

1852 De la République à l'Empire : résistances et désenchantements

Une République trahie dans ses principes

Durant les années 1850 et 1851, les dispositions réactionnaires s'intensifient. Le corps des électeurs est amputé d'un tiers : deux millions et demi de prolétaires sont exclus des listes électorales. Le suffrage universel reste maintenu en théorie, mais, en pratique, il vient d'être renié. La gauche est scandalisée et certains républicains reprennent les pratiques d'une opposition clandestine. Le président Bonaparte affiche de plus en plus clairement ses intentions de garder le pouvoir, et l'échéance des élections de 1852 devient l'enjeu majeur de la vie politique. Or, la Constitution ne prévoit pas la possibilité pour le président de se faire élire une seconde fois. Louis-Napoléon Bonaparte fait donc campagne au printemps 1851 en faveur d'une modification constitutionnelle. Les ambitions affichées de ce président dérangent à la fois les royalistes, qui y voient une concurrence nuisible à la défense de leurs propres intérêts, et les libéraux conservateurs, qui pressentent l'instauration d'une dictature. Le projet de réforme est rejeté par l'Assemblée à la fin de juillet 1851. Un coup d'État se profile à l'horizon.

Vers un pouvoir autoritaire

Le président Bonaparte choisit pour agir la date anniversaire du 2 décembre 1851, qui renvoie au sacre de Napoléon Ier et à la victoire d'Austerlitz. Pour obtenir le soutien populaire indispensable à la réussite de l'opération, une vaste campagne de propagande est organisée : dans la nuit du 1er au 2 décembre, des soldats occupent l'Imprimerie nationale et font composer deux proclamations officielles qui sont placardées à l'aube sur tous les murs de la capitale. L'une s'adresse à l'armée, l'autre à la population :

> « Français !
> La situation actuelle ne peut plus durer longtemps. [...] L'assemblée, qui devait être le plus ferme maintien de l'ordre, est devenue un foyer de complots. [...] Si vous avez confiance en moi, donnez-moi les moyens d'accomplir la grande mission que je tiens de vous. Cette mission consiste à fermer l'ère des révolutions, en satisfaisant les besoins légitimes du Peuple et en le protégeant contre les passions subversives. »

Des républicains forment un comité de résistance et décident d'en appeler à la mobilisation populaire. Dès le 3 décembre, quelques barricades

Napoléon III caricaturé en vautour qui dévore la France.

sont dressées dans les rues de Paris, l'armée intervient et le combat s'engage. Mais l'opposition du peuple, nettement moins forte que pendant les journées de Février 1848, est rapidement maîtrisée. Michelet considère que Bonaparte a violé la Constitution et le droit, et qu'il est impossible de cautionner un tel régime. Le plébiscite donne néanmoins 7,5 millions de « oui » en faveur de la nouvelle Constitution, qui est promulguée le 14 janvier 1852 et instaure un véritable pouvoir autocratique. Durant les mois qui suivent, le prince-président enchaîne les voyages de propagande en province. Le 20 novembre, le nouveau régime est soumis au plébiscite et obtient une approbation massive du pays (7,8 millions de « oui »). Le 2 décembre 1852 a lieu le couronnement de l'empereur Napoléon III.

Littérature et politique : le temps des fractures

Hugo : le combat et le verbe militant

Élu en 1848 à l'Assemblée constituante dans les rangs de la droite, Victor Hugo participe en juin à la répression des émeutes, tout en essayant de limiter les affrontements. À partir de son *Discours sur la liberté de la presse,* il vote de plus en plus à gauche. L'année 1848 marque chez Hugo une conversion républicaine dont la radicalité ne va cesser de s'affirmer. D'abord favorable à Louis Napoléon Bonaparte, il pressent la menace dès 1851 et s'oppose à la révision de la Constitution en prononçant à l'Assemblée un discours virulent contre les dangers du pouvoir autoritaire, et qui exalte la Révolution française et la liberté :

> « Quoi ? après Auguste, Augustule ! Quoi ! parce que nous avons eu Napoléon le Grand, il faut que nous ayons Napoléon le Petit ! »
>
> Victor Hugo, **Actes et paroles**, I, « Révision de la Constitution », discours du 17 juillet 1851

Le coup d'État du 2 décembre confirme ses craintes, et les fusillades du 4, où l'armée tire aveuglément sur la foule, cristallisent son hostilité. Il en appelle à la résistance. Hugo combat sur les barricades, il est recherché par la police et, officiellement banni par le Second Empire, il quitte la France pour Jersey à la fin du mois de juillet 1852. C'est le début d'un exil dont le terme sera la chute du régime, puisque Hugo refusera toujours de rentrer en dépit de la grâce impériale accordée aux proscrits en 1859. Dès janvier 1852, il est déterminé à organiser la lutte contre l'empereur et projette de « construire une citadelle d'écrivains et de libraires d'où nous bombarderons le Bonaparte ». Le combat du verbe vengeur s'ouvre avec le pamphlet *Napoléon-le-Petit* qui paraît en 1852. Le discours se veut féroce et railleur, il oppose la grandeur et l'énergie épique de la Révolution à la monstruosité grotesque de l'usurpateur :

> « Quoi ! c'est ce Bonaparte qui a fait cette ruine ! [...] Quoi ! le plus éclatant concours d'hommes ! quoi ! le plus magnifique mouvement d'idées ! ce qu'aucun Titan n'eût contenu, ce qu'aucun Hercule n'eût détourné, le fleuve humain en marche, la vague française en avant, la civilisation, le progrès, l'intelligence, la révolution, la liberté, il a arrêté cela un beau matin, purement et simplement, tout net, ce masque, ce nain, ce Tibère avorton, ce néant ! Et vous vous figurez que cela est ! [...] Vous ne voyez donc pas que tout cela est chimère ! vous ne voyez donc pas que le Deux-Décembre n'est qu'une immense illusion, [...] derrière laquelle Dieu, ce machiniste merveilleux, prépare et construit le dernier acte, l'acte suprême et triomphal de la Révolution française ! »
>
> Victor Hugo, **Napoléon-le-Petit**, 1852

Le coup d'État du 2 décembre a creusé un immense fossé que le verbe devra combler. Pour Hugo, la parole incarne l'infinie puissance de la liberté et une invincible promesse d'avenir et de progrès. Les *Châtiments* (1853), recueil de poésie militante, amplifient la puissance de l'attaque : Hugo y concentre dans le langage poétique l'acte de résistance politique et transforme sa position d'exilé, de proscrit, en argument d'autorité. Il est le spectre de la mauvaise conscience qui doit hanter les esprits de tous ceux qui ont permis le viol de la République. Hugo, à rebours de ses contemporains, ne cesse de faire confiance à la toute-puissance du langage et de l'histoire, dans une double volonté de restauration de ce qui a été perdu et de projection utopique vers un avenir providentiel et lumineux.

Le refus du dehors et l'indifférence proclamée

La posture hugolienne est, cependant, loin d'être celle de nombreux artistes contemporains qui opposent au chaos de l'histoire et à l'échec de 1848 une sorte de rejet de toute alliance directe et immédiate avec la réalité politique. Pour eux, l'art doit affirmer sa rigoureuse indépendance et renvoyer dos à dos toutes les idéologies rassemblées dans leur commune et absurde médiocrité. Baudelaire, Leconte de Lisle, Banville, Gautier prônent l'autonomie de l'art et de l'artiste, et ne confèrent à la poésie « pas d'autre but qu'elle-même ». En 1852, Théophile Gautier publie *Émaux et Camées*, et confirme le divorce entre l'art et les contingences de l'histoire. En écho à la préface d'*Albertus* (1833), qui prenait déjà ses distances avec les enthousiasmes de 1830 – « L'auteur du présent livre [...] n'a vu du monde que ce que l'on en voit par la fenêtre, et il n'a pas envie d'en voir davantage. Il n'a aucune couleur politique ; il n'est ni rouge, ni blanc, ni même tricolore ; il n'est rien, il ne s'aperçoit des révolutions que lorsque les balles cassent ses vitres » –, la préface d'*Émaux et Camées* reprend et radicalise, mais en vers cette fois, une position délibérée de retrait et de détachement :

« Pendant les guerres de l'Empire,
Goethe au bruit du canon brutal,
Fit *le Divan occidental*,
Fraîche oasis où l'art respire. [...]

Comme Goethe sur son divan
À Weimar s'isolait des choses
Et d'Hafiz effeuillait les roses,

Sans prendre garde à l'ouragan
Qui fouettait mes vitres fermées
Moi, j'ai fait *Émaux et Camées*. »

Théophile Gautier, Préface de **Émaux et Camées**, 1852

Mais, ici, l'artiste fait aussi sécession, il s'affranchit d'une société bourgeoise et réactionnaire dont les mots d'ordre sont l'argent et la propriété. Avec le culte du Beau, le poète entre en résistance. Il manifeste son opposition par le retrait et invente une autre modalité de l'exil. Cette rupture avec les mirages déçus d'un art militant traduit, en creux, la violence du choc subi : le divorce apparemment consommé entre l'artiste et la cité laissera des traces profondes chez ceux qui, comme Baudelaire et Flaubert, étaient encore de jeunes écrivains en 1848. *Les Fleurs du mal* et *L'Éducation sentimentale* sont à lire à la lumière de cette fracture originelle.

... à vous de lire *L'Éducation sentimentale* (1869) de Flaubert...

1 Démystification des illusions romantiques...

• Montrez comment, dès l'incipit du roman, Flaubert joue sur les codes du roman d'apprentissage et sur le cliché du jeune héros romantique pour mieux les subvertir et les désamorcer. D'emblée, la machine de destruction est lancée. Commentez en ce sens le choix du titre.

• • •

• « Je veux faire l'histoire morale des hommes de ma génération ; "sentimentale" serait plus vrai. C'est un livre d'amour, de passion ; mais de passion telle qu'elle peut exister maintenant, c'est-à-dire inactive. » Montrez en quoi *L'Éducation sentimentale* est l'histoire d'une impuissance, d'une passion avortée, d'une impossibilité à être et à aimer pour son antihéros, Frédéric Moreau. Repérez les scènes où paradoxalement il « agit » : ce sont uniquement des moments de rêverie solitaire où il imagine son existence, et comparez-les à la fameuse scène où il s'empêtre dans les jupes de Mme Arnoux sans pouvoir l'étreindre. Étudiez à cet effet la scène de première rencontre entre Frédéric et Mme Arnoux et leur dernière entrevue à la toute fin du roman.

2 **Roman et histoire : le carnaval bourgeois.** Dans le récit, rien n'a lieu, rien ne se passe, rien n'advient véritablement, si ce n'est la vanité et la vacuité générale. L'histoire et la politique sont une bouffonnerie sordide, un carnaval d'intérêts, un haut lieu de la bêtise. Chez Flaubert, tout se dissout, se fige, à rebours de l'énergie conquérante des romans d'éducation balzaciens par exemple.

• Analysez, dans la troisième partie du roman, comment Flaubert met en scène la révolution de 1848 et ses conséquences. Faites un commentaire détaillé de la scène qui clôt cette période, à la fin du chapitre IV. Comment interprétez-vous la mort de Dussardier tué par Sénécal et la stupeur éprouvée par Frédéric, témoin de la scène ? Commentez l'ellipse temporelle qui sépare ce chapitre du suivant.

• Faites une étude détaillée de l'excipit (la fin du texte), et analysez tout particulièrement, à la lumière de l'ensemble du récit, le sens de ces ultimes réflexions des deux camarades, Frédéric et Deslauriers, se remémorant leur fiasco à l'entrée d'une maison de passe : « c'est ce que nous avons eu de meilleur ».

Esthétisme, dandysme, Parnasse, bohème sont donc les nouvelles modalités de la révolte. Démystification, ironie, transgression des valeurs dominantes, la critique conservatrice et la bonne société du Second Empire ne s'y tromperont pas et reconnaîtront, à la fois, la violence de l'attaque et les forces qui les menacent.

1857 Deux célèbres procès au cœur de la « bataille » réaliste

Baudelaire et Flaubert accusés

Délibérément autoritaire jusqu'en 1859, le Second Empire assure son ordre par la censure. La presse et les théâtres sont étroitement contrôlés. Dans ce contexte, on ne s'étonne pas qu'un recueil de poésies, *Les Fleurs du mal*, et un roman, *Madame Bovary*, soient mis en accusation pour outrage à la morale publique, religieuse, et aux bonnes mœurs. C'est le même Ernest Pinard, avocat impérial, qui conduit les réquisitoires à l'encontre de Baudelaire et de Flaubert :

« De bonne foi, croyez-vous qu'on puisse tout dire, tout peindre, tout mettre à nu, pourvu qu'on parle ensuite du dégoût de la débauche et qu'on décrive les maladies qui la punissent ? Ou le sens de la pudeur n'existe pas, ou la limite qu'elle impose a été audacieusement franchie.
[...] Je dis, messieurs, que des détails lascifs ne peuvent pas être couverts par une conclusion morale, sinon on pourrait raconter toutes les orgies imaginables, décrire toutes les turpitudes d'une femme publique en la faisant mourir sur un grabat à l'hôpital. Il serait permis d'étudier et de montrer toutes ses poses lascives Ce serait aller contre toutes les règles du bon sens. Ce serait placer le poison à la portée de tous et le remède à la portée d'un bien petit nombre, s'il y avait un remède. Qui est-ce qui lit le roman de M. Flaubert ? Sont-ce des hommes qui s'occupent d'économie politique et sociale ? Non, les pages légères de *Madame Bovary* tombent en des mains plus légères, dans des mains de jeunes filles, quelquefois de femmes mariées. »

Le romancier sera acquitté, mais Baudelaire et son éditeur devront payer une amende, et certains poèmes « qui conduisent nécessairement à l'excitation des sens par un réalisme grossier et offensant pour la pudeur » seront supprimés du recueil.

« Le prêtre se releva pour prendre le crucifix ; alors elle allongea le cou comme quelqu'un qui a soif, et, collant ses lèvres sur le corps de l'Homme-Dieu, elle y déposa de toute sa force expirante le plus grand baiser d'amour qu'elle eût jamais donné. Ensuite il récita le *Misereatur* et l'*Indulgentiam*, trempa son pouce droit dans l'huile et commença les onctions : d'abord sur les yeux, qui avaient tant convoité toutes les somptuosités terrestres ; puis sur les narines, friandes de brises tièdes et de senteurs amoureuses ; puis sur la bouche, qui s'était ouverte pour le mensonge, qui avait gémi d'orgueil et crié dans la luxure ; puis sur les mains, qui se délectaient aux contacts suaves, et enfin sur la plante des pieds, si rapides autrefois quand elle courait à l'assouvissance de ses désirs, et qui maintenant ne marcheraient plus.

Le curé s'essuya les doigts, jeta dans le feu les brins de coton trempés d'huile, et revint s'asseoir près de la moribonde pour lui dire qu'elle devait à présent joindre ses souffrances à celles de Jésus-Christ et s'abandonner à la miséricorde divine. [...]
Elle regarda tout autour d'elle, lentement, comme quelqu'un qui se réveille d'un songe, puis, d'une voix distincte, elle demanda son miroir, et elle resta penchée dessus quelque temps ; jusqu'au

moment où de grosses larmes lui découlèrent des yeux. Alors elle se renversa la tête en poussant un soupir et retomba sur l'oreiller. Sa poitrine se mit aussitôt à haleter rapidement. La langue toute entière lui sortit hors de la bouche ; ses yeux, en roulant, pâlissaient comme deux globes de lampe qui s'éteignent, à la croire déjà morte, sans l'effrayante accélération de ses côtes, secouées par un souffle furieux, comme si l'âme eût fait des bonds pour se détacher. Félicité s'agenouilla devant le crucifix, et le pharmacien lui-même fléchit un peu les jarrets, tandis que M. Canivet regardait vaguement sur la place. Bournisien s'était remis en prière, la figure inclinée contre le bord de la couche, avec sa longue soutane noire qui traînait derrière lui dans l'appartement. Charles était de l'autre côté, à genoux, les bras étendus vers Emma. Il avait pris ses mains et il les serrait, tressaillant à chaque battement de son cœur, comme à contre-coup d'une ruine qui tombe. À mesure que le râle devenait plus fort, l'ecclésiastique précipitait ses oraisons : elles se mêlaient aux sanglots étouffés de Bovary, et quelquefois tout semblait disparaître dans le sourd murmure des syllabes latines, qui tintaient comme un glas de cloche.

Tout à coup, on entendit sur le trottoir un bruit de gros sabots, avec le frôlement d'un bâton ; et une voix s'éleva, une voix rauque, qui chantait :

Souvent la chaleur d'un beau jour
Fait rêver fillette à l'amour.

Emma se releva comme un cadavre que l'on galvanise, les cheveux dénoués, la prunelle fixe, béante.

Pour amasser diligemment
Les épis que la faux moissonne,
Ma Nanette va s'inclinant
Vers le sillon qui nous les donne.

– L'aveugle ! s'écria-t-elle.

Et Emma se mit à rire, d'un rire atroce, frénétique, désespéré, croyant voir la face hideuse du misérable, qui se dressait dans les ténèbres éternelles comme un épouvantement.

Il souffla bien fort ce jour-là,
Et le jupon court s'envola !

Une convulsion la rabattit sur le matelas. Tous s'approchèrent. Elle n'existait plus. » ●

Gustave Flaubert, **Madame Bovary**, 1857

… à vous de comprendre le scandale…

1 Étude de la mort d'Emma Bovary

- Relevez les détails physiologiques d'un prosaïsme violent qui rythment l'agonie du personnage.
- La religion : en quoi le discours du narrateur sur la façon dont Emma reçoit les derniers sacrements pouvait-il passer pour scandaleux ?
- La chanson de l'aveugle (qu'Emma avait déjà entendue à Rouen où elle avait commis l'adultère) : appréciez la portée symbolique de ce détail en le mettant en relation avec la destinée de l'héroïne.

2 Pour une analyse de la section « Spleen et Idéal » des *Fleurs du mal*

- **Les thèmes poétiques**

– Les deux termes de ce titre sont oxymoriques : relevez les poèmes ne renvoyant qu'à l'Idéal et les poèmes ne renvoyant qu'au Spleen. Appréciez la proportion des poèmes relevés par rapport à l'ensemble de la section. Montrez comment aspiration à l'Idéal et enfermement dans le Spleen se combinent dans les autres poèmes (notamment dans les poèmes érotiques qui occupent le centre de la section).
– Étudiez la figure du poète dans les poèmes I à XXI.
– Étudiez les figures de la femme successivement développées :
  * dans les poèmes XXII à XXXIX, « Les Bijoux », « Le Léthé », « La Chanson d'après-midi », « Le Revenant », « La Béatrice » (cycle de Jeanne) ;
  * dans les poèmes XL à XLVIII (cycle de Mme Sabatier) ;
  * dans les poèmes XLIX à LVIII (cycle de Marie Daubrun) ;
  * dans les poèmes LIX à LXIV (cycle des « inspiratrices secondaires »).
– Étudiez les caractéristiques de l'état de spleen dans les poèmes LXV à LXXXII.
– Quelle attitude du poète révèlent les trois derniers poèmes de la section ?

- **La langue poétique**

– Les images : comment les images fonctionnent-elles sur le système fourni par le poème « Correspondances » ?
– Les sonorités : relevez des vers particulièrement riches en effets musicaux (assonances et allitérations).
– La prosodie : analysez la conformité ou les écarts (décalage entre la coupe syntaxique et la césure ou la coupe du vers, enjambement, rejet, contre-rejet) avec le schéma rythmique traditionnel des vers. Mettez cette conformité ou ces écarts en rapport avec les deux thématiques de l'Idéal et du Spleen.

Naissance du réalisme

Le réalisme n'est pas une invention du XIXe siècle : on trouve des traits de réalisme chez Homère, lorsqu'il décrit, par exemple, l'armement de ses héros. Le XIXe siècle va cependant ériger le réalisme en doctrine esthétique. En effet, le réalisme n'est pas le réel, livré sans aucune distance (comme il peut l'être dans la photographie d'un amateur qui ne soucie pas de cadrage) : c'est une représentation artistique du réel, réorganisée esthétiquement pour qu'il prenne une signification.

« La reproduction de la nature par l'homme ne sera jamais une reproduction, une imitation, ce sera toujours une représentation… L'homme n'étant pas machine ne peut pas rendre les objets machinalement. »

Champfleury, **Le Réalisme**, 1857

Le réalisme a paru scandaleux par le choix de sujets modestes, voire repoussants ou « laids », dont il a fait matière d'art : scènes de la vie quotidienne, paysages urbains, objets prosaïques, tout peut nourrir l'expression artistique : « Le romancier ne juge pas, ne condamne pas, n'absout pas, il expose des faits. » (Champfleury[1], article paru dans *Le Figaro*, août 1856)

Les débats sur le « réalisme grossier » de certains artistes, écrivains ou peintres, sont dans l'air du temps. Quelques années auparavant, au Salon (exposition officielle de peinture) de 1850-1851, avait éclaté un scandale autour de plusieurs toiles du peintre Courbet dont *Un enterrement à Ornans*. Les critiques s'étaient déchaînés : « Si la peinture démocratique consiste dans les tons les plus sales et les plus communs, modelant les formes les plus grossières et du choix le plus laid, je ne veux certes point nier que M. Courbet ne soit un peintre démocratique… Par l'exagération même de la grossièreté et de la hideur de sa peinture, c'est la haine même de l'art que prêche M. Courbet. »

Nieuwerkerke, ministre de Napoléon III, n'avait pas, lui non plus, mâché ses mots : « C'est de la peinture de démocrates, de ces hommes qui ne changent pas de linge, qui veulent s'imposer aux gens, au monde ; cet art me déplaît et me dégoûte. »

Aujourd'hui, on comprend difficilement, à première vue, ce qui a pu susciter de si violentes réactions. Peut-être tout d'abord la taille spectaculaire (315 × 668 cm) d'une toile qui ne représente qu'un épisode banal : l'enterrement campagnard d'un inconnu, alors que les très grands formats étaient par tradition réservés aux sujets historiques et grandioses

1 Écrivain qui prit une part active dans la « bataille » réaliste en défendant notamment les œuvres de Courbet. Il publie en 1857 un recueil-manifeste intitulé *Le Réalisme*.

Gustave Courbet (1819-1877), *Un enterrement à Ornans*.

(couronnements, batailles…). Mais il y a plus grave : cette inadéquation volontaire n'entraîne aucune idéalisation du sujet représenté. Proudhon, ami de Courbet, voyait dans ce tableau « des bedeaux au nez bourgeonné, qui, pour quelques sous, ont quitté leurs vignes et sont venus figurer au drame funèbre ». Si la mort est bien là, le sacré ne semble plus être au rendez-vous et, comme dans un « Spleen » de Baudelaire, « le ciel bas et lourd pèse comme un couvercle » (*Les Fleurs du mal*)… Le réalisme ne prône pas la laideur, mais, dans sa recherche de vérité, il prend le risque de la rencontrer. Vingt ans plus tard, dans sa Préface à *L'Assommoir*, Émile Zola répond à ceux qui l'accusent d'obscénité :

> « C'est une œuvre de vérité, le premier roman sur le peuple, qui ne mente pas et qui ait l'odeur du peuple. Et il ne faut point conclure que le peuple tout entier est mauvais, car mes personnages ne sont pas mauvais, ils ne sont qu'ignorants et gâtés par le milieu de rude besogne et de misère où ils vivent. »
>
> Émile Zola, Préface à **L'Assommoir**, 1877

1860 Haussmann remodèle Paris

Depuis la monarchie de Juillet, l'industrialisation de la France s'est accélérée avec, notamment, le développement des chemins de fer, les progrès de la métallurgie et la mécanisation de la production des textiles. Paris s'agrandit en annexant les villages de sa périphérie. De nouveaux quartiers, comme la plaine Monceau, sortent de terre. Pour les relier au centre historique de Paris, de larges percées sont créées, qui éventrent l'ancien tissu urbain. Les travaux sont dirigés par le baron Haussmann : il modifie radicalement la physionomie de Paris (au point qu'on parle depuis lors d'un Paris haussmannien qui est encore, dans ses grands traits, le Paris d'aujourd'hui). Les objectifs de cette restructuration de la capitale relèvent de mesures d'hygiène, mais aussi de sécurité publique. Les anciennes rues tortueuses avaient encore favorisé le développement d'épidémies de choléra dans la première moitié du siècle, et s'étaient montrées propices à l'édification de barricades au cours des révolutions de 1830 et 1848. Mais la refonte de Paris permet surtout au régime du Second Empire de s'affirmer dans un urbanisme à sa mesure : les constructions et reconstructions sont ordonnées de façon réglementaire le long de larges et majestueux boulevards, convergeant vers des monuments qui prennent valeur de symbole, comme l'Opéra[1] de Charles Garnier, luxueux décor conçu à l'image d'une société avide de plaisirs. À l'impératrice Eugénie qui lui demande dans quel style il a conçu ce nouvel opéra, Garnier répond : « C'est du Napoléon III, Majesté. » La répartie n'est pas seulement courtisane : un véritable « style Napoléon III », caractérisé par son éclectisme décoratif, qui s'inspire de toutes les époques, mais très original dans la façon dont il agence les différents vocabulaires architecturaux, naît à la faveur de ces grands travaux. Évidemment, cette croissance urbaine donne lieu à une intense spéculation foncière : de colossales fortunes, comme celle des Péreire, naissent

1 Celui-ci ne sera inauguré qu'après la chute du régime en 1870.

de cette spéculation, et les banques, symboles de la prospérité, s'installent dans de véritables palais édifiés sur les nouvelles avenues.

Dans *Les Rougon-Macquart* de Zola, au début du Second Empire, Saccard, de son vrai nom Aristide Rougon, est « monté » de sa province à Paris, bien décidé à y faire fortune : la capitale et l'affairisme qui y règne depuis l'avènement du nouveau régime l'attirent.

« Ce jour-là, ils dînèrent au sommet des buttes, dans un restaurant dont les fenêtres s'ouvraient sur Paris, sur cet océan de maisons aux toits bleuâtres, pareils à des flots pressés emplissant l'immense horizon. Leur table était placée devant une des fenêtres. Ce spectacle des toits de Paris égaya Saccard. Au dessert, il fit apporter une bouteille de bourgogne. Il souriait à l'espace, il était d'une galanterie inusitée. Et ses regards, amoureusement, redescendaient toujours sur cette mer vivante et pullulante, d'où sortait la voix profonde des foules. On était à l'automne ; la ville, sous le grand ciel pâle, s'alanguissait, d'un gris doux et tendre, piqué çà et là de verdures sombres, qui ressemblaient à de larges feuilles de nénuphars nageant sur un lac ; le soleil se couchait dans un nuage rouge, et tandis que les fonds s'emplissaient d'une brume légère, une poussière d'or, une rosée d'or tombait sur la rive droite de la ville, du côté de la Madeleine et des Tuileries. C'était comme le coin enchanté d'une cité des *Mille et Une Nuits*, aux arbres d'émeraude, aux toits de saphir, aux girouettes de rubis. Il vint un moment où le rayon qui glissait entre deux nuages, fut si resplendissant, que les maisons semblèrent flamber et se fondre comme un lingot d'or dans un creuset. »

Émile Zola, **La Curée**, 1872

… à vous de voir Paris avec les yeux de Saccard…

1 En quoi l'écriture zolienne s'inspire-t-elle de la peinture ?

2 Qualifiez les registres du texte.

3 Comment la vision de Paris devient-elle plus symbolique que réaliste ?

La photographie de la page suivante révèle la stratégie urbaine haussmanienne : on « entaille » le tissu des anciens quartiers (au premier plan), pour ménager des percées vers les symboles du régime (la silhouette de l'opéra, au dernier plan). L'effet de contraste entre premier plan et arrière-plan, en ligne de fuite, rend plus saisissante l'opposition entre ce qui est en train de disparaître et ce qui s'édifie. C'est bien un monde ancien qui s'effondre sous la poussée violente d'un monde nouveau. Zola, dans *Nana*, évoque ce même percement de l'avenue de l'Opéra, dans des termes équivalents à ceux du cliché photographique.

Paris redessiné par Haussmann : on élargit et perce les rues, comme ici, l'avenue de l'Opéra.

> « Le jour enfin se leva, ce petit jour sale des nuits d'hiver, si mélancolique sur le pavé boueux de Paris. Muffat était revenu dans les larges rues en construction qui longeaient les chantiers du nouvel Opéra. Trempé par les averses, le sol plâtreux était changé en un lac de fange. »
>
> Émile Zola, **Nana**, 1880

Le luxe et la fange : Paris en travaux devient, dans les représentations artistiques, l'emblème ambigu du régime qu'il s'agit de dénoncer. Les paysages urbains finissent par constituer un des nouveaux lieux communs de la littérature romanesque. Les frères Goncourt, dans *Germinie Lacerteux*, font ainsi entrer en littérature la « zone » et la banlieue, ces périphéries suburbaines que sécrète la grande ville. Mais la poésie s'empare également de ces nouveaux paysages urbains, symboles ambivalents de la modernité qui voit le jour.

> « Çà et là, ils s'arrêtaient, sentaient les fleurs, l'odeur d'un maigre lilas poussant dans une étroite cour. Germinie cueillait une feuille en passant et la mordillait.
>
> Des vols d'hirondelles, joyeux, circulaires et fous, tournaient et se nouaient sur sa tête. Les oiseaux s'appelaient. Le ciel répondait aux cages. Elle entendait tout chanter autour d'elle, et elle regardait d'un œil heureux des femmes en camisole aux fenêtres, les hommes en manches de chemise dans les jardinets, les mères, sur le pas des portes, avec de la marmaille entre les jambes.

La descente finissait, le pavé cessait. À la rue succédait une large route, blanche, crayeuse, poudreuse, faite de débris, de platras, d'émiettements de chaux et de briques, effondrée, sillonnée par les ornières, luisantes au bord, que font le fer de grosses roues et l'écrasement des charrois de pierres de taille. Alors commençait ce qui vient où Paris finit, ce qui pousse où l'herbe ne pousse pas, un de ces paysages d'aridité que les grandes villes créent autour d'elles, cette première zone de banlieue *intra muros* où la nature est tarie, la terre usée, la campagne semée d'écailles d'huîtres. Ce n'était plus que des terrains à demi clos, montrant des charrettes et des camions les brancards en l'air sur le ciel, des chantiers à scier des pierres, des usines en planches, des maisons d'ouvriers en construction, trouées et tout à jour, portant le drapeau des maçons, des landes de sable gris et blanc, des jardins de maraîchers tirés au cordeau tout en bas des fondrières vers lesquelles descend, en coulées de pierrailles, le remblayage de la route.

Bientôt se dressait le dernier réverbère pendu à un poteau vert. Du monde allait et venait toujours. La route vivait et amusait l'œil. »

Edmond et Jules de Goncourt, **Germinie Lacerteux**, 1865

« Je veux, pour composer chastement mes églogues,
Coucher auprès du ciel, comme les astrologues,
Et, voisin des clochers, écouter en rêvant
Leurs hymnes solennels emportés par le vent.
Les deux mains au menton, du haut de ma mansarde,
Je verrai l'atelier qui chante et qui bavarde ;
Les tuyaux, les clochers, ces mâts de la cité,
Et les grands ciels qui font rêver d'éternité.
Il est doux, à travers les brumes, de voir naître
L'étoile dans l'azur, la lampe à la fenêtre,
Les fleuves de charbon monter au firmament,
Et la lune verser son pâle enchantement.
Je verrai les printemps, les étés, les automnes ;
Et quand viendra l'hiver aux neiges monotones,
Je fermerai partout portières et volets
Pour bâtir dans la nuit mes féeriques palais.
Alors je rêverai des horizons bleuâtres,
Des jardins, des jets d'eau pleurant dans les albâtres,
Des baisers, des oiseaux chantant soir et matin,
Et tout ce que l'Idylle a de plus enfantin.
L'Émeute, tempêtant vainement à ma vitre,
Ne fera pas lever mon front de mon pupitre ;
Car je serai plongé dans cette volupté
D'évoquer le Printemps avec ma volonté,
De tirer un soleil de mon cœur, et de faire
De mes pensers brûlants une tiède atmosphère. »

Charles Baudelaire, **Les Fleurs du mal**, Tableaux parisiens, « Paysage », 1857

« Je suis un éphémère et point trop mécontent citoyen d'une métropole crue moderne parce que tout goût connu a été éludé dans les ameublements et l'extérieur des maisons aussi bien que dans le plan de la ville. Ici vous ne signaleriez les traces d'aucun monument de superstition. La morale et la langue sont réduites à leur plus simple expression, enfin ! Ces millions de gens qui n'ont pas besoin de se connaître amènent si pareillement l'éducation, le métier et la vieillesse, que ce cours de vie doit être plusieurs fois moins long que ce qu'une statistique folle trouve pour les peuples du continent. Aussi comme, de ma fenêtre, je vois des spectres nouveaux roulant à travers l'épaisse et éternelle fumée de charbon, – notre ombre des bois, notre nuit d'été ! – des Érinnyes nouvelles, devant mon cottage qui est ma patrie et tout mon cœur puisque tout ici ressemble à ceci, – la Mort sans pleurs, notre active fille et servante, un Amour désespéré, et un joli Crime piaulant dans la boue de la rue. »

Arthur Rimbaud, **Illuminations**, « Ville », 1886

… à vous de lire le groupement de textes…

1 Comment les Goncourt rendent-ils le caractère ambigu du paysage de banlieue ?

2 Définissez les deux attitudes que Baudelaire développe à l'égard de la ville.

3 Quels traits de la modernité sont évoqués dans « Ville » ?

1871 La Commune

Insurrection

Née d'un sursaut patriotique contre la faillite du pouvoir durant la guerre franco-prussienne de 1870-1871, la Commune ne dure que trois mois (18 mars-29 mai 1871). Comme le dit la chanson de Jean-Baptiste Clément, écrite pendant cette période, « Il est bien court le temps des cerises ». Le peuple de Paris – ouvriers, mais aussi artisans, boutiquiers – qui se sent déshonoré par la défaite et redoute une restauration monarchique ne veut pas voir les Prussiens entrer dans la capitale. Chassé, le gouvernement doit s'exiler à Versailles et, le 18 mars, la Commune est proclamée. Répondant aux aspirations populaires, ce mouvement révolutionnaire envisage de nombreuses réformes sociales : abolition du travail de nuit, interdiction des amendes et retenues sur les salaires, interdiction d'expulser des locataires, gratuité de la justice et de l'école. Fait nouveau, les femmes jouent un rôle sans précédent dans cette démocratie directe.

> « J'ai vu trois révolutions, et, pour la première fois j'ai vu les femmes s'en mêler avec résolution, les femmes et les enfants. Il semble que cette révolution est précisément la leur et qu'en la défendant, ils défendent leur propre avenir. »
>
> Jules Vallès, **Le Vengeur**, 12 avril 1871

Du côté de la vie culturelle, bibliothèques, musées, théâtres sont rouverts. La Fédération des artistes (qui compte Gustave Courbet, Honoré Daumier, Édouard Manet...) place en tête de son programme « la libre expansion de l'art, dégagé de toute tutelle gouvernementale et de tous privilèges ».

Des « sauvages » ?

Il ne faudrait pas pour autant imaginer que la majorité des écrivains et des artistes se retrouvent dans le camp des insurgés. Loin de là : bien plus nombreux sont ceux, réactionnaires ou républicains convaincus, qui s'en désolidarisent ouvertement. Même George Sand, qui avait activement participé à la révolution de 1848, ou Zola rejettent la Commune. À propos de ses dirigeants, Maxime Du Camp, ami de Flaubert, exprimera son mépris en ces termes :

> « Ce sont de petits bourgeois déclassés, des ouvriers désespérés de n'être point patrons, des patrons exaspérés de n'avoir point fait fortune ; ce sont des journalistes sans journaux, des médecins sans clientèle, des maîtres d'école sans élèves. »
>
> Maxime Du Camp, **Les Convulsions de Paris**, 1889

« Les communards sont des sauvages, un anneau dans le nez, tatoués de rouge, dansant la danse du scalp sur les débris fumants de la Société », vitupère Théophile Gautier dans une lettre à sa fille, tandis que Flaubert, laissant libre cours à sa misanthropie, ne voit dans cette période que stupidité généralisée :

> « Ah comme je suis las de l'ignoble ouvrier, de l'inepte bourgeois, du stupide paysan et de l'odieux ecclésiastique ! C'est pourquoi je me perds, tant que je peux, dans l'Antiquité. Actuellement, je fais parler tous ses dieux, à l'état d'agonie. »
>
> Gustave Flaubert, correspondance avec George Sand

L'écrivain, malgré ses apparences d'indépendance et de révolte, se trouve aliéné à l'ordre bourgeois qui lui assure sa réussite littéraire : sa peur de la révolution se révèle encore plus farouche que sa haine du bourgeois. Quant à la violence verbale des auteurs les plus catégoriquement anticommunards, elle sert de point de départ à la future littérature polémique d'extrême droite qui utilisera les mêmes procédés de langue ou les mêmes images. C'est ainsi que l'engagement des femmes dans la Commune suscite la haine des Versaillais[1], qui forgent le mythe des « pétroleuses », des mégères échevelées mettant le feu aux quatre coins de Paris.

1 Membres du gouvernement dirigé par Thiers (1797-1877) et retiré à Versailles, et leurs partisans.

« Pétroleuse, mot hideux que n'avait pas prévu le dictionnaire : mais les horreurs inconnues nécessitent des néologismes effroyables. »

Théophile Gautier, **Tableaux de siège**, 1871

« Pas une de ces femmes n'avait une figure humaine : c'était l'image du crime ou du vice. C'était des corps sans âme qui avaient mérité mille fois la mort, même avant de toucher au pétrole. Il n'y avait qu'un mot pour les peindre : la hideur. »

Arsène Houssaye

À l'opposé, Arthur Rimbaud se souvient d'un genre poétique en vogue à la Renaissance, le « blason », consistant à faire l'éloge d'une partie du corps féminin pour peindre la beauté révolutionnaire des mains de Jeanne-Marie :

« Elles ont pâli, merveilleuses,
Au grand soleil d'amour chargé,
Sur le bronze des mitrailleuses
À travers Paris insurgé !

Ah ! quelquefois, ô Mains sacrées,
À vos poings, Mains où tremblent nos
Lèvres jamais désenivrées,
Crie une chaîne aux clairs anneaux. »

Arthur Rimbaud, **Poésies**, « Les mains de Jeanne-Marie », 1871

L'aventure politique de la Commune se termine par une effroyable Semaine sanglante. Les Versaillais entrent dans Paris le 21 mai. Les forces sont disproportionnées, et la répression féroce : 25 000 à 30 000 morts, 36 000 prisonniers, 4 586 déportés en Nouvelle-Calédonie. Jules Vallès achèvera son roman *L'Insurgé*, l'une des très rares œuvres littéraires qui rendent hommage à la Commune, par cette image du ciel de Paris : « Il est d'un bleu cru avec des nuées rouges. On dirait une grande blouse inondée de sang. »

Et Victor Hugo, très isolé aussi dans sa défense des communards, plaidera après la chute de la Commune pour une amnistie générale. Sans succès. Choqué par les incendies de mai 1871, il avait refusé de considérer le peuple comme coupable, et s'en était fait l'avocat :

> « Mais qui donc a jeté ce tison ? Quelle main,
> Osant avec le jour tuer le lendemain,
> A tenté ce forfait, ce rêve, ce mystère
> D'abolir la ville astre, âme de notre terre
> Centre en qui respirait tout ce qu'on étouffait ?
> Non, ce n'est pas toi, peuple, et tu ne l'as pas fait.
> Non, vous les égarés, vous n'êtes pas coupables !
> Le vénéneux essaim des causes impalpables,
> Les vieux faits devenus invisibles vous ont
> Troublé l'âme, et leur aile a battu votre front ;
> Vous vous êtes sentis enivrés d'ombre obscure ;
> Le taon vous poursuivait de son âcre piqûre,
> Une rouge lueur flottait devant vos yeux,
> Et vous avez été le taureau furieux. »
>
> Victor Hugo, **L'Année terrible**, « Mai », 1872

Cette vision proprement hugolienne des grandes causes cachées, cette idée d'un dessein supérieur qui guide l'humanité vers l'harmonie universelle, risquent de gommer l'essentiel : justement, en 1871, le peuple a cessé d'être une idée, il s'est fait sujet conscient de sa propre histoire, même sanglante, et s'est ouvertement revendiqué comme tel.

1889 Une Exposition universelle pour le centenaire de la Révolution française

« Oh ! quelle horreur ! »

Paris avait déjà accueilli deux Expositions universelles, l'une en 1855 et l'autre en 1867, à l'apogée de la fête impériale. Avec celle de 1889, la France républicaine veut fêter le centenaire de la Révolution, effacer le souvenir de sa défaite devant l'Allemagne en 1870 et prouver qu'elle est une grande puissance industrielle, coloniale et commerciale. Il s'agit également de témoigner de l'idéologie positiviste qui anime la IIIe République, et que diffuse, par exemple, l'instruction obligatoire. Il faut un symbole architectural : l'ingénieur Gustave Eiffel réalise à cette occasion la prouesse technique d'une tour haute de trois cents mètres. Jusqu'à onze heures et demie du soir, grâce à l'électricité, l'Exposition est ouverte, et « le clou » (c'est ainsi qu'on nomme la tour Eiffel) illuminé comme un phare. Dès 1887, des artistes (le compositeur Gounod, le peintre Bouguereau, mais aussi Leconte de Lisle et Maupassant) avaient signé une pétition contre ce monument commémoratif :

> « Nous venons, écrivains, peintres, sculpteurs, architectes, amateurs passionnés de la beauté jusqu'ici intacte de Paris, protester de toutes nos forces, de toute notre indignation, au nom du goût français méconnu, au nom de l'art et de l'histoire français menacés, contre l'érection, en plein cœur de notre capitale, de l'inutile et monstrueuse tour Eiffel que la malignité publique, souvent empreinte de bon sens et d'esprit de justice, a déjà baptisé du nom de "tour de Babel". »
>
> **Pétition contre la tour Eiffel**, 1887

Symbole éclatant des progrès réalisés par l'art des ingénieurs, cette « ferraille industrielle » choque aussi bien ces artistes que le commun des visiteurs. « Oh ! quelle horreur ! » : c'est par ces mots que s'ouvrent *Les Voyageurs de l'impériale* (1942), roman d'Aragon qui reconstitue l'atmosphère, le spectacle inouï qu'offrent les hectares occupés par l'Exposition universelle :

Objet de détestation ou d'admiration, la tour Eiffel, élevée pour l'Exposition universelle de 1889, est également un prodige industriel. Gustave Eiffel devint par la suite un ingénieur très réputé dans le monde entier, où il construisit d'autres monuments remarquables (le viaduc de Porto au Portugal, la statue de la Liberté à New York).

> « "Oh ! quelle horreur !" répéta Paulette.
> Elle commençait sous ses pieds, l'Exposition, par ce déballez-moi-ça de gogos, ce méli-mélo de bronzes d'art, de géraniums, de filles, de soldats, de bourgeois, de gosses, de grandes eaux, d'Annamites, de Levantins, d'étrangers frais débarqués et de voyous venus de la Butte, par ce pandémonium étonné, goguenard, bruyant, traînant la patte… Elle se poursuivait par-dessus la Seine, où le pont disparaissait sous un dais de toile rayée rouge et grise qui le transformait en un couloir happant les fourmis. Elle se poursuivait, l'Exposition, sur l'autre rive par toutes sortes de baraques barrant les quais, inégales, sans rapport entre

elles, en bois, en pierres, en stuc, en métal, en carton, en plâtras, boursouflées, baroques, burlesques, bourgeonnantes, à balcons, à loggias, à balustrades, colonnettes, flèches, pignons, belvédères. Mais qui pensait à cette champignonnière burlesque, ou au quadrilatère, aperçu par-derrière, du Champ-de-Mars bâti de pavillons de fer, de verre, de briques et de céramiques, jusqu'à la voûte bleue et verte de la Galerie des Machines, cette espèce de hangar géant devant l'École militaire ? Qui pensait de là-haut, du porche du Trocadéro où les Mercadier avaient fait halte, à quoi que ce fût au monde, à la foule, aux restaurants, aux bicoques, à la bouffée de musique berbère et de piaulements canaques qui s'échappait de tout ça dans l'après-midi finissant, qui pensait à quoi que ce fût, excepté à ce monstre aux pattes écartées, dont la dentelle d'acier dominait tout, trouant le ciel, avec ses étranges corbeilles, son enchevêtrement de câbles, son chapeau de verre là-haut, tout là-haut, dans les nuages roses, dans le bleu ébloui, dans la lumière déchirée... qui pouvait penser à autre chose qu'à cette tour de trois cents mètres, dont on avait tant parlé, tant médit, mais dont rien n'avait donné l'idée, l'ombre de l'ombre de l'idée... »

Louis Aragon, **Les Voyageurs de l'impériale**, 1947

Loin de la foule...

... la poésie

Loin de la foule, loin du spectacle que la bourgeoisie se donne à elle-même pour célébrer l'industrie et le commerce, la poésie se fait plus mystérieuse et plus solitaire que jamais. Aux poutrelles en X qui composent la tour Eiffel, on peut opposer les rimes en YX de ce sonnet de Mallarmé, publié en 1887 :

« Ses purs ongles très haut dédiant leur onyx
L'Angoisse, ce minuit, soutient, lampadophore,
Maint rêve vespéral brûlé par le Phénix
Que ne recueille pas de cinéraire amphore

Sur les crédences, au salon vide : nul ptyx,
Aboli bibelot d'inanité sonore,
(Car le Maître est allé puiser des pleurs au Styx
Avec ce seul objet dont le Néant s'honore.)

Mais proche la croisée au nord vacante, un or
Agonise selon peut-être le décor
Des licornes ruant du feu contre une nixe,

Elle, défunte nue en le miroir, encor
Que, dans l'oubli fermé par le cadre, se fixe
De scintillations sitôt le septuor. »

Stéphane Mallarmé, **Poésies**, 1887

La rareté des mots à la rime ajoute à la fascination de cette énigme créée par des images d'absence, de vide et de néant. Selon Mallarmé, « Il doit y avoir toujours énigme en poésie, et c'est le but de la littérature, – il n'y en a pas d'autres – d'évoquer des objets ». Évoquer, suggérer et non pas représenter : c'est là l'idéal d'une poésie « symboliste » qui dématérialise le monde pour en faire apparaître l'essence, la vérité intime. Le retrait dans un certain hermétisme affirme, parallèlement, l'autarcie de la littérature par rapport au réel. Sans former une véritable école, le symbolisme rassemble ainsi une constellation d'écrivains qui entendaient rompre avec le positivisme ambiant, en créant une littérature fondée sur le maniement des symboles (en cela, les symbolistes se réclamaient du Baudelaire des « Correspondances »).

... le théâtre

Une des réussites les plus achevées de ce mouvement, qui s'épuisa rapidement à cause de l'obscurité souvent gratuite de l'écriture, fut, au théâtre, *Pelléas et Mélisande* de Maurice Maeterlink : transformé en opéra par Claude Debussy, *Pelléas et Mélisande* occupe toujours une grande place sur les scènes lyriques.

Mélisande, qui est mariée à Golaud, retrouve Pelléas dans le parc du château, près d'une fontaine.

«MÉLISANDE. – Nous sommes venus ici il y a bien longtemps... Je me rappelle...

PELLÉAS. – Oui... oui... Il y a de longs mois. – Alors, je ne savais pas... Sais-tu pourquoi je t'ai demandé de venir ce soir ?

MÉLISANDE. – Non.

PELLÉAS. – C'est peut-être la dernière fois que je te vois... Il faut que je m'en aille pour toujours...

MÉLISANDE. – Pourquoi dis-tu toujours que tu t'en vas ?...

PELLÉAS. – Je dois te dire ce que tu sais déjà ? – Tu ne sais pas ce que je vais te dire ?

MÉLISANDE. – Mais non, mais non ; je ne sais rien...

PELLÉAS. – Tu ne sais pas pourquoi il faut que je m'éloigne... *(Il l'embrasse brusquement.)*

Je t'aime...

MÉLISANDE. – *(À voix basse.)* Je t'aime aussi...

PELLÉAS. – Oh ! Qu'as-tu dit, Mélisande !... Je ne l'ai presque pas entendu ! On a brisé la glace avec des fers rougis !... Tu dis cela d'une voix qui vient du bout du monde !... Je ne t'ai presque pas entendue... Tu m'aimes ? – Tu m'aimes aussi ?... Depuis quand m'aimes-tu ?

MÉLISANDE. – Depuis toujours... Depuis que je t'ai vu...

PELLÉAS. – Oh ! comme tu dis cela !... On dirait que ta voix a passé sur la mer au printemps !... Je ne l'ai jamais entendue jusqu'ici... on dirait qu'il a plu sur mon cœur ! Tu dis cela si franchement !... Comme un ange qu'on interroge !... Je ne puis pas le croire, Mélisande !... Pourquoi m'aimerais-tu ? – Mais pourquoi m'aimes-tu ? – Est-ce vrai ce que tu dis ? – Tu ne me

trompes pas ? – Tu ne me mens pas un peu, pour me faire sourire ?...
MÉLISANDE. – Non ; je ne mens jamais ; je ne mens qu'à ton frère...
PELLÉAS. – Oh ! comme tu dis cela !... Ta voix !... ta voix !... Elle est plus fraîche et plus franche que l'eau !... On dirait de l'eau pure sur mes lèvres !... On dirait de l'eau pure sur mes mains... Donne-moi, donne-moi tes mains... Oh ! tes mains sont petites !... Je ne savais pas que tu étais si belle !... Je n'avais jamais rien vu d'aussi beau, avant toi...J'étais inquiet, je cherchais partout dans la maison... Je cherchais partout dans la campagne... Et je ne trouvais pas la beauté... Et maintenant je t'ai trouvée !... Je t'ai trouvée... Je ne crois pas qu'il y ait sur la terre une femme plus belle !... Où es-tu ? – Je ne t'entends plus respirer...
MÉLISANDE. – C'est que je te regarde... »

Maurice Maeterlink, **Pelléas et Mélisande**, IV, 4, 1892

... à vous d'analyser *Pelléas et Mélisande*...

En étudiant les images et l'enchaînement des répliques, définissez l'idéal amoureux énoncé par le texte.

... le roman

Voir « Figures » (p. 429)

Dans le roman enfin, Huysmans crée, avec *À rebours*, une véritable « bible » de ce qu'on est convenu d'appeler l'esprit « décadent » : son héros, Des Esseintes, dernière figure littéraire du dandy au XIXe siècle, se retire loin des mondanités parisiennes, dans une maison de Fontenay-aux-Roses, pour y jouir, à l'écart de la foule, de raffinements esthétiques nourris par l'art et l'artifice. La fin du roman souligne l'utopie d'un tel projet : le personnage, en proie à la violence de sa névrose, doit revenir au monde et à la fréquentation de « la médiocrité humaine ». La voie mystique lui apparaît alors comme une ultime échappatoire.

... à vous de circuler dans l'histoire...

Littérature et politique. Une grande instabilité politique règne au XIXe siècle, instabilité à laquelle les écrivains prennent part soit dans leur vie politique, soit dans leur vie littéraire. Vous vous arrêterez spécialement sur les grandes dates révolutionnaires (1830 ; 1848-1852 ; 1871) pour étayer ce constat.

▶Lieux

La géographie littéraire et artistique du XIXe siècle traduit le développement d'un véritable marché culturel qui rompt avec le mécénat de l'Ancien Régime. La création artistique devient un métier et doit de plus en plus se soumettre aux règles imposées par l'émergence de nouveaux canaux de diffusion et de reconnaissance. Selon cette optique, les journaux, qui connaissent durant tout le siècle une croissance importante, jouent un rôle essentiel : ils permettent aux écrivains de devenir journalistes et de subvenir ainsi, plus ou moins bien, à leurs besoins ; ils assurent la diffusion des œuvres qu'ils publient, souvent en exclusivité, et ils offrent une véritable tribune aux différentes écoles artistiques qui peuvent exposer leurs doctrines esthétiques et tenter de les imposer. Les Salons de peinture constituent un autre élément stratégique de ce dispositif : chaque année, ils créent l'événement en rendant accessibles les créations contemporaines à un public de plus en plus large et de plus en plus avide des œuvres à la mode, ils donnent lieu à une confrontation souvent violente entre académisme et modernité, leur histoire est donc indissociable des grandes « batailles » artistiques du siècle : romantisme, réalisme, impressionnisme, symbolisme…

À mesure qu'ils bénéficient de nouvelles sources de revenus, les artistes doivent donc s'adapter aux exigences de leurs nouveaux commanditaires dont les impératifs sont souvent bien plus économiques qu'esthétiques. Le positionnement des artistes face à ce développement d'une culture de masse et d'une sorte de capitalisme artistique oscille entre adhésion et révolte, pragmatisme et résistance, si bien qu'une géographie des marges se dessine en contrepoint de cet univers de l'art-marchandise. Tout au long du siècle, les cénacles représentent l'idéal d'une société d'élite où l'on partage les mêmes aspirations et les mêmes exigences, ils offrent la possibilité d'une fédération des forces et des esprits pour lutter contre la norme et imposer des idées nouvelles. Pour s'affranchir plus radicalement encore de ce monde bourgeois jugé irrespirable, de nombreux artistes cultivent une ardente démarcation qui se traduit par une aspiration aux voyages, réels ou imaginaires : une mythologie de l'ailleurs traverse ainsi tout le siècle, comme si la seule façon d'échapper à ce réel bourgeois et médiocre, c'était précisément de ne pas y être, à l'image des dernières lignes du poème en prose de Baudelaire intitulé «*Anywhere out of the world*[1] » : « N'importe où ! n'importe où ! pourvu que ce soit hors de ce monde ! »

1 N'importe où hors du monde.

Les journaux et l'« art industriel »

Naissance de la presse moderne

Des progrès techniques

Pour que le journal puisse s'adapter aux nouvelles conditions idéologiques et culturelles, il fallait tout d'abord que l'outil technique se modernise. La nécessité d'une périodicité soutenue fait de la presse le moteur

1 Balzac, qui fut lui-même imprimeur, décrit dans *Illusions perdues* (1837) les enjeux économiques de cette évolution de la presse moderne et de l'imprimerie.

d'innovations technologiques décisives qui vont également transformer la fabrication des livres[1]. Les avancées les plus significatives visent d'abord l'amélioration de la vitesse de fabrication du journal : presse mécanique (1811), puis presse Kœnig (1823) qui permet de décupler la cadence d'impression. L'année 1847 marque les débuts de la « presse à réaction », qui imprime en recto-verso. Enfin, l'application du clichage aboutit en 1866 à la rotative moderne, où l'impression est réalisée par le passage du papier, en feuilles puis en bobines, entre deux cylindres tournant en sens inverse. Parallèlement, une suite continue d'améliorations, moins spectaculaires, touchent toutes les étapes de la production : fabrication du papier (passage du chiffon au bois), encrage des feuilles, composition, découpage, pliage, etc.

Conquête d'un marché

La première avancée vers le journal moderne est réalisée, dès 1836, par le grand entrepreneur de presse Émile de Girardin. Lançant un nouvel organe intitulé *La Presse*, Girardin adopte une formule anglo-saxonne : il réduit de moitié le prix de l'abonnement, prévoyant de compenser le manque à gagner par l'introduction de la publicité et par l'accroissement du nombre d'abonnés. Girardin décide également de transformer le rôle du journal : au lieu de le cantonner à n'être que le porte-parole austère et peu rentable d'une opinion ou d'un groupe politique, il veut en faire une véritable entreprise commerciale qui vise à asseoir sa position par l'information et le divertissement. Comme les débuts sont décevants, Girardin innove une fois encore : à partir du 1er octobre 1836, il remplace le feuilleton habituel, réservé à la critique culturelle, par une nouvelle de Balzac découpée en tranches : *La Vieille Fille*. Le roman-feuilleton est né et connaîtra bientôt un tel succès qu'il constituera, du moins aux yeux des contemporains, le phénomène littéraire majeur de la monarchie de Juillet.

Voir « Figures » (p. 423)

La censure

Cette vitalité de la presse est d'autant plus étonnante que, à l'exception de brèves périodes après les révolutions de 1830 et de 1848, le pouvoir a toujours censuré, réprimé ou acheté les journaux. La censure avait été solennellement bannie par l'article 7 de la Charte de 1830, mais la loi du 9 septembre 1835 réintroduit cependant un large éventail de mesures répressives : censure préalable sur les dessins, obligation d'insérer les communiqués officiels, interdiction de toute attaque contre le roi ou le gouvernement. La loi du 16 juillet 1850 durcit encore la réglementation. Enfin, sous le Second Empire, l'État s'octroie le droit de suspendre ou de supprimer un journal sans passer par la voie judiciaire ; le pouvoir en place se donne ainsi les moyens d'interdire tout journal politique non gouvernemental. Très limités par la censure dans le choix de leurs contenus, les journaux ouvrent donc largement leurs colonnes aux écrivains. Polémistes, chroniqueurs, critiques, feuilletonistes, les journalistes sont avant tout des gens de lettres.

Évolutions à la fin du siècle

C'est seulement à la fin du siècle que la presse française se professionnalise, teste de nouvelles formules, augmente ses tirages et son pouvoir[1]. La liberté d'opinion, mais aussi les avancées techniques (rotative 1866) favorisent l'expansion des journaux : *Le Petit Journal*, fondé en 1871, et *Le Petit Parisien*, journaux populaires à cinq centimes, s'attachent à suivre au plus près les développements des affaires politiques et économiques qui secouent les débuts de la IIIe République, alors que de grands journaux comme *Le Temps*, *Le Journal des débats*, *Le Figaro*, ou *La République française* se partagent la diversité des tendances politiques. La presse moderne affirme de plus en plus ses spécificités : priorité donnée à l'information, préférence marquée pour la nouvelle brève et le reportage, développement des illustrations grâce aux progrès de la photographie et de l'héliogravure.

1 La lecture de *Bel-Ami* (1885) de Maupassant offre un panorama intéressant du journalisme et de la société française au début de la IIIe République.

La rédaction du *Journal des débats* représentée par Jean Béraud en 1889.

Presse et littérature : des relations nécessaires mais problématiques

Pendant tout le siècle, les écrivains entretiennent avec les journaux des relations très étroites : moyen privilégié de diffusion des œuvres mais aussi source de revenus, la presse leur offre des possibilités nouvelles, mais elle leur impose également des contraintes et des compromis souvent difficiles à concilier avec leurs exigences artistiques.

Le journal : un univers qui fascine

La multiplication des écrivains ou aspirants à l'être est une caractéristique majeure du XIXe siècle. On assiste, par exemple, à un doublement des effectifs entre les années 1860 et 1890 ! Mais les rêves d'ascension sociale, de réussite financière, de conquête du prestige et de la gloire se heurtent bien souvent aux âpres réalités de ce qui est en train de devenir un véritable métier. Balzac, dans *Illusions perdues* (1837), lève le voile sur cet enfer moderne par l'intermédiaire de Lousteau, personnage chargé d'initier aux méandres de la capitale Lucien, le héros, jeune provincial et apprenti poète. Le milieu littéraire avec ses lieux et ses types, son décor clinquant et ses déconvenues, devient donc, dès la monarchie de Juillet, sujet de roman.

« Mon pauvre enfant, je suis venu comme vous le cœur plein d'illusions, poussé par l'amour de l'Art, porté par d'invincibles élans vers la gloire : j'ai trouvé les réalités du métier, les difficultés de la librairie et le positif de la misère. [...]
Toujours la même ardeur précipite chaque année, de la province ici, un nombre égal, pour ne pas dire croissant, d'ambitions imberbes qui s'élancent la tête haute, le cœur altier, à l'assaut de la Mode, cette espèce de princesse Tourandocte des *Mille et un jours* pour qui chacun veut être le prince Calaf ! Mais aucun ne devine l'énigme. Tous tombent dans la fosse du malheur, dans la boue du journal, dans les marais de la librairie. Ils glanent, ces mendiants, des articles biographiques, des tartines, des faits-Paris aux journaux, ou des livres commandés par de logiques marchands de papier noirci qui préfèrent une bêtise débitée en quinze jours à un chef-d'œuvre qui veut du temps pour se vendre. Ces chenilles, écrasées avant d'être papillons, vivent de honte et d'infamie, prêtes à mordre ou à vanter un talent naissant, sur l'ordre d'un pacha du *Constitutionnel*, de *La Quotidienne*, des *Débats*, au signal des libraires, à la prière d'un camarade jaloux, souvent pour un dîner. Ceux qui surmontent les obstacles oublient les misères de leur début. Moi qui vous parle, j'ai fait pendant six mois des articles où j'ai mis la fleur de mon esprit pour un misérable qui les disait de lui, qui sur ces échantillons a passé rédacteur d'un feuilleton : il ne m'a pas pris pour collaborateur, il ne m'a pas même donné cent sous, je suis forcé de lui tendre la main et de lui serrer la sienne.
Vous me faites pitié. Je me vois en vous comme j'étais, et je suis sûr que vous serez, dans un ou deux ans, comme je suis. Vous croirez à quelque jalousie secrète, à quelque intérêt personnel dans ces conseils amers ; mais ils sont dictés par le désespoir du damné qui ne peut plus quitter l'Enfer. Personne n'ose dire ce que je vous crie avec la douleur de l'homme atteint au cœur et comme un autre Job sur le fumier : Voici mes ulcères ! »

Honoré de Balzac, **Illusions perdues**, 1837

… à vous de chasser les *Illusions*…

1 Comment le discours de Lousteau est-il construit : arguments, images, progression ?

2 Quels sont les forces et les intérêts qui semblent régir cet univers du journal ?

3 Montrez que ce discours vise également à décourager un futur concurrent…

Avec Balzac, Paris prend la dimension d'une ville-monstre, dévoratrice des espoirs et des énergies d'une bohème littéraire dont le folklore romantique et la théâtralité masquent mal un envers du décor souvent tragique, habité par les tristes réalités de la misère et du suicide, les inévitables compromissions, la peur de l'avilissement et de la déchéance. Confrontés à de nouvelles conditions matérielles et à la transformation de leur identité, les écrivains se sentent tiraillés entre leur fidélité à un idéal artistique et la trivialité aiguë des questions matérielles.

Dépendances et résistances

Promue lieu commun, l'expression « littérature industrielle » sert, dès lors, à caractériser tout ce qui se rapproche de près ou de loin de cette logique d'« épiciers » dont parle Balzac et qui semble inexorablement envahir l'art et la littérature. Devenu bien souvent le seul moyen de s'assurer une relative sécurité matérielle, le journalisme se transforme ainsi fréquemment en piège infernal : payés à la pièce, les écrivains doivent multiplier les collaborations et deviennent de véritables forçats de la plume. Les exemples célèbres abondent : Balzac a écrit une grande partie de la *Comédie humaine* en suivant une cadence de production infernale car il était obligé de multiplier les épisodes de son œuvre pour pallier son endettement chronique ; Nerval a passé sa vie dans l'obsession de placer ses textes, il lui fallait donc sans cesse les refondre, les retailler afin de répondre aux exigences de ses commanditaires, ce qui, à l'inverse de Balzac, donne une œuvre personnelle disparate, fragmentaire, condensée aussi par la nécessité. Flaubert, certes protégé par une vraie indépendance financière, a très tôt dénoncé les dangers de cette culture de masse et ses incidences désastreuses sur la création littéraire. Farouche défenseur de l'indépendance de l'artiste et de sa liberté, il lui a fallu batailler ferme avec les directeurs de journaux et les éditeurs lors de la publication de ses œuvres. Dans *L'Éducation sentimentale* (1869), avec le personnage de Jacques Arnoux, propriétaire de *L'Art industriel*, « établissement hybride comprenant un journal et un magasin de tableaux », Flaubert a dressé un portrait décapant du marchand d'art opportuniste et inculte.

Cependant, la majorité des écrivains s'adapte et défend ses intérêts

Le 10 décembre 1837, Louis Desnoyers, directeur du journal *Le Siècle*, réunit chez lui quelques signatures célèbres de la littérature et de la presse : ensemble, ils définissent les grandes lignes de ce qui deviendra officiellement, le 16 avril 1838, la Société des gens de lettres (SGDL). Celle-ci est conçue sur le modèle de la Société des auteurs et compositeurs dramatiques (SACD), fondée en 1829 par le vaudevilliste Eugène Scribe, pour percevoir et redistribuer aux auteurs les droits de représentation des pièces de théâtre. La SGDL s'assigne le même rôle pour les droits de reproduction des textes littéraires dans les journaux. Ainsi se met en place une corporation de « gens de lettres » – l'expression prend au passage un sens péjoratif – qui forme un milieu relativement homogène avec ses règles, ses conflits, ses camaraderies, et où chacun partage les mêmes ambitions et intérêts.

S'il sait gérer son temps, ses revenus et ses activités, l'homme de lettres professionnel peut mener une vie bourgeoise, pimentée seulement de fantaisie artistique. Le train de vie luxueux de Balzac, malgré ses dettes, ou celui d'Alexandre Dumas, deux symboles de réussite sociale et financière, constituent d'apparentes bonnes raisons pour inciter un jeune artiste à embrasser la « carrière » littéraire. Mais c'est Zola qui incarne véritablement cette parfaite maîtrise des exigences du marché littéraire. Ses livres atteignent les plus forts tirages de l'époque et lui rapportent une fortune. Il a immédiatement intégré le rôle stratégique de la presse à bon marché, dont il fait le principal instrument de promotion de ses œuvres. Il collabore ainsi à plus de cinquante journaux et revues, convaincu de ce principe : « toute œuvre, pour nourrir son auteur, doit d'abord passer dans un journal qui la paie à raison de quinze à vingt centimes la ligne[1] ». Il fait donc logiquement du journalisme son atout essentiel : « Je considère le journalisme comme un levier si puissant que je ne suis pas fâché du tout de pouvoir me produire à jour fixe devant un nombre considérable de lecteurs[2]. » Zola, qui n'avait rien lors de son mariage, laissera à ses héritiers plus de 600 000 francs-or ! Les temps ont décidément changé, et il s'agit désormais pour l'artiste moderne de passer maître, selon la formule ironique de Flaubert, dans l'art « difficile » de « vivre en bourgeois et [de] penser en demi-dieu ».

1 Lettre du 8 janvier 1866 à Antony Valabrègue, dans *Émile Zola, Correspondance*. 2 Lettre du 6 février 1865, au même.

Quelques-uns décident de faire sécession

La diffusion de la théorie de l'art pour l'art dans l'avant-garde littéraire instaure cependant, après 1850, un divorce de plus en plus net entre une certaine littérature soucieuse de préserver son indépendance et le marché littéraire. Deux textes majeurs, *Les Chants de Maldoror* de Lautréamont (1846-1870) et *Une Saison en enfer* d'Arthur Rimbaud (1854-1891), ne seront pas diffusés. Bon nombre d'auteurs symbolistes ou décadents dénoncent le pacte traditionnel liant l'auteur au journal, à l'éditeur puis au lecteur. Ainsi Mallarmé, de façon plus explicite encore, maintient durablement une grande partie de ses textes inaccessibles ou quasi introuvables, afin de soustraire la littérature à ce qu'il nomme malicieusement « l'universel reportage » : « L'attitude du poète dans une époque comme celle-ci, où il est en grève devant la société, est de mettre de côté tous les moyens viciés qui peuvent s'offrir à lui. » À la fin du siècle, ces différentes manifestations de sécession posent, avec une acuité particulière, la question de l'art et de ses supports, et propose cette solution, peut-être illusoire mais idéologiquement forte, de résister à la dilution de l'œuvre dans la production de masse par sa dématérialisation, par son « absence » paradoxale…

Les Salons… de peinture

Le succès des Salons

Le grand événement artistique jusque dans les années 1860, c'est « le Salon », c'est-à-dire l'exposition officielle organisée par l'Académie de peinture et de sculpture. Tous les deux ans, un jury, souvent contesté, sélectionne des œuvres et distribue des médailles correspondant à une somme d'argent non négligeable. Les artistes qui sont habilités à exposer peuvent donc espérer et le succès, et la récompense financière que fournit l'État. Un large public s'y presse avec curiosité : plus d'un million de personnes, attirées par les critiques qui se multiplient dans les journaux, visitent le Salon de 1846. À l'occasion de ces manifestations, artistes et bourgeois se côtoient, deux groupes dont l'ironique Baudelaire s'amuse à brouiller les contours :

> « Il n'y a plus de bourgeois depuis que le bourgeois – ce qui prouve sa bonne volonté à devenir artistique, à l'égard des feuilletonistes – se sert lui-même de cette injure.
> En second lieu le bourgeois – puisque bourgeois il y a – est fort respectable ; car il faut plaire à ceux aux frais de qui on veut vivre. Et enfin, il y a tant de bourgeois parmi les artistes, qu'il vaut mieux en somme supprimer un mot qui ne caractérise aucun vice particulier de caste, puisqu'il peut s'appliquer également aux uns qui ne demandent pas mieux que de ne plus le mériter, et aux autres, qui ne se sont jamais doutés qu'ils en étaient dignes. »
>
> Charles Baudelaire, Introduction au **Salon de 1845**

Scandales et lignes de partage

Les Salons n'en sont pas moins ponctués par le scandale de certains tableaux qui correspondent à l'avènement ou à la confirmation de nouveaux courants artistiques marquant autant la littérature que la peinture. Tour à tour, Eugène Delacroix le romantique, Gustave Courbet le réaliste, Édouard Manet, puis les impressionnistes incarnent le rôle de martyr de la modernité. Au Salon de 1865, l'*Olympia* d'Édouard Manet déchaîne l'indignation de nombreux critiques outrés soit par le sujet, soit par des choix techniques qui rompent avec les moyens académiques propres à exprimer l'idéalisation de la femme.

« Cette brune rousse est d'une laideur accomplie ; sa face est stupide, sa peau cadavérique. M. Manet l'a tellement estropiée qu'il lui serait impossible de remuer ni bras, ni jambes » : voilà ce qu'écrit un journaliste dans *Le Siècle*. Lors de son séjour à Florence en 1853, le peintre avait exécuté une copie sur toile de la *Vénus d'Urbino* du Titien. Dix ans plus tard, il réalise un tableau de nu allongé : une femme dévêtue, lacet noir au cou, regarde droit dans les yeux le peintre ou le spectateur. La perspective paraît malhabile et la toile ne semble pas vraiment achevée, unifiée. À la douceur du modelé fait place la violence d'une ligne noire qui cerne le corps et le visage.

*Autour d'*Olympia *: le jugement d'un écrivain*

Le commentaire d'Émile Zola met en évidence le mystère de la nécessité plastique :

> « Il vous fallait une femme nue, et vous avez choisi *Olympia*, la première venue ; il vous fallait des taches claires et lumineuses et vous avez mis un bouquet ; il vous fallait des taches noires et vous avez placé dans un coin une négresse et un chat. Qu'est-ce que tout cela veut dire ? Vous ne le savez guère, ni moi non plus. Mais je sais, moi, que vous avez admirablement réussi à faire une œuvre de peintre, de grand peintre, je veux dire à traduire énergiquement et dans un langage particulier les vérités de la lumière et de l'ombre, les réalités des objets et des créatures. »
>
> Émile Zola, « Édouard Manet », Revue du XIXe siècle, 1er janvier 1867

… à vous de débattre…

Le genre de la critique reste très vivant. Dans la perspective d'un débat sur un tableau, un livre ou un film, préparez vos arguments et vos stratégies. Vous pouvez évaluer l'œuvre de façon positive ou négative en vous aidant des axes suivants :

- l'axe du plaisir (agréable ou désagréable) ;
- l'axe de l'utilité (utile ou nuisible) ;
- l'axe du savoir (vrai ou mensonger) ;
- l'axe de l'éthique (bien ou mal) ;
- l'axe de l'esthétique (beau ou laid).

Le salon des « Refusés »

Sous le Second Empire, en raison de l'inflation du nombre de tableaux présentés au jury, les toiles refusées sont de plus en plus nombreuses, et Napoléon III choisit d'autoriser en 1863 l'exposition parallèle de plusieurs milliers d'œuvres écartées du Salon officiel : c'est le salon des « Refusés », qui attire à son tour beaucoup de visiteurs. Dans *L'Œuvre*

Titien, *La Vénus d'Urbino* (1538).

Édouard Manet, *Olympia* (1863).

Bertall, *Promenade au Salon de 1865*.

(1886), roman d'Émile Zola, le personnage de Claude Lantier, un peintre qui choisira comme les impressionnistes la lumière naturelle et le plein air, exprime la position orgueilleuse et rageuse du « refusé » :

> « Eh bien ! quoi ? criait-il, le public rit, il faut faire l'éducation du public… Au fond c'est une victoire. Enlevez deux cents toiles grotesques, et notre salon enfonce le leur. Nous avons la bravoure et l'audace, nous sommes l'avenir… Oui, oui, on verra plus tard, nous le tuerons leur Salon. Nous y entrerons en conquérants, à coups de chef-d'œuvre… Ris donc, ris donc, grande bête de Paris, jusqu'à ce que tu tombes à nos genoux ! »
>
> Émile Zola, **L'Œuvre**, 1886

L'histoire lui donnera raison… Dans un article publié en 1896, Zola, qui vient de visiter le Salon, évoque avec nostalgie l'heureux temps où les tableaux d'Édouard Manet, Claude Monet et Camille Pissaro étaient loin de faire l'unanimité :

> « Autrefois, lorsqu'on accrochait une toile de ceux-ci dans une salle, elle faisait un trou de lumière parmi les autres toiles, cuisinées avec les tons recuits de l'École. C'était la fenêtre ouverte sur la nature, le fameux plein air qui entrait. Et voilà qu'aujourd'hui, il n'y a plus que du plein air, tous se sont mis à la queue de mes amis, après les avoir injuriés et m'avoir injurié moi-même. »
>
> Émile Zola, 1896

La critique d'art

De même que l'Assemblée offre une scène aux joutes politiques et au genre oratoire, de même les Salons ouvrent un espace de débats qu'occupe le genre de la critique d'art. Celle-ci va, au fil du siècle, devenir une institution qui contribuera à l'instauration d'un commerce de l'art. Marchands d'art et critiques prendront le relais de l'État, de son Académie et de ses Salons pour définir la valeur de l'œuvre, nouvelle « marchandise ».

Romancier, Émile Zola a joué à certains moments le rôle de critique d'art, et pris la défense de ses amis peintres, Gustave Courbet, Édouard Manet ou Claude Monet. Comme Diderot au siècle précédent, nombreux sont les écrivains du XIXe siècle (Alfred de Musset, Théophile Gautier, Charles Baudelaire, Prosper Mérimée, Stéphane Mallarmé…) qui pratiquent avec brio dans la presse l'éloge et le blâme à l'égard de leurs confrères artistes. Ils théorisent par ce biais des enjeux esthétiques qui sont souvent les leurs. Ainsi Baudelaire, à propos d'Eugène Delacroix, développe une analyse qui n'est pas sans évoquer sa propre poésie.

Eugène Delacroix, *Femmes d'Alger* (1834).

« Ce qui fait de lui le vrai peintre du XIXe siècle, c'est cette mélancolie singulière et opiniâtre qui s'exhale de toutes ses œuvres, et qui s'exprime par le choix des sujets, et par l'expression des figures, et par le geste, et par le style de la couleur.
Cette mélancolie respire jusque dans les *Femmes d'Alger*, son tableau le plus coquet et le plus fleuri. Ce petit poème d'intérieur, plein de repos et de silence, encombré de riches étoffes et de brimborions de toilette, exhale je ne sais quel haut parfum de mauvais lieu qui nous guide assez vite vers les limbes insondés de la tristesse. »

Charles Baudelaire, **Salon de 1846**

… à vous de confronter littérature et peinture…

Nous vous suggérons d'accompagner le tableau de Delacroix d'un poème des *Fleurs du mal*. Vous argumenterez votre choix (scène, personnage, atmosphère, sensations…).

Cénacles

Un lieu idéal pour l'artiste

« Quand nous reverrons-nous à Paris en belle santé et de belle humeur ? Quelle belle chose se serait pourtant qu'un petit cénacle de bons garçons, tous gens d'art, vivant ensemble et se réunissant deux ou trois fois par semaine pour manger un bon morceau arrosé d'un bon vin, tout en dégustant quelque succulent poète ! J'ai souvent formé ce rêve, il est moins ambitieux que bien d'autres, mais peut-être ne se réalisera-t-il pas davantage ? »

Gustave Flaubert, lettre à Louis de Cormenin, juin 1844

Conformément à son étymologie, le terme « cénacle » renvoie à la Cène, au moment où, juste avant la Passion, Jésus entouré de ses apôtres institua le rite de l'eucharistie. La notion de cénacle est donc immédiatement auréolée d'un prestige sacré et porte en elle les idées d'initiation et de communion. Dans cette lettre de Flaubert, le cénacle représente la promesse d'un partage joyeux sous la forme d'une communauté de jeunes esprits qui échangent des nourritures terrestres et spirituelles. Modèle rêvé de la vie d'artiste ou bien véritable institution, le cénacle va ainsi connaître une série d'actualisations célèbres[1].

1 Dans *Illusions perdues*, Balzac en donne une actualisation emblématique avec le « Cénacle des grands esprits » dans lequel est admis le héros du roman, Lucien de Rubempré.

Les premiers cénacles

Le « groupe de Coppet »

Le « groupe de Coppet », dont le nom est celui du château où Napoléon a exilé Mme de Staël en 1810, peut apparaître comme l'origine de cette tendance au rassemblement d'un groupe de penseurs et de créateurs autour d'une figure marquante et en cela fédératrice. Moins mondain que les salons où se retrouvaient, au siècle précédent, les élites littéraires et philosophiques, Coppet fait du cénacle un haut lieu du savoir et de l'engagement politique. À Coppet, l'auteur déjà célèbre de *De la littérature* (1800) réunit une « élite » européenne qui rassemble notamment Constant, Chateaubriand, le Suisse Sismondi, les Allemands Schlegel et Chamisso ou l'Anglais Byron. Il s'y organise une vie commune, faite de travaux et de discussions où chacun communique ses réflexions et la teneur de ses œuvres en cours ou achevées. Une véritable famille de pensée se forge alors à partir de la diversité de tous et se trouve enrichie par elle. Stendhal voit ainsi Coppet comme « les états généraux de la pensée européenne ». En effet, les prémices du romantisme et les fondements du libéralisme trouvent là un lieu de réflexion et de diffusion privilégié. L'exil prolongé de Mme de Staël, le caractère européen et éclectique du groupe en font un foyer de progrès à la fois politique et esthétique.

Les cénacles romantiques

La notion de cénacle littéraire semble pouvoir être ici associée à l'idée d'avant-garde, même si celle-ci ne verra véritablement le jour qu'à la fin du siècle : le groupe de Coppet, suivi par les premiers cénacles romantiques, concerne une minorité aux idées novatrices qui ne trouve pas ailleurs d'échos suffisants à ses idées. Alors, la réunion des forces permet à la fois d'affermir ses opinions et de conquérir des positions.

Le premier cénacle romantique s'organise autour de Charles Nodier, à l'Arsenal, où il a été nommé bibliothécaire en janvier 1824. Ce cénacle est composé dans sa majeure partie de la plupart des collaborateurs de *La Muse française*, journal fondé en 1823 par Émile Deschamps et qui s'était donné pour mission de promouvoir de nouvelles formes d'expression et de développer la connaissance des littératures étrangères, essentiellement anglaise, allemande et italienne. L'idée qui fédère les esprits réside dans la nécessité, pour une société issue de la Révolution, de créer une littérature jeune et énergique qui rompe avec la pesanteur des académismes. Ainsi se propagent les thèses de la « secte romantique » comme la nomme Auger, le directeur de l'Académie française. Hugo, Balzac, Dumas, Musset font l'expérience de cette initiation et de cette émulation commune.

Hugo anime le second cénacle romantique, très actif juste avant et après 1830. Il facilite le rapprochement entre le romantisme libéral défendu par Stendhal et le romantisme aristocratique dominé par la figure de Chateaubriand. Le rayonnement personnel et l'habileté tactique d'Hugo permettent de rallier à la cause romantique le plus grand nombre possible de talents et de suffrages. Aux réunions du cénacle, qui se tiennent dans son appartement de la rue Notre-Dame-des-Champs, participent bon nombre des habitués de l'Arsenal. Les membres les plus assidus sont des peintres comme Louis Boulanger ou Eugène Devéria, des sculpteurs comme David d'Angers, des poètes comme Musset et Nerval qui y introduit Gautier en 1829 :

> « Après avoir été cérémonieusement présenté au chef de l'école qui vous a reçu avec son affabilité et sa grâce ordinaires, vous plairait-il d'être introduit dans un groupe de disciples, tous animés de l'enthousiasme le plus fervent ? […] Dans une petite chambre qui n'avait pas de sièges pour tous ces hôtes, se réunissaient des jeunes gens véritablement jeunes […]. Ces jeunes gens, unis par la plus tendre amitié, étaient les uns peintres, les autres statuaires, celui-ci graveur, celui-là architecte ou du moins élève en architecture. »
>
> Théophile Gautier, **Histoire du romantisme**, « Le petit cénacle », 1874

Entre 1827 et 1830, le cénacle de Victor Hugo ressemble à un véritable « conseil de guerre » où se peaufinent les œuvres et les théories

Voir « Situations » (p. 368)

du romantisme ainsi que ses stratégies de conquête, dont une des illustrations éclatantes sera la fameuse bataille d'*Hernani*.

Cénacle et avant-gardes poétiques

La tradition romantique du cénacle se poursuit sous le Second Empire et la IIIe République. Ainsi, Leconte de Lisle met au point la forme peut-être la plus ritualisée de cénacle : le groupe réuni autour de l'auteur des *Poèmes antiques*, et composé entre autres de José-Maria de Heredia, François Coppée et Sully Prudhomme, fonctionne comme une sorte de secte soumise à l'autorité incontestée de son « gourou ». En effet, Leconte de Lisle a fait du Parnasse, en une vingtaine d'années, l'école poétique dominante ; il a imposé ses règles et ses techniques d'écriture aux autres membres du groupe en écartant soigneusement toute forme de déviance. Il a construit méthodiquement un dogme esthétique puissant et cohérent, une école homogène et immédiatement reconnaissable. Stratégie de positionnement dans le champ littéraire qui fut pour le moins efficace : Paul Verlaine et Stéphane Mallarmé, dont les textes sont publiés dans *Le Parnasse contemporain*, la revue-anthologie du groupe, recevront, grâce au cénacle orchestré par Leconte de Lisle, leurs premières marques de reconnaissance et pourront ainsi faire une entrée remarquée sur la scène littéraire.

Cependant, une fois cette première étape franchie, il ne leur faut pas longtemps pour se dissocier du groupe, s'affirmer antiparnassiens et refuser le sectarisme des écoles. Ils deviennent alors les nouvelles références poétiques de l'époque, statut sur lequel ils ironisent tous deux :

« Des jeunes – c'est imprudent –
Ont, dit-on, fait une liste
Où vous passez symboliste.
Symboliste ? Cependant

Que d'autres, dans leur ardent
Dégoût naïf ou fumiste
Pour cette pauvre rime iste
M'ont bombardé décadent

Soit ! Chacun de nous en somme
Se voit-il bien nommé ?
Point ne suis tant enflammé

Que ça vers les n… lymphes, comme
Vous n'êtes pas mal armé
Plus que Sully n'est Prud'homme. »

Paul Verlaine, **Sonnet-dédicace à Mallarmé**, 1890

Verlaine ne jouera donc pas les chefs d'école. Il préfère l'atmosphère des cafés et des cabarets de la rive gauche, se plaisant dans ce milieu mi-voyou mi-bohème de la décadence. « J'abomine les écoles, et tout ce qui y ressemble » : dans le même esprit, cette déclaration de Mallarmé faite à Jules Huret vise à ne pas confondre ses fameux « mardis » où il reçoit chez lui, rue de Rome, les jeunes poètes de la génération née vers 1870 comme André Gide, Pierre Louÿs et Paul Valéry, avec un quelconque cercle à la mode parnassienne. Rue de Rome, pas de sectarisme esthétique ni de prosélytisme !

Zola à Médan : autre cercle, autre école

Voir « Genres et registres » (p. 451)

Zola reçoit à Médan les jeunes romanciers qui composeront autour de lui l'école naturaliste. On y retrouve, aux côtés de l'auteur des Rougon-Macquart, Alexis, Huysmans et Maupassant. Les réunions de Médan donnent lieu à la mise au point théorique du mouvement naturaliste. Elles permettent, notamment, la réalisation d'un travail de groupe, avec la rédaction et la publication d'un recueil de nouvelles intitulé significativement *Les Soirées de Médan* (1880). Dans ce recueil, le groupe s'oppose à la littérature dominante, revancharde et patriotique.

Le choix concerté d'un lieu de rassemblement situé hors de la capitale permet de donner à cette périphérie géographique le sens polémique d'une rupture consommée avec l'institution littéraire et les mondanités parisiennes. La critique contemporaine ne s'y trompe pas, qui perçoit effectivement *Les Soirées* comme un véritable manifeste littéraire. Le cénacle naturaliste continue la tradition du petit groupe d'élus constituant une avant-garde artistique jeune et ambitieuse, bien décidée à modifier le paysage culturel.

Ailleurs : le voyage

Voir « Situations » (p. 359)

Pour échapper au siècle « bourgeois », à son mercantilisme et son utilitarisme, plusieurs « ailleurs » possibles s'ouvrent à l'écrivain.

Les charmes du passé

L'écrivain, pour se soustraire à l'emprise d'un siècle qui semble rejeter les valeurs artistiques, peut se réfugier avec nostalgie dans les lointains du passé : ainsi s'explique la mode du Moyen Âge que le XIXe siècle redécouvre, revisite et réinterprète à sa façon sans réel souci de rigueur archéologique, en littérature (*Notre-Dame de Paris* de Victor Hugo) comme en architecture (par exemple avec l'architecte Viollet-le-Duc).

Exotisme et orientalisme

Au Maroc, Eugène Delacroix tient des carnets de voyage.

L'autre fuite possible peut s'opérer dans l'espace, par la quête de lointains exotiques : le voyage offre donc, tout au long du siècle, une échappatoire qui permet de se détourner de la prosaïque et décevante réalité française. Ces voyages peuvent conduire l'écrivain dans d'autres pays européens : Mme de Staël « théorise » les premiers fondements du romantisme dans *De l'Allemagne* et *Corinne ou l'Italie*. Stendhal, Musset et George Sand vont puiser en Italie des sources d'inspiration. L'Espagne vient également satisfaire ce besoin d'ailleurs (*Carmen* de Mérimée, *Ruy Blas* de Victor Hugo). Mais les pas de l'écrivain peuvent s'éloigner plus encore vers l'Orient, nimbé d'histoire, de légendes et de mystères, lieu d'une véritable expérience de l'étranger : Chateaubriand relate son voyage en Terre sainte dans l'*Itinéraire de Paris à Jérusalem* (1811) et Gérard de Nerval son voyage en Orient (*Le Voyage en Orient*, 1848-1851). L'Afrique du Nord nourrit abondamment la correspondance de Flaubert, et sert de cadre à son roman historique, *Salammbô*, où l'écrivain s'abandonne à l'exotisme, trace d'un romantisme qu'il réfrène dans ses autres œuvres. Tout un courant pictural, la peinture « orientaliste », puise également son inspiration en Afrique du Nord. Cependant, si le voyage constitue souvent une fuite vers un « ailleurs » qui donne le change à une réalité décevante, il demeure aussi un moyen de connaissance : il sert ainsi fréquemment de fil conducteur dans une littérature d'inspiration positiviste à visée didactique, comme c'est le cas dans les romans de Jules Verne.

Dans cet extrait de l'*Itinéraire de Paris à Jérusalem*, Chateaubriand évoque Athènes au soleil levant :

« Il faut maintenant se figurer tout cet espace tantôt nu et couvert d'une bruyère jaune, tantôt coupé par des bouquets d'oliviers, par des carrés d'orge, par des sillons de vignes ; il faut se représenter des fûts de colonne et des bouts de ruines anciennes et modernes sortant du milieu de ces cultures ; des murs blanchis et des clôtures de jardins traversant les champs : il faut répandre dans la campagne des Albanaises qui tirent de l'eau ou qui lavent à des puits les robes des Turcs ; des paysans qui vont et viennent, conduisant des ânes ou portant sur leur dos des provisions à la ville ; il faut supposer toutes ces montagnes dont les noms sont si beaux, toutes ces ruines si célèbres, toutes ces îles, toutes ces mers non moins fameuses éclairées d'une lumière éclatante. J'ai vu, du haut de l'Acropolis, le soleil se lever entre les deux cimes du mont Hymette ; les corneilles, qui nichent autour de la citadelle mais qui ne franchissent jamais son sommet, planaient audessous de nous ; leurs ailes noires et lustrées étaient glacées de rose par les premiers reflets du jour ; des colonnes de fumée bleue et légère montaient dans l'ombre le long des flancs de l'Hymette et annonçaient les parcs ou les chalets des abeilles ; Athènes, l'Acropolis et les débris du Parthénon se coloraient de la plus belle teinte de la fleur du pêcher ; les sculptures de Phidias, frappées horizontalement d'un rayon d'or, s'animaient et semblaient se mouvoir sur le marbre par la mobilité des ombres du relief ; au loin, la mer et le Pirée étaient tout blancs de lumière ; et la citadelle de Corinthe, renvoyant l'éclat du jour nouveau, brillait sur l'horizon du couchant comme un rocher de pourpre et de feu. [...] Ce tableau de l'Attique, ce spectacle que je contemplais, avait été contemplé par des yeux fermés depuis deux mille ans. Je passerai à mon tour : d'autres hommes aussi fugitifs que moi viendront faire les mêmes réflexions sur les mêmes ruines. Notre vie et notre cœur sont entre les mains de Dieu : laissons-le donc disposer de l'une comme de l'autre. »

François-René de Chateaubriand, **Itinéraire de Paris à Jérusalem**, 1811

L'incipit de *Salammbô* entraîne le lecteur « ailleurs », dans le temps comme dans l'espace :

« C'était à Mégara, faubourg de Carthage, dans les jardins d'Hamilcar.

Les soldats qu'il avait commandés en Sicile se donnaient un grand festin pour célébrer le jour anniversaire de la bataille d'Éryx, et comme le maître était absent et qu'ils se trouvaient nombreux, ils mangeaient et ils buvaient en pleine liberté.

Les capitaines, portant des cothurnes de bronze, s'étaient placés dans le chemin du milieu, sous un voile de pourpre à franges d'or, qui s'étendait depuis le mur des écuries jusqu'à la première terrasse du palais ; le commun des soldats était répandu sous les arbres, où l'on distinguait quantité de bâtiments à toit plat, pressoirs, celliers, magasins, boulangeries et arsenaux, avec une cour pour les éléphants, des fosses pour les bêtes féroces, une prison pour les esclaves.

Des figuiers entouraient les cuisines ; un bois de sycomores se prolongeait jusqu'à des masses de verdure, où des grenades resplendissaient parmi les touffes blanches des cotonniers : des vignes, chargées de grappes, montaient dans le branchage des pins : un champ de roses s'épanouissait sous des platanes ; de place en place sur des gazons, se balançaient des lis ; un sable noir, mêlé à de la poudre de corail, parsemait les sentiers, et, au milieu, l'avenue des cyprès faisait d'un bout à l'autre comme une double colonnade d'obélisques verts.

Le palais, bâti en marbre numidique tacheté de jaune, superposait tout au fond, sur de larges assises, ses quatre étages en terrasses. Avec son grand escalier droit en bois d'ébène, portant aux angles de chaque marche la proue d'une galère vaincue, avec ses portes rouges écartelées d'une croix noire, ses grillages d'airain qui le défendaient en bas des scorpions, et ses treillis de baguettes dorées qui bouchaient en haut ses ouvertures, il semblait aux soldats, dans son opulence farouche, aussi solennel et impénétrable que le visage d'Hamilcar. »

Gustave Flaubert, **Salammbô**, 1862

Voyages oniriques et imaginaires

Voyages dans le temps, voyages dans l'espace s'opèrent aussi « sans bouger » par le biais du rêve, voire de la folie (Nerval) ou des « paradis artificiels » (Baudelaire, Rimbaud). Dans l'*Aurélia* de Nerval, le narrateur raconte sa folie qui s'est caractérisée par « l'épanchement du songe dans la vie réelle ». Il raconte ici un de ses rêves.

« Un soir, je crus avec certitude être transporté sur les bords du Rhin. En face de moi, se trouvaient des rocs sinistres dont la perspective s'ébauchait dans l'ombre. J'entrai dans une maison riante, dont un rayon du soleil couchant traversait gaiement les contrevents verts que festonnait la vigne. Il me semblait que je rentrais dans une demeure connue, celle d'un oncle maternel, peintre flamand, mort depuis plus d'un siècle. [...] Il y avait en face de moi une horloge rustique accrochée au mur, et sur cette horloge un oiseau qui se mit à parler comme une personne. Et j'avais l'idée que l'âme de mon aïeul était dans cet oiseau ; mais je ne m'étonnais pas plus de son langage et de sa forme que de me voir transporté comme d'un siècle en arrière. [...] – Cependant la nuit s'épaississait peu à peu, et les aspects, les sons et le sentiment des lieux se confondaient dans mon esprit somnolent ; je crus tomber dans un abîme qui traversait le globe. Je me sentais emporté sans souffrance par un courant de métal fondu, et mille fleuves pareils, dont les teintes indiquaient les différences chimiques, sillonnaient le sein de la terre comme les vaisseaux et les veines qui serpentent parmi les lobes du cerveau. Tous coulaient, circulaient et vibraient ainsi, et j'eus le sentiment que ces courants étaient composés d'âmes vivantes, à l'état moléculaire, que la rapidité de ce voyage m'empêchait seule de distinguer. Une clarté blanchâtre s'infiltrait peu à peu dans ces conduits, et je vis enfin s'élargir, ainsi qu'une vaste coupole, un horizon nouveau où se traçaient des îles entourées de flots lumineux. Je me trouvai sur une côte éclairée de ce jour sans soleil, et je vis un vieillard qui cultivait la terre. Je le reconnus pour le même qui m'avait parlé par la voix de l'oiseau, et soit qu'il me parlât, soit que je le comprisse en moi-même, il devenait clair pour moi que les aïeux prenaient la forme de certains animaux pour nous visiter sur la terre, et qu'ils assistaient ainsi, muets observateurs, aux phases de notre existence. »

Gérard de Nerval, **Aurélia**, 1865

... à vous de lire le groupement de textes...

1 En étudiant les temps et les modes verbaux choisis par Chateaubriand, vous définirez la visée argumentative de ce texte. Étudiez les procédés poétiques utilisés dans la prose.

2 Relevez dans l'extrait de *Salammbô* les éléments de couleur locale historiques et nord-africains. Relevez des jeux de sonorité et de rythme au sein de la prose.

3 Comment l'écriture de Gérard de Nerval rend-elle compte des caractéristiques du rêve (perturbation du moi et des repères spatio-temporels) ?

▶ Figures

Siècle des révolutions, des idéalismes et des désillusions, le XIXe siècle propose une vaste galerie de figures de l'artiste, incarnées par les écrivains eux-mêmes ou bien transposées en personnages dans leurs œuvres. L'âge de la littérature industrielle engendre ainsi des forçats de la plume, les « feuilletonistes » qui, rivés par la nécessité à leur table de travail, n'en créent pas moins les grandes œuvres de ce qu'on appelle la littéraire populaire : conteurs prolifiques, ils inventent des héros récurrents, des histoires sans fin, des formes romanesques nouvelles comme le roman d'aventure ou le roman policier et parviennent à tenir en haleine une foule grandissante de lecteurs. Les soubresauts de l'histoire et la nécessité d'inventer une littérature nouvelle pour des temps nouveaux donnent naissance à la figure romantique du poète prophète, de l'écrivain humanitariste qui se propose comme mission d'éclairer l'avenir et de déchiffrer le monde. Mais cette figure messianique de l'artiste a également son envers, nourri de désenchantement et de révolte. Révolte provocatrice du dandy qui revendique une aristocratie de l'esprit sans lien avec une quelconque origine sociale, qui oppose aux règles morales établies une représentation transgressive du corps masculin, entre effémination et androgynie, qui exhibe le luxe et l'extrême raffinement pour repousser l'ennui, la médiocrité et l'hypocrisie dominantes. Révolte des poètes maudits qui célèbrent la débauche, la décrépitude et l'autodestruction, se réclament de Satan plutôt que de Dieu, et font de la descente aux enfers, de l'inversion des valeurs, de la violence et du désespoir, les matériaux mêmes de leur langage poétique…

Les feuilletonistes

Un véritable phénomène culturel

En 1836, Émile de Girardin, directeur du journal *La Presse*, crée l'événement qui révolutionne le marché littéraire français : il décide de séduire ses lecteurs en remplaçant par quelques pages d'un roman inédit le contenu du « feuilleton », espace jusque-là réservé, au bas des premières et secondes pages, aux comptes rendus des événements littéraires et artistiques. Le *feuilleton-roman* – on dira plus tard le *roman-feuilleton* – devient rapidement un phénomène culturel de grande ampleur qui marque la naissance de ce que Sainte-Beuve appellera la « littérature industrielle » (1839). Grâce au roman-feuilleton, le roman va pouvoir atteindre un nouveau public, plus large et plus populaire. Évolution aux enjeux aussi bien littéraires que politiques comme le constate, en 1839, un critique : « Le roman n'est plus duc ou marquis ; il s'est fait peuple. Et de l'ouvrier à l'artiste, montant et descendant tous les degrés de l'échelle plébéienne, il a senti qu'il était dans la littérature ce qu'est dans la société cette classe moyenne ; qui d'abord comptée pour rien est aujourd'hui tout dans la machine politique. »

Dans un tel contexte de production de masse, obtenir le succès devient une vraie bataille, mais il n'est pas rare que, selon leur degré de notoriété et de productivité, les feuilletonistes parviennent à vivre confortablement de leur plume, quitte, si la demande outrepasse leurs capacités, à sous-traiter tout ou partie de leur travail à un ou plusieurs *nègres*. Les auteurs les plus célèbres et les plus fortunés connaissent les affres du métier, cette tyrannie quotidienne du journal qui oblige à remettre sa copie au jour le jour et très souvent dans l'urgence, comme en témoigne cette lettre qu'Émile Gaboriau, auteur vedette du *Petit Journal*, adresse à sa sœur :

> « Pris à l'improviste par le *Dossier n° 113* [...], je l'écris au jour le jour et j'ai donné hier soir le feuilleton que vous lirez demain matin. On n'imagine pas, quand on n'en a pas tâté, ce que c'est qu'un travail pareil. On ne peut disposer d'une minute, la préoccupation est constante [...]. Ajoute à cette meule quotidienne la révision de mes volumes, un ou deux articles par semaine et tu avoueras que les billets de banque qui pleuvent chez moi sont bien gagnés. »
>
> Émile Gaboriau, lettre à sa sœur

Esthétique du roman-feuilleton : un univers où l'efficacité est le maître mot

Les ficelles du métier

Clichés, stéréotypes, répétitions, adjectifs redondants, amplifications interminables, scènes convenues, personnages dépourvus de psychologie, dramatisations outrancières, phrases toutes faites, surabondance d'hyperboles, invraisemblance d'intrigues embrouillées à l'extrême, cascades de rebondissements, maniement expert dans l'art de distribuer les points de suspension qui laissent présager de permanents renversements de situations, sont autant d'outils qui constituent la panoplie obligée du feuilletoniste. Cette esthétique haletante et « coup de poing », où tout peut toujours arriver, a pour unique objectif une captation constante du lecteur, à la fois étourdi et fasciné, pour ainsi dire « drogué », chaque jour, à la formule énigmatique et suspensive du fameux « à suivre... ». Autant de recettes d'écriture qu'un écrivain digne de ce nom serait censé fuir, mais auxquelles bon nombre d'entre eux, comme Balzac, Dumas, Hugo, Sand ou Verne, empruntent cependant pour donner du rythme à leur trame narrative, car ils sont parfaitement conscients de leur puissant pouvoir de séduction.

De là une sorte de complaisance partagée par les romanciers et le public à l'égard de ces conventions qui conditionnent aussi bien l'écriture que la lecture de ce type de textes. Preuve en est le tour parodique et l'autodérision qui pointent bien souvent dans les contextes pourtant les plus dramatiques et qui indiquent un dialogue complice et démystificateur entre l'auteur et son lecteur. Présentant son *Affreux*

Roman (1866), Paul Féval, s'amuse ainsi à confondre les plans de la réalité et de la fiction, en soulignant que, pour son lecteur, « l'auteur a centralisé les moyens les plus nouveaux » et les plus authentiques car, promet-il, « il opère lui-même, soit qu'il s'agisse d'éventrer les petits enfants, d'étouffer les vierges sans défense, d'empailler les vieilles dames ou de désosser MM. les militaires » !

Vers une spécialisation du genre

Avantage au roman historique

Alexandre Dumas (1802-1870) incarne cette veine du feuilleton qui met en scène une relecture souvent fantaisiste, mais entraînante, des grands épisodes de l'histoire de France. À partir de 1835, il commence à publier des récits historiques, et l'apparition du roman-feuilleton en 1836 donne à sa verve romanesque le cadre qui lui convient, c'est-à-dire un découpage systématique et incisif du récit en brèves séquences mélodramatiques. Le rythme de production est impressionnant : *Les Trois Mousquetaires* (1844), *Le Comte de Monte-Cristo* (1844-1847), *Vingt Ans après*, *La Reine Margot* (1845), *Le Chevalier de Maison-Rouge* (1845-1846), *La Dame de Montsoreau* (1846), *Joseph Balsamo* (1846-1848)... Pour faire face à cette intense activité créatrice avec laquelle, comme Balzac, il tente de rembourser des dettes galopantes, Dumas, qui se disait lui-même « un écrivain intarissable », a organisé sur une grande échelle le système des « nègres » littéraires. Sa technique de fabrication est la suivante : ses collaborateurs mènent les recherches documentaires et développent un canevas fourni par Dumas, à qui revient, en fin de parcours, la tâche de peaufiner les dialogues. Tricherie auprès du public, protestera Eugène de Mirecourt dans son pamphlet *Fabrique de roman. Maison Dumas et Cie* (1845), tricherie du point de vue de la propriété littéraire, plaidera vainement Maquet, l'un des collaborateurs de Dumas, en 1858...Quoi qu'il en soit, Dumas a instauré magistralement un mode « industriel » de création littéraire. Sa force est d'avoir su transformer des pratiques éditoriales courantes en une véritable entreprise de création.

Le roman social

Ce type de récit est une forme dérivée du roman de mœurs. Les prodigieux succès, coup sur coup, remportés par *Les Mystères de Paris*, dans le *Journal des débats*, en 1842 et 1843, puis par *Le Juif errant*, dans *Le Constitutionnel*, en 1844 et 1845, font d'Eugène Sue (1804-1857) l'initiateur et le maître du genre. *Les Mystères de Paris* restent un cas unique : aucun roman populaire n'exercera autant d'influence politique que cette « bible » des quarante-huitards ; aucun, non plus, ne pèsera d'un tel poids littéraire, représentant le modèle idéal de l'épopée moderne. Balzac y répond par les trois dernières parties de *Splendeurs et Misères des courtisanes*, Hugo par la première version des *Misérables* et Dumas par *Le Comte de Monte-Cristo*. La même veine est aussitôt exploitée par Paul Féval (1817-1887), avec *Les Mystères de Londres*, parus la même année que *Les Mystères de Paris*, puis avec *Les Habits noirs* (1863). On retrouve la même inspiration « sociale » à l'origine de la série des *Drames de Paris*, de Ponson du Terrail (1829-1871). Rival de Féval et tout aussi productif – 84 romans, soit environ 5 500 feuilletons quotidiens entre 1852 et 1870, et cela sans secrétaire ni nègres...–, Ponson du Terrail fait reposer le poids de ses intrigues sur le personnage de Rocambole, héros protéiforme et démoniaque, capable du meilleur après avoir commis le pire. La survie de l'adjectif « rocambolesque » témoigne, à elle seule, de l'engouement des lecteurs contemporains pour les récits de ce feuilletoniste.

Vers le roman policier et la science-fiction

À mesure que l'on s'approche de la fin du siècle, l'enquête sociale se transforme et s'oriente vers ce qui deviendra, au XXe siècle, le roman policier. En partant des *Mémoires* de Vidocq qui fascinèrent Balzac comme Hugo ou Dumas, on aboutit tout d'abord au roman judiciaire du Second Empire, représenté notamment par *L'Affaire Lerouge* (1866) d'Émile Gaboriau (1832-1873). Ainsi se développe une narration informée par la technicité de l'enquête policière et marquée par l'émergence de la figure du limier de génie. Cette première actualisation du roman policier ouvre la voie aux grands succès du genre qui verront bientôt le jour, au siècle suivant, sous la plume de Conan Doyle (1859-1930), Agatha Christie (1891-1976), ou encore Georges Simenon (1903-1989).

Du goût généralement répandu pour les sensations fortes procède enfin la vogue du roman d'aventures. Fondé sur l'exploration militaire ou scientifique de contrées exotiques, ou sur une navigation périlleuse, il emprunte son intérêt à l'actualité de l'expansion coloniale. Sous la monarchie de Juillet, Sue, encore lui, est l'un des introducteurs en France de la mode anglaise du roman maritime (*Atar-Gull*, *La Salamandre*, 1832). Jules Verne (1828-1905) s'inscrit dans cette lignée, tout en lui donnant une double dimension scientifique et futuriste à mettre en rapport avec, d'une part, l'importance de la presse de vulgarisation scientifique et, d'autre part, l'utopisme des ingénieurs et des socialistes, souvent proches des théories des saint-simoniens et des fouriéristes de la première moitié du siècle.

De la monarchie de Juillet à la IIIe République, l'ensemble de cette production narrative a ainsi profondément enrichi et renouvelé l'imaginaire collectif. Elle a également permis au roman de conquérir sa légitimité en cessant d'être un genre mineur pour devenir le genre dominant par excellence.

Dès l'ouverture des *Mystères de Paris*, Eugène Sue expose à son lecteur ses ambitions d'écrivain :

« I – Le tapis-franc

Un *tapis-franc*, en argot de vol et de meurtre, signifie un estaminet ou un cabaret du plus bas étage.

Un repris de justice qui, dans cette langue immonde, s'appelle un *ogre*, ou une femme de même dégradation, qui s'appelle une *ogresse*, tiennent ordinairement ces tavernes, hantées par le rebut de la population parisienne ; forçats libérés, escrocs, voleurs, assassins y abondent.

Un crime a-t-il été commis, la police jette, si cela se peut dire, son filet dans cette fange ; presque toujours elle y prend les coupables.
Ce début annonce au lecteur qu'il doit assister à de sinistres scènes ; s'il y consent, il pénétrera dans des régions horribles, inconnues ; des types hideux, effrayants, fourmilleront dans ces cloaques impurs comme les reptiles dans les marais.
Tout le monde a lu les admirables pages dans lesquelles Cooper, le Walter Scott américain, a tracé les mœurs féroces des sauvages, leur langue pittoresque, poétique, les mille ruses à l'aide desquelles ils fuient ou poursuivent leurs ennemis. [...]
Nous allons essayer de mettre sous les yeux du lecteur quelques épisodes de la vie d'autres barbares aussi en dehors de la civilisation que les sauvages peuplades si bien peintes par Cooper.
Seulement les barbares dont nous parlons sont au milieu de nous ; nous pouvons les coudoyer en nous aventurant dans les repaires où ils vivent, où ils se rassemblent pour concerter le meurtre, le vol, pour se partager enfin les dépouilles de leurs victimes.
Ces hommes ont des mœurs à eux, des femmes à eux, un langage à eux, langage mystérieux, rempli d'images funestes, de métaphores dégoûtantes de sang. [...]
En songeant que peut-être nos lecteurs éprouveraient le même ressentiment, nous nous sommes demandé s'il fallait nous arrêter ou persévérer dans la voie où nous nous engagions, si de pareils tableaux devaient être mis sous les yeux du lecteur.
Nous sommes presque restés dans le doute ; sans l'impérieuse exigence de la narration, nous regretterions d'avoir placé en si horrible lieu l'explosion du récit qu'on va lire. Pourtant nous comptons un peu sur l'espèce de curiosité craintive qu'excitent quelquefois les spectacles terribles.
Et puis encore nous croyons à la puissance des contrastes.
Sous ce point de vue de l'art, il est peut-être bon de reproduire certains caractères, certaines existences, certaines figures, dont les couleurs sombres, énergiques, peut-être même crues, serviront de repoussoir, d'opposition à des scènes d'un tout autre genre. »

Eugène Sue, **Les Mystères de Paris**, 1842-1843 »

Voici un extrait de la table des matières des *Misérables* :

« *Deuxième partie*
COSETTE

LIVRE TROISIÈME. – ACCOMPLISSEMENT DE LA PROMESSE FAITE À LA MORTE
I. La question de l'eau à Montfermeil
II. Deux portraits complétés
III. Il faut du vin aux hommes et de l'eau aux chevaux
IV. Entrée en scène d'une poupée

V. La petite toute seule
VI. Qui peut-être prouve l'intelligence de Boulatruelle
VII. Cosette côte à côte dans l'ombre avec l'inconnu
VIII. Désagrément de recevoir chez soi un pauvre qui est peut-être un riche
IX. Thénardier à la manœuvre
X. Qui cherche le mieux peut trouver le pire
XI. Le numéro 9 430 reparaît, et Cosette le gagne à la loterie »

Victor Hugo, **Les Misérables**, 1862

… à vous d'entrer dans les romans-feuilletons…

1 Ouverture des *Mystères de Paris* (Eugène Sue)

• Vous pourrez, à la lecture de ce texte, vous interroger sur cette intrusion d'auteur grâce à laquelle Eugène Sue avertit son lecteur sur la nature peu recommandable du voyage qu'il va entreprendre dans les bas-fonds de la capitale en même temps qu'il attise sa curiosité et l'invite à poursuivre.
• Vous pourrez vous intéresser ainsi à la description faite par l'auteur lui-même des ingrédients qui vont composer et pimenter son récit.
• Vous pourrez alors mettre en évidence les ambiguïtés d'un tel avertissement et montrer qu'il ne s'agit pas là uniquement de prendre des précautions morales à l'égard d'un lectorat bourgeois, mais bien de faire la réclame, c'est-à-dire de « vendre » en quelque sorte une histoire qui, avant de connaître le succès que l'on sait, devait réussir à capter d'emblée l'attention des lecteurs du *Journal des débats* en ce 19 juin 1842, sous peine de disparaître rapidement…

2 Étude des extraits de la table des matière des *Misérables*

En observant les différents niveaux de titre ainsi que leurs formulations et en vous référant au passage de ce chapitre évoquant les « ficelles » du métier de feuilletoniste, vous pourrez relever les éléments qui indiquent une certaine façon de concevoir et de rythmer le récit, proche du découpage en épisodes des romans-feuilletons :
• Vous pourrez essayer tout d'abord de caractériser les choix rhétoriques utilisés, phrases nominales, substantifs sans articles, emplois des indéfinis, utilisation d'expressions proverbiales, jeux sur les noms propres, amorces de description, jeux sur les registres croisant les tonalités réaliste, dramatique ou pathétique, etc.
• Vous pourrez ensuite vous intéresser aux effets que suscitent alors la lecture de ces séries de titres de chapitres : effets d'annonce, effets de mystères, effets de suspens, effets dramatiques, etc.

Le dandy

Le dandy : une figure historique ?

Jules Barbey d'Aurevilly peint par Albert Lévy pour le Salon de 1882.

Le dandy naît, au début du XIXe siècle, en Angleterre, autour des personnages de l'écrivain Byron et de Brummell, dont le nom deviendra un symbole de l'élégance masculine, au point qu'un grand magasin parisien en fera son enseigne. Littré, dans son dictionnaire, enregistre l'apparition de cette figure, dont la nouveauté même est soulignée par la nécessité dans laquelle se trouve la langue, au-delà de l'origine anglaise du dandysme, d'avoir recours à un terme étranger, un mot nouveau qui, seul, peut rendre compte d'un caractère inédit et particulier : « Dandy : Homme recherché dans sa toilette et exagérant les modes jusqu'au ridicule. À l'incroyable, au merveilleux, à l'élégant, ces trois héritiers des petits-maîtres, ont succédé le dandy, puis le lion. » Littré confère immédiatement un caractère transhistorique à la figure du dandy : il y a eu des dandys à toutes les époques, et le dandy du XIXe siècle est, somme toute, l'héritier d'une série de figures masculines dont les raffinements peuvent se porter jusqu'à l'excentricité. Jules Barbey d'Aurevilly (1808-1889), théoricien du dandysme, et dandy lui-même, souligne cette continuité :

> « De Dandy comme Brummel on n'en reverra plus ; mais des hommes comme lui, et même en Angleterre, quelque livrée que le monde leur mette, on peut affirmer qu'il y en aura toujours. Ils attestent la magnifique variété de l'œuvre divine : ils sont éternels comme le caprice. »
>
> Jules Barbey d'Aurevilly, **Du Dandysme et de George Brummel**, 1845

Le dandy en théorie : un être moral et politique

C'est à l'extériorité du dandy, à son élégance raffinée, à ses extravagances de toilette, qui peuvent s'exprimer aussi dans une simplicité recherchée, qu'on s'arrête généralement (c'est du reste la définition qu'en propose Littré). Cette apparence est en fait une provocation lancée à l'ordre moral et au puritanisme ambiant. Le corps masculin se trouve exhibé, féminisé même, en tant qu'objet de désir. L'élégance du dandysme, dans ce qu'elle a de suranné, lui permet également d'affirmer son refus du siècle en affichant son passéisme. Le dandysme constitue aussi, selon Baudelaire, une forme de réaction contre la montée du pouvoir de la bourgeoisie, car il exprime, chez des hommes qui ne sont pas forcément riches ou nobles, le désir de former une aristocratie de l'esprit, quand la véritable aristocratie, fondée sur le prestige d'un nom et d'un lignage, a perdu tout pouvoir :

> « Le dandysme n'est même pas, comme beaucoup de personnes peu réfléchies paraissent le croire, un goût immodéré de la toilette et de l'élégance matérielle. Ces choses ne sont pour le parfait dandy qu'un symbole de la supériorité aristocratique de son esprit. »
>
> Charles Baudelaire, **Le Peintre de la vie moderne**, 1863

Dans ces conditions, le dandy, souvent progressiste dans ses prises de position esthétiques, peut paraître réactionnaire dans ses choix politiques. Barbey d'Aurevilly, par exemple, prend la défense des *Fleurs du mal*, au cours du procès où l'ouvrage est accusé d'immoralité, mais demeure attaché à un royalisme légitimiste (la forme la plus passéiste du royalisme) jusqu'à sa mort en 1889, alors que la IIIe République s'est affirmée. Ainsi, l'originalité provocante du dandy, dans sa mise comme dans ses choix esthétiques ou politiques, en fait bien, comme le dit Baudelaire, une figure « d'opposition et de révolte ».

Figure double, jusqu'à l'androgynie, le dandy est la vivante contestation d'une société qui génère l'ennui par sa médiocrité et l'hypocrisie de ses convenances :

> « Ainsi, une des conséquences du Dandysme, un de ses principaux caractères – pour mieux parler, son caractère le plus général – est-il de produire toujours l'imprévu, ce à quoi l'esprit accoutumé au joug des règles ne peut pas s'attendre en bonne logique. L'Excentricité, cet autre fruit du terroir anglais, le produit aussi, mais d'une autre manière, d'une façon effrénée, sauvage, aveugle. C'est une révolution individuelle contre l'ordre établi, quelquefois contre la nature : ici on touche à la folie. Le Dandysme, au contraire, se joue de la règle et pourtant la respecte encore. Il en souffre et s'en venge tout en la subissant ; il s'en réclame quand il y échappe ; il la domine et en est dominé tour à tour : double et muable caractère ! Pour jouer ce jeu, il faut avoir à son service toutes les souplesses qui font la grâce, comme les nuances du prisme forment l'opale, en se réunissant. »
>
> Jules Barbey d'Aurevilly, **Du Dandysme et de George Brummel**, 1845

Figures romanesques du dandy

Chez Balzac, dandys et lions, comme de Marsay ou Rastignac, font partie de ces personnages de second plan dont le retour, d'un roman à l'autre, assure la continuité du monde romanesque : plus que d'autres, ils apparaissent comme des consciences lucides – donc valorisées – du fonctionnement de l'univers social. Le détachement de leur vanité, leurs succès auprès des femmes, en font des êtres qui pénètrent et maîtrisent les arcanes sociaux.

Dans les *Illusions perdues*, Lucien de Rubempré, de retour à Angoulême après un séjour à Paris où il s'est frotté au monde de l'élégance et du luxe, se compose une physionomie de dandy parisien pour reparaître dans un des salons de sa ville natale. Il n'en est qu'à la maîtrise des apparences, mais déjà chez lui se fait jour l'orgueil sur lequel se fonde la supériorité du dandy :

> « Pour cette mémorable soirée, le poète avait fait une toilette qui devait lui donner, sans contestation, une supériorité sur tous les hommes. Madame de Sénonches avait d'ailleurs annoncé le héros du moment, et l'entrevue des deux amants brouillés était une de ces scènes dont on est particulièrement friand en province. Lucien était passé à l'état de *Lion* : on le disait si beau, si changé, si merveilleux, que les femmes de l'Angoulême noble avaient toutes une velléité de le revoir. Suivant la mode de cette époque à laquelle on doit la transition de l'ancienne culotte de bal aux ignobles pantalons actuels, il avait mis un pantalon noir collant. Les hommes dessinaient encore leurs formes au grand désespoir des gens maigres ou mal faits ; et celles de Lucien étaient *apolloniennes*. Ses bas de soie gris à jour, ses petits souliers, son gilet de satin noir, sa cravate, tout fut scrupuleusement tiré, collé pour ainsi dire sur lui. Sa blonde et abondante chevelure frisée faisait valoir son front blanc, autour duquel les boucles se relevaient avec une grâce cherchée. Ses yeux, pleins d'orgueil, étincelaient. Ses petites mains de femme, belles sous le gant, ne devaient pas se laisser voir dégantées. Il copia son maintien sur celui de de Marsay, le fameux dandy parisien, en tenant d'une main sa canne et son chapeau qu'il ne quitta pas, et il se servit de l'autre pour faire des gestes rares à l'aide desquels il commenta ses phrases. Lucien aurait bien voulu se glisser dans le salon, à la manière de ces gens célèbres qui, par une fausse modestie, se baisseraient sous la porte Saint-Denis. »
>
> Honoré de Balzac, **Illusions perdues**, 1843

Ultime figure du dandy dans la littérature du XIXe siècle, Des Esseintes, le héros du roman de Huysmans *À rebours* (1884), devient le symbole de l'« esprit décadent » : prenant précisément à rebours le prosaïsme et le positivisme de son époque, le personnage essaie d'esthétiser son existence, en s'enfermant dans l'art et l'artifice. Des Esseintes, dans un

« repas de deuil », célèbre son impuissance sexuelle provoquée par tous les excès de sa vie :

« Il s'acquit la réputation d'un excentrique qu'il paracheva en se vêtant de costumes de velours blancs, de gilets d'orfroi, en plantant, en guise de cravate, un bouquet de Parme dans l'échancrure décolletée d'une chemise, en donnant aux hommes de lettres des dîners retentissants, un entre autres, renouvelé du XVIIIe siècle, où, pour célébrer la plus futile des mésaventures, il avait organisé un repas de deuil.

Dans la salle à manger tendue de noir, ouverte sur le jardin de sa maison subitement transformé, montrant ses allées poudrées de charbon, son petit bassin maintenant bordé d'une margelle de basalte et rempli d'encre et ses massifs tout disposés de cyprès et de pins, le dîner avait été apporté sur une nappe noire, garnie de corbeilles de violettes et de scabieuses, éclairée par des candélabres où brûlaient des flammes vertes et, par des chandeliers où flambaient des cierges.

Tandis qu'un orchestre dissimulé jouait des marches funèbres, les convives avaient été servis par des négresses nues, avec des mules et des bas en toile d'argent, semée de larmes.

On avait mangé dans des assiettes bordées de noir, des soupes à la tortue, des pains de seigle russe, des olives mûres de Turquie, du caviar, des poutargues de mulets, des boudins fumés de Francfort, des gibiers aux sauces couleur de jus de réglisse et de cirage, des coulis de truffes, des crèmes ambrées au chocolat, des poudings, des brugnons, des raisinés, des mûres et des guignes ; bu, dans des verres sombres, les vins de la Limagne et du Roussillon, des Tenedos, des Val de Peñas et des Porto ; savouré, après le café et le brou de noix, des kwas, des porter et des stout.

Le dîner de faire-part, d'une virilité momentanément morte, était-il écrit sur les lettres d'invitations semblables à celles des enterrements.

Mais ces extravagances dont il se glorifiait jadis s'étaient, d'elles-mêmes, consumées ; aujourd'hui, le mépris lui était venu de ces ostentations puériles et surannées, de ces vêtements anormaux, de ces embellies de logements bizarres. Il songeait simplement à se composer, pour son plaisir personnel et non plus pour l'étonnement des autres, un intérieur confortable et paré néanmoins d'une façon rare, à se façonner une installation curieuse et calme, appropriée aux besoins de sa future solitude. »

Joris-Karl Huysmans, **À rebours**, 1884

… à vous d'analyser ces figures de dandys…

Comment chacune de ces deux évocations romanesques développe-t-elle la nature excessive du dandy et ses raffinements esthétisants ?

Prophètes et parias

Le temps des « mages »

Dans la préface de son recueil poétique *Les Rayons et les Ombres*, publié en 1840, Victor Hugo dresse le portrait de ce que devrait être, selon lui, le poète romantique. Cette description-projection de l'« artiste civilisateur », du « poète complet », commence ainsi :

> « Nul engagement, nulle chaîne. La liberté serait dans ses idées comme dans ses actions. [...] Dans ses poèmes, il mettrait les conseils au temps présent, les esquisses rêveuses de l'avenir ; le reflet tantôt éblouissant, tantôt sinistre, des événements contemporains [...]. Comme tous les poètes qui méditent et qui superposent constamment leur esprit à l'univers, il laisserait rayonner, à travers toutes ses créations, poèmes ou drames, la splendeur de la création de Dieu. [...] »
>
> Victor Hugo, **Les Rayons et les Ombres**, Préface, 1840

Hugo déploie dans ce texte la nouvelle mythologie de l'artiste romantique. Cette transfiguration du poète en prophète s'est réalisée à mesure que le mouvement romantique composait sa galerie d'images et de symboles. Entre 1830 et 1848, on assiste ainsi à une véritable sacralisation de l'artiste, métamorphosé en génie inspiré, en mage austère et mystérieux.

Ce mythe du poète-prophète repose, par ailleurs, sur une lecture particulière de l'histoire : avec la Révolution française, tout un monde a été englouti et un nouveau est à venir, l'humanité est donc à la recherche de sa forme et le peuple a besoin de guides pour entrevoir les chemins de l'avenir. Cette analyse est globalement partagée par l'ensemble des doctrines et des systèmes philosophiques qui se proposent, sous la Restauration (1815-1830) et la monarchie de Juillet (1830-1848), de réorganiser la société, de fonder de nouvelles valeurs spirituelles et de conduire l'humanité vers le progrès et l'harmonie. Même si les credo de ceux que l'on qualifie généralement d'utopistes sont souvent très différents, ils se retrouvent tous au moins sur un point : la mission dévolue à l'artiste au sein de la société. Les néo-catholiques, disciples de Lamennais (1782-1854), les adeptes de Saint-Simon (1760-1825) comme ceux de Charles Fourier (1772-1837) ainsi que les démocrates humanitaristes[1], tous mettent en avant la mission sacrée de l'artiste et font de l'art un sacerdoce. Pour tous, l'artiste doit être un guide, un visionnaire, un *vates*, c'est-à-dire un devin, un prophète qui doit faire entrevoir au monde les perfections de l'avenir et du bonheur universel. Cette conception de l'artiste rejoint et nourrit celle des poètes romantiques qui l'actualisent avec véhémence tout en réaffirmant constamment l'autonomie du créateur et en s'affranchissant des endoctrinements... C'est dans ce contexte idéologique que se construit la conception de l'artiste comme pourvoyeur de lumière et de vérité, et de l'art comme force de métamorphose et puissance d'harmonie.

1 Sur les utopies de la première moitié du XIXe siècle, lire *Le Temps des prophètes* de Paul Bénichou.

« Le poète en des jours impies
Vient préparer des jours meilleurs.
Il est l'homme des utopies !
Les pieds ici les yeux ailleurs.
C'est lui qui sur toutes les têtes,
En tout temps, pareil aux prophètes,
Dans sa main, où tout peut tenir,
Doit, qu'on l'insulte ou qu'on le loue,
Comme une torche qu'il secoue,
Faire flamboyer l'avenir ! »

Victor Hugo, **Les Rayons et les Ombres**, « Fonction du poète », 1840

Une mission sacrée

1 Article publié dans *La Silhouette* en 1830. 2 Article publié dans la *Revue et Gazette musicale de Paris* en mai 1835.

Les discours sur la mission de l'artiste prolifèrent et contribuent à déployer cet imaginaire des « grands éclaireurs ». Balzac, dans *Des artistes*[1], décrit le créateur comme faisant partie de la catégorie des « êtres à *seconde vue* », comme un « homme habitué à faire de son âme un miroir où l'univers tout entier vient se réfléchir ». Selon lui, un artiste est avant tout « l'apôtre de quelque vérité, l'organe du Très-Haut qui se sert de lui, pour donner un développement nouveau à l'œuvre que nous accomplissons tous aveuglément ». Le musicien Franz Liszt, dans *De la situation des artistes*[2], célèbre ces « PRÊTRES de l'ART, chargés d'une mission et d'un *enseignement* sublime », ces « hommes prédestinés, foudroyés et enchaînés qui ont ravi au ciel la flamme sacrée, qui donnent une vie à la matière, une forme à la pensée et réalisant l'idéal nous élèvent par d'invincibles sympathies à l'enthousiasme et aux visions célestes… ». Vigny, quant à lui, loue le pouvoir et la toute-puissance de l'artiste :

« Il met un doigt sur la balance et l'emporte. Tantôt il presse, tantôt il arrête l'esprit des nations ; il inspire les actions publiques ou proteste contre elles, selon qu'il lui est révélé de le faire par la conscience qu'il a de l'avenir. Que lui importe si sa tête est exposée en se jetant en avant ou en arrière ? Il dit le mot qu'il faut dire, et la lumière se fait. »

Alfred de Vigny, **Stello**, 1832

Pygmalion et Prométhée

Mais cette autorité spirituelle ne se confond pas avec le pouvoir politique, elle ne tire pas sa légitimité de ce que l'artiste serait effectivement le représentant du peuple. Il est, en fait, bien davantage : symbole vivant, l'artiste permet à la foule qui, elle, ne voit pas, ne sait pas, de sortir du néant, de quitter son état primitif d'agrégat informe, de s'incarner en Peuple, en Patrie, en Humanité. L'artiste joue ici le double rôle de Pygmalion et de Prométhée, il est celui qui détient la puissance divine, celui qui peut faire jaillir la forme et l'idée, il est, semblable à Dieu qui l'inspire, le grand architecte de la civilisation nouvelle :

> « Le génie a ce don de toujours multiplier toute la somme humaine par elle-même. Les génies [...] résument le genre humain à un instant donné, et l'ayant tout entier en eux, ils l'emploient, comme force, à son propre progrès. [...] Le perpétuel épanouissement du chaos en ordre, l'éclosion et la rectification de la société humaine en vie, en beauté, en clarté, en logique, en joie, en équité et en équilibre, c'est là la tâche des esprits. La populace, voilà leur bloc ; la civilisation, voilà leur statue. Tous les sauvages, tous les barbares et tous les ignorants, voilà leur amour. Du tas de pierres extraire l'édifice, du tas d'hommes extraire l'homme, magnifique problème. »
>
> Victor Hugo, **Proses philosophiques**, « Les génies appartenant au peuple », 1863

L'art, ainsi conçu, devient une véritable religion, c'est-à-dire, conformément à l'étymologie du terme (lier, assembler, réunir), un lien entre le peuple et Dieu : lien tissé ici par le poète qui joue le rôle de médiateur et d'exégète, puisqu'il est celui qui peut entrevoir et déchiffrer l'énigme de la Création.

Martyrs et parias

Le poète se présente donc comme un nouveau Moïse, recevant de Dieu la Loi comme le premier des prophètes. C'est pourquoi la parole poétique multiplie les injonctions, les exhortations, et prend souvent la forme d'une véritable prédication. Mais exercer le suprême sacerdoce des artistes civilisateurs a un prix, et le prophète romantique est aussi un martyr. La mythologie de l'artiste associe alors le Christ à Moïse et l'élection à la souffrance. Balzac, dans son article consacré aux artistes, après avoir fait le constat de la solitude et de l'incompréhension qui frappent l'écrivain dans la société, décrit cette association entre la création et la douleur :

> « La morale de ces observations peut se résoudre par un mot : *Un grand homme doit être malheureux*. Aussi, chez lui, la résignation est-elle une vertu sublime. Sous ce rapport le Christ en est le plus admirable modèle. Cet homme gagnant la mort pour prix de la divine lumière qu'il répand sur la terre et montant sur une croix où l'homme va se changer en Dieu, offre un spectacle immense : il y a là plus qu'une religion : c'est un type éternel de la gloire humaine. »
>
> Honoré de Balzac, « Des artistes », La Silhouette, 1830

La figure christique s'impose comme le symbole idéal et évident de cette conception de l'art comme Passion. L'artiste offre, lui aussi, au peuple sa souffrance et son immense pitié. À celui qui détient les secrets de la Loi divine se superpose celui qui a rassemblé et sanctifié toutes les souffrances humaines.

Mais la pitié, la compassion qui animent ces nouveaux « prêtres » supposent le lien en même temps que la séparation, la communion en même temps que l'isolement. La solitude du poète est également un exil douloureux, consubstantiel à l'altérité de l'homme de génie. Le prophète est donc aussi un paria, un exilé : « l'éducateur du peuple » doit affronter la foule qui « le raille » (Hugo), car l'Inspiré est aussi un incompris. Comme l'explique Balzac, « Là où un public voit du rouge, il voit du bleu » et « l'histoire de l'esprit humain est unanime sur la répulsion vive, sur la révolte qu'excitent les nouvelles découvertes, les vérités, et les principes les plus influents sur la destinée de l'Humanité[1] ». Délibérément hors du lieu commun, dans le double sens de l'expression, l'artiste romantique revendique pourtant son statut d'étranger et transforme son bannissement en signe d'élection, son exil en bénédiction :

1 Dans « Des artistes ».

« Peuples ! écoutez le poète !
Écoutez le rêveur sacré !
Dans votre nuit, sans lui complète,
Lui seul a le front éclairé !
Des temps futurs perçant les ombres,
Lui seul distingue en leurs flancs sombres
Le germe qui n'est pas éclos.
Homme, il est doux comme une femme.
Dieu parle à voix basse à son âme
Comme aux forêts et comme aux flots

C'est lui qui, malgré les épines,
L'envie et la dérision,
Marche, courbé dans vos ruines,
Ramassant la tradition.
De la tradition féconde
Sort tout ce qui couvre le monde,
Tout ce que le ciel peut bénir.
Toute idée, humaine ou divine,
Qui prend le passé pour racine
A pour feuillage l'avenir.

Il rayonne ! il jette sa flamme
Sur l'éternelle vérité !
Il la fait resplendir pour l'âme
D'une merveilleuse clarté !
Il inonde de sa lumière
Ville et déserts, Louvre et chaumière,
Et les plaines et les hauteurs !

À tous d'en haut il la dévoile ;
Car la poésie est l'étoile
Qui mène à Dieu rois et pasteurs ! »

Victor Hugo, **Les Rayons et les Ombres**, « Fonction du poète » (extrait), 25 mars-1er avril 1839

« Hélas ! je sais aussi tous les secrets des cieux,
Et vous m'avez prêté la force de vos yeux.
[...]
Lorsque mon peuple souffre, ou qu'il lui faut des lois,
J'élève mes regards, votre esprit me visite ;
La terre alors chancelle et le soleil hésite,
Vos anges sont jaloux et m'admirent entre eux. –
Et cependant, Seigneur, je ne suis pas heureux ;
Vous m'avez fait vieillir puissant et solitaire,
Laissez-moi m'endormir du sommeil de la terre.

Sitôt que votre souffle a rempli le berger,
Les hommes se sont dit : Il nous est étranger ;
Et leurs yeux se baissaient devant mes yeux de flamme,
Car ils venaient, hélas ! d'y voir plus que mon âme.
J'ai vu l'amour s'éteindre et l'amitié tarir,
Les vierges se voilaient et craignaient de mourir.
M'enveloppant alors de la colonne noire,
J'ai marché devant tous, triste et seul dans ma gloire,
Et j'ai dit dans mon cœur : Que vouloir à présent ?
Pour dormir sur un sein mon front est trop pesant,
Ma main laisse l'effroi sur la main qu'elle touche,
L'orage est dans ma voix, l'éclair est sur ma bouche ;
Aussi, loin de m'aimer, voilà qu'ils tremblent tous,
Et, quand j'ouvre les bras, on tombe à mes genoux.
Ô Seigneur ! j'ai vécu puissant et solitaire,
Laissez-moi m'endormir du sommeil de la terre. »

Alfred de Vigny, **Poèmes antiques et modernes**, « Moïse » (extraits), 1826

... à vous de comprendre ces deux figurations du poète romantique...

Comparez les différentes représentations du poète et de la poésie mises en scène dans ces deux textes :

1 Vous pourrez, par exemple, identifier et étudier les images, les comparaisons, les métaphores et les symboles utilisés.

2 Vous pourrez ensuite vous intéresser aux différentes tonalités employées afin de définir les modalités énonciatives spécifiques adoptées par chacun des deux auteurs pour construire leur poème-portrait : vous observerez notamment les effets produits par les hyperboles, les superlatifs, les modalités impératives et injonctives, l'utilisation de la description mais aussi de la dramatisation et du pathétique, le système des pronoms personnels et les emplois de l'adresse, etc. Autant de procédés rhétoriques au service de la célébration et de la glorification de l'artiste !

Le poète maudit

Scandales et énigmes

Hospitalisé en 1889, voici Paul Verlaine dessiné par son ami Cazals. Bonnet sur la tête, pantoufles aux pieds, canne à la main, le poète n'est plus sublimé : il est un homme éprouvé par le temps et les souffrances.

Débauche, misère, excentricité… la légende des « poètes maudits » est ténébreuse. Pas plus ici qu'ailleurs, le récit de la vie de l'auteur n'offre d'explication à l'œuvre, mais il contribue à la fascination. Ainsi, qu'il s'agisse de sa vie, de ses poèmes ou de ses silences, Arthur Rimbaud (1854-1891) incarne la révolte. Brillant élève, il fuit très tôt Charleville, sa mère et « les bourgeois poussifs » pour aller vers la capitale où il rencontre le rêve politique de la Commune et des poètes que son talent et sa précocité vont éblouir. Paul Verlaine (1844-1896), poète déjà reconnu, ne tarde pas à abandonner sa femme pour accompagner Rimbaud dans une relation passionnelle et agitée qui les conduit en Belgique et à Londres. L'aventure se termine pour Verlaine par deux ans de prison ferme : il a tiré deux coups de pistolet sur Rimbaud et l'a blessé. On imagine sans peine le scandale de ce fait divers. D'autres ponctueront la vie chaotique du « pauvre Lélian » (anagramme de Paul Verlaine), et le verre d'absinthe deviendra l'accessoire traditionnel des portraits de celui dont l'aura n'eut d'égale que la misère.

Le poète précoce et prodige du *Bateau ivre*, lui, tourne radicalement le dos à la poésie dès l'âge de vingt ans : « Je ne pense plus à tout cela. » Commence alors l'autre versant de cette vie mythique. Onze années dans le désert du Harar… Il faut essayer de l'imaginer, très loin de Paris, ce « sieur Rimbaud, se disant négociant à Harar et à Aden ». Le « poète aux semelles de vent » conduit des caravanes dans des conditions épuisantes sans réussir à s'enrichir.

« Le monde est très grand et plein de contrées magnifiques. Mais d'un autre côté, je ne voudrais pas vagabonder dans la misère, je voudrais avoir quelques milliers de francs de rentes et pouvoir passer l'année dans deux ou trois contrées différentes, en vivant modestement et en faisant quelques petits trafics pour payer mes frais. Mais pour vivre toujours au même lieu, je trouverai toujours cela très malheureux. Enfin le plus probable, c'est qu'on va plutôt où l'on ne veut pas, et que l'on fait plutôt ce qu'on ne voudrait pas faire, et qu'on vit et décède tout autrement qu'on ne le voudrait jamais, sans espoir d'aucune espèce de compensation. »

Arthur Rimbaud, **Correspondance**, Aden, le 15 janvier 1885

C'est comme un écho prosaïque à la dernière strophe de la « Chanson d'automne » de Verlaine :

« Et je m'en vais
Au vent mauvais
Qui m'emporte
Deçà, delà
Pareil à la
Feuille morte. »

Paul Verlaine, **Poèmes saturniens**, « Chanson d'automne », 1866

D'un autre jeune homme de la même génération, qui s'était intitulé lui-même comte de Lautréamont, on ne sait presque rien : il s'appelait Isidore Ducasse (1846-1870). Peut-être avait-il emprunté son aristocratique pseudonyme au romancier populaire Eugène Sue, dont l'un des personnages s'appelait Latréaumont. Il naît à Montevideo et meurt à Paris pendant la Commune, à l'âge de vingt-quatre ans, après avoir écrit deux œuvres provocantes, mystérieuses et contradictoires, *Les Chants de Maldoror* et les *Poésies*. Quelques rares lettres d'Isidore Ducasse témoignent de son acharnement à publier. Sans succès : en 1869, l'éditeur Lacroix, par crainte des poursuites pénales, refuse de mettre en vente *Les Chants de Maldoror* :

« J'ai fait publier un ouvrage de poésies chez M. Lacroix (B. Montmartre, 15). Mais une fois qu'il fut imprimé, il a refusé de le faire paraître, parce que la vie y était peinte sous des couleurs trop amères, et qu'il craignait le procureur-général. »

Lautréamont, lettre à Joseph Darasse, 12 mars 1870

Lautréamont ou Rimbaud ne trouveront de lecteurs qu'après leur mort. Personne ou presque ne lit *Une Saison en enfer* au moment de sa publication (1873), et la quasi-totalité du tirage sera découverte, trente ans plus tard, chez l'éditeur belge auquel Rimbaud avait confié le manuscrit. À « poète maudit » édition maudite…

L'inversion des valeurs

La vie douloureuse ou tapageuse des « poètes maudits » ne les empêche pas de participer, au moins par moments, à la vie littéraire de leur époque. Ni Verlaine, ni avant lui Baudelaire ne sont extérieurs aux institutions que sont les cénacles ou les revues, par exemple le Parnasse contemporain. L'un et l'autre, à la fin de leur vie, sont candidats à l'Académie française : « agagadémiciens », comme disait Verlaine avec le sens de l'autodérision qui le caractérisait. Capable, comme on le voit, de compromissions, le « poète maudit » incarne cependant la contestation de l'idéal bourgeois qui s'est imposé sous le Second Empire. Il en inverse les valeurs, c'est-à-dire l'ordre, la religion, la prospérité, la morale. Avec la métaphore religieuse de la damnation – héritée du romantisme –, la poésie prend en charge la provocation morale et esthétique.

« Ô Satan, prends pitié de ma longue misère ! » chante Baudelaire, tandis que Rimbaud dédie sa *Saison en enfer* au même maître.

Au goût du luxe, à la foi dans le progrès s'oppose la revendication de la laideur ou de la régression. Dans *Les Chants de Maldoror*, Lautréamont emprunte la forme noble du chant épique pour la parodier. Le héros se dépeint au chant IV comme un monstre répugnant et supplicié :

« Je suis sale. Les poux me rongent. Les pourceaux, quand ils me regardent, vomissent. Les croûtes et les escarres de la lèpre ont écaillé ma peau, couverte de pus jaunâtre. »

Lautréamont, **Les Chants de Maldoror**, 1868-1869

Monstre encore, et mot-monstre que cet « Héautontimorouménos » (c'est-à-dire, si l'on traduit le terme grec : le bourreau de soi-même) dont Baudelaire fait un poème :

« Je suis la plaie et le couteau !
Je suis le soufflet et la joue !
Je suis les membres et la roue,
Et la victime et le bourreau ! »

Charles Baudelaire, **Les Fleurs du mal**, « Héautontimorouménos », 1857

Plus tourmenté que le dandy – qu'il est aussi parfois –, moins optimiste et moins impliqué dans les affaires de la cité que le poète-prophète tel que Victor Hugo le rêve, le poète maudit fait de sa mauvaise étoile, son « guignon » (titre d'un poème de Baudelaire), de ses descentes aux enfers ou de ses révoltes la matière de son œuvre.

Dans une lettre adressée à un autre jeune poète, Paul Demeny, Rimbaud décrit ainsi un programme qui associe presque scientifiquement l'expérience physique de l'autodestruction et la recherche de la connaissance. Le temps des Muses est périmé. Pour devenir « voleur de feu », comme Prométhée, il faut que le poète explore les limites de l'humain et cultive sa propre monstruosité :

« Imaginez un homme s'implantant et se cultivant des verrues sur le visage.
Je dis qu'il faut être *voyant*, se faire *voyant*.
Le Poète se fait *voyant* par un long, immense et raisonné *dérèglement* de tous les sens. Toutes les formes d'amour, de souffrance, de folie ; il cherche lui-même, il épuise en lui tous les poisons pour n'en garder que les quintessences. Ineffable torture où il a besoin de toute la foi, de toute la force surhumaine, où il devient entre tous le grand malade, le grand criminel, le grand maudit, – et le suprême savant ! »

Arthur Rimbaud, lettre à Paul Demeny, 15 mai 1871

« Jadis, si je me souviens bien, ma vie était un festin où s'ouvraient tous les cœurs, où tous les vins coulaient.
Un soir, j'ai assis la Beauté sur mes genoux. – Et je l'ai trouvée amère. – Et je l'ai injuriée.
Je me suis armé contre la justice.
Je me suis enfui. Ô sorcières, ô misère, ô haine, c'est à vous que mon trésor a été confié !
Je parvins à faire s'évanouir dans mon esprit toute l'espérance humaine. Sur toute joie pour l'étrangler j'ai fait le bond sourd de la bête féroce.
J'ai appelé les bourreaux pour, en périssant, mordre la crosse de leurs fusils. J'ai appelé les fléaux, pour m'étouffer avec le sable, le sang. Le malheur a été mon dieu. Je me suis allongé dans la boue. Je me suis séché à l'air du crime. Et j'ai joué de bons tours à la folie.
Et le printemps m'a apporté l'affreux rire de l'idiot.
Or, tout dernièrement m'étant trouvé sur le point de faire le dernier *couac* ! j'ai songé à rechercher la clef du festin ancien, où je reprendrais peut-être appétit.
La charité est cette clef. – Cette inspiration prouve que j'ai rêvé !
"Tu resteras hyène, etc.," se récrie le démon qui me couronna de si aimables pavots. "Gagne la mort avec tous tes appétits, et ton égoïsme et tous les péchés capitaux."
Ah ! j'en ai trop pris : – Mais, cher Satan, je vous en conjure, une prunelle moins irritée ! et en attendant les quelques petites lâchetés en retard, vous qui aimez dans l'écrivain l'absence des facultés descriptives ou instructives, je vous détache ces quelques hideux feuillets de mon carnet de damné. »

Arthur Rimbaud, **Une Saison en enfer** (extrait), 1873

… à vous de franchir le seuil d'*Une Saison en enfer*…

1 Le texte est mystérieux : vous essaierez de repérer ce qui peut faire obstacle à la compréhension du lecteur (énonciation, ancrage temporel, construction de l'espace, signes de ponctuation…).

2 Préface, autobiographie, récit initiatique : quels sont les éléments que le texte emprunte à ces trois genres ?

3 Solennité et désinvolture, implication et distance ironique : vous vous interrogerez sur ces effets de rupture.

4 Oralisez le poème pour rendre compte de votre approche du texte : vous pourrez jouer sur la violence (repérez bien le champ lexical du combat), sur les disjonctions (douceur d'un vers blanc, « où s'ouvraient tous les cœurs, où tous les vins coulaient », brusquerie des alinéas et de la parataxe, pauses engendrées par les tirets), mais aussi sur l'incantation (invocation ternaire, anaphores).

5 Rien ne vous empêche, passé ce seuil, de lire la suite d'*Une Saison en enfer*. « C'est plus commenté que les Évangiles ; entre le chant céleste et le blasphème, on n'y voit pas vraiment clair ; c'est un renoncement qui ne renonce pas ; le oui et le non n'y sont pas démêlés ; et penchés là-dessus avec nos calottes de soie interminablement nous démêlons ce oui de ce non » (Pierre Michon, *Rimbaud le fils*).

L'inversion des valeurs à laquelle se livrent les « poètes maudits » dans leur existence a évidemment des répercussions dans l'écriture poétique, dont les thèmes traditionnels (par exemple celui de la femme) comme la forme (désarticulation du vers) font l'objet de subversions ironiques. Dans *Les Amours jaunes*, Tristan Corbière (1843-1873) inverse et profane le mythe de l'éternel féminin, et dresse l'autoportrait du poète en crapaud : on est loin du bestiaire romantique qui associait le poète à des figures valorisantes comme celle du cygne.

« Un chant dans une nuit sans air…
La lune plaque en métal clair
Les découpures du vert sombre.

… Un chant ; comme un écho, tout vif
Enterré, là, sous le massif…
– Ça se tait : Viens, c'est là, dans l'ombre…

– Un crapaud ! – Pourquoi cette peur,
Près de moi, ton soldat fidèle !
Vois-le, poète tondu, sans aile,
Rossignol de la boue… – Horreur ! –

… Il chante. – Horreur !! – Horreur pourquoi ?
Vois-tu pas son œil de lumière…
Non : il s'en va, froid, sous la pierre.
……………………………………………………
Bonsoir – ce crapaud-là c'est moi. »

Tristan Corbière, **Les Amours jaunes**, « Le crapaud », 1873

Faisant du néant de leur existence la matière de leur écriture, les « poètes maudits » inaugurent une des tendances de la modernité poétique : face à un moi et une réalité qui ont perdu toute consistance, le langage poétique, désertant le lyrisme et se développant sur le silence de toute chose, ne saurait plus dire que lui-même. On peut discerner cette dissolution du sens au sein de l'écriture poétique dans le lapidaire « Avant-dernier mot », extrait du recueil *Des Fleurs de bonne volonté* de Jules Laforgue :

« L'Espace ?
– Mon cœur
Y meurt
Sans traces…

En vérité, du haut des terrasses,
Tout est bien sans cœur.

La Femme ?
– J'en sors,
La mort
Dans l'âme…

En vérité, mieux ensemble on pâme
Moins on est d'accord.

Le Rêve ?
C'est bon
– Quand on
L'achève…

En vérité, la Vie est bien brève,
Le Rêve bien long.

Que faire
Alors
Du corps
Qu'on gère ?

En vérité, ô mes ans, que faire
De ce riche corps ?

Ceci,
Cela,
Par-ci
Par-là…

En vérité, en vérité, voilà.
Et pour le reste, que Tout m'ait en sa merci. »

Jules Laforgue, **Des Fleurs de bonne volonté**, « Avant-dernier mot », 1888

… à vous de comprendre les poèmes des « poètes maudits »…

Dans ces deux poèmes relevez les distorsions que l'écriture fait subir aux thèmes et aux formes poétiques traditionnels.

▶ Genres et registres

Le roman

Un genre sans frontières

René, *Adolphe*, *Les Misérables*, *Les Trois Mousquetaires*, *Une Vie*, *Le Tour du monde en quatre-vingts jours*… Que de diversité dans la production romanesque du seul XIXe siècle ! De la chronique au roman historique, en passant par le roman autobiographique ou encore le roman policier, les formes, les sujets et les publics visés sont si différents que l'on peine à définir les critères d'un genre aussi ouvert. Aux origines du roman moderne et aux côtés du *Don Quichotte* (1605-1615) de Cervantès, *Robinson Crusoé* (1719), de Daniel Defoe, tient une place de choix. Si le récit maritime ou exotique semble être son descendant le plus direct, on peut considérer que bien des romans du XIXe siècle qui décrivent la conquête individuelle d'un territoire (propriété, argent, femme) lui font écho. Mais ce « scénario » ne suffit pas à appréhender un genre qui, comme l'explique la critique Marthe Robert, est lui-même sans cesse en expansion et à la recherche de nouvelles aventures :

« Semblable par bien des traits à la société impérialiste où il est né (son esprit d'aventure est toujours un peu celui de Robinson, lequel ne transforme pas par hasard son île déserte en colonie), il tend irrésistiblement à l'universel, à l'absolu, au tout des choses et de la pensée ; par là sans aucun doute il uniformise et nivelle la littérature, mais d'un autre côté il lui fournit des débouchés inépuisables puisqu'il n'y a rien dont il ne puisse traiter. Genre révolutionnaire et bourgeois, démocratique par choix et animé d'un esprit totalitaire qui le porte à briser entraves et frontières, le roman est libre, libre jusqu'à l'arbitraire et au dernier degré de l'anarchie. Paradoxalement, toutefois, cette liberté sans contrepartie n'est pas sans rappeler beaucoup celle du parasite, car par une nécessité de sa nature, il vit tout à la fois aux frais des formes écrites et aux dépens des choses réelles dont il prétend “rendre” la vérité. Et ce double parasitisme, loin qu'il restreigne ses possibilités d'action, semble accroître ses forces et reculer encore ses limites.

La fortune historique du roman tient évidemment aux privilèges exorbitants que la littérature et la réalité lui ont concédés toutes deux avec la même générosité. De la littérature, le roman fait rigoureusement ce qu'il veut : rien ne l'empêche d'utiliser à ses propres fins la description, la narration, le drame, l'essai, le commentaire, le monologue, le discours ; ni d'être à son gré, tour à tour ou simultanément, fable, histoire, apologue, idylle, chronique, conte, épopée ; aucune prescription, aucune prohibition ne vient le limiter dans le choix d'un sujet, d'un décor, d'un temps, d'un espace ; le seul interdit auquel il se soumette en général, celui qui détermine sa vocation prosaïque, rien ne l'oblige à l'observer absolument, il peut s'il le juge à propos contenir des poèmes ou simplement être "poétique". »

Marthe Robert, **Roman des origines et Origines du roman**, Gallimard, coll. « Tel », 1972

... à vous de réfléchir à vos lectures...

Vous chercherez dans quelques romans récemment lus si vous retrouvez cette variété des formes du discours qui caractérise le genre.

Une légitimité « scientifique »

Voir « Figures » (p. 423)

Genre encore mineur au début du XIXe siècle, le roman ne va cesser d'étendre son empire en touchant des publics très variés. La parution des romans-feuilletons dans les journaux contribue à un succès populaire qui ne lui confère cependant pas de réelle légitimité littéraire. Celle-ci reste à conquérir. Dans son ambition de représenter et d'analyser le monde, le roman rencontre la science. « Cuvier n'est-il pas le plus grand poète de notre siècle ? » se demande Balzac dans *La Peau de chagrin* (1831). Et la proposition est réversible : si la géologie ou les sciences naturelles sont des espaces poétiques, le roman peut, lui, avoir valeur scientifique.

Fondements théoriques de *La Comédie humaine*

C'est « au grand et illustre Geoffroy Saint-Hilaire » (qui avait imposé sa théorie de l'influence directe du milieu sur les modifications des espèces) que Balzac dédie *Le Père Goriot*, et c'est encore à lui qu'il se réfère dans l'Avant-propos (1842) de *La Comédie humaine*, choisissant pour sa sociologie romanesque un modèle zoologique :

« Il n'y a qu'un animal. Le créateur ne s'est servi que d'un seul et même patron pour tous les êtres organisés. L'animal est un principe qui prend sa forme extérieure, ou pour parler plus exactement, les différences de sa forme, dans les milieux où il est appelé à se développer. Les espèces zoologiques résultent de ces différences. La proclamation et le soutien de ce système, en harmonie d'ailleurs avec les idées que nous nous faisons de la puissance divine, sera l'éternel honneur de Geoffroy Saint-Hilaire, le vainqueur de Cuvier sur ce point de la haute science, et dont le triomphe a été salué par le dernier article qu'écrivit le grand Goethe. Pénétré de ce système bien avant les débats auxquels il a donné lieu, je vis que sous ce rapport, la société ressemblait à la nature. La société ne fait-elle pas de l'homme, suivant les milieux où son action se déploie, autant d'hommes différents qu'il y a de variétés en zoologie ? Les différences entre un soldat, un ouvrier, un administrateur, un avocat, un oisif, un savant, un homme d'État, un commerçant, un marin, un poète, un mendiant, un prêtre, sont, quoique plus difficiles à saisir, aussi considérables que celles qui distinguent le loup, le lion, l'âne, le corbeau, le requin, le veau marin, la brebis, etc. Il a donc existé, il existera de tout temps des espèces sociales comme il y a des espèces zoologiques. Si Buffon a fait un magnifique ouvrage en essayant de représenter dans un livre l'ensemble de la zoologie, n'y avait-il pas une œuvre de ce genre à faire pour la société ? »

Honoré de Balzac, **La Comédie humaine**, Avant-propos, 1842

Grandville dessine la société qui l'entoure avec des têtes d'animaux. Effet étrange : les classes sociales sont lisibles à la fois par les costumes – humains – des personnages et par leurs postures – animales.

Théorie mise en pratique dès les premières pages du *Père Goriot* :

« Cette pièce est dans tout son lustre au moment où, vers sept heures du matin, le chat de madame Vauquer précède sa maîtresse, saute sur les buffets, y flaire le lait que contiennent plusieurs jattes couvertes d'assiettes, et fait entendre son *rourou* matinal. Bientôt la veuve se montre, attifée de son bonnet de tulle sous lequel pend un tour de faux cheveux mal mis ; elle marche en traînassant ses pantoufles grimacées. Sa face vieillotte, grassouillette, du milieu de laquelle sort un nez à bec de perroquet ; ses petites mains potelées, sa personne dodue comme un rat d'église, son corsage trop plein et qui flotte, sont en harmonie avec cette salle où suinte le malheur, où s'est blottie la spéculation et dont madame Vauquer respire l'air chaudement fétide sans en être écœurée. Sa figure fraîche comme une première gelée d'automne, ses yeux ridés, dont l'expression passe du sourire prescrit aux danseuses à l'amer renfrognement de l'escompteur, enfin toute sa personne explique la pension, comme la pension implique sa personne. Le bagne ne va pas sans l'argousin, vous n'imagineriez pas l'un sans l'autre. L'embonpoint blafard de cette petite femme est le produit de cette vie, comme le typhus est la conséquence des exhalaisons d'un hôpital. Son jupon de laine tricotée, qui dépasse sa première jupe faite avec une vieille robe, et dont la ouate s'échappe par les fentes de l'étoffe lézardée, résume le salon, la salle à manger, le jardinet, annonce la cuisine et fait pressentir les pensionnaires. Quand elle est là, ce spectacle est complet. »

Honoré de Balzac, **Le Père Goriot**, 1835

… à vous de disséquer un spécimen de la « zoologie » parisienne…

Pour analyser l'écriture du type balzacien, vous pouvez :

1 Faire un schéma de la progression thématique (la description se développe par sous-thèmes – vêtements, visage, etc.) pour mieux comprendre la stratégie du portrait (de l'ensemble au détail, de haut en bas ou dans un apparent désordre).

2 Observer les correspondances entre le personnage et son milieu ou son « décor ».

3 Observer les correspondances entre le détail et l'ensemble, la partie et le tout (identifier les synecdoques).

4 Repérer l'orientation argumentative de la description (dévalorisation par le lexique, les procédés de suffixation, les métaphores, l'ironie, la maxime).

Zola et les ambitions scientifiques du roman naturaliste

Zola, très influencé par l'idéologie positiviste de son époque, affirmera à son tour que le travail du romancier doit se calquer sur une démarche scientifique, en l'occurrence la méthode expérimentale d'un Claude Bernard :

> « Vouloir introduire la méthode scientifique dans la littérature paraît d'un ignorant, d'un vaniteux et d'un barbare. Eh ! bon Dieu ! ce n'est pas nous qui introduisons cette méthode ; elle s'y est introduite toute seule, et le mouvement continuerait, même si l'on voulait l'enrayer. Nous ne faisons que constater ce qui a lieu dans nos lettres modernes. Le personnage n'y est plus une abstraction psychologique, voilà ce que tout le monde peut voir. Le personnage y est devenu un produit de l'air et du sol, comme la plante ; c'est la conception scientifique. Dès ce moment, le psychologue doit se doubler d'un observateur et d'un expérimentateur, s'il veut expliquer nettement les mouvements de l'âme. Nous cessons d'être dans les grâces littéraires d'une description en beau style ; nous sommes dans l'étude exacte du milieu, dans la constatation des états du monde extérieur qui correspondent aux états intérieurs des personnages. »
>
> Émile Zola, **Le Roman expérimental**, 1880

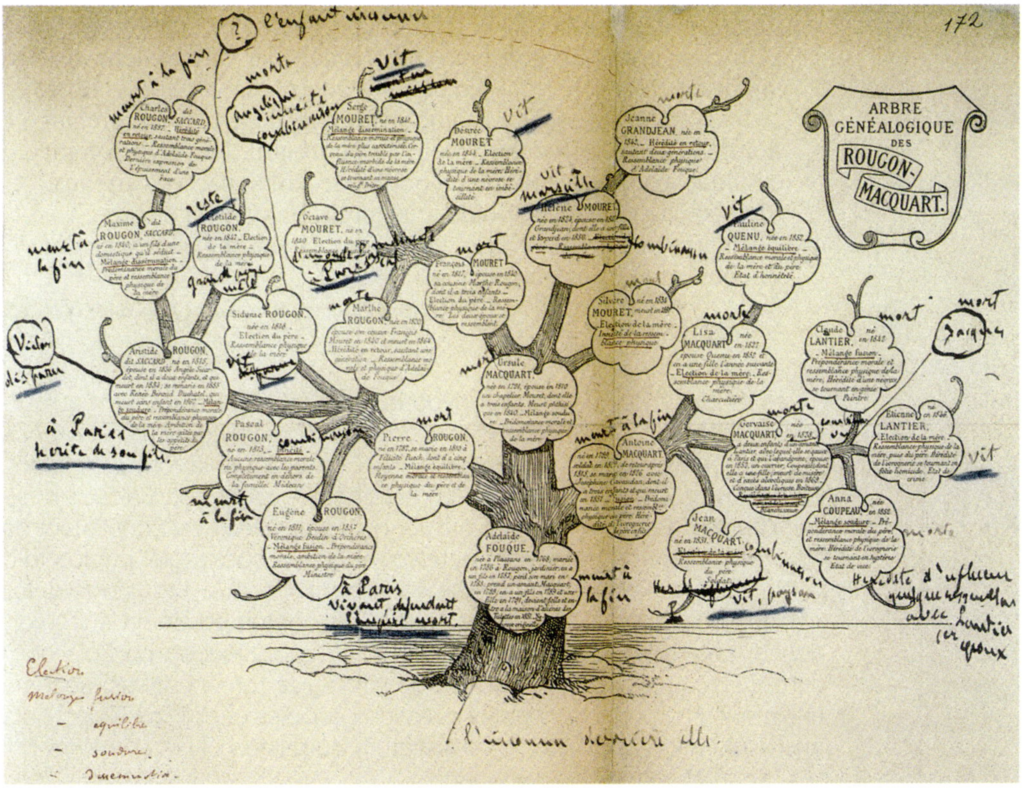

Le roman cherche à construire un monde. Voici l'arbre généalogique des Rougon-Macquart annoté de la main d'Émile Zola.

Limites du modèle scientifique

Heureusement, le roman n'est jamais (contrairement à ce qu'a pu parfois laisser croire la doctrine naturaliste) la pure application d'une certitude scientifique, et le savoir qu'il délivre est d'une autre nature. S'il nous apprend quelque chose de plus ou d'autre que la science, c'est qu'il est traversé par les tensions d'une époque et par les contradictions internes de l'écrivain. Il faut attendre le singulier roman de Flaubert, *Bouvard et Pécuchet* (1881), pour que la fascination à l'égard du discours scientifique devienne l'objet d'une douloureuse dérision. Ce duo de bourgeois excentriques part à la conquête de tous les domaines du savoir – agronomie, archéologie, géologie, chimie... – pour échouer chaque fois lamentablement. En témoigne cette scène cocasse qui fait d'un chien la victime de leurs expérimentations :

> « – Toi mon bonhomme, tu serviras à nos expériences.
> Quelles expériences ?
> On pouvait lui injecter du phosphore, puis l'enfermer dans une cave pour voir s'il rendrait du feu par les naseaux. Mais comment lui injecter ? et du reste on ne leur vendrait pas de phosphore.
> Ils songèrent à l'enfermer sous une cloche, à lui faire respirer des gaz, à lui donner pour breuvage des poisons. Tout cela peut-être ne serait pas drôle ! Enfin ils choisirent l'aimantation de l'acier par le contact de la moelle épinière.
> Bouvard, refoulant son émotion, tendait sur une assiette des aiguilles à Pécuchet qui les plantait contre les vertèbres. Elles se cassaient, glissaient, tombaient par terre ; il en prenait d'autres, et les enfonçait vivement au hasard. Le chien rompit ses attaches, passa comme un boulet de canon par les carreaux, traversa la cour, le vestibule et se présenta dans la cuisine.
> Germaine poussa des cris en le voyant tout ensanglanté avec des ficelles autour des pattes. »
>
> Gustave Flaubert, **Bouvard et Pécuchet**, 1881

Les modèles scientifiques convoqués par Zola ou Balzac sont aujourd'hui dépassés. Personne n'accorde plus le moindre crédit à une science aussi douteuse que la phrénologie – qui considérait la forme du crâne d'un individu comme la clé de son caractère –, alors que Balzac en faisait l'éloge. Mais il ne faut pas oublier qu'au XIXe siècle se constituent de nouveaux champs de savoir : la psychologie, la sociologie, et plus tard la linguistique et l'anthropologie formeront ce que l'on appelle les « sciences humaines ». Le roman réaliste est contemporain de leur émergence. Les mondes fictifs de Stendhal, Balzac, Flaubert ou Zola donnent au lecteur, par toutes sortes de stratégies romanesques, accès à une meilleure connaissance des questions sociales et politiques ainsi qu'à une exploration approfondie de la nature humaine.

Une entreprise de lecture du réel

Voir « Situations » (p. 390)

La recherche de la totalité et du détail signifiant

L'écriture réaliste a pour ambition d'ordonner le réel pour mieux le déchiffrer, le « lire ». Elle emprunte pour cela deux voies complémentaires qui visent à donner au lecteur une impression de saisie totalisante du monde. D'une part, l'écriture romanesque brosse de vastes tableaux de la société (*La Fille aux yeux d'or*) ; d'autre part, elle se focalise sur des détails choisis pour leur force symbolique (*Ferragus*). L'effet de réel ne repose donc pas sur une exhaustivité (impossible à atteindre), mais sur l'illusion d'exhaustivité qu'induit le va-et-vient entre des visions globalisantes et l'évocation de détails signifiants. Les deux extraits de romans de Balzac qui suivent montrent comment s'opère cette dialectique du tout et du fragment :

« Un des spectacles où se rencontre le plus d'épouvantement est certes l'aspect général de la population parisienne, peuple horrible à voir, hâve, jaune, tanné. Paris n'est-il pas un vaste champ incessamment remué par une tempête d'intérêts sous laquelle tourbillonne une moisson d'hommes que la mort fauche plus souvent qu'ailleurs et qui renaissent toujours aussi serrés, dont les visages contournés, tordus, rendent par tous les pores l'esprit, les désirs, les poisons dont sont engrossés leurs cerveaux ; non pas des visages, mais bien des masques : masques de faiblesse, masques de force, masques de misère, masques de joie, masques d'hypocrisie ; tous exténués, tous empreints des signes ineffaçables d'une haletante avidité ? Que veulent-ils ? De l'or, ou du plaisir ?

Quelques observations sur l'âme de Paris peuvent expliquer les causes de sa physionomie cadavéreuse qui n'a que deux âges, ou la jeunesse ou la caducité : jeunesse blafarde et sans couleur, caducité fardée qui veut paraître jeune. En voyant ce peuple exhumé, les étrangers, qui ne sont pas tenus de réfléchir, éprouvent tout d'abord un mouvement de dégoût pour cette capitale, vaste atelier de jouissances, d'où bientôt eux-mêmes ils ne peuvent sortir, et restent à s'y déformer volontiers. Peu de mots suffiront pour justifier physiologiquement la teinte presque infernale des figures parisiennes, parce que ce n'est pas seulement par plaisanterie que Paris a été nommé un enfer. Tenez ce mot pour vrai. Là, tout fume, tout brûle, tout brille, tout bouillonne, tout flambe, s'évapore, s'éteint, se rallume, étincelle, pétille et se consume.

[...] À Paris, aucun sentiment ne résiste au jet des choses, et leur courant oblige à une lutte qui détend les passions : l'amour y est un désir, et la haine une velléité ; il n'y a là de vrai parent que le billet de mille francs, d'autre ami que le Mont-de-Piété. Ce laissez-aller général porte ses fruits ; et, dans le salon, comme dans la rue, personne n'y est de trop, personne n'y est absolument utile, ni absolument nuisible : les sots et les fripons, comme les gens d'esprit ou de probité. Tout y est toléré, le gouvernement et la guillotine, la religion et le choléra. Vous convenez toujours à ce monde, vous n'y manquez jamais. Qui donc domine en ce pays sans mœurs, sans croyance, sans aucun sentiment ; mais d'où partent et où aboutissent tous les sentiments, toutes les croyances et toutes les mœurs ? L'or et le plaisir. Prenez ces deux mots comme une lumière et parcourez cette grande cage de plâtre, cette ruche à ruisseaux noirs, et suivez-y les serpenteaux de cette pensée qui l'agite, la soulève, la travaille. Voyez. »

Honoré de Balzac, incipit de **La Fille aux yeux d'or**, 1834

« Comment aucun de nos peintres n'a-t-il pas encore essayé de reproduire la physionomie d'un essaim de Parisiens groupés, par un temps d'orage, sous le porche humide d'une maison ? Où rencontrer un plus riche tableau ? N'y a-t-il pas d'abord le piéton rêveur ou philosophe qui observe avec plaisir, soit les raies faites par la pluie sur le fond grisâtre de l'atmosphère, espèce de ciselures semblables aux jets capricieux des filets de verre ; soit les tourbillons d'eau blanche que le vent roule en poussière lumineuse sur les toits ; soit les capricieux dégorgements des tuyaux pétillants, écumeux ; enfin mille autres riens admirables, étudiés avec délices par les flâneurs, malgré les coups de balai dont les régale le maître de la loge ? Puis il y a le piéton causeur qui se plaint et converse avec la portière, quand elle se pose sur son balai comme un grenadier sur son fusil ; le piéton indigent, fantastiquement collé sur le mur, sans nul souci de ses haillons habitués au contact des rues ; le piéton savant qui étudie, épèle ou lit les affiches sans les achever ; le piéton rieur qui se moque des gens auxquels il arrive malheur dans la rue, qui rit des femmes crottées et fait des mines à ceux ou celles qui sont aux fenêtres ; le piéton silencieux qui regarde à toutes les croisées, à tous les étages ; le piéton industriel, armé d'une sacoche ou muni d'un paquet, traduisant la pluie par profits et pertes ; le piéton aimable, qui arrive comme un obus en disant : "Ah ! quel temps, messieurs !" et qui salue tout le monde ; enfin, le vrai bourgeois de Paris, homme à parapluie, expert en averse, qui l'a prévue, sorti malgré l'avis de sa femme, et qui s'est assis sur la chaise du portier. Selon son caractère, chaque membre de cette société fortuite contemple le ciel, s'en va sautillant pour ne pas se crotter, ou parce qu'il est pressé, ou parce qu'il voit des citoyens marchant malgré vent et marée, ou parce que la cour de la maison étant humide et catarrhalement mortelle, la lisière, dit un proverbe, est pire que le drap. Chacun a ses motifs. Il ne reste que le piéton prudent, l'homme qui, pour se remettre en route, épie quelques espaces bleus à travers les nuages crevassés. »

Honoré de Balzac, **Ferragus**, 1834

… à vous de vous découvrir Paris avec Balzac…

1 Dans *La Fille aux yeux d'or*, par quels procédés Paris est-il assimilé à l'Enfer ? L'incipit s'achève sur l'injonction « voyez » : en quoi le texte constitue-t-il plus une vision qu'une vue de la population parisienne ?
2 En quoi, dans *Ferragus*, les détails qui esquissent les silhouettes des piétons fonctionnent-ils comme des symboles de leur condition ? Vous définirez les différents rôles que jouent les effets d'accumulation dans ce texte. Le premier piéton est un piéton « philosophique et rêveur » : comment l'averse de pluie est-elle vue par ces yeux ? Quel trait de l'incipit de *La Fille aux yeux d'or* retrouve-t-on ici ?

Le roman miroir du monde

> « Eh, monsieur, un roman est un miroir qui se promène sur une grande route. Tantôt il reflète à vos yeux l'azur des cieux, tantôt la fange des bourbiers de la route. »
>
> Stendhal, **Le Rouge et le Noir**, 1830

Cette métaphore du miroir le dit bien : si la réalité est infiniment changeante, aléatoire, contrastée, il faut que le roman épouse son mouvement. Pour ce roman, ou « chronique », Stendhal s'inspire précisément d'un fait divers très récent – le séminariste Antoine Berthet, fils d'artisan pauvre, avait été guillotiné en 1828 pour avoir assassiné sa maîtresse pendant la messe. Son personnage, Julien Sorel, traverse avec beaucoup d'énergie et un peu d'étonnement sinon tous les milieux, en tout cas ceux qui comptent sous la Restauration : des notables de Verrières au séminaire de Besançon, du milieu ecclésiastique à l'aristocratie du faubourg Saint-Germain. Trajectoire de l'ambition qui permet au sein d'un seul et même roman une exploration variée de la réalité sociale. Cependant, une des caractéristiques de l'écriture stendhalienne repose sur l'ironie que le narrateur développe de façon souriante à l'égard de ses personnages. Cette ironie s'empare, comme dans les romans du XVIIIe siècle, de la fiction elle-même : contrairement aux autres grands romanciers réalistes, Stendhal n'hésite pas à rappeler à son lecteur qu'il tient entre les mains non une réalité, mais un roman :

Voir XVIIIe siècle (« Figures », p. 306)

> « Cette page nuira de plus d'une façon au malheureux auteur. Les âmes glacées l'accuseront d'indécence. Il ne fait point l'injure aux jeunes personnes qui brillent dans les salons de Paris de supposer qu'une seule d'entre elles soit susceptible des mouvements de folie qui dégradent le caractère de Mathilde. Ce personnage est tout à fait d'imagination, et même imaginé, bien en dehors des habitudes sociales qui parmi tous les siècles assureront un rang si distingué à la civilisation du XIXe siècle.

Ce n'est point la prudence qui manque aux jeunes filles qui ont fait l'ornement des bals de cet hiver.
Je ne pense pas non plus que l'on puisse les accuser de trop mépriser une brillante fortune, des chevaux, de belles terres et tout ce qui assure une position agréable dans le monde. Loin de ne voir que de l'ennui dans tous ces avantages, ils sont en général l'objet des désirs les plus constants, et s'il y a passion dans les cœurs elle est pour eux.
Ce n'est point l'amour non plus qui se charge de la fortune des jeunes gens doués de quelque talent comme Julien ; ils s'attachent d'une étreinte invincible à une coterie, et quand la coterie fait fortune, toutes les bonnes choses de la société pleuvent sur eux. Malheur à l'homme d'étude qui n'est d'aucune coterie, on lui reprochera jusqu'à de petits succès fort incertains, et la haute vertu triomphera en le volant. Eh, monsieur, un roman est un miroir qui se promène sur une grande route. Tantôt, il reflète à vos yeux l'azur des cieux, tantôt la fange des bourbiers de la route. Et l'homme qui porte le miroir dans sa hotte sera par vous accusé d'être immoral ! Son miroir montre la fange, et vous accusez le miroir ! Accusez bien plutôt le grand chemin où est le bourbier, et plus encore l'inspecteur des routes qui laisse l'eau croupir et le bourbier se former.
Maintenant qu'il est bien convenu que le caractère de Mathilde est impossible dans notre siècle, non moins prudent que vertueux, je crains moins d'irriter en continuant le récit des folies de cette aimable fille. » ●

Stendhal, **Le Rouge et le Noir**, 1830

… à vous de goûter l'ironie stendhalienne…

Relevez et classez les propositions du narrateur selon qu'elles servent d'argument en faveur du réalisme ou du romanesque. Comment le narrateur, par le biais de l'ironie, dénonce-t-il précisément le caractère « prudent et vertueux » du siècle dont il feint de faire l'éloge ?

D'une manière exemplaire, l'architecture des grands cycles de *La Comédie humaine* (Balzac) et des *Rougon-Macquart* (Zola) concrétise l'ambition que porte en lui le roman de représenter le monde dans sa totalité. Puisqu'il s'agit de « faire concurrence à l'état-civil », plus de deux mille personnages habiteront *La Comédie humaine*. La volonté de puissance qui anime, et souvent détruit, les personnages de Balzac est à l'image de celle de l'écrivain démiurge. « Comment rendre intéressant le drame à trois ou quatre mille personnages que présente une société ? » se demandait Balzac. Entre autres stratégies, il invente le système du retour des personnages (515 sont concernés) d'un roman à l'autre. La réapparition du personnage le rend d'autant plus crédible. Tout se passe comme s'il avait sa vie propre, et chaque nouvel éclairage complète son portrait :

> « Vous aurez le milieu d'une vie avant son commencement, le commencement après sa fin, l'histoire de la mort avant celle de la naissance. D'abord, il en est ainsi dans le monde social. Vous rencontrez au milieu d'un salon un homme que vous avez perdu de vue depuis dix ans : il est premier ministre ou capitaliste, vous l'avez connu sans redingote, sans esprit public ou privé, vous l'admirez dans sa gloire, vous vous étonnez de sa fortune ou de ses talents ; puis vous allez dans un coin du salon, et là, quelque délicieux conteur de société vous fait en une demi-heure l'histoire pittoresque des dix ou vingt ans que vous ignoriez. Souvent cette histoire scandaleuse ou honorable, belle ou laide, vous sera-t-elle dite, le lendemain ou un mois après, quelquefois par parties. Il n'y a rien qui soit d'un seul bloc dans ce monde, tout y est mosaïque. »
>
> Honoré de Balzac

Les « histoires pittoresques » d'ascension sociale ou de chute auxquelles il fait allusion sont bien caractéristiques de l'ère bourgeoise : en cela, le libéralisme capitaliste est éminemment romanesque ! On voit aussi jusqu'où Balzac conduit le réalisme : la volonté mimétique imprègne non seulement la représentation de l'espace, mais aussi la perception du temps.

Zola, se démarquant du modèle balzacien, entreprend avec *Les Rougon-Macquart* l'« l'histoire naturelle et sociale d'une famille sous le Second Empire », comme le précise le sous-titre de sa fresque romanesque composée de vingt romans. Partant des thèses du *Traité philosophique et physiologique de l'hérédité naturelle* du docteur Lucas, il tente de montrer dans chaque roman comment se combinent l'influence de l'hérédité et celle du milieu. Le docteur Pascal, dans le roman éponyme, commente avec exaltation l'arbre généalogique qui est le sien et le foisonnement d'histoires qui lui est associé, donnant ainsi une définition des fondements et des ambitions du roman naturaliste zolien :

> « Il s'interrompit de nouveau, une rêverie ralentissait sa parole. "Quelle masse effroyable remuée, que d'aventures douces ou terribles, que de joies, que de souffrances jetées à la pelle, dans cet amas colossal de faits !... Il y a de l'histoire pure, l'Empire fondé dans le sang, d'abord jouisseur et durement autoritaire, conquérant les villes rebelles, puis glissant à une désorganisation lente, s'écroulant dans le sang, dans une telle mer de sang que la nation entière a failli en être noyée... Il y a des études sociales, le petit et le grand commerce, la prostitution, le crime, la terre, l'argent, la bourgeoisie, le peuple, celui qui pourrit dans le cloaque des faubourgs, celui qui se révolte dans les centres industriels, toute cette poussée croissante du socialisme souverain gros du

nouveau siècle… Il y a de simples études humaines, des pages intimes, des histoires d'amour, la lutte des intelligences et des cœurs contre la nature injuste, l'écrasement de ceux qui crient sous leur tâche trop haute, le cri de la bonté qui s'immole, victorieuse de la douleur…" »

Émile Zola, **Le Docteur Pascal**, 1893

Dans le vaste cycle des *Rougon-Macquart*, les héros descendent tous d'Adélaïde Fouque et portent le poids d'une névrose originelle. À cette cohérence tragique – car, comme dans la tragédie, le combat des personnages est perdu d'avance –, il faut ajouter celle qui provient de certains réseaux thématiques. Le réel dans sa totalité – homme, machine, histoire – semble régi par l'« appétit » (de nourriture, de domination, d'énergie) et par l'instinct de mort.

Le roman réaliste semble donc porter à son apogée l'illusion de maîtrise : par l'énergie de ses investigations, par l'habileté de ses compositions, par sa capacité de déchiffrement, le romancier aurait le pouvoir de capturer le réel, sous toutes ses facettes… Mais la démarche d'un écrivain comme Flaubert ne témoigne pas d'un tel optimisme. Minutieuses, ses descriptions traduisent à la fois l'effort et les limites de toute tentative d'exhaustivité. « Je sais voir, écrivait-il à Louise Colet en 1852, et voir comme voient les myopes, jusque dans les pores des choses, parce qu'ils se fourrent le nez dessus. » Apothéose du goût bourgeois, la pièce montée du mariage dans *Madame Bovary* témoigne de l'effet mi-dérisoire, mi-vertigineux produit par l'expansion d'un détail qui devient un microcosme à explorer, entre tant d'autres microcosmes possibles, et annonce certaines pistes esthétiques que le roman va explorer au XXe siècle, notamment le passage au premier plan de l'écriture descriptive dans le récit :

Voir XXe siècle (« Lieux », p. 526)

« À la base, d'abord, c'était un carré de carton bleu figurant un temple avec portiques, colonnades et statuettes de stuc tout autour, dans des niches constellées d'étoiles en papier doré ; puis se tenait au second étage un donjon en gâteau de Savoie, entouré de menues fortifications en angélique, amandes, raisins secs, quartiers d'oranges ; et enfin, sur la plate-forme supérieure, qui était une prairie verte où il y avait des rochers avec des lacs de confitures et des bateaux en écale de noisettes, on voyait un petit Amour, se balançant à une escarpolette de chocolat, dont les deux poteaux étaient terminés par deux boutons de rose naturelle, en guise de boules, au sommet. »

Gustave Flaubert, **Madame Bovary**, 1857

Le fantastique

Le fantastique : naissance d'un courant

« – Un vieux château dont la moitié est en ruine ;
– un long corridor avec beaucoup de portes, dont plusieurs doivent être cachées ;
– trois cadavres encore sanglants ;
– trois squelettes bien emballés ;
– une vieille femme pendue avec quelques coups de poignard dans la gorge ;
– des voleurs et des bandits à discrétion ;
– une dose suffisante de chuchotements, de gémissements étouffés et d'horribles fracas ;
– tous ces ingrédients, bien mêlés et partagés en trois portions ou volumes, donnent une excellente mixture que tous ceux qui n'ont pas le sang noir pourront prendre dans le bain avant de se coucher. »

cité par M. Schneider, **Histoire de la littérature fantastique en France**, Fayard

Cette parodie d'ordonnance médicale récapitule ironiquement les clichés du roman gothique, un genre très en vogue en Angleterre à la charnière entre les XVIIIe et XIXe siècles. Décor médiéval et histoire macabre en sont, comme on le voit, les traits caractéristiques. À ce genre, les écrivains de récits fantastiques emprunteront parfois quelques motifs, mais l'enjeu, pour eux, sera moins d'horrifier le lecteur que de le déstabiliser en lui présentant un héros en crise, tourmenté par le doute et sans prise sur le monde.

Les romantiques sont les premiers à s'emparer du mot « fantastique » : en 1829, paraissent avec succès en France les *Contes* d'Hoffmann, traduits de l'allemand. Au lieu de « Fantaisies », qui auraient constitué un équivalent fidèle de *Fantasiestücke*, le traducteur Loève-Veimars choisit le titre de *Contes fantastiques*. La mode est lancée... Bientôt Hector Berlioz compose sa *Symphonie fantastique* (1830) et Alfred de Musset fait paraître sa *Revue fantastique* (1831).

« Inquiétante étrangeté »

« L'apparition des fables recommence au moment où finit l'empire de ces vérités réelles ou convenues qui prêtent un reste d'âme au mécanisme usé de la civilisation. Voilà ce qui a rendu le fantastique si populaire en France depuis quelques années, et ce qui en fait la seule littérature essentielle de l'âge de décadence ou de transition où nous sommes parvenus. »

Charles Nodier, **Essai sur le fantastique**, 1830

Le fantastique gagne toutes les expressions artistiques. Le pastelliste Lucien Lévy-Dhurmer imagine cet *Explorateur perdu*, réfugié parmi les roseaux, avec, aux lèvres, un drôle de sourire…

Par-delà la rencontre esthétique avec le romantisme, par-delà l'effet de mode, le fantastique aura partie liée tout au long du siècle, avec l'angoisse que suscitent de profonds bouleversements idéologiques. Alors que la révolution industrielle ou les découvertes scientifiques suscitent un culte optimiste du progrès, l'homme du XIXe siècle découvre aussi l'ombre portée de sa propre aliénation. Être aliéné (du latin *alienare*, « rendre autre, étranger »), c'est devenir étranger à soi-même au profit d'un autre ou d'autre chose. Dans le domaine socio-économique, les thèses du philosophe allemand Karl Marx (1818-1883) font apparaître l'aliénation du prolétariat par la religion ou le travail. Dans le domaine clinique, la psychiatrie se développe et les « aliénistes » tentent d'élucider l'énigme du comportement des « fous » : les études de névroses ou les expériences d'hypnose fascinent certains écrivains.

Dans la nouvelle de Maupassant intitulée *Le Horla*, le narrateur semble souffrir des symptômes d'un dédoublement de personnalité :

« Je n'ai plus aucune force, aucun courage, aucune domination sur moi, aucun pouvoir même de mettre en mouvement ma volonté. Je ne peux plus vouloir ; mais quelqu'un veut pour moi ; et j'obéis. »

Guy de Maupassant, **Le Horla**, 1887

Le fantastique pose donc la question de la frontière, frontière entre la normalité et la folie, entre l'humain et le non-humain, entre la vie et la mort. L'écrivain qui s'aventure sur ces zones indécises, même s'il transgresse l'ordre moral, social ou religieux, est lu – grâce à la publication dans les journaux – par un très large public. Il ouvre pour lui la boîte de Pandore à l'intérieur de laquelle la pensée bourgeoise a enfermé ce qui lui fait peur, l'« inquiétante étrangeté » de la sexualité, de la mort, de l'humain.

La nouvelle fantastique

Il existe des poèmes qui ont la couleur des rêveries fantastiques : citons le recueil d'Aloysius Bertrand, *Gaspard de la nuit*, ou la *Nuit de décembre* de Musset. Certains romans de Balzac (*La Peau de chagrin*, 1831) ou de Jules Barbey d'Aurevilly (*L'Ensorcelée*, 1854) constituent des exemples intéressants de littérature fantastique. Mais c'est dans la forme de la nouvelle que le lecteur en trouvera les réalisations les plus nombreuses, les plus diverses et les plus marquantes : *Histoires extraordinaires* de l'Américain Edgar Allan Poe (1809-1849), *Récits de Saint-Pétersbourg* du Russe Nicolas Gogol (1809-1852), *Contes cruels* de Villiers de L'Isle-Adam (1838-1889)... Au monde du fantastique qui est, comme l'indiquent ces titres de recueils, celui de l'extraordinaire et de la cruauté, la nouvelle, par sa concentration dramatique, donne une intensité redoutable. Quel que soit le terme choisi – histoire, conte, récit, nouvelle – et la longueur de ces textes (de cinq à cent pages, mais dix pages en moyenne), le récit est celui d'une crise provoquée par la confrontation entre un personnage et un phénomène anormal. Contrairement aux personnages de roman qui se construisent dans la durée de la lecture, celui de la nouvelle n'a que peu de temps pour « prendre corps » et, à peine décrit, il se révèle peu consistant et menacé dans son unité.

Ni le « moi » ni le « réel » ne sont plus des instances auxquelles on puisse se fier. Ce n'est pas un hasard si les nouvelles fantastiques privilégient souvent le thème du double. Rivaux, frères ennemis, reflets divers peuplent l'espace exigu du texte. Dense, parfois abrupte, la nouvelle convient à l'expression des contradictions entre l'humain, incarné par le personnage, et le non-humain représenté par le phénomène. La sombre découverte risque d'être que l'un « héberge » l'autre, que l'un EST l'autre...

Le dispositif de la narration

La nouvelle peut être constituée d'un bref récit encadrant et d'un récit encadré (Maupassant, Barbey d'Aurevilly). Dans ce cas, un premier narrateur raconte à des auditeurs une situation à l'occasion de laquelle il a rencontré un personnage qui lui-même a raconté... Cet emboîtement préserve le caractère oral, « naturel » du récit, surtout lorsque la forme du discours direct l'emporte. Une telle structure, en multipliant les voix, introduit une dimension polyphonique, qui met en relief des écarts, des similitudes ou des effets de « contagion » entre les deux narrateurs.

Le récit fantastique se présente assez souvent à la première personne. Il peut adopter les codes de la confession ou du journal intime. Le lecteur devient alors plus ou moins directement le confident d'un personnage-narrateur enfermé dans sa solitude. La forme interrogative, les marques de l'hypothèse ou encore des éléments de ponctuation (points de suspension, d'exclamation) peuvent être des indices de son trouble. S'il détient une supériorité, elle ne réside pas dans un savoir extraordinaire, mais dans la conscience qu'il a de ne pas savoir.

Le procédé du narrateur omniscient semble *a priori* peu compatible avec le projet fantastique, puisqu'il induit l'élucidation des zones de mystère ou d'ambiguïté. Néanmoins, il pourra être utilisé dans des nouvelles fantastiques distanciées ou très orientées vers une conclusion allégorique, une « leçon ».

La perturbation

Chacun des thèmes qui suivent est un « topos » du fantastique : l'âme en peine qui exige qu'une action soit accomplie pour son repos, la mort personnifiée qui apparaît au milieu des vivants, le vampire, la malédiction d'un sorcier, l'inversion des domaines du rêve et de la réalité. Le dérèglement que le phénomène anormal introduit peut se manifester par une irruption brutale ou, stratégie plus retorse de la narration, par une succession de petites anomalies. Elles affectent des lois fondamentales de la logique ou de l'expérience humaine, puisque dans l'univers fantastique :

– le temps peut être réversible ou se répéter ;

– un personnage peut être présent simultanément dans deux espaces différents ;

– la matière inanimée peut devenir vivante ;

– un personnage peut être à la fois mort et vivant.

Il est difficile de décrire ce qui est inconnu ou même parfois invisible : les stratégies de description seront indirectes et paradoxales, et « la chose » – si chose il y a – sera imaginée par le lecteur à partir des effets produits sur un personnage, et particulièrement du lexique de la perception et des sensations.

Le jeu avec le lecteur

Le fantastique se définit par l'ambiguïté. L'incertitude maintenant l'inquiétude, des signes sont disséminés dans la nouvelle comme dans une chambre d'écho. Ils ne permettent pas toujours de trancher. Un portrait encadré sur le mur semble devenir vivant : est-ce parce que le personnage qui le regarde se trouve lui-même dans un état second (fièvre, fatigue, ivresse, demi-sommeil) ? ou le texte conduit-il à admettre aussi la possibilité d'une manifestation surnaturelle ? Voilà le lecteur, par sa lecture même, engagé dans une quête d'explication et de sens. Par là, il devient un double du personnage, de même que celui-ci tente d'être l'interprète de sa propre énigme.

Des procédés de modalisation (expressions du doute, approximations, guillemets…) entretiennent le trouble du lecteur.

Le dénouement

Il correspond à l'élimination du personnage par le phénomène, ou beaucoup plus rarement – car la nouvelle fantastique est pessimiste – à l'élimination du phénomène par le personnage. Il peut arriver aussi que ce soit la société qui détruise l'un et l'autre, par exemple dans le cas où un personnage, considéré comme fou, est interné.

Une telle fin n'est pas incompatible avec une dernière phrase suspensive, qui préserve jusqu'au bout la tension :

« Et je suis seul, seul, tout seul, depuis trois mois. Je suis tranquille à peu près. Je n'ai qu'une peur… Si l'antiquaire devenait fou… et si on l'amenait en cet asile… Les prisons elles-mêmes ne sont pas sûres… »

Guy de Maupassant, **Qui sait ?**, 1890

Une clausule, c'est-à-dire une phrase qui marque très visiblement la clôture du récit, peut venir souligner la « leçon » de la nouvelle ou son sens allégorique. Le fantastique est alors mis à distance puisque l'aphorisme, l'ironie ou le paradoxe introduisent une relation non plus de manipulation mais de connivence avec le lecteur.

« Voilà, frère, l'histoire de ma jeunesse. Ne regardez jamais une femme, et marchez toujours les yeux fixés en terre, car, si chaste et si calme que vous soyez, il suffit d'une minute pour vous faire perdre l'éternité. »

Théophile Gautier, **La Morte amoureuse**, 1836

… à vous de lire ou d'écrire une nouvelle fantastique…

1 Lire une nouvelle : la brièveté qui caractérise la nouvelle induit une stylisation du récit bien plus importante que dans le roman. D'une certaine façon, la nouvelle est régie par un système de composition qui la rapproche du poème. C'est ce que suggère Baudelaire lorsque, au sujet des nouvelles d'Egar Poe, il écrit : « Dans la composition d'une nouvelle, il ne doit pas se glisser un seul mot qui ne soit une intention, qui ne tende, directement ou indirectement, à parfaire le dessein prémédité. » Par exemple, dans *La Peur* de Maupassant, vous dégagerez les systèmes d'échos qui s'établissent entre le récit cadre et les deux récits enchâssés. Vous direz également sur quoi repose le fantastique dans ces deux récits enchâssés.

2 Après avoir pris connaissance des signaux du genre fantastique, nous vous invitons à écrire, à votre tour, une nouvelle.

Le poème en prose

Prose et poésie : porosités

Avec les romantiques, l'ordre et la hiérarchie des genres sont bousculés. Comme dans la vie, il faut qu'au théâtre le comique et le tragique se côtoient. Ce refus des frontières artificielles, Mme de Staël l'affirme aussi à propos de la prose et de la poésie : « Nos premiers poètes lyriques, ce sont peut-être nos grands prosateurs, Bossuet, Fénelon, Buffon, Jean-Jacques. » Que la prose puisse être musicale, rythmée, envoûtante comme la poésie, son contemporain Chateaubriand en donne la preuve.

« Le jour je m'égarais sur de grandes bruyères terminées par des forêts. Qu'il fallait peu de choses à ma rêverie : une feuille séchée que le vent chassait devant moi, une cabane dont la fumée s'élevait dans la cime dépouillée des arbres, la mousse qui tremblait au souffle du nord sur le tronc d'un chêne, une roche écartée, un étang désert où le jonc flétri murmurait ! [...] Un secret instinct me tourmentait ; je sentais que je n'étais moi-même qu'un voyageur ; mais une voix du ciel semblait me dire : "Homme, la saison de ta migration n'est pas encore venue ; attends que le vent de la mort se lève, alors tu déploieras ton vol vers ces régions inconnues que ton cœur demande."
Levez-vous vite, orages désirés, qui devez emporter René dans les espaces d'une autre vie ! Ainsi disant, je marchais à grands pas, le visage enflammé, le vent sifflant dans ma chevelure, ne sentant ni pluie ni frimas, enchanté, tourmenté, et comme possédé par le démon de mon cœur. »

François-René de Chateaubriand, **René,** 1802

À la recherche d'une « prose poétique » : Baudelaire s'explique

Le lecteur du journal *La Presse* découvrira soixante ans plus tard, en 1862, des objets bizarres, vingt « petits poèmes en prose » avec une lettre-dédicace de Baudelaire à son ami Arsène Houssaye :

« J'ai une petite confession à vous faire. C'est en feuilletant, pour la vingtième fois au moins le fameux *Gaspard de la Nuit*, d'Aloysius Bertrand (un livre connu de vous, de moi, et de quelques-uns de nos amis, n'a-t-il pas tous les droits à être appelé fameux ?) que l'idée m'est venue de tenter quelque chose d'analogue, et d'appliquer à la description de la vie moderne, ou plutôt d'une vie moderne et plus abstraite, le procédé qu'il avait appliqué à la peinture de la vie ancienne, si étrangement pittoresque. Quel est celui de nous qui n'a pas, dans ses jours d'ambition, rêvé le miracle d'une prose poétique, musicale, sans rythme et sans rime, assez souple et assez heurtée pour s'adapter aux mouvements lyriques de l'âme, aux ondulations de la rêverie, aux soubresauts de la conscience ? »

Charles Baudelaire, À Arsène Houssaye, 1862

Gustave Caillebotte a souvent peint des hommes à la fenêtre qui regardent le paysage parisien. En quoi ce genre pictural pourrait évoquer les thèmes habituels des poèmes en prose ?

C'est surtout de la fréquentation des villes énormes, c'est du croisement de leurs innombrables rapports que naît cet idéal obsédant. De la capitale en pleine mutation, violente et fascinante, Baudelaire avait déjà fait le sujet des « Tableaux parisiens », l'une des parties des *Fleurs du mal*. Contrairement à ce que l'on pourrait attendre, les représentations du monde urbain ne sont pas plus nombreuses dans les *Petits Poèmes en prose* (ou *Le Spleen de Paris*) que dans la poésie versifiée des *Fleurs du mal*, mais on y sent la tension, l'absence d'unité et les discordances de la vie moderne. Jamais en tout cas un auteur n'aura affirmé une relation aussi étroite entre un contexte (la ville moderne) et la nécessité d'un nouveau genre littéraire. D'un recueil à l'autre, on découvre une autre forme, un autre rapport à la composition et au rythme, mais on repère souvent des images et des obsessions identiques.

« Enfin ! seul ! On n'entend plus que le roulement de quelques fiacres attardés et éreintés. Pendant quelques heures, nous posséderons le silence, sinon le repos. Enfin ! la tyrannie de la face humaine a disparu, et je ne souffrirai plus que par moi-même. Enfin ! il m'est donc permis de me délasser dans un bain de ténèbres ! D'abord, un double tour à la serrure. Il me semble que ce tour de clef augmentera ma solitude et fortifiera les barricades qui me séparent actuellement du monde.

Horrible vie ! Horrible ville ! Récapitulons la journée : avoir vu plusieurs hommes de lettres, dont l'un m'a demandé si l'on pouvait aller en Russie par voie de terre (il prenait sans doute la Russie pour une île) ; avoir disputé généreusement contre le directeur d'une revue, qui à chaque objection répondait : "– C'est ici le parti des honnêtes gens", ce qui implique que tous les autres journaux sont rédigés par des coquins ; avoir salué une vingtaine de personnes, dont quinze me sont inconnues ; avoir distribué des poignées de main dans la même proportion, et cela sans avoir pris la précaution d'acheter des gants ; être monté pour tuer le temps, pendant une averse, chez une sauteuse qui m'a prié de lui dessiner un costume de *Vénustre* ; avoir fait ma cour à un directeur de théâtre, qui m'a dit en me congédiant : "– Vous feriez peut-être bien de vous adresser à Z… ; c'est le plus lourd, le plus sot et le plus célèbre de tous mes auteurs, avec lui vous pourriez peut-être aboutir à quelque chose. Voyez-le, et puis nous verrons" ; m'être vanté (pourquoi ?) de plusieurs vilaines actions que je n'ai jamais commises, et avoir lâchement nié quelques autres méfaits que j'ai accomplis avec joie, délit de fanfaronnade, crime de respect humain ; avoir refusé à un ami un service facile, et donné une recommandation écrite à un parfait drôle ; ouf ! est-ce bien fini ? Mécontent de tous et mécontent de moi, je voudrais bien me racheter et m'enorgueillir un peu dans le silence et la solitude de la nuit. Âmes de ceux que j'ai aimés, âmes de ceux que j'ai chantés, fortifiez-moi, soutenez-moi, éloignez de moi le mensonge et les vapeurs corruptrices du monde ; et vous, Seigneur mon Dieu ! accordez-moi la grâce de produire quelques beaux vers qui me prouvent à moi-même que je ne suis pas le dernier des hommes, que je ne suis pas inférieur à ceux que je méprise ! »

Charles Baudelaire, **Le Spleen de Paris**, « À une heure du matin », 1862

… à vous de confronter poésie en vers et poésie en prose…

Lisez, dans les *Fleurs du mal*, « L'examen de minuit » et inventoriez les analogies et les écarts (énonciation, thème, ouverture et clôture, composition).

Postérités

La voie ouverte par Baudelaire restera peu fréquentée en son siècle. Les poètes parnassiens, dont il a été proche, se considèrent comme des sculpteurs ou des orfèvres. Fascinés par l'Antiquité, ils vouent un culte exclusif au vers. Mais Arthur Rimbaud a recours à la liberté du poème en prose pour donner forme au feu d'artifice de ses visions (*Illuminations*). C'est au XXe siècle que toutes les ressources du poème en prose seront explorées dans des recueils poétiques comme *Flaques de verre* de Pierre Reverdy, *Fureur et mystère* de René Char, *La nuit remue* d'Henri Michaux, *Le Parti pris des choses* de Francis Ponge.

Évolution du langage poétique

La naissance du poème en prose témoigne d'une réflexion sur le langage poétique qui s'affranchit des règles que la tradition avait fixées. À la fin du siècle, l'opposition entre poésie et prose, caduque, cède la place à une autre : pour Mallarmé, la langue poétique s'oppose à la langue de tous les jours. Dans *Crise de vers*, Stéphane Mallarmé consacre « l'isolement de la parole » poétique qui s'éloigne du langage ordinaire comme de tout référent : la poésie ne raconte pas, ne décrit pas, n'argumente pas. Il ouvre ainsi une des principales voies de la modernité poétique, où la poésie ne dit plus qu'elle-même. Qu'il choisisse le sonnet, le vers libre ou le poème en prose, le poète recherche le secret des choses et des êtres, invisible et essentiel :

« Un désir indéniable à mon temps est de séparer comme en vue d'attributions différentes le double état de la parole, brut ou immédiat ici, là essentiel.

Narrer, enseigner, même décrire, cela va et encore qu'à chacun suffirait peut-être pour échanger la pensée humaine, de prendre ou de mettre dans la main d'autrui en silence une pièce de monnaie, l'emploi élémentaire du discours dessert l'universel *reportage* dont, la littérature exceptée, participe tout entre les genres d'écrits contemporains.

À quoi bon la merveille de transposer un fait de nature en sa presque disparition vibratoire selon le jeu de la parole, cependant ; si ce n'est pour qu'en émane, sans la gêne d'un proche ou concret appel, la notion pure.

Je dis : une fleur ! et, hors de l'oubli où ma voix relègue aucun contour, en tant que quelque chose d'autre que les calices sus, musicalement se lève, idée même et suave, l'absente de tous bouquets.

Au contraire d'une fonction de numéraire facile et représentatif, comme le traite d'abord la foule, le dire, avant tout, rêve et chant, retrouve chez le Poète, par nécessité constitutive d'un art consacré aux fictions, sa virtualité.

Le vers qui de plusieurs vocables refait un mot total, neuf, étranger à la langue et comme incantatoire, achève cet isolement de la parole : niant, d'un trait souverain, le hasard demeuré aux termes malgré l'artifice de leur retrempe alternée en le sens et la sonorité, et vous cause cette surprise de n'avoir ouï jamais tel fragment ordinaire d'élocution, en même temps que la réminiscence de l'objet nommé baigne dans une neuve atmosphère. »

Stéphane Mallarmé, **Divagations**, « Crise de vers », 1897

... à vous d'entrer dans le texte...

Quelles sont les fonctions et les caractéristiques attribuées par Mallarmé au langage courant ? au langage poétique ? En quoi ce texte théorique se présente-t-il comme un poème en prose ?

▶ L'écrivain au travail

La correspondance de Flaubert, ou l'autoportrait d'un écrivain

Gustave Flaubert (1821-1880) est l'auteur d'une abondante correspondance dans laquelle il offre un témoignage exceptionnel sur sa vie et son métier d'écrivain. La lecture de cette correspondance fournit un matériau très précieux pour comprendre comment ont été écrits ses grands romans. En parcourant les lettres qui jalonnent la dizaine d'années durant lesquelles Flaubert entre en possession de sa vie d'écrivain et se livre à l'écriture de son premier roman, *Madame Bovary*, on découvre le portrait saisissant d'un artiste au travail et l'élaboration d'une esthétique romanesque novatrice.

Une maladie providentielle

C'est en janvier 1844 que Flaubert est atteint par sa première crise d'épilepsie :

> « J'ai eu une congestion au cerveau, qui est à dire comme une attaque d'apoplexie en miniature avec accompagnement de maux de nerfs […]. J'ai manqué péter dans les mains de ma famille. »
>
> À son ami Ernest Chevalier, 1er février 1844

D'autres crises suivront, tout aussi violentes, au point que sa vie paraît en danger. L'irruption de cette maladie et ses conséquences invalidantes provoquent une rupture radicale dans son existence : Flaubert doit quitter Paris, abandonner des études de droit imposées par son père et retourner vivre chez lui, en Normandie.

Une vie d'artiste : confort bourgeois et solitude

Libéré des contingences matérielles et des injonctions paternelles, Flaubert peut désormais consacrer tout son temps à l'écriture. La famille déménage à Croisset, aux environs de Rouen, dans une grande maison avec un jardin qui descend jusqu'à la Seine. Flaubert a trouvé là le cadre idéal pour sa retraite studieuse et solitaire :

> « Voilà devant moi mes livres sur ma table, mes fenêtres sont ouvertes, tout est tranquille, la pluie tombe encore un peu dans le feuillage, et la lune passe derrière le grand tulipier qui se découpe en noir sur le ciel sombre. »
>
> À Alfred Le Poittevin, 17 juin 1845

Le cabinet de travail de Flaubert à Croisset, peint par Georges Antoine Rochegrosse.

« Mon pli est à peu près pris, je vis d'une façon réglée, calme, régulière, m'occupant exclusivement de littérature et d'histoire. [...] Je n'ai jamais passé d'années meilleures que les deux qui viennent de s'écouler, parce qu'elles ont été les plus libres, les moins gênées dans leur entournure. »

À Ernest Chevalier, 13 août 1845

Écrire : une nécessité vitale

La résolution de consacrer sa vie tout entière à la compréhension du monde et à sa recréation esthétique prend chez Flaubert la forme d'une quête quasi mystique : la mythologie flaubertienne de l'artiste mi-ours, mi-ascète, se met alors en place, et la correspondance se fait l'écho de cette volonté radicale de rompre avec l'extérieur :

« Le seul moyen de n'être pas malheureux c'est de t'enfermer dans l'Art et de compter pour rien tout le reste [...]. Je ne regrette ni la richesse, ni l'amour, ni la chair, et l'on s'étonne de me voir si sage. J'ai dit à la vie pratique un irrévocable adieu. Ma maladie de nerfs a été la transition entre ces deux états. Je ne demande d'ici à longtemps que cinq ou six heures de tranquillité dans ma chambre, un grand feu l'hiver, et deux bougies chaque soir pour m'éclairer. »

À Alfred Le Poittevin, 13 mai 1845

Les aventures d'un écrivain : la rédaction de *Madame Bovary*

> « Je suis un homme-plume. Je sens par elle, à cause d'elle, par rapport à elle et beaucoup plus avec elle. »
>
> À Louise Colet, 1er février 1852

C'est à trente ans à peine, en septembre 1851, de retour d'un long voyage en Orient, que Flaubert commence la préparation et la rédaction de ce qui va devenir son premier chef-d'œuvre : *Madame Bovary*. Le sujet, délibérément plat, de ce qu'il nomme son « roman moderne », lui est fourni par la vie calamiteuse d'un ancien élève de son père, Eugène Delamare. Médecin exerçant en Normandie, il avait épousé en secondes noces Delphine Couturier qui, après l'avoir trompé, s'était empoisonnée en 1848. Accablé de douleur, Delamare était mort de chagrin l'année suivante. La trame générale de l'histoire d'Emma Bovary est en place, mais tout reste à faire. Document unique, la correspondance de Flaubert fonctionne comme une sorte de journal de bord permettant de suivre, pendant les cinq années d'écriture du roman, l'écrivain au travail ainsi que la genèse de l'œuvre.

Les préparatifs

Tout est dans la conception

Flaubert construit le plan d'ensemble et le scénario de *Madame Bovary* en six semaines. Il commence ensuite la rédaction tout en prenant soin de faire pour chaque chapitre et même pour chaque scène des recherches minutieuses, puis il bâtit des plans et des esquisses, et enfin il retouche sans cesse les rédactions successives d'un même passage. Rigueur et précision sont les axiomes qui guident son travail quotidien :

> « Réfléchis, réfléchis avant d'écrire. Tout dépend de la conception. Cet axiome du grand Goethe est le plus simple et le plus merveilleux résumé et précepte de toutes les œuvres d'art possibles. »
>
> (1852)

« Je voudrais faire des livres où il n'y eût qu'à écrire des phrases (si l'on peut dire cela), comme pour vivre il n'y a qu'à respirer de l'air. Ce qui m'embête, ce sont les malices de plan, les combinaisons d'effets, tous les calculs du dessous et qui sont de l'Art pourtant, car l'effet du style en dépend, et exclusivement. »

(1853)

Un lent travail de recherche et d'imprégnation

L'écriture de *Madame Bovary* exige des lectures abondantes et des recherches diverses pour ne pas sonner faux et affaiblir la force du propos par des invraisemblances et des inexactitudes. Flaubert s'emploie à devenir véritablement chaque personnage, chaque scène, chaque émotion à traduire. L'illusion de réalité doit être parfaite, et aucun détail n'est laissé au hasard.

« Voilà deux jours que je tâche d'entrer dans des rêves de jeunes filles et que je navigue pour cela dans les océans laiteux de la littérature à castels, troubadours à toques de velours à plumes blanches. [...] Je suis dans les rêves de jeunes filles jusqu'au cou. »

(1852)

« Ce matin, j'ai été à un comice agricole, dont j'en [*sic*] suis revenu mort de fatigue et d'ennui. J'avais besoin de voir une de ces ineptes cérémonies rustiques pour ma Bovary, dans la deuxième partie. »

(1852)

« J'ai hier passé toute ma soirée à me livrer à une chirurgie furieuse. J'étudie la théorie des pieds bots. J'ai dévoré en trois heures un volume de cette intéressante littérature et pris des notes. [...] Il faudrait tout connaître pour écrire. [...] Les livres d'où ont découlé les littératures entières, comme Homère, Rabelais, sont des encyclopédies de leur époque. »

(1854)

La rédaction ou les affres de l'écriture...

L'âpreté d'un travail quotidien

Chaque jour, pendant cinq ans, Flaubert travaille à la rédaction de son premier grand roman. Uniquement préoccupé par l'avancée de ses travaux d'Hercule littéraires, l'écrivain se montre dans sa correspondance continuellement obsédé par les exigences esthétiques de son projet romanesque, par les difficultés innombrables posées par la réalisation d'un ouvrage original à l'intrigue délibérément plate mais aux enjeux complexes. Plus qu'avec ses destinataires, Flaubert semble ainsi dialoguer avec lui-même : la correspondance s'apparente à un long monologue, vivant, intense, souvent drôle, ménageant les effets de dramatisation et d'autodérision tout en gardant la spontanéité d'un récit dans lequel l'intensité des émotions suscitées par les difficultés et les exigences de l'écriture trouve un exutoire salutaire :

« Je suis plus lassé que si je roulais des montagnes. J'ai dans des moments envie de pleurer. Il faut une volonté surhumaine pour écrire, et je ne suis qu'un homme. Il me semble quelquefois que j'ai besoin de dormir six mois de suite. Ah ! de quel œil désespéré je les regarde, les sommets de ces montagnes où mon désir voudrait monter ! »

(1852)

« Je mène une vie âpre, déserte de toute joie extérieure et où je n'ai rien pour me soutenir qu'une espèce de rage permanente, qui pleure quelquefois d'impuissance mais qui est continuelle. J'aime mon travail d'un amour frénétique et perverti, comme un ascète le cilice qui lui gratte le ventre. Quelquefois, quand je me trouve vide, quand l'expression se refuse, quand, après [avoir] griffonné de longues pages, je découvre n'avoir pas fait une phrase, je tombe sur mon divan et j'y reste hébété dans un marais intérieur d'ennui. Je me hais et je m'accuse de cette démence d'orgueil qui me fait haleter après la chimère. »

(1852)

Même si la correspondance construit, au fil des lettres, l'image d'un écrivain souffrant à la tâche (« Quand arrivera-t-il donc ce bienheureux jour où j'écrirai le mot : fin ? »), rivé à son roman comme Prométhée à son rocher, même si Flaubert se voit davantage en martyr de l'écriture qu'en héros des mots, il lui arrive néanmoins de confesser quelques vrais bonheurs d'écrivain :

« Quelles bonnes journées j'ai passées jeudi et vendredi ! Jeudi soir, à deux heures du matin, je me suis couché si animé de mon travail qu'à trois heures je me suis relevé et j'ai travaillé jusqu'à midi. Le soir je me suis couché à une heure, et encore par raison. J'avais une rage de style au ventre à me faire aller ainsi le double de temps encore. Le vendredi matin, quand le jour a paru, j'ai été faire un tour de jardin. Il avait plu, les oiseaux commençaient à chanter et de grands nuages ardoise couraient dans le ciel. J'ai joui là de quelques instants de force et de sérénité immense dont on garde le souvenir et qui font passer par-dessus bien des misères. »

(1852)

« N'importe, bien ou mal, c'est une délicieuse chose que d'écrire, que de ne plus être soi, mais de circuler dans toute la création dont on parle. Aujourd'hui par exemple, homme et femme tout ensemble, amant et maîtresse à la fois, je me suis promené à cheval dans une forêt, par un après-midi d'automne, sous des feuilles jaunes, et j'étais les chevaux, les feuilles, le vent, les paroles qu'ils se disaient et le soleil rouge qui faisait s'entrefermer leurs paupières noyées d'amour. [...] Quand je rumine, après les avoir subies, ces jouissances-là, je serai tenté de faire une prière de remerciement au bon Dieu, si je savais qu'il pût m'entendre. Qu'il soit donc béni pour ne pas m'avoir fait naître marchand de coton, vaudevilliste, homme d'esprit, etc. ! »

(1853)

Écrire à voix haute : quand le manuscrit est aussi une partition

Flaubert se fait des lectures à haute voix de ses propres textes à mesure qu'il les écrit. Cette étape du travail d'écriture est pour lui essentielle, c'est là que véritablement se forge le roman, à mesure qu'il sonne, qu'il résonne plus ou moins bien. Flaubert orchestre ainsi, dans sa chambre-bureau qu'il appelle son « gueuloir », une sorte de théâtre d'écriture où il « joue » ses mots, ses phrases, ses chapitres, où il teste son fameux « style », à l'oreille, puis le retouche.

« Il est bien tard, je suis très las. J'ai la gorge éraillée d'avoir crié tout ce soir en écrivant, selon ma coutume exagérée. Qu'on ne dise pas que je ne fais point d'exercice. Je me démène tellement dans certains moments que ça me vaut bien, quand je me couche, deux ou trois lieues faites à pied. »

(1853)

« La tête me tourne et la gorge me brûle d'avoir cherché, bûché, creusé, retourné, farfouillé et hurlé, de cent mille façons différentes, une phrase qui vient enfin de se finir. Elle est bonne, j'en réponds ; mais ça n'a pas été sans mal ! »

(1854)

Un chantier permanent : les corrections

La correspondance permet d'assister aux dernières mises au point du récit. Le travail de correction apparaît, tout comme la phase de rédaction du texte, comme un vaste chantier de réécriture tout aussi exigeant et exténuant : « Si tu savais ce que je retranche et quelle bouillie que mes manuscrits ! » Flaubert corrige sans cesse son texte à mesure qu'il l'écrit,

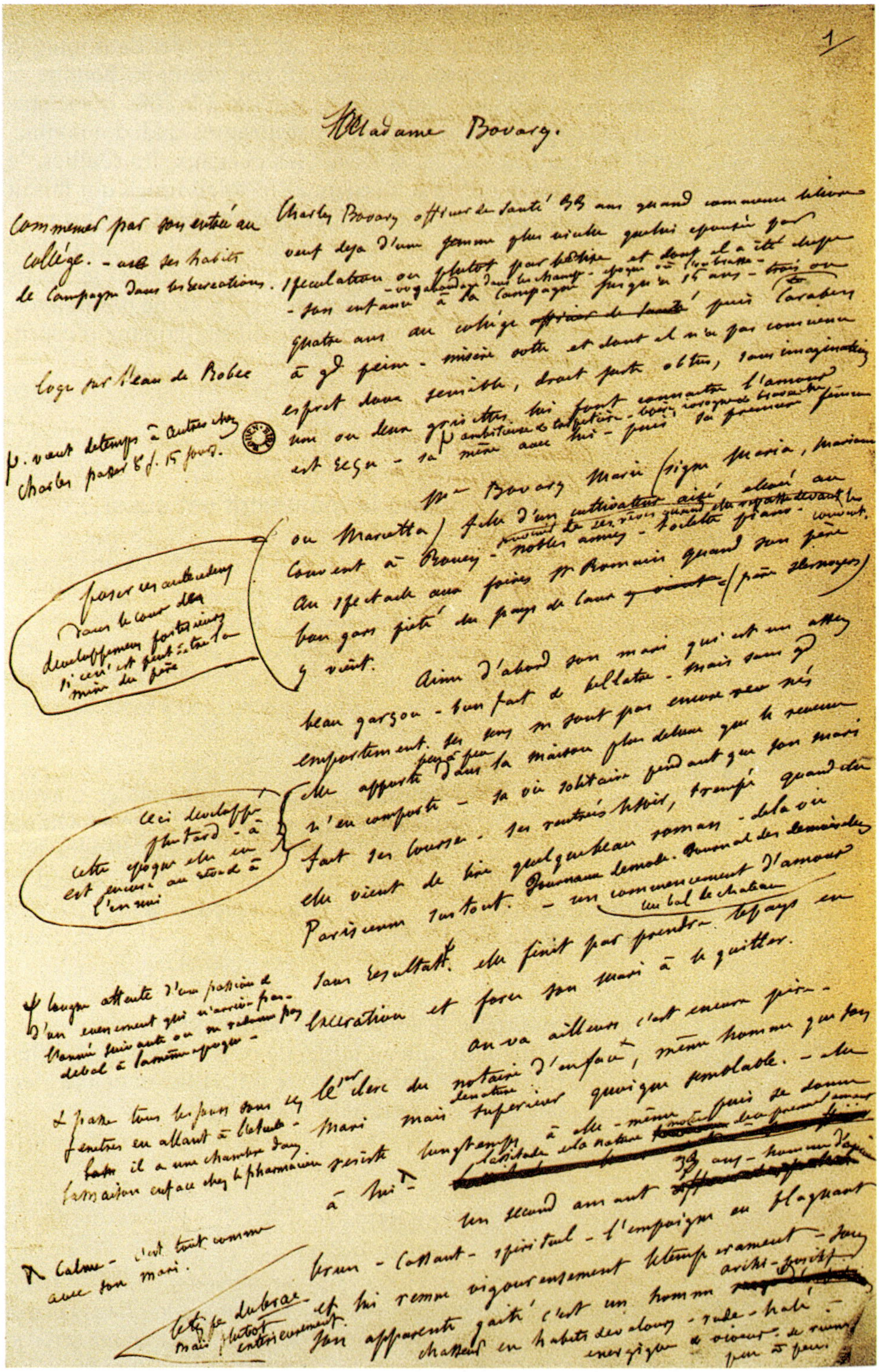
1/

Madame Bovary.

La première page de *Madame Bovary* en chantier : « Quelle bouillie que mes manuscrits ! »

il doit donc fournir en permanence un double travail dont le volume s'amplifie d'autant plus que le roman avance et s'enrichit :

« Je suis en train de recopier, de corriger et de raturer toute ma première partie de *Bovary*. Les yeux m'en piquent. Je voudrais d'un seul coup d'œil lire ces cent cinquante-huit pages et les saisir avec tous leurs détails dans une seule pensée. [...] Quelle chienne de chose que la prose ! ça n'est jamais fini ; il y a toujours à refaire. »

(1852)

« J'ai fini cet après-midi par laisser là les corrections, je n'y comprenais plus rien, à force de s'appesantir sur un travail, il vous éblouit ; ce qui semble être une faute maintenant, cinq minutes après ne le semble plus ; c'est une série de corrections, et de recorrections des corrections à n'en plus finir. »

(1853)

Dernière étape : de l'impression à la publication

Le récit qui se construit au fil de la correspondance nous conduit ainsi, au bout de cinq ans, à la fin de la rédaction de *Madame Bovary* et pose la difficile question de la publication du roman. Flaubert doit pour cela reprendre contact avec le monde, quitter sa tanière de Croisset et exposer son cher roman aux avis extérieurs.

Les aléas de la publication : résister aux contraintes éditoriales

Madame Bovary paraît d'abord en revue, comme c'était souvent l'usage. Une première version du roman est ainsi publiée dans *La Revue de Paris* entre le 1er octobre et le 15 décembre 1856. Inquiets au sujet de la censure impériale, pensant que nombre de passages du roman pourraient heurter le bon goût et la morale dominante, Maxime Du Camp (ami proche de l'écrivain) et le directeur de la revue poussent Flaubert à supprimer certains passages. Furieux, Flaubert résiste :

« Je viens de recevoir la *Bovary* et j'éprouve tout d'abord le besoin de vous remercier ; c'est un service que vous m'avez rendu en l'acceptant telle qu'elle est [...]. Je m'explique mal, mais c'en est assez pour que vous compreniez quel était le sens de ma résistance à vos critiques si judicieuses qu'elles soient. Vous me refaisiez un autre livre. Vous heurtiez la poétique interne d'où découlait le type [...] sur lequel il fut conçu. Enfin, j'aurais cru manquer à ce que je me dois et à ce que je vous devais, en faisant un acte de déférence et non de conviction. L'Art ne réclame ni complaisance ni politesse, rien que la foi, la foi toujours et la liberté. »

À Laurent-Pichat, codirecteur de **La Revue de Paris**, 1856

Forcé néanmoins à faire quelques concessions mais excédé par ces compromis, Flaubert impose à la revue une note expliquant les raisons de ces remaniements.

Un procès à l'origine d'un premier succès au parfum de scandale

Voir « Situations » (« 1857 », p. 387)

En dépit de ces précautions, la censure est alertée par les remous de cette bataille entre l'auteur et la direction de la revue : le texte est examiné et sa publication aussitôt suspendue. Des poursuites sont engagées contre Flaubert et la revue pour outrage aux bonnes mœurs et à la religion. Même si, finalement, Flaubert est acquitté le 7 février 1857 et la qualité littéraire de son roman reconnue, le livre est déjà auréolé pour le public de ce parfum de scandale qui attire les curieux plus que les amateurs d'art. Pour Flaubert, le mal est fait et le succès indéniable de son premier grand roman n'atténue guère l'amertume qu'il ressent face à la bêtise et à l'ignorance qui ont entouré toute cette affaire :

> « La *Bovary* m'assomme ! Comme je regrette maintenant de l'avoir publiée ! [...] Et puis ? l'avenir ? Quoi écrire qui soit moins inoffensif que ce roman ? On s'est révolté d'une peinture impartiale. Que faire ? biaiser, blaguer ? non ! non ! mille fois non ! J'ai donc fort envie de m'en retourner et pour toujours dans *ma campagne* et dans mon silence, et là, de continuer à écrire pour moi, pour moi seul. Je ferai des livres *vrais* et corsés, je vous en réponds. L'insouci de la renommée me donnera une roideur salutaire. J'ai beaucoup perdu cet hiver, je valais mieux il y a un an. Je me fais l'effet d'une prostituée. En un mot, le tapage qui s'est fait autour de mon premier livre me semble tellement étranger à l'art, que je suis *dégoûté de moi*. De plus, comme je tiens infiniment à mon estime, je voudrais bien la garder et je suis en train de la perdre. Vous savez que je n'ai point le prurit de la typographie. Je vivrai très bien sans elle. Car il me paraît impossible d'écrire une ligne en pensant à autre chose qu'à mon œuvre. Mes contemporains se passeront de mes phrases, et moi je me passerai de leurs applaudissements, et de leurs tribunaux. L'Hypocrisie sociale étant la plus forte, je fuis bravement la bataille, résigné à vivre désormais comme le plus humble des bourgeois. »
>
> (1857)

Cette première confrontation avec le milieu littéraire parisien et les exigences de l'édition radicalise encore son besoin de solitude et de retrait :

> « Je vais donc reprendre ma pauvre vie si plate et tranquille, où les phrases sont des aventures et où je ne recueille d'autres fleurs que des métaphores. J'écrirai comme par le passé, pour le seul plaisir d'écrire, pour moi seul, sans aucune arrière-pensée d'argent ou de tapage. »
>
> (1857)

… à vous d'interroger cette représentation de l'écrivain au travail…

1 Flaubert décrit, au fil des citations extraites de sa correspondance, une méthode de travail et les pratiques imposées par sa vie d'écrivain. Vous résumerez les grandes lignes de cette méthode et les principes sur lesquels elle repose.

2 Quelle figure de l'artiste Flaubert construit-il dans sa correspondance ? Vous pourrez la comparer aux différentes images de l'artiste présentées dans ce manuel, dans la section Figures notamment.

3 Comparez la correspondance de Flaubert avec d'autres témoignages d'artistes sur leur travail : vous pourrez, par exemple, consulter des journaux d'écrivains comme Franz Kafka, grand lecteur de Flaubert, Katherine Mansfield, Virginia Woolf, ou bien encore celui du peintre Eugène Delacroix. Quels sont les différents discours qu'ils tiennent sur leur métier, sur ses spécificités, ses exigences, ses difficultés, ses joies, etc. ?

4 En vous inspirant des réflexions de Flaubert, vous pourrez construire votre propre témoignage dans lequel vous ferez part de vos rituels de travail, des différentes impressions et sentiments que vous éprouvez quand il s'agit d'écrire : angoisse, enthousiasme, blocage, refus, plaisir, curiosité ou bien impossibilité…

Flaubert à la recherche d'une nouvelle forme romanesque

Questions techniques

La correspondance permet de suivre également, à mesure que le livre avance, les différents types de problèmes littéraires qui se posent à Flaubert pour mener à bien son entreprise romanesque. Les lettres nous renseignent ainsi sur les questions d'écriture qui président aussi bien à la réalisation d'ensemble du roman qu'à la réussite d'une scène particulièrement décisive. Voici un aperçu de ces difficultés à résoudre :

> « [Trouver] un style qui serait rythmé comme le vers, précis comme le langage des sciences, et avec des ondulations, des ronflements de violoncelle, des aigrettes de feu. »
>
> À Louise Colet, 24 avril 1852

« Vouloir donner à la prose le rythme du vers (en la laissant prose et très prose) et écrire la vie ordinaire comme on écrit l'histoire ou l'épopée (sans dénaturer le sujet) est peut-être une absurdité. Voilà ce que je me demande parfois. Mais c'est peut-être aussi une grande tentative et très originale. »

(1853)

« Quelle difficulté que le dialogue, quand on veut surtout que le dialogue ait du caractère. Peindre par le dialogue et qu'il n'en soit pas moins vif, précis et toujours distingué en restant même banal, cela est monstrueux et je ne sache personne qui l'ait fait dans un livre. Il faut écrire les dialogues dans le style de la comédie et les narrations avec le style de l'épopée. »

(1853)

« Mes comices m'embêtent tellement [...]. Bouilhet prétend que ce sera la plus belle scène du livre. Ce dont je suis sûr, c'est qu'elle sera neuve et que l'intention en est bonne. Si jamais les effets d'une symphonie ont été reportés dans un livre, ce sera là. Il faut que ça hurle par l'ensemble, qu'on entende à la fois des beuglements de taureaux, des soupirs d'amour et des phrases d'administrateurs. Il y a du soleil sur tout cela, et des coups de vent qui font remuer les grands bonnets. Mais les passages les plus difficiles de *Saint Antoine* étaient jeux d'enfant en comparaison. J'arrive au dramatique rien que par l'entrelacement du dialogue et les oppositions de caractère. »

(1853)

... à vous de comprendre le travail de l'écriture...

Dans ces citations, Flaubert décrit une difficulté ou fait part d'un problème de technique narrative. Donnez à chaque extrait un titre qui permettra de caractériser les questions que doit résoudre l'écrivain.

Questions d'esthétique : créer un nouveau type de roman

Flaubert précise dans sa correspondance les enjeux de ses réflexions sur l'art romanesque et les choix sur lesquels repose l'écriture de son roman.

Un premier parti pris : la nécessité de l'impersonnalité

À mesure qu'avance l'écriture de son roman, Flaubert peaufine la conception théorique sur laquelle repose la nouvelle poétique romanesque qu'il est en train de créer. Selon lui, l'un des piliers de la prose moderne est constitué par le dogme de l'impersonnalité. Ce parti pris décisif implique l'effacement maximal de l'auteur dans l'œuvre, l'élimination ou plutôt la transformation par la fiction de tous les éléments personnels ou autobiographiques, la construction d'une narration entièrement dévouée à son sujet et à ses personnages. L'orchestration doit donc être savante, mais invisible :

> « L'auteur, dans son œuvre, doit être comme Dieu dans l'univers, présent partout, et visible nulle part. »
>
> (1852)

> « Rappelons-nous toujours que l'impersonnalité est le signe de la force. Absorbons l'objectif et qu'il circule en nous, qu'il se reproduise au-dehors sans qu'on puisse rien comprendre à cette chimie merveilleuse. Notre cœur ne doit être bon qu'à sentir celui des autres. Soyons des miroirs grossissants de la vérité externe. »
>
> (1853)

Ce choix radical de point de vue fonde l'originalité du roman, il conditionne son écriture et gouverne l'ensemble de sa réalisation : fin de la narration omnisciente, relativité et subjectivité des points de vue, utilisation du discours indirect libre pour produire une sorte d'instabilité permanente qui frappe l'ensemble des propos tenus comme la signification des événements relatés.

Ni réalisme, ni idéalisme romantique, mais une observation « scientifique » des êtres et des choses

> « Je suis dans un tout autre monde maintenant[1], celui de l'observation attentive des détails les plus plats. J'ai le regard penché sur les mousses de moisissures de l'âme. »
>
> (1852)

1 Flaubert a fini une première version de *Saint Antoine* et commence *Madame Bovary*.

Dans *Madame Bovary*, les choses prolifèrent, le monde et sa complexité sont donnés à lire à travers le prisme d'une étude scrupuleuse des objets les plus anodins en apparence, par exemple la fameuse casquette de Charles Bovary dans l'ouverture du roman.

Vers l'art moderne

Flaubert apparaît également, dans sa correspondance, comme un théoricien qui veut révolutionner la littérature contemporaine : il construit à cette fin une poétique nouvelle, c'est-à-dire une manière inédite de donner à voir le monde et de le questionner. Flaubert dévoile ainsi sa conception de l'art moderne dont il entrevoit, au moment de la rédaction de *Madame Bovary*, les caractéristiques et les spécificités :

« Ce qui me semble beau, ce que je voudrais faire, c'est un livre sur rien, un livre sans attache extérieure, qui se tiendrait de lui-même par la force interne de son style, comme la terre sans être soutenue se tient dans l'air, un livre qui n'aurait presque pas de sujet ou du moins où le sujet serait invisible, si cela se peut. Les œuvres les plus belles sont celles où il y a le moins de matière ; plus l'expression se rapproche de la pensée, plus le mot colle dessus et disparaît, plus c'est beau. Je crois que l'avenir de l'art est dans ces voies. Je le vois, à mesure qu'il grandit, s'éthérisant tant qu'il peut, depuis les pylônes égyptiens jusqu'aux lancettes gothiques, et depuis les poèmes de vingt mille vers des Indiens jusqu'aux jets de Byron. La forme en devenant habile, s'atténue ; elle quitte toute liturgie, toute règle, toute mesure ; elle abandonne l'épique pour le roman, le vers pour la prose ; elle ne se connaît plus d'orthodoxie et est libre comme chaque volonté qui la produit. Cet affranchissement de la matérialité se retrouve en tout et les gouvernements l'ont suivi, depuis les despotismes orientaux jusqu'aux socialismes futurs.
C'est pour cela qu'il n'y a ni beaux ni vilains sujets et qu'on pourrait presque établir comme axiome, en se posant au point de vue de l'Art pur, qu'il n'y en a aucun, le style étant à lui tout seul une manière absolue de voir les choses. »

(1852)

… à vous de lire *Madame Bovary* à la lumière du récit de son élaboration…

Vous pourrez par exemple vous intéresser :

1 À la construction du récit, aux descriptions, aux dialogues, etc., pour voir si le résultat correspond ou non aux intentions affichées par Flaubert (voir questions techniques). Ainsi, qu'en est-il du style, possède-t-il le rythme du vers ? Les dialogues sont-ils écrits dans une tonalité comique et la narration suit-elle les cadres de l'épopée ? Les descriptions des personnages répondent-elles aux exigences de l'objectivité annoncée ?

2 Aux modalités de l'énonciation : le dogme de l'impersonnalité est-il appliqué ? Que dire de l'emploi du style indirect libre ? De quelle nature est la présence ou l'absence du narrateur flaubertien ?

3 À la scène des « Comices agricoles ». En la relisant avec attention, vous pourrez la comparer aux commentaires que fait Flaubert lors de sa rédaction.

• • •

4 Aux enjeux du roman : vous pourrez aussi vous interroger sur l'intérêt et les interrogations que suscite ce roman centré sur les désirs d'une jeune femme provinciale, romanesque et inadaptée à la réalité bourgeoise environnante. Que fait Flaubert de son « observation des détails les plus plats », de son « regard penché sur les mousses des moisissures de l'âme » ?

5 À la définition flaubertienne de l'art moderne : à la lumière des chapitres du manuel consacrés aux XIXe et XXe siècles, commentez et discutez cette définition d'un art « s'éthérisant tant qu'il peut » et d'une forme qui « ne connaît plus l'orthodoxie et est libre comme chaque volonté qui la produit ».

▶ Variations

« La femme en deux volumes » (Balzac)

Voir Moyen Âge (« Genres et registres », p. 61)

La figure ambivalente de la femme dans le roman du XIXe siècle reflète l'ambiguïté de son existence sociale : sans statut politique, elle demeure toute sa vie une éternelle « mineure » au côté de l'homme. Elle est emprisonnée, du reste, dans le regard masculin qui tantôt l'idéalise dans la tradition courtoise, tantôt la diabolise en lui faisant endosser la culpabilité attachée, en ce siècle puritain, au désir sexuel. Balzac résume cette ambivalence de la femme en parlant de « la femme en deux volumes », c'est-à-dire de ce que le XXe siècle appellera plus brutalement « la maman et la putain ». Être de la marge sociale, la figure de la femme constitue un moyen d'interroger la société dans son ensemble, son fonctionnement, les désirs qui la traversent.

Figures maternelles ou idéales

La femme idéale, qui s'incarne dans la mère ou dans la jeune fille, apparaît « comme une garante de la stabilité dans un monde devenu insaisissable. [...] Garantes de la piété et du sentiment familial, [ces femmes] perpétuent encore le type si admiré de la femme aristocratique [...] [Elles] jouissent d'un statut d'exterritorialité dans l'univers démocratique » (Mona Ozouf, *Les Aveux du roman*). La femme idéale porte ainsi la nostalgie d'un monde qui n'est plus : monde de l'enfance, monde d'hier. Elle apparaît dans le roman pour rappeler ce qui n'est plus et ne peut plus être. Inadaptée au siècle, qui inverse les valeurs qu'elle représente, cette figure est souvent vouée à la disparition : le nom même de l'héroïne de Balzac, Mme de Mortsauf, suggère combien ce type de femme ne saurait (sur)vivre dans un monde qui lui est profondément hostile.

La mère

Dans *Le Lys dans la vallée*, Mme de Mortsauf est aimée du jeune Félix. Elle répond à sa déclaration :

« Vous m'avez évité le mot *amour*, dit-elle en m'interrompant d'une voix sévère ; mais vous avez parlé d'un sentiment que j'ignore et qui ne m'est point permis. Vous êtes un enfant, je vous pardonne encore, mais pour la dernière fois. Sachez-le, monsieur, mon cœur est comme enivré de maternité ! Je n'aime monsieur de Mortsauf ni par devoir social, ni par calcul de béatitudes éternelles à gagner ; mais par un irrésistible sentiment qui l'attache à toutes les fibres de mon cœur. Ai-je été violentée à mon mariage ? Il fut décidé par ma sympathie pour les infortunes. N'était-ce pas aux femmes à réparer les maux du temps, à consoler ceux qui coururent sur la brèche et revinrent blessés ? Que vous dirais-je ? j'ai ressenti je ne sais quel contentement égoïste en voyant que vous l'amusiez : n'est-ce pas la maternité pure ? Ma confession ne vous a-t-elle donc pas assez montré les *trois* enfants auxquels je ne dois jamais faillir, sur lesquels je dois faire pleuvoir une rosée réparatrice, et faire rayonner mon âme sans en laisser adultérer la moindre parcelle ? N'aigrissez pas le lait d'une mère ! Quoique l'épouse soit invulnérable en moi, ne me parlez donc plus ainsi. Si vous ne respectiez pas cette défense si simple, je vous en préviens, l'entrée de cette maison vous serait à jamais fermée. Je croyais à de pures amitiés ; à des fraternités volontaires, plus certaines que ne le sont les fraternités imposées. Erreur ! Je voulais un ami qui ne fût pas un juge, un ami pour m'écouter en ces moments de faiblesse où la voix qui gronde est une voix meurtrière, un ami saint avec qui je n'eusse rien à craindre. [...]

Deux grosses larmes éclairées par un rayon de lune sortirent de ses yeux, roulèrent sur ses joues, en atteignirent le bas ; mais je tendis la main assez à temps pour les recevoir, et les bus avec une avidité pieuse qu'excitèrent ces paroles déjà signées par dix ans de larmes secrètes, de sensibilité dépensée, de soins constants, d'alarmes perpétuelles, l'héroïsme le plus élevé de votre sexe ! Elle me regarda d'un air doucement stupide. » ●

Honoré de Balzac, **Le Lys dans la vallée**, 1835 »

La figure courtoise

« Aimer de loin », comme au temps de l'amour courtois, c'est ce qu'apprend Fabrice del Dongo qui, emprisonné, est tombé amoureux de Clélia Conti, fille du gouverneur de la prison. De la tour où se trouve sa cellule, il observe sa bien-aimée qui se sait regardée :

« « Il sentait trop bien que l'éternel bonheur de sa vie allait le forcer de compter avec la fille du gouverneur, et qu'il était en son pouvoir de faire de lui le plus malheureux des hommes. Chaque jour, il craignait mortellement de voir se terminer tout à coup, par un caprice sans appel de sa volonté, cette sorte de vie singulière et délicieuse qu'il trouvait auprès d'elle ; toutefois, elle avait déjà rempli de félicité les deux premiers mois de sa prison. C'était le temps où, deux fois la semaine, le général Fabio Conti disait au prince : je puis donner ma parole d'honneur à Votre Altesse que le prisonnier del Dongo ne parle à âme qui vive, et passe sa vie dans l'accablement du plus profond désespoir, ou à dormir.

Clélia venait deux ou trois fois le jour voir ses oiseaux, quelquefois pour des instants : si Fabrice ne l'eût pas tant aimée, il eût bien vu qu'il était aimé ; mais il avait des doutes mortels à cet égard. Clélia avait fait placer un piano dans la volière. Tout en frappant les touches, pour que le son de l'instrument pût rendre compte de sa présence et occupât les sentinelles qui se promenaient sous ses fenêtres, elle répondait des yeux aux questions de Fabrice. Sur un seul sujet, elle ne faisait jamais de réponse, et même, dans les grandes occasions, prenait la fuite, et quelquefois disparaissait pour une journée entière ; c'était lorsque les signes de Fabrice indiquaient des sentiments dont il était trop difficile de ne pas comprendre l'aveu : elle était inexorable sur ce point.

Ainsi, quoique étroitement resserré dans une assez petite cage, Fabrice avait une vie fort occupée ; elle était employée tout entière à chercher la solution de ce problème si important : M'aime-t-elle ? Le résultat de milliers d'observations sans cesse renouvelées, mais aussi sans cesse mises en doute, était ceci : Tous ses gestes volontaires disent non, mais ce qui est involontaire dans le mouvement de ses yeux semble avouer qu'elle prend de l'amitié pour moi. » ●

Stendhal, **La Chartreuse de Parme**, 1839

… à vous d'interroger les figures de femmes idéales…

1 Le *Lys dans la vallée*. Comment le texte se présente-t-il à la fois comme un éloge de la mère de famille et comme un plaidoyer pathétique ?

2 *La Chartreuse de Parme*. Relevez les expressions superlatives exprimant les sentiments de Fabrice. Les modes de communication entre les deux jeunes gens (musique, signes, regards) : à quel genre littéraire renvoient-ils ? Relevez des traces de l'énonciation du narrateur : est-il dans le même registre que les personnages ?

La femme fatale

Voir XVIIIe siècle (« Situations », p. 269)

Le personnage de la femme fatale hante la littérature du XIXe siècle, au point de constituer un type littéraire souvent incarné par la figure de la prostituée (Nana) ou de la femme de mauvaise vie, par exemple Carmen, qui, contre tous les usages, jette son dévolu sur un homme et lui signifie, de manière provocante, son désir. Réactivé par le puritanisme ambiant, le fond judéo-chrétien génère cette représentation de « la fille d'Ève », porteuse du péché et de la tentation. Le XVIIIe siècle avait inauguré cette figure de la pécheresse, avec des héroïnes comme Manon Lescaut, inventée par l'abbé Prévost. Mais la femme dangereuse est aussi une construction du désir masculin, qui, en projetant sur la femme des images mythiques, se crée un objet de fascination.

« La Vénus du ruisseau »

Zola confère au type littéraire de la prostituée une dimension mythique en créant le personnage de Nana qui incarne, au début du roman, le rôle de Vénus dans une opérette bouffonne.

« Un murmure grandit comme un soupir qui se gonflait. Quelques mains battirent, toutes les jumelles étaient fixées sur Vénus. Peu à peu, Nana avait pris possession du public, et maintenant chaque homme la subissait. Le rut qui montait d'elle, ainsi que d'une bête en folie, s'était épandu toujours davantage, emplissant la salle. À cette heure, ses moindres mouvements soufflaient le désir, elle retournait la chair d'un geste de son petit doigt. Des dos s'arrondissaient, vibrant comme si des archets invisibles se fussent promenés sur les muscles, des nuques montraient des poils follets qui s'envolaient, sous des haleines tièdes et errantes, venues on ne savait de quelle bouche de femme. Fauchery voyait devant lui l'échappé de collège que la passion soulevait de son fauteuil. Il eut la curiosité de regarder le comte de Vandeuvres, très pâle, les lèvres pincées, le gros Steiner, dont la face apoplectique crevait, Labordette lorgnant d'un air étonné de maquignon qui admire une jument parfaite, Daguenet dont les oreilles saignaient et remuaient de jouissance. Puis, un instinct lui fit jeter un coup d'œil en arrière, et il resta étonné de ce qu'il aperçut dans la loge des Muffat : derrière la comtesse, blanche et sérieuse, le comte se haussait, béant, la face marbrée de taches rouges ; tandis que, près de lui, dans l'ombre, les yeux troubles du marquis de Chouard étaient devenus deux yeux de chat, phosphorescents ; pailletés d'or. On suffoquait, les chevelures s'alourdissaient sur les têtes en sueur. Depuis trois heures qu'on était là, les haleines avaient chauffé l'air d'une odeur humaine. Dans le flamboiement du gaz, les poussières en suspension s'épaississaient, immobiles au-dessous du lustre. La salle entière vacillait, glissait à un vertige, lasse et excitée, prise de ces désirs ensommeillés de minuit qui balbutient au fond des alcôves. Et Nana, en face de ce public pâmé, de ces quinze cents personnes entassées, noyées dans l'affaissement et le détraquement nerveux d'une fin de spectacle, restait victorieuse avec sa chair de marbre, son sexe assez fort pour détruire tout ce monde et n'en être pas entamé. »

Émile Zola, **Nana**, 1880

Femme diabolique ou femme diabolisée ?

La femme fatale inquiète par la liberté de ses mœurs : la manifestation du désir féminin est perçue comme un danger par le puritanisme qui s'est progressivement emparé du siècle. Ainsi en est-il de Carmen. Mais le personnage est aussi forgé par le regard masculin du narrateur, et les fantasmes dont il est porteur : une femme aussi libre ne peut être qu'un peu sorcière. Quant au caractère fatal de cette rencontre, ne réside-t-il pas finalement dans l'interprétation rétrospective qu'en fait Don José ?

L'histoire de Salomé qui demande au roi Hérode la tête de saint Jean Baptiste a autant inspiré les écrivains (Oscar Wilde ou Gustave Flaubert) et les musiciens (Richard Strauss) que les peintres. Gustave Moreau (1826-1898) peint ici cette *Apparition*, d'une inquiétante beauté.

« J'étais jeune alors ; je pensais toujours au pays, et je ne croyais pas qu'il y eût de jolies filles sans jupes bleues et sans nattes tombant sur les épaules. D'ailleurs, les Andalouses me faisaient peur ; je n'étais pas encore fait à leurs manières : toujours à railler, jamais un mot de raison. J'étais donc le nez sur ma chaîne, quand j'entends des bourgeois qui disaient : Voilà la gitanilla ! Je levai les yeux, et je la vis. C'était un vendredi, et je ne l'oublierai jamais. Je vis cette Carmen que vous connaissez, chez qui je vous ai rencontré il y a quelques mois.
Elle avait un jupon rouge fort court qui laissait voir des bas de soie blancs avec plus d'un trou, et des souliers mignons de

maroquin rouge attachés avec des rubans couleur de feu. Elle écartait sa mantille afin de montrer ses épaules et un gros bouquet de cassie qui sortait de sa chemise. Elle avait encore une fleur de cassie dans le coin de la bouche, et elle s'avançait en se balançant sur ses hanches comme une pouliche du haras de Cordoue. Dans mon pays, une femme en ce costume aurait obligé le monde à se signer. À Séville, chacun lui adressait quelque compliment gaillard sur sa tournure ; elle répondait à chacun, faisant les yeux en coulisse, le poing sur la hanche, effrontée comme une vraie bohémienne qu'elle était. D'abord elle ne me plut pas, et je repris mon ouvrage ; mais elle, suivant l'usage des femmes et des chats qui ne viennent pas quand on les appelle et qui viennent quand on ne les appelle pas, s'arrêta devant moi et m'adressa la parole :
– Compère, me dit-elle à la façon andalouse, veux-tu me donner ta chaîne pour tenir les clefs de mon coffre-fort ?
– C'est pour attacher mon épinglette, lui répondis-je.
– Ton épinglette ! s'écria-t-elle en riant. Ah ! monsieur fait de la dentelle, puisqu'il a besoin d'épingles ! Tout le monde qui était là se mit à rire, et moi je me sentais rougir, et je ne pouvais trouver rien à lui répondre. – Allons, mon cœur, reprit-elle, fais-moi sept aunes de dentelle noire pour une mantille, épinglier de mon âme ! – Et prenant la fleur de cassie qu'elle avait à la bouche, elle me la lança, d'un mouvement du pouce, juste entre les deux yeux. Monsieur, cela me fit l'effet d'une balle qui m'arrivait... Je ne savais où me fourrer, je demeurais immobile comme une planche. Quand elle fut entrée dans la manufacture, je vis la fleur de cassie qui était tombée à terre entre mes pieds ; je ne sais ce qui me prit, mais je la ramassai sans que mes camarades s'en aperçussent et je la mis précieusement dans ma veste. Première sottise ! »

Prosper Mérimée, **Carmen**, 1845

... à vous de confronter les femmes fatales...

1 *Nana*. Observez les images qui désignent les hommes : en quoi Nana est-elle une nouvelle Circé ? Les images qui désignent Nana : fascination et répulsion.

2 *Carmen*. Étudiez la façon dont la narration oriente le récit vers un registre tragique. Les caractérisations du personnage de Carmen : en quoi est-elle diabolisée par la narration ?

La postérité cinématographique du type de la femme fatale

La femme fatale occupera bientôt d'autres espaces, populaires, celui du roman policier, et surtout celui du cinéma, qui rapidement en fera un de ses lieux communs favoris. Des femmes fatales, brunes ou blondes, glaciales ou brûlantes, hantent l'histoire du septième art. Femme-enfant ou entraîneuse, elles continuent de briser bonheurs conjugaux et réputations sociales. Dans *Denier du rêve*, Marguerite Yourcenar confronte une star de cinéma à son reflet sur l'écran. Prise de conscience féministe : la femme fatale vampirise la femme réelle.

« Enfin, sa propre voix lui fit retour, comme un écho, répercutée par le mur de toile blanche. Fardé de lumière comme la face éclairée du globe, l'immense visage d'Angiola Fidès tourna lentement sur la nuit, baigné par un doux clair-obscur comme par une buée qui serait née de son souffle, avec ses tempes et son front bordé d'une forêt sombre, le vallonnement des joues sous les pommettes délicatement saillantes, les lacs des yeux, la faille des lèvres ouvrant sur l'abîme intérieur. Comme devant un miroir, elle passa la main sur ses cheveux pour rectifier une mèche déplacée sur le front d'Angiola Fidès, oubliant qu'elle avait changé de coiffure. En un sens, elle n'apercevait qu'une morte. La chambre magique, grossière reproduction de la mémoire humaine, ne pourrait jamais la lui restituer que passée. Mais aussi, en un sens moins stupide que le sens ordinaire, elle avait devant elle un vampire : ce pâle monstre avait bu tout le sang d'Angiola, sans pourtant réussir à s'envelopper de chair. Elle avait tout sacrifié à ce fantôme doué d'ubiquité, gratifié par l'appareil de prise de vues d'une immortalité factice qui n'excluait pas la mort. Elle avait exploité ses chagrins pour qu'Angiola Fidès apprît à pleurer, ou pour que le sourire de cette femme se nuançât de mépris. Adolescente, elle avait peuplé ses rêves des images de cette Angiola plus heureuse, plus parfaite que soi-même, mais à qui, dans l'avenir, elle se flattait de s'identifier, par une illusion pareille à celle des amants qui croient pouvoir s'unir à l'objet de leur amour. En mourant, elle tâcherait d'imiter une des morts d'Angiola Fidès. Enfin, c'était une rivale. Rien, ou presque rien, ne lui revenait des désirs soulevés dans l'ombre vers cette femme vraiment fatale qui ne pouvait vivre au soleil. Grand narcisse féminin au bord des ondes lumineuses, elle se cherchait vainement dans le reflet d'Angiola Fidès.

Elle chanta : l'énorme bouche s'ouvrit comme celle des masques antiques d'où sourd le flot des tragédies. Un spectateur applaudit, ne pouvant croire à la surdité de cette face éloquente. Sans le vouloir, Angiola reprit, à lèvres fermées, la chanson qu'Angiola Fidès criait à pleine poitrine. Elle sourit, fascinée une fois de plus par ce monstre d'elle-même : son sourire ne fut qu'un pâle décalque de l'idole impalpable. Un trille de flûte jaillit, aigu comme la langue d'un reptile : elle dansa.

Angiola n'était que le corps de cette ombre gigantesque projetée sur le mur blanc du monde. Immobile, elle regardait vaguer son âme de muscles, son âme d'os, son âme de chair. Un segment d'épaules, des flancs à demi nus apparaissaient, puis disparaissaient dans le rectangle vide, tour à tour sombrant et soulevés sur l'ombre. Du fond de sa loge, gagnée par ce doux frémissement de vipère amoureuse, Angiola ondula imperceptiblement des reins aux épaules, comme une Ève qui se serait amalgamé son serpent. »

Marguerite Yourcenar, **Denier du rêve**, Gallimard, 1934

XXe s.

face à la violence

Introduction

> « Bon Dieu regardez-vous petits dans les miroirs
> Vous avez le cheveu désordre et l'œil perdu
> Vous êtes prêts à tout obéir tuer croire
> Des comme vous le siècle en a plein ses tiroirs
> On vous solde à la pelle et c'est fort bien vendu »
>
> Louis Aragon, **Le roman inachevé**, 1956

C'est dans son encre la plus noire que le poète Louis Aragon trempe ici sa plume. Le siècle a hélas déjà soldé la vie de bien des hommes qui ne le méritaient pas et fait de l'humain, « cette chair à tout faire », de la chair à canon ou, pire encore, de la chair à four crématoire. Quel horizon pour la pensée ou la création après **les chapitres les plus cauchemardesques de l'histoire**, les atrocités de la Grande Guerre, d'Auschwitz, du Goulag ou d'Hiroshima ?

Si le territoire de la littérature n'échappe pas à l'ombre portée des tragédies historiques, il est aussi influencé par les grandes mutations idéologiques d'une époque. Or le marxisme et la psychanalyse, références essentielles pour comprendre la vie culturelle au XXe siècle, proposent des systèmes de pensée qui ne font pas l'économie de la violence. À **la violence de l'oppression**, selon Karl Marx, doit répondre celle de la lutte des classes. Sigmund Freud, lui, a mis au jour **la violence des pulsions** qui construisent ou détruisent l'individu. C'est aussi bien la représentation du réel que la construction des personnages romanesques, ou la façon d'écrire sur soi qui s'en trouveront changées.

Traumatisé par la violence de l'histoire ou l'échec de certaines utopies, le héros moderne l'est aussi tout simplement par la condition humaine. À ce qu'il perçoit comme **l'absurdité scandaleuse de la vie**, il peut riposter par la solidarité et la révolte. Aussi n'est-il pas rare que les romanciers, les dramaturges mais aussi les cinéastes enjoignent au lecteur (ou au spectateur) de **garder les yeux ouverts**. C'est ainsi qu'il fait face à la violence des autres - de la guerre, du colonialisme, de l'usine, de la sexualité, de la folie – et à **sa propre violence**.

Certaines poétiques modernes accordent d'ailleurs une valeur positive à la violence, en tout cas à celle qui vient traverser la langue, la **défigurer** pour la **réinventer**. Trouver sa propre voix, dit le poète Francis Ponge, c'est mener un combat, se battre **contre la glu des paroles toutes faites** :

> « Les paroles sont toutes faites et s'expriment : elles ne m'expriment point. Là encore j'étouffe.
> C'est alors qu'enseigner l'art de *résister aux paroles* devient utile, l'art de ne dire que ce que l'on veut dire, l'art de les violenter et de les soumettre. Somme toute fonder une rhétorique, ou plutôt apprendre à chacun l'art de fonder sa propre rhétorique, est une œuvre de salut public. »
>
> Francis Ponge, **Proèmes**, « Rhétorique », 1948

▶Image

Pablo Picasso, *Femme en pleurs*, 1937
Huile sur toile, 60,8 × 50 cm, Londres, Tate Gallery

L'art et le fait historique n'ont que très rarement l'occasion de nouer des relations d'interdépendance, car la création artistique a son rythme propre ; elle n'obéit, au XXe siècle, qu'au flux d'énergie intérieure du créateur, mais il arrive parfois que l'étincelle visuelle qui donne naissance à une œuvre majeure trouve sa source dans des événements extérieurs, entrant en résonance avec l'univers intime du peintre. Ainsi, la *Femme en pleurs* est apparue dans l'univers pictural de Picasso à la suite des **terribles bombardements de la petite ville basque de Guernica**, en avril 1937, en pleine **guerre civile espagnole**. Sœur de toutes les femmes qui apparaissent meurtries, **les yeux exorbités par la souffrance et les larmes**, dans l'immense toile qui dénonce l'horreur de la guerre, sortie de son atelier en juin 1937 (*Guernica*, huile sur toile, 351 x 782 cm, Madrid, Centre d'art Reina Sofia), cette figure féminine est la réponse de Picasso, puisée dans son vocabulaire intime et familier, à l'**agression** perpétrée par l'aviation allemande sur des populations civiles innocentes. Pour traduire l'intensité de la **douleur** qui le bouleverse intérieurement, l'artiste multiplie, dans les mois qui suivent la réalisation de la grande toile, les **figures de femmes aux traits**

graphiquement torturés et aux couleurs explosives. Derrière toutes ces figures détruites et reconstruites selon une géométrie secrète qui conserve, sous l'éclatement des formes, la ressemblance avec le modèle, se cache le visage de Dora Maar, la muse qui partage sa vie dans ces moments pénibles. Élégante et sophistiquée, cette photographe yougoslave, brune et intelligente, apparaît dans le vocabulaire plastique de Picasso avec des couleurs vives, des noirs, des rouges et des jaunes, des **lignes brisées** et des angles acérés, avec des **yeux en épingles** débordant de larmes, et parfois coiffée d'un étrange chapeau. La brune Dora, « diaboliquement séduisante dans son déguisement de larmes », répond dans l'univers de Picasso à la blonde Marie-Thérèse, « toujours si câline et si douce, aux lèvres ne prononçant un mot que pour le caresser », qui est sa compagne secrète depuis 1927. Dora, dans le monde intérieur de Picasso et selon ses propres dires, « a toujours été la femme qui pleure », et c'est ainsi qu'il la représente, le visage ravagé par un torrent de larmes emprisonnées dans un mouchoir blanc transparent qui laisse voir la bouche crispée à travers ses plis. Les yeux de Dora sont comme des oursins bordés de cils épineux, les paupières en soucoupes déversant leur contenu de larmes. Ce schéma étrange se retrouve dans un dessin réalisé le 26 octobre 1937, où des yeux sont épinglés en haut d'une montagne et des mouchoirs enveloppent des « tuyaux » à fabriquer les larmes. La construction du visage, qui permet de rendre compte aussi bien du profil que de la face du modèle, la **violence colorée** qui habille le nez de vert et de rose, sur fond jaune vif, traduit l'extrême agression à laquelle Picasso soumet les figures sans jamais briser la chaîne de ressemblance, comme s'il possédait chaque parcelle du visage de la femme aimée et pouvait, sans en perdre l'identité, en proposer une réorganisation des éléments constitutifs. Puisant dans l'observation les lignes de force de sa composition, il procède ensuite à une réinvention complète de la nature, disposant les fragments du réel dans l'espace, libre d'insuffler à l'image la charge expressive qu'il lui destine. La couleur et les formes sont un langage propre, un alphabet plastique que l'artiste manie librement pour accéder à la vision intérieure qui le bouleverse et l'habite. Privée, cette image puisée dans les replis secrets de l'émotion de Picasso accède au statut de témoignage historique. **Violente**, **agressive**, elle dérange les habitudes visuelles, elle brise les conventions du beau pour entrer dans la sphère de l'émotion pure, l'horreur ressentie individuellement et collectivement face à la boucherie inutile perpétrée par les nazis contre des êtres humains, femmes, enfants, vieillards, **victimes de la barbarie humaine**, entrés dans l'histoire un jour d'avril 1937 à Guernica, et devenus, par le génie de Picasso, un symbole universel des horreurs de la guerre.

▶ Situations

1898 « J'accuse ! » : Zola à la une de *L'Aurore*

Émile Zola termine ainsi sa « Lettre au Président de la République » :

> « Je le répète avec une certitude plus véhémente : la vérité est en marche et rien ne l'arrêtera. C'est d'aujourd'hui seulement que l'affaire commence, puisque aujourd'hui seulement les positions sont nettes : d'une part, les coupables qui ne veulent pas que la lumière se fasse ; de l'autre, les justiciers qui donneront leur vie pour qu'elle soit faite. Je l'ai dit ailleurs, je le répète ici : quand on enferme la vérité sous terre, elle s'y amasse, elle prend une force telle d'explosion, que, le jour où elle éclate, elle fait tout sauter avec elle. [...]
> Mais cette lettre est longue, Monsieur le Président, et il est temps de conclure.
> J'accuse le lieutenant-colonel du Paty de Clam [...]
> J'accuse le général Mercier [...].
> J'accuse le général Billot [...].
> J'accuse le général de Boisdeffre et le général Gonse [...].
> J'accuse les trois experts en écritures [...].
> J'accuse les bureaux de la guerre [...]. » ●
>
> Émile Zola, « J'accuse ! », L'Aurore, 13 janvier 1898

En 1894, on a découvert dans la corbeille de l'attaché militaire de l'ambassade d'Allemagne un bordereau écrit par un Français bien renseigné sur la nouvelle artillerie du pays. Le traître ne peut être qu'un membre de l'État-Major. On désigne le capitaine Alfred Dreyfus, Alsacien, donc germanophone, et juif. Il est dégradé en public et condamné par le conseil de guerre à la déportation à l'île du Diable. Tout commence par une affaire d'espionnage, dans un contexte chargé : l'Europe noue ses grandes alliances, la France ne se remet pas de sa défaite contre la Prusse, la haine antisémite se révèle très mobilisatrice – *La France juive* (1886) d'Édouard Drumont a connu dès sa publication un immense succès de librairie.

Cependant, le frère de Dreyfus fait appel : on n'a pas communiqué à l'accusé un certain dossier. Le nouveau responsable des services secrets, le colonel Picquart (bientôt remplacé par le commandant Henry...), découvre que l'ambassade d'Allemagne est toujours en relation avec un officier dont l'écriture ressemble à celle de Dreyfus : Esterhazy. Les dreyfusards s'arment d'espoir en attendant le verdict du conseil de guerre. Esterhazy est acquitté ! La violation du droit est à son comble. L'affaire prend une tournure politique et publique grâce à l'intervention de Zola.

Charles Péguy, un dreyfusard de la première heure, écrit en 1899 :

> « La bataille pouvait recommencer. Toute la journée dans Paris les camelots à la voix éraillée crièrent *L'Aurore*, coururent avec *L'Aurore* en gros paquets sous le bras, distribuèrent *L'Aurore* aux acheteurs empressés. Ce beau nom de journal, rebelle aux enrouements, planait comme une clameur sur la fiévreuse activité des rues. Le choc donné fut si extraordinaire que Paris faillit se retourner. [...]
> Je ne connais rien, même dans *Les Châtiments*, qui soit aussi beau que cette architecture d'accusations, que ces *J'accuse* alignés comme des strophes. C'était de la belle prophétie, puisque la prophétie humaine ne consiste pas à imaginer un futur, mais à se représenter le futur comme s'il était déjà le présent. C'était d'une belle ordonnance classique, d'un beau rythme classique [...]. »
>
> Charles Péguy, **Le Mouvement socialiste**, 1er-15 novembre 1899

Zola s'engage. Peu importe qu'il n'ait pas mentionné certains faits. Ce qui compte, c'est que son sens du réel se transforme en prophétie, que son verbe, infaillible, lance ce défi : « Qu'on ose donc me traduire en cour d'assises et que l'enquête ait lieu au grand jour ! J'attends. » Attirant sur lui les foudres de la justice (il aura bientôt lui aussi son procès), sa formidable stratégie réussit à briser le mur du silence bâti par les autorités.

Le lendemain de ce jour célèbre, le 14 janvier, l'acte individuel de Zola est suivi d'« Une protestation » collective parue dans *L'Aurore*, signée, entre autres, par Anatole France, Marcel Proust et d'autres intellectuels. Cette « Protestation » a eu un effet catalyseur du côté dreyfusard, comme de l'autre côté. Dans *Le Journal* du 1er février, Maurice Barrès s'en prend ainsi à « La Protestation des intellectuels ! », où le point d'exclamation désigne son mépris à l'encontre de ce nouveau mot, « intellectuel ». On lit, dans *Scènes et doctrines du nationalisme* de cet écrivain majeur aux yeux de la génération de l'Affaire, l'argument suivant :

> « Qu'est-ce que M. Émile Zola ? Je le regarde à ses racines : cet homme n'est pas un Français. [...] Il y a une frontière entre [sa sincérité] et moi. Quelle frontière ? Les Alpes. [...] Parce que son père et la série de ses ancêtres sont des Vénitiens, Émile Zola pense tout naturellement en Vénitien déraciné. »
>
> Maurice Barrès, **Scènes et doctrines du nationalisme**, 1902

Les Déracinés, c'est le titre du premier volume de sa trilogie, le *Roman de l'énergie nationale*, où le thème de la terre et des morts valorise l'affection instinctive pour la patrie, à l'opposé de l'attachement intellectuel. Les antidreyfusards, qui soupçonnent donc lesdits intellectuels d'être universalistes, se font les garants de l'unité nationale contre les éléments qu'ils jugent « anti-France » (les Juifs, les étrangers...). L'Action française (Charles Maurras, Léon Daudet, etc.) et la Ligue de la Patrie française (baptisée ainsi par Barrès) naissent à ce moment-là pour regrouper ceux qui défendent une république non parlementaire, nationaliste et autoritaire. Leurs membres n'en sont pas moins recrutés chez les intellectuels, notamment au sein de l'Académie française.

L'Affaire prend ainsi les allures d'une guerre civile, favorisée par les récentes libertés républicaines (d'expression, d'association, de réunion). C'est à qui saura donner à la France sa juste devise : Liberté ou Ordre, Égalité ou Hiérarchie, Fraternité ou Nationalisme. Et aux intellectuels leur mission : défendre la justice et la vérité, ou la patrie représentée par l'armée et l'Église. On peut ainsi diviser la France en deux : les antidreyfusards réunissent les hommes de droite, tandis que les forces de la gauche forment le bloc dreyfusard.

La fin de l'histoire ? Zola, condamné à l'issue de son procès qui se déroule dans un climat dont la violence est à la mesure de la radicalité des convictions, s'exile un an en Angleterre d'où il suit le procès de Rennes en 1899 : Dreyfus est de nouveau condamné, puis gracié à la faveur d'un changement de gouvernement. Il faut attendre 1906 pour qu'il soit réhabilité. Zola ne le saura pas : il meurt en 1902. Il ne connaîtra pas non plus la séparation de l'Église et de l'État, en 1905, fortement liée à ces transformations politiques et culturelles révélées par l'Affaire.

Voir Figures, « L'intellectuel engagé » (p. 532) et XIXe siècle (« 1889 », p. 399)

« J'accuse » est une grande date du journalisme et signale le point de départ de l'aventure des intellectuels du XXe siècle, annoncée par la pétition de 1889 contre la tour Eiffel. Aussi interviendront-ils de plus en plus souvent dans les débats publics, dont les journaux sont de fréquents supports.

1913 L'« esprit nouveau »

Alors qu'en France le pouvoir institutionnel de la droite se renforce, donnant à Poincaré une majorité nécessaire pour exercer son mandat de Président de la République, à l'étranger, du fait du jeu des alliances, les tensions s'accroissent entre les États et les Empires : la deuxième guerre des Balkans, qui prend fin alors, accuse l'hostilité de l'Autriche-Hongrie envers la Serbie. Les prémisses de la Grande Guerre sont posées.

C'est sur ce fond d'instabilité que prennent essor de nombreuses tentatives de renouveau artistique : le sentiment qu'une époque s'achève – celle que l'on nomme communément la « Belle Epoque » – et qu'avec elle une esthétique s'épuise, prévaut dans l'esprit des créateurs. Place à l'« esprit nouveau » !

Modernité et monde nouveau

Trois importants recueils poétiques paraissent en 1913 : *Alcools* de Guillaume Apollinaire, *La Prose du Transsibérien* de Blaise Cendrars et *Poésies de A. O. Barnabooth* de Valery Larbaud. Le long poème en vers libres qui ouvre le recueil *Alcools* affiche sa modernité dès son titre : « Zone ». Las

Découvrant en 1908 le tableau de Georges Braque *Les Maisons de l'Estaque*, le critique Louis Vauxcelles parla de « petits cubes » : ainsi naquit l'appellation « cubisme » pour désigner une peinture où le paysage est décomposé en polyèdres et où la palette des couleurs est réduite. Peinte la même année, voici *Terrasse à l'Estaque*.

du « monde ancien », le poète traverse Paris au rythme de ses souvenirs ou de ses angoisses, et chante le décor urbain, la « bergère tour Eiffel », les « troupeaux d'autobus mugissants » ou la « grâce » d'une petite rue industrielle :

« J'ai vu ce matin une jolie rue dont j'ai oublié le nom
Neuve et propre du soleil elle était le clairon
Les directeurs les ouvriers et les belles sténo-dactylographes
Du lundi matin au samedi soir quatre fois par jour y passent
Le matin par trois fois la sirène y gémit
Une cloche rageuse y aboie vers midi
Les inscriptions des enseignes et des murailles
Les plaques les avis à la façon des perroquets criaillent
J'aime la grâce de cette rue industrielle
Située à Paris entre la rue Aumont-Thiéville et l'avenue des Ternes. »

Guillaume Apollinaire, **Alcools**, « Zone », (extrait) 1913,
« La bibliothèque Gallimard » n° 21

Enrichie du concours de Sonia Delaunay pour la mise en page et les couleurs, *La Prose du Transsibérien* se présente de fait comme le premier « livre simultané » : l'écriture poétique épouse, dans un mouvement heurté et discontinu, la trajectoire d'un voyage en chemin de fer, de Moscou à Kharbine à travers les plaines sibériennes. Au déplacement géographique s'adjoint la dimension du temps qui permet au poète de ressaisir la variété des moments qui forment une vie. Mais le poème vaut aussi par sa capacité à accueillir l'horizon d'un monde nouveau : il pressent les signes annonciateurs de la guerre qui menace et anticipe ce que sera la révolution bolchevique d'Octobre 1917 (« Je pressentais la venue du grand Christ rouge de la révolution russe... »), mais surtout il condense toutes les caractéristiques inédites d'une beauté moderne : « J'ai déchiffré tous les textes confus des roues et j'ai rassemblé les éléments épars d'une violente beauté. »

« Effeuille la rose des vents
Voici que bruissent les orages déchaînés
Les trains roulent en tourbillon sur les réseaux enchevêtrés
Bilboquets diaboliques
Il y a des trains qui ne se rencontrent jamais

D'autres se perdent en route
Les chefs de gare jouent aux échecs
Tric-trac
Billard
Caramboles
Paraboles
La voie ferrée est une nouvelle géométrie
Syracuse
Archimède
Et les soldats qui l'égorgèrent
Et les galères
Et les vaisseaux
Et les engins prodigieux qu'il inventa
Et toutes les tueries
L'histoire antique
L'histoire moderne
Les tourbillons
Les naufrages
Même celui du *Titanic* que j'ai lu dans le journal
Autant d'images-associations que je ne peux pas développer dans mes vers
Car je suis encore fort mauvais poète
Car l'univers me déborde
Car j'ai négligé de m'assurer contre les accidents de chemin de fer
Car je ne sais pas aller jusqu'au bout
Et j'ai peur. »

Blaise Cendrars, **La Prose du Transsibérien**, (extrait) 1913, Denoël

La Prose du Transsibérien illustrée par Sonia Delaunay.

… à vous de prendre le Transsibérien…

Le poète évoque sa quête d'« images associations » : vous en retrouverez quelques exemples et commenterez ce fonctionnement poétique.

Le lyrisme du progrès

Trains express, automobiles, paquebots, tous ces véhicules miraculeux qui peuplent l'univers cosmopolite des *Poésies de A. O. Barnabooth* (1913) de Valery Larbaud deviennent de nouveaux objets poétiques, valant pour la beauté de leurs formes certes, mais aussi par leur aptitude technique à modifier sensiblement, du fait des déplacements qu'ils permettent, la perception uniforme que l'on pouvait avoir de la réalité.

C'est, de fait, toute une vision du monde qui est changée, d'où résultent une esthétisation du progrès et des prouesses techniques, et une révolution du langage poétique, lui-même travaillé de l'intérieur par les catégories actives de vitesse, transformation, mouvement…

Voir Genres et registres, « Le manifeste » (p. 553)

C'est dans cette perspective qu'il convient de situer le programme du futurisme italien, animé par Marinetti et dont le second manifeste paraît, en 1913, sous le titre *Destruction de la syntaxe. Imagination sans fil. Mots en liberté*. À quoi Apollinaire fait immédiatement écho, de manière plus amusée que sérieuse, en publiant *L'Antitradition futuriste* la même année. Libérer les mots de la tutelle autoritaire de la syntaxe, anéantir tout ordre et toute contrainte, tel est bien le projet futuriste ; il vise également à recentrer la création poétique autour du machinisme moderne et de son dynamisme et à récuser au nom de l'énergie virile les valeurs réputées épuisées, voire décadentes, d'une société moribonde. Très vite, l'éloge du monde de la technique révélera son envers : exaltation des vertus nationalistes et militaires… On comprend, du coup, que Marinetti ait souscrit aux thèses fascistes de Mussolini, alignant ainsi la littérature et les arts sur le modèle d'un progrès qui, dans l'entre-deux-guerres, se révélera être l'instrument d'une catastrophe.

1917 La révolution d'Octobre

Année de crises et de renversement, 1917 marque une étape de plus dans l'enlisement de la Grande Guerre. Après trois ans de conflit sans solution, la lassitude se fait sentir, les mutineries se multiplient sur le front. À la violence des États répond l'impatience angoissée des peuples.

Emmenés par Lénine, les bolcheviks font de l'insurrection du 24 octobre 1917 un succès politique : l'effondrement du tsarisme est maintenant un fait évident, qui exige rénovation et audace. Il s'agit, pour les révolutionnaires au pouvoir, de mettre un terme rapide à la guerre, en laquelle il voient un effet désastreux du jeu des intérêts propres aux grandes puissances capitalistes. Dès le 26 octobre, les bolcheviks proposent à l'Europe un « décret de paix ». Ce renversement, préparé de longue date, a été pour ainsi dire accompagné, et peut-être même anticipé, par les écrivains futuristes russes, tels que Maïakovski, qui ont cherché à frayer des voies de convergence entre la littérature révolutionnaire et la révolution en politique.

Dès lors, un nouveau modèle se fait jour : à la contestation pure se substitue le projet d'une action délibérée et subversive en faveur des peuples. L'écrivain puise dans l'exemple d'Octobre 1917 un message d'espoir et de renouveau. C'est ainsi que Henri Barbusse reprend, dans son roman *Clarté* (1919), les thèmes déjà rassemblés dans *Le Feu* – livre paru en pleine guerre –, mais en les orientant résolument dans une perspective politique. De même, l'antimilitarisme de Romain Rolland s'enrichira, après 1917, d'une réflexion plus élaborée sur les vertus libératrices de la révolution (« À la Russie libre et libératrice », 1917). Il ne fait pas de doute que Malraux se souviendra de ce modèle politique lorsqu'il entreprendra *La Condition humaine* ou encore *L'Espoir*, deux romans à intrigue révolutionnaire.

1914-1918 Le feu

La guerre ne durera pas, assure-t-on à l'État-Major. L'Union sacrée interrompt les dissensions politiques et une certaine fierté patriotique se manifeste dans la population, et même un goût de l'aventure.

> « On allait s'offrir une période d'insouciance et de sans-gêne, une orgie de mouvements brusques, sans aucun égard pour les choses fragiles ; une cure de grossièreté primitive, de tout à fait mauvaises manières, d'impolitesse radicale. Cette débauche vous souriait d'avance d'autant plus qu'on était jeune, qu'on se portait mieux ; et qu'on savait qu'elle serait courte. » ●
>
> Jules Romains, **Les Hommes de bonne volonté**, XV, « Prélude à Verdun » 1938

Mais il faut déchanter : le mouvement des troupes s'arrête en novembre 1914. La guerre s'immobilise et continue sous une forme nouvelle ; dans les tranchées, les armées se font face et s'entretuent. Le front occidental court de la mer du Nord à la Suisse : sept cents kilomètres de boyaux où s'enterrent des soldats transformés en machines à tuer, elles-mêmes destinées à mourir.

Voici une affiche qui encourageait les civils à verser de l'argent pour soutenir l'effort de guerre. Que représente cet aigle ? Pourquoi l'homme est-il nu, à l'exception du casque et de l'épée ?

Peintre proche des cubistes, André Mare partit à la guerre avec une boîte d'aquarelle. Pour donner des nouvelles du front à ceux « de l'arrière », il croque des scènes vues dans les tranchées, sur le champ de bataille, dans les hôpitaux. Voici deux pages extraites de ses carnets de guerre.

Le gouvernement met en place un dispositif de propagande destiné à souder la cohésion nationale, quitte à endormir les consciences. Pour les civils, soutenir l'effort de guerre, c'est aussi financer la guerre, à l'aide d'emprunts contractés par l'État. Le message recourt souvent à des symboles explicites (le coq pour la force virile française, l'aigle pour l'Allemagne offensive) qui s'adressent à l'instinct, même des esprits sceptiques. Cette représentation relève de l'emphase épique : et les consignes à l'impératif visent l'efficacité ; l'homme face à l'animal, le soldat défendant le drapeau : on fait appel à des valeurs patriotiques derrière lesquelles le pays tout entier s'anime.

Cependant, les soldats écrivent à leur famille et créent des journaux. Ils désespèrent de tant d'assauts répétés inutilement et de tant de mensonges. Henri Barbusse n'a pas hésité à s'engager en première ligne et tient ses carnets durant l'année 1915 – il s'en sortira, contrairement à de nombreux écrivains morts au front, comme Charles Péguy (1873-1914) et Alain-Fournier (1886-1914). *Le Feu* paraît alors, en pleine guerre, en novembre 1916, salué immédiatement par le prix Goncourt. Il fallait dire la vérité de la guerre sans censurer le parler des « poilus », cette masse populaire, anonyme et habituée à la mort devenue banale. Il y a loin de la réalité à l'héroïsme imaginé par cette génération du feu qu'évoque Jules Romains.

« On sort de la tranchée déjà noircie comme un volcan éteint, et on se trouve sur la plaine dans le crépuscule nu.
De grands nuages gris, pleins d'eau, pendent du ciel. La plaine est grise, pâlement éclairée, avec de l'herbe bourbeuse et des balafres d'eau. De place à autre, des arbres dépouillés ne montrent plus que des espèces de membres et des contorsions.

On ne voit pas loin autour de soi, dans la fumée humide. D'ailleurs, on ne regarde que par terre, la vase où l'on glisse.
– Mince de bouillasse !
À travers champs, on pétrit et on écrase une pâte à consistance visqueuse qui s'étale et reflue sans cesse devant les pas.
– D'la crème au chocolat !... D'la crème au moka !
Sur les parties empierrées – les ex-routes effacées devenues stériles comme les champs – la troupe en marche broie, à travers une couche gluante, le silex qui se désagrège et crisse sous les semelles ferrées.
– Tu dirais que tu marches sur du pain grillé avec du beurre dessus !
Parfois, sur la pente d'une butte, c'est de l'épaisse boue noire, profondément crevassée, comme il s'en accumule à l'entour des abreuvoirs dans les villages. Dans les creux, des flaques, des mares, des étangs, dont les bords irréguliers semblent en loques. Les quolibets des loustics qui, frais et neufs au départ, criaient "coin ! coin !" quand il y avait de l'eau, se raréfient, s'assombrissent. Peu à peu, les loustics s'éteignent. La pluie se met à tomber dru. On l'entend. Le jour diminue, l'espace embrouillé se rapetisse. Par terre, dans l'eau, un reste de clarté jaune et livide se vautre. » ●

Henri Barbusse, **Le Feu**, 1916, Le Livre de Poche

... à vous de découvrir des témoignages de la guerre...

1 Un paysage au crépuscule : en quoi vous semble-t-il condenser le tragique de la guerre (organisation de la description, champs lexicaux, métaphores) ? Quel contrepoint les paroles rapportées – des voix anonymes – construisent-elles ?

2 Le cinéma a souvent mis en images la Grande Guerre : *La Grande Illusion* de Jean Renoir, *Les Sentiers de la gloire* de Stanley Kubrick (1957), *La Vie et rien d'autre* et *Capitaine Conan* de Bertrand Tavernier, *La Chambre des officiers* de François Dupeyron. Imaginez une séquence qui a pour toile de fond ce décor et faites entrer dans le champ deux soldats qui se sont égarés. Inventez leur dialogue et précisez les cadrages que vous choisiriez.

3 Vous pouvez lire un certain nombre de romans en relation avec cette période, dont *Thomas l'Imposteur* de Jean Cocteau, *Le Bel Été* de Roger Martin du Gard ou *Le Diable au corps* de Raymond Radiguet.

1924 À bas la logique !

Le surréalisme selon André Breton

En 1924, André Breton publie le *Manifeste du surréalisme*. Il y dénonce le bon sens, la raison, le réalisme et le roman comme autant de manifestations de la soif de logique à laquelle l'esprit est communément assujetti. L'objectif poursuivi par Breton et ses amis est donc de briser les carcans qu'une longue culture de la soumission – renforcée par les États bourgeois et policiers, les Églises et les dogmes – avait concouru à rendre naturels.

La méthode indiquée par Breton dans le *Manifeste* ouvre à la poésie la voie de l'automatisme, le chemin imprévisible d'une écriture qui se soustrait aux contrôles de la raison et dont voici, directement associée au surréalisme même, la définition :

> « Surréalisme, n. m. Automatisme psychique pur par lequel on se propose d'exprimer, soit verbalement, soit par écrit, soit de toute autre manière, le fonctionnement réel de la pensée. Dictée de la pensée, en l'absence de tout contrôle exercé par la raison, en dehors de toute préoccupation esthétique ou morale. »
>
> André Breton, **Manifeste du surréalisme**, 1924, Pauvert

Photo de groupe prise par le peintre et photographe surréaliste Man Ray : Gisèle Prassinos lit ses poèmes devant André Breton et Paul Eluard (tous deux assis), Benjamin Péret et René Char (debout, à droite).

Breton et Philippe Soupault rédigent *Les Champs magnétiques*, Louis Aragon publie en 1924 *Une vague de rêves*, Breton adjoint au *Manifeste* le texte *Poisson soluble* : ils apportent tous la preuve que « le surréalisme est à la portée de tous les inconscients ». Formule qui peut se lire comme la transposition de la célèbre sentence de Lautréamont selon laquelle « la poésie doit être faite par tous. Non par un ».

Anathèmes et provocations

Les surréalistes, on le voit, s'attaquent ainsi à la littérature, dont ils rejettent et les valeurs et les prestiges. C'est pourquoi Breton insiste sur le fait que le surréalisme n'est pas une école littéraire, encore et toujours réglée par le poids des conventions et les canons du bon goût. Aussi, en 1924, le groupe se distingue-t-il par la publication collective d'un pamphlet intitulé *Un cadavre*, célébration scandaleuse de la mort d'Anatole France, modèle même de l'écrivain bourgeois.

> « Avec France, c'est un peu de la servilité humaine qui s'en va. Que ce soit fête le jour où l'on enterre la ruse, le traditionalisme, le patriotisme, l'opportunisme, le scepticisme, le réalisme et le manque de cœur ! »
>
> **Un cadavre**, 1924

1932-1933 La montée des périls

Dans la chronologie qui retrace la montée en puissance des périls, 1933 voit Hitler accéder au titre de chancelier : c'est la fin de la République de Weimar. La voie est ouverte, dès lors, à l'application institutionnelle des thèses funestes du nazisme. Dès mars 1933, le camp de concentration de Dachau est la destination des opposants au régime. Haines et exclusions se multiplient. La vie politique européenne s'en ressent, qui se met à l'heure des extrêmes : en Italie, en Espagne, en France, les fascismes prolifèrent et se renforcent.

C'est dans ce climat de menace que paraissent *Voyage au bout de la nuit* de Céline (prix Renaudot 1932) et *La Condition humaine* de Malraux (prix Goncourt 1933), deux romans qui posent, directement ou non, le problème du sens historique en soulevant les questions morales et philosophiques qui s'y rattachent : celle de la valeur et de la nécessité de l'action politique, et surtout celle de la condition de l'homme, de sa destinée. Mais ces œuvres valent aussi par leur capacité à réformer, chacune à sa manière, les constituants de l'écriture romanesque.

Visages et usages de la violence

Les aventures de Bardamu composent, dans le roman de Céline, le récit d'une expérience radicale de l'errance et de l'enlisement dans la misère polymorphe. Haines, trahisons, lâcheté, agressivité constituent les modalités d'une humanité livrée à la négativité, soumise à l'absolu du mal. Le traumatisme indélébile du désastre de 14-18 en est la cause ; la guerre a été vécue comme une terrible initiation. Le drame historique détermine les conduites individuelles et collectives, transformant la vie sociale en enfer : « on attend que la méchanceté s'organise comme à la guerre ».

La Condition humaine de Malraux, dont le plan historique se circonscrit aux épisodes de reconquête de la Chine par les communistes en 1927, nous met abruptement en présence des enjeux complexes d'une guerre immédiate. La violence de l'action terroriste – le geste criminel de Tchen, qui ouvre le roman – n'est pas exempte d'une réflexion élaborée qui sonde les motivations de tout engagement armé et les fondements de toute action politique. L'histoire est vécue, éprouvée comme événement et sens, dans l'angoisse et la solitude des consciences.

Une écriture refondée

Les conventions de l'écriture romanesque sont mises à mal et, dans une certaine mesure, subverties par Céline et Malraux. Avec le *Voyage au bout de la nuit*, une révolution s'opère : le discours romanesque est tout entier investi par une voix, qui soumet le code de l'écrit aux mouvements et aux accents de l'oral, mêlant les registres et les tons, allant du sublime au vulgaire, en variant sur toutes les gammes de l'argot. L'enjeu est d'abord linguistique ; mais il est aussi structurel. Car Céline bouleverse les règles du réalisme en vue d'une écriture complexe ordonnée autour d'un narrateur, Bardamu, qui projette ses angoisses et ses hantises. « Une autobiographie, mon livre ?, déclarait Céline. C'est un récit à la troisième puissance. [...] Qu'on n'y voie pas de tranches de vie, mais un délire. » On sait bien depuis de quels égarements et de quelles dérives ce « délire » a été aussi la sombre promesse : la folie du racisme, l'antisémitisme, la face monstrueuse du Céline des pamphlets.

Moins subversive en apparence, l'écriture de *La Condition humaine* n'en contient pas moins des innovations frappantes. La majeure partie de l'histoire obéit à une chronologie resserrée : le récit étire la durée, se dilate, provoquant ainsi l'impression d'une temporalité vécue. À l'intérieur de ce cadre, Malraux fait alterner, selon une structure d'opposition, des scènes contrastées. Ainsi, les événements sont mis en perspective d'après la perception que les personnages en ont, ce qui permet de faire jouer à plein l'opposition entre l'objectivité factuelle et le retentissement subjectif. La technique du monologue intérieur participe de cette écriture efficace et persuasive.

... à vous de faire l'étude intégrale du *Voyage au bout de la nuit* et de *La Condition humaine*...

1 Inscription de l'histoire : comment les grandes phases de l'histoire du début du XXe siècle sont-elles représentées dans le *Voyage* ? Quels événements majeurs scandent la trame du récit ? Peuvent-ils constituer une frise chronologique ?

• • •

• • •

Dans *La Condition humaine*, vous montrerez que les personnages sont pris dans l'histoire en train de s'accomplir. Peut-on parler d'un roman de l'histoire immédiate ?

2 Le récit : vous pourrez analyser les formes du récit dans le *Voyage* en distinguant les grandes séquences ou articulations narratives (délimitations spatio-temporelles, cohérence thématique, progression dramatique, rebondissements...).
Comment, dans *La Condition humaine*, la progression narrative s'ordonne-t-elle ? Quelle technique est-elle principalement employée par Malraux ? Vous montrerez que ce roman se moule sur une composition proche de la tragédie classique.

3 Héroïsme et tragique : avec Bardamu, Céline invente un modèle d'antihéros. Quelles en sont les caractéristiques ? Étudiez les différents portraits du personnage et les composantes discursives qui le spécifient (ton, phraséologie, idéologie, registres, thématiques récurrentes...). Dans quelle mesure peut-on dire que ce héros « raté » est aussi un héros tragique ?
La Condition humaine est souvent présentée comme un hymne à l'héroïsme révolutionnaire. Qu'en pensez-vous ? Vous analyserez les enjeux de l'engagement politique et vous vous interrogerez sur les conditions de possibilité de l'héroïsme moderne selon Malraux.

4 De la révolte à l'action : *Voyage au bout de la nuit* est un roman de la révolte (contre l'ordre établi, la bourgeoisie, les valeurs du capitalisme, le colonialisme...). Vous pourrez examiner les formes que prend le discours de la condamnation (réquisitoire, invectives, satires, caricatures, grotesque, déformation burlesque...).
Les révolutionnaires de *La Condition humaine* sont aussi des révoltés. Comment, dans ce roman, la révolte est-elle transfigurée par l'action ? Étudiez par exemple les personnages de Kyo et de Katow dans cette perspective. Que pensez-vous du dénouement de l'histoire ?

5 Les raisons d'un titre : quel sens peut-on donner au mot « voyage » dans le titre du roman de Céline ? Ce roman est-il un roman d'initiation ?
Rassemblez, lors d'une relecture de *La Condition humaine*, les indices, les motifs ou les épisodes clés qui pourraient pleinement justifier le titre du roman.

1936 Contre la menace fasciste

Le développement des fascismes en Europe mène à de violentes crises qui font apparaître avec une netteté de jour en jour plus aiguë les lignes de fracture qui divisent l'univers social et politique. Après les émeutes de février 1934, qui voient se regrouper les ligues d'extrême droite contre la République parlementaire et se préciser la menace fasciste, les forces de gauche vont se rassembler, et opposer aux assauts de l'extrémisme le pacifisme et les valeurs républicaines. C'est la naissance du Front

No pasaran (« ils ne passeront pas »), c'est le mot d'ordre des républicains contre le fascisme. Vous reconnaissez les soldats allemand et italien devant lesquels se dressent les baïonnettes de la rébellion.

populaire, qui emporte les élections d'avril 1936 et ouvre ainsi la voie à un espoir réel de progrès social. Mais, pour autant, le fascisme ne désarme pas et les clivages demeurent.

Des écrivains déterminés

En 1936, André Gide fait le voyage d'URSS, en compagnie de Louis Guilloux, auteur du *Pain noir* (1935) et secrétaire du Comité mondial des écrivains antifascistes – organisation qui compte dans ses rangs notamment André Malraux, auteur en 1935 du *Temps du mépris*, et qui entend s'opposer à *L'Action française*, revue fondée en 1895 par Charles Maurras et à laquelle collaborent, dans les années 1930, des écrivains fascistes tels que Robert Brasillach, Pierre Drieu La Rochelle, ou antirépublicains comme Georges Bernanos.

Le marxisme offre une nouvelle grille d'intelligibilité du monde sociopolitique, permettant d'interpréter selon d'autres valeurs la réalité des oppositions en jeu. C'est ainsi que Louis Aragon fait paraître en 1936 *Les Beaux Quartiers*, roman dont l'action se situe à la Belle Époque, mais qui se présente à plus d'un titre comme une enquête sur le « monde réel », autant dire le monde actuel. Les deux protagonistes, fils d'un notable de province, vont connaître deux modes d'apprentissage divergents : Edmond ambitionne d'être admis dans les sphères parisiennes de la bourgeoisie et du pouvoir, suivant un modèle d'ascension sociale de type balzacien ; Armand, en revanche, devient le familier du Paris du travail et de la misère, se solidarisant avec les ouvriers des usines. Deux mondes séparés qui redéploient les lignes de clivage de la société française dans les années 1930 : l'analyse d'Aragon éclaire aussi les mécanismes sociopolitiques qui ont conduit à l'intensification du fascisme. Reprenant un geste symbolique fait par Jaurès à l'Assemblée, Armand prend toute la mesure de ce qu'on appelle aujourd'hui la fracture sociale…

« Et si Jaurès a montré de ce geste ardent ce qui était à la gauche de cette frontière de l'opprobre, si Jaurès a voulu appeler ceci la France, et non cela, alors pour Armand, tout à coup tout s'éclaire, et change, et lui aussi quand il va passer le seuil de la Maison des Syndicats, que surveillent les flics patronaux, il pourra dire : *Alors la France finit là…* et il sera lui, dans la

France, dans cette chose meurtrie, immense, et palpitante comme un cœur, et qu'il reprend le droit d'appeler de son nom véritable, la France, trop souvent confondue avec cette forteresse vraiment étrangère qui la domine, la forteresse des beaux quartiers où Armand a erré comme un meurt-la-faim, où règnent les usurpateurs, où le mensonge est maître, et se pare des couleurs des anciens gueux, de ceux qui prirent la Bastille, pour couvrir le jeu des Banques internationales et des parricides d'hier réinstallés dans la maison française, ceux de Coblence et ceux de Versailles, à la veille de Charleroi comme à la veille de Sedan. *Alors la France finit là...* Et Armand refait le geste de Jaurès dans le couchant quelque part, vers la porte Champerret, et ce geste sépare des beaux quartiers, propres, entretenus, pleins de monuments splendides et de grands rêves, ces enfers fumants de cheminées qui font la couronne de Paris et se prolongent dans la capitale par les taches noires des taudis, dans les arrondissements pauvres. » ●

Louis Aragon, **Les Beaux Quartiers**, 1936, Gallimard, « Folio » »]

André Malraux et la guerre d'Espagne

Lorsque la guerre civile éclate en Espagne en 1936, Malraux s'engage aux côtés des républicains du *Frente popular* et crée l'escadrille *España*. Il prend part aux opérations de Tolède, Madrid, Medellin et Teruel. Le camp des rebelles, commandé par Franco, obtient le soutien des États fascistes européens : Hitler et Mussolini apportent leur concours militaire. De cette expérience, vécue dans le bruit et la fureur, mais aussi dans le dévouement et la fraternité, Malraux rapporte en 1937 un roman : *L'Espoir*. Roman de l'urgence qui, loin de constituer une fresque historique, se présente davantage comme un reportage alerte où la notation en pointe sèche et l'impression immédiate l'emportent sur le développement narratif. L'homme engagé n'oublie pas qu'il est aussi romancier : mise à l'épreuve des événements, la technique du récit se modifie, faisant alterner les scènes proprement dramatiques avec les moments de réflexion ou de débat idéologique. Tout démontre que Malraux recherche l'efficacité maximum du style sans renoncer pour autant aux pouvoirs de suggestion et de persuasion rhétorique. Il n'est pas interdit de penser que l'efficacité du récit correspond, chez Malraux, à l'impératif d'une efficacité politique. C'est aussi le sens de cette formule :

[« « Les communistes veulent *faire* quelque chose. Vous et les anarchistes, pour des raisons différentes, vous voulez *être* quelque chose... C'est le drame de toute révolution comme celle-ci. » ●

André Malraux »]

1939-1945 Littérature en temps de guerre

De même que l'occupation de la France, à partir de juillet 1940, divise le territoire en deux zones, de même l'instauration du régime de Vichy et son entrée rapide dans « la voie de la collaboration » divisent les Français. La majorité d'entre eux voient en Vichy le salut ; d'autres soupçonnent le pire. L'appel du général de Gaulle, le 18 juin 1940, exhorte à la lutte. Car la politique de « rénovation » morale et patriotique du maréchal Pétain ne fait guère illusion : sous couleur d'indépendance nationale, elle ne fait qu'accélérer le processus de mise au pas du pays dans le sillage de l'Allemagne nazie. Les mesures d'exclusion et de répression adoptées par le régime préparent, de fait, l'ère de la « collaboration ouverte » et l'occupation totale de la France à partir de novembre 1942. C'est le moment où le soupçon nourri à l'égard de Vichy se transforme en défiance radicale : la Résistance française naît, et la littérature entre en clandestinité. Les écrivains et les poètes choisissent de parler et d'écrire au nom d'une France libre.

Une littérature de résistance

Dès 1940, avant même que la Résistance ne s'organise, les poètes se regroupent autour de revues qui vont très vite devenir de véritables moyens de lutte. En 1940, en zone libre, Pierre Seghers publie la revue *Poésie*, à laquelle Aragon, Eluard, Jouve notamment vont apporter leur soutien et leurs contributions. René Tavernier, qui reprend la revue *Confluences* à Lyon, Max-Pol Fouchet qui fonde *Fontaine* à Alger, concourent de la sorte à réserver aux écrivains un espace de liberté, à l'heure où la surveillance et la censure s'exercent sur tout écrit susceptible de transmettre un message de dissidence ou d'insoumission.

> « La France, vaincue, n'a d'yeux que pour sa défaite, et cette défaite, fortifiée par un certain goût du fatal, en vient à oblitérer, et particulièrement à voiler, enténébrer une victoire intellectuelle qui, non seulement demeure, mais encore se poursuit » ●
>
> Max-Pol Fouchet, éditorial de **Fontaine**, juillet 1940

Alors que la presse est aux mains du pouvoir, assurant efficacement sa propagande, la poésie se découvre une nouvelle fonction : mettre en circulation, sous forme de tracts ou de feuillets insérés dans les revues, des formules et des refrains, des images et des maximes destinés à sauver l'honneur des hommes, à raviver l'impérieux devoir de la lutte. Le poème « Liberté » (1942), sans doute le plus célèbre de Paul Eluard, a été traduit en dix langues et parachuté par la Royal Air Force sur les territoires occupés : il s'agissait, comme le dit Eluard lui-même, de « retrouver, pour nuire à l'occupant, la liberté d'expression » :

Fernand Léger illustra le long poème d'Eluard, « Liberté ».

« Sur l'absence sans désir
Sur la solitude nue
Sur les marches de la mort
J'écris ton nom [...]

Et par le pouvoir d'un mot
Je recommence ma vie
Je suis né pour te connaître
Pour te nommer

Liberté. »

Paul Eluard, « Liberté », extrait, 1942

Le prix de l'engagement

Si la poésie de la Résistance tire son mérite et sa vertu de vouloir rendre les « hommes frères des hommes », contre « la bêtise et la démence », ainsi que l'écrit Eluard dans le poème « Un feu sans tache » (1941), il reste que cette littérature de lutte et d'espoir tombe sous le coup d'une menace permanente. Menace de la réduction autoritaire au silence, à l'enfermement, à la mort. L'écrivain Jean Cassou a ainsi été emprisonné pendant dix-huit mois pour s'être rendu coupable de propagande antivichyste. Jacques Decour, cofondateur des *Lettres françaises*, a été arrêté et fusillé au lendemain de la parution du premier numéro de la revue. Le manuscrit de *La Lutte avec l'ange* de Malraux a été détruit par le feu par la Gestapo en 1942.

Écrire implique un risque majeur, qui impose des détours et des stratégies, des esquives et des ruses, afin d'échapper à la censure et à ses suites répressives. René Char prend la décision de ne plus écrire de poèmes pendant toute la période qui s'étend de 1941 à 1944, années pendant lesquelles le poète, sous le nom d'Alexandre, tient un rôle décisif dans la Résistance active. Seul témoigne de son engagement dans la lutte un journal de résistance intitulé *Feuillets d'Hypnos* :

« Ces notes marquent la résistance d'un humanisme conscient de ses devoirs, discret sur ses vertus, désirant réserver *l'inaccessible* champ libre à la fantaisie de ses soleils, et décidé à payer le *prix* pour cela. »

René Char, **Feuillets d'Hypnos**, Gallimard, coll. « Poésie »

René Char rejoint l'armée secrète en 1942 ; André Malraux gagne la Résistance en 1943 et commande à partir de 1944, sous le nom de colonel Berger, les FFI du Lot ; mais le principe d'une littérature militante ne fait pas l'unanimité, quand bien même il importerait de défendre une cause juste. Le poète surréaliste Benjamin Péret, pourtant hostile aux fascismes, estime ainsi que ses camarades Paul Eluard et Louis Aragon se fourvoient : en 1945, il fait paraître un pamphlet intitulé *Le Déshonneur des poètes*, dans lequel il déplore que la poésie se soit « déshonorée » en identifiant son action propre à celle d'un combat patriotique. Il y aurait là trahison des poètes. Mais cette trahison – dénoncée au nom d'un certain idéal poétique – est sans commune mesure avec les égarements d'écrivains, tels Robert Brasillach et Pierre Drieu La Rochelle, qui ont résolument épousé l'idéologie nazie, et applaudi aux mesures répressives du régime de Vichy. Le roman de Robert Brasillach *La Conquérante* (1943) en témoigne ouvertement : son auteur, convaincu de trahison, sera exécuté le 6 février 1945 au fort de Montrouge. Quant à Pierre Drieu La Rochelle, auteur de *Gilles* en 1939 et personnage sans doute plus complexe et plus ambigu que Brasillach, sa fascination pour le totalitarisme allemand le conduit à se compromettre avec un régime qui cependant ne le satisfait pas. Il dirige la *Nouvelle revue française* de 1940 à 1943 et joue le jeu de l'autorité nazie. Il « collabore » sans espoir ; il se donnera la mort en 1945.

1947 Écrire après les camps : *L'Espèce humaine* et *Si c'est un homme*

Les camps de concentration et les camps d'extermination sont libérés par les Alliés durant l'année 1945. Parmi les déportés qui en reviennent – ils sont peu nombreux –, beaucoup veulent témoigner. Cependant, les récits de déportation, les reportages, les minutes du procès de Nuremberg se heurtent à un certain refus d'entendre. On mettra du temps à comprendre le système concentrationnaire nazi et son ampleur : l'industrie, la science, la technologie et l'administration servant à assassiner en masse, le plus possible et le plus vite possible, tous les opposants et les catégories de population (Juifs, Tziganes, homosexuels, malades mentaux) dont il a été décidé qu'ils ne devaient pas faire partie de l'humanité. Les auteurs de témoignages, de leur côté, avouent parfois leur difficulté à témoigner. Avec quels mots décrire le fonctionnement de cette machine de déshumanisation et de mort qu'est le camp ? Comment rendre compte de l'extermination ? Comment avoir une conscience claire de son propre triomphe sur la mort ? Comment la transmettre ? Il semble que le langage trouve ici ses limites. Face à un abîme métaphysique, à une expérience de l'horreur sans précédent, on se trouve en butte à une réalité peut-être indicible. Deux ouvrages publiés en 1947 font du témoignage une œuvre littéraire : *L'Espèce humaine* de Robert Antelme, qui fut membre, avec sa femme Marguerite Duras, d'un réseau de Résistance, arrêté par la Gestapo en juin 1944 et déporté à Buchenwald,

Gandersheim puis Dachau ; et *Si c'est un homme* de Primo Levi (son livre ne sera traduit en France qu'en 1987), Juif italien arrêté en décembre 1943 et déporté à Auschwitz.

« René possède un morceau de miroir qu'il a trouvé à Buchenwald après le bombardement d'août. Il hésite à le sortir parce que, aussitôt, on se précipite et on le lui réclame. On veut se regarder. La dernière fois que j'ai eu le miroir, il y avait longtemps que je ne m'étais pas regardé. C'était un dimanche ; j'étais assis sur la paillasse, j'ai pris mon temps. Je n'ai pas examiné tout de suite si j'avais le teint jaune ou grisâtre, ni comment étaient mon nez ou mes dents. D'abord, j'ai vu apparaître une figure. J'avais oublié. Je ne portais qu'un poids sur les épaules. Le regard du SS, sa manière d'être avec nous, toujours la même, signifiaient qu'il n'existait pas pour lui de différence entre telle ou telle figure de détenu. À l'appel, en colonne par cinq, il fallait que dans chaque colonne le SS pût compter cinq têtes. *Zu fünf ! Zu fünf !* cinq, cinq, cinq têtes. Une figure n'était repérable que par un objet surajouté : par exemple les lunettes, qui, dans ce sens, étaient une calamité. Et si quelqu'un devait *demeurer* repéré, pour ne pas le perdre, les kapos dessinaient un cercle rouge et un cercle blanc dans le dos de sa veste rayée.
D'autre part, personne n'avait, par le visage, à exprimer rien au SS qui aurait pu être le commencement d'un dialogue et qui aurait pu susciter sur le visage du SS quelque chose d'autre que cette négation permanente et la même pour tous. Ainsi, comme il était non seulement inutile, mais plutôt dangereux malgré lui, dans nos rapports avec le SS, on en était venu à faire soi-même un effort de négation de son propre visage, parfaitement accordé à celui du SS. Niée, deux fois niée, ou alors aussi risible et aussi provocante qu'un masque – c'était proprement provoquer le scandale en effet, que de porter sur nos épaules quelque chose de notre visage ancien, le masque de l'homme –, la figure avait fini pour nous-mêmes par s'absenter de notre vie. Car même dans nos rapports entre détenus, elle restait grevée de cette absence, elle était presque devenue cela. Du même rayé, du même crâne rasé, de l'amaigrissement progressif, du rythme de la vie ici, ce qui apparaissait des autres pour chacun c'était bien, en définitive, une figure à peu de chose près collective et anonyme. D'où cette sorte de seconde faim qui nous poussait tous à chercher à nous retrouver par le sortilège du miroir. » ●

Robert Antelme, **L'Espèce humaine**, 1947, Gallimard, coll. « Tel »

« Tandis que, les mains vides, le pas lourd, nous revenons encore une fois de l'entrepôt, une locomotive nous barre la route, avec un bref coup de sifflet. Tout heureux de l'interruption forcée, Null Achtzehn et moi nous nous arrêtons : le dos voûté, hébétés de fatigue, nous attendons que les wagons aient fini de défiler lentement devant nous. ...

Deutsche Reichsbahn. Deutsche Reichsbahn. SNCF. Deux gigantesques wagons russes, avec la faucille et le marteau à moitié effacés. Deutsche Reichsbahn. Puis Cavalli 8, Uomini 40. Tara, Portata : un wagon italien… Ah ! monter dedans, se blottir dans un coin, bien caché sous le charbon, et rester là sans bouger, sans parler, dans l'obscurité, à écouter sans fin le bruit rythmé des rails, plus fort que la faim et la fatigue, jusqu'au moment où finalement le wagon s'arrêterait ; je sentirais la tiédeur de l'air et l'odeur du foin et je pourrais sortir à l'air libre, dans le soleil : alors je m'étendrais par terre, je baiserais la terre, comme dans les livres, le visage dans l'herbe. Puis une femme passerait et me demanderait en italien : "Qui es-tu ?" et en italien je lui raconterais, et elle comprendrait, et elle m'inviterait à manger et à dormir. Et comme elle ne croirait pas aux choses que je lui dirais, je lui ferais voir le numéro sur mon bras, et alors elle croirait…

… C'est fini. Le dernier wagon est passé et, comme au théâtre lorsque le rideau se lève, voici que surgissent sous nos yeux la pile de poutrelles en fonte, le Kapo debout dessus sa baguette à la main, et les silhouettes efflanquées des camarades qui vont et viennent, deux par deux.

Malheur à celui qui rêve : le réveil est la pire des souffrances. Mais cela ne nous arrive guère, et nos rêves ne sont pas longs : nous ne sommes que des bêtes fourbues. » ●

Primo Levi, **Si c'est un homme,** 1947, trad. de M. Schruoffeneger, Julliard

… à vous de lire Robert Antelme et Primo Levi…

L'angoisse de la déshumanisation : comment se trouve-t-elle formulée dans chacun des extraits ? De quelle manière le récit des échappatoires (le morceau de miroir, l'instant de rêverie suscité par le train) renforce-t-il l'intensité pathétique ?

… à vous de lire une œuvre intégrale : *W ou le Souvenir d'enfance* de Georges Perec…

De nombreuses œuvres de fiction (romans ou films) proposent une représentation de la déportation et de la souffrance des déportés. Pourtant la fiction, qui est une reconstruction de la réalité, fait face en l'occurrence à l'anéantissement : les nazis ont programmé à la fois la mort collective et l'effacement des preuves par l'utilisation des fours crématoires et par l'absence de sépulture. *W ou le Souvenir d'enfance* (1975) de Georges Perec (1936-1982) interroge le rapport entre la fiction du roman et la vérité du témoignage. « Juif polonais né en France », selon ses mots, il avait échappé à la déportation, contrairement à sa mère envoyée à Drancy en 1943 (son père était mort au front en 1940), lorsqu'il était enfant. Trente ans plus tard, c'est non seulement dans sa mémoire, mais aussi dans son imagination qu'il va chercher les traces de ce qui disparaît. ● ● ●

● ● ●

1 L'ensemble est constitué de trois récits qui font alternativement l'objet de chacun des chapitres : l'autobiographie (les souvenirs d'enfance, avant et après la mort de ses parents) ; le roman du naufrage du *Sylvandre* et de la disparition mystérieuse du petit Gaspard Winckler, dont le corps n'a pas été retrouvé sur les lieux de l'accident ; la description de la vie à W, une île imaginaire au régime totalitaire où règnent d'impitoyables règles du sport olympique.
Pour chacun des récits, vous vous intéresserez à la typographie, aux narrateurs, aux stratégies de narration et au registre de chacun. Dans quelle mesure ces récits s'imbriquent-ils ? Quels effets (déstabilisation, malaise, curiosité...) l'alternance produit-elle ?

2 Que signifie, selon vous, la lettre W ? Et de quoi l'île W est-elle l'allégorie ? Le livre est dédicacé : « pour E » : penchez-vous aussi sur l'auteur des épigraphes des deux parties du roman. De quel mouvement littéraire Perec a-t-il fait partie, et qu'en concluez-vous pour ce roman ? Dans quel passage se trouve formulée la matrice du roman ?

3 Comment comprenez-vous le titre du roman et le choix du singulier (*Le Souvenir*) ?

1961 Guerre froide et décolonisation

Le « mur de la honte »

En plus d'un symbolique « rideau de fer », descendu au début de la guerre froide, il va falloir vivre avec le « mur de la honte ». Avant de devenir un véritable palimpseste de graffitis, le mur que découvrent les Berlinois le 13 août est une aberration urbaine et morale, édifiée pour juguler l'exode des Est-Allemands et préserver l'économie de la RDA.

Ce monde divisé en deux chauffe l'imagination des auteurs de romans d'espionnage. La duplicité de l'espion recouvre cette bipolarisation géopolitique ; elle relève de ce que les Anglais appellent *intelligence service*. Les Anglo-Saxons sont du reste les champions d'une telle littérature, qui se développe conjointement aux industries du divertissement, c'est-à-dire massivement et sous forme de collections à bon marché. James Bond, le héros anglais de Ian Flemming, arrive en France en 1959. La traduction de la série de ses aventures et leur adaptation au cinéma est un déferlement commercial qui détrône quelque peu la production française de romans d'espionnage dont Pierre Nord est le père (*Double Crime sur la ligne Maginot* en 1936, *Les Filles de Bucarest* en 1954, etc.).

Le manifeste des 121

Le 17 octobre 1961, une manifestation d'Algériens à Paris contre le couvre-feu qu'ils subissent dégénère : les forces de l'ordre assassinent au moins plusieurs dizaines de manifestants.

Au conflit qui oppose les impérialismes soviétique et américain s'ajoute le problème de la décolonisation. La guerre en Algérie a peu à peu créé en France une crise nationale, voire une guerre civile. On est pour ou contre l'Algérie française, et aussi pour ou contre la violence terroriste dont usent, chacun de son côté, l'Organisation armée secrète (OAS) et le Front de libération nationale (FLN). Le gouvernement traque tout élément suspect d'attenter à la sûreté de l'État et, dans ce contexte d'extrême tension, s'opposer à la politique gouvernementale est généralement interprété comme un attentat à son intégrité. Le 6 septembre 1960, le quotidien *Le Monde* annonce que 121 écrivains, universitaires et artistes (parmi lesquels Robert Antelme, Simone de Beauvoir, Maurice Blanchot, André Breton, Marguerite Duras, Édouard Glissant, Michel Leiris, Jean Mascolo, Alain Robbe-Grillet, Nathalie Sarraute, Jean-Paul Sartre, Claude Simon) ont signé une pétition sur le « droit à l'insoumission », et reproduit seulement (pour ne pas courir le risque d'être saisi) la fin de cet appel :

> « – Nous respectons et jugeons justifié le refus de prendre les armes contre le peuple algérien.
> – Nous respectons et jugeons justifiée la conduite des Français qui estiment de leur devoir d'apporter aide et protection aux Algériens opprimés au nom du peuple français.
> – La cause du peuple algérien, qui contribue de façon décisive à ruiner le système colonial, est la cause de tous les hommes libres. »
>
> **Déclaration sur le droit à l'insoumission dans la guerre d'Algérie,** dit « Manifeste des 121 », Le Monde du 6 septembre 1960

Jean Genet et Les Paravents

Voir Lieux, « Les Éditions de Minuit » (p. 525)

En 1961, Jean Genet (1910-1986) crée à Berlin-Ouest sa pièce *Les Paravents*, un an avant la fin de la guerre d'Algérie dont on connaît les exactions contre les civils, notamment au moyen de la torture. Saïd, un homme si pauvre qu'il n'a pu acheter que la femme la plus laide (Leïla) et à plusieurs reprises soupçonné de vol, sa mère et quantité d'autres personnages au « maquillage excessif », comme l'indique Genet, peuplent un monde grotesque et tragique constitué de paravents en guise de décor et d'accessoires. Les colons sont tellement sûrs de leur pouvoir qu'ils ne s'aperçoivent pas de l'insurrection qui a lieu au dixième tableau :

« Sir Harold. – Comme je vous le disais tout à l'heure, un des meneurs, Slimane, a été tué. Toute la région commence à être effervescente. *(Tendant son étui.)* Cigarette ?... Du feu ?... *(Un troisième Arabe est entré comme les deux premiers, et dessine des flammes au pied du troisième paravent.)* Vous savez que, malgré la surveillance des gardes champêtres, chaque nuit on coupe dix ou vingt poteaux télégraphiques. Arbres déjà tués, c'est vrai, mais ils passeront aux oliviers... arbres millénaires... c'est encore vrai, mais ensuite aux orangers, aux...

Monsieur Blankensee, *enchaînant.* – ... chênes-lièges. Je les aime mes chênes-lièges. Il n'y a rien de plus beau qu'une futaie de chênes-lièges, quand les hommes tournent autour du tronc pour le décalotter de son écorce. Et que la viande du bois apparaît, crue et saignante ! On pourra rire de nous, de notre amour pour ce pays, mais vous, *(Il est ému.)* vous savez bien que notre amour est réel. C'est nous, qui l'avons fait, pas eux ! Cherchez, parmi eux, un seul qui sache en parler comme nous ! Et parler des épines de mes roses.

Sir Harold. – Dites-en deux mots.

Monsieur Blankensee, *comme s'il récitait Mallarmé.* – La tige droite, raide. Le feuillage vert, sain, verni, et sur la tige et dans ce feuillage, les épines. On ne blague pas la rose comme on blague le dahlia, les épines veulent dire que cette fleur n'est pas une plaisanterie, tant d'armes qui la veillent, si l'on veut des donjons, des guerriers ! – pour exiger le respect même d'un chef d'État. Nous sommes les maîtres du langage. Toucher aux choses, c'est toucher à la langue.

Délicatement, Sir Harold applaudit.

Sir Harold. – Et toucher à la langue est sacrilège. *(Amer.)* C'est toucher à la grandeur.

Entre un Arabe en rampant, qui souffle sur le feu dessiné au pied des orangers. Ces messieurs ne le voient pas.

Monsieur Blankensee. – Dans une opérette allemande, je ne sais plus laquelle, j'ai entendu cette réplique : « Les choses appartiennent à ceux qui ont su les rendre meilleures... » Qui a rendu meilleures vos orangeraies, et qui mes forêts et mes roses ? Mes rosiers c'est mon sang. Un moment, j'ai pensé que la troupe...

Entre un second Arabe, comme le premier, activant le feu.

Sir Harold. – Naïveté. Comme un puceau derrière une palissade l'Armée s'amuse avec elle-même. Elle se préfère à tout... *(Amer.)* ... et surtout à vos roses.

Monsieur Blankensee. – Foutre le camp ?

Sir Harold, *fier.* – J'ai un fils. Et pour sauver le patrimoine de mon fils, je sacrifierais mon fils.

Monsieur Blankensee, *même ton.* – Pour sauver mes roses... *(Dépité.)* je n'ai personne à sacrifier.

Entre un troisième Arabe, en rampant :
il souffle, lui aussi, sur le feu dessiné
au pied des orangers, et il l'active avec la main.

Sir Harold et M. Blankensee sortent à droite. Alors, de derrière les paravents viennent encore, toujours rampant, cinq ou six Arabes, vêtus comme les premiers, dessinant des flammes et soufflant dessus. Saïd n'est pas parmi eux. On entend, fait dans la coulisse, un grand bruit d'arbres qui flambent. Venant de gauche, Sir Harold et M. Blankensee réapparaissent, semblant très animés par leur discussion, sans voir le cataclysme. Les incendiaires disparaissent aussitôt derrière les paravents. »

Jean Genet, **Les Paravents**, 1961, Gallimard, coll. « Folio théâtre »

… à vous d'ouvrir *Les Paravents*…

1 Vous repérerez les didascalies, les informations visuelles et sonores qu'elles donnent, leur progression. Dans quelle mesure cette scénographie ironique laisse-t-elle entrevoir le point de vue politique du dramaturge ?

2 Si cette période vous intéresse, vous pouvez lire *Nedjma*, roman de Kateb Yacine (1929-1989), publié pendant la guerre d'Algérie, en 1956. Par l'intermédiaire de sa construction romanesque, l'auteur pose la délicate question de la recherche identitaire, lui qui, Algérien, écrit en français un roman destiné pourtant à s'inscrire dans la littérature de son pays.

1968 La vraie vie

« Nous nous battons […] parce que nous refusons de devenir : des professeurs au service de la sélection dans l'enseignement dont les enfants de la classe ouvrière font les frais, des sociologues fabricants de slogans pour les campagnes électorales gouvernementales, des psychologues chargés de faire "fonctionner" les "équipes de travailleurs" selon les meilleurs intérêts des patrons, des scientifiques dont le travail de recherche sera utilisé selon les intérêts exclusifs de l'économie de profit. »

Appel à la manifestation du 6 mai à Paris, tract

Voir XIXe siècle, « Situations » (p. 396)

La fusée part de l'université de Nanterre et explose à la Sorbonne. De jour en jour, les incidents s'aggravent et s'étendent à l'ensemble de la France : grèves, manifestations, occupation de locaux opposent les forces de l'ordre et les étudiants. La nuit du 10 au 11 mai, avec ses barricades et ses rues dépavées, est une nouvelle Commune. Qu'ils soient marxistes-léninistes, trotskistes, etc., ces jeunes gens, parfois mineurs (la majorité est alors fixée à 21 ans), et ces « travailleurs » réussissent à paralyser un pays entier. « Ça saigne… », est-il écrit sur un mur. « CRS SS », « Guérilla urbaine » et d'autres graffiti laissent une trace des insurrections.

Parmi les militants très actifs dans l'effervescence de Mai 68, les étudiants des Beaux-Arts. Ils produisirent beaucoup d'affiches accompagnées de phrases frappantes, détournant des slogans connus.

Voir Situations, « 1924 » (p. 502)

Ou encore : « L'imagination au pouvoir ». Le surréalisme chante ici sa victoire, peu avant que Jean Schuster ne dissolve le mouvement en 1969 (André Breton, son fondateur, est mort en 1966). Mai 68 est un grand moment de prise de parole par la population elle-même et par la jeunesse. La rue est leur territoire ; les murs en sont le manifeste poétique et sauvage. Parce que « Les murs ont des oreilles », alors « Hurle ». « Ici, on spontane », « L'orthografe est une mandarine », « La vie est ailleurs », « Sous les pavés la plage », « Je prends mes désirs pour la réalité car je crois en la réalité de mes désirs »... Liberté, créativité, destruction vont de pair, depuis qu'« Il est interdit d'interdire ». « Soyez salés, pas sucrés » : le vrai pouvoir est là, dans la spontanéité anonyme et collective.

Fête du langage, Mai 68 est aussi une grave prise de conscience de l'aliénation au travail. Claire Etcherelli, dans son roman *Élise ou la Vraie Vie* (1967), rapporte son expérience de l'usine sur fond d'engagement politique. Plus tard, Leslie Kaplan fera de la grande grève de 68 le théâtre de quelques-uns de ses romans. « Quelque chose se passe... C'était dans l'air pendant ces années-là, du moins on pouvait le penser. Une drôle d'époque, en somme, une transition, mais on ne savait pas vers quoi. Les tours continuaient à monter, les jupes à diminuer », écrira-t-elle dans *Depuis maintenant – Miss Nobody Knows* (1996). Dans *L'Excès-l'usine* (1982), elle raconte aussi comment la « grande usine univers » vous absorbe et « respire pour vous » : « Tout l'espace est occupé : tout est devenu déchet. La peau, les dents, le regard. »

Pendant les « événements », un certain nombre d'institutions furent occupées, comme ce fut le cas du CNPF, instance qui représentait le patronat (actuel MÉDEF). Au balcon, on reconnaît des écrivains : Marguerite Duras et Jean Genet (à droite).

« Pièces, morceaux et vie, l'usine.
Et brique et tuile. Et entre et sort.
Et droite et gauche et brique et tuile et mou et gras et tourne et tourne et vie et vie et bois et clou et fer et fer et entre et sort et tourne et bruit. » ●

Leslie Kaplan, **L'Excès-l'usine**, 1982, P.O.L.

Épilogue

Les acquis de la révolution de 68 sont entrés dans les mœurs. Conflit d'une génération contre celle qui détient l'autorité (parents, dirigeants politiques, professeurs), vulgarisation de la psychanalyse, libération sexuelle et revendications féministes… Mai 68 a provoqué un profond bouleversement. En ce qui concerne le domaine littéraire, les années 1970 ont été marquées par le règne de la théorisation de la littérature (la sémiologie, la linguistique, la psychanalyse, etc., venant apporter de nouvelles méthodes et perspectives à la critique des textes, des auteurs et de l'histoire littéraire) dans le cadre de laquelle de nouvelles formes d'écriture ont été expérimentées. Entre autres noms qu'on pourrait citer ici, Marthe Robert, Maurice Blanchot, Roland Barthes et le groupe de la revue *Tel quel* dirigée par Philippe Sollers y ont contribué.

Notre époque en reste marquée, ne serait-ce que dans la réaction contre les années théoriques qui a, par exemple, ramené sur le devant de la scène les adeptes du roman traditionnel. L'effacement de la théorie, si elle libère la création, prive la critique littéraire de repères et d'outils pour hiérarchiser la production littéraire et défendre les œuvres dans un contexte éditorial parfois dominé par les stratégies commerciales. Aussi est-il périlleux de raconter l'histoire de la littérature contemporaine. Le manque de recul est proportionnel au manque de discernement. Il est cependant facile d'apercevoir que les mouvements littéraires et artistiques, du reste généralement portés par une théorie, se font rares. Le surréalisme, le futurisme, le Nouveau Roman ont fait leur temps. La vie et la création littéraires n'en sont pas moins fécondes et, comme toujours, activement liées aux divers arts. Les nouveaux auteurs qui se font connaître, les nouvelles expérimentations qui ne cessent de se faire jour seraient-ils plus solitaires ?

Voir Lieux, « Les Éditions de Minuit » (p. 525)

… à vous de circuler dans l'histoire…

1 Les événements tragiques de l'histoire : vous récapitulerez ceux que la rubrique « Situations » propose et vous mettrez en regard des œuvres qui les représentent d'une façon ou d'une autre. Laquelle avez-vous le plus envie de lire ? Pourquoi ? Essayez de passer à l'acte…

2 Art, littérature, provocation : retrouvez trois exemples de cette alliance.

3 Face à la violence de l'histoire, que peuvent les écrivains ? S'engager ? Témoigner ? Inventer des formes d'exorcisme ? Avant d'en débattre oralement, vous pourrez préparer votre argumentation en utilisant des exemples proposés dans l'ensemble de ce chapitre.

4 Le rapport aux pouvoirs : que les écrivains, artistes et intellectuels adoptent telle ou telle attitude à l'égard de l'autorité représentée par le pouvoir politique et les institutions culturelles n'est pas propre au XXe siècle. Vous pourrez remonter le temps et repérer dans les chapitres précédents les grandes lignes de cette problématique (événements, auteurs, genres littéraires caractéristiques…).

▶Lieux

Paris sera toujours Paris… Même si, aujourd'hui, les théâtres, les musées d'art moderne, les festivals ou les maisons d'édition rayonnent depuis la province, il n'empêche que Saint-Germain-des-Prés conserve l'aura acquise au milieu du XXe siècle, quand c'était (mais est-ce vraiment révolu ?) un pôle cosmopolite de la vie artistique et intellectuelle. Le quartier est traditionnellement celui des maisons d'édition, lesquelles sont des lieux de fédération d'auteurs et de mouvements littéraires, des laboratoires d'idées pour la littérature passée et à venir, un soutien matériel et intellectuel pour la création. L'une d'entre elles, les Éditions de Minuit, dont la fondation en pleine guerre constitue un acte de résistance, fut effectivement le lieu de rencontre des auteurs du Nouveau Roman.

Saint-Germain-des-Prés : zazous et existentialistes

Le « village » et sa tradition littéraire

Saint-Germain-des-Prés, c'est géographiquement (ou affectivement) le cœur de Paris. Au carrefour du boulevard Saint-Germain, de la rue de Rennes et de la rue Bonaparte, se trouvent une place et une église du même nom. À partir de là rayonne le « village Saint-Germain-des-Prés ». C'est la portion du Quartier latin située dans le VIe arrondissement, ce quartier étudiant depuis le Moyen Âge et d'ancienne tradition littéraire. Laissons la parole à Boris Vian (1920-1959), germanopratin par excellence :

« Nous serons très bref sur ce chapitre de la préhistoire, et pour cause ; il y faut des volumes qui sont déjà écrits, et des années de recherches qui furent déjà faites. Tout le monde connaît d'ailleurs les coins célèbres de Saint-Germain-des-Prés, depuis la rue Visconti où Jean Racine mourut le 22 avril 1699 assisté par Joris Karl Huysmans, où Balzac exerça, assisté de Georges Cain et d'Adrienne Lecouvreur, la profession d'imprimeur, où Alibaud, considéré comme un déséquilibré pour avoir tiré un coup de fusil sur le roi Louis-Philippe (ce qui témoignait cependant d'une certaine fraîcheur d'esprit), vécut dans l'hôtel du Pont-des-Arts. On sait qu'il y a, près de la place Saint-Sulpice, la rue Servandoni où Condorcet, qui méritait mieux qu'un lycée pour perpétuer sa mémoire, trouva longtemps un refuge avant d'être dénoncé par Henri Leduc, furieux de lui voir, au *Club Saint-Germain*, préférer le *Montana* ; le quai Voltaire où Voltaire s'éteignit doucement (car il avait à cœur de mourir en cet endroit à qui il devait son nom) entre les bras de Cécile Sorel, et enfin toutes les autres maisons du quartier, qui furent occupées l'une après l'autre par Delacroix et Léo Larguier, Danton et Léo Larguier, Michelet et Léo Larguier, etc., d'ailleurs Léo Larguier est à la base d'à peu près tous les faits historiques notables du quartier Saint-Germain-des-Prés, et il est recommandé de se reporter à son ouvrage (*Saint-Germain-des-Prés, mon village*), charmant et fort pittoresque […]. » ●

Boris Vian, **Manuel de Saint-Germain-des-Prés**, publié en 1974, Pauvert »]

Voilà un cadre on ne peut mieux prédisposé aux intellectuels : ceux qu'on dit de gauche, parfois en confondant le bord politique et la rive de la Seine. Mais si Saint-Germain existe réellement, c'est aussi une légende et une mode qui firent leur temps de la Libération au milieu des années 1950.

L'église Saint-Germain-des-Prés : la « cathédrale de Sartre » ?

Au premier automne de la paix, Jean-Paul Sartre consolide la notoriété qu'il a déjà commencé à acquérir. Il lance la revue *Les Temps modernes*, publie *Les Chemins de la liberté* : il devient le symbole de l'existentialisme. Lors de sa conférence du 29 octobre 1945, où il pose la question : « L'existentialisme est-il un humanisme ? », ce sont des centaines de personnes qui se bousculent pour venir l'écouter exposer comment « l'existence précède l'essence » :

[« « Cela signifie que l'homme existe d'abord, se rencontre, surgit dans le monde, et qu'il se définit après. L'homme, tel que le conçoit l'existentialiste, s'il n'est pas définissable, c'est qu'il n'est d'abord rien. Il ne sera qu'ensuite, et tel qu'il se sera fait. Ainsi, il n'y a pas de nature humaine, puisqu'il n'y a pas de Dieu pour la concevoir. L'homme est non seulement tel qu'il se conçoit, mais tel qu'il se veut, et comme il se conçoit après l'existence, comme il se veut après cet élan vers l'existence, l'homme n'est rien d'autre que ce qu'il se fait. » ●

Jean-Paul Sartre, **L'existentialisme est un humanisme**, 1re éd., 1946, Gallimard »]

Aussi cette philosophie définit-elle l'homme comme fondamentalement engagé dans l'existence. Mais le terme « existentialisme » est alors sur toutes les bouches, en un moment d'excitation propice aux amalgames. Sartre, qui provoque alors « une levée de boucliers immédiate dans le camp des bien-pensants », comme l'écrira sa biographe Annie Cohen-Solal (*Sartre. 1905-1980*, 1985), devient le bouc émissaire de « toute une tendance vivace et active du pétainisme de 1940 ». Les journaux *France-Dimanche*, et surtout *Samedi soir*, orchestrent la légende d'un Sartre « pape » de la décadence française concentrée à Saint-Germain-des-Prés : « Montparnasse s'endort sur son passé… Où aller ? Où ça ? À Saint-Germain-des-Prés, buter contre les existentialistes. » (24 novembre 1945)

Certes, Sartre est un habitué du *Café de Flore*, à côté de l'église : il l'a

Les écrivains, les comédiens, les artistes, ceux qui comptent dans la vie culturelle se retrouvent au *Café de Flore*, un des établissements les plus en vogue de Saint-Germain-des-Prés. Sur cette photo, on reconnaît notamment Jean-Paul Sartre assis, fumant la pipe.

choisi pendant la guerre, au détriment du *Dôme* ou de *La Coupole* à Montparnasse, pour ses rideaux et son poêle à charbon qui lui permettent de travailler au chaud et clandestinement. Pourtant, il ne va pour ainsi dire jamais dans les « caves » du quartier, celles que fréquentent des jeunes gens débraillés à la morale dissolue. Abusivement dénommés « existentialistes », ceux-ci cherchent certainement plus à se défouler après quatre ans d'Occupation, en fréquentant le *Club Saint-Germain* ou le *Montana*, qu'à se plonger dans *L'Être et le Néant* (1943).

Ainsi, dans la mythologie de l'histoire littéraire comme dans les guides touristiques, on confond un engouement et un mouvement intellectuel effervescent et répandu parmi le public. Jean Cocteau (1889-1963) le note dans son journal :

> « Les existentialistes. Jamais on ne vit un terme s'éloigner davantage de ce qu'il exprime. Ne rien faire et boire dans de petites caves, c'est être existentialiste. C'est comme s'il existait à New York des relativistes qui dansent dans des caves et qu'on croie qu'Einstein y danse avec eux. »
>
> Jean Cocteau, **Le Passé défini (I)**, 16 juillet 1951, Gallimard

Boire, danser, créer à Saint-Germain-des-Prés

Le renouveau de Saint-Germain au terme de la guerre est le fait de mélanges de générations, de rencontres, de nouvelles sociabilités dont le café (*Les Deux Magots*, *Lipp*, qui est aussi une brasserie, *La Rhumerie martiniquaise*) est le lieu privilégié. La proximité des galeries d'art contribue à faire du quartier un pôle d'irradiation. Il est aussi le centre de l'édition française, avec ses nombreuses maisons (Gallimard, Grasset, Julliard, Minuit, Le Seuil, etc.).

Tous ces artistes et hommes de lettres n'en sont pas moins parfois des amateurs de fête. « Certains finirent par se protéger des curieux comme on se protège des bombes, en descendant dans les caves », écrit Vian qui décrit les caractéristiques de cette population des « troglodytes » :

> « 1. La vie dans les caves.
> 2. Les nécessités d'absorption à haute dose, en guise d'air, d'un mélange de gaz carbonique et de fumée de cigarette.
> 3. Une accoutumance prodigieuse au bruit rythmique désigné couramment sous le nom de jazz.
> 4. Une capacité stomacale presque illimitée vis-à-vis des liquides.
> 5. La faculté concomitante de pouvoir rester plusieurs jours sans manger. »
>
> Boris Vian, **Manuel de Saint-Germain des Prés**, publié en 1974, Pauvert

Autre lieu typique de Saint-Germain-des-Prés qui accueille également la vie culturelle sous tous ses aspects : le *Tabou*. On y joue du jazz, on y interprète les chansons de l'après-guerre, on s'y rencontre. Au milieu de la photo, Boris Vian.

C'est au *Bar Vert* (rue Jacob), au *Tabou* (rue Dauphine) qu'on peut rencontrer les poètes attirés par le jazz et l'exotisme « noir ». La trompette de Vian en est témoin. Le directeur du *Club Saint-Germain* (rue de Rennes) lance ses « nuits » (de l'Innocence, du Cinéma, etc.) et invite des musiciens noirs américains – Louis Armstrong, Duke Ellington, Charlie Parker, Max Roach, Dizzy Gillespie, Count Basie – à faire swinguer la salle.

À *La Rose rouge*, installée rue de Rennes en 1948, on joue les *Exercices de style* de Raymond Queneau (1903-1976) pour la première fois en 1949. Marcel Mouloudji, acteur-romancier-dramaturge-peintre-chanteur, est une étoile montante. Tout comme Juliette Greco, qu'on peut rencontrer au *Tabou*, et pour laquelle Queneau écrit « Si tu t'imagines ». Yves Montand y a peut-être entonné « Les feuilles mortes se ramassent à la pelle. Tu vois je n'ai pas oublié », ces fameuses paroles de Jacques Prévert mises en musique par Joseph Kosma.

C'est là que s'illustrent aussi les « zazous », grands amateurs de jazz et de be-bop, nouveaux dandys entrés dans la légende ; le mot lui-même a des consonances américaines et balance au rythme du « swing ». Un journaliste du *Monde* les décrit en mai 1948 :

« [Ils] se reconnaissent à mille petits détails vestimentaires : chemises de cow-boys au vent, carrelées rouge, vert, jaune, cols échancrés jusqu'à l'estomac, bretelles ocre et mauve, imperméables tirant du mastic sur le gris fer et dont les manches se retroussent jusqu'aux coudes sur les bras nus. Les femmes de la tribu affectionnent la marinière en deux-trois couleurs, la coiffure de noyée : longues mèches de lin coulant sur les épaules tombantes, le teint cireux ou plombé, en tout cas affligé... »

Le Monde, 1948

La tension frénétique

Quoique ironique, cette description met le doigt sur un point important. Ces générations mêlées de Saint-Germain-des-Prés partagent une même frénésie de liberté, une même exaltation pour le nouveau et la provocation. Cependant, cet anticonformisme ne va pas sans inquiétude. Le rire est parfois désabusé, la boulimie mélancolique et l'élan anxieux : quel avenir réserve ce monde tendu, blessé, prêt à tout moment à basculer dans la guerre ? Les « vrais » existentialistes savent combien la liberté se paye au prix de la tranquillité. L'humour de Boris Vian a bien la saveur de cette absence de sérénité ; en bon pataphysicien, il aime le rire contigu à l'angoisse.

« Mon oncl' un fameux bricoleur
Faisait en amateur
Des bombes atomiques
Sans avoir jamais rien appris
C'était un vrai génie
Question travaux pratiques
Il s'enfermait tout' la journée
Au fond d'son atelier
Pour fair' ses expériences
Et le soir il rentrait chez nous
Et nous mettait en transe
En nous racontant tout.

Pour fabriquer une bombe "A"
Mes enfants croyez-moi
C'est vraiment de la tarte
La question du détonateur
S'résout en un quart d'heure
C'est de cell's qu'on écarte
En c'qui concerne la bombe "H"
C'est pas beaucoup plus vache
Mais un' chos' me tourmente
C'est qu'cell' de ma fabrication
N'ont qu'un rayon d'action
De trois mètres cinquante
Y'a quéqu' chos' qui cloch' là-d'dans
J'y retourn' immédiat'ment.

Il a bossé pendant des jours
Tâchant avec amour
D'améliorer l'modèle
Quand il déjeunait avec nous
Il dévorait d'un coup
Sa soup' au vermicelle
On voyait à son air féroce
Qu'il tombait sur un os
Mais on n'osait rien dire
Et puis un soir pendant l'repas
V'là tonton qui soupire
Et qui s'écrie comm' ça :

À mesur' que je deviens vieux
Je m'en aperçois mieux
J'ai le cerveau qui flanche
Soyons sérieux disons le mot
C'est mêm' plus un cerveau
C'est comm' de la sauc' blanche
Voilà des mois et des années
Que j'essaye d'augmenter
La portée de ma bombe
Et je n'me suis pas rendu compte
Que la seul' chos' qui compte
C'est l'endroit où c' qu'ell' tombe
Y'a quéqu' chos' qui cloch' là-d'dans
J'y retourn' immédiat'ment.

Sachant proche le résultat
Tous les grands chefs d'État
Lui ont rendu visite
Il les reçut et s'excusa
De ce que sa cagna
Était aussi petite
Mais sitôt qu'ils sont tous entrés
Il les a enfermés
En disant soyez sages
Et quand la bombe a explosé
De tous ces personnages
Il n'est plus rien resté

Tonton devant ce résultat
Ne se dégonfla pas
Et joua les andouilles
Au tribunal on l'a traîné
Et devant les jurés
Le voilà qui bafouille
Messieurs c'est un hasard affreux
Mais je jur' devant Dieu
En mon âme et conscience

Qu'en détruisant tous ces tordus
Je suis bien convaincu
D'avoir servi la France

On était dans l'embarras

Alors on l'condamna
Et puis on l'amnistia
Et l'pays reconnaissant
L'élut immédiat'ment
Chef du gouvernement. » ●

Boris Vian, **La Java des bombes atomiques**[1], 1955

1 Cette chanson fut publiée en première page du *Canard enchaîné* le 13 juin 1955.

… à vous de chanter…

1 Vous éclairerez les allusions à l'actualité dans cette chanson de Vian. Et vous analyserez son humour noir (les jeux de mots, le couplet II).

2 Connaissez-vous une autre chanson de Vian qui soit également antimilitariste ?

3 Vous pourrez vous procurer le disque des chansons de Vian, et ainsi apprécier le rythme des couplets.

Les Éditions de Minuit

Comment la nuit vit le jour

En septembre 1940, la « liste Otto » (ce nom vient d'Otto Abetz, chargé d'organiser la collaboration) recense les ouvrages « anti-allemands » (d'écrivains juifs notamment, et aussi anglo-saxons), tandis que la « Convention de censure » contraint les éditeurs à s'autocensurer. L'alternative est simple : soit collaborer, soit se taire. Minuit, ce sont d'abord ces deux hommes : le romancier Pierre de Lescure (1891-1963) et le dessinateur Jean Bruller (1902-1991), dit Vercors. Le titre qui inaugure la maison d'édition en février 1942 est évocateur : *Le Silence de la mer*. Un homme et sa nièce doivent héberger un officier allemand. Celui-ci parle de la France, d'art et de littérature, de son cœur disponible : un monologue idéaliste que le « silence de plomb » des hôtes ne perturbe pas, et auquel mettra fin une désillusion pathétique.

« "Je suis heureux d'avoir trouvé ici un vieil homme digne. Et une demoiselle silencieuse. Il faudra vaincre ce silence. Il faudra vaincre le silence de la France. Cela me plaît", leur dit-il un soir. » ●

Vercors, **Le Silence de la mer**, 1942, Minuit

Le livre porte un triple coup. D'abord, on s'interroge et le mystère est total : qui se cache derrière le pseudonyme de Vercors ? Ensuite, on loue ses qualités littéraires. Enfin, on salue la réussite technique, en un temps où le papier se fait rare. C'est grâce à un circuit autonome de fabrication que ces 90 pages voient le jour (ou… la nuit). Elles sont déposées au domicile d'écrivains, de chercheurs, etc., selon des listes établies par des personnes de confiance, tel Jean Paulhan qui contribue à faire circuler discrètement le polycopié du *Silence* dans le milieu de la *Nouvelle Revue française*. Il est incontestable que l'édition clandestine engage en elle-même à un acte d'insoumission. Ce roman se veut la preuve que les lettres françaises n'ont pas péri sous la botte nazie, et qu'une esthétique engagée reste possible.

L'insoumission comme principe éditorial

Voir Lieux, « Saint-Germain-des-Prés » (p. 520)

Les Éditions de Minuit sont nées libres et entendent le rester. Pourtant, à la Libération, il leur faudra se plier aux contraintes du marché de l'édition. Les débuts sont difficiles et les tirages modestes ; Vercors démissionne. Jérôme Lindon prend la direction de la maison et l'installe, en 1951, dans le quartier Saint-Germain-des-Prés. C'est vers la recherche de nouveaux talents – comme Samuel Beckett (1906-1989) alors totalement inconnu, dont il publie *Molloy* – qu'il se dirige résolument.

En 1958, alors que la guerre d'Algérie fait rage, paraît *La Question*, témoignage d'Henri Alleg, le directeur du journal *Alger républicain,* interdit en 1955. La « question », c'est celle que lui répètent pendant plusieurs jours, sous la torture, les parachutistes français : « Où as-tu passé la nuit avant ton arrestation ? », cherchant à lui faire nommer ses camarades de clandestinité. La torture étant une pratique dont l'État veut maintenir le secret, le livre est saisi et Lindon inculpé pour atteinte au moral de l'armée. L'étoile de Minuit n'en finit pas de briller dans la nuit de l'insoumission.

Le Nouveau Roman : l'école de Minuit ?

Au cours des années 1950, les œuvres qui seront regroupées sous l'appellation de « Nouveau Roman » trouvent chez Minuit un accueil privilégié. Alain Robbe-Grillet, qui y a publié *Les Gommes* en 1953, en est aussi conseiller littéraire à partir de 1958. Aux côtés de Lindon, il contribue à fédérer dans cette maison une constellation d'auteurs : Robert Pinget, Claude Simon, Nathalie Sarraute, Michel Butor, Marguerite Duras, Claude Ollier… qui diffèrent autant au regard de leur âge que de leur style. La critique, du reste, ne parvient pas d'emblée à rassembler sous un nom cette mouvance qui semble faire table rase de la littérature traditionnelle : « littérature objective » apprécie Roland Barthes, « roman au ras du sol » ou « alittérature » entend-on ailleurs. En 1957, lorsque paraît *La Jalousie* de Robbe-Grillet et que *Tropismes* de Sarraute est réédité, le critique du *Monde* Émile Herriot les éreinte en les qualifiant de « nouveaux romans ». L'appellation péjorative est aussitôt récupérée par Minuit : on y met des majuscules !

Même si certains auteurs ont élaboré une théorie (comme Robbe-Grillet avec *Pour un Nouveau Roman*), il n'y a pas eu à proprement parler d'« école de Minuit » : ni école ni exclusivité de la maison d'édition (ces romanciers ont publié ailleurs), et le Nouveau Roman se dissout autour de 1965, chaque écrivain poursuivant ensuite ses recherches dans une direction particulière. Plutôt qu'un échec, c'est la preuve que le projet de Minuit était cohérent : donner un cadre à des originalités diverses.

Les « nouveaux romans » se démarquent du roman existentialiste qui tient alors le haut du pavé. En fait, ils s'éloignent autant du réalisme balzacien que du réalisme socialiste :

> « Redonnons donc à la notion d'engagement le seul sens qu'elle peut avoir pour nous. Au lieu d'être de nature politique, l'engagement, c'est, pour l'écrivain, la pleine conscience des problèmes actuels de son propre langage, la conviction de leur extrême importance, la volonté de les résoudre de l'intérieur. » ●
>
> Alain Robbe-Grillet, **Pour un Nouveau Roman**,
> recueil d'articles parus en 1955-1956 et réunis en volume en 1963, Minuit

Divers champs de recherche sur l'homme (le structuralisme, la psychanalyse) et le langage (la linguistique) contribuent alors à la critique de l'anthropocentrisme et du positivisme. Minuit leur donne du reste droit de cité dans ses collections de sciences humaines et sociales. Entre le « moi » et le monde, un abîme de relativité met à mal tout projet omniscient. Si les nouveaux romanciers sont loin d'être les premiers inventeurs du siècle en matière de techniques narratives – de Marcel Proust à Maurice Blanchot, les expériences n'ont pas manqué –, on comprendra néanmoins que les lecteurs de 1957 aient pu se sentir déroutés par *La Modification*, *Tropismes* ou *La Jalousie*, dont on donne les incipit ci-dessous.

Le cas de *Tropismes* est particulier : l'œuvre de Nathalie Sarraute ne se présente pas comme un roman traditionnel, mais comme un ensemble de vingt-quatre « chapitres » brefs et autonomes dont l'unité ne résulte pas d'une progression narrative, mais d'un jeu d'échos. En effet, chaque chapitre (le texte qui suit correspond à l'intégralité du premier) constitue la mise en scène de « tropismes », un terme étrange que l'auteur emprunte à la biologie pour décrire les mouvements souterrains qui régiraient aussi les échanges entre êtres humains.

> « Ils semblaient sourdre de partout, éclos dans la tiédeur un peu moite de l'air, ils s'écoulaient doucement comme s'ils suintaient des murs, des arbres grillagés, des bancs, des trottoirs sales, des squares.
>
> Ils s'étiraient en longues grappes sombres entre les façades mortes des maisons. De loin en loin, devant les devantures des magasins, ils formaient des noyaux plus compacts immobiles, occasionnant quelques remous, comme de légers engorgements.
>
> Une quiétude étrange, une sorte de satisfaction désespérée éma-

nait d'eux. Ils regardaient attentivement les piles de linge de l'Exposition de Blanc, imitant habilement des montagnes de neige, ou bien une poupée dont les dents et les yeux, à intervalles réguliers, s'allumaient, s'éteignaient, s'allumaient, s'éteignaient, s'allumaient, s'éteignaient, toujours à intervalles identiques, s'allumaient de nouveau et de nouveau s'éteignaient.
Ils regardaient longtemps, sans bouger, ils restaient là, offerts, devant les vitrines, ils reportaient toujours à l'intervalle suivant le moment de s'éloigner. Et les petits enfants tranquilles qui leur donnaient la main, fatigués de regarder, distraits, patiemment, auprès d'eux, attendaient. » ●

Nathalie Sarraute, **Tropismes**, 1957, Minuit

« Maintenant l'ombre du pilier – le pilier qui soutient l'angle sud-ouest du toit – divise en deux parties égales l'angle correspondant de la terrasse. Cette terrasse est une large galerie couverte, entourant la maison sur trois de ses côtés. Comme sa largeur est la même dans la portion médiane et dans les branches latérales, le trait d'ombre projeté par le pilier arrive exactement au coin de la maison ; mais il s'arrête là, car seules les dalles de la terrasse sont atteintes par le soleil, qui se trouve encore trop haut dans le ciel. Les murs, en bois, de la maison – c'est-à-dire la façade et le pignon ouest – sont encore protégés de ses rayons par le toit (toit commun à la maison proprement dite et à la terrasse). Ainsi, à cet instant, l'ombre de l'extrême bord du toit coïncide exactement avec la ligne, en angle droit, que forment entre elles la terrasse et les deux faces verticales du coin de la maison.
Maintenant, A… est entrée dans la chambre, par la porte intérieure qui donne sur le couloir central. Elle ne regarde pas vers la fenêtre, grande ouverte, par où – depuis la porte – elle apercevrait ce coin de terrasse. Elle s'est maintenant retournée vers la porte pour la refermer. Elle est toujours habillée de la robe claire, à col droit, très collante, qu'elle portait au déjeuner. Christiane, une fois de plus, lui a rappelé que des vêtements moins ajustés permettent de mieux supporter la chaleur. Mais A… s'est contentée de sourire : elle ne souffrait pas de la chaleur, elle avait connu des climats beaucoup plus chauds – en Afrique par exemple – et s'y était toujours très bien portée. Elle ne craint pas le froid non plus, d'ailleurs. Les boucles noires de ses cheveux se déplacent d'un mouvement souple, sur les épaules et le dos, lorsqu'elle tourne la tête.
L'épaisse barre d'appui de la balustrade n'a presque plus de peinture sur le dessus. Le gris du bois y apparaît, strié de petites fentes longitudinales. De l'autre côté de cette barre, deux bons mètres au-dessous du niveau de la terrasse, commence le jardin. » ●

Alain Robbe-Grillet, **La Jalousie**, 1957, Minuit

« Vous avez mis le pied gauche sur la rainure de cuivre, et de votre épaule droite vous essayez en vain de pousser un peu plus le panneau coulissant.

Vous vous introduisez par l'étroite ouverture en vous frottant contre ses bords, puis, votre valise couverte de granuleux cuir sombre couleur d'épaisse bouteille, votre valise assez petite d'homme habitué aux longs voyages, vous l'arrachez par sa poignée collante, avec vos doigts qui se sont échauffés, si peu lourde qu'elle soit, de l'avoir portée jusqu'ici, vous la soulevez et vous sentez vos muscles et vos tendons se dessiner non seulement dans vos phalanges, dans votre paume, votre poignet et votre bras, mais dans votre épaule aussi, dans toute la moitié du dos et dans vos vertèbres depuis votre cou jusqu'aux reins.

Non, ce n'est pas seulement l'heure, à peine matinale, qui est responsable de cette faiblesse inhabituelle, c'est déjà l'âge qui cherche à vous convaincre de sa domination sur votre corps, et pourtant vous venez seulement d'atteindre les quarante-cinq ans.

Vos yeux sont mal ouverts, comme voilés de fumée légère, vos paupières sensibles et mal lubrifiées, vos tempes crispées, à la peau tendue et comme raidie en plis minces, vos cheveux qui se clairsèment et grisonnent, insensiblement pour autrui mais non pour vous, pour Henriette et pour Cécile, ni même pour les enfants désormais, sont un peu hérissés et tout votre corps à l'intérieur de vos habits qui le gênent, le serrent et lui pèsent, est comme baigné, dans son réveil imparfait d'une eau agitée et gazeuse pleine d'animalcules en suspension.

Si vous êtes entré dans ce compartiment, c'est que le coin couloir face à la marche à votre gauche est libre, cette place même que vous auriez fait demander par Marnal comme à l'habitude s'il avait été encore temps de retenir, mais non, que vous auriez demandé vous-même par téléphone, car il ne fallait pas que quelqu'un sût chez Scabelli que c'était vers Rome que vous vous échappiez pour ces quelques jours. » ●

Michel Butor, **La Modification**, 1957, Minuit »

… à vous de lire les trois incipit…

Tout début de roman construit un monde, contient une sorte de programme qui permet d'anticiper sur la suite et propose un mode de communication, un « pacte de lecture ».

1 Quel type de monde chacun de ces incipit construit-il ? Vous paraît-il « réaliste » ? Pourquoi ? Analysez le volume, la place et la fonction de la description dans chacun des textes.

2 Qu'est-ce qui concourt à l'impression d'une déshumanisation ? (Attention, les procédés peuvent être radicalement opposés…)

● ● ●

• • •

3 Qu'est-ce qui déconcerte ? Vous pourrez vous interroger, par exemple, sur les particularités de l'énonciation et de la focalisation.

4 « Le soupçon, qui est en train de détruire le personnage et tout l'appareil désuet qui assurait sa puissance, est une de ces réactions morbides par lesquelles un organisme se défend et trouve un nouvel équilibre. » Cette analyse de Nathalie Sarraute dans *L'Ère du soupçon* vous semble-t-elle éclairer les trois incipit ?

L'aventure continue

Aujourd'hui encore, Minuit reste un creuset essentiel de l'invention littéraire. De Bernard-Marie Koltès – l'un des dramaturges majeurs de la fin du siècle – à des romanciers comme Jean Échenoz (prix Médicis pour *Cherokee* en 1983 et prix Goncourt en 1999 pour *Je m'en vais*), Jean Rouaud (prix Goncourt pour *Les Champs d'honneur* en 1990) ou Christian Oster (prix Médicis en 1999 avec *Mon grand appartement*), ils ont tous, sous une même couverture blanche à liseré bleu, développé leur singularité. La violence flamboyante, l'humour impassible, l'inquiétante incongruité sont autant de visages de la modernité.

Dans son troisième roman, *Ceux d'à côté* (2002), Laurent Mauvignier use des ressources du monologue pour faire entendre la solitude. Deux voix alternent et se font écho, celle d'une célibataire dont la voisine a subi un viol, et celle d'un homme qui rôde, le violeur :

« Comme aussi me plaisait cette palpitation, en moi, d'éprouver enfin dans ma façon de marcher un tremblement et aussi peu à peu, je sais, je me faisais silence. Mes pas, comme on fait silence dans la chambre pour ne pas réveiller celui qui dort, sur l'asphalte je ne voyais plus mes pas parce que tout en moi montait vers elle, et c'était beau, ça, ce sentiment qu'entre moi et elle maintenant il n'y avait pour dissemblance que ce hasard des gens qui la croisaient, qui me croisaient après et ne savaient pas le lien, car elle, j'étais tellement sûr à ce moment-là qu'elle savait comme moi cette façon de marcher au-dessous des autres, qu'elle était elle aussi comme on est, quelques-uns, j'imagine, je rêve, à marcher sans bruit à côté des autres, à marcher lentement, à vouloir la lenteur pour prendre au temps ce qu'il nous laisse à charge, sur nous, de traîner dans nos attentes. Et je respirais si fort, et en moi de voir au-devant sa silhouette, oh oui, tout ce que je lui faisais dire, à elle, de ce que je voulais entendre, tout ce que je savais qu'elle comprendrait, elle, à voir sa façon de marcher, son sourire, sa façon de fumer dans le bar et de regarder longtemps la fumée, cette façon d'être en trop, moi, je sais, et elle, elle aussi connaît la fragilité de se tenir debout, j'en étais sûr, à voir dans la rue ce pas rapide qui se faufilait entre les autres sans rien faire que glisser et savoir le pas de ceux qui cherchent les ombres, qui remercient le soleil et le vent quand ils se penchent pour les caresser aussi, ceux-là, nous autres qui aurions dû commencer par pleurer tout de suite en débarquant dans la vie, pour que la vie à jamais soit débarrassée des tonnes de larmes qu'elle charrie dans nos corps à nous, et dont ils s'étonnent, tous, quand ils nous regardent enfin, parce qu'ils ne voient dedans pas autre chose que des caprices d'enfant trop sage, trop fade, trop fragile et vacillant déjà pendant qu'eux ils fabriquent ces jours meilleurs dont on ne veut pas, nous, puisque notre avis ne comptera jamais. Et qu'ils les prennent pour de l'eau, nos larmes, et qu'ils nous les laissent, nos sanglots, nos colères, qu'ils nous laissent tout ce qui nous éloigne et nous ralentit, ce qui nous laisse seuls avec nous-mêmes dans les jardins publics et dans les fêtes, dans les villes désertes du dimanche, oui, je me disais, cette fille, je sais qu'elle fait comme moi partie de leurs mauvais rêves, c'est ça, on est du mauvais rêve et elle, qui sait ce qu'elle dirait, de moi, si elle savait, je me disais, jamais elle ne saura parce que, tant pis ; il ne se partage pas, ce mal qu'on fait aux autres. » ●

Laurent Mauvignier, **Ceux d'à côté**, 2002, Minuit

… à vous de fréquenter *Ceux d'à côté*…

1 Vous identifierez dans ce monologue les traits d'oralité et vous vous intéresserez à la diversité des effets qu'ils peuvent produire (réalisme ? poésie ? pathétique ?).

2 Si vous voulez découvrir d'autres romans qui mettent en scène des personnages enfermés en eux-mêmes, vous pouvez lire *L'Étranger* d'Albert Camus (première édition en 1942, « Folio » n° 2) ou *La Dentellière* de Pascal Lainé (première édition en 1974, « Folio » n° 726).

▶Figures

« Littérature engagée », « intellectuel engagé », « chanteur engagé »... L'adjectif, qui a connu le succès au XXe siècle, définit une attitude que Victor Hugo ou Émile Zola avaient déjà adoptée : l'écrivain ne vit pas dans une tour d'ivoire, il appartient à la cité et doit prendre parti, notamment sur la scène politique.

À côté de ce modèle de l'écrivain engagé se développe, dans le monde littéraire et artistique, celui de l'artiste d'avant-garde. Qu'il appartienne au mouvement dada (dans les années 1920) ou à la revue *Tel Quel* (dans les années 1960-1970), il n'accorde un grand crédit ni à son époque, ni au passé. C'est un « horrible travailleur » – pour reprendre les mots de Rimbaud –, qui s'oppose à l'ordre établi et use de la provocation pour réinventer la vie.

Plus solitaire, loin de toute tribu et de tout manifeste, l'expérimentateur est une autre figure essentielle de la modernité. De manière obscure, risquée, il cherche du nouveau. L'écriture est son territoire et son laboratoire.

L'intellectuel engagé

Une tribune où la conscience politique est très présente. Sous le portrait de Maxime Gorki, on reconnaît, présents au Congrès des écrivains de juin 1935 : Paul Vaillant-Couturier, membre du comité central du Parti communiste français, l'écrivain André Gide et, au micro, André Malraux.

Voir XVIIIe siècle, « Figures » (p. 299)

Les écrivains philosophes du XVIIIe siècle étaient eux aussi, à leur manière, des intellectuels engagés. Cependant, au XIXe siècle encore, si l'on s'en tient au *Dictionnaire* de Littré (1863-1873), « intellectuel » est uniquement adjectif. On fait remonter l'usage du substantif à l'affaire Dreyfus. Le mot désigne, au sens strict, une personne dont les activités dépendent de

Voir Situations, « 1898 » (p. 493)

l'intelligence – chercheur, enseignant, journaliste, philosophe. Mais au bas de la « Protestation » (14 janvier 1898) que Maurice Barrès attribue aux « intellectuels », figurent aussi des signatures d'écrivains. Grâce à « J'accuse ! », les dreyfusards donnent le ton des débats. La figure de l'intellectuel emprunte alors les traits qu'on lui connaît. Son milieu de naissance étant la polémique, c'est l'esprit critique qui le caractérise : il pense, par lui-même, contre l'ordre établi auquel il oppose des notions qui sont autant de valeurs (vérité et erreur, bien et mal...). Sa vocation est de transférer le débat dans la cité : tel est le geste fondateur de Zola. Il influence ses contemporains en signant des pétitions, en parlant d'une tribune, en écrivant, en créant, en agissant.

Jean-Paul Sartre

Être en situation

À partir de la Seconde Guerre mondiale, Jean-Paul Sartre (1905-1980) se situe dans la logique marxiste qui appréhende l'histoire comme une dynamique animée par la lutte des classes. Pour lui, l'intellectuel est déchiré entre son savoir universel qui lui procure une place à part dans la société (dans sa tour d'ivoire, comme on dit) et son statut d'individu intégré à la réalité sociale. C'est alors cette « situation » historique et sociale qui fait l'intellectuel.

Certes, les années 1940 et les suivantes ne favorisent pas l'attitude désengagée. Les conflits – la Seconde Guerre mondiale, les guerres de décolonisation, la guerre froide – font des victimes chez les intellectuels (ils sont des cibles privilégiées des régimes fascistes ou communistes et de McCarthy aux États-Unis). Elles influent sur leur mode de pensée : faut-il être pacifiste ou soutenir certaines luttes ? Diverses sortes d'implication sont possibles : être résistant (comme René Char) ou participer au pouvoir (comme André Malraux, ministre chargé des Affaires culturelles sous la présidence du général de Gaulle de 1959 à 1969).

Mais de ce qui était un simple comportement, Sartre élabore une théorie. Lorsqu'il en appelle à l'engagement des écrivains en 1945, dans le premier texte des *Temps modernes*, sa revue culturelle et politique, il énonce ce programme :

> « Nous sommes convaincus, au contraire, qu'on ne *peut pas* tirer son épingle du jeu. Serions-nous muets et cois comme des cailloux, notre passivité même serait une action. Celui qui consacrerait sa vie à faire des romans sur des Hittites, son abstention serait par elle-même une prise de position. L'écrivain est *en situation* dans son époque : chaque parole a des retentissements. Chaque silence aussi. Je tiens Flaubert et Goncourt pour responsables de la répression qui suivit la Commune parce qu'ils n'ont pas écrit une ligne pour l'empêcher. Ce n'était pas leur affaire, dira-t-on. Mais le procès de Calas, était-ce l'affaire de Voltaire ? La condamnation de Dreyfus, était-ce l'affaire de Zola ? »

Jean-Paul Sartre, **Situations, II**, « Présentation des **Temps modernes** », octobre 1945 ; 1948, Gallimard

Le langage performatif

L'existentialisme pourrait se résumer ainsi : je suis ce que je fais de moi par mes actions. Je ne peux pas ne pas agir (sinon, je végéterais) et je suis toujours libre d'agir : c'est moi qui décide et non tel ou tel, même si, apparemment, on pourrait croire que je subis. Une littérature engagée exige ainsi un langage du même poids que celui des actes :

« [L'écrivain engagé] se rappelle la phrase de Mosca devant la berline qui emportait Fabrice et Sanseverina[1] : "Si le mot d'Amour vient à surgir entre eux, je suis perdu." Il sait qu'il est l'homme qui nomme ce qui n'a pas encore été nommé ou ce qui n'ose dire son nom, il sait qu'il fait "surgir" le mot d'amour et le mot de haine et avec eux l'amour et la haine entre des hommes qui n'avaient pas encore décidé de leurs sentiments. Il sait que les mots, comme dit Brice Parain[2], sont des "pistolets chargés". S'il parle, il tire. Il peut se taire, mais puisqu'il a choisi de tirer, il faut que ce soit comme un homme, en visant des cibles et non comme un enfant, au hasard, en fermant les yeux et pour le seul plaisir d'entendre des détonations. »

Jean-Paul Sartre, **Situations, II**, « Qu'est-ce que la littérature ? », 1948, Gallimard

1 Dans *La Chartreuse de Parme* de Stendhal (1839). 2 Philosophe et critique littéraire du XXe siècle.

On dit d'un tel langage qu'il est performatif : au moment où je le dis, j'accomplis l'action que j'énonce. « Je m'engage » en est l'énoncé type. C'est là non pas une prise de position en cas de nécessité, mais le statut général de l'écrivain : l'engagement est constitutif de la littérature. Celle-ci est tout entière action verbale, efficacité, et c'est ainsi qu'elle est actuelle, en situation dans son époque.

La peinture peut, elle aussi, être militante. Erro, peintre islandais né en 1932, représente dans ses toiles des faits marquants de l'histoire dans un mélange de styles qui rend les grands événements aussi pathétiques qu'absurdes. Celui-ci s'appelle *Allende* (1974). Vous rechercherez ce qui s'est passé au Chili en 1973 pour donner un sens à cette fresque.

Un engagement exemplaire

De la Libération à Mai 1968, en passant par les années de la guerre froide, de l'Algérie ou du Vietnam, Sartre personnifie l'engagement en défendant les causes anticolonialistes et tiers-mondistes. Il a choisi son camp dans ce monde divisé entre les États-Unis et l'URSS, mais sans adhérer au Parti communiste français. Se situant hors de l'appareil du parti, il se sent libre de le soutenir avec mesure : il en est, pendant un temps, un compagnon de route. Mais en 1956, date où les chars soviétiques entrent dans Budapest, il prend ses distances par rapport au PCF qui soutient le stalinisme.

Albert Camus

Le journalisme

Comme Sartre, Albert Camus (1913-1960) élabore une œuvre cohérente, entre fiction et théorie. Il se fait aussi largement entendre grâce à ses articles de *Combat*, journal né en France en 1941 du mouvement résistant du même nom, et dont il est le rédacteur en chef d'août 1944 à juin 1947. Dans ses éditoriaux, il en appelle à un « journalisme critique » et refuse de dissocier le couple « morale et politique ». Tels sont les titres de deux sections d'*Actuelles* où il réunit ses éditoriaux une première fois en 1950. Le journal qui publie les écrits politiques de Camus est ainsi une tribune depuis laquelle celui-ci exprime son esprit critique et fait part de son analyse de l'actualité.

« Le XVIIe siècle a été le siècle des mathématiques, le XVIIIe celui des sciences physiques, et le XIXe celui de la biologie. Notre XXe siècle est le siècle de la peur. On me dira que ce n'est pas là une science. Mais d'abord la science y est pour quelque chose, puisque ses derniers progrès théoriques l'ont amenée à se nier elle-même et puisque ses perfectionnements pratiques menacent la terre entière de destruction. De plus, si la peur en elle-même ne peut être considérée comme une science, il n'y a pas de doute qu'elle soit cependant une technique.

Ce qui frappe le plus, en effet, dans le monde où nous vivons, c'est d'abord, et en général, que la plupart des hommes (sauf les croyants de toutes espèces) sont privés d'avenir. Il n'y a pas de vie valable sans projection sur l'avenir, sans promesse de mûrissement et de progrès. Vivre contre un mur, c'est la vie des chiens. Eh bien ! les hommes de ma génération et de celle qui entre aujourd'hui dans les ateliers et les facultés ont vécu et vivent de plus en plus comme des chiens.

Naturellement, ce n'est pas la première fois que des hommes se trouvent devant un avenir matériellement bouché. Mais ils en triomphaient ordinairement par la parole et par le cri. Ils en appelaient à d'autres valeurs, qui faisaient leur espérance. Aujourd'hui, personne ne parle plus (sauf ceux qui se répètent), parce que le monde nous paraît mené par des forces aveugles et sourdes qui n'entendront pas les cris d'avertissements, ni les conseils, ni les supplications. Quelque chose en nous a été détruit par le spectacle des années que nous venons de passer. Et ce quelque chose est cette éternelle confiance de l'homme, qui lui a toujours fait croire qu'on pouvait tirer d'un autre homme des réactions humaines en lui parlant le langage de l'humanité. Nous avons vu mentir, avilir, tuer, déporter, torturer, et à chaque fois il n'était pas possible de persuader ceux qui le faisaient de ne pas le faire, parce qu'ils étaient sûrs d'eux et parce qu'on ne persuade pas une abstraction, c'est-à-dire le représentant d'une idéologie.

Le long dialogue des hommes vient de s'arrêter. Et, bien entendu, un homme qu'on ne peut pas persuader est un homme qui fait peur. C'est ainsi qu'à côté des gens qui ne parlaient pas parce qu'ils le jugeaient inutile s'étalait et s'étale toujours une immense conspiration du silence, acceptée par ceux qui tremblent et qui se donnent de bonnes raisons pour se cacher à eux-mêmes ce tremblement, et suscitée par ceux qui ont intérêt à le faire. "Vous ne devez pas parler de l'épuration des artistes en Russie, parce que cela profiterait à la réaction." "Vous devez vous taire sur le maintien de Franco par les Anglo-Saxons, parce que cela profiterait au communisme." Je disais bien que la peur est une technique. » ●

Albert Camus, **Combat**, « Le Siècle de la peur », novembre 1948, **Actuelles**, Gallimard »]

… à vous d'entendre la tonalité tragique…

Albert Camus donne à son argumentation une tonalité tragique. Pour commenter cet aspect, vous pourrez vous intéresser aux oppositions (entre le passé et le présent, entre la parole et le silence) ainsi qu'à la fréquence des maximes.

Révolte ou révolution ?

S'employant généralement à dénoncer les révolutions selon lui trop souvent sources de despotisme, Camus, dans *L'Homme révolté*, exalte une révolte métaphysique qui relève de l'absurde et moins de la violence :

[« « L'homme est la seule créature qui refuse d'être ce qu'elle est. La question est de savoir si ce refus ne peut l'amener qu'à la destruction des autres et de lui-même, si toute révolte doit s'achever en justification du meurtre universel, ou si, au contraire, sans prétention à une impossible innocence, elle peut découvrir le principe d'une culpabilité raisonnable. » ●

Albert Camus, **L'Homme révolté**, Préface, 1951, Gallimard »]

On oppose souvent Sartre et Camus de ce point de vue : le premier étant davantage prêt à défendre l'engagement violent, tandis que le second serait plus modéré, voire idéaliste. Pour cette génération d'écrivains, les questions de la trahison (« trahirais-je mes complices si j'étais torturé ? »), de l'absolu (« pour quelle cause serais-je capable de mourir ? ») et du terrorisme (« est-ce qu'enfreindre la plus élémentaire des lois humaines – ne pas tuer – peut en certains cas être justifié ? ») sont particulièrement aiguës. Il ne s'agit pas tant d'être un héros – c'est-à-dire de ne pas être lâche – que d'interroger son libre arbitre : obéir au parti auquel on appartient ou à sa conscience individuelle ? Chacun de ces deux auteurs a mis en scène à sa façon ce dilemme chez des socialistes révolutionnaires d'Europe de l'Est pour qui le terrorisme est un moyen d'accession au pouvoir. Hugo des *Mains sales*, pièce de Sartre jouée pour la première fois en 1948, et Kaliayev des *Justes*, pièce de Camus créée en 1949, sont tous deux des intellectuels à qui a été confiée une mission. Ils se retrouvent, l'un face à celui qu'il doit tuer et auprès de qui il s'est fait, avec sa femme, recruter comme secrétaire – il le tuera… par jalousie (en tout cas pas par conviction) – ; l'autre, alors qu'il est en prison et condamné à mort, en face de la veuve de celui qu'il a assassiné par une bombe, laquelle ne pourra obtenir qu'il abjure la cause qu'il défend.

« HOEDERER. – De toute façon, tu ne pourrais pas faire un tueur. C'est une affaire de vocation.
HUGO. – N'importe qui peut tuer si le Parti le commande.
HOEDERER. – Si le Parti te commandait de danser sur une corde raide, tu crois que tu pourrais y arriver ? On est tueur de naissance. Toi, tu réfléchis trop : tu ne pourrais pas.
HUGO. – Je pourrais si je l'avais décidé.
HOEDERER. – Tu pourrais me descendre froidement d'une balle entre les deux yeux parce que je ne suis pas de ton avis sur la politique ?
HUGO. – Oui, si je l'avais décidé ou si le Parti me l'avait commandé.
HOEDERER. – Tu m'étonnes. *(Hugo va pour plonger la main dans sa poche mais Hoederer la lui saisit et l'élève légèrement au-dessus de la table.)* Suppose que cette main tienne une arme et que ce doigt-là soit posé sur la gâchette…
HUGO. – Lâchez ma main.
HOEDERER. – Suppose que je sois devant toi, exactement comme je suis et que tu me vises…
HUGO. – Lâchez-moi et travaillons.
HOEDERER. – Tu me regardes et, au moment de tirer, voilà que tu penses : "Si c'était lui qui avait raison ?" Tu te rends compte ?
HUGO. – Je n'y penserais pas. Je ne penserais à rien d'autre qu'à tuer.
HOEDERER. – Tu y penserais : un intellectuel, il faut que ça pense. Avant même de presser sur la gâchette tu aurais déjà vu toutes les conséquences possibles de ton acte : tout le travail d'une vie en ruine, une politique flanquée par terre, personne

pour me remplacer, le Parti condamné peut-être à ne jamais prendre le pouvoir…

HUGO. – Je vous dis que je n'y penserais pas !

HOEDERER. – Tu ne pourrais pas t'en empêcher. Et ça vaudrait mieux parce que, tel que tu es fait, si tu n'y pensais pas *avant*, tu n'aurais pas trop de toute ta vie pour y penser *après*. *(Un temps.)* Quelle rage avez-vous tous de jouer aux tueurs ? Ce sont des types sans imagination : ça leur est égal de donner la mort parce qu'ils n'ont aucune idée de ce que c'est que la vie. Je préfère les gens qui ont peur de la mort des autres : c'est la preuve qu'ils savent vivre. » ●

Jean-Paul Sartre, **Les Mains sales**, sixième tableau, scène 2, 1948, Gallimard, coll. « Folio »

« KALIAYEV. – Il est mort surpris. Une telle mort, ce n'est rien.

LA GRANDE-DUCHESSE. – Rien ? *(Plus bas.)* C'est vrai. On t'a emmené tout de suite. Il paraît que tu faisais des discours au milieu des policiers. Je comprends. Cela devait t'aider. Moi, je suis arrivée quelques secondes après. J'ai vu. J'ai mis sur une civière tout ce que je pouvais traîner. Que de sang ! *(Un temps.)* J'avais une robe blanche…

KALIAYEV. – Taisez-vous.

LA GRANDE-DUCHESSE. – Pourquoi ? Je dis la vérité. Sais-tu ce qu'il faisait deux heures avant de mourir ? Il dormait. Dans un fauteuil, les pieds sur une chaise… comme toujours. Il dormait, et toi, tu l'attendais, dans le soir cruel… *(Elle pleure.)* Aide-moi maintenant.

Il recule, raidi.

LA GRANDE-DUCHESSE. – Tu es jeune. Tu ne peux pas être mauvais.

KALIAYEV. – Je n'ai pas eu le temps d'être jeune.

LA GRANDE-DUCHESSE. – Pourquoi te raidir ainsi ? N'as-tu jamais pitié de toi-même ?

KALIAYEV. – Non.

LA GRANDE-DUCHESSE. – Tu as tort. Cela soulage. Moi, je n'ai plus de pitié que pour moi-même. *(Un temps.)* J'ai mal. Il fallait me tuer avec lui au lieu de m'épargner.

KALIAYEV. – Ce n'est pas vous que j'ai épargnée, mais les enfants qui étaient avec vous.

LA GRANDE-DUCHESSE. – Je sais. Je ne les aimais pas beaucoup. *(Un temps.)* Ce sont les neveux du grand-duc. N'étaient-ils pas coupables comme leur oncle ?

KALIAYEV. – Non.

LA GRANDE-DUCHESSE. – Les connais-tu ? Ma nièce a un mauvais cœur. Elle refuse de porter elle-même ses aumônes aux pauvres. Elle a peur de les toucher. N'est-elle pas injuste ? Elle est injuste. Lui du moins aimait les paysans. Il buvait avec eux. Et tu l'as tué. Certainement, tu es injuste aussi. La terre est déserte.

KALIAYEV. – Ceci est inutile. Vous essayez de détendre ma force et de me désespérer. Vous n'y réussirez pas. Laissez-moi.
LA GRANDE-DUCHESSE. – Ne veux-tu pas prier avec moi, te repentir… Nous ne serons plus seuls.
KALIAYEV. – Laissez-moi me préparer à mourir. Si je ne mourais pas, c'est alors que je serais un meurtrier. » ●

Albert Camus, **Les Justes**, acte IV, 1950, Gallimard, coll. « Folio »

Albert Camus (à gauche) pendant les répétitions de *L'État de siège* en 1948. À ses côtés, le peintre Pierre Balthus, Pierre Brasseur et tout à droite Jean-Louis Barrault.

… à vous de lire du théâtre engagé…

1 Comment, dans chacun des extraits, les deux personnages qui s'affrontent s'opposent-ils ? Vous prendrez appui sur leur comportement et leurs paroles (énonciation, modes et temps verbaux, formes de phrase).

2 « Je suis entré au Parti parce que sa cause est juste et j'en sortirai quand elle cessera de l'être. Quant aux hommes, ce n'est pas ce qu'ils sont qui m'intéresse mais ce qu'ils pourront devenir », dit Hugo ; ce à quoi Hoederer répond : « Et moi, je les aime pour ce qu'ils sont. Avec toutes leurs saloperies et tous leurs vices » (cinquième tableau, scène 4). En quoi Jean-Paul Sartre, mais aussi Albert Camus renouvellent-ils la question du héros tragique ?

L'artiste d'avant-garde

En 1845, Laverdant, disciple de Charles Fourier, écrivait :

> « L'art, expression de la Société, exprime dans son essor le plus élevé, les tendances sociales les plus avancées ; il est précurseur et révélateur. Or, pour savoir si l'art remplit dignement son rôle d'initiateur, si l'artiste est bien à l'avant-garde, il est nécessaire de savoir où va l'Humanité, quelle est la destinée de l'Espèce. »
>
> Laverdant, **De la mission de l'art et du rôle des artistes**, 1845

L'idée que la fonction de l'art consiste à préfigurer et à révéler les progrès de l'humanité a traversé le romantisme messianique du XIXe siècle. Mais si l'artiste romantique a pu s'illustrer dans son combat pour une modernité à la fois esthétique et politique, ses prises de position et ses attitudes sont sans commune mesure avec ce que sera l'avant-garde au XXe siècle. De fait, la catégorie même d'avant-garde est naturellement liée aux tentatives contemporaines de dépassement de l'art et à la réfutation radicale des idéologies rétrogrades qui y sont souvent rattachées.

Attitudes de groupes

On associe communément l'avant-garde à l'existence et aux activités de groupes nettement identifiés, soit à des mouvements autoproclamés, autofondés, nantis de programmes et de manifestes. Pour évidente et naturelle qu'elle paraisse, la dimension communautaire ne doit pas masquer cependant la réalité de pratiques individuelles.

La constitution de groupes littéraires obéit sans doute à un projet de mise en commun et à une volonté de partage des différentes manières de faire ou de ne pas faire de la littérature. En mettant au point l'écriture automatique, les surréalistes André Breton et Philippe Soupault ont favorisé un mode d'expression libre qui n'est pas de la littérature au sens strict du mot : la dictée de l'inconscient, l'inscription des mots ou des phrases venus sans calcul aucun à la lisière du sommeil, les récits de rêves, la mise en place de séances de travail collectif, toutes ces pratiques contribuent à brouiller les limites de l'individu autant que la définition de l'art au profit d'un groupe qui s'enrichit de découvertes et d'inventions plurielles.

Avec Marcel Duchamp, le geste « artistique » devient une pratique systématique du détournement : il ajoute une moustache à *La Joconde* et le « tableau » sera publié en couverture de *391,* la revue dirigée par Francis Picabia. Attitude sacrilège à l'égard de l'art, certes, mais surtout geste anonyme, impersonnel, de dénaturation, d'altération, qui vaut par son pouvoir de scandale et son effet de secousse momentanée.

L'art… en avant

Emprunté à la terminologie militaire, le terme d'avant-garde désigne, contrairement à l'arrière-garde, la position avancée des troupes chargées d'explorer et de pénétrer un terrain ennemi selon un plan de déploiement concerté. L'artiste d'avant-garde court un risque de même nature, et plus grand encore, car il ne possède pas de plan : il se jette dans un avenir non encore révélé, accomplit un bond en avant qui peut aussi être un saut dans le vide… Dans une lettre à Paul Demeny du 15 mai 1871, Rimbaud avait déjà donné la formule synthétique et inaugurale d'une telle aventure, lorsqu'il déclarait : « La Poésie ne rythmera plus l'action ; elle *sera en avant.* » Prophétie qui assigne à la poésie en particulier, et à l'art en général, une fonction d'initiation et d'invention et qui, dans le même temps, confère à l'artiste un rôle de « multiplicateur de progrès ».

La notion de « progrès » conçue comme une mutation brutale et non comme un développement linéaire et continu a été au cœur des programmes d'avant-garde. Apollinaire en a fait le principe même de sa poésie, tant sur le plan de la forme que sur celui du contenu thématique : *Alcools* et *Calligrammes* sont deux recueils qui renferment maintes tentatives audacieuses de renouveau du langage poétique. Dans l'avant-dernier poème de *Calligrammes*, intitulé « La victoire », Apollinaire appelle de ses vœux le triomphe d'un langage nouveau, qui rendrait caduques les esthétiques traditionnelles et les poétiques instituées :

« Ô bouches l'homme est à la recherche d'un nouveau langage
Auquel le grammairien d'aucune langue n'aura rien à dire

Et ces vieilles langues sont tellement près de mourir
Que c'est vraiment par habitude et manque d'audace
Qu'on les fait encore servir à la poésie

Mais elles sont comme des malades sans volonté
Ma foi les gens s'habitueraient vite au mutisme
La mimique suffit bien au cinéma

Mais entêtons-nous à parler
Remuons la langue
Lançons des postillons
On veut de nouveaux sons de nouveaux sons de nouveaux sons
On veut des consonnes sans voyelles
Des consonnes qui pètent sourdement
Imitez le son de la toupie
Laissez pétiller un son nasal et continu
Faites claquer votre langue
Servez-vous du bruit sourd de celui qui mange sans civilité
Le raclement inspiré du crachement ferait une aussi belle consonne

Les divers pets labiaux rendraient aussi vos discours claironnants
Habituez-vous à roter à volonté
Et quelle lettre grave comme un son de cloche
À travers nos mémoires
Nous n'aimons pas assez la joie
De voir les belles choses neuves
Ô mon amie hâte-toi
Crains qu'un jour un train ne t'émeuve
Plus
Regarde-le plus vite pour toi
Ces chemins de fer qui circulent
Sortiront bientôt de la vie
Ils seront beaux et ridicules »

Guillaume Apollinaire, **Calligrammes**, « La victoire » (extrait), 1918, « La Bibliothèque Gallimard » n° 107

… à vous d'étudier un poème…

1 La posture d'avant-garde : Apollinaire prend acte d'un déclin (les « vieilles langues ») et revendique le droit absolu à la nouveauté. Quel verbe indique qu'il s'agit d'une revendication ?

2 Les audaces : selon quels critères peut-on dire que ce poème n'est pas « classique » ? Vous réfléchirez aux moyens employés pour rompre la routine de la « belle poésie » (rimes, mètres, vocabulaire).

3 Un langage nouveau : vous étudierez le réseau métaphorique de la langue (qui désigne l'organe et le langage) et les effets sonores (répétitions, échos…).

La provocation

Dans bien des cas, la promotion de la nouveauté ou de la modernité s'accompagne d'un geste de négation qui vise à disqualifier le passé, voire à l'anéantir. L'avant-garde fait de la rupture un acte d'autofondation, par quoi des créations *ex nihilo* peuvent surgir, originales, troublantes, excessives. Ainsi, au rôle de précurseur s'adjoint celui de destructeur, complément nécessaire au profil de l'artiste d'avant-garde.

Le refus de la guerre et des idéologies funestes qui l'ont rendue possible amène donc l'artiste à faire sécession. Par là, il rompt avec le système de valeurs du passé et, en un geste qui se veut aussi radical que provocateur, il met en avant de la scène artistique des objets apparemment dévalués dont le pouvoir de subversion est total. C'est ainsi que Marcel Duchamp, formé aux inventions déroutantes du mouvement dada, envoie en 1917, à l'exposition de New York, un objet intitulé *Fontaine* et qui n'est autre qu'un urinoir posé à l'horizontale,

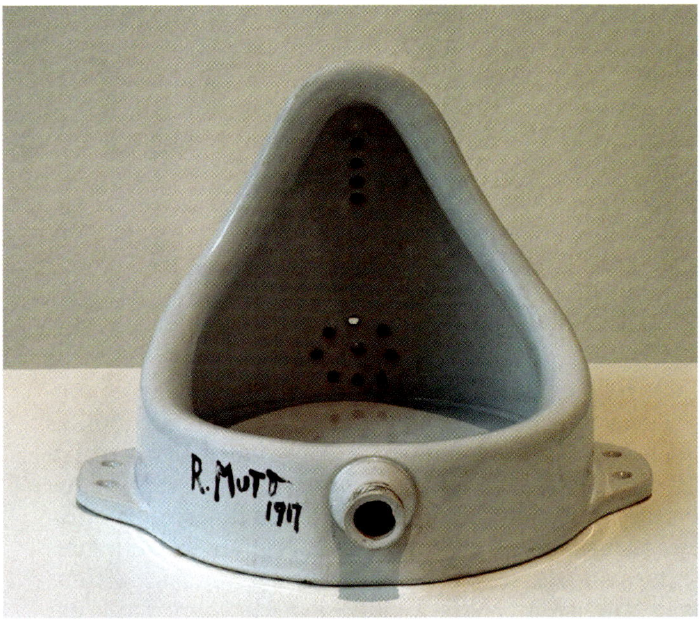

Fontaine de Marcel Duchamp (1917).

daté et portant la signature R. Mutt. La *Fontaine* de Duchamp est un *ready-made*, objet trouvé, manufacturé, emprunté à l'univers utilitaire et détourné de sa fonction initiale. Le rejet de l'art passe ainsi par la promotion scandaleuse du non-art. C'est un magistral pied de nez adressé à l'institution de l'art bourgeois et à l'idéologie qui le soutient. Par là, Duchamp pose également la question – nécessaire et urgente – du sens des pratiques artistiques à l'heure de la barbarie et de la folie meurtrière.

Une revue d'avant-garde : Tel Quel

Tel Quel est le titre de recueils d'aphorismes de Valéry ; c'est aussi une locution que les collaborateurs de la revue s'amusent à retrouver dans les textes d'auteurs divers. Le premier numéro, en 1960, s'ouvre sur cette épigraphe empruntée à Nietzsche :

> « Je veux le monde et le veux TEL QUEL, et le veux encore, et le veux éternellement, et je crie insatiablement : *bis !* et non seulement pour moi seul, mais pour toute la pièce et pour tout le spectacle […]. »
>
> Friedrich Nietzsche

Cette revue deviendra la référence de l'avant-garde française de 1960 à 1982, prolongeant ou provoquant les secousses culturelles de ces années 1960 et 1970 qui voient supplantés le surréalisme et l'existentialisme, et, plus généralement, se modifier les rapports entre la culture et la vie (émergence de nouveaux modes de consommation et d'accès à la culture). La revue associe son destin aux luttes marxistes (mais bientôt maoïstes) et aux récents développements des sciences humaines : Roland Barthes et Gérard Genette renouvellent la critique littéraire avec les outils de la linguistique, Michel Foucault critique l'humanisme traditionnel.

À partir de 1967, Julia Kristeva met au jour une notion de sémiotique, l'intertextualité, qui appartient aujourd'hui au vocabulaire de la critique littéraire : tout texte est fait de croisements et de confrontations avec d'autres textes de toutes natures, tous genres ou registres. Ainsi, comme il n'y a pas de texte unique ou ultime, celui-ci est toujours ailleurs que là où on le croit, déplacé, voire renversé. Aussi l'écriture est-elle une « pratique signifiante » potentiellement critique.

Puisqu'il s'agit d'expérimenter l'écriture dans toute sa matérialité, les auteurs de *Tel Quel* vont transgresser ses règles et se permettre toutes sortes de recherches formelles. Un texte de Philippe Sollers, paraissant en feuilletons *work in progress* de 1974 à la disparition de la revue, accompagne ainsi *Tel Quel* vers son « paradis ».

« il était une fois légende illustrée première phrase courte paragraphes blancs chapitres personnages noms sentiments fouillés arrivée du héros dans les capitales buildings métro gros plan à l'aéroport que cherche-t-il que transporte-t-il que craint-il que vient faire ce mort dans les docks qui a dérobé le stock enfin ils se rejoignent à new york ponts d'aciers fumées seringues jeans dents avariées sexes un peu partout noirs secs flous espionnage télévision canal 13 mafia dans le coup retour par munich et moscou soirée sur la place rouge quand il voit la jeune institutrice juive qui doit lui faire rencontrer un palestinien dans la mosquée désaffectée non loin du kremlin plus tard leurs baisers furtifs sous la pluie ses réflexions touchantes est-il marié a-t-il des enfants croit-il que tout va s'arranger reste-t-il confiant question du lecteur le personnage principal est-il d'un côté ou de l'autre ou des deux côtés et même d'un troisième voire même d'un quatrième ou cinquième côté est-il un peu roumain polonais a-t-il des relations louches avec les anglais n'a-t-il pas une tante argentine un cousin germain hollandais que veut dire cette visite dans le quartier thaïlandais et ces lettres reçues de berlin ces télégrammes à dublin ces cartes postales de lisbonne ce timbre de barcelone ces relations ghana nigéria sa maîtresse du canada alors une affaire d'uranium d'or héroïne opium cocaïne réseau népal turquie kampala et d'ailleurs quelle est sa nationalité n'est-il pas martien à la fin s'agit-il d'un ancien nazi devenu militant révolutionnaire en asie d'un sadique à tête de prof de physique il a l'air bien vu de la communauté scientifique mais on le retrouve dans un bordel de paris de quelles protections jouit-il de quels sauf-conduits tantôt ses réflexions sont exclusivement financières traites taux taxes obligations indexations rotations titres escomptes amortissements soutien du crédit il lit le financial times dans son lit nous sommes trop naïfs pour vivre avec lui tantôt il parle psychanalyse ou encore musique on l'a vu sur un clavecin tout cela fait-il un roman c'est troublant j'écris tout ça en français je présente le livre comme traduit du finlandais ça a du succès ce qui me permet de continuer dans un exil doré tahiti floride capri californie canaries attendant tranquillement la prochaine crise mondiale victoire comme d'habitude de la social-démocratie avertie reprise de la religion on vient de se douter que l'univers n'était pas big bang en évolution-expansion effondrement du cosmique percée du comique hypothèse comme quoi tout serait extatique statique élastique antimécanique explosions renversées sériées coups d'échos humanité enfilée renvoyée à son mouvement saturnien brownien tourbillon érosion des langues adverses panique des ennemis annamis avènement de la phrase averse qui prouve que tout était là est là sera là et reviendra là puisque ça n'a jamais été là je sors de la clandestinité je quitte mon rôle de traducteur circulateur préfacier mon emploi d'idéologue à paillettes je cesse d'être terroriste clown journaliste nègre sous-payé de combien de célébrités je coule une vieillesse calme argentée au milieu d'étudiantes chinoises éclairées je meurs je persiste je redonne son odeur de sainteté au créé je ne revis pas je resuis quand la reproduction se produit éternellement » ●

Philippe Sollers, **Paradis**, Seuil, 1981

… à vous d'aller au *Paradis*…

1 Vous lirez le texte à voix haute et tenterez d'en trouver les scansions (en fonction des segments syntaxiques, des énumérations, des sonorités). « Tourbillon », « phrase averse » : en quoi ces métaphores rendent-elles compte de l'écriture de Philippe Sollers ?

2 Quels aspects de la violence du monde moderne le texte convoque-t-il ou parodie-t-il ? (Vous pourrez penser aussi bien à la politique, qu'aux faits divers ou au cinéma.)

Jacques Monory peint *La Vie imaginaire de Jonq' Erouas Cym n° 10* (2002). Un monde composite, un mélange de texte et d'image… Quels sont les univers qui semblent nourrir son imaginaire ? Pourquoi peut-on rapprocher cette peinture du texte de Philippe Sollers ?

L'expérimentateur

La littérature comme laboratoire

Au XXe siècle, l'artiste s'applique à se soustraire à l'emprise des modèles académiques et à la tutelle du Beau officiel. C'était certes déjà le cas des écrivains et des peintres du siècle précédent, des romantiques aux réalistes, qui avaient secoué le joug du classicisme et de la tradition. Mais, s'ils veulent échapper à la tentation de l'imitation pure ou de la redite stérile, les artistes « modernes » doivent redéfinir leurs pratiques. Un impératif d'originalité et de modernité fonde dès lors tout projet artistique authentique.

C'est la raison pour laquelle de nombreux créateurs conçoivent leur travail comme une recherche, une expérimentation, susceptible de dégager les possibilités d'une ou de plusieurs voies nouvelles. La littérature, dans ses réalisations individuelles, se présente comme le produit d'un laboratoire où s'essaient des formules, où se multiplient les hypothèses et les tentatives. Max Jacob n'a-t-il pas intitulé très significativement, en 1921, un recueil de poèmes *Le Laboratoire central* ?

Des recherches formelles

L'entreprise littéraire circonscrit l'espace d'une exploration, qui pose ses propres objets, à mesure qu'elle les découvre, soit par application méthodique, soit par intuition, hasard, révélation inattendue. Car l'expérimentation porte ici sur un double matériau : le langage d'abord, ressaisi et revisité dans toutes ses dimensions ; puis le sujet créateur lui-même, soumis dès lors à un travail de fouille en profondeur qui, dans bien des cas, s'apparente à un ébranlement total de la conscience de soi.

Les recherches formelles conduites par des poètes comme Guillaume Apollinaire ou Blaise Cendrars contribuent à remodeler le cadre du poème et les structures mêmes du langage poétique : l'absence de ponctuation, le recours à la technique du collage verbal, la poétique nouvelle du poème-conversation et l'écriture spatiale des *Calligrammes* (1918) constituent autant de modes de réappropriation et de refondation du discours poétique. Il ne faudrait pas réduire les calligrammes figuratifs de Guillaume Apollinaire à leur charme ludique : nombre d'entre eux ont pour objet la guerre, ses feux d'artifice fascinants et redoutables (dont le poète, atteint à la tête par un éclat d'obus, sera d'ailleurs victime en 1916). « La petite auto » s'achève ainsi :

« Je n'oublierai jamais ce voyage nocturne où nul de nous ne dit un mot

O
dé
part
sombre
où mouraient
nos 3 phares

o
nuit
tendre
d'avant
la guerre

o
vil
lages où se hâtaient

MARECHAUX-FERRANTS RAPPELES

ENTRE MINUIT ET UNE HEURE DU MATIN

vers
LISIEUX
la très
bleue

ou bien

vers
Versailles
d'or

et 3 fois nous nous arrêtâmes pour changer un pneu qui avait éclaté

Et quand après avoir après avoir passé l'après-midi
Par Fontainebleau
Nous arrivâmes à Paris
Au moment où l'on affichait la mobilisation
Nous comprîmes mon camarade et moi
Que la petite auto nous avait conduits dans une époque
Nouvelle
Et bien qu'étant déjà tous deux des hommes mûrs
Nous venions cependant de naître » ●

Guillaume Apollinaire, **Calligrammes**,
« Étendards », **La petite auto** (extrait), 1918, « La bibliothèque Gallimard » n°107 »

…à vous de créer un calligramme…

Vous observerez la disposition et les jeux typographiques de cette « petite auto » puis vous expérimenterez à votre tour, pour un objet de votre choix, les ressources esthétiques ou humoristiques du calligramme.

Antonin Artaud : aux limites de la raison

Tournant le dos aux séductions et aux facilités de la littérature, Artaud est sans doute celui qui a poussé jusqu'à l'extrême l'autoexpérimentation, cherchant coûte que coûte à libérer la pensée et le corps des interdits imposés par la censure de la conscience. Contre les valeurs bourgeoises, il dresse une figure de l'écrivain en révolte, mais il leur oppose surtout l'image nue d'un homme livré aux souffrances d'une pensée qui se dérobe, et persuadé de son incapacité à produire une œuvre littéraire conforme aux normes traditionnelles.

En 1924, dans sa correspondance avec Jacques Rivière, Artaud affirme souffrir « d'une effroyable maladie de l'esprit » et être « à la poursuite constante de [son] être intellectuel ». C'est très précisément cette inlassable poursuite qui forme le projet d'écriture d'Artaud. Il s'agit de saisir « une chose qui est le cri même de la vie ». Cri que l'écrivain va s'attacher à cerner, à transcrire, selon ses variations et inflexions diverses, se faisant violence jusque dans la folie même.

« Il me manque une concordance des mots avec la minute de mes états.
“Mais c'est normal, mais à tout le monde il manque des mots, mais vous êtes trop difficile avec vous-même, mais à vous entendre il n'y paraît pas, mais vous vous exprimez parfaitement en français, mais vous attachez trop d'importance à des mots.
– Vous êtes des cons, depuis l'intelligent jusqu'au mince, depuis le perçant jusqu'à l'induré, vous êtes des cons, je veux dire que vous êtes des chiens, je veux dire que vous aboyez au dehors, que vous vous acharnez à ne pas comprendre. Je me connais, et cela me suffit, et cela doit suffire, je me connais parce que je m'assiste, j'assiste à Antonin Artaud.
– Tu te connais, mais nous te voyons, nous voyons bien ce que tu fais.
– Oui, mais vous ne voyez pas ma pensée.”
À chacun des stades de ma mécanique pensante, il y a des trous, des arrêts, je ne veux pas dire, comprenez-moi bien, dans le temps, je veux dire dans une certaine sorte d'espace (je me comprends) ; je ne veux pas dire une pensée en longueur, une pensée en durée de pensées, je veux dire une pensée, une seule, et une pensée en intérieur ; mais je ne veux pas dire une pensée de Pascal, une pensée de philosophe, je veux dire la fixation contournée, la sclérose d'un certain état. Et attrape !
Je me considère dans ma minutie. Je mets le doigt sur le point précis de la faille, du glissement inavoué. Car l'esprit est plus reptilien que vous-mêmes, Messieurs, il se dérobe comme les serpents, il se dérobe jusqu'à attenter à nos langues, je veux dire à les laisser en suspens.
Je suis celui qui a le mieux senti le désarroi stupéfiant de sa langue dans ses relations avec la pensée. Je suis celui qui a le mieux repéré la minute de ses plus intimes, de ses plus insoupçonnables glissements. Je me perds dans ma pensée en vérité comme on rêve, comme on rentre subitement dans sa pensée. Je suis celui qui connaît les recoins de la perte. »

Antonin Artaud, **L'Ombilic des limbes**, « Le pèse-nerf », 1925, Gallimard, coll. « Poésie »

… à vous de chercher avec Artaud…

1 L'imprécateur : à qui Antonin Artaud s'en prend-il ? Vous analyserez la violence de son discours.

2 Le chercheur : vous essaierez de définir l'objet de la recherche d'Antonin Artaud, sa méthode, ses obstacles, ses découvertes, ses limites.

Henri Michaux : l'explorateur des ailleurs

En Michaux vient s'incarner exemplairement sans doute la figure du « suprême savant » rimbaldien. « Un jour, à vingt ans, écrit Michaux dans *Lointain intérieur*, lui vint une brusque illumination. Il se rendit compte, enfin, de son anti-vie, et qu'il fallait essayer l'autre bout ». Après la publication de *Qui je fus* (1927) – titre qui marque le caractère pour ainsi dire posthume de l'ouvrage –, Michaux s'embarque pour l'Équateur, les Andes, le Brésil. Plus tard, pour l'Asie. Terres d'élection et terres d'accueil où le poète cherche à se désancrer, à se décentrer par rapport à la ligne de valeurs et d'habitudes propres à sa culture d'Occidental. *Ecuador* (1929) ou *Un Barbare en Asie* (1933) portent témoignage de cet effort.

L'écriture est aussi une manière de voyager, d'« essayer l'autre bout », mais l'autre bout de soi. Dans *Passages* (1950), Michaux déclare : « J'écris pour me parcourir. » Arpenter les aires infinies du dedans, poursuivre en soi un aventureux pèlerinage sans but ni culte d'aucune sorte, frayer des voies insoupçonnées aux mots comme autant de sillages, tel est bien le propos du poète. Il affirmait déjà dans *Mes propriétés* (1930) son intention de sonder son « terrain », et d'y disposer de nouvelles figures, véhicules de l'inouï et de l'inconnu, du dissemblable ou du monstrueux, bref de tout ce qui peut arracher le sujet à son identité close. L'expérimentation prend dès lors toute sa mesure et avoue sa pertinence, car il s'agit de capter sur le terrain du dedans des formes ou des apparitions qui s'offrent et se dérobent :

> « Parfois quand j'ai le temps, j'observe, retenant ma respiration ; à l'affût ; et si je vois quelque chose émerger, je pars comme une balle et saute sur les lieux, mais la tête, car c'est le plus souvent une tête, rentre dans le marais ; je puise vivement, c'est de la boue, de la boue tout à fait ordinaire ou du sable, du sable… »
>
> Henri Michaux, **La nuit remue**, « Mes propriétés », 1930, « La Bibliothèque Gallimard » n° 90

Mais c'est incontestablement avec l'exploration des drogues que l'entreprise d'expérimentation acquiert toute sa dimension de recherche. Recourant pour la première fois à la mescaline en 1955, Michaux publie

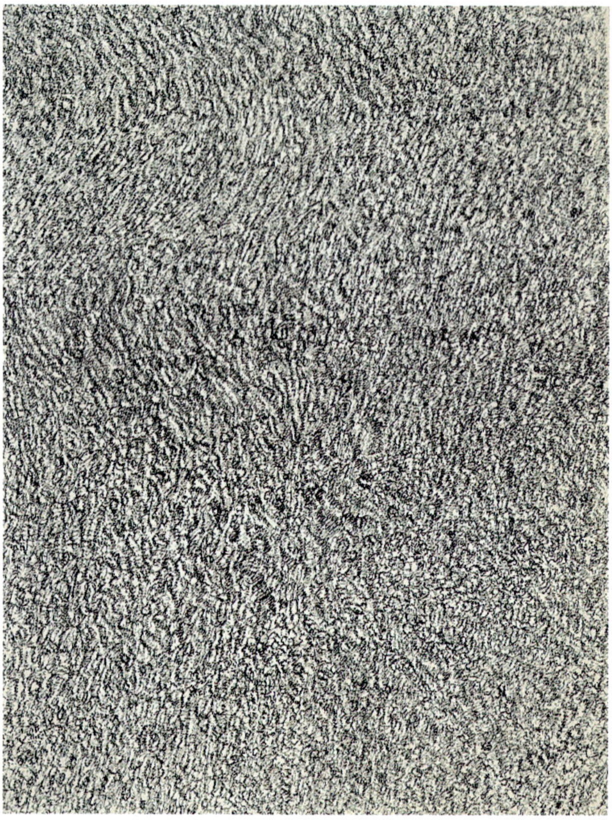

Henri Michaux, *Dessin mescalinien* (1959).

la même année *Misérable miracle*, qui est le compte rendu de son expérience hallucinée. Par là s'engage une série de tentatives scandées par la parution d'ouvrages décisifs : *L'Infini turbulent* (1957), *Connaissance par les gouffres* (1961), *Les Grandes Épreuves de l'esprit* (1966). Le poète n'utilise pas la drogue à des fins d'évasion pure ; au contraire, les stupéfiants sont le support et l'objet d'un examen de nature scientifique : il s'agit de distinguer, d'inventorier et de décrire, avec une minutie aussi fine que possible, les différents effets produits sur l'expérimentateur pour mieux identifier les propriétés spécifiques de chaque drogue. Mais c'est aussi et surtout l'occasion de desserrer le carcan dans lequel étouffe la conscience de soi. L'expérimentateur est donc indissociable de l'expérience ; il en est le lieu et le bénéficiaire. Bénéficiaire souvent malheureux ou insatisfait puisque, dans bien des cas, les hallucinogènes sont inaptes à provoquer la « sortie » espérée, l'échappée hors du domaine du déterminé. Évoquant les effets de la mescaline dans la Préface de *Misérable miracle*, Michaux écrit :

> « La Mescaline et moi, nous étions plus souvent en lutte qu'ensemble. J'étais secoué, cassé, mais je ne marchais pas. Du clinquant, son spectacle. En plus il suffisait de se découvrir les yeux pour ne plus rien voir de la sotte féerie. »
>
> Henri Michaux, **Misérable miracle**, 1956

Ce propos, qui reconnaît les « insuffisances » de la mescaline, laisse deviner en creux quelles sont les attentes de l'expérimentateur. La fréquentation des hallucinogènes aura fourni au poète une occasion supplémentaire de « perturbation intérieure », de turbulence ; « l'immense baratte à lumières » aura momentanément procuré au sujet le sentiment d'un décentrement, d'un mouvement irrésistible et lui aura surtout donné la possibilité d'inventer une langue accordée aux expériences, seul témoin de l'expérimentation accomplie et réussie.

« Ainsi ce jour-là fut celui de la grande ouverture. Oubliant les images de pacotille qui du reste disparurent, cessant de lutter, je me laissai traverser par le fluide qui, pénétrant par le sillon, paraissait venir du bout du monde. Moi-même j'étais torrent, j'étais noyé, j'étais navigation. Ma salle de la constitution, ma salle des ambassadeurs, ma salle des cadeaux et des échanges où je fais entrer l'étranger pour un premier examen, j'avais perdu toutes mes salles avec mes serviteurs. J'étais seul, tumultueusement secoué comme un fil crasseux dans une lessive énergique. Je brillais, je me brisais, je criais jusqu'au bout du monde. Je frissonnais. Mon frissonnement était un aboiement. J'avançais, je dévalais, je plongeais dans la transparence, je vivais cristallinement.

Parfois un escalier de verre, un escalier en échelle de Jacob, un escalier de plus de marches que je n'en pourrais gravir en trois vies entières, un escalier aux dix millions de degrés, un escalier sans paliers, un escalier jusqu'au ciel, l'entreprise la plus formidable, la plus insensée depuis la tour de Babel, montait dans l'absolu. Tout à coup je ne le voyais plus. L'escalier qui allait jusqu'au ciel avait disparu comme bulles de champagne, et je continuais ma navigation précipitée, luttant pour ne pas rouler, luttant contre des succions et des tiraillements, contre des infiniment petits qui tressautaient, contre des toiles tendues et des pattes arquées.

Par moments, des milliers de petites tiges ambulacraires d'une astérie gigantesque se fixaient sur moi si intimement que je ne pouvais savoir si c'était elle qui devenait moi, ou moi qui étais devenu elle. Je me serrais, je me rendais étanche et contracté, mais tout ce qui se contracte ici promptement doit se relâcher, l'ennemi même se dissout comme sel dans l'eau, et de nouveau j'étais navigation, navigation avant tout, brillant d'un feu pur et blanc, répondant à mille cascades, à fosses écumantes et à ravinements virevoltants, qui me pliaient et me plissaient au passage. Qui coule ne peut habiter.

Le ruissellement qui en ce jour extraordinaire passa par moi était quelque chose de si immense, inoubliable, unique que je pensais, que je ne cessais de penser : "Une montagne malgré son inintelligence, une montagne avec ses cascades, ses ravins, ses pentes de ruissellements serait dans l'état où je me trouve, plus capable de me comprendre qu'un homme…" »

Henri Michaux, **Misérable miracle**, 1956, Gallimard, coll. « Poésie »

… à vous d'analyser le texte…

1 Qu'est ce que l'« échelle de Jacob » ?

2 La perte du sujet dans le flux qui le submerge : vous pourrez examiner comment l'auteur perd ses repères. Mais Michaux, tout en sachant qu'il délire, a le sentiment qu'il découvre une vérité. Comment comprenez-vous la phrase suivante : « Qui coule ne peut habiter » ?

3 L'ouverture, l'amplitude : vous montrerez comment l'infiniment petit devient l'infiniment grand et inversement, comment le lointain se rapproche et inversement.

4 L'hallucination : vous vous intéresserez à l'effet paradoxal de la lumière. Et vous analyserez comment la démultiplication de la perception crée des effets poétiques (« Mon frissonnement était un aboiement »).

▶ Genres et registres

La cartographie des genres au XXe siècle se densifie : le roman confirme sa place en tant que grand genre populaire (du roman dit à l'eau de rose au roman policier en passant par le roman historique ou la science-fiction) mais il reste aussi un territoire incroyablement fertile pour l'invention littéraire : en témoignent la présence de Proust, Céline, Aragon, Malraux, Camus, Perec – pour ne citer qu'eux – dans d'autres rubriques.

Moins pratiquée par les lecteurs, la poésie moderne et contemporaine n'en explore pas moins une grande variété de formes et de questions. Parole sacrée pour les uns, geste de liberté ludique pour d'autres, elle continue d'être, par-delà les déconstructions, chant singulier et lien lyrique. Alors que le registre lyrique sera abordé à propos du genre poétique, les registres comique et tragique – que la sensiblité moderne associe volontiers – le seront en relation avec le théâtre.

À la triade « roman-théâtre-poésie », il faut ajouter les formes biographiques et autobiographiques qui, si elles ne sont pas nouvelles, se développent en répondant à la curiosité d'un public amateur d'histoires de vie et d'intimité. Comme dans le cas du roman, des publications à large diffusion voisinent avec des œuvres plus difficiles qui théorisent la mise en scène du « Je ».

Certains genres existent non seulement dans la sphère littéraire, mais aussi dans la vie politique et sociale : c'est le cas du manifeste et de sa rhétorique polémique. Pour la formation de l'amateur de littérature comme pour celle du citoyen, voici quelques exemples de ces coups de force verbaux.

Le manifeste

Le « Manifeste du futurisme »

Voir Situations, « 1913 » (p. 495)

Publié en France, dans *Le Figaro*, le « Manifeste du futurisme » signé par l'Italien Filippo Tommaso Marinetti inaugure son mouvement. Une partie narrative, placée en introduction, raconte les prétendues conditions de composition du manifeste.

« Nous avions veillé toute la nuit, mes amis et moi, sous des lampes de mosquée dont les coupoles de cuivre aussi ajourées que notre âme avaient pourtant des cœurs électriques. Et tout en piétinant notre native paresse sur d'opulents tapis persans, nous avions discuté aux frontières extrêmes de la logique et griffé le papier de démentes écritures.

Un immense orgueil gonflait nos poitrines, à nous sentir debout tout seuls, comme des phares ou comme des sentinelles avancées, face à l'armée des étoiles ennemies, qui campent dans leurs bivouacs célestes. [...]

– Allons, dis-je, mes amis ! Partons ! » ●

Filippo Tommaso Marinetti, « Manifeste du futurisme », Le Figaro, 20 février 1909

Un moment de création prophétique ne va pas sans tension nerveuse ; il confine ici à la « démence ». Il s'agit en effet de passer, dans un état étranger à la logique, de la torpeur à l'action, par la volonté (voir les impératifs : « Partons »). Le monde est décevant : il faut le renouveler. L'exhortation à la modernité (les « cœurs électriques ») justifie ainsi l'apologie de la rupture avec le passé. Le texte, après avoir énoncé ses onze commandements, se termine ainsi :

« Debout sur la cime du monde, nous lançons encore une fois le défi aux étoiles !
Vos objections ? Assez ! Assez ! Je les connais ! C'est entendu ! Nous savons bien ce que notre belle et fausse intelligence nous affirme. – Nous ne sommes, dit-elle, que le résumé et le prolongement de nos ancêtres. – Peut-être ! Soit !... Qu'importe !... Mais nous ne voulons pas entendre ! Gardez-vous de répéter ces mots infâmes ! Levez plutôt la tête !
Debout sur la cime du monde, nous lançons encore une fois le défi aux étoiles ! »

Filippo Tommaso Marinetti, « Manifeste du futurisme », Le Figaro, 20 février 1909

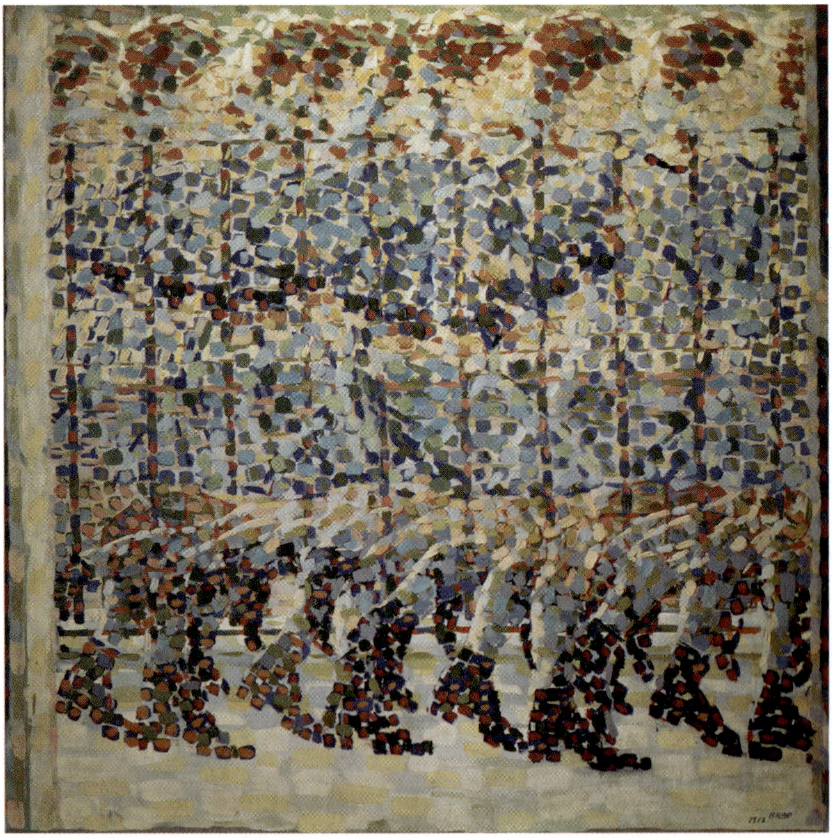

Comme si le mouvement se décomposait sous nos yeux, Giacomo Balla peint cette *Petite fille courant sur un balcon* (1920).

Voir Figures, « L'artiste d'avant-garde » (p. 540)

Le futurisme désigne ses ennemis : les passéistes. En rapprochant la première citation (le début du texte) et la seconde (la conclusion), on voit que les « sentinelles avancées » (voir le sens premier d'« avant-garde ») et la « cime » sont des lieux extrêmes de crise, en surplomb, d'où les futuristes se projettent dans l'avenir en revendiquant un dynamisme agressif et provocateur.

De 1909 à 1916, ce sont plus de cinquante manifestes (sur l'architecture, le music-hall, la politique…) que le futurisme publie selon une fréquence vertigineuse. Le lecteur est assailli d'informations transmises par des moyens de communication de masse (*Le Figaro* notamment, quotidien à gros tirage).

En d'autres termes, un manifeste ne saurait se lire comme un récit, un poème ou un essai, même s'il utilise des procédés narratifs, poétiques et théoriques : il n'est pas une affaire privée, mais s'adresse à une collectivité. En fait, c'est l'auteur du texte qui constitue ainsi son destinataire : c'est le « nous » d'un groupe réuni autour de lui, au nom duquel il écrit à un « vous » qu'il apostrophe.

« *Manifeste dada 1918* »

Dada publiera vingt-trois manifestes de Tristan Tzara (le premier, collectif, n'est pas signé). En 1918, dans le n° 3 de la revue *Dada*, celui-ci trouve nécessaire de mettre les points sur les *i* :

> « Pour introduire l'idée de folie passagère en mal de scandale et de publicité d'un "isme" nouveau – si banal, avec le manque de sérieux inné à ces sortes de manifestations, les journalistes nommèrent Dadaïsme ce que l'intensité d'un *art nouveau* leur rendit impossible compréhension et puissance de s'élever à *l'abstraction*, la magie d'une parole (DADA) les ayant mis (par sa simplicité de ne rien signifier), veaux devant la porte d'un monde présent ; vraiment trop forte éruption pour leur habitude de se tirer facilement d'affaire. »
>
> Tristan Izara, **Dada 3**, « Manifeste dada 1918 », mars 1918, Flammarion

Mais dada n'est pas vraiment un « isme ». Le 8 février 1916, au *Cabaret Voltaire* de Zurich, on raconte que Tristan Tzara, alors réfugié roumain, eut ce geste impulsif : introduire dans un dictionnaire un coupe-papier qui désigna le mot « dada ». Né du hasard, manifestant l'absurdité du sens, dada peut donc tout dire et ne rien dire :

> « Dada ne signifie rien. […] Le cube et la mère en une certaine contrée d'Italie : DADA. Un cheval en bois, la nourrice, double affirmation en russe et en roumain : DADA. »

Dada pousse la contestation jusqu'à se contester lui-même. Table rase sera faite des impostures que sont les valeurs, l'intelligence, le progrès, etc. : bref, tout ce qui se donne comme normalement admis, et même tout ce qui pourrait le devenir. Comment présenter alors de façon cohérente un credo radicalement irrationnel ? C'est pourquoi Tzara choisit la posture ironique qui consiste à se contredire et à multiplier à l'infini les contradictions, de façon à embrasser ensemble la négation et l'affirmation :

> « J'écris un manifeste et je ne veux rien, je dis pourtant certaines choses et je suis par principe contre les manifestes, comme je suis aussi contre les principes. [...] J'écris ce manifeste pour montrer qu'on peut faire les actions opposées ensemble, dans une seule fraîche respiration ; je suis contre l'action ; pour la continuelle contradiction, pour l'affirmation aussi, je ne suis ni pour ni contre et je n'explique rien car je hais le bon sens. »
>
> Tristan Tzara, **Dada 3**, « Manifeste dada 1918 », mars 1918, Flammarion

Cependant, le message passe. À la condition que le lecteur effectue une double lecture du texte : de son contenu et de son genre, sachant que le premier sape les codes du second. Tzara s'amuse alors à multiplier les obstacles à la lisibilité (le texte a été composé pour être lu à voix haute). En fait, dada va plus loin que le futurisme : si un manifeste ne doit pas être lu comme les autres genres de textes, il faudrait ne pas le lire du tout. Parce que derrière un texte se dissimule un discours idéologique (pour susciter des sentiments ou intérioriser une vision du monde, par exemple). Tout semble écrit sans égard ni pour la syntaxe ni pour la ponctuation, de façon à dégrader la communication. Cette dérision universelle se clôt alors par l'apothéose du dégoût (voir p. 558 le texte proposé dans le groupement de textes).

Le Manifeste du surréalisme

Voir Situations, « 1924 », (p. 502) et Figures, « L'artiste d'avant-garde » (p. 540)

Le plus souvent, un manifeste sert à marquer la date de naissance d'un mouvement, celui-ci le publiant lorsqu'il décide de se faire connaître du public. Dans le cas du surréalisme, dont le premier manifeste est publié en 1924 (un *Second Manifeste*, signé cette fois encore par André Breton, le sera en 1930), la situation est plus complexe dans la mesure où le groupe surréaliste existe déjà depuis 1919 et refuse précisément d'exister sous la houlette d'une école, elle-même fondée par une doctrine unique. Le texte théorique que propose Breton est ainsi le moyen d'expliquer et de justifier tout de même les principes du surréalisme (comme ses diverses expérimentations : écriture automatique, rêves, cadavres exquis, etc.) et sans doute aussi de rassembler les membres de ce groupe souvent en crise. Celui-ci se fédère alors autour de la personne de Breton, qui détermine ici la définition des mots « surréalisme » et « surréaliste » tels qu'il les conçoit. C'est du reste ce que d'aucuns lui reprocheront : d'avoir conçu une orthodoxie du surréalisme, et ainsi bâti une Église avec son chef, ses fidèles et ses excommuniés.

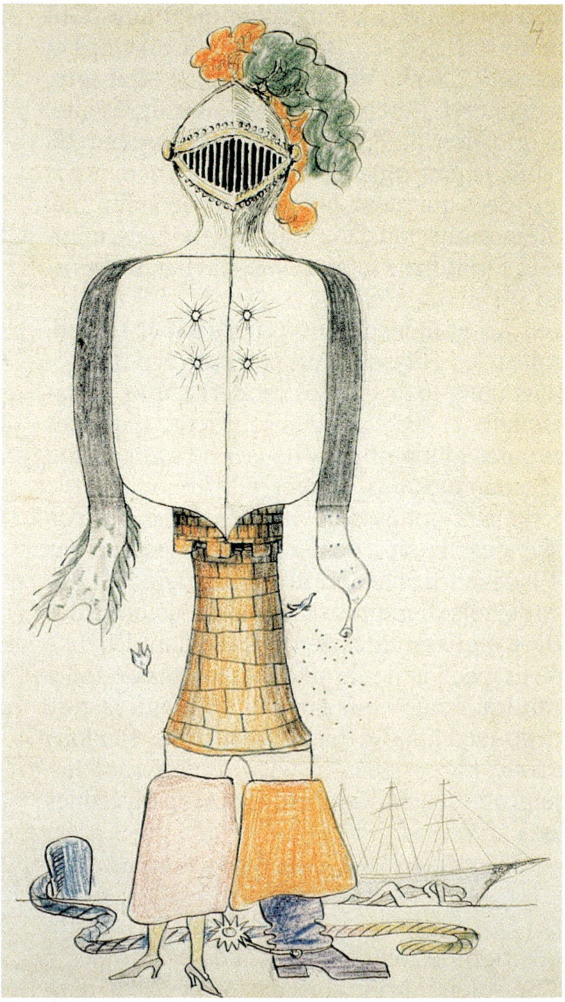

Un cadavre exquis défini ainsi dans le *Dictionnaire abrégé du surréalisme* : « Jeu de papier plié qui consiste à faire composer une phrase ou un dessin par plusieurs personnes, sans qu'aucune d'elles puisse tenir compte de la collaboration ou des collaborations précédentes. L'exemple, devenu classique, qui a donné son nom au jeu, tient dans la première phrase obtenue de cette manière : *Le-cadavre-exquis-boira-le-vin-nouveau.* »

Comme un autre genre littéraire, l'art poétique, le manifeste défend et explique une vision du monde ainsi que les buts et les moyens artistiques capables de lui donner une forme. La spécificité du manifeste est sa prétention globalisante : « J'ai raison et les autres ont tort », semble-t-il dire en substance. Cette position présomptueuse est pleinement assumée et même utile à la rhétorique manifestaire. Le futurisme, dada et le surréalisme ont chacun effectué leur coup de force.

« 1. – Nous voulons chanter l'amour du danger, l'habitude de l'énergie et de la témérité.

2. – Les éléments essentiels de notre poésie seront le courage, l'audace et la révolte.

3. – La littérature ayant jusqu'ici magnifié l'immobilité pensive, l'extase et le sommeil, nous voulons exalter le mouvement agressif, l'insomnie fiévreuse, le pas gymnastique, le saut périlleux, la gifle et le coup de poing.

4. – Nous déclarons que la splendeur du monde s'est enrichie d'une beauté nouvelle : la beauté de la vitesse. Une automobile de course avec son coffre orné de gros tuyaux tels des serpents à l'haleine explosive… une automobile rugissante, qui a l'air de courir sur de la mitraille, est plus belle que la *Victoire de Samothrace*.

5. – Nous voulons chanter l'homme qui tient le volant, dont la tige idéale traverse la Terre, lancée elle-même sur le circuit de son orbite.

6. – Il faut que le poète se dépense avec chaleur, éclat et prodigalité, pour augmenter la ferveur enthousiaste des éléments primordiaux.

7. – Il n'y a plus de beauté que dans la lutte. Pas de chef-d'œuvre sans un caractère agressif. La poésie doit être un assaut violent contre les forces inconnues, pour les sommer de se coucher devant l'homme.

8. – Nous sommes sur le promontoire extrême des siècles !…

À quoi bon regarder derrière nous, du moment qu'il nous faut défoncer les vantaux mystérieux de l'Impossible ? Le Temps et l'Espace sont morts hier. Nous vivons déjà dans l'absolu, puisque nous avons déjà créé l'éternelle vitesse omniprésente.
9. – Nous voulons glorifier la guerre – seule hygiène du monde –, le militarisme, le patriotisme, le geste destructeur des anarchistes, les belles Idées qui tuent, et le mépris de la femme.
10. – Nous voulons démolir les musées, les bibliothèques, combattre le moralisme, le féminisme et toutes les lâchetés opportunistes et utilitaires.
11. – Nous chanterons les grandes foules agitées par le travail, le plaisir ou la révolte ; les ressacs multicolores et polyphoniques des révolutions dans les capitales modernes ; la vibration nocturne des arsenaux et des chantiers sous leurs violentes lunes électriques ; les gares gloutonnes avaleuses de serpents qui fument ; les usines suspendues aux nuages par les ficelles de leurs fumées ; les ponts aux bonds de gymnastes lancés sur la coutellerie diabolique des fleuves ensoleillés ; les paquebots aventureux flairant l'horizon ; les locomotives au grand poitrail, qui piaffent sur les rails, tels d'énormes chevaux d'acier bridés de longs tuyaux, et le vol glissant des aéroplanes, dont l'hélice a des claquements de drapeau et des applaudissements de foule enthousiaste. C'est en Italie que nous lançons ce manifeste de violence culbutante et incendiaire, par lequel nous fondons aujourd'hui le *Futurisme*, parce que nous voulons délivrer l'Italie de sa gangrène de professeurs, d'archéologues, de cicérones et d'antiquaires. » ●

Filippo Tommaso Marinetti, « Manifeste du futurisme », 1909 »]

[« « Je proclame l'opposition de toutes les facultés cosmiques à cette blennorragie d'un soleil putride sorti des usines de la pensée philosophique, la lutte acharnée, avec tous les moyens du

DÉGOÛT DADAÏSTE.

Tout produit du dégoût susceptible de devenir une négation de la famille, est *dada* ; protestation aux poings de tout son être en action destructive : **DADA** ; connaissance de tous les moyens rejetés jusqu'à présent par le sexe pudique du compromis commode et de la politesse : DADA ; abolition de la logique, danse des impuissants de la création : **DADA** ; de toute hiérarchie et équation sociale installée pour les valeurs par nos valets : **DADA**; chaque objet, tous les objets, les sentiments et les obscurités, les apparitions et le choc précis des lignes parallèles, sont des moyens pour le combat : ***DADA*** ; abolition de la mémoire : **DADA**; abolition de l'archéologie : *DADA* ; abolition des prophètes : *DADA*, abolition du futur : **DADA**; croyance absolue indiscutable dans chaque dieu produit immédiat de la spontanéité : **DADA**; saut élégant et sans préjudice d'une harmonie à l'autre sphère ; trajectoire d'une parole jetée comme un disque sonore cri ; respecter toutes les individualités dans leur folie du moment : sérieuse, craintive, timide, ardente, vigoureuse, décidée, enthousiaste ; peler son église de tout accessoire inutile et lourd ; cracher comme une cascade lumineuse la pensée désobligeante ou amoureuse, ou la choyer – avec la vive satisfaction que c'est tout à fait égal – avec la même intensité dans le buisson, pur d'insectes pour le sang bien né, et doré de corps d'archanges, de son âme. Liberté : **DADA DADA DADA**, hurlement des couleurs crispées, entrelacement des contraires et de toutes les contradictions, des grotesques, des inconséquences : **LA VIE**. » ●

Tristan Tzara, **Dada 3**, « Manifeste dada 1918 », Flammarion

« Ont fait acte de SURRÉALISME ABSOLU MM. Aragon, Baron, Boiffard, Breton, Carrive, Crevel, Delteil, Desnos, Eluard, Gérard, Limbour, Malkine, Morise, Naville, Noll, Péret, Picon, Soupault, Vitrac.

Ce semble bien être, jusqu'à présent, les seuls, et il n'y aurait pas à s'y tromper, n'était le cas passionnant d'Isidore Ducasse, sur lequel je manque de données. Et certes, à ne considérer que superficiellement leurs résultats, bon nombre de poètes pourraient passer pour surréalistes, à commencer par Dante et, dans ses meilleurs jours, Shakespeare. *Au cours des différentes tentatives de réduction auxquelles je me suis livré de ce qu'on appelle, par abus de confiance, le génie, je n'ai rien trouvé qui se puisse attribuer finalement à un autre processus que celui-là.*

Les NUITS d'Young sont surréalistes d'un bout à l'autre ; c'est malheureusement un prêtre qui parle, un mauvais prêtre, sans doute, mais un prêtre.

Swift est surréaliste dans la méchanceté.
Sade est surréaliste dans le sadisme.
Chateaubriand est surréaliste dans l'exotisme.
Constant est surréaliste en politique.
Hugo est surréaliste quand il n'est pas bête.
Desbordes-Valmore est surréaliste en amour.
Bertrand est surréaliste dans le passé.
Rabbe est surréaliste dans la mort.
Poe est surréaliste dans l'aventure.
Baudelaire est surréaliste dans la morale.
Rimbaud est surréaliste dans la pratique de la vie et ailleurs.
Mallarmé est surréaliste dans la confidence.
Jarry est surréaliste dans l'absinthe.
Nouveau est surréaliste dans le baiser.
Saint-Pol-Roux est surréaliste dans le symbole.

Fargue est surréaliste dans l'atmosphère.
Vaché est surréaliste en moi.
Reverdy est surréaliste chez lui.
Saint-John Perse est surréaliste à distance.
Roussel est surréaliste dans l'anecdote.
Etc.

J'y insiste, ils ne sont pas toujours réalistes, en ce sens que je démêle chez chacun d'eux un certain nombre d'idées préconçues auxquelles – très naïvement ? – ils tenaient. Ils y tenaient parce qu'ils n'avaient pas *entendu la voix surréaliste*, celle qui continue à prêcher à la veille de la mort et au-dessus des orages, parce qu'ils ne voulaient pas servir seulement à orchestrer la merveilleuse partition. C'étaient des instruments trop fiers, c'est pourquoi ils n'ont pas toujours rendu un son harmonieux.
Mais nous, qui ne nous sommes livrés à aucun travail de filtration, qui nous fait dans nos œuvres les sourds réceptacles de tant d'échos, les modestes *appareils enregistreurs* qui ne s'hypnotisent pas sur le dessin qu'ils tracent, nous servons peut-être encore une plus noble cause. Aussi, rendons-nous avec probité le"talent" qu'on nous prête. Parlez-moi du talent de ce mètre en platine, de ce miroir, de cette porte, et du ciel si vous voulez. » ●

André Breton, **Manifeste du surréalisme**, 1924, Pauvert

… à vous de lire le groupement de textes…

1 Forcer l'adhésion

• Les principes et dogmes

– Tzara, Marinetti et Breton emploient deux stratégies différentes pour donner à leur manifeste la forme d'un credo ou d'un enseignement à suivre. Quelles sont-elles ?
– Des énoncés sont présentés comme des vérités évidentes et éternelles : recherchez quelques exemples pour les commenter (temps des verbes, adverbes, locutions…).
– Les verbes de volition donnent aux déclarations une forme totalisante. Vous pourrez vous pencher sur les variations dada qui ont cette intention de globaliser la réalité (« tout produit du dégoût… »).

• L'autorité

– L'énonciation dans le manifeste futuriste : vous repérerez les verbes performatifs. Intéressez-vous aussi aux tournures grammaticales utilisées pour énoncer des prescriptions.
– L'énonciation dada : mis à part le « Je proclame », la suite du texte ne présente plus de verbes conjugués. Quel est l'effet produit par l'usage de l'infinitif ?
– Vous vous intéresserez aux formules lapidaires, aux slogans, aux mots d'ordre. Relevez et confrontez quelques exemples.

● ● ●

• • •

2 Agresser

• Le champ lexical de la violence

Vous identifierez les thématiques que le champ lexical de la violence contamine (par exemple : le mouvement, l'orgueil...).

• La volonté de provocation

Vous pourrez vous pencher sur la nature des verbes (volitifs, de jugement, etc.), sur leur temps et leur mode. Si vous conjuguez au passé composé les verbes ici au présent, les manifestes produisent-ils le même effet ? Dans quelle mesure sommes-nous contraints de constater que le futur évoqué est déjà réalisé ?

3 Donner vie aux désirs

• L'anticonformisme

– Le futurisme élève l'anticonformisme au rang de principe. Vous définirez le modèle futuriste. Dans quelle mesure est-il un contre-modèle ?

– De son côté, dada ne veut pas glorifier le nouveau pour le nouveau. Que défend-il avant tout ?

• L'oralité

Si vous étiez un metteur en scène, comment indiqueriez-vous à vos acteurs de lire ces passages ?

Et l'extrait du manifeste dada ? Vous repérerez les indices écrits qui vous aideront à trouver le ton juste.

• Un usage poétique de la langue

Vous analyserez les effets poétiques suscités par les images, les anaphores et les sonorités. Et vous vous attarderez sur la spécificité dada : les jeux typographiques, les audaces, le style télégraphique, etc.

La poésie

Tout au long du XXe siècle, la poésie a connu des mutations significatives. C'est avant tout sur sa qualité de langage autonome et total que les poètes rénovateurs mettent d'emblée l'accent : les surréalistes se sont ainsi employés à libérer le langage des limites et des interdits que la raison raisonnante lui avait imposés pour lui confier une double fonction d'exploration et d'émerveillement. Si certains poètes perpétuent l'idéal d'un verbe éclairé susceptible de révéler aux hommes la vérité et le savoir, d'autres s'engagent dans une recherche tournée vers le renouvellement en profondeur des formes poétiques. Quoi qu'il en soit, dans un cas comme dans l'autre, le langage est considéré comme un matériau doué de pouvoirs infinis et de prodiges exaltants.

Le « haut verbe »

Paul Valéry, héritier de Mallarmé, estime ainsi que la poésie est un « saint langage », une parole émancipée des contingences du monde et porteuse des lois secrètes de l'esprit créateur. « Quand les mythologies s'effondrent, dit le poète Saint-John Perse, c'est dans la poésie que trouve refuge le divin ; peut-être même son relais » (allocution au Banquet Nobel, 1960).

Cette vision totale et totalisante de la poésie porte à son point d'accomplissement une conception ancienne héritée de l'Antiquité et continuée par le romantisme messianique, pour laquelle la parole poétique est révélation, oracle apportant aux hommes la vérité et la liberté. Un tel rôle assigné à la poésie implique la mise en œuvre de structures discursives particulières, toutes comptables d'une poétique de la révélation. Il peut s'agir de la forme lapidaire et mystérieuse de l'aphorisme, comme dans la poétique de René Char :

> « XXX
> Le poème est l'amour réalisé du désir demeuré désir. »
>
> René Char, **Fureur et mystère**, « Partage formel », 1962, Gallimard, coll. « Poésie »

À moins qu'un rituel prosodique et rythmique ne sacre le langage en l'élevant au rang d'un verbe divin : tel est le sens du verset claudélien, dont voici une illustration :

> « Je vous salue, ô monde libéral à mes yeux !
> Je comprends par quoi vous êtes présent,
> C'est que l'Éternel est avec vous, et qu'où est la Créature, le Créateur ne l'a point quittée.
> Je suis en vous et vous êtes à moi et votre possession est la mienne.
> Et maintenant en nous à la fin
> Éclate le commencement,
> Éclate le jour nouveau, éclate dans la possession de la source je ne sais quelle jeunesse angélique ! »
>
> Paul Claudel, **Cinq grandes odes**, « Deuxième ode », 1946, Gallimard, coll. « Poésie »

René Char parfois, Saint-John Perse, ou le poète Léopold Sédar Senghor toujours, choisiront la forme du « verset », inaugurée par Claudel et inspirée des modèles de la Bible ou de l'ode antique. Forme non métrique, à mi-chemin entre le vers libre et la strophe libre, le verset constitue une seule mesure continue, au rythme ample et développé, qui reproduit, selon Claudel, le tempo respiratoire de la pensée et de la diction, le mouvement pneumatique de la vie. L'auteur des *Cinq grandes odes* parlera de « systole » et de « diastole » pour évoquer le battement binaire du verset. On comprend que Léopold Sédar Senghor ait choisi le verset pour exprimer ses espoirs d'homme libre et son appartenance au peuple noir :

« J'ai choisi le verset des fleuves, des vents et des forêts,
L'assonance des plaines et des rivières, choisi le rythme de sang de mon corps dépouillé
Choisi la trémulsion des balafongs et l'accord des cordes et des cuivres qui semble faux, choisi le
Swing le swing oui le swing !
Et la lointaine trompette bouchée, comme une plainte de nébuleuse en dérive dans la nuit »

Léopold Sédar Senghor, **Chants d'ombre**,
« Que m'accompagnent koras et balafong », **Poèmes**, 1945,
Éd. du Seuil, coll. « Points »

Inspiré, musical, le verset se prête aussi à l'expression des grandes inquiétudes ou des révoltes profondes.

« Et le Monstre qui rôde au corral de sa gloire, l'Œil magnétique en chasse parmi d'imprévisibles angles, menant un silencieux tonnerre dans la mémoire brisée des quartz,

Au pas précipité du drame tire plus loin le pas de l'homme, pris au lancer de son propre lasso :

Homme à l'ampoule, homme à l'antenne, homme chargé des chaînes du savoir – crêté de foudres et d'aigrettes sous le délice de l'éclair, et lui-même tout éclair dans sa fulguration.

Que son visage s'envenime au pire scandale de l'histoire !... Et c'est bien autre exil, ô fêtes à venir ! dans l'élargissement de la pâque publique et la tristesse des grands thèmes de laïcité.

… L'oreille aux sources d'un seul être, l'oreille aux sistres d'un seul âge, écoute, radieux, la grande nuit de pierre lacérée de prodiges. L'insulte et la menace en toutes langues nous répondent… "Tu te révéleras ! chiffre nouveau : dans des diagrammes de la pierre et les indices de l'atome ;

Aux grandes tables interdites où plus fugaces vont les signes ; dans les miroirs lointains où glisse la face de l'Errant – face d'hélianthe qui ne cille ;

Aux longues rampes de fureur où courent d'autres attelages, sous les rafales de douceur et la promesse haut tenue d'un immense loisir…" »

Saint-John Perse, **Vents**, III, 3, 1946, Gallimard, coll. « Poésie »

« Hiver 1939

Novembre de brumes, entends sous les bois la cloche du dernier sentier franchir le soir et disparaître,

le vœu lointain du vent séparer le retour dans les fers de l'absence qui passe.

Saisons d'animaux pacifiques, de filles sans méchanceté, vous détenez des pouvoirs que mon pouvoir contredit ; vous avez les yeux de mon nom, ce nom qu'on me demande d'oublier.

Glas d'un monde trop aimé, j'entends les monstres qui piétinent sur une terre sans sourire. Ma sœur vermeille est en sueur. Ma sœur furieuse appelle aux armes.

La lune du lac prend pied sur la plage où le doux feu végétal de l'été descend à la vague qui l'entraîne vers un lit de profondes cendres.

Tracée par le canon,
– vivre, limite immense –
la maison dans la forêt s'est allumée :
Tonnerre, ruisseau, moulin. » ●

René Char, **Fureur et Mystère**, « Donnerbach Mühle », 1948,
Gallimard, coll. « Poésie » »]

[« « Seigneur, vous avez visité Paris par ce jour de votre naissance
Parce qu'il devenait mesquin et mauvais
Vous l'avez purifié par le froid incorruptible
Par la mort blanche.
Ce matin, jusqu'aux cheminées d'usine qui chantent à l'unisson
Arborant des draps blancs
– "Paix aux Hommes de bonne volonté !"
Seigneur, vous avez proposé la neige de votre Paix au monde divisé à l'Europe divisée
À l'Espagne déchirée
Et le Rebelle juif et catholique a tiré ses mille quatre cents canons contre les montagnes de votre Paix.
Seigneur, j'ai accepté votre froid blanc qui brûle plus que le sel.
Voici que mon cœur fond comme neige sous le soleil.
J'oublie
Les mains blanches qui tirèrent les coups de fusils qui croulèrent les empires
Les mains qui flagellèrent les esclaves, qui vous flagellèrent
Les mains blanches poudreuses qui vous giflèrent, les mains peintes poudrées qui m'ont giflé
Les mains sûres qui m'ont livré à la solitude à la haine
Les mains blanches qui abattirent la forêt de rôniers qui dominait l'Afrique, au centre de l'Afrique
Droits et durs, les Saras beaux comme les premiers hommes qui sortirent de vos mains brunes.
Elles abattirent la forêt noire pour en faire des traverses de chemin de fer.
Elles abattirent les forêts d'Afrique pour sauver la Civilisation, parce qu'on manquait de matière première humaine.

Seigneur, je ne sortirai pas ma réserve de haine, je le sais, pour les diplomates qui montrent leurs canines longues
Et qui demain troqueront la chair noire.
Mon cœur, Seigneur, s'est fondu comme neige sur les toits de Paris
Au soleil de votre douceur.
Il est doux à mes ennemis, à mes frères aux mains blanches sans neige
À cause aussi des mains de rosée, le soir, le long de mes joues brûlantes. » ●

Léopold Sédar Senghor, **Chants d'ombre**, « Neige sur Paris », **Poèmes**, 1945, Éd. du Seuil, coll. « Points »

… à vous de lire le groupement de textes…

1 Énonciation : le poème est d'abord un discours, une parole vive. Vous pourrez par exemple relever les marques de l'énonciation dans ces trois textes (pronoms personnels, temps verbaux, déictiques…) et montrer qu'elles participent – pour chacun des poèmes pris séparément – à une orchestration lyrique spécifique. Quelle est la fonction de l'adresse dans « Neige sur Paris » et « Donnerbach Mühle » ?

2 Formes poétiques : chaque poème recourt au verset. Vous étudierez les différents aspects que revêt cette forme en vous appuyant sur les phénomènes logiques, thématiques, prosodiques et rythmiques de la phrase. Analysez dans chaque poème le procédé de la reprise lexicale. Quelle en est la valeur première ? Vous pourrez enfin réfléchir aux mécanismes de production des images dans ces poèmes.

3 L'histoire : comment, dans chacun de ces trois textes, se manifeste la présence de l'histoire ? Que pensez-vous de la date qui figure en exergue au poème de René Char ? Quelle réalité, liée au progrès des sciences et des techniques, se cache sous l'image du Monstre dans l'extrait de Saint-John Perse ?

Les pouvoirs de l'image

Rousseau, dans son *Essai sur l'origine des langues*, affirmait que le premier langage avait dû être figuré : « D'abord, on ne parla qu'en poésie ; on ne s'avisa de raisonner que longtemps après. » Ressort poétique essentiel, l'image est bien plus qu'un simple ornement. Et c'est ce que les poètes surréalistes vont prouver en explorant « sa lumière ». D'où naît, par exemple, la lumière de ces images créées par Pierre Reverdy : « Le jour s'est déplié comme une nappe blanche » ou « Le monde rentre dans un sac » ? Voici l'analyse qu'en propose André Breton dans le *Manifeste du surréalisme* de 1924 :

« C'est du rapprochement en quelque sorte fortuit de deux termes qu'a jailli une lumière particulière, lumière de l'image, à laquelle nous nous montrons infiniment sensibles. La valeur de l'image dépend de la beauté de l'étincelle obtenue ; elle est par conséquent, fonction de la différence de potentiel entre les deux conducteurs. [...] Pour moi, la plus forte est celle qui présente le degré d'arbitraire le plus élevé, je ne le cache pas ; celle qu'on met le plus longtemps à traduire en langage pratique, soit qu'elle recèle une dose énorme de contradiction apparente, soit que l'un de ses termes en soit curieusement dérobé. »

André Breton, **Manifeste du surréalisme**, 1924, Pauvert

Facteur de turbulence, l'image surréaliste refuse de se fonder sur l'analogie objective entre un comparé et un comparant. « Beau comme la rencontre fortuite sur une table de dissection d'une machine à coudre et d'un parapluie ! » (*Les Chants de Maldoror*) : c'est dans le sillage iconoclaste de Lautréamont qu'elle s'inscrit. Par-delà la forme rhétorique de l'image (métaphore, comparaison), c'est la fulgurance qui compte.

« Sans grande cérémonie à terre
Près de ceux qui gardent leur équilibre
Sur cette misère de tout repos
Tout près de la bonne voie
Dans la poussière du sérieux
J'établis des rapports entre l'homme et la femme
Entre les fontes du soleil et le sac à bourdons
Entre les grottes enchantées et l'avalanche
Entre les yeux cernés et le rire aux abois
Entre la merlette héraldique et l'étoile de l'ail
Entre le fil à plomb et le bruit du vent
Entre la fontaine aux fourmis et la culture des framboises
Entre le fer à cheval et le bout des doigts
Entre la calcédoine et l'hiver en épingles
Entre l'arbre à prunelles et le mimétisme constaté
Entre la carotide et le spectre du gel
Entre l'araucaria et la tête d'un nain
Entre les rails aux embranchements et la colombe rousse
Entre l'homme et la femme
Entre ma solitude et toi. »

Paul Eluard, **La Vie immédiate**, « La Nécessité », 1932, Gallimard, coll. « Poésie »

« Come, dit l'Anglais à l'Anglais, et l'Anglais vient.
Côme, dit le chef de gare, et le voyageur qui vient dans cette ville descend du train sa valise à la main.
Come, dit l'autre, et il mange.
Comme, je dis comme et tout se métamorphose, le marbre en

eau, le ciel en orange, le vin en plaine, le fil en six, le cœur en peine, la peur en seine.
Mais si l'Anglais dit as, c'est à son tour de voir le monde changer de forme à sa convenance.
Et moi je ne vois plus qu'un signe unique sur une carte :
L'as de cœur si c'est en février,
L'as de carreau et l'as de trèfle, misère en Flandre,
L'as de pique aux mains des aventuriers.
Et si cela me plaît à moi de vous dire machin,
Pot à eau, mousseline et potiron.
Que l'Anglais dise machin.
Que machin dise le chef de gare,
Machin dise l'autre,
Et moi aussi.
Machin.
Et même machin chose.
Il est vrai que vous vous en foutez
Que vous ne comprenez pas la raison de ce poème.
Moi non plus d'ailleurs.
Poème, je vous demande un peu ?
Poème, je vous demande un peu de confiture ?
Encore un peu de gigot,
Encore un petit verre de vin
Pour nous mettre en train…
Poème, je ne vous demande pas l'heure qu'il est.
Poème, je ne vous demande pas si votre beau-père est poilu comme un sapeur.
Poème, je vous demande un peu… ?

Poème, je ne vous demande pas l'aumône,
Je vous la fais.
Poème, je ne vous demande pas l'heure qu'il est,
Je vous la donne.
Poème, je ne vous demande pas si vous allez bien,
Cela se devine.
Poème, poème, je vous demande un peu…
Je vous demande un peu d'or pour être heureux avec celle que j'aime. » ●

Robert Desnos, **Fortunes**, « Comme » (1934), 1942, Gallimard, coll. « Poésie » »]

… à vous de lire le groupement de textes…

1 Vous pourrez vous intéresser aux mécanismes de continuité et de discontinuité qui régissent l'agencement des images (juxtaposition, enchaînement...).

2 Vous vous interrogerez sur les modes de construction de l'image (métaphore, comparaison…) ainsi que sur l'articulation de ses composantes. ●●●

●●●

3 Vous vous demanderez dans quelle mesure ces poèmes illustrent la définition que Breton donne de l'image (voir plus haut). Que pensez-vous de ce jeu sur « comme » dans le poème de Desnos ?

La langue en jeu

Objet verbal, le poème joue avec les multiples composantes (lexicales, sémantiques, morphologiques, graphiques, phoniques...) de la langue. Dans les sentences de *Rrose Sélavy* (1923), le poète surréaliste Robert Desnos use du calembour (comme d'autres artistes pratiquent, à la même époque, le collage des images) pour mettre la logique et le sérieux sens dessus dessous. Dans l'exemple qui suit, le « cadran des astres » et le « cadastre des ans » forment une contrepèterie ; les mots « crâne » et « étoile » sont repris en anagramme dans « nacre » et « étiole » :

« 6. Rrose Sélavy inscrira-t-elle longtemps au cadran des astres
le cadastre des ans ?
7. Ô mon crâne, étoile de nacre qui s'étiole. » ●

Robert Desnos, **Rrose Sélavy**, 1923

En hommage à Desnos qui lui-même s'était inspiré des inventions de l'artiste Marcel Duchamp (« le marchand de sel »), Michel Leiris écrit *Glossaire : j'y serre mes gloses*. Ses « gloses » servent de définitions aux mots qu'il choisit : faux dictionnaire, par conséquent, mais vrai lexique personnel et poétique :

« Amertume : la mer s'abreuve d'écume. Je hume la mer. [...]
COGITO : qu'au gîte tôt EscaRGOt SUM ? [...]
Chaîne : c'est hache haïe et nœud. [...]
Décimer : détruire les cimes. [...] » ●

Michel Leiris, **Glossaire : j'y serre mes gloses**, 1925-1926

En 1960, l'Oulipo – Ouvroir de littérature potentielle – est fondé par Raymond Queneau et François Le Lionnais. Leurs présupposés sont loin d'être ceux des surréalistes : c'est le principe de « règle du jeu » qui les intéresse. Les « oulipiens » inventent des contraintes, souvent à partir de modèles mathématiques, qui n'ont pas pour but d'entraver la création, mais de la stimuler. C'est ainsi que, selon la méthode S + 7, l'on peut s'amuser à transformer un texte en remplaçant chaque mot important par le septième qui le suit dans un dictionnaire : « La cigale, ayant chanté tout l'été » devient « La cimaise ayant chaponné tout l'éternueur » (Raymond Queneau). L'Oulipo, par-delà ses propositions ludiques, a permis de repenser la part de la forme, de la composition, du travail poétiques.

Avec Jacques Prévert, Raymond Queneau ou Jean Tardieu, la fantaisie verbale sera la source d'une poésie qui refuse la solennité, mais non l'inquiétude. Inquiétude entretenue par les jeux linguistiques. Le poète qui détourne, désarticule les usages de la langue, joue avec son propre vertige. C'est pourquoi l'aire du jeu peut être aussi celle du combat avec le lexique et la syntaxe : contestant le réel, Henri Michaux dans son poème « L'Avenir » conteste aussi le carcan du langage constitué et cherche à faire émerger de la matière sonore des mots nouveaux pour exorciser ce que la parole conventionnelle ne permet pas d'exprimer.

« Tu me suicides, si docilement.
Je te mourrai pourtant un jour.
Je connaîtrons cette femme idéale
Et lentement je neigerai sur sa bouche.
Et je pleuvrai sans doute même si je fais tard, même si je fais beau temps.
Nous aimez si peu nos yeux
Et s'écroulerai cette larme sans
Raison bien entendu et sans tristesse.
Sans. »

Robert Desnos, **Corps et biens**, « Au mocassin le verbe »,
Langage cuit, 1930, Gallimard, coll. « Poésie »

(Accent méridional)
À mesure que je vois
j'oublie j'oublie
j'oublie tout ce que je vois.
À mesure que je pense
je dépense je dépense !

À mesure que je vis
je dévie je dévie !

Mais à mesure que je meurs
je demeure je demeure »

Jean Tardieu, **Le Fleuve caché**, « Les préfixes Monsieur Monsieur »,
1968, Gallimard

« LAVITRENOUS	« La vitre nous
VOITLANRUSE	voit, l'an rusé
NOUSLIETRAV	nous lie : tra
AILVENTRUSO	vail ventru so
USVALETNOIR	us valet noir
TROUELINVAS	troué l'inva
IONETLASURV	sion et la surv
IESURVOLANT	ie survolant
VOITURESLAN	voitures l'an
NOUSRAVITLE	nous ravit l'é
VEILSUANTOR »	veil suant or. »

Georges Perec, **Alphabets**, « La vitre nous voit », 1976, Galilée

« Quand les mah,
Quand les mah,
Les marécages,
Les malédictions,
Quand les mahahahahas,
Les mahahaborras,
Les mahahamaladihahas,
Les matratrimatratrihahas,
Les hondregordegarderies,
Les honcucarachoncus,
Les hordanoplopais de puru para puru,
Les immoncéphales glossés,
Les poids, les pestes, les putréfactions,
Les nécroses, les carnages, les engloutissements,
Les visqueux, les éteints, les infects,
Quand le miel devenu pierreux,
Les banquises perdant du sang,
Les Juifs affolés rachetant le Christ précipitamment,
L'Acropole, les casernes changées en choux,
Les regards en chauve-souris, ou bien en barbelés, en boîte à clous,
De nouvelles mains en raz de marée,
D'autres vertèbres faites de moulins à vent,
Le jus de la joie se changeant en brûlure,
Les caresses en ravages lancinants, les organes du corps les mieux unis en duels au sabre,
Le sable à la caresse rousse se retournant en plomb sur tous les amateurs de plage,
Les langues tièdes, promeneuses passionnées, se changeant soit en couteaux, soit en durs cailloux,
Le bruit exquis des rivières qui coulent se changeant en forêts de perroquets et de marteaux-pilons,
Quand l'*Épouvantable-Implacable* se débondant enfin,
Assoira ses mille fesses infectes sur ce Monde fermé, centré et comme pendu au clou,
Tournant, tournant sur lui-même sans jamais arriver à s'échapper,
Quand, dernier rameau de l'Être, la souffrance, pinte atroce, survivra seule, croissant en délicatesse,
De plus en plus aiguë et intolérable… et le Néant têtu tout autour qui recule comme la panique…
Oh ! Malheur ! Malheur !
Oh ! Dernier souvenir, petite vie de chaque homme, petite vie de chaque animal, petites vies punctiformes !
Plus jamais.
Oh ! Vide !
Oh ! Espace ! Espace non stratifié… Oh ! Espace, Espace ! »

Henri Michaux, **La nuit remue**, Mes propriétés, « L'avenir », 1929, « La Bibliothèque Gallimard » n° 90

... à vous de jouer avec les mots...

1 Avant de créer votre propre dictionnaire poétique, vérifiez que vous avez bien compris les manipulations ludiques de Michel Leiris. Lisez-les à haute voix. Identifiez les effets produits par l'homophonie, les techniques du mot-valise et de l'épellation lexicalisée (un exemple célèbre : LHOOQ, titre d'un tableau de Marcel Duchamp représentant une Joconde moustachue).

2 En vous inspirant du poème de Tardieu, vous pourrez écrire un poème qui joue sur cinq mots et leurs préfixes.

3 Le poème de Desnos est fondé sur des anomalies de conjugaison et des anomalies sémantiques : vous pourrez introduire des altérations de cette nature dans un texte que vous aurez choisi pour produire des effets de désordre poétique.

4 Lipogrammes et isogrammes : le lipogramme consiste à rédiger un texte sans utiliser une ou plusieurs lettres de l'alphabet : Georges Perec a accompli l'exploit d'écrire un roman de 300 pages sans la lettre e (*La Disparition*, 1969). Dans *Alphabets*, le même écrivain compose cent soixante-seize poèmes – des onzains (onze vers) –, constitués de onze lettres. La même lettre ne se retrouve jamais deux fois dans le même vers. La même série de lettres se reproduit à chaque vers. Le poème est présenté de deux manières : un carré de lettres et une forme linéaire. Définissez vous-même le cadre d'un lipogramme ou d'un isogramme, et réalisez votre texte.

5 « Quand les poules auront des dents... » À l'origine du grand poème de Michaux, il y a peut-être cette locution figée. Choisissez une expression toute faite et « torturez »-la en déformant des syllabes, pour qu'elle engendre des mots et des sons nouveaux, violents. Vous garderez comme titre de votre poème celui de Michaux : « L'Avenir ».

Les mots et les choses

En publiant en 1942 *Le Parti pris des choses*, Francis Ponge engageait la poésie sur le terrain d'une confrontation incessante par laquelle les mots se trouvaient soudain aux prises avec les choses, en lutte, en tension permanente avec elles. Il s'agissait de mettre un frein aux élans du lyrisme et aux manœuvres souterraines de l'automatisme surréaliste – qui alors caractérisaient le discours poétique – afin de promouvoir, par opposition, une tentative, à la fois humble et persévérante, de redéfinition des choses. Le projet n'a rien de gratuit ; il n'est pas plus ludique que formel, puisque l'ambition de Ponge consiste à réformer les visées de la poésie en inventant de nouveaux rapports de connaissance entre le langage et les objets du monde. Il faut, dit Ponge, « tout reprendre du début » : considérer la chose « comme non nommée, non nommable, et la décrire *ex nihilo*, si bien qu'on la reconnaisse » (*My Creative Method*). C'est pourquoi le travail impliqué ici n'est pas l'office d'un « poète » : Ponge refuse d'endosser cette condition, à laquelle il préfère celle de « travailleur » ou d'« inventeur ». Et le poème, du même coup, n'est plus vraiment un poème – organisé selon des lois prescrites et intangibles –, mais bien un lieu où mots et choses s'affrontent en vue de se recréer par effet de réciprocité. Non seulement, il importe que la « tentative d'expression » des qualités de l'objet se produise « *contre le mot* », mais de plus « chaque objet doit imposer au poème une forme rhétorique particulière. Plus de sonnets, d'odes, d'épigrammes : la forme même du poème [est] en quelque sorte déterminée par son sujet. »

« L'huître, de la grosseur d'un galet moyen, est d'une apparence plus rugueuse, d'une couleur moins unie, brillamment blanchâtre. C'est un monde opiniâtrement clos. Pourtant, on peut l'ouvrir : il faut alors la tenir au creux d'un torchon, se servir d'un couteau ébréché et peu franc, s'y reprendre à plusieurs fois. Les doigts curieux s'y coupent, s'y cassent les ongles : c'est un travail grossier. Les coups qu'on lui porte marquent son enveloppe de ronds blancs, d'une sorte de halos.
À l'intérieur l'on trouve tout un monde, à boire et à manger : sous un *firmament* (à proprement parler) de nacre, les cieux d'en dessus s'affaissent sur les cieux d'en dessous, pour ne plus former qu'une mare, un sachet visqueux et verdâtre, qui flue et reflue à l'odeur et à la vue, frangé d'une dentelle noirâtre sur les bords.
Parfois très rare une formule perle à leur gosier de nacre, d'où l'on trouve aussitôt à s'orner. »

Francis Ponge, **Le Parti pris des choses**, « L'huître », 1942,
Gallimard, coll. « Poésie »

… à vous de trouver la perle…

De l'objet « huître », Francis Ponge fait ce qu'il appelle lui-même un « objeu ». Vous découvrirez quelques ressorts de cette transformation en vous intéressant par exemple :

1 à la progression mimétique des paragraphes (longueur dégressive, mouvement de l'extérieur vers l'intérieur, du trivial vers le précieux) ;

2 au lexique du microcosme ;

3 aux jeux de mots.

À partir de 1952, avec la publication de *La Rage de l'expression*, Ponge donne à lire des carnets de fabrique ou des notes d'atelier : l'écrivain au travail s'y exhibe, livré aux obstacles et aux mécanismes inhérents à sa tâche d'invention. Les textes de Ponge, fragments ou brouillons, offrent ainsi au lecteur la possibilité de suivre, dans ses détours et ses entraves, le geste de la création poétique. Le recueil *La Rage de l'expression* renferme plusieurs cahiers qui tous témoignent d'un effort sans cesse retenté d'approche méthodique des choses par le langage articulé. Les « Notes prises pour un oiseau » – ensemble d'esquisses préparatoires à un poème à venir – éclairent sur la démarche de Ponge au travail : tout d'abord, l'auteur considère le mot « oiseau » en lui-même et pour lui-même, en tant que signifiant qui « contient toutes les voyelles ». Une gamme complète par conséquent, utile au projet d'expression. « Très bien, j'approuve », dit Ponge. Puis très vite, les insuffisances graphiques et phonétiques se font jour dans l'esprit du poète, ce qui donne lieu à des observations touchant aux vertus mimétiques des lettres ou des graphèmes :

« Mais, à la place de l'S, comme seule consonne, j'aurais préféré l'L de l'aile : OILEAU, ou le V du bréchet, le V des ailes déployées, le V d'avis : OIVEAU. Le populaire dit zozio. L'S je vois bien qu'il ressemble au profil de l'oiseau au repos. Et oi et eau de chaque côté de l'S, ce sont les deux gras filets de viande qui entourent le bréchet. » ●

Francis Ponge, **La Rage de l'expression**, « Notes prises pour un oiseau », 1952

À ces premières remarques, qui contribuent à tracer comme un cadre propice à l'effort de redéfinition, succèdent des développements relatifs aux caractéristiques distinctives de l'oiseau : vol, envergure, plumes, squelette… Mais le découragement ne tarde pas à se manifester ; bilan qui concourt à réorienter efficacement la visée :

« Je croyais pouvoir écrire mille pages sur n'importe quel objet, et voici qu'à moins de cinq je suis essoufflé, et me tourne vers la compilation ! […] Allons, cela ne va pas être facile. Je vais peut-être retomber dans mes erreurs de la crevette. Il vaudrait mieux alors en rester à ces notes, qui me dégoûtent moins qu'un opus raté. » ●

Francis Ponge, **La Rage de l'expression**, « Notes prises pour un oiseau », 1952

Cependant, si Ponge souligne ici les carences et les ratés de son travail, c'est pour mieux réordonner sa recherche, qui cette fois se recentre autour de ce que Ponge appelle le « nœud » ou « la qualité de l'oiseau » : « Deux choses, note-t-il : le petit sac de plumes et le foudroyant départ capricieux en vol (l'étonnant départ en vol). »

« Que dit le Littré de l'oiseau ? Encore la compilation qui me tarabuste. Tant pis. Allons-y voir. Un effort. Je me lève de mon fauteuil. […]
Il y a de bonnes choses à prendre, apprendre. Satisfaction pourtant de constater que rien n'est là de ce que je veux dire et qui est tout l'oiseau (ce sac de plumes qui s'envole étonnamment). Je n'arriverai donc pas trop tard. Tout est à dire. On s'en doutait. » ●

Francis Ponge, **La Rage de l'expression**, « Notes prises pour un oiseau », 1952

La consultation du dictionnaire constitue une étape indispensable dans la genèse du texte : elle est ici intégrée au cahier de notes, puisque Ponge y recopie les « têtes de chapitres » de l'article « Oiseau » du Littré. Compilation qui donne lieu à cette conclusion : le dictionnaire est sollicité une seconde fois, en vue de recherches ponctuelles. Ponge inventorie les mots « à chercher dans le Littré » : bréchet, bomber, douves, orbes... autant de termes qui sont susceptibles de servir à son travail de description-définition de l'oiseau conçu comme un sac de plumes qui s'envole.

Ouvrir au lecteur les portes de l'atelier, c'est certes l'inviter à prendre acte du travail en cours, mais c'est aussi le convier à embrasser un contenu métapoétique, qui justifie la méthode exposée. Aussi Ponge écrit-il :

> « Pour que l'homme prenne vraiment possession de la nature, pour qu'il la dirige, la soumette, il faut qu'il cumule en lui les qualités de chaque chose (rien de mieux à cet effet que de les dégager par la parole, de les nominer) [...] Le poète (est un moraliste qui) dissocie les qualités de l'objet puis les recompose... »
>
> Francis Ponge

... à vous d'attraper *La Rage de l'expression*...

Lisez dans *La Rage de l'expression* (Gallimard, coll. « Poésie »), les textes intitulés « La guêpe », « L'œillet », « Le mimosa » et essayez d'identifier les différentes étapes du processus de création à l'œuvre dans ces notes de travail. (Approche des qualités, recours au dictionnaire, reprises et corrections, explicitation de la méthode, résultats...)

Le vers, encore

Le XXe siècle est celui de toutes les expériences poétiques : vers libre, poème en prose, calligramme, emprunt aux formes étrangères – par exemple au *haïku* japonais. On pourrait donc s'étonner de lire des poèmes contemporains qui usent encore de la strophe, de l'alexandrin, d'un mètre régulier, ou encore de la rime. De vieilles lunes ? Non, car si le vers traditionnel ne disparaît pas de la poésie contemporaine, il ne faudrait pas en conclure qu'il n'intéresse que des poètes attardés. Louis Aragon, qui a participé au mouvement surréaliste avant d'en être exclu, ne renie pas l'histoire de la modernité poétique, mais dans le contexte de guerre et d'Occupation des années quarante, c'est du côté de l'héritage des troubadours qu'il cherche une parole de résistance et les voies du chant :

« Il fallait ce long chemin, parfaitement légitime à tous ses moments, du vers classique désarticulé par Hugo au vers libre des symbolistes, après l'impair verlainien et les exercice connus

Et j'ai rimé cette ode en rimes féminines
Pour que l'impression en restât plus poignante ; etc.

il fallait au-delà de l'affreux peigne à dents cassées du vers libre, les mille et un arts poétiques d'un demi-siècle, des *Illuminations* aux surréalistes [...] Il fallait ce long chemin pour qu'on reprît en connaissance de cause la longue histoire du vers français, non pas comme une leçon qui se répète, bien apprise, non pas comme une science nécessaire à quelque baccalauréat, mais comme le sanglot organique et profond de la France, comme ce parler de toute la terre et de toute l'histoire, dont chaque poète français est l'héritier, l'interprète trop souvent ignorant de ce qu'il fait. » ●

Louis Aragon, **Les Yeux d'Elsa**, « *Arma virumque cano* », 1942, Seghers

L'influence du surréalisme déclinera progressivement, et bien des poètes de la seconde moitié du siècle vont s'emparer des formes « classiques » avec des desseins variés : refus de s'inscrire dans la rupture proclamée par les discours d'avant-garde, recherche de contraintes, détournements fantaisistes, jeux complexes et érudits. Être pour ou contre « l'ancienne musique » des vers n'a désormais plus de sens. Entre autres visages de la modernité, celui de l'alexandrin – incantatoire, ou désarticulé, ou disséminé – qui sert le lyrisme de trois des poèmes qui suivent.

« Je nommerai désert ce château que tu fus,
Nuit cette voix, absence ton visage,
Et quand tu tomberas dans la terre stérile
Je nommerai néant l'éclair qui t'a porté.

Mourir est un pays que tu aimais. Je viens
Mais éternellement par tes sombres chemins.
Je détruis ton désir, ta forme, ta mémoire,
Je suis ton ennemi qui n'aura de pitié.

Je te nommerai guerre et je prendrai
Sur toi les libertés de la guerre et j'aurai
Dans mes mains ton visage obscur et traversé,
Dans mon cœur ce pays qu'illumine l'orage. » ●

Yves Bonnefoy, **Du mouvement et de l'immobilité de Douve**,
« Vrai nom », 1953, Gallimard, coll. « Poésie »

« C'était au beau milieu de notre tragédie
Et pendant un long jour assise à son miroir
Elle peignait ses cheveux d'or Je croyais voir

Ses patientes mains calmer un incendie
C'était au beau milieu de notre tragédie

Et pendant un long jour assise à son miroir
Elle peignait ses cheveux d'or et j'aurais dit
C'était au beau milieu de notre tragédie
Qu'elle jouait un air de harpe sans y croire
Pendant tout ce long jour assise à son miroir

Elle peignait ses cheveux d'or et j'aurais dit
Qu'elle martyrisait à plaisir sa mémoire
Pendant tout ce long jour assise à son miroir
À ranimer les fleurs sans fin de l'incendie
Sans dire ce qu'une autre à sa place aurait dit

Elle martyrisait à plaisir sa mémoire
C'était au beau milieu de notre tragédie
Le monde ressemblait à ce miroir maudit
Le peigne partageait les feux de cette moire
Et ces feux éclairaient des coins de ma mémoire

C'était au beau milieu de notre tragédie
Comme dans la semaine est assis le jeudi

Et pendant un long jour assise à sa mémoire
Elle voyait au loin mourir dans son miroir

Un à un les acteurs de notre tragédie
Et qui sont les meilleurs de ce monde maudit

Et vous savez leurs noms sans que je les aie dits
Et ce que signifient les flammes des longs soirs

Et ses cheveux dorés quand elle vient s'asseoir
Et peigner sans rien dire un reflet d'incendie » ●

Louis Aragon, **La Diane française**, « Elsa au miroir », 1946, Seghers

« À l'heure où la lumière enfouit son visage
dans notre cou, on crie les nouvelles du soir,
on nous écorche. L'air est doux. Gens de passage
dans cette ville, on pourra juste un peu s'asseoir
au bord du fleuve où bouge un arbre à peine vert,
après avoir mangé en hâte ; aurais-je même
le temps de faire ce voyage avant l'hiver,
de t'embrasser avant de partir ? Si tu m'aimes
retiens-moi, le temps de reprendre souffle, au moins,
juste pour ce printemps, qu'on nous laisse tranquilles
longer la tremblante paix du fleuve, très loin,
jusqu'où s'allument les fabriques immobiles…
Mais pas moyen. Il ne faut pas que l'étranger

qui marche se retourne, ou il serait changé
en statue : on ne peut qu'avancer. Et les villes
qui sont encor debout brûleront. Une chance
que j'aie au moins visité Rome, l'an passé,
que nous nous soyons vite aimés, avant l'absence,
regardés encore une fois, vite embrassés,
avant qu'on crie "Le Monde" à notre dernier monde
ou "Ce Soir" au dernier beau soir qui nous confonde…
Tu partiras. Déjà ton corps est moins réel
que le courant qui l'use, et ces fumées au ciel
ont plus de racines que nous. C'est inutile
de nous forcer. Regarde l'eau, comme elle file
par la faille entre nos deux ombres. C'est la fin,
qui nous passe le goût de jouer au plus fin. » ●

Philippe Jaccottet, **Poésie**, « Les nouvelles du soir », 1954, Gallimard, coll. « Poésie » »]

[« « Je vis sans hivers sans lieux   nul lieu   nul temps n'est plus qu'un autre   j'ai cessé d'entendre le bruit que fait l'eau aujourd'hui je ne dis pas   le monde est bain de fiel je ne dis pas   voici des yeux et des merveilles   je suis soir et neutre

le sentier amour n'a pas été poursuivi   le temps collectif n'est qu'un savoir et je sais la forme lourde qui m'enserre   mais sur le banc qui se présente je n'écris pas   je trouve peu   je prends peu   dans le blanc des villes je me trappe

s'il y a toujours des voyages dont on ne revient pas semblable une fontaine non de sagesse   mais de signes   peut-être est-ce le lieu seulement où je tends

qui ne vise pas le futur   la pierre le pactole   ni le jeu des arbres ni celui des membres des bateaux   qui vis sans ciel   qui vis sans froid questionnant où dites-moi   où serai-je » ●

Jacques Roubaud, ∈ 1.1.2 [GO 131] 1967, Gallimard, coll. « Poésie » »]

… à vous de lire le groupement de textes…

1 Première approche : quels sont les éléments de la versification traditionnelle que vous reconnaissez (schéma strophique, mètre, rime…) ? Par ailleurs, qu'est-ce qui vous semble faire rupture ? Dans la prose, le vers blanc est une séquence qui présente la structure métrique traditionnelle d'un vers. Retrouvez des alexandrins, des hexamètres ou des octosyllabes dans le poème de Roubaud. Comment interprétez-vous cette présence dissimulée ?

● ● ●

• • •

2 Vous pourrez oraliser « Elsa au miroir » et « Les nouvelles du soir ». Le mètre de ces deux poèmes est identique, mais leur « musique » radicalement différente. Si vous voulez comprendre pourquoi, vous analyserez le rôle de la rime et de l'anaphore dans le premier, des enjambements et des coupes dans le second. Quelle hypothèse de lecture pouvez-vous proposer à partir de chacune de ces « musiques » ? Quels sont les indices qui la confirment (univers de référence, sensations, images) ?

3 Le poème dans l'espace de la page : l'œil est attiré par les distiques d'« Elsa au miroir », les blancs du poème de Roubaud, le choix de la majuscule ou non au début du vers. Dans quelle mesure ces choix peuvent-ils être interprétés ?

4 Constituer une parole individuelle est le propre du lyrisme, mais cette parole ne doit pas toujours être référée à la personne même du poète. Quel est ce « Je » qui parle dans la poésie lyrique ? Posez-vous cette question à propos des poèmes de Jaccottet, Roubaud et Bonnefoy, en prenant appui sur une étude de l'énonciation et du rythme. Écrivain contemporain, Renaud Camus souligne que le lyrisme « a partie liée par essence avec les éléments, l'air, la mer, la solitude, la nuit, la distance, les chemins et le vent. » Sa définition est-elle confirmée par votre lecture ?

Comique et tragique

Incompatibles ?

Préoccupée d'ordre, l'esthétique classique avait consolidé l'opposition théâtrale entre comique et tragique en se fondant sur un système hérité de l'Antiquité : la comédie se caractérise par des personnages de basse ou moyenne extraction et par la trivialité de ses sujets ; la tragédie traite des passions, de la souffrance dans le monde des rois. Ses héros, s'ils peuvent être monstrueux, ne seront jamais ridicules. Dans une telle perspective, le comique et le tragique sont incompatibles. Le drame romantique, tel que Victor Hugo le définit, abat les cloisons en prenant Shakespeare pour modèle :

> « Shakespeare, c'est le drame ; et le drame qui fond sous un même souffle le grotesque et le sublime, le terrible et le bouffon, la tragédie et la comédie. » •
>
> Victor Hugo, Préface de **Cromwell**, 1827

Hors du genre théâtral, une telle codification ne s'était pas imposée : c'est ainsi que l'on trouve des marques d'humour noir aussi bien dans le *Roman de Renart* que dans *Gargantua* ou dans *Candide*. Faire rire avec des sujets, des référents *a priori* tragiques (la maladie, la violence ou la mort) : tel est le pari de l'humour noir et l'une des veines comiques les plus explorées par la modernité. Iconoclaste, Alfred Jarry décrit le Chemin de croix du Christ comme une course cycliste :

> « Jésus démarra à toute allure.
> En ce temps-là, l'usage était, selon le bon rédacteur sportif saint Matthieu, de flageller au départ des sprinters cyclistes, comme font les cochers et leurs hippomoteurs. Le fouet est à la fois un stimulant et un massage hygiénique. Donc Jésus, très en forme, démarra, mais l'accident de pneu arriva tout de suite : un semis d'épines cribla tout le pourtour de sa roue d'avant. »
>
> Alfred Jarry, « La Passion considérée comme une course de côte », **Spéculations**, 1911, cité par André Breton dans **Anthologie de l'humour noir**, Le Livre de poche

Sur la signification du comique

Philosophes, anthropologues et psychanalystes se sont penchés sur le phénomène du rire. Celui-ci permet de satisfaire certaines pulsions agressives et sexuelles que la société réprime. Au Moyen Âge, le carnaval, rituel caractéristique de la culture populaire, était l'occasion d'une inversion des rôles et d'un défoulement généralisé. Celui qui provoque le rire détient un pouvoir de renversement, de dégradation et de subversion que les autorités politiques et religieuses ont souvent redouté. « Satanique », tel est le rire selon Baudelaire :

> « Pour prendre un des exemples les plus vulgaires de la vie, qu'y a-t-il de si réjouissant dans le spectacle d'un homme qui tombe sur la glace ou sur le pavé, qui trébuche au bout d'un trottoir, pour que la face de son frère en Jésus-Christ se contracte d'une façon désordonnée, pour que les muscles de son visage se mettent à jouer subitement comme une horloge à midi ou un joujou à ressorts ? Ce pauvre diable s'est au moins défiguré, peut-être s'est-il fracturé un membre essentiel. Cependant, le rire est parti, irrésistible et subit. »
>
> Charles Baudelaire, **De l'essence du rire**, 1855

Le philosophe Bergson proposera une autre hypothèse : si celui qui « se casse la figure » déclenche cette réaction, c'est parce que pendant un instant il n'est plus qu'un pantin mal réglé : « Du mécanique plaqué sur du vivant »... Que l'on pense aux séries de coups de bâton dans le théâtre de Guignol, au comique de répétition dans la comédie, aux gags du cinéma muet, le rire est en effet provoqué par l'« automatisation » de l'humain.

Le comique de l'absurde

« Les hommes aussi sécrètent de l'inhumain. Dans certaines heures de lucidité, l'aspect mécanique de leurs gestes, leur pantomime privée de sens rend stupide tout ce qui les entoure. Un homme parle au téléphone derrière une cloison vitrée ; on ne l'entend pas, mais on voit sa mimique sans portée : on se demande pourquoi il vit. Qui n'a déjà éprouvé – dans un tramway, un bureau, devant un miroir, peu importent les circonstances – ce sentiment de l'absurde ? »

Albert Camus, **Le Mythe de Sisyphe**, 1942, Gallimard

Dans son essai *Le Mythe de Sisyphe*, Albert Camus tente de définir une attitude philosophique qui permette à l'homme moderne, à l'homme sans Dieu, de faire face à cette découverte banale et tragique : l'univers est dépourvu de signification. Le châtiment de Sisyphe, héros mythique condamné pour l'éternité à rouler au sommet d'une pente un énorme rocher qui toujours retombe, représente l'absurdité de la condition humaine. Alors que Camus utilise cette allégorie pour refonder l'humanisme, le même constat pessimiste conduit d'autres auteurs, romanciers ou dramaturges, à des représentations d'autant plus cruelles qu'elles sont dérisoirement comiques. *Un barrage contre le Pacifique* (1950), roman de Marguerite Duras, raconte l'histoire d'une mère et de ses deux enfants, Suzanne et Joseph, qui survivent sur un bout de terre indochinoise que les barrages ne peuvent protéger de l'invasion régulière de la mer. Leur misère déclenche parfois leur hilarité. Après avoir longuement décrit au riche M. Jo l'état pitoyable de leur B12, une voiture de l'époque, ils enchaînent ainsi :

« M. Jo les regardait avec l'air de quelqu'un qui se demande si ça va finir un jour. Mais il écoutait patiemment.
– C'est agréable de tomber sur des gens comme vous, aussi gais que vous, dit-il, essayant sans doute de les détacher de l'inépuisable B12 et de sortir de ce labyrinthe.
– Aussi gais que nous ?... dit la mère interloquée.
– Qu'est-ce qu'il dit, qu'on est gais ?... reprit Suzanne.
– Ah ! s'il savait, merde, s'il savait... dit Joseph.
Mais lui, Joseph, en voulait, décidément.
– Et encore, dit-il, s'il n'y avait que ça, le réservoir, les phares, ... s'il n'y avait que ça...
La mère et Suzanne le regardaient intensément. Quel rebondissement avait encore trouvé Joseph ? Elles ne devinaient pas encore, mais le rire qui avait commencé à faiblir recommença à les secouer.
– Les fils de fer, continua Joseph, les feuilles de bananier, s'il n'y avait que ça...

– C'est vrai, s'il n'y avait que ça... dit Suzanne d'un air interrogateur.
– S'il n'y avait que l'auto, dit Joseph.
– Ce ne serait rien, dit la mère, rien du tout...
Impatient, en avance sur le leur, le rire de Joseph les gagnait.
– Il n'y a pas que l'auto. On avait des barrages... des barrages...
La mère et Suzanne poussèrent un cri aigu d'intense satisfaction. À son tour Agosti pouffa de rire. Et le sourd glouglou qui s'élevait du côté de la caisse signifiait que le père Bart lui aussi s'en mêlait.
– Ah ! les crabes... les crabes... s'exclama la mère.
– Les crabes nous les ont bouffés, dit Joseph.
– Même les crabes... dit Suzanne, qui s'y sont mis.
– C'est vrai, même les crabes, dit la mère, ils sont contre nous...
Certains clients avaient recommencé à danser. Agosti continua à se marrer parce qu'il connaissait bien leur histoire, aussi bien que la sienne. Ç'aurait pu être la sienne, celle de chacun des concessionnaires de la plaine. Les barrages de la mère dans la plaine, c'était le grand malheur et la grande rigolade à la fois, ça dépendait des jours. C'était la grande rigolade du grand malheur. C'était terrible et c'était marrant. Ça dépendait de quel côté on se plaçait, du côté de la mer qui les avait fichus en l'air, ces barrages, d'un seul coup d'un seul, du côté des crabes qui en avaient fait des passoires, ou au contraire, du côté de ceux qui avaient mis six mois à les construire dans l'oubli total des méfaits pourtant certains de la mer et des crabes. Ce qui était étonnant c'était qu'ils avaient été deux cents à oublier ça en se mettant au travail. » ●

Marguerite Duras, **Un barrage contre le Pacifique**, 1950, Gallimard, coll. « Folio »

... à vous de rire avec Marguerite Duras...

« C'était la grande rigolade du grand malheur. » Quelle figure de style reconnaissez-vous ici ? Comment cette formule est-elle préparée par ce qui précède ?

Dramaturgies tragi-comiques

C'est dans l'écriture théâtrale que l'on verra se déployer les ressources de l'alliance entre le comique et le tragique, alliance dont Eugène Ionesco (1912-1994), l'auteur de *La Cantatrice chauve*, constate qu'elle n'est pas contre nature : « Je n'ai jamais compris, pour ma part, la différence que l'on fait entre comique et tragique. Le comique étant l'intuition de l'absurde, il me semble plus désespérant que le tragique. »

Ce principe est admis par des dramaturges dont les enjeux sont très différents. Si Ionesco se refuse à écrire un théâtre politique, d'autres auteurs – comme Michel Vinaver qui se moque de la manipulation par les médias de la misère du monde – pratiquent la satire sociale (*L'Émission de télévision*). *En attendant Godot* de Samuel Beckett (1906-1989) relève du genre de la farce métaphysique : deux clochards-clowns perdus en rase campagne attendent en vain un certain Godot qui ne viendra pas. Leurs gesticulations dérisoires semblent s'opposer au dialogue subtil, très vraisemblable, de *Pour un oui ou pour un non*. Nathalie Sarraute analyse, comme au microscope, un incident verbal presque invisible mais dont les ondes de choc détruisent une relation d'amitié. Par-delà de réelles divergences, ces pièces mettent à nu l'étrangeté de la parole humaine et font à chaque fois du langage-même un thème dramatique.

Samuel Beckett (assis) pendant les répétitions de *En attendant Godot* au théâtre l'Odéon (1961). Près de lui Jean-Marie Terreau et Alberto Giacometti.

« ESTRAGON *(plus fort)*. – Tu ne vois rien venir ?
VLADIMIR. – Non.
ESTRAGON. – Moi non plus.
Ils reprennent le guet. Long silence.
VLADIMIR. – Tu as dû te tromper.
ESTRAGON *(se retournant)*. – Comment ?
VLADIMIR *(plus fort)*. – Tu as dû te tromper.
ESTRAGON. – Ne crie pas.
Ils reprennent le guet. Long silence.
VLADIMIR, Estragon *(se retournant simultanément)*. – Est-ce…
VLADIMIR. – Oh pardon !
Estragon. – Je t'écoute.
VLADIMIR. – Mais non !
ESTRAGON. – Mais si !
VLADIMIR. – Je t'ai coupé.
ESTRAGON. – Au contraire.
Ils se regardent avec colère.
VLADIMIR. – Voyons, pas de cérémonie.
ESTRAGON. – Ne sois pas têtu, voyons.
VLADIMIR *(avec force)*. – Achève ta phrase, je te dis.
ESTRAGON *(de même)*. – Achève la tienne.
Silence. Ils vont l'un vers l'autre, s'arrêtent.
VLADIMIR. – Misérable !
ESTRAGON. – C'est ça, engueulons-nous. *(Échange d'injures. Silence.)* Maintenant raccommodons-nous.
VLADIMIR. – Gogo ?
ESTRAGON. – Didi ?

VLADIMIR. – Ta main !
ESTRAGON. – La voilà !
VLADIMIR. – Viens dans mes bras !
ESTRAGON. – Tes bras !
VLADIMIR *(ouvrant les bras)*. – Là-dedans !
ESTRAGON. – Allons-y.
Ils s'embrassent. Silence.
VLADIMIR. – Comme le temps passe quand on s'amuse !
Silence.
ESTRAGON. – Qu'est-ce qu'on fait maintenant ?
VLADIMIR. – En attendant.
ESTRAGON. – En attendant.
Silence.
VLADIMIR. – Si on faisait nos exercices ?
ESTRAGON. – Nos mouvements.
VLADIMIR. – D'assouplissement.
ESTRAGON. – De relaxation.
VLADIMIR. – De circumduction.
ESTRAGON. – De relaxation.
VLADIMIR. – Pour nous réchauffer.
ESTRAGON. – Pour nous calmer.
VLADIMIR. – Allons-y.
Il commence à sauter. Estragon l'imite.
ESTRAGON *(s'arrêtant)*. – Assez. Je suis fatigué.
VLADIMIR *(s'arrêtant)*. – Nous ne sommes pas en train. Faisons quand même quelques respirations.
ESTRAGON. – Je ne veux plus respirer.
VLADIMIR. – Tu as raison. *(Pause.)* Faisons quand même l'arbre, pour l'équilibre.
ESTRAGON. – L'arbre ?
Vladimir fait l'arbre en titubant.
VLADIMIR *(s'arrêtant)*. – À toi.
Estragon fait l'arbre en titubant.
ESTRAGON. – Tu crois que Dieu me voit ?
VLADIMIR. – Il faut fermer les yeux.
Estragon ferme les yeux, titube plus fort.
ESTRAGON *(s'arrêtant, brandissant les poings, à tue-tête)*. – Dieu aie pitié de moi !
VLADIMIR *(vexé)*. – Et moi !
ESTRAGON *(de même)*. – De moi ! De moi ! Pitié ! De moi ! »

Samuel Beckett, **En attendant Godot**, acte II, 1952, Minuit

« M. MARTIN. – Mon appartement est au cinquième étage, c'est le n° 8, chère madame.
MME MARTIN. – Comme c'est curieux, mon Dieu, comme c'est bizarre ! et quelle coïncidence ! moi aussi j'habite au cinquième étage, dans l'appartement n° 8, cher monsieur !
M. MARTIN, *songeur*. – Comme c'est curieux, comme c'est

curieux, comme c'est curieux et quelle coïncidence ! vous savez, dans ma chambre à coucher j'ai un lit. Mon lit est couvert d'un édredon vert. Cette chambre, avec ce lit et son édredon vert, se trouve au fond du corridor, entre les water et la bibliothèque, chère madame !

MME MARTIN. – Quelle coïncidence, ah mon Dieu, quelle coïncidence ! Ma chambre à coucher a, elle aussi, un lit avec un édredon vert et se trouve au fond du corridor, entre les water, cher monsieur, et la bibliothèque !

M. MARTIN. – Comme c'est bizarre, curieux, étrange ! alors, madame, nous habitons dans la même chambre et nous dormons dans le même lit, chère madame. C'est peut-être là que nous nous sommes rencontrés !

MME MARTIN. – Comme c'est curieux et quelle coïncidence ! C'est bien possible que nous nous y soyons rencontrés, et peut-être même la nuit dernière. Mais je ne m'en souviens pas, cher monsieur !

M. MARTIN. – J'ai une petite fille, ma petite fille, elle habite avec moi, chère madame. Elle a deux ans, elle est blonde, elle a un œil blanc et un œil rouge, elle est très jolie, elle s'appelle Alice, chère madame.

MME MARTIN. – Quelle bizarre coïncidence ! moi aussi j'ai une petite fille, elle a deux ans, un œil blanc et un œil rouge, elle est très jolie et s'appelle aussi Alice, cher monsieur !

M. MARTIN, *même voix traînante, monotone.* – Comme c'est curieux et quelle coïncidence ! et bizarre ! c'est peut-être la même, chère madame !

MME MARTIN. – Comme c'est curieux ! c'est bien possible, cher monsieur.

Un assez long moment de silence... La pendule sonne vingt-neuf fois.

M. MARTIN, *après avoir longuement réfléchi, se lève lentement et, sans se presser, se dirige vers Mme Martin qui, surprise par l'air solennel de M. Martin, s'est levée, elle aussi, tout doucement ; M. Martin a la même voix rare, monotone, vaguement chantante.* – Alors, chère madame, je crois qu'il n'y a pas de doute, nous nous sommes déjà vus et vous êtes ma propre épouse... Élisabeth, je t'ai retrouvée !

MME MARTIN, *s'approche de M. Martin sans se presser. Ils s'embrassent sans expression. La pendule sonne une fois, très fort. Le coup de la pendule doit être si fort qu'il doit faire sursauter les spectateurs. Les époux Martin ne l'entendent pas.*

MME MARTIN. – Donald, c'est toi, Darling !

Ils s'assoient dans le même fauteuil, se tiennent embrassés et s'endorment. La pendule sonne encore plusieurs fois. Mary, sur la pointe des pieds, un doigt sur les lèvres, entre doucement en scène et s'adresse au public.

SCÈNE V
LES MÊMES ET MARY

MARY. – Élisabeth et Donald sont, maintenant, trop heureux pour pouvoir m'entendre. Je puis donc vous révéler un secret. Élisabeth n'est pas Élisabeth, Donald n'est pas Donald. En voici la preuve : l'enfant dont parle Donald n'est pas la fille d'Élisabeth, ce n'est pas la même personne. La fillette de Donald a un œil blanc et un autre rouge tout comme la fillette d'Élisabeth. Mais tandis que l'enfant de Donald a l'œil blanc à droite et l'œil rouge à gauche, l'enfant d'Élisabeth, lui, a l'œil rouge à droite et le blanc à gauche ! Ainsi tout le système d'argumentation de Donald s'écroule en se heurtant à ce dernier obstacle qui anéantit toute sa théorie. Malgré les coïncidences extraordinaires qui semblent être des preuves définitives, Donald et Élisabeth n'étant pas les parents du même enfant ne sont pas Donald et Élisabeth. Il a beau croire qu'il est Donald, elle a beau se croire Élisabeth. Il a beau croire qu'elle est Élisabeth. Elle a beau croire qu'il est Donald : ils se trompent amèrement. Mais qui est le véritable Donald ? Quelle est la véritable Élisabeth ? Qui donc a intérêt à faire durer cette confusion ? Je n'en sais rien. Ne tâchons pas de le savoir. Laissons les choses comme elles sont. *(Elle fait quelques pas vers la porte, puis revient et s'adresse au public.)* Mon vrai nom est Sherlock Holmes.
Elle sort. » ●

Eugène Ionesco, **La Cantatrice chauve (Antipièce)**, scènes IV et V, 1954,
« La Bibliothèque Gallimard » n° 11 »]

[« H. 1. – Eh bien, je te demande au nom de tout ce que tu prétends que j'ai été pour toi... au nom de ta mère... de nos parents... je t'adjure solennellement, tu ne peux plus reculer... Qu'est-ce qu'il y a eu ? Dis-le... tu me dois ça...
H. 2, *piteusement*. – Je te dis : ce n'est rien qu'on puisse dire... rien dont il soit permis de parler...
H. 1. – Allons, vas-y...
H. 2. – Eh bien, c'est juste des mots...
H. 1. – Des mots ? Entre nous ? Ne me dis pas qu'on a eu des mots... ce n'est pas possible... et je m'en serais souvenu...
H. 2. – Non, pas des mots comme ça... d'autres mots... pas ceux dont on dit qu'on les a "eus"... Des mots qu'on n'a pas "eus", justement... On ne sait pas comment ils vous viennent...
H. 1. – Lesquels ? Quels mots ? Tu me fais languir... tu me taquines...
H. 2. – Mais non, je ne te taquine pas... Mais si je te les dis...
H. 1. – Alors ? Qu'est-ce qui se passera ? Tu me dis que ce n'est rien...
H. 2. – Mais justement, ce n'est rien... Et c'est à cause de ce rien...

H. 1. – Ah on y arrive… C'est à cause de ce rien que tu t'es éloigné ? Que tu as voulu rompre avec moi ?
H. 2, *soupire*. – Oui… c'est à cause de ça… Tu ne comprendras jamais… Personne, du reste, ne pourra comprendre…
H. 1. – Essaie toujours… Je ne suis pas si obtus…
H. 2. – Oh si… pour ça, tu l'es. Vous l'êtes tous, du reste.
H. 1. – Alors, chiche… on verra…
H. 2. – Eh bien… tu m'as dit il y a quelque temps… tu m'as dit… quand je me suis vanté de je ne sais plus quoi… de je ne sais plus quel succès… oui… dérisoire… quand je t'en ai parlé… tu m'as dit : "C'est bien… ça…"
H. 1. – Répète-le, je t'en prie… j'ai dû mal entendre.
H. 2, *prenant courage*. – Tu m'as dit : "C'est bien… ça…" Juste avec ce suspens… cet accent…
H. 1. – Ce n'est pas vrai. Ça ne peut pas être ça… ce n'est pas possible…
H. 2. – Tu vois, je te l'avais bien dit… à quoi bon ?…
H. 1. – Non mais vraiment, ce n'est pas une plaisanterie ? Tu parles sérieusement ?
H. 2. – Oui. Très. Très sérieusement.
H. 1. – Écoute, dis-moi si je rêve… si je me trompe… Tu m'aurais fait part d'une réussite… quelle réussite d'ailleurs…
H. 2. – Oh peu importe… une réussite quelconque…
H. 1. – Et alors je t'aurais dit : "C'est bien, ça ?"
H. 2, *soupire*. – Pas tout à fait ainsi… il y avait entre "C'est bien" et "ça" un intervalle plus grand : "C'est biiien…… ça…" Un accent mis sur "bien"… un étirement : "biiien…" et un suspens avant que "ça" arrive… ce n'est pas sans importance.
H. 1. – Et ça… oui, c'est le cas de le dire… ce "ça" précédé d'un suspens t'a poussé à rompre…
H. 2. – Oh… à rompre… non, je n'ai pas rompu… enfin pas pour de bon… juste un peu d'éloignement.
H. 1. – C'était pourtant une si belle occasion de laisser tomber, de ne plus jamais revoir un ami de toujours… un frère… Je me demande ce qui t'a retenu…
H. 2. – C'est que ce n'est pas permis. Je n'ai pas eu l'autorisation.
H. 1. – Ah ? tu l'avais demandée ?
H. 2. – Oui, j'ai fait quelques démarches…
H. 1. – Auprès de qui ?
H. 2. – Eh bien, auprès de ceux qui ont le pouvoir de donner ces permissions. Des gens normaux, des gens de bon sens, comme les jurés des cours d'assises, des citoyens dont on peut garantir la respectabilité…
H. 1. – Et alors ? Qu'est-ce qu'ils t'ont dit ?
H. 2. – Alors… c'était à prévoir… Mon cas n'était pas le seul, du reste. Il y avait d'autres cas du même ordre : entre parents et enfants, entre frères et sœurs, entre époux, entre amis…
H. 1. – Qui s'étaient permis de dire "C'est bien… ça" avec un grrrand suspens ?

H. 2. – Non, pas ces mots… mais d'autres, même plus probants… Et il n'y a rien eu à faire : tous déboutés. Condamnés aux dépens. Et même certains, comme moi, poursuivis…
H. 1. – Poursuivi ? Toi ?
H. 2. – Oui. À la suite de cette demande, on a enquêté sur moi et on a découvert…
H. 1. – Ah ? Quoi ? Qu'est-ce que je vais apprendre ?
H. 2. – On a su qu'il m'est arrivé de rompre pour de bon avec des gens très proches… pour des raisons que personne n'a pu comprendre… J'avais été condamné… sur leur demande… par contumace… Je n'en savais rien… J'ai appris que j'avais un casier judiciaire où j'étais désigné comme "Celui qui rompt pour un oui ou pour un non". Ça m'a donné à réfléchir… » ●

Nathalie Sarraute, **Pour un oui ou pour un non**, 1993,
Gallimard, coll. « Folio théâtre »

« *Cuisine pavillon Delile. Soir.*
BÉATRICE. – Tout sera très ramassé
La première séquence sera ici vous deux dans cette cuisine
Vos gestes habituels
Monsieur Delile mais je peux vous appeler Pierre ?
Moi c'est Béatrice Pierre vous tenez la bouteille de champagne
Gros plan sur vos mains tirant sur le bouchon et paf vous versez vous dites
Bon aujourd'hui c'est un jour de fête pour moi
Rose vous dites
Formidable
Pierre vous attendez un instant et puis vous dites
J'ai enfin retrouvé un emploi ça fait quatre ans que j'attends ça je suis bien content d'arroser ça parce que ça le mérite
Vous pouvez ajouter
Alors fini la tristesse maintenant c'est la fête
Bon alors vous Rose vous le regardez et vous dites
Il y a eu des moments atroces
Moi je ne serai pas à l'image mais on entendra ma voix off je vous demanderai
Vous pensiez pouvoir retrouver un emploi ?
Vous hochez la tête à cette question vous répondez
Dans mon for intérieur je le pensais mais c'est les autres qui ne le pensaient pas tous les jours je consultais les petites annonces on demandait un technicien vendeur j'envoyais le C.V. pas de réponse ou bien "ne correspond pas au profil demandé" et à force
Vous reprenez une gorgée de champagne vous poursuivez
Et à force j'ai pensé "c'est à cause de ton âge Pierre tu retrouveras jamais rien"
DELILE. – Parce que moi je voulais pas rester inactif
BÉATRICE. – Vous dites ça vous dites

Je voulais pas rester inactif quand on est inactif on est diminué
DELILE. – Par rapport à la société par rapport à moi-même
BÉATRICE. – Très bien Rose à ce moment vous souriez vous aussi vous buvez une gorgée on vous voit sourire et vous dites
Par moments je me dis c'est pas vrai c'est un conte de fées après ces quatre années c'est merveilleux
Vous toujours vous dites
Tout était calculé le moindre sou nous avons caché cette misère aux yeux de tout le monde une fois on nous a coupé l'électricité on pouvait plus se chauffer s'éclairer
Vous dites
Déjà qu'on n'avait plus le moral la petite télé on pouvait plus la regarder
Pierre vous dites
C'est vrai
Rose à ce moment vous vous levez vous dites
Et puis je l'ai relancé sur le vélo voyez il faisait de la bicyclette dans le temps
Pierre vous dites
Heureusement que j'avais ça parce que cinquante soixante quatre-vingts kilomètres je me défonce j'arrive j'ai tout oublié tout hein ça me vide complètement le cerveau
Rose vous dites
S'il avait pas eu son vélo on aurait fait une bêtise il aurait pas tenu le choc faut avoir un but quand même
Cut
Et on passe à la séquence sans paroles vous êtes sur votre vélo vous montez la côte en danseuse
On cadre ensuite sur votre bout de jardin et la palissade avec la rue derrière vous venez d'entrer dans votre voiture
DELILE. – Je n'ai plus de voiture
BÉATRICE. – Ah
On vous en fournira une vous venez d'allumer le moteur vous êtes pour démarrer Rose vous sortez précipitamment de la maison en chemise de nuit vous criez
Pierre ton casse-croûte
Il vous regarde vous approchez vous dites
Je t'ai mis du pâté deux bananes
On voit partir la CX blanche
DELILE. – Une CX ?
Vraiment ?
BÉATRICE. – Champagne CX ça va ensemble
Il faut éviter de donner une impression de dénuement » ●

Michel Vinaver, **L'Émission de télévision**, 1990, Actes Sud Papiers

… à vous de lire le groupement de textes…

1 La parole et l'action : la parole est-elle instrument de l'action, la déclenche-t-elle ou la commente-t-elle ? la parole est-elle elle-même action ? Quelles sont les relations entre les personnages et leur discours ? Quelles informations les didascalies apportent-elles ?

2 La construction – ou la déconstruction… – des personnages : on pourra s'intéresser à leur nom – s'ils en ont un –, à leur volume de paroles. Le personnage est-il une force agissante ? est-il interchangeable avec un autre ?

3 Les formes du dialogue : on pourra constituer une typologie : dialogues, monologues, faux dialogues ou monologues alternés. Comment le dialogue progresse-t-il ? Comment les répliques s'enchaînent-elles ? Quel est l'effet produit par les stichomythies ?

4 L'usage de la parole : de sa mise en scène à la dérision. Choisissez quelques exemples.

… à vous de prendre vos marques dans le registre comique…

1 La répétition

Ressort de l'écriture de la comédie ou du gag, le comique de répétition illustre bien la thèse de l'automatisation de l'humain, présentée plus haut. Vous en chercherez des exemples dans le dialogue entre M. et Mme Martin (*La Cantatrice chauve*) ou dans les didascalies de *En attendant Godot*.

2 La parodie

Parasite, le comique vit de reproduction, de transformation et de détournement. « Le comique, écrit le critique Jean Emelina, n'est pas un "genre", mais l'envers de tous les autres. » Parce qu'elles dégradent les valeurs de sérieux, la caricature et la parodie ont une force comique dont la nature est subversive. L'amusement du lecteur est subordonné à sa connaissance des modèles culturels en cause.

• Les objets de la satire

Rire, c'est « rire avec », et « rire de » : Molière se moquait des médecins ou des dévots en parodiant leurs attitudes, leurs ridicules, leurs ruses. Dans l'extrait de *L'Émission de télévision*, quelle est la cible du dramaturge ? Vous pourrez analyser le fonctionnement de la parodie et, dans le cadre de l'écriture d'invention, écrire un sketch qui tourne en dérision ce qu'on appelle désormais la « téléréalité ».

• Le renversement burlesque

Cette forme comique naît de l'association entre un « sujet noble » et un « style bas » : la prière, discours intime ou solennel, est désacralisée par les clowneries de Vladimir et Estragon. De quelle forme de discours sérieux le monologue de Mary est-il la caricature ?

• • •

• • •

3 L'énonciation ironique
L'ironie vise à dévaluer comiquement l'énonciation d'autrui, ses valeurs, tout en faisant semblant de leur faire écho. Lorsque H. 1 dit : « C'était pourtant une si belle occasion de laisser tomber, de ne plus jamais revoir un ami de toujours… un frère… », il feint d'adopter le point de vue de H. 2 (« une belle occasion »), mais il faut distinguer dans son énoncé deux voix, et donc deux énonciations qui se superposent et se contredisent. C'est ce qu'on nomme la « polyphonie énonciative ». L'adjectif « belle », écho de la voix de H. 2, semble valorisant, mais il s'applique à une attitude négative : « laisser tomber […] un ami de toujours ». C'est dans cet écart, cette inadéquation, que se loge l'ironie. H. 1 retourne ironiquement un énoncé qui pourrait être celui de H. 2 en soulignant la disproportion ridicule entre l'effet (rompre avec un ami de toujours) et la cause (la prononciation d'une phrase banale : « C'est bien, ça »). Avez-vous perçu de l'ironie dans les autres extraits ?

4 Des « infractions »
• Par rapport au principe de « clarté » de la communication
Même si chacun s'efforce d'être clair lorsqu'il parle, la transparence ne l'emporte pas toujours dans les phénomènes de communication. Les ambiguïtés peuvent produire des malentendus tragiques ou des effets comiques. Les jeux de mots exploitent délibérément, sur le mode humoristique, la polysémie de certains énoncés. Vous en proposerez quelques exemples empruntés aux textes
• Par rapport à l'ordre logique
Le comique de l'absurde repose en grande partie sur une contestation des lois logiques : c'est le cas dans *La Cantatrice chauve*. Sur quels indices pouvez-vous appuyer pour le montrer ?
• Par rapport aux conventions dramaturgiques
Étymologiquement, le théâtre se définit par l'action (*drama* en grec), mais, dans *En attendant Godot*, les personnages sont condamnés à se donner la réplique pour passer le temps. L'absence d'action (au sens traditionnel du terme) crée un vide propice au comique de la dérision. Dans *La Cantatrice chauve*, tout le système d'information se trouve dynamité. Vous développerez ce point.

Les formes autobiographiques

Écrire sur soi

Auto-bio-graphie : avec ces trois racines, le mot relie étroitement l'identité singulière d'un « moi » (*auto*), la vie (*bio*) dans ce qu'elle a de mouvant et d'insaisissable et l'écriture (*graphie*), démarche d'expression et de recomposition. « Récit rétrospectif en prose qu'une personne réelle fait de sa propre existence lorsqu'elle met l'accent sur sa vie individuelle, en particulier sur l'histoire de sa personnalité » (définition du critique Philippe Lejeune, spécialiste du genre), l'autobiographie « moderne » ne naît pas au XXe siècle, mais au XVIIIe siècle, avec les *Confessions* (1781) de Rousseau, qui s'ouvrent sur cet engagement :

> « Que la trompette du Jugement dernier sonne quand elle voudra ; je viendrai, ce livre à la main, me présenter devant le souverain juge. Je dirai hautement : voilà ce que j'ai fait, ce que j'ai pensé, ce que je fus. J'ai dit le bien et le mal avec la même franchise. Je n'ai rien tu de mauvais, rien ajouté de bon, et s'il m'est arrivé d'employer quelque ornement indifférent, ce n'a jamais été que pour remplir un vide occasionné par mon défaut de mémoire ; j'ai pu supposer vrai ce que je savais avoir pu l'être, jamais ce que je savais être faux. »
>
> Jean-Jacques Rousseau, **Confessions**, 1781

Aucun de ses successeurs, quelles que soient ses motivations – inclination morale à l'aveu, goût pour l'exhibition, tendance à la complaisance narcissique… – ne pourra faire l'économie du rapport à la vérité. Cette exigence de vérité peut passer par d'autres formes d'écriture de soi : « mémoires » qui accordent une large place aux événements historiques, correspondances, journaux intimes, romans autobiographiques… À chaque forme ses règles du « Je ».

Le roman autobiographique : l'exemple proustien

Les journalistes demandent souvent à un romancier quelle est la part d'autobiographie sous la fiction. Si, à un degré ou un autre, toute écriture recycle des matériaux personnels, le roman autobiographique transpose explicitement dans la fiction des éléments relevant du domaine biographique. Cette transposition interdit de lire ce genre de romans selon les critères de l'exactitude factuelle. La dimension proprement autobiographique (affective, psychologique, sociale, morale…) se diffuse et se cristallise en des points malaisément identifiables. Le roman autobiographique invite à accepter un contrat minimal, au terme duquel le lecteur doit envisager la fiction narrative comme une histoire, racontée la plupart du temps à la première personne, enrichie des matériaux d'une vie réelle. *Voyage au bout de la nuit* de Louis-Ferdinand Céline correspond à un tel dispositif : Bardamu est un double projeté de l'auteur, et les épisodes qu'il narre sont dans l'ensemble indexés à la chronique biographique de Céline.

Mais c'est sans doute avec le grand ensemble romanesque de Marcel Proust – sept romans et trois mille pages –, *À la recherche du temps perdu* (1913-1927), que l'écriture de fiction autobiographique prend une valeur exemplaire. Tout à la fois peinture de la société mondaine et roman d'apprentissage, cette œuvre fascine aussi par la subtilité de ses analyses du moi :

« Un livre est le produit d'un autre moi que celui que nous manifestons dans nos habitudes, dans la société, dans nos vices. Ce moi-là, si nous voulons essayer de le comprendre, c'est au fond de nous-mêmes, en essayant de le recréer en nous, que nous pouvons y parvenir. Rien ne peut nous dispenser de cet effort de notre cœur. »

Marcel Proust, **Contre Sainte-Beuve**, 1952 (publication posthume), Gallimard, coll. « Folio essais »

En effet, le moi social correspond à la face la plus familière et la plus convenue, tandis que le moi littéraire ou artiste est le produit d'une recréation dans et par l'écriture. *À la recherche du temps perdu* s'ordonne autour d'un personnage-narrateur, Marcel, qui traverse les époques et les milieux, et qui porte en lui le projet, toujours contrarié ou différé, d'une œuvre littéraire susceptible de fixer le temps en dégageant la vérité cachée, dispersée, de la réalité. Là où l'autobiographie traditionnelle isole et hiérarchise des « tranches » du passé – séquences *a priori* dotées de sens –, le roman proustien ne se contente pas de ressusciter des moments révolus, enfouis dans la mémoire. L'écriture n'est pas seulement cet instrument prodigieux qui lutte contre l'oubli et la mort ; elle est ce par quoi l'on peut se soustraire à l'ordre inflexible du temps. Alors que le narrateur adulte a occulté ses souvenirs d'enfance à Combray (sauf « le théâtre et le drame de son coucher »), le goût d'une simple madeleine trempée dans du thé le jette dans un état d'extase qu'il cherche à interpréter : « Je pose la tasse et me tourne vers mon esprit. C'est à lui de trouver la vérité. Mais comment ? »

Comme un explorateur, le narrateur plonge en lui-même avec effort, dans l'énigme de la sensation, et c'est une part de son identité enfouie dans l'oubli qui revient au jour :

« Et tout d'un coup, le souvenir m'est apparu. Ce goût c'était celui du petit morceau de madeleine que le dimanche matin à Combray (parce que ce jour-là je ne sortais pas avant l'heure de la messe), quand j'allais lui dire bonjour dans sa chambre, ma tante Léonie m'offrait après l'avoir trempé dans son infusion de thé ou de tilleul. La vue de la petite madeleine ne m'avait rien rappelé avant que je n'y eusse goûté ; peut-être parce que, en ayant souvent aperçu depuis, sans en manger, sur les tablettes des pâtissiers, leur image avait quitté ces jours de Combray pour se lier à d'autres plus récents ; peut-être parce que de ces souvenirs abandonnés si longtemps hors de la mémoire, rien ne survivait, tout s'était désagrégé ; les formes – et celle aussi du petit coquillage de pâtisserie, grassement sensuel, sous son plissage sévère et dévot – s'étaient abolies, ou, ensommeillées, avaient perdu la force d'expansion qui leur eût permis de rejoindre la conscience. Mais quand d'un passé ancien rien ne subsiste, après la mort des êtres, après la destruction des choses, seules, plus frêles mais plus vivaces, plus immatérielles, plus persistantes, plus fidèles, l'odeur et la saveur restent encore longtemps, comme des âmes, à se rappeler, à attendre, à espérer, sur la ruine de tout le reste, à porter sans fléchir, sur leur gouttelette presque impalpable, l'édifice immense du souvenir.

Et dès que j'eus reconnu le goût du morceau de madeleine trempé dans le tilleul que me donnait ma tante (quoique je ne susse pas encore et dusse remettre à bien plus tard de découvrir pourquoi ce souvenir me rendait si heureux), aussitôt la vieille maison grise sur la rue, où était sa chambre, vint comme un décor de théâtre s'appliquer au petit pavillon, donnant sur le jardin, qu'on avait construit pour mes parents sur ses derrières (ce pan tronqué que seul j'avais revu jusque-là) ; et avec la maison, la ville, depuis le matin jusqu'au soir et par tous les temps, la Place où on m'envoyait avant déjeuner, les rues où j'allais faire des courses, les chemins qu'on prenait si le temps était beau. Et comme dans ce jeu où les Japonais s'amusent à tremper dans un bol de porcelaine rempli d'eau, de petits morceaux de papier jusque-là indistincts qui, à peine y sont-ils plongés s'étirent, se contournent, se colorent, se différencient, deviennent des fleurs, des maisons, des personnages consistants et reconnaissables, de même maintenant, toutes les fleurs de notre jardin et celle du parc de M. Swann, et les nymphéas de la Vivonne, et les bonnes gens du village et leurs petits logis et l'église et tout Combray et ses environs, tout cela qui prend forme et solidité, est sorti, ville et jardins, de ma tasse de thé. » ●

Marcel Proust, **À la recherche du temps perdu**, Du côté de chez Swann, 1913 »]

… à vous d'entrer dans la mémoire du narrateur…

1 Le processus de réminiscence : reconstituez-en minutieusement la temporalité pour bien le comprendre.

2 L'écriture proustienne est à la fois sensuelle et intellectuelle. Quels exemples pourriez-vous proposer pour illustrer ces deux caractéristiques ? Laquelle, selon vous, l'emporte ?

3 Vous pourrez vous intéresser à la figure du déploiement (lexique, progression thématique, métaphore…)

4 L'apparition du monde de l'enfance : magie ou travail de l'écriture ?

Le scalpel autobiographique

La formule autobiographique traditionnelle repose sur un pacte spécifique, que le critique Philippe Lejeune a désigné comme « pacte autobiographique » : l'auteur s'engage à dire la vérité, le lecteur à le croire. Ce contrat assure au genre toute sa valeur. L'autobiographie ouvre dès lors un espace de la transparence, dans lequel une vie est analysée et jugée. « Un misérable tas de secrets », voilà à quoi se réduirait chacun d'entre nous, selon un personnage d'André Malraux. Mais, si cet écrivain-là choisit justement, dans ses *Antimémoires,* de ne rien dire de son enfance ou de son intimité (« Que m'importe ce qui n'importe qu'à moi ? »), bien d'autres, comme par exemple André Gide (*Si le grain ne meurt*), ont mis leurs pas dans ceux du Rousseau des *Confessions*.

Dans *La Force des choses*, Simone de Beauvoir raconte :

« En fait, j'avais envie de parler de moi. J'aimais *L'Âge d'homme* de Leiris ; j'avais du goût pour les essais-martyrs où on s'explique sans prétexte. Je commençai à y rêver, à prendre quelques notes et j'en parlai à Sartre. Je m'avisai qu'une première question se posait : Qu'est-ce que ça avait signifié pour moi d'être une femme...? Pour moi, dis-je à Sartre, ça n'a pour ainsi dire pas compté. Tout de même, vous n'avez pas été élevée de la même manière qu'un garçon ; il faudrait y regarder de plus près. Je regardai et j'eus une révélation ; ce monde était un monde masculin, mon enfance avait été nourrie de mythes forgés par les hommes et je n'y avais pas du tout réagi de la même manière que si j'avais été un garçon. » ●

Simone de Beauvoir, **La Force des choses**, 1963, Gallimard, coll. « Folio »

Idée qui traverse son grand essai féministe, *Le Deuxième Sexe* (1949), dont on voit que la genèse est étroitement associée à un projet autobiographique qui se réalisera ultérieurement avec les *Mémoires d'une jeune fille rangée* (1958), *La Force de l'âge* (1960) et *La Force des choses* (1963).

L'autobiographie de Jean-Paul Sartre, elle, tient en deux cents pages et s'organise en un diptyque de deux parties qui se font écho : « Lire », « Écrire ». Aussi ne s'étonnera-t-on pas que Sartre ait choisi pour titre *Les Mots.* C'est l'origine – névrotique d'après lui – de sa vocation d'écrivain qu'il reconstitue en se penchant avec cruauté et humour sur l'enfant qu'il a été, élevé dans une véritable religion des livres et des mots.

« Je n'ai jamais gratté la terre ni quêté des nids, je n'ai pas herborisé ni lancé des pierres aux oiseaux. Mais les livres ont été mes oiseaux et mes nids, mes bêtes domestiques, mon étable et ma campagne ; la bibliothèque, c'était le monde pris dans un miroir ; elle en avait l'épaisseur infinie, la variété, l'imprévisibilité. Je me lançai dans d'incroyables aventures : il fallait grimper sur les chaises, sur les tables, au risque de provoquer des avalanches qui m'eussent enseveli. Les ouvrages du rayon supérieur restèrent longtemps hors de ma portée ; d'autres, à peine je les avais découverts, me furent ôtés des mains ; d'autres, encore, se cachaient : je les avais pris, j'en avais commencé la lecture, je croyais les avoir remis en place, il fallait une semaine pour les retrouver. Je fis d'horribles rencontres : j'ouvrais un album, je tombais sur une planche en couleurs, des insectes hideux grouillaient sous ma vue. Couché sur le tapis, j'entrepris d'arides voyages à travers Fontenelle, Aristophane, Rabelais : les phrases me résistaient à la manière des choses ; il fallait les observer, en faire le tour, feindre de m'éloigner et revenir brusquement sur elles pour les surprendre hors de leur garde : la plupart du temps, elles gardaient leur secret. J'étais La Pérouse, Magellan, Vasco de Gama ; je découvrais des indigènes étranges : "Héautontimorouménos" dans une traduction de Térence en alexandrins, "idiosyncrasie" dans un ouvrage de littérature comparée. Apocope, Chiasme, Parangon, cent autres Cafres impénétrables et distants surgissaient au détour d'une page et leur seule apparition disloquait tout le paragraphe. Ces mots durs et noirs, je n'en ai connu le sens que dix ou quinze ans plus tard et, même aujourd'hui, ils gardent leur opacité : c'est l'humus de ma mémoire. »

Jean-Paul Sartre, **Les Mots**, 1964, Gallimard, coll. « Folio »

« Tous les enfants ont du génie, sauf Minou Drouet, a dit Cocteau en 1955. En 1912, ils en avaient tous sauf moi : j'écrivais par singerie, par cérémonie, pour faire la grande personne : j'écrivais surtout parce que j'étais le petit-fils de Charles Schweitzer. On me donna les fables de La Fontaine ; elles me déplurent : l'auteur en prenait à son aise ; je décidai de les récrire en alexandrins. L'entreprise dépassait mes forces et je crus remarquer qu'elle faisait sourire : ce fut ma dernière expérience poétique. Mais j'étais lancé : je passai des vers à la prose et n'eus pas la moindre peine à réinventer par écrit les aventures passionnantes que je lisais dans *Cri-Cri*. Il était temps : j'allais découvrir l'inanité de mes songes. Au cours de mes chevauchées fantastiques, c'était la réalité que je voulais atteindre. Quand ma mère me demandait, sans détourner les yeux de sa partition : "Poulou, qu'est ce que tu fais ?" Il m'arrivait parfois de rompre mon vœu de silence et de lui répondre : "Je fais du cinéma." En effet, j'essayais d'arracher les images de ma tête et de les *réaliser* hors de moi, entre de vrais meubles et de vrais murs, éclatantes et visibles autant que celles qui ruisselaient sur les écrans. Vainement ; je ne pouvais plus ignorer ma double imposture : je feignais d'être un acteur feignant d'être un héros.

À peine eus-je commencé d'écrire, je posai ma plume pour jubiler. L'imposture était la même mais j'ai dit que je tenais les mots pour la quintessence des choses. Rien ne me troublait plus que de voir mes pattes de mouche échanger peu à peu leur luisance de feux follets contre la terne consistance de la matière :

c'était la réalisation de l'imaginaire. Pris au piège de la nomination, un lion, un capitaine du Second Empire, un Bédouin s'introduisaient dans la salle à manger ; ils y demeuraient à jamais captifs, incorporés par les signes ; je crus avoir ancré mes rêves dans le monde par le grattement d'un bec d'acier. Je me fis donner un cahier, une bouteille d'encre violette, j'inscrivis sur la couverture : "Cahier de romans". »

Jean-Paul Sartre, **Les Mots**, 1964, Gallimard, coll. « Folio »

… à vous de mettre des mots sur *Les Mots*…

1 Dans le premier extrait, vous pourrez faire l'inventaire des métaphores et mesurer les effets poétiques ou humoristiques qu'elle produisent.

2 Dans le second extrait, vous vous intéresserez aux marques de l'ironie. Quelle relation institue-t-elle entre le Je autobiographe et le Je enfant ?

3 Dans les dernières pages, Sartre évoque ses trente ans et la rédaction de *La Nausée* : « Militant je voulus me sauver par les œuvres ; mystique, je tentai de dévoiler le silence de l'être par un bruissement contrarié de mots et, surtout, je confondis les choses avec leurs noms ». Quelle continuité fait-il apparaître entre l'enfant et l'adulte ?

De l'autobiographie à l'autofiction

On le voit, le stylo peut devenir scalpel. Le travail autobiographique, le recul qui l'accompagne sont propices à dissiper les leurres, la mauvaise foi de celui qu'on a été. Mais la psychanalyse et la théorie complexe du sujet qu'elle promeut ont contribué à modifier les enjeux de l'écriture autobiographique : lacunes de la mémoire, ressorts secrets de l'inconscient, pièges du langage n'épargnent pas celui qui écrit… De cette mutation, l'œuvre de Michel Leiris témoigne avec acuité : il tente d'adopter à l'égard de lui-même une position d'extériorité afin de soustraire cet objet singulier qu'on appelle « sujet » au manège narcissique et aux regards toujours suspects des autres. Et par là même de se mettre en danger, ce qu'exprime la métaphore de l'écrivain-torero face à la corne acérée de la vérité :

« Mettre à nu certaines obsessions d'ordre sentimental ou sexuel, confesser publiquement certaines des déficiences ou des lâchetés qui font le plus honte, tel fut pour l'auteur le moyen – grossier sans doute, mais qu'il livre à d'autres en espérant le voir amender – d'introduire ne fût-ce que l'ombre d'une corne de taureau dans une œuvre littéraire. »

Michel Leiris, « De la littérature considérée comme une tauromachie »,
Préface de **L'Âge d'homme**, 1939, Gallimard, coll. « Folio »

Ethnographe de formation, Leiris use d'une méthode comparable à celle que le savant utilise dans ses enquêtes de terrain. Il rassemble tous les indices et tous les détails susceptibles de rendre compte, fût-ce accessoirement, de son milieu, de ses gestes et de ses rites ; une attention de tous les instants est vouée aux objets et aux habitudes quotidiennes, tics de langage, lapsus, rêves, penchants, goûts... *La Règle du jeu* – œuvre en quatre volumes : *Biffures* (1948), *Fourbis* (1955), *Fibrilles* (1966) et *Frêle Bruit* (1976) – rend compte d'une entreprise complexe qui progresse malgré les crises de doute, ou grâce à elles :

« Quant à ces pages sur lesquelles je m'acharne, loin de s'acheminer vers un message dont les autres et moi-même pourrions faire notre profit, refléteraient-elles ma seule complaisance à me pencher sur mon passé et tendraient-elles, en fin de compte, à m'enchaîner – au lieu de m'en détacher et de m'ouvrir un futur plus viril – à d'antiques jouets ou fétiches poussiéreux que je devrais plutôt mettre une bonne fois pour toutes au rancart pour vivre enfin d'autre chose que de souvenir ? »

Michel Leiris, **Biffures**, 1948, Gallimard, coll. « L'imaginaire »

Quelque sincère que soit l'écrivain, le contrat de véracité peut entrer en contradiction avec le travail toujours imprévisible de l'imaginaire et de la création. C'est sur cet aspect paradoxal de l'aventure autobiographique qu'insiste le romancier Alain Robbe-Grillet :

« Je ne suis pas homme de vérité, ai-je dit, mais non plus du mensonge, ce qui reviendrait au même. Je suis une sorte d'explorateur, résolu, mal armé, imprudent, qui ne croit pas à l'existence antérieure ni durable du pays où il trace, jour après jour, un chemin possible. Je ne suis pas un maître à penser, mais un compagnon de route, d'invention, ou d'aléatoire recherche. Et c'est encore dans une fiction que je me hasarde ici. »

Alain Robbe-Grillet, **Le Miroir qui revient**, 1985, Minuit

Adopter une nouvelle posture, qui tienne compte des leurres du genre, c'est aussi ce que Serge Doubrovsky, écrivain et critique, choisit de faire en désignant comme « autofiction » son entreprise autobiographique, ce qui n'en atténue pas la violence, au contraire : *Le Livre brisé* (1989) raconte, entre autres choses, la « descente aux enfers » – alcool, suicide (?) – de sa jeune épouse. Revenant sur ce terme dans un autre livre (*L'Après-vivre*, 1994), il le présente moins comme le résultat d'une théorie que comme celui d'une intuition :

« C'est vrai, je ne suis pas sûr pourquoi, j'ai pris l'habitude de mettre ma vie en récits. D'en faire, par tranche, des sortes de romans. J'ai appelé ça, faute de mieux, "mon autofiction". De l'auto-biographie toute chaude, à vif, qui saigne, mais recomposée selon les normes propres de l'écriture. »

Serge Doubrovsky, **L'Après-vivre**, 1994, Grasset

Comme d'autres avant lui, Leiris, mais aussi Nathalie Sarraute avec *Enfance* ou Marguerite Duras avec *L'Amant*, Doubrovsky signe la fin d'une certaine idée de l'autobiographie. À la mise en scène du sens et de la transparence, ces écrivains substituent une écriture du doute et du vertige.

« – Alors, tu vas vraiment faire ça ? "Évoquer tes souvenirs d'enfance"... Comme ces mots te gênent, tu ne les aimes pas. Mais reconnais que ce sont les seuls mots qui conviennent. Tu veux "évoquer tes souvenirs"... il n'y a pas à tortiller, c'est bien ça.
– Oui, je n'y peux rien, ça me tente, je ne sais pas pourquoi...
– C'est peut-être... est-ce que ce ne serait pas... on ne s'en rend parfois pas compte... c'est peut-être que tes forces déclinent...
– Non, je ne crois pas... du moins je ne le sens pas...
– Et pourtant ce que tu veux faire... "évoquer tes souvenirs"... est-ce que ce ne serait pas...
– Oh, je t'en prie...
– Si, il faut se le demander : est-ce que ce ne serait pas prendre ta retraite ? te ranger ? quitter ton élément, où jusqu'ici, tant bien que mal...
– Oui, comme tu dis, tant bien que mal...
– Peut-être, mais c'est le seul où tu aies jamais pu vivre... celui...
– Oh, à quoi bon ? je le connais.
– Est-ce vrai ? Tu n'as vraiment pas oublié comment c'était là-bas ? comme là-bas tout fluctue, se transforme, s'échappe... tu avances à tâtons, toujours cherchant, te tendant... vers quoi ? qu'est-ce que c'est ? ça ne ressemble à rien... personne n'en parle... ça se dérobe, tu l'agrippes comme tu peux, tu le pousses... où ? n'importe où, pourvu que ça trouve un milieu propice où ça se développe, où ça parvienne peut-être à vivre... Tiens, rien que d'y penser...
– Oui, ça te rend grandiloquent. Je dirai même outrecuidant. Je me demande si ce n'est pas toujours cette même crainte... Souviens-toi comme elle revient chaque fois que quelque chose d'encore informe se propose... Ce qui nous est resté des anciennes tentatives nous paraît toujours avoir l'avantage sur ce qui tremblote quelque part dans les limbes...
– Mais justement, ce que je crains, cette fois, c'est que ça ne tremble pas... pas assez... que ce soit fixé une fois pour toutes, du "tout cuit", donné d'avance...
– Rassure-toi pour ce qui est d'être donné... c'est encore tout vacillant, aucun mot écrit, aucune parole ne l'ont encore touché, il me semble que ça palpite faiblement... hors des mots... comme toujours... des petits bouts de quelque chose d'encore vivant... je voudrais, avant qu'ils disparaissent... laisse-moi...
– Bon. Je me tais... d'ailleurs nous savons bien que lorsque quelque chose se met à te hanter...
– Oui, et cette fois, on ne le croirait pas, mais c'est de toi que me vient l'impulsion, depuis un moment déjà tu me pousses... »

Nathalie Sarraute, **Enfance**, 1983, Gallimard, coll. « Folio »

« QU'EST-CE QUE J'AI FAIT. Cette pensée inopinée me reste en travers du gosier, comme une arête. Elle me stoppe. Retour à mon inanité de départ. À peine ranimé, de nouveau anéanti. Le roman est ouvert à tous, n'importe qui peut s'y essayer. les chances sont égales. L'autobiographie n'est pas un genre démocratique : une chasse gardée, un club fermé, un privilège jaloux. Réservé aux importants de ce monde, grands écrivains, capitaines d'armée, d'industrie. Pour les chefs, les meneurs, les géants, les nababs. Je suis un nabot. Un type timide, rien qu'un prof. Pas un prophète. Rencogné dans une existence effacée : cela me gomme. *Grand-homme-au-soir-de-sa-vie-et-dans-un-beau-style.* Peux pas prendre la pose. J'ai l'âge. Mais l'autobiographie ne se mérite pas à l'ancienneté. Je n'y ai pas droit. Pas membre du club, on me refuse l'entrée. MA VIE N'INTÉRESSE PERSONNE. Un fait. Irréductible. Coupé net dans son élan, mon projet retombe. Mon enthousiasme débande. Les doigts déjà frétillants sur le clavier, prêts à taper. Je demeure sur la touche. J'abandonne. Je sombre corps et âme dans le clair-obscur grisâtre de mon bureau. Et puis une petite lueur s'allume dans ma tête. Une petite idée ingénue, perverse. L'autobiographie, ce panthéon des pompes funèbres, l'accès m'en est interdit. D'accord mais je puis m'y introduire en fraude. Resquiller, à la faveur de la fiction, sous le couvert du roman. Puisque j'ai commencé par là. Le fictif cautionnera, chaperonnera le réel. Telle est l'astuce. Si le lecteur a bien voulu me suivre, si j'ai réussi un peu, rien qu'un peu, à éveiller son intérêt pour mon personnage, je lui refilerai ma personne. Si je suis arrivé un tantinet à l'épater, à l'appâter, il mordra à l'hameçon. En dévorant le roman, il avalera l'autobiographie. Des morceaux de mon vrai moi, des tranches de ma vraie vie seront assimilés. Seulement de mon côté, il y a aussi un prix à payer. Au jeu de la vérité, on ne peut plus se payer de mots. Il faut payer de sa personne. En direct, à nu. Sans masques, sans fioritures. Adieu les volutes stylistiques, les acrobaties verbales. Rousseau disait, *un homme dans toute la vérité de sa nature*. Fini, les feux d'artifices. »

Serge Doubrovsky, **Le Livre brisé**, 1989, Grasset

« Dans les histoires de mes livres qui se rapportent à mon enfance, je ne sais plus tout à coup ce que j'ai évité de dire, ce que j'ai dit, je crois avoir dit l'amour que l'on portait à notre mère mais je ne sais pas si j'ai dit la haine qu'on lui portait aussi et l'amour qu'on se portait les uns les autres, et la haine aussi, terrible, dans cette histoire commune de ruine et de mort qui était celle de cette famille dans tous les cas, dans celui de l'amour comme dans celui de la haine et qui échappe encore à tout mon entendement, qui m'est encore inaccessible, cachée au plus profond de ma chair, aveugle comme un nouveau-né du premier jour. Elle est le lieu au seuil de quoi le silence commence. Ce qui s'y passe c'est justement le silence, ce lent travail pour toute ma vie. Je suis encore là, devant ces enfants dépossédés, à la distance même du mystère. Je n'ai jamais écrit, croyant le faire, je n'ai jamais aimé, croyant aimer, je n'ai jamais rien fait qu'attendre devant la porte fermée. » ●

Marguerite Duras, **L'Amant**, 1984, Minuit

« Dans ce tome final rose par endroits mais où (qu'y puis-je ?) le noir domine, j'en ai pris à mon aise avec l'échelonnement des dates et avec la construction rationnelle. Plaçant fréquemment *avant* ce qui n'était venu qu'*après*, traitant de neiges d'antan selon un état d'esprit présent, sortant de mes cartons ou des tiroirs de ma mémoire, pour les mêler à des choses d'aujourd'hui ou à peine d'hier, tantôt une vieille histoire, tantôt une idée passée, tantôt ce que – faute d'un autre mot – je pourrais dire "poème" au même titre que tel morceau qui, d'un coup ou par apports graduels, s'est fait en cours de route. Mais acquiert-on un œil d'éternité en mélangeant les temps, multipliant les points de vue et mariant ou opposant les tons comme il vous plaît ? Affaire, si l'on veut, d'arrangement, à la façon dont au Japon l'on arrange patiemment – sans les fondre en la profusion d'un bouquet – un petit nombre de fleurs, pour la joie – ou pour la paix – du regard, avec toutefois certains dessous.
Florilège donc, que plus irrémissiblement que tout choix délibéré limitent ces absences : ce que je n'ai pas décelé, pas su formuler, ou répugné à mettre en lumière. » ●

Michel Leiris, **La Règle du jeu IV**, **Frêle Bruit**, 1976, Gallimard, coll. « L'imaginaire »

… à vous de lire le groupement de textes…

1 Certains extraits correspondent à un discours de fondation du projet autobiographique, d'autres à une réflexion en forme de bilan : classez-les en repérant des indices précis.

2 La contestation du genre autobiographique : dans quels textes, explicitement ou implicitement, s'exprime-t-elle ? (Vous pourrez notamment analyser les marques de l'ironie dans l'extrait du *Livre brisé*.) Au nom de quelles valeurs le genre est-il critiqué ? Pourquoi ces écrivains choisissent-ils malgré tout de s'engager dans une entreprise de cette nature ?

3 À la recherche de soi : les textes font apparaître la complexité de l'identité autobiographique. Loin d'être une mise en ordre, l'autobiographie, dans ses formes renouvelées, suscite délibérément des brouillages et de l'opacité. Analysez dans cette perspective le rôle de l'énonciation, de la syntaxe, des paradoxes et des métaphores.

● ● ●

• • •

4 *Biffures, Fourbis, Fibrilles, Frêle Bruit* : ces titres de Michel Leiris jouent sur des échos sonores et des métaphores. À l'aide d'un dictionnaire, vous pourrez proposer des hypothèses qui mettent en rapport chacun de ces termes avec l'un des aspects ou l'une des difficultés de l'autobiographie. Imaginez à votre tour quelques titres métaphoriques, reliés entre eux par des effets de paronomase ou d'assonances, qui définiraient un projet autobiographique, peut-être le vôtre.

Soi et les autres

D'autres formes artistiques, bande dessinée ou arts plastiques, se sont aussi emparées du matériau autobiographique. En témoigne le titre de la revue *Ego comme x*, qui joue sur les mots puisqu'on peut aussi entendre « *ego comics* ». Les vignettes, dans le journal de Fabrice Neaud, le rapport entre texte et photos chez la plasticienne Sophie Calle vont réinventer l'art de se raconter.

On pourrait croire que le discours autobiographique s'accompagne d'une fermeture, d'un repli sur soi. Ce n'est pas toujours le cas… Dans ses tomes de bandes dessinées, *L'Ascension du haut mal*, David B. lie indissolublement les récits de sa propre évolution et de celle de son frère, épileptique. Sophie Calle, elle, décrit ainsi le dispositif de *Douleur exquise* (2003) :

Extrait de *Douleur exquise* de Sophie Calle.

« En 1984, le ministère des Affaires étrangères m'a accordé une bourse d'études de trois mois au Japon. Je suis partie le 25 octobre sans savoir que cette date marquait le début d'un compte à rebours de quatre-vingt-douze jours qui allait aboutir à une rupture, banale, mais que j'ai vécue alors comme le moment le plus douloureux de ma vie. J'en ai tenu ce voyage pour responsable.
De retour en France, le 28 janvier 1985, j'ai choisi, par conjuration, de raconter ma souffrance plutôt que mon périple.
En contrepartie, j'ai demandé à mes interlocuteurs, amis ou rencontres de fortune : “Quand avez-vous le plus souffert ?” Cet échange cesserait quand j'aurais épuisé ma propre histoire à force de la raconter, ou bien relativisé ma peine face à celle des autres.
La méthode aura été radicale : en trois mois j'étais guérie.
L'exorcisme réussi, dans la crainte d'une rechute, j'ai délaissé mon projet.
Pour l'exhumer quinze ans plus tard. » •

Sophie Calle, **Douleur exquise**, 2003, Actes Sud

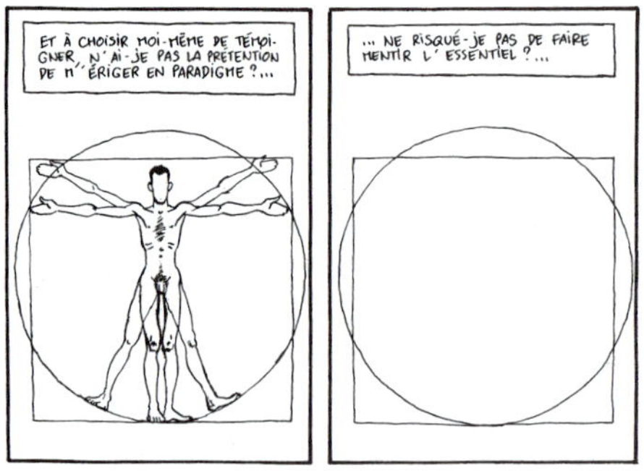

Encore un exemple : celui de Fabrice Neaud, qui, dans son journal en bandes dessinées, évoque aussi bien ses soucis financiers que ses tourments amoureux ou encore ses efforts pour faire vivre la revue *Ego comme x*. On va le découvrir s'interrogeant sur sa « galère » de chômeur, semblable à toutes les autres et à aucune :

« Il paraît que nous sommes trois millions comme ça, sans fonctions sociales et pourtant socialisés puisque recensés en RMIste, CES, fin de droit… fragmentés, atomisés chacun se raccroche à son statut et se rassure de ne pas être le même chômeur que celui d'à côté. »

Fabrice Neaud, **Journal 2**, Ego comme X, (les six premières vignettes sont extraites de la page 34, les deux suivantes de la page 35)

… à vous de lire ces extraits d'un autre genre…

1 La mise en page des extraits : qu'il s'agisse de mots, de vignettes ou de photos, l'auteur(e) partage son espace avec autrui. De quelle façon ? Comment le parallèle s'établit-il ?

2 L'image (dessin ou photo) et le texte : comment ces deux formes de l'expression se conjuguent-elles ?

3 Qu'est-ce qui, selon vous, l'emporte : le registre pathétique induit par les situations, ou sa mise à distance ? Vous argumenterez précisément.

4 Vous pouvez sélectionner une photo (par exemple celle d'un lieu que vous aimez particulièrement) et écrire un texte pour l'accompagner. Demandez ensuite à quelques amis de faire de même, et fabriquez-vous une petite plaquette collective.

▶ L'écrivain au travail

À la recherche du temps perdu : l'écriture comme objet de roman

« L'histoire d'une écriture »

Le critique Roland Barthes (1915-1980) a parfaitement résumé dans cette formule : «*La recherche du temps perdu* est l'histoire d'une écriture », le décentrement qu'opère *À la recherche du temps perdu* par rapport aux romans antérieurs. En effet, l'ensemble de la *Recherche* raconte la quête littéraire du narrateur : la création du roman devient l'objet même du roman. Très tôt, le jeune narrateur se sent une vocation d'écrivain. Mais que mettre dans son œuvre ? Rien dans sa vie ne lui semble fournir une matière romanesque : le quotidien provincial de Combray, puis les mondanités sur la côte normande ou à Paris, les insatisfactions amoureuses, apparaissent comme autant de « pertes de temps » stériles où l'écrivain croit s'égarer, s'écarter de sa vocation. Du reste, la mémoire volontaire ne permet de reconstituer que des pans incomplets et obscurs de ce qui s'est perdu dans le passé. Le « miracle » proviendra de la mémoire involontaire qui, à partir de sensations très concrètes – une madeleine fondant dans la bouche, le contact avec le tissu d'une serviette, un pas qui bute sur un pavé inégal –, font renaître la complexité et la totalité d'un monde que l'on croyait à jamais perdu. Cette découverte que fait le narrateur au terme du roman lui permet de comprendre que c'est précisément ce qu'il croyait sans intérêt – sa vie, et surtout sa vie intérieure – qui lui fournira la matière de son œuvre. *À la recherche du temps perdu* constitue donc un cycle : le lecteur découvre au fil du texte le roman que le narrateur décide d'écrire à la fin du *Temps retrouvé*.

La violence destructrice du temps

À la recherche du temps perdu enregistre pleinement la violence du siècle naissant. Certes, le roman se déroule la plupart du temps dans les sphères feutrées et policées de la grande bourgeoisie et de l'aristocratie, mais, à sa façon, il décline la formule de Paul Valéry face à la résurgence de la barbarie dans les tranchées de 1914-1918 : « Nous autres civilisations savons à présent que nous sommes mortelles ». Dans *Le Temps retrouvé,* le dernier volume du cycle romanesque, le personnage de Charlus, se promenant dans le Paris de la guerre soumis au couvre-feu par crainte du nouveau danger des attaques aériennes, confie au narrateur que la capitale pourrait devenir un nouveau Pompéi, voire être anéantie par le feu du ciel comme les villes bibliques de Sodome et Gomorrhe. Ce sentiment apocalyptique est nourri par la principale violence qu'affronte l'écriture proustienne : la violence mortifère du temps, qui semble tout niveler et tout abolir.

Le narrateur, dans une réception mondaine, aperçoit le vieux duc de Guermantes :

« Je ne l'avais pas aperçu et je ne l'eusse sans doute pas reconnu, si on ne me l'avait clairement désigné. Il n'était plus qu'une ruine, mais superbe, et moins encore qu'une ruine, cette belle chose romantique que peut être un rocher dans la tempête. Fouettée de toutes parts par les vagues de souffrance, de colère de souffrir, d'avancée montante de la mort qui la circonvenaient, sa figure, effritée comme un bloc, gardait le style, la cambrure que j'avais toujours admirés ; elle était rongée comme une de ces belles têtes antiques trop abîmées mais dont nous sommes trop heureux d'orner un cabinet de travail. Elle paraissait seulement appartenir à une époque plus ancienne qu'autrefois, non seulement à cause de ce qu'elle avait pris de rude et de rompu dans sa matière jadis plus brillante, mais parce qu'à l'expression de finesse et d'enjouement avait succédé une involontaire, une inconsciente expression, bâtie par la maladie, de lutte contre la mort, de résistance, de difficulté à vivre. Les artères ayant perdu toute souplesse avaient donné au visage jadis épanoui une dureté sculpturale. Et sans que le duc s'en doutât, il découvrait des aspects de nuque, de joue, de front, où l'être, comme obligé de se raccrocher avec acharnement à chaque minute, semblait bousculé dans une tragique rafale, pendant que les mèches blanches de sa magnifique chevelure moins épaisse venaient souffleter de leur écume le promontoire envahi du visage. Et comme ces reflets étranges, uniques, que seule l'approche de la tempête où tout va sombrer donne aux roches qui avaient été jusque-là d'une autre couleur, je compris que le gris plombé des joues raides et usées, le gris presque blanc et moutonnant des mèches soulevées, la faible lumière encore départie aux yeux qui voyaient à peine, étaient des teintes non pas irréelles, trop réelles au contraire, mais fantastiques, et empruntées à la palette, à l'éclairage, inimitable dans ses noirceurs effrayantes et prophétiques, de la vieillesse, de la proximité de la mort. »

Marcel Proust, **Le Temps retrouvé**, 1927

… à vous de faire connaissance avec le duc de Guermantes…

Quelle métaphore filée structure ce portrait ? Comment représente-t-elle l'influence du temps sur le personnage ?

L'entreprise proustienne peut, dans une première approche, se résumer ainsi : les êtres et les choses sont soumis à l'emprise du temps qui les emporte. Pour lutter contre cette force destructrice du temps, il faut fixer, cerner, l'essence intemporelle des choses. Ce programme « philosophique » n'est jamais présenté abstraitement dans *À la recherche du temps perdu*, mais s'accomplit concrètement par les moyens du littéraire : c'est le roman – cet art du temps qui passe – qui permettra de recréer, de traduire tout un monde révolu, de fixer l'essence des choses, de ce qui, au moment où on le vivait, apparaissait comme désordonné, contingent, fragmentaire. Recréer un monde dans le langage : on est au cœur d'une entreprise poétique, au sens fort et étymologique du terme.

Le narrateur rend visite au peintre Elstir dans son atelier :

Claude Monet dans son atelier, devant *Le Déjeuner sur l'herbe*.

« C'est aussi en détournant les yeux que je traversai le jardin qui avait une pelouse – en plus petit comme chez n'importe quel bourgeois dans la banlieue de Paris –, une petite statuette de galant jardinier, des boules de verre où l'on se regardait, des bordures de bégonias et une petite tonnelle sous laquelle des rocking-chairs étaient allongés devant une table de fer. Mais après tous ces abords empreints de laideur citadine, je ne fis plus attention aux moulures chocolat des plinthes quand je fus dans l'atelier ; je me sentis parfaitement heureux, car par toutes les études qui étaient autour de moi, je sentais la possibilité de m'élever à une connaissance poétique, féconde en joies, de maintes formes que je n'avais pas isolées jusque-là du spectacle total de la réalité. Et l'atelier d'Elstir m'apparut comme le laboratoire d'une sorte de nouvelle création du monde, où, du chaos que sont toutes choses que nous voyons, il avait tiré, en les peignant sur divers rectangles de toile qui étaient posés dans tous les sens, ici une vague de la mer écrasant avec colère sur le sable son écume lilas, là un jeune homme en coutil blanc accoudé sur le pont d'un bateau. Le veston du jeune homme et la vague éclaboussante avaient pris une dignité nouvelle du fait qu'ils continuaient à être, encore que dépourvus de ce en quoi ils passaient pour consister, la vague ne pouvant plus mouiller, ni le veston habiller personne.

Au moment où j'entrai, le créateur était en train d'achever, avec le pinceau qu'il tenait à la main, la forme du soleil à son coucher.

Les stores étaient clos de presque tous les côtés, l'atelier était assez frais et, sauf à un endroit où le grand jour apposait au mur sa décoration éclatante et passagère, obscur ; seule était ouverte une petite fenêtre rectangulaire encadrée de chèvrefeuilles qui, après une bande de jardin, donnait sur une avenue ; de sorte que l'atmosphère de la plus grande partie de l'atelier était sombre, transparente et compacte dans sa masse, mais humide et brillante aux cassures où la sertissait la lumière, comme un bloc de cristal de roche dont une face déjà taillée et polie, çà et là, luit comme un miroir et s'irise. Tandis qu'Elstir, sur ma prière, continuait à peindre, je circulais dans ce clair-obscur, m'arrêtant devant un tableau puis devant un autre.

Le plus grand nombre de ceux qui m'entouraient n'étaient pas ce que j'aurais aimé le plus voir de lui, les peintures appartenant à ses première et deuxième manières, comme disait une revue d'art anglaise qui traînait sur la table du salon du Grand-Hôtel, la manière mythologique et celle où il avait subi l'influence du Japon, toutes deux admirablement représentées, disait-on, dans la collection de Mme de Guermantes. Naturellement, ce qu'il avait dans son atelier, ce n'était guère que des marines prises ici, à Balbec. Mais j'y pouvais discerner que le charme de chacune consistait en une sorte de métamorphose des choses représentées, analogue à celle qu'en poésie on nomme métaphore et que si Dieu le Père avait crée les choses en les nommant, c'est en leur ôtant leur nom, ou en leur en donnant un autre qu'Elstir les recréait. Les noms qui désignent les choses répondent toujours à une notion de l'intelligence, étrangère à nos impressions véritables et qui nous force à éliminer d'elles tout ce qui ne se rapporte pas à cette notion. » ●

Marcel Proust, **À l'ombre des jeunes filles en fleurs**, 1919

… à vous d'entrer dans l'atelier…

1 Quel est le sujet du tableau qu'achève le peintre ? Pourquoi est-ce surprenant ?

2 En quoi l'artiste peintre peut-il constituer un double de l'écrivain ?

3 Le narrateur parle du travail d'Elstir comme d'une « recréation » : justifiez ce terme à l'aide de l'ensemble du texte. En partant de la définition de la métaphore, dites en quoi elle « dit » le monde en le recréant.

Roman reposant sur une philosophie qui vise l'essence, roman se fixant une ambition poétique : on comprend d'emblée que l'œuvre de Marcel Proust joue avec les limites et la plasticité d'un genre fort peu codifié, mais ancré dans une tradition que le XIXe siècle a portée à son apogée. Proust, pour parfaire ce projet à la fois romanesque et poétique, fait subir au roman « traditionnel » ce décentrement qui innervera une grande partie de la modernité littéraire : l'écriture se cherche elle-même au sein de l'écriture.

Dans le texte suivant, deux écritures différentes du même paysage témoignent de cette recherche qui permet de transformer le récit d'une prosaïque promenade en un moment d'éternité poétique :

« Les clochers paraissaient si éloignés et nous avions l'air de si peu nous rapprocher d'eux, que je fus étonné quand, quelques instants après, nous nous arrêtâmes devant l'église de Martinville. Je ne savais pas la raison du plaisir que j'avais eu à les apercevoir à l'horizon et l'obligation de chercher à découvrir cette raison me semblait bien pénible ; j'avais envie de garder en réserve dans ma tête ces lignes remuantes au soleil et de n'y plus penser maintenant. Et il est probable que, si je l'avais fait, les deux clochers seraient allés à jamais rejoindre tant d'arbres, de toits, de parfums, de sons, que j'avais distingués des autres à cause de ce plaisir obscur qu'ils m'avaient procuré et que je n'ai jamais approfondi. Je descendis causer avec mes parents en attendant le docteur. Puis nous repartîmes, je repris ma place sur le siège, je tournai la tête pour voir encore les clochers qu'un peu plus tard j'aperçus une dernière fois au tournant d'un chemin. Le cocher qui ne semblait pas disposé à causer ayant à peine répondu à mes propos, force me fut, faute d'autre compagnie, de me rabattre sur celle de moi-même et d'essayer de me rappeler mes clochers. Bientôt leurs lignes et leurs surfaces ensoleillées, comme si elles avaient été une sorte d'écorce, se déchirèrent, un peu de ce qui m'était caché en elles m'apparut, j'eus une pensée qui n'existait pas pour moi l'instant avant, qui se formula en mots dans ma tête, et le plaisir que m'avait fait tout à l'heure éprouver leur vue s'en trouva tellement accru que, pris d'une sorte d'ivresse, je ne pus plus penser à autre chose. À ce moment et comme nous étions déjà loin de Martinville, en tournant la tête je les aperçus de nouveau, tout noirs cette fois, car le soleil était déjà couché. Par moments les tournants du chemin me les dérobaient, puis ils se montrèrent une dernière fois, et enfin je ne les vis plus.

Sans me dire que ce qui était caché derrière les clochers de Martinville devait être quelque chose d'analogue à une jolie phrase, puisque c'était sous la forme de mots qui me faisaient plaisir que cela m'était apparu, demandant un crayon et du papier au docteur, je composai malgré les cahots de la voiture, pour soulager ma conscience et obéir à mon enthousiasme, le petit morceau suivant que j'ai retrouvé depuis et auquel je n'ai eu à faire subir que peu de changements :

"Seuls, s'élevant du niveau de la plaine et comme perdus en rase campagne, montaient vers le ciel les deux clochers de Martinville. Bientôt, nous en vîmes trois : venant se placer en face d'eux par une volte hardie, un clocher retardataire, celui de Vieuxvicq, les avait rejoints. Les minutes passaient, nous allions vite et pourtant les trois clochers étaient toujours au loin devant nous, comme trois oiseaux posés sur la plaine, immobiles et qu'on distingue au soleil. Puis le clocher de Vieuxvicq s'écarta, prit ses distances, et les clochers de Martinville restèrent seuls, éclairés par la lumière du couchant que même à cette distance, sur leurs pentes, je voyais jouer et sourire. Nous avions été si longs à nous rapprocher d'eux, que je pensais au temps qu'il faudrait encore pour les atteindre quand, tout d'un coup, la voiture ayant tourné, elle nous déposa à leurs pieds ; et ils s'étaient jetés si rudement au-devant d'elle, qu'on n'eut que le temps d'arrêter pour ne pas se heurter au porche. Nous poursuivîmes notre route ; nous avions déjà quitté Martinville depuis un peu de temps et le village après nous avoir accompagnés quelques secondes avait disparu, que restés seuls à l'horizon à nous regarder fuir, ses clochers et celui de Vieuxvicq agitaient en signe d'adieu leurs cimes ensoleillées. Parfois, l'un s'effaçait pour que les deux autres pussent nous apercevoir un instant encore ; mais la route changea de direction, ils virèrent dans la lumière comme trois pivots d'or et disparurent à mes yeux. Mais un peu plus tard, comme nous étions déjà près de Combray, le soleil étant maintenant couché, je les aperçus une dernière fois de très loin, qui n'étaient plus que comme trois fleurs peintes sur le ciel au-dessus de la ligne basse des champs. Ils me faisaient penser aussi aux trois jeunes filles d'une légende, abandonnées dans une solitude où tombait déjà l'obscurité ; et tandis que nous nous éloignions au galop, je les vis timidement chercher leur chemin et, après quelques gauches trébuchements de leurs nobles silhouettes, se serrer les uns contre les autres, glisser l'un derrière l'autre, ne plus faire sur le ciel encore rose qu'une seule forme noire, charmante et résignée, et s'effacer dans la nuit." » ●

Marcel Proust, **Du côté de chez Swann**, 1913

… à vous de comprendre le désir d'écriture…

1 Relevez dans l'ensemble du texte les termes qui renvoient à l'écriture : à quels désirs répond le subit besoin d'écrire ?

2 « Ce qui était caché derrière les clochers de Martinville devait être quelque chose d'analogue à une jolie phrase » : montrez par quelles figures de style le jeune narrateur transforme dans son écrit le paysage déjà évoqué dans la première partie du texte.

3 Pourriez-vous soutenir l'idée que cet écrit composé en voiture s'apparente à un poème en prose ?

Un réalisme subjectif

À la place d'un narrateur omniscient qui domine et organise l'univers romanesque à partir de son savoir, c'est un point de vue interne, une conscience subjective, placée au cœur du monde qui conduit la narration dans *À la recherche du temps perdu.* C'est pourquoi on peut parler, au sujet du romanesque proustien, d'un « réalisme subjectif » : connu par le seul biais des sensations et des émotions du narrateur, le monde prend sa consistance dans les répercussions intérieures qu'il provoque au sein du moi. C'est sans doute cet aspect de l'œuvre qui déroute le plus le lecteur de romans « traditionnels », habitué à lire un récit d'événements « extérieurs » (rencontres, scènes romanesques…), dont le narrateur délivre la signification : chez Proust, l'événement romanesque est essentiellement intérieur et l'ambition du narrateur est d'en chercher la signification qu'il ne possède pas *a priori*, et qui varie selon les circonstances dans lesquelles s'inscrivent le moi et les sentiments qui l'agitent.

Le projet romanesque

Au cours de la réception où il a observé les transformations apportées par le temps à la figure du duc de Guermantes, le narrateur formule enfin le projet de cette œuvre qu'il recherche depuis le début du roman :

« Alors, je pensai tout d'un coup que si j'avais encore la force d'accomplir mon œuvre, cette matinée – comme autrefois à Combray certains jours qui avaient influé sur moi – qui m'avait, aujourd'hui même, donné à la fois l'idée de mon œuvre et la crainte de ne pouvoir la réaliser, marquerait certainement avant tout, dans celle-ci, la forme que j'avais pressentie autrefois dans l'église de Combray, et qui nous reste habituellement invisible, celle du Temps.

Certes, il est bien d'autres erreurs de nos sens, on a vu que divers épisodes de ce récit me l'avaient prouvé, qui faussent pour nous l'aspect réel de ce monde. Mais enfin, je pourrais, à la rigueur, dans la transcription plus exacte que je m'efforcerais de donner, ne pas changer la place des sons, m'abstenir de les détacher de leur cause, à côté de laquelle l'intelligence les situe après coup, bien que faire chanter doucement la pluie au milieu de la chambre et tomber en déluge dans la cour l'ébullition de notre tisane ne dût pas être en somme plus déconcertant que ce qu'ont fait si souvent les peintres quand ils peignent, très près ou très loin de nous, selon que les lois de la perspective, l'intensité des couleurs et la première illusion du regard nous les font apparaître, une voile ou un pic que le raisonnement déplacera ensuite de distances quelquefois énormes. Je pourrais, bien que l'erreur soit plus grave, continuer, comme on fait, à mettre des traits dans le visage d'une passante, alors qu'à la place du nez, des joues et du menton, il ne devrait y avoir qu'un espace vide sur lequel jouerait tout au plus le reflet de nos désirs. Et même si je n'avais pas le loisir de préparer, chose déjà bien plus importante, les cent masques qu'il convient d'attacher à un même visage, ne fût-ce que selon les yeux qui le voient et le sens où ils en lisent les traits, et, pour les mêmes yeux, selon l'espérance ou la crainte ou au contraire l'amour et l'habitude qui cachent pendant trente années les changements de l'âge, même enfin si je n'entreprenais pas, ce dont ma liaison avec Albertine suffisait pourtant à me montrer que sans cela tout est factice et mensonger, de représenter certaines personnes non pas au-dehors mais au-dedans de nous où leurs moindres actes peuvent amener des troubles mortels, et de faire varier aussi la lumière du ciel moral selon les différences de pression de notre sensibilité ou quand, troublant la sérénité de notre certitude sous laquelle un objet est si petit, un simple nuage de risque en multiplie en un moment la grandeur ; si je ne pouvais apporter ces changements et bien d'autres (dont la nécessité, si on veut peindre le réel, a pu apparaître au cours de ce récit) dans la transcription d'un univers qui était à redessiner tout entier, du moins ne manquerais-je pas d'y décrire l'homme comme ayant la longueur non de son corps mais de ses années, comme devant, tâche de plus en plus énorme et qui finit par le vaincre, les traîner avec lui quand il se déplace. » ●

Marcel Proust, **Le Temps retrouvé**, 1927 »]

… à vous de rendre compte du style proustien…

1 Quelle place le narrateur accorde-t-il aux sensations ? Quels rapports entretiennent-elles avec les mots ?

2 Le traitement des personnages : pourquoi leur visage doit-il être considéré comme « un espace vide » ?

▶ **Variations**

Le lieu infernal

La descente aux enfers

Pour donner une forme à l'énigme de la mort, pour l'apprivoiser, quelle civilisation n'a inventé sa géographie funéraire ? Qu'il s'agisse des mythes antiques ou des croyances judéo-chrétiennes, le royaume des morts, souvent situé sous la terre, est aussi celui des ténèbres. Ainsi, dans la Bible, Job évoque « la région des ténèbres et de l'ombre épaisse, où règnent l'obscurité et le désordre, où la clarté même ressemble à la nuit sombre » (Job 10, 21-22). Dans l'*Énéide*, le poète latin Virgile imagine la descente aux enfers d'Énée qui, guidé par la Sibylle, va à la recherche de son père :

> « Ils allaient obscurs, dans la nuit solitaire, à travers l'ombre et à travers les demeures vides et le vain royaume de Dis : tel, le chemin qu'on fait dans les bois, par une lune incertaine, sous une méchante lumière, quand Jupiter a enfoui le ciel dans l'ombre et que la sombre nuit a enlevé aux choses leur couleur. »
>
> Virgile, **Énéide**, livre 6

Descendre aux enfers… Rares sont ceux qui ont l'honneur de tenter ce périlleux voyage et de revenir à la lumière. Orphée l'accomplit pour tenter de ramener Eurydice des enfers : son chant fait taire le chien Cerbère et fléchit les divinités infernales, mais il se retourne trop tôt et perd son épouse. Jean Cocteau s'inspire de ce mythe pour deux de ses films (*Orphée, Le Testament d'Orphée*) et plonge le spectateur dans un outre-monde onirique.

Avec *La Divine Comédie*, l'Italien Dante (1265-1321) se met en scène lui-même dans un parcours poétique qui lui fait découvrir le Paradis, l'Enfer et le Purgatoire. À l'organisation horizontale de la mythologie gréco-romaine (le Tartare : le séjour des méchants, et les champs Élysées : le séjour des bons) a succédé une représentation verticale, du reste héritée de la fin du paganisme. Pour sa visite des neuf cercles de l'Enfer – immonde spirale –, Dante est conduit par son illustre prédécesseur et modèle, Virgile.

> « […] "Vous qui entrez laissez toute espérance."
> Ces paroles de couleur sombre,
> je les vis écrites au-dessus d'une porte ;
> aussi je dis : "Maître, leur sens m'est dur."
> Et lui à moi, en homme qui savait mes pensées :
> "Ici il convient de laisser tout soupçon ;
> toute lâcheté ici doit être morte.
> Nous sommes venus au lieu que je t'ai dit,
> où tu verras les foules douloureuses
> qui ont perdu le bien de l'intellect." »
>
> Dante Alighieri, **La Divine Comédie**, « L'Enfer », chant III, 1472,
> traduction de Jacqueline Risset, GF

Le poète italien fascinera à son tour bien des écrivains : *La Comédie humaine* de Balzac rend hommage, par son titre, à *La Divine Comédie* de Dante ; les œuvres de Charles Baudelaire, Gérard de Nerval ou Lautréamont sont marquées par son empreinte.

Voyage initiatique dans les textes de Virgile et Dante, la descente aux enfers sera, dans ses versions modernes, placée sous le signe de la chute et de la souffrance (*Une saison en enfer*, Arthur Rimbaud). Aujourd'hui, l'expression « descente aux enfers » tend à décrire la violence d'une expérience qui défait l'être : folie, dépression, misère, drogue… Le corps tout entier peut alors se métamorphoser en région infernale. Dans la première page de *Vies et Morts d'Irène Lepic*, Mehdi Belhaj Kacem décrit un corps mis en transe par l'acide.

« Le corps n'est plus que l'immense réseau d'étroits conduits creux, finissant tous en poches gonflées à bloc, infectées comme une verrue de pus brûlant, et précipitant le corps en avant tout en le maintenant dans cet état d'agacement presque explosif. C'est une rage démentielle qui court de par toute ma chair, desservant ses replis moindres et creusant partout une quantité innombrable d'infimes vallons, qu'elle remplit juste ensuite de cette espèce d'hydrogène cuisant – invasion d'air qui m'empeste et me pointille d'affreux grumeaux, me contaminant de l'impérieuse envie de faire quelque chose, n'importe quoi, tout en m'en soustrayant les moyens. Ce n'est plus la peau seule qu'on dépiaute et qu'on tanne longuement au soleil, mais chaque cellule de mon corps rayée, poissée d'alcool fort, rôtie de flammèches soufreuses. L'ensemble de mes mouvements ou allongements dans la chambre sont d'une forcenée emprisonnée. Sous la peau rien que le renouvellement sans fin d'une chaîne de haricots sauteurs uniquement aptes à poncer et racler les parois, créant un brasier d'urticaire se répétant sans fin dans ma chair et y restant confiné, étroitement boudiné sous ma peau. » ●

Mehdi Belhaj Kacem, **Vies et Morts d'Irène Lepic**, 1996, Tristram

Pour rendre compte d'une telle exploration, il faut une écriture singulière à la mesure des sensations inouïes et atroces que le sujet éprouve. Antonin Artaud avait ouvert la voie, convertissant ses troubles nerveux en fulgurances verbales :

« Un grand froid,
une atroce abstinence
les limbes d'un cauchemar d'os et de muscles, avec le sentiment des fonctions stomacales qui claquent comme un drapeau dans les phosphorescences de l'orage. » ●

Antonin Artaud, **Le Pèse-nerfs**, « Fragment d'un journal d'Enfer », 1925, Gallimard

L'imaginaire de la punition

Qu'il s'agisse du domaine religieux ou de variations profanes, le lieu infernal est le plus souvent celui de la punition. Des apocalypses apocryphes (des IIe et IVe siècles) évoquent des pécheurs suspendus par la langue à des flammes ou attachés à des roues de feu tournoyantes, d'énormes vers à deux têtes qui rongent les entrailles des damnés, et bien d'autres images qui vont terrifier pour longtemps l'Occident chrétien.

Bien loin de tout décor de chambre de torture, l'Enfer qui accueille les trois damnés créés par Jean-Paul Sartre pour *Huis-clos* (1944) a l'apparence d'un salon de style Second Empire. Sartre prend ironiquement le contre-pied de la représentation attendue : nul instrument de supplice, nulles ténèbres dans ce salon éclairé en permanence. Mais nul repos, nulle fuite possible dans la mort puisque celle-ci est déjà advenue.

« GARCIN. – Les pals, les grils, les entonnoirs de cuir.

LE GARÇON. – Vous voulez rire ?

GARCIN *le regardant.* – Ah ? Ah bon. Non, je ne voulais pas rire. *(Un silence. Il se promène.)* Pas de glaces, pas de fenêtres, naturellement. Rien de fragile. *(Avec une violence subite :)* Et pourquoi m'a-t-on ôté ma brosse à dents ?

LE GARÇON. – Et voilà. Voilà la dignité humaine qui vous revient. C'est formidable.

GARCIN, *frappant sur le bras du fauteuil avec colère.* – Je vous prie de m'épargner vos familiarités. Je n'ignore rien de ma position, mais je ne supporterai pas que vous…

LE GARÇON. – Là ! là ! Excusez-moi. Qu'est-ce que vous voulez, tous les clients posent la même question. Ils s'amènent : "Où sont les pals ?" À ce moment-là, je vous jure qu'ils ne songent pas à faire leur toilette. Et puis, dès qu'on les a rassurés, voilà la brosse à dents. Mais, pour l'amour de Dieu, est-ce que vous ne pouvez pas réfléchir ? Car enfin, je vous le demande, *pourquoi* vous brosseriez-vous les dents ?

GARCIN *calmé.* – Oui, en effet, pourquoi ? *(Il regarde autour de lui.)* Et pourquoi se regarderait-on dans les glaces ? Tandis que le bronze, à la bonne heure… J'imagine qu'il y a de certains moments où je regarderai de tous mes yeux. De tous mes yeux, hein ? Allons, allons, il n'y a rien à cacher ; je vous dis que je n'ignore rien de ma position. Voulez-vous que je vous raconte comment cela se passe ? Le type suffoque, il s'enfonce, il se noie, seul son regard est hors de l'eau et qu'est-ce qu'il voit ? Un bronze de Barbedienne. Quel cauchemar ! Allons, on vous a sans doute défendu de me répondre, je n'insiste pas. Mais rappelez-vous qu'on ne me prend pas au dépourvu, ne venez pas vous vanter de m'avoir surpris ; je regarde la situation en face. *(Il reprend sa marche.)* Donc, pas de brosse à dents. Pas de lit non plus. Car on ne dort jamais, bien entendu ?

LE GARÇON. – Dame !

GARCIN. – Je l'aurais parié. *Pourquoi* dormirait-on ? Le sommeil vous prend par-derrière les oreilles. Vous sentez vos yeux qui se ferment, mais pourquoi dormir ? Vous vous allongez sur le canapé et pffft… le sommeil s'envole. Il faut se frotter les yeux, se relever et tout recommence. »

Jean-Paul Sartre, **Huis-clos**, scène première, 1944, Gallimard, « Folio » n° 807

Au xvie siècle déjà, le poète protestant Agrippa d'Aubigné, promettant l'enfer aux criminels des guerres de Religion, soulignait l'horreur d'une éternité dont aucune mort ne délivre :

« Voulez-vous du poison ? en vain cet artifice.
Vous vous précipitez ? en vain le précipice. »

Agrippa d'Aubigné, **Les Tragiques**, « Jugement », chant 7

Dans la perspective athée qui est celle de Sartre, la mise en scène de l'enfer renvoie aux relations humaines telles qu'elles nous tourmentent dans la réalité : car nous existons « pour autrui », nous dépendons d'autrui pour le meilleur et souvent pour le pire. Par-delà le succès de la pièce restera cette formule : « L'enfer c'est les autres », les consciences ne s'affirmant que dans le conflit.

L'enfer en réalité

Point n'est besoin d'attendre le Jugement dernier. Et les souffrances de l'enfer sur terre ne sont pas réservées aux coupables : des guerres de Religion aux guerres civiles les plus récentes en passant par les tranchées de 1914-1918 ou les ravages d'Hiroshima, les tableaux infernaux ne manquent pas. On lira par exemple la description dantesque de la première attaque au gaz ypérite dans *Les Champs d'honneur* (Jean Rouaud) :

« Maintenant, le brouillard chloré rampe dans le lacis des boyaux, s'infiltre dans les abris (de simples planches à cheval sur la tranchée), se niche dans les trous de fortune, s'insinue entre les cloisons rudimentaires des casemates, plonge au fond des chambres souterraines jusque-là préservées des obus, souille le ravitaillement et les réserves d'eau, occupe sans répit l'espace, si bien que la recherche frénétique d'une bouffée d'air pur est désespérément vaine, confine à la folie dans des souffrances atroces. Le premier réflexe est d'enfouir le nez dans la vareuse, mais la provision d'oxygène y est si réduite qu'elle s'épuise en trois inspirations. Il faut ressortir la tête et, après de longues secondes d'apnée, inhaler l'horrible mixture. Nous n'avons jamais vraiment écouté ces vieillards de vingt ans dont le témoignage nous aiderait à remonter les chemins de l'horreur : l'intolérable brûlure aux yeux, au nez, à la gorge, de suffocantes douleurs dans la poitrine, une toux violente qui déchire la plèvre et les bronches, amène une bave de sang aux lèvres, le corps plié en deux secoué d'âcres vomissements, écroulés recroquevillés que la mort ramassera bientôt, piétinés par les plus vaillants qui tentent, mains au rebord de la tranchée, de se hisser au-dehors, de s'extraire de ce grouillement de vers humains, mais les pieds s'emmêlent dans les fils téléphoniques agrafés le long de la paroi, et l'éboulement qui s'ensuit provoque la réapparition par morceaux des cadavres de l'automne sommairement enterrés dans le parapet, et à peine en surface c'est la pénible course à travers la brume verte et l'infect marigot, une jambe soudain aspirée dans une chape de glaise molle, et l'effort pour l'en retirer sollicite violemment les poumons, les chutes dans les flaques nauséabondes, pieds et mains gainés d'une boue glaciaire, le corps toujours secoué de râles brûlants, et, quand enfin la nappe est dépassée – ô fraîche transparence de l'air –, les vieilles recettes de la guerre par un bombardement intensif fauchent les rescapés ! » ●

Jean Rouaud, **Les Champs d'honneur**, 1990, Minuit »]

Double littéraire de Louis-Ferdinand Céline, le personnage de Bardamu survit à l'absurde boucherie de la Grande Guerre, ce qui ne le délivre pas pour autant d'une vision infernale du monde : il découvre, comme un moderne Candide, la violence du colonialisme en Afrique, l'aliénation des « pauvres de partout », et la malédiction humaine ordinaire, à Manhattan ou dans la banlieue parisienne.

[« « La lumière du ciel à Rancy, c'est la même qu'à Detroit, du jus de fumée qui trempe la plaine depuis Levallois. Un rebut de bâtisses tenues par des gadoues noires au sol. Les cheminées, des petites et des hautes, ça fait pareil de loin qu'au bord de la mer les gros piquets dans la vase. Là-dedans, c'est nous.

Faut avoir le courage des crabes aussi, à Rancy, surtout quand on prend de l'âge et qu'on est bien certain d'en sortir jamais plus. Au bout du tramway voici le pont poisseux qui se lance au-dessus de la Seine, ce gros égout qui montre tout. Au long des berges, le dimanche et la nuit les gens grimpent sur les tas pour faire pipi. Les hommes ça les rend méditatifs de se sentir devant l'eau qui passe. Ils urinent avec un sentiment d'éternité, comme des marins. Les femmes, ça ne médite jamais.

Sein ou pas. Au matin donc le tramway emporte sa foule se faire comprimer dans le métro. On dirait à les voir tous s'enfuir de ce côté-là, qu'il leur est arrivé une catastrophe du côté d'Argenteuil, que c'est leur pays qui brûle. Après chaque aurore, ça les prend, ils s'accrochent par grappes aux portières, aux rambardes. Grande déroute. C'est pourtant qu'un patron qu'ils vont chercher dans Paris, celui qui vous sauve de crever de faim, ils ont énormément peur de le perdre, les lâches. Il vous la fait transpirer pourtant sa pitance. On en pue pendant dix ans, vingt ans et davantage. C'est pas donné.

Et on s'engueule dans le tramway déjà, un bon coup pour se faire la bouche. Les femmes sont plus râleuses encore que des moutards. Pour un billet en resquille, elles feraient stopper toute la ligne. C'est vrai qu'il y en a déjà qui sont soûles parmi les passagères, surtout celles qui descendent au marché vers Saint-Ouen, les demi-bourgeoises. "Combien les carottes ?" qu'elles demandent bien avant d'y arriver pour faire voir qu'elles ont de quoi. Comprimés comme des ordures qu'on est dans la caisse en fer, on traverse tout Rancy, et on odore ferme en même temps, surtout quand c'est l'été. Aux fortifications on se menace, on gueule un dernier coup et puis on se perd de vue, le métro avale tous et tout, les complets détrempés, les robes découragées, bas de soie, les métrites et les pieds sales comme des chaussettes, cols inusables et raides comme des termes, avortements en cours, glorieux de la guerre, et tout ça dégouline par l'escalier au coaltar et phéniqué et jusqu'au bout noir, avec le billet de retour qui coûte autant à lui tout seul que deux petits pains. »

Louis-Ferdinand Céline, **Voyage au bout de la nuit**, 1932, Gallimard, coll. « Folio »

Quant aux univers de science-fiction d'Antoine Volodine, ils sont hantés par des images de déportation et d'oppression empruntées aux tragédies historiques du siècle : dans *Dondog* (2002), sur fond de *no man's land* hostiles, les cauchemars s'emboîtent vertigineusement.

Max Beckmann (1884-1950), *La Nuit*. Un monde supplicié, une représentation brute et brutale.

« Maintenant il avançait pas à pas, en laissant sa main droite explorer le chemin. Les nids de poussière humide se succédaient sous la pulpe de ses doigts, les ruisselets et les tuyaux visqueux, les aspérités friables, les pointes. Entre une progression sans lampe dans une mine de charbon et l'actuelle promenade, la différence d'ambiance était mince.

Il avait en tête l'itinéraire que la vieille lui avait conseillé d'emprunter. Tourner à angle droit avant les escaliers, là où Tonny Moon s'était engagé, vous vous rappelez, oui, je me rappelle, prendre Reservoir Back Street, descendre la déclivité bétonnée, descendre de cinq marches dans la galerie qui traversait le premier groupe d'immeubles, dépasser la porte de fer de Pekfoo Back Lane, s'introduire dans le deuxième couloir transversal qui faisait partie du réseau de Pekfoo Back Lane. À la fin du couloir, il tomberait sur Harbour Street. Il serait alors tout proche de l'extérieur et, même si le courant électrique n'avait pas été rétabli dans l'intervalle, il commencerait à voir la lumière du jour. La Cité n'était pas un dédale dans lequel on errait sans espoir, avec effroi, jusqu'à l'agonie ou la folie, insistait la vieille. C'était un endroit comme il en existait partout ailleurs, avec des constructions anarchiques qui s'étaient peu à peu empilées et encastrées, ce qui avait rendu l'ensemble dense, inextricable et insalubre. Mais, une fois qu'on avait débouché sur Harbour Street, prétendait la vieille, on n'avait plus de souci à se faire pour sortir, et, après ça, on n'avait aucun mal à accéder à Parkview Lane.

De temps en temps, Dondog se trompait de chemin et essayait d'ouvrir la grille d'un appartement, croyant qu'il s'agissait de la porte de fer qui marquait l'entrée de Pekfoo Back Lane. Parfois des voix l'interpellaient avec colère depuis les profondeurs de la nuit. Craignant de se retrouver blessé par des coups de hachoir, il retirait les mains qu'il avait cramponnées au fer, et il s'excusait. Il demandait sa route et attendait une réponse qui ne venait pas, puis il repartait. » ●

Antoine Volodine, **Dondog**, 2002, Éd. du Seuil

… à vous de lire le groupement de textes…

1 Vous pourrez comparer les topographies du lieu infernal ainsi que leurs « scénographies ».

2 « Vous qui entrez laissez toute espérance » (« L'Enfer », chant III, Dante) : ce vers, écrit au-dessus de la porte de l'Enfer (la cité dolente), marque l'entrée dans un univers sans issue. Analysez cette structure de la clôture dans les différents textes.

3 Les textes proposent un éventail de registres (épique, pathétique, ironique…) dont vous pouvez analyser les marques et les effets.

4 Recherche : si vous voulez approfondir votre connaissance du mythe antique, vous retrouverez la description des enfers selon Homère dans l'*Iliade* (XX, 61 ; XXII, 482 ; XXIII, 50) et dans l'*Odyssée* (X, 508 ; XI, 13 ; XXIV, 11).

	Les conditions de la création	Les fonctions de la littérature	L'émergence de nouvelles formes
Situations	**Valeurs sociales et événements historiques constituent des sujets d'inspiration :** • **moyen âge** : première expression en langue française de l'amour et du christianisme (842) • **XVIe** : Italie et Antiquité au centre des intérêts culturels européens (1506 ; 1515) • **du XVIIe au XXe** : d'une part la censure (1665 ; 1784 ; 1857) et l'intervention de l'état dans la production littéraire s'accroissent (1624 ; 1751) ; d'autre part, la critique du pouvoir s'amplifie (1721 ; 1852 ; 1936)	**Histoire et sens littéraire sont intimement liés :** • **moyen âge** : affirmation du pouvoir royal et description littéraire d'idéal aristocratique (1152 ; 1155) • **XVIe** : guerre de cent ans et littérature prosélyte (1534 ; 1572) • **XVIIe** : montée de l'absolutisme ; la littérature s'en fait l'écho par la louange ou la critique (1661) • **du XVIIIe au XIXe** : poursuite des luttes idéologiques suivant des aspects variables : lutte pour les grandes libertés (1761 ; 1789), pour un régime (1848 ; 1871) ou pour une mémoire (1898 ; 1947)	**Événement temporel et genre littéraire sont liés :** • **moyen âge** : croisades et chansons de geste (1095) • **XVIe** : découverte de la culture italienne et sonnet (1450) • **XVIIe** : autoritarisme et comédie (1665) • **XVIIIe** : progrès scientifiques et encyclopédie (1751) • **XIXe** : république et écriture à la première personne (1830 ; 1852) • **XXe** : violence guerrière et déstructurations poétiques (1924 ; 1932)
Lieux	**Selon l'endroit où elle est pratiquée, l'écriture est un instrument de contestation ou au contraire de « propagande » :** • les lieux de liberté : la rue au moyen âge (« exclus et marginaux »), la bibliothèque au XVIe (« les bibliothèques »), les salons (XVIIe : « la ruelle » ; XVIIIe : « salons et cafés ») et cercles littéraires (« XIXe : « cénacles ») ou artistiques (« les salons de peinture ») • les lieux clandestins : les terres d'exil (XVIIIe : « Genève ») la France occupée (XXe : « les éditions de minuit ») • les lieux du discours officiel : les cours princières ou royales (moyen âge : « la cour », « Versailles » au XVIIe …)	**Les lieux correspondent à des valeurs à défendre :** • les lieux du discours officiel privilégient l'adhésion à un code social, la participation au prestige du pouvoir • les lieux clandestins se font l'expression de la contestation, de la critique (XVIIIe : « Genève, et autres lieux d'exil ») ; • les lieux de liberté participent à l'accumulation du savoir (XVIe : « les bibliothèques »), à la formation des esprits (XVIIe : « salons et cafés) et à la libération d'un expression originale et personnelle	**À chaque lieu sa forme de prédilection :** • **moyen âge** : la ville est le lieu des fabliaux et des farces, tandis que rondeaux et ballades naissent dans les cours (« la ville ; la cour ») • **XVIe** : à la découverte du Nouveau Monde correspond la pratique de l'utopie (« l'utopie ») • **XVIIe** : les salons font fleurir les conversations subtiles et brillantes (« la ruelle ») • **XVIIIe** : l'Étranger, Europe ou Orient plus ou moins imaginaires sont les lieux de refuge des auteurs et de leurs contes (« Genève et autres lieux d'exil ») • **XIXe** : le « journal » crée le roman-feuilleton ; le « salon de peinture » est le lieu de la critique d'art • **XXe** : la Résistance et l'oppression permettent l'éclosion du Nouveau Roman (« l'École de Minuit »)

	Les conditions de la création	Les fonctions de la littérature	L'émergence de nouvelles formes
▶ **Figures**	**L'écrivain connaît de nombreux visages au cours des siècles :** • **du moyen âge au XVI**[e] : il passe de l'anonymat à la reconnaissance (« l'énigmatique Turold » ; « la naissance de l'écrivain ») • **à partir du XVII**[e] : il a un statut plus ou moins controversé (XVIIe : « le poète courtisan » ; XVIIIe : « le philosophe des Lumières » ; XIXe : « prophètes et parias ») • on retient en général qu'il est perçu par les autorités politiques, morales et religieuses comme un danger social potentiel depuis l'amélioration de l'imprimerie (XVIIIe : « Du lecteur au critique »)	**L'écrivain est chargé d'une « mission » différente suivant son époque :** • **moyen âge** : il conserve et transmet la culture orale (« le traducteur » ; « le poète musicien » ; les jongleurs ») • **XVI**[e] : il recherche la sagesse et la connaissance (« l'humaniste… » ; « le sage… ») • **XVII**[e] : il guide le pouvoir (« l'éducateur des rois ») ou pourfend la société (« le roi du Parnasse ») • **XVIII**[e] : il raisonne et persuade (« le philosophe des Lumières » ; « les tribuns révolutionnaires ») • **XIX**[e] : il se distingue (« le dandy » ; « le poète maudit ») • **XX**[e] : il provoque (« l'artiste d'avant-garde) et éveille les consciences (« l'intellectuel engagé »)	**Forme du message et statut de l'auteur sont liés :** • **moyen âge** : la littérature orale est chantée par le jongleur, le musicien… • **XVI**[e] : l'humaniste ou le savant peut seul penser méthode, scepticisme, expérience (« le chercheur… » ; « sceptiques et misologues ») • **XVII**[e] : le poète inspiré manie l'art du panégyrique (« le poète courtisan ») • **XVIII**[e] : le tribun éclate de véhémence lors de ses discours populaires (« les tribuns révolutionnaires ») • **XIX**[e] : l'auteur de romans historiques, réalistes, sociaux, policiers…est feuilletoniste (« les feuilletonistes ») • **XX**[e] : l'écrivain se fait journaliste ou « expérimentateur »
▶ **Genres et registres**	**À chaque époque, des courants de pensée dictent l'évolution des formes littéraires :** • **moyen âge** : modèle chrétien • **XVI**[e] : modèle antique • **XVII**[e] : modèle classique • **XVIII**[e] : modèle des Lumières • **XIX**[e] : science et positivisme • **XX**[e] : psychanalyse, existentialisme…	**Idéaux intellectuels et esthétiques se rejoignent :** • **moyen âge** : chanter de hautes valeurs • **XVI**[e] : proposer une réflexion polyphonique (« les dialogues ») • **XVII**[e] : louer ou ridiculiser la société • **XVIII**[e] : éduquer et diffuser une pensée critique • **XIX**[e] : dresser la somme du réel ou s'en écarter (« le roman » ; « le fantastique ») • **XX**[e] : écrire pour se libérer, résister et combattre	**À chaque modèle de pensée correspond une forme adaptée :** • **moyen âge** : chanson de geste et joute poétique s'adaptent au modèle de la pensée chrétienne (« la chanson de geste » ; « la poésie courtoise ») • **XVI**[e] : au modèle antique correspond l'art des « dialogues » et de « l'éloge paradoxal » • **XVII**[e] : « tragédie », « comédie », romans pastoraux, héroïques, ou burlesques (« les formes romanesques ») et « formes brèves des moralistes » sont associés au modèle classique

	Les conditions de la création	Les fonctions de la littérature	L'émergence de nouvelles formes
			• **XVIII**ᵉ : « conte philosophique », drame (« les genres dramatiques : à la recherche du drame ? ») et genre épistolaire (« la lettre, une forme pour plusieurs genres ») pour le siècle des Lumières • **XIX**ᵉ : « roman » réaliste ou « fantastique » et « poème en prose » • **XX**ᵉ : surréalisme (« poésie » ; « manifeste »), l'absurde (« comique et tragique ») et autofiction (« les formes autobiographiques »)
▶ **L'écrivain au travail**	**L'écrivain est constamment soumis à de nombreuses contraintes matérielles :** • d'abord techniques : parchemin, copie manuscrite… • elles deviennent théoriques, avec les codifications littéraires à partir du XVIIᵉ • puis, « industrielles » au XIXᵉ avec la démocratisation de la littérature et des exigences de « productivité » comme celle des journaux	**L'objet de l'écriture est inspiré par la société avant de l'être par l'individu :** • **moyen âge** : l'« auteur » veut laisser par l'écriture la trace d'une pensée historique • **XVI**ᵉ: on écrit pour promouvoir une langue et s'affranchir de la pensée médiévale • **XVII**ᵉ : le but est de plaire ou de convaincre (« Corneille et les variantes du Cid ») • **XVIII**ᵉ**et XIX**ᵉ : l'expression du moi intime, du moi quotidien (XVIIIᵉ : « les rêveries de Rousseau ou l'écriture de l'immédiateté ») apparaît tandis que se forge le personnage de l'écrivain porte-parole, intellectuel…	**La création d'une œuvre littéraire est le résultat d'une tension entre désir d'expression individuelle et réponse à des contraintes :** • ainsi, le moyen âge veut personnaliser les livres, objets de luxe mais le manuscrit est entre les mains des clercs, pas des auteurs (« Christine de Pizan au travail ») Elle oscille, hésite pour trouver sa forme : • à la confluence des genres (XVIᵉ : « Montaigne et les allongeails ») • entre deux registres • entre l'expression du moi (XVIIIᵉ : « les rêveries de Rousseau ou l'écriture de l'immédiateté ») et celle d'une parole générale

	Les conditions de la création	Les fonctions de la littérature	L'émergence de nouvelles formes
▶ **Variations**	**À la base des grands mythes littéraires, il y a souvent une tension sociale, politique ou spirituelle propre à un temps :** • **moyen âge** : coexistence des traditions celtiques et du christianisme (« le mythe du Graal ») • **XVI**e : de violent débats autour de l'étude des langues anciennes et des traductions de la Bible nourrissent la réapparition du mythe de la tour de Babel (« Babel ») • **XVII**e : une querelle artistique naît de la confrontation de deux conceptions littéraires (« Anciens et Modernes ») • **XVIII**e : l'émergence d'une nouvelle classe d'individu va accompagner la littérature jusqu'à la Révolution (« parvenir ou le thème de l'ascension sociale dans le roman ») • **XIX**e : bourgeois bien-pensants et artistes avant-gardistes s'affrontent entre passion et puritanisme (« la femme en deux volumes ») • **XX**e : avec le choc des deux guerres et la découverte des camps de concentration l'enfer revient dans l'imaginaire (« le lieu infernal »)	**Les motifs mythiques sont développés pour répondre à des besoins de sens qui évoluent au cours des siècles :** • **moyen âge et XVI**e : le creuset de la civilisation chrétienne (celle du graal) va être fragilisé par les débats religieux (« Babel ») • **XVII**e **et XVIII**e : recherche d'un équilibre rationnel (classique) qui va être ébranlé par des tensions sociales (les Lumières en réponse à l'émergence de la bourgeoisie) • **XIX**e **et XX**e : La critique sociale à son apogée est peu à peu remplacée par une réflexion sur l'humanité elle-même (« le lieu infernal »)	**Les préoccupations profondes des auteurs influencent leur choix expressif et les motifs qu'ils développent :** • **moyen âge** : le symbole (« le mythe du Graal ») • **XVI**e : la langue française (« Babel ») • **XVII**e : l'inspiration (« Anciens et Modernes ») • **XVIII**e : le message (« parvenir ou le thème de l'ascension sociale dans le roman ») • **XIX**e : la peinture (« la femme en deux volumes ») • **XX**e : le réquisitoire (« le lieu infernal »)

▶Auteurs cités

Moyen Âge

842 Le Serment de Strasbourg
Fin XIe La Chanson de Roland
Fin XIe début XIIe « Dans la douceur de la prime saison… », Guillaume IX, duc d'Aquitaine
Vers 1160 Le Roman d'Enéas
Vers 1170 Érec et Énide, Chrétien de Troyes
Lais, Marie de France
Entre 1160 et 1180 Tristan et Iseut, Béroul
Vers 1180 Le Roman de Renart
Vers 1175 ou 1180-1190 Perceval ou le conte du Graal, Chrétien de Troyes
Fin XIIe La Prise d'Orange
Les Quatre branches du Mabinogi
Fin XIIe Traité de l'amour courtois, André le Chapelain
Vers 1180-1220 Débat, Conon de Béthune
Fin XIIe - début XIIIe Peredur le gallois
« Les oiselets de mon pays… », Gace Brûlé
Vers 1200 Le Jeu de saint Nicolas, Jean Bodel
Vers 1202 Congés, Jean Bodel
1215-1220 Lancelot du Lac
1225 Le Cantique des créatures, François d'Assise
1225-1230 La Quête du saint Graal
Vers 1250 Poèmes de l'infortune, Rutebeuf
1276 Le Jeu de la Feuillée, Adam de La Halle
1298 Le Devisement du monde, Marco Polo
XIIIe Fabliau du Vilain ânier
Les Vies des troubadours
1309 La Vie de saint Louis, Jean de Joinville
1404-1449 Le Journal d'un bourgeois de Paris
1409-1410 Cent Ballades d'Amant et de Dame, Christine de Pizan
Vers 1415 « En la forêt de longue attente… », Charles d'Orléans
1415-1461 Ballades et Rondeaux, Charles d'Orléans
1429 Le Ditié de Jeanne d'Arc, Christine de Pizan
1457 Ballades du concours de Blois
Vers 1460 L'Épitaphe de Villon en forme de ballade, François Villon
fin XVe Mémoires, Olivier de la Marche
1472 La Divine Comédie, Dante Alighieri

XVIe s.

1486 Neuf Cents Conclusions, Jean Pic de la Mirandole
1510 Éloge de la Folie, Erasme
1516 L'Utopie, Thomas More
1518 Petite Épître au roi, Clément Marot
1522 Paraphrase de saint Mathieu, Erasme
1528 Le Livre du Courtisan, Baldassare Castiglione
De recta latini graecique sermonis pronuntiatione, Erasme
1530 De l'Incertitude, vanité et abus des sciences, Henri Corneille-Agrippa
Discours inaugural prononcé lors de la fondation par François 1er de son Collège royal, Barthélemy Latomus
1532 L'Étude des Lettres, Guillaume Budé
Pantagruel, François Rabelais
1535 Gargantua, François Rabelais
1536 Sonnet à Madame de Ferrare, Clément Marot
1537 *Cymbalum Mundi,* Attribué à Bonaventure Des Périers
1538 Sommaire et épitomé du livre *de Asse*, Guillaume Budé

1546 Tiers Livre, François Rabelais
1549 Défense et illustration de la langue française, Joachim Du Bellay
1552 Très brève relation de la destruction des Indes, Bartolomé de Las Casas
1553 Les Isles Fortunées, Pierre de Ronsard
1555 Art poétique, Jacques Peletier du Mans
Hymnes, Pierre de Ronsard
1558 Les Antiquités de Rome, Joachim Du Bellay
Les Regrets, Joachim Du Bellay
Hymne de la surdité, Joachim Du Bellay
1559 Heptaméron, Marguerite de Navarre
1563 Hymne de l'automne, Pierre de Ronsard
1577 Les Tragiques, Agrippa d'Aubigné
1578 Sonnets pour Hélène, Pierre de Ronsard
1580 Le Discours de la Licorne, Ambroise Paré
Journal de voyage, Michel de Montaigne
Essais, Michel de Montaigne (première édition les deux premiers livres)
1588 Essais, Michel de Montaigne (nouvelle édition : les deux premiers livres sont augmentés, le troisième livre apparaît)

XVIIe s.

1605 Prière pour le Roi Henri le Grand allant en Limousin, François de Malherbe
1607-1627 L'Astrée, Honoré d'Urfé
1613-1621 Les Théorèmes, Jean de La Ceppède
1619 Au Roi sur son exil, Théophile de Viau
1619-1624 Œuvres poétiques, Théophile de Viau
1624 Lettres, Jean-Louis Guez de Balzac
1630 Œuvres, François de Malherbe
1636 L'Illusion Comique, Pierre Corneille
1637 Le Cid, Pierre Corneille
Observations sur Le Cid, Georges de Scudéry
Discours de la méthode, René Descartes
L'Excuse à Ariste, Pierre Corneille
1642 Cinna ou la clémence d'Auguste, Pierre Corneille
1648-1651 Artamène ou le Grand Cyrus, Madeleine de Scudéry
1656-1657 Les Provinciales, Blaise Pascal
1658 Clymène, Jean de La Fontaine
1659 Les Précieuses ridicules, Molière
1661 Élégie aux nymphes de Vaux, Jean de La Fontaine
1662 Sermon sur les devoirs des Rois, Jacques-Begnine Bossuet
La Princesse de Montpensier, Madame de La Fayette
L'École des femmes, Molière
1662-1663 Ode au roi, Jean de La Fontaine
1664 Réflexions ou sentences et maximes morales, François de La Rochefoucauld
Tartuffe, Molière
1665 Alexandre le Grand, Jean Racine
Dom Juan, Molière
1666 Discours au roi, Nicolas Boileau
Le Roman bourgeois, Antoine Furetière
1667-1673 Andromaque, Jean Racine
1667-1674 Britannicus, Jean Racine
1667 Second Placet présenté au Roi, Molière
1677 Phèdre, Jean Racine
1668-1694 Fables, Jean de La Fontaine
1668 L'Avare, Molière
1670 Pensées, Blaise Pascal
Bérénice, Jean Racine

1671-1675 Mémoires, Cardinal de Retz
1674 Le Florentin, Jean de La Fontaine
1687 Le Siècle de Louis le Grand, Charles Perrault
À Monseigneur l'évêque de Soissons, Jean de La Fontaine
1688 Les Caractères ou les Mœurs de ce Siècle, Jean de La Bruyère
1697 Contes, Charles Perrault
1699 Les Aventures de Télémaque, François de Fénelon

XVIIIe s.

1715-1735 Histoire de Gil Blas de Santillane, Alain-René Lesage
1713 Pharsamon ou les Nouvelles Folies romanesques, Marivaux
1721 Lettres persanes, Montesquieu
1730 Le Jeu de l'amour et du hasard, Marivaux
1731 L'Histoire du Chevalier des Grieux et de Manon Lescaut, Abbé Prévost
1731-1742 La Vie de Marianne, Marivaux
1734 Lettres philosophiques ou Lettres anglaises, Voltaire
1736 Les Égarements du cœur et de l'esprit, Claude de Crébillon
1740 Le Philosophe, César Du Marsais
1748 Zadig, Voltaire
De l'Esprit des lois, Montesquieu
1750 Discours sur les Sciences et les Arts, Jean-Jacques Rousseau
1751-1771 L'Encyclopédie, Sous la direction de Diderot et d'Alembert
1755 Discours sur l'origine et les fondements de l'inégalité parmi les hommes, Jean-Jacques Rousseau
1756 Poème sur le désastre de Lisbonne ou examen de cet axiome « Tout est bien », Voltaire
1757 Le Fils naturel ou les Épreuves de la vertu, Denis Diderot
Entretiens avec Dorval sur le Fils naturel, Denis Diderot
1761 La Nouvelle Héloïse, Jean-Jacques Rousseau
1763 Traité sur la tolérance, Voltaire
1764 Lettre à la marquise Du Deffand, Voltaire
1765 Lettre à Etienne-Noël Damilaville, Voltaire
1767 L'Ingénu, Voltaire
Essai sur le genre dramatique sérieux, Beaumarchais
1774 Le Neveu de Rameau, Denis Diderot
1776 Déclaration d'indépendance américaine
1777 Lettre modérée sur la chute et la critique du Barbier de Séville, Beaumarchais
1781 Le Mariage de Figaro ou la Folle Journée, Beaumarchais
1781-1788 Tableau de Paris, Louis Sébastien Mercier
1782 Les Liaisons dangereuses, Pierre Choderlos de Laclos
Les Rêveries du promeneur solitaire, Jean-Jacques Rousseau
1782-1789 Confessions, Jean-Jacques Rousseau
1789 Déclaration des droits de l'homme et du citoyen
1792 La Mère coupable ou l'Autre Tartuffe, Beaumarchais
1796 Jacques le fataliste et son maître, Denis Diderot

XIXe s.

1797 Essai sur les révolutions, François-René de Chateaubriand
1805 René, François-René de Chateaubriand
1811 Itinéraire de Paris à Jérusalem, François-René de Chateaubriand
1816 Pèlerinage de Childe Harold, George Byron

1820 Méditations poétiques, Alphonse de Lamartine
1822 Odes et ballades, Victor Hugo
1826 Poèmes Antiques et Modernes, Alfred de Vigny
1827 Les Orientales, Victor Hugo
Préface de Cromwell, Victor Hugo
1830 Essai sur le fantastique, Charles Nodier
1830-1848 La Comédie humaine, Honoré de Balzac
1830 Hernani, Victor Hugo
Le Rouge et le Noir, Stendhal
Des artistes, Honoré de Balzac
1831 La Peau de chagrin, Honoré de Balzac
1832 Esthétique, Georg Hegel
Stello, Alfred de Vigny
1833 Le Médecin de campagne, Honoré de Balzac
1834 La Fille aux yeux d'or, Honoré de Balzac
1834 Fantasio, Alfred de Musset
1835 Le Père Goriot, Honoré de Balzac
Le Lys dans la vallée, Honoré de Balzac
Mademoiselle de Maupin, Théophile Gautier
1836 La Confession d'un enfant du siècle, Alfred de Musset
La Morte amoureuse, Théophile Gautier
1837 Illusions perdues, Honoré de Balzac
1839 La Chartreuse de Parme, Stendhal
1840 Les Rayons et les Ombres, Victor Hugo
1842-1843 Les Mystères de Paris, Eugène Sue
1845 Du Dandysme et de Georges Brummel, Barbey d'Aurevilly
Carmen, Prosper Mérimée
De la mission de l'art et du rôle des artistes, Laverdant
1845-1849 Salons, Charles Baudelaire
1848 Choses vues, Victor Hugo
Réflexions sur Géricault, Jules Michelet
1850 Mémoires d'outre-tombe, François-René de Chateaubriand
1851 Actes et paroles, Victor Hugo
1852 Émaux et Camées, Théophile Gautier
Napoléon-le-Petit, Victor Hugo
1855 De l'essence du rire, Charles Baudelaire
1857 Les Fleurs du mal, Charles Baudelaire
Madame Bovary, Gustave Flaubert
Le Réalisme, Champfleury
1862 Salammbô, Gustave Flaubert
Les Misérables, Victor Hugo
1863 Proses philosophiques, Victor Hugo
Le Peintre de la vie moderne, Charles Baudelaire
1864 William Shakespeare, Victor Hugo
1865 Germinie Lacerteux, Jules et Edmond Goncourt
Aurélia, Gérard de Nerval
1866 Poèmes saturniens, Paul Verlaine
1868-1869 Les Chants de Maldoror, Isodore de Lautréamont
1869 L'Éducation sentimentale, Gustave Flaubert
1871 Tableaux de siège, Théophile Gautier
Poésies, Arthur Rimbaud
1871-1893 Les Rougon Macquart, Émile Zola
1872 La Curée, Émile Zola
L'Année terrible, Victor Hugo
1873 Une saison en enfer, Arthur Rimbaud
Les Amours Jaunes, Tristan Corbière
1874 Histoire du romantisme, Théophile Gautier
1877 L'Assommoir, Émile Zola
1880 Nana, Émile Zola

Le Roman expérimental, Émile Zola
1881 Bouvard et Pécuchet, Gustave Flaubert
1884 A Rebours, Joris-Karl Huysmans
1886 Illuminations, Arthur Rimbaud
L'Oeuvre, Émile Zola
1887 Pétition contre la tour Eiffel
1887-1897 Poésies, Stéphane Mallarmé
1888 Des Fleurs de bonne volonté, Jules Laforgue
1889 Les Convulsions de Paris, Maxime Du Camp
1890 Sonnet-dédicace à Mallarmé, Paul Verlaine
Qui sait ? Guy de Maupassant
1893 Pelléas et Mélisande, Maurice Maeterlink
Le Docteur Pascal, Émile Zola
1897 Divagations, Stéphane Mallarmé

XXe s.

1898 J'Accuse !, Émile Zola
1899 Le Mouvement socialiste, Charles Péguy
1902 Scènes et doctrines du nationalisme, Maurice Barrès
1904-1910 Cinq grandes odes, Paul Claudel
1909 Premier Manifeste du futurisme, Filippo Marinetti
1910 Contre Sainte-Beuve, Marcel Proust
1913-1927 A la recherche du temps perdu, Marcel Proust
1913 Alcools, Guillaume Apollinaire
La Prose du transsibérien et de la petite Jehanne de France, Blaise Cendrars
A la recherche du temps perdu, Marcel Proust
1916 Le Feu, Henri Barbusse
1918 Calligrammes, Guillaume Apollinaire
Manifeste dada, Tristan Tzara
1919 Lettre à Gaston Gallimard, Marcel Proust
1923 Rrose Sélavy, Robert Desnos
1924 Manifeste du Surréalisme, André Breton
1925 L'Ombilic des Limbes, Antonin Artaud
Le Pèse-nerfs, Antonin Artaud
1925-1926 Glossaire : j'y serre mes gloses, Michel Leiris
1930 La Nuit remue, Henri Michaux
1932 Voyage au bout de la nuit, Louis-Ferdinand Céline
La Vie immédiate, Paul Eluard
1934 Denier du Rêve, Marguerite Yourcenar
1936 Les Beaux Quartiers, Louis Aragon
1938 Les Hommes de bonne volonté, Jules Romains
1939 L'Âge d'homme, Michel Leiris
1940 Anthologie de l'humour noir, André Breton
1942 Le Mythe de Sisyphe, Albert Camus
Fortunes, Robert Desnos
Liberté, Paul Eluard
Le Parti-pris des choses, Francis Ponge
Le Silence de la mer, Vercors
Les Yeux d'Elsa, Louis Aragon
1944 Huis-clos, Jean-Paul Sartre
Fictions, Jorge Luis Borges
1946 Vents, Alexis Saint-John Perse
La Diane française, Louis Aragon
1946 L'Existentialisme est un humanisme, Jean-Paul Sartre
1947-1976 Situations, Jean-Paul Sartre
1947 Les Voyageurs de l'Impériale, Louis Aragon

L'Espèce humaine, Robert Antelme
Si c'est un homme, Primo Levi (édition française en 1987)
1948 Biffures, Michel Leiris
Proêmes, Francis Ponge
Les Mains sales, Jean-Paul Sartre
1949 Les Justes, Albert Camus
1950 Un barrage contre le Pacifique, Marguerite Duras
1951 L'Homme révolté, Albert Camus
Le Passé défini, Jean Cocteau
1952 En attendant Godot, Samuel Beckett
La Rage de l'expression, Francis Ponge
1953 Du mouvement et de l'immobilité de Douve, Yves Bonnefoy
1954 La Cantatrice chauve, Eugène Ionesco
Les Nouvelles du soir, Philippe Jaccottet
1955 Misérable miracle, Henri Michaux
1955 La Java des bombes atomiques, Boris Vian
1956 Le Roman inachevé, Louis Aragon
1957 La Modification, Michel Butor
La Jalousie, Alain Robbe-Grillet
Tropismes, Nathalie Sarraute
1961 Les Paravents, Jean Genet
Manifeste des 121
1962 Fureur et Mystère, René Char
1963 La Force des choses, Simone de Beauvoir
Pour un nouveau roman, Alain Robbe-Grillet
1967 ∈, Jacques Roubaud
1968 Le Fleuve caché, Jean Tardieu
1964 Les Mots, Jean-Paul Sartre
1972 Roman des origines et origines du roman, Marthe Robert
1974 Manuel de Saint-Germain des Prés, Boris Vian
Paradis, Philippe Sollers
1976 La Règle du jeu, Michel Leiris
Alphabets, George Perec
1982 L'Excès-l'usine, Leslie Kaplan
Pour un oui ou pour un non, Nathalie Sarraute
1983 Enfance, Nathalie Sarraute
1984 L'Amant, Marguerite Duras
1985 Le Miroir qui revient, Alain Robbe-Grillet
Histoire de la littérature fantastique, Michel Schneider
1989 Le Livre brisé, Serge Doubrovsky
1990 L'Émission de télévision, Michel Vinaver
Les Champs d'honneur, Jean Rouaud
1998 Journal, Fabrice Neaud
1994 L'Après-vivre, Serge Doubrovsky
1996 Vies et morts d'Irène Lepic, Medhi Belhaj Kacem
2002 Dondog, Antoine Volodine
Ceux d'à côté, Laurent Mauvignier
2003 Douleur exquise, Sophie Calle

Allitération Répétition d'un même son, en particulier d'une même consonne au début de mots qui se suivent. Par extension, répétition d'un son dans une phrase ou un vers.
Anaphore Répétition d'un même mot en tête de proposition ou de vers.
Antiphrase Emploi d'un mot ou d'une expression dans son sens opposé.
Antithèse Opposition de deux expressions que l'on rapproche pour faire mieux ressortir le contraste.
Assertive Qualifie une phrase où le locuteur adopte un point de vue. Elle peut être affirmative ou négative.
Assonance Répétition d'une voyelle ou d'un son vocalique, en particulier en poésie, permettant de créer une musicalité dans un vers.
Baroque Au XVIIe siècle, par opposition à la notion de classique, le baroque désigne des œuvres se caractérisant par la profusion des motifs, l'irrégularité et une grande liberté d'expression.
Burlesque Personnage ou situation qui fait naître le rire par son caractère démesuré et surprenant.
Calembour Procédé généralement humoristique consistant à remplacer des mots dans une phrase par d'autres aux sonorités proches afin de créer un sens équivoque.
Chantre Poète épique ou lyrique. Chanteur.
Contrepèterie Procédé de permutation de sons dans une proposition produisant un sens généralement comique.
Critique génétique Interprétation d'une œuvre à partir de l'étude systématique des outils et des sources qui ont contribué à sa création.
Courtoisie Mouvement qui exaltait le raffinement et l'amour au Moyen Âge.
Dada Mouvement artistique de bouleversement des codes et de provocation né au début du XXe siècle.
Décadentisme École littéraire du XIXe siècle. Éprouvés par la désillusion, les poètes fuient la réalité et recherchent des sensations rares. Ils adoptent une écriture désarticulée, mêlée de trivialité et de raffinement.
Démiurge Un des noms donnés à dieu, le « Créateur » ou l'« Architecte », qui peut aussi désigner un écrivain, en ce qu'il invente un monde.
Dialecte Système linguistique à part entière formé à partir des transformations d'une langue dans un lieu donné.
Didactique Texte ou style dont le but est d'instruire.
Didascalies Toutes les indications figurant dans une pièce de théâtre et non prononcées par les comédiens.
Drame Genre dramatique. Au XVIIIe siècle, la tragédie décline au profit d'un genre plus mêlé de tragique et de comique, mettant en scène des actions sérieuses (mais pas forcément fatales), dans un milieu bourgeois. La théorisation intervient un siècle plus tard avec le romantisme.
Distique Ensemble de deux vers dont l'association fait sens.
Élégie Poème de la plainte, de la souffrance.

Ellipse Suppression d'un mot dans une phrase, d'un épisode dans un roman ou d'un dialogue dans une pièce de théâtre n'empêchant pas de saisir l'essentiel du sens et susceptible de créer un effet de style, d'annonce ou de suspense.
Épopée Long récit, souvent sous forme de poèmes qui relatent les hauts faits de héros.
Énonciation Condition particulière de la production d'une phrase : position du locuteur, du destinataire, degré de distanciation par rapport au sujet, etc.
Érudit Personne qui possède une très grande culture.
Expressionnisme Mouvement artistique en quête de l'intensité de l'expression.
Fantastique Genre qui rompt avec le rationnel et frôle le surnaturel.
Focalisation Point de vue. La focalisation zéro correspond au narrateur omniscient, la focalisation interne au point de vue d'un personnage et la focalisation externe, à celui d'un personnage dont nous ne pouvons pas connaître les pensées mais que nous voyons agir.
Futurisme Théorie esthétique du mouvement et de la vitesse, le futur étant perçu à travers le prisme du progrès mécanique au début du XXe siècle.
Glose Commentaire ou note en marge d'un texte.
Gothique Style architectural de la deuxième moitié du Moyen Âge, le terme qualifie également certains romans du XIXe siècle, dont les sujets d'inspiration, châteaux hantés, princesses prisonnières, etc., rappellent des motifs médiévaux.
Grotesque Caractère de ce qui fait surgir le rire par la distorsion du réel, la bizarrerie et l'exagération.
Herméneutique Ce terme rassemble tous les outils d'analyse d'un texte littéraire.
Humanisme Mouvement de la Renaissance procédant de la redécouverte des chefs-d'œuvre de l'Antiquité, qui place la dignité et le savoir au centre des préoccupations humaines.
Hyperbole Procédé d'exagération (choix du vocabulaire, accumulations, amplifications, comparaisons, etc.) visant à faire paraître la réalité sous un jour idéalisé ou au contraire ridicule.
Impressionnisme Courant artistique, en particulier pictural, qui s'attache à traduire des émotions fugitives par une expression très nuancée.
Incipit Début d'une œuvre littéraire.
Injonctif Énoncé impératif, expression d'un ordre.
Intertextualité Notion qui démontre l'existence de relations entre textes littéraires dans la mesure où les structures, les thèmes et les modes narratifs proviennent d'œuvres antérieures.
Ironie Procédé consistant à dire le contraire de ce que l'on pense, avec une intonation qui ne laisse pas de doutes sur nos véritables pensées.
Laisse Nom des couplets dans une chanson de geste.

Laisse Nom des couplets dans une chanson de geste.
Libertin Esprit libre ne respectant pas les lois de la religion ou de la morale.
Lumières Elles correspondent à la raison, au savoir, à la connaissance, à la liberté…un horizon de pensée partagé par les penseurs et philosophes du XVIIIe siècle.
Lyrique Tonalité relative à l'inspiration et à l'émotion poétique depuis l'Antiquité.
Mélodrame Déclinaison larmoyante et populaire du drame.
Métaphore Figure de style qui consiste à rapprocher deux mots par analogie sans utiliser de comparant tel que « comme ».
Naturaliste Tentative de reproduction parfaite de la nature dans l'art.
Normatif Qui élabore des règles, des normes en fonction de jugements de valeur.
Orateur Personnage qui maîtrise l'art du discours et de l'éloquence.
Orientalisme Mouvement littéraire du XIXe siècle, lié à l'attirance pour un « ailleurs » dont l'Orient, plus ou moins mythique, est le symbole.
Oxymore Rapprochement de mots de sens contradictoires.
Panégyrique Discours élogieux. Synonyme d'apologie.
Paradoxe Expression d'une idée qui choque le bon sens, ou du moins le sens commun.
Parnasse Massif montagneux sacré de Grèce ; dans l'Antiquité, on le disait habité par les muses. Mouvement esthétique à la recherche de la perfection formelle, formé au XIXe siècle en réaction au Romantisme.
Parodie Œuvre créée à partir de l'imitation, du détournement et de la déformation d'une œuvre existante généralement dans une intention satirique.
Paronomase Rapprochement de mots de sonorités proches.
Pathétique et pathos Ton adopté dans un discours ou un récit et dont la tristesse peut susciter l'émotion.
Performatif Désigne la qualité de certaines phrases d'entraîner la simultanéité de l'action qu'elles décrivent.
Philologie Approche comparative de l'étude de textes en fonction de la langue employée et en fonction de l'histoire des différents manuscrits.
Picaresque Genre romanesque qui raconte les tribulations d'un antihéros.
Pittoresque Procédé d'écriture qui part de la volonté d'imiter le caractère vivant et coloré d'un tableau peint.
Polémiste Personne qui pratique l'art du débat.
Positivisme Courant de pensée du XIXe siècle qui place une foi absolue dans la science et le progrès.
Préciosité Mouvement correspondant à une volonté de vivre et de s'exprimer avec subtilité et raffinement.
Prologue Texte introductif au théâtre ou dans un roman.
Prosopopée Procédé qui consiste à prêter la parole à des êtres inani-

Réalisme Démarche consistant à se rapprocher de la réalité et à éviter l'idéalisation dans une description littéraire.
Rhétorique Art de la composition et de la déclamation d'un discours. Maîtrise des modes d'expression.
Romantisme Mouvement littéraire qui s'est développé au début du XIXe siècle en France et qui prône l'exaltation du moi, de la sensibilité.
Sacralisation Action d'attribuer un caractère sacré, supérieur, à l'objet d'une description.
Satire Écrit procédant à une critique des vices et des ridicules d'une société ou d'un personnage par le biais d'un humour violent.
Scander Analyser ou déclamer un vers en fonction de sa rythmique.
Scepticisme Doctrine antique de la suspension du jugement, son sens a peu à peu évolué pour évoquer la conscience de la difficulté de connaître, le doute et la nécessité d'adopter un jugement critique.
Sémantique Étude d'une langue en fonction du sens.
Sémiologie et sémiotique Étude d'une langue en fonction de ses signes.
Sentence, aphorisme, maxime Idée formulée de façon brève et dogmatique.
Sonnet Poème à forme fixe composé de deux quatrains, suivis de deux tercets.
Surréalisme Mouvement esthétique qui s'est affranchi des codes formels et s'est efforcé de libérer l'expression du psychisme profond du poète.
Symbolisme Mouvement esthétique hérité du décadentisme qui rejette les descriptions objectives des naturalistes et prône la recherche d'équivalents poétiques à la pensée par le biais de signes et de symboles.
Tribun Magistrat romain à l'origine, le mot désigne par extension le défenseur d'une cause reconnu pour son éloquence.
Vaudeville Divertissement théâtral où se mêlent des scènes de comédies, des rebondissements multiples et des sujets légers.
Vers libre Proposition dans un texte en prose dont le rythme rappelle celui d'un vers.
Vernaculaire Qualifie une langue dont la compréhension est limitée à une communauté définie.
Versification Technique de création d'un vers. On appelle cet art la métrique quand il concerne le rythme du vers, et la prosodie quand il s'agit de la mélodie.

Crédits photographiques

17 AKG, Paris / Bibliothèque nationale de France, Paris.
19 Bibliothèque nationale de France, Paris.
21 Bibliothèque nationale de France, Paris.
22 G. Dagli Orti / Bibliothèque nationale, Turin.
26 Bibliothèque nationale de France, Paris.
28g RMN / J.G. Berizzi / Musée du Louvre, Paris. 28m RMN / H. Lewandowski / Musée du Louvre, Paris.
28d RMN / H. Lewandowski / Musée du Louvre, Paris.
31 RMN / D. Arnaudet / Musée du Louvre, Paris.
34 G. Dagli Orti / Bibliothèque Marciana, Venise.
38 RMN / C. Jean / Musée du Louvre, Paris.
42 G. Dagli Orti / Palais public, Sienne.
53 G. Dagli Orti / Bibliothèque royale, L'Escorial.
55 Bibliothèque nationale de France, Paris.
59 Bridgeman Giraudon, Paris.
64 Bridgeman Giraudon, Paris.
66 RMN / G. Blot / Musée du Louvre, Paris.
69 Bibliothèque nationale de France, Paris.
70 Archives Gallimard.
71 Bibliothèque nationale de France, Paris.
74 G. Dagli Orti / Abbaye de Conques.
80 G. Dagli Orti / Abbaye de Jouarre.
85 G. Dagli Orti / Musée des Beaux Arts, Rennes.
87 Musée des Beaux Arts, Dole.
90 Scala, Florence / Cabinet des dessins des Offices, Florence.
99 RMN / D. Arnaudet / Musée du Louvre, Paris.
101 Erich Lessing / Magnum, Paris / Slott, Skokdosters (Suède).
104 Marc Garanger, Paris.
106 AKG, Paris.
111 Scala, Florence / Chambre de la signature, Vatican.
117 RMN – Bulloz / Bibliothèque de l'Institut, Paris.
122 Corbis / National Gallery, Londres.
126 G. Dagli Orti / Musée Granet, Aix-en-Provence.
129 RMN / J.G. Berizzi / Musée du Louvre, Paris.
135 RMN / Musée du Louvre, Paris.
140 Scala, Florence / Palais Pitti, Florence.
144 Jean Luc Chapin / Bibliothèque municipale, Bordeaux.
147 Bibliothèque nationale de France, Paris.
150 G. Dagli Orti / Pinacoteca nazionale, Sienne.
152 Erich Lessing / Magnum, Paris / Kunsthistorisches Museum, Vienne.
156 Bibliothèque municipale, Bordeaux.
162 RMN / J.G. Berizzi / Musée du Louvre, Paris.
165 RMN / R. G. Ojeda / Château de Pau.
166 Corbis / National Gallery, Londres.
172 Archives Gallimard/Central Museum, Utrecht.
174 Roger Viollet.
182 RMN / G. Blot / Musée du Louvre, collection Rothchild.
183 Bibliothèque nationale de France, Paris.
187 G. Dagli Orti / Musée de la Renaissance, Écouen.
190 Roger Viollet / Bibliothèque nationale de France, Paris.
192 RMN / J. Derenne.
193 RMN / Musée du château, Versailles
196 RMN / G. Blot / Musée du Louvre, Paris.
203 G. Dagli Orti / Château de Versailles.
211 RMN / R.G. Ojeda / Musée du Louvre, Paris.
213 RMN / G. Blot / Château de Versailles.
223 G. Dagli Orti.
224 RMN / G. Blot / Château de Versailles.
230 Bridgeman Giraudon / Comédie-Française, Paris.
238 RMN / G. Blot / Musée du Louvre, Paris.
245 Scala / Ministero Beni e Att. Culturali / Galleria nazionale di Arte antica.
251 Photothèque des Musées de la Ville de Paris / Musée Carnavalet, Paris.
263 Photothèque des Musées de la Ville de Paris / Musée Carnavalet, Paris.
265 RMN / C. Jean / Musée du Louvre, Paris.
268 RMN / J. G. Berizzi / Musée du Louvre, Paris.
274 RMN / G. Blot / Musée du Louvre, Paris.
277 Roger Viollet.
278h RMN / G. Blot / Musée du Louvre, Paris.
278b AKG, Paris.
286 RMN / G. Blot / Château de Versailles.
287 RMN / Bulloz / Musée Carnavalet, Paris.
290 RMN / D. Arnaudet / Châteaux de Malmaison et Bois-Préau.
293 Photothèque des Musées de la Ville de Paris / Musée Carnavalet, Paris.
295 G. Dagli Orti / Bibliothèque publique et universitaire, Genève.
302 RMN / R.G. Ojeda / Musée du Louvre, Paris.
305 RMN / J. G. Berizzi / Musée du Louvre, Paris.
309 RMN / G. Blot / J. Schormans / Musée du Louvre, Paris.
324 RMN / R.G. Ojeda / P. Néri / Musée du Louvre, Paris.
334 et 335 Bibliothèque publique et universitaire, Neuchatel – Fonds J. J. Rousseau.
340 G. Dagli Orti / Musée des Offices, Florence.
351 AKG, Paris / Collection particulière.
358 RMN / G. Blot / Musée du Louvre, Paris.
362 AKG, Paris / Kunsthalle, Hambourg.
369 Photothèque des Musées de la Ville de Paris / Maison de Victor Hugo, Paris.
374 RMN / G. Blot / Musée du Louvre, Paris.
377 G. Dagli Orti / Musée Carnavalet, Paris.
381 G. Dagli Orti / Musée d'Orsay, Paris.
384 Roger Viollet.
391 RMN / Hervé Lewandowski / Musée d'Orsay, Paris.
394 Rue des Archives.
400 RMN / R.G. Ojeda / Musée d'Orsay, Paris.
406 RMN / C. Jean / Musée d'Orsay, Paris.
412h G. Dagli Orti / Musée des Offices, Florence. 412m RMN / H. Lewandowski / Musée d'Orsay, Paris.
412b Roger Viollet.
414 RMN / Musée du Louvre.
419 RMN / G. Blot / Musée du Louvre, cabinet des arts graphiques.
429 RMN / H. Lewandowski / Château de Versailles.
438 Archives Gallimard / Bibliothèque nationale de France, Paris.
447 Roger Viollet.
449 Bibliothèque nationale de France, Paris.
458 RMN / J. Schormans / Musée d'Orsay, Paris.
463 AKG, Paris / Collection particulière.
467 Bibliothèque Flaubert, Croisset.
472 Archives Gallimard / Bibliothèque municipale, Rouen.
484 RMN / R.G. Ojeda / Musée Gustave Moreau, Paris.
491 The Art Archive / The picture desk, Londres / Tate Gallery, Londres.
496 CNAC/ MNAM / RMN / Centre Georges Pompidou, Musée national d'art moderne, Paris.
497 CNAC/MNAM/RMN/J. Hyde/Centre Georges Pompidou, Musée national d'art moderne, Paris.
499 Roger Viollet.
500 Collection particulière.
502 CNAC / MNAM / RMN / Centre Georges Pompidou, Musée national d'art moderne, Paris.
506 AKG, Paris.
509 RMN / G. Blot / Musée Fernand Léger, Biot.
517 Roger Viollet.
518 Rue des Archives.
522 Rue des Archives.
523 Rue des Archives / AGIP.
532 Magnum / David Seymour.
534 AKG, Paris / Collection particulière.
539 Roger Viollet / Lipnitzki.
543 AKG, Paris / Centre Georges Pompidou, Musée national d'art moderne, Paris.
545 Jacques Monory / Collection particulière.
550 CNAC / MNAM / RMN / Centre Georges Pompidou, Musée national d'art moderne, Paris.
554 AKG, Paris / Civica Galleria d'Arte Moderna, Milan.
557 Droits réservés / Collection particulière.
582 Roger Viollet / Lipnitzki.
601 Editions Actes Sud – Sophie Calle.
602 Ego comme X – Fabrice Néaud. 605 RMN.
616 AKG, Paris / Unstslg. Nordrheim-Westfalen, Dusseldorf.

Composition et photogravure
par IGS - CP

Achevé d'imprimer sur les presses de

LTV
LA TIPOGRAFICA VARESE
Società per Azioni
Varese (Italie)

Dépôt légal : septembre 2004
A75-993.8/01